Die strategische Bedeutung des Human Capital und seine Bewertung

BILDUNG UND ORGANISATION

Herausgegeben von Harald Geißler
und Jendrik Petersen

Band 17

PETER LANG
Frankfurt am Main · Berlin · Bern · Bruxelles · New York · Oxford · Wien

Johannes Grill

Die strategische Bedeutung des Human Capital und seine Bewertung

Ein Bezugsrahmen zur Evaluation ambitionierter mittlerer Unternehmen

PETER LANG
Internationaler Verlag der Wissenschaften

Bibliografische Information der Deutschen Nationalbibliothek
Die Deutsche Nationalbibliothek verzeichnet diese Publikation in der Deutschen Nationalbibliografie; detaillierte bibliografische Daten sind im Internet über <http://www.d-nb.de> abrufbar.

Zugl.: Koblenz, Landau, Univ., Diss., 2007

ISSN 0945-9596
ISBN 978-3-631-57519-2

www.peterlang.de

Vorwort des Herausgebers

Die immer wieder schon fast gebetsmühlenartig scheinende Forderung nach Wettbewerbsfähigkeit zu Lasten des „Kostenfaktors Personal“ mag aus betriebswirtschaftlicher Sicht durchaus nachvollziehbar scheinen. Unter volkswirtschaftlichen Gesichtspunkten sieht die Welt häufig schon ganz anders aus. Ständige Forderungen nach Investitionen in den Bildungsbereich hört man genauso häufig in den Medien und Diskussionsrunden. Allerdings ist hiermit in erster Linie die naturwissenschaftliche bzw. ingenieurwissenschaftliche Bildung gemeint – also die sogenannten messbaren „hard facts“. Die Auswahl der „Eliteuniversitäten“ in Deutschland und anderswo zeigt das sehr deutlich. Was ist aber mit Menschen, die nicht über derartige ökonomisch nutzbare Fähigkeiten verfügen? Sind sie nichts wert im Produktions- und ökonomischen Leistungserstellungsprozess und daher vernachlässigbar? Es scheint so, weil in vierteljährlichen Bilanzen schwer nachweisbar und daher von Analysten und Aktionären schwer zu honorieren ist, dass die Investitionen in Zufriedenheit, Motivation und Lernfähigkeit von Menschen in den Unternehmen zweitrangig behandelt werden können. Weiterhin wird das Thema Führung immer noch in erster Linie an die Fachkompetenz der Manager geknüpft und weniger an die Befähigung dazu, Menschen für das Unternehmen und eine Aufgabe zu begeistern oder aktiv zu deren persönlichen Weiterentwicklung beizutragen.

Diese Fragen sollen nicht etwa als Larmoyanz eines Geisteswissenschaftlers verstanden werden, sondern vielmehr ist es als bemerkenswert herauszustreichen, dass es Menschen gibt, die es sich zur Aufgabe gemacht haben, wissenschaftlich begründete Alternativen zu einem derartigen Verständnis aufzuzeigen.

Die vorliegende Studie gehört zweifelsohne dazu. Auch wenn der Begriff Human Capital und die Erörterung seiner strategische Bedeutung für ambitionierte mittlere Unternehmen auf den ersten Blick in die Rubrik „mehr desselben“ einzuordnen ist, zeigt doch die aufmerksame Lektüre dieser Arbeit, dass es dem Autor darum geht, die häufig geforderte Interdisziplinarität mit Leben zu füllen und ein neues Denken bei Führungskräften mit Personalverantwortung einzuläuten.

Dementsprechend wird aus der Studie deutlich, dass Unternehmerischer Erfolg eine glaubwürdige Vision und eine entsprechende Strategie benötigt. Effiziente Prozesse und Strukturen setzen diese um und sind auf eine unterstützende Unternehmenskultur angewiesen. Wirklich getragen wird die Umsetzung durch handelnde Menschen. Potenziale und Kompetenzen, Wissen und vor allem Motivation der Mitarbeiter und Führungskräfte sind Garanten dafür. Diese müssen für das Unternehmen gewonnen werden; sie sind zu fördern und zu nutzen. Um diese Aufgaben erfüllen zu können, müssen Potenziale und Kompetenzen, Wissen und Motivation anforderungs- und unternehmensspezifisch erfasst und analysiert werden.

Diese wesentlichen Faktoren für nachhaltigen unternehmerischen Erfolg zu unterstreichen, ist in der vorliegenden Studie auf eine sehr überzeugende Weise gelungen.

Univ.-Prof. Dr. Jendrik Petersen
Universität Koblenz-Landau, Campus Landau
Professur für Allgemeine Didaktik und Betriebspädagogik

Vorwort des Verfassers

Seit dem erstmals im Herbst 1980 in Betriebswirtschaftslehre angebotenen Projektstudium Mittelstand an der Ludwig-Maximilians-Universität München und meiner sich daran anschließenden Diplomarbeit am Lehrstuhl für strategische Unternehmensführung von Herrn Prof. Dr. Werner Kirsch setze ich mich mit mittleren Unternehmen auseinander. Davor hatte ich über mein Elternhaus bereits einschlägige Erfahrungen mit kleineren Unternehmen gewinnen können. Nach dem Diplom habe ich als Fach- und Führungskraft in nächster Nähe mit Unternehmern mittelgroßer Unternehmen zusammengearbeitet und auch dort eine Welt kennengelernt, die nicht so recht zur universitär vertretenen, an Großbetrieben orientierten Betriebswirtschaftslehre passen wollte. Eine Phase als Industrieberater für den Mittelstand beim Großbetrieb Siemens intensivierte diese Kontrastbildung. Mir sind dabei die Ursprünge der meist sehr erfolgreich operierenden Mittelständler noch deutlicher geworden. Etwa 1990 beobachtete ich erstmals ein Erodieren dieser stark auf Personen basierenden Erfolgsquellen mittlerer Unternehmen, die sich – auch unter dem Einfluss der Betriebswirtschaftslehre – anschickten, sich wie Großbetriebe zu verhalten und dabei Schaden nahmen.

Diese Arbeit ist ein Versuch, sich dem Phänomen mittleres Unternehmen nicht nur auf Basis empirischer Untersuchungen und unter Rekurrierung betriebswirtschaftlicher und sozialwissenschaftlicher Literatur, sondern auch interpretativ zu nähern. In der Betriebwirtschaftslehre wird ein solcher Ansatz, der erklärende und verstehende Wissenschaft kombiniert, nur von der Münchner Schule um Herrn Prof. Dr. Werner Kirsch vertreten. Die räumliche Entfernung ließ berufsbegleitend eine Dissertation aus Zeitgründen dort nicht zu. 2002 lernte ich Herrn Prof. Dr. Jendrik Petersen kennen, der kurz zuvor an der Universität Koblenz-Landau, Campus Landau, eine Professur insbesondere für Betriebspädagogik angenommen hatte. Es war nicht nur die räumliche, sondern mehr noch die inhaltliche Nähe, die sich sehr fruchtbar für diese Arbeit erwies, zumal die Pädagogik sowohl die empirische Sozialforschung als auch interpretative Ansätze vertritt. Zudem bietet die neu entstehende Organisationspädagogik von Herrn Prof. Dr. Harald Geißler, die auch von Herrn Prof. Dr. Petersen vertreten wird, ideale Anknüpfungspunkte zur Münchner Schule. Ich bin darum Herrn Prof. Dr. Jendrik Petersen sehr dankbar, dass er mir ermöglicht hat, mein interdisziplinär angelegtes Thema im Fachbereich Erziehungswissenschaft als Promotion einzubringen.

Mein Dank gebührt in besonderer Weise Herrn Prof. Dr. Peter Nenniger für die Übernahme des Korreferates. Er hat mir Mut gemacht, die nicht geringen wissenschaftstheoretischen Hürden zu überwinden und einen Mixed Approach zu wagen. Mein Dank gilt auch den Prüfern in Erwachsenenpädagogik, Herrn Prof. Dr. Bernhard Schwarz, und Wirtschaftswissenschaften, Frau Prof. Dr. Renate Neubäumer.

Im Entstehungsprozess der Arbeit bot mir der sozialpolitische Ausschuß des Arbeitgeberverbands der Holz- und Kunststoffverarbeitenden Industrie Rheinland-Pfalz, Neustadt / Weinstraße mehrfach Gelegenheit, Ansätze zu diskutieren und zu überprüfen. Hier bin ich besonders dem Verbandsgeschäftsführer, Herrn Rechtsanwalt Gerhard Koch, dankbar, der mir vielfach Unterstützung gewährt hat. Mein Dank gilt auch den Herren Rechtsanwälten Clemens Lüken und Wolfgang Wiesner. Weitere Unterstützung habe ich von den Industrieverbänden Neustadt erfahren. Mein Dank richtet sich an den Hauptgeschäftsführer, Herrn Rechtsanwalt Werner Simon und besonders an dessen langjährigen Stellvertreter, Herrn Rechtsanwalt Prof. Dr. Ludwig-Remmert Koch sowie ferner an die Herren Rechtsanwälte Dieter Burger, Jochen Rinck und Alexander Schlichting.

Dank schulde ich Herrn Prof. Dr. Werner Fröhlich, der mir während der Anfangsphasen der Arbeit öfters seinen Rat schenkte. Ferner verdanke ich dem Mitglied der Unternehmensleitung der Plansecur GmbH, Herrn Gotthilf Hörtling, die Anregung, mich ausführlicher mit dem Wertaspekt auseinanderzusetzen.

Es gibt noch eine Reihe weiterer genannter und ungenannter Personen denen ich Dank schulde, insbesondere meiner Frau Ursula und meiner Tochter Christina, und nicht zuletzt den Unternehmern und Geschäftsführern, die mir aus nächster Nähe tiefe Einblicke ermöglichten. Einen besonderen Dank möchte ich noch an zwei Personen richten, die mich in entscheidenen Phasen der Arbeit ermutigt haben, diese zu realisieren: Herrn PD Dr. Andreas Frey und in memoriam Herrn Prof. Dr. Rainer Jooß.

Zwar zu letzt genannt, aber an erster Stelle gemeint, möchte ich mich als Christ bei meinem Schöpfer in Jesus Christus herzlich bedanken, der mich so wunderbar durch mein Leben geführt und mir alle Voraussetzungen geschenkt hat, diese Arbeit zu bewältigen.

Landau in der Pfalz, im September 2007

Johannes Grill

Inhaltsverzeichnis

Abbildungsverzeichnis

Abkürzungsverzeichnis

AAG	Aufwendungsausgleichsgesetz
Abb.	Abbildung
AG	Aktiengesellschaft
AktG	Aktiengesetz
ArbGG	Arbeitsgerichtsgesetz
Aufl.	Auflage
AZ	Arbeitszufriedenheit
BDI	Bund Deutscher Industrie
BetrVG	Betriebsverfassungsgesetz
BFH	Bundesfinanzhof
BGB	Bürgerliches Gesetzbuch
BGBl.	Bundes-Gesetz-Blatt
BRD	Bundesrepublik Deutschland
BSC	Balanced Scorecard
BStBl.	Bundes-Steuer-Blatt
bzw.	beziehungsweise
D.	Demotivation
d.h.	das heißt
DA	Diplomarbeit
DCF	Discounted Cash Flow
Diss.	Dissertation
Doko	Dominierende Koalition
E.	Entfremdung
ebd.	ebenda
Ed.	Editor (Herausgeber)
E-DRS	Entwurf Deutscher Rechnungslegungsstandard
EFQM	European Foundation for Quality Management (Europäisches Qualitätsmodell)
EG	Europäische Gemeinschaft
et.al.	et alteri (und andere)
etc.	und andere
EWV	Ertragswertverfahren

F&E	Forschung und Entwicklung
Fn	Fußnote
FWI	Fachverband Werkzeugindustrie e.V.
GB	Großbritannien
gem.	gemäß
ggf.	gegebenenfalls
GmbH	Gesellschaft mit beschränkter Haftung
GmbH & Co. KG	Kommanditgesellschaft, deren Komplementärin eine GmbH ist
GmbH & Co. KGaA	Kommanditgesellschaft auf Aktien, deren Komplementärin eine GmbH ist
GmbHG	GmbH-Gesetz
HC	Human Capital
HCM	Human Capital Management
HGB	Handelsgesetzbuch
HR	Human Resources
HRA	Human Resource Accounting
Hrsg.	Herausgeber
i.V.m.	in Verbindung mit
IAS	International Accounting Standards
IDW	Institut der Wirtschaftsprüfer
IFRS	International Financial Reporting Standards
IHK	Industrie- und Handelskammer
iK	innere Kündigung
Inso	Insolvenzordnung
iPOT	integrated People Organization Technology
IuKT	Informations- u. Kommunikations-Technologie
IVN	Industrieverbände Neustadt Weinstraße
J.G.	Initiale des Verfassers Johannes Grill
Jg.	Jahrgang
KapCoRiLiG	Kapitalgesellschaften- und Co-Richtlinie-Gesetz
KG	Kommanditgesellschaft
KGaA	Kommanditgesellschaft auf Aktien
KMU	Klein- und Mittelunternehmen

KonTraG	Gesetz zur Kontrolle und Transparenz im Unternehmensbereich
KSchG	Kündigungsschutzgesetz
MC	Management Capabilities
MitbestG	Mitbestimmgesetz
MU	Mittleres mittelständisches Unternehmen
Nr.	Nummer
o.J.	ohne Jahresangabe
o.O.	ohne Ortsangabe
o.V.	ohne Verfasser
OHG	Offene Handelsgesellschaft
PV	Psychologischer Vertrag
RGBl.	Reichsgesetzblatt
SGF	Strategisches Geschäftsfeld
sog.	sogenannt
Sp.	Spalte
SWOT	Strengths, Weaknesses, Opportunities, Threats
TzBfG	Teilzeit- und Befristungsgesetz
u.	und
u.a.	unter anderem
u.U.	unter Umständen
unveröff.	unveröffentlicht
USA	Vereinigte Staaten von Amerika
usw.	und so weiter
Verf.	Verfasser
vgl.	vergleiche
Vol.	Volume (Band)
WSM	Wirtschaftsverband Stahl- u. Metallverarbeitung e.V.
z.B.	zum Beispiel

1 Problemstellung

1.1 Hinführung und Zielsetzung

Entwicklung zur wertorientierten Unternehmensführung

Die strategische Planung und deren Instrumentarium war bis Mitte der 1980er Jahre primär auf den Wettbewerbsgedanken fokussiert. Ziel der entwickelten Strategien war es, ein Produkt oder eine Geschäftseinheit im vom Wettbewerb determinierten Markt bzw. in einem Marktsegment zu positionieren.[1] Finanzwirtschaftliche Ziele wurden oft nur aus den erwerbswirtschaftlichen abgeleitet.[2] Auf eine Koordination der leistungs- mit der finanzwirtschaftlichen Dimension ging man im strategischen Planungsprozess nicht weiter ein.[3] Erst durch verstärkte M&A-Aktivitäten[4] Ende der 1980er Jahre wurde eine verstärkte Abstimmung beider Dimensionen unumgänglich. Mächtiger werdende Kapitalanleger[5] wie Pensionsfonds, Fondsgesellschaften, Banken und Versicherungen begannen auf eine verstärkte Berücksichtigung ihrer Interessen zu drängen. Unternehmensleitungen, die es nicht verstanden, den Wert der Unternehmensanteile für diese Gruppen zu steigern, wurden durch Neue ersetzt. Um einer Unternehmensübernahme bzw. dem Verlust der eigenen Stellung zu entgehen, versuchten immer mehr Unternehmensleitungen, verstärkt Wertsteigerungen für ihre Aktionäre zu erzielen. So rückte insbesondere bei großen Publikumsgesellschaften die Anspruchsgruppe der Aktionäre (Shareholder) in den Mittelpunkt des unternehmerischen Zielsystems.

Das Shareholder-Value-Konzept des amerikanischen Ökonomen Alfred Rappaport bot hierzu einen adäquaten Managementansatz: Vorrangiges Ziel sollte es sein, Wert für den Anteilseigner durch eine Steigerung des Kurswerts und durch Ausschüttungen zu schaffen.[6] Der Ansatz Rappaports wurde von Beratungsfirmen modifiziert nach Europa gebracht[7] und im deutschen Sprachraum

---

[1] Vgl. Porter (1987) und (1997)
[2] Vgl. Brune (1995)
[3] Vgl. Brune (1995), 59 u. Winnes (1999), 23 f.
[4] M&A bedeutet „Mergers and Acquisitions: Zusammenschluss und Zukauf von Unternehmen", Winnes (1999), 24; Anzahl und Umfang der M&A-Aktivitäten stiegen bis 2001 an, vgl. z.B. Deutsche Bank – Unternehmer spezial, Nr. 2, Juli 2002, 6 oder Günther (1997), 5 f.
[5] Auch wenn in dieser Arbeit nur die männliche Form verwendet wird, soll jeweils die weibliche Form miteingeschlossen sein. Aus Gründen der besseren Lesbarkeit wird jedoch auf die ständige Wiederholung der weiblichen Form verzichtet. Der Verfasser ist sich dieses Mangels bewusst und bittet um Nachsicht.
[6] Vgl. Rappaport (1986); Anfang der 1980er Jahre wurde von Professoren an US-Business-Schools Gedankengut der Finanz- und Kapitalmarkttheorie auf die Unternehmensführung übertragen, vgl. Fruhan (1979), Rappaport (1981, 1986, 1999) und Copeland/Koller/Murrin (1993), vgl. Günther (1997), 1.
[7] Z.B. die EVA-Methode der Berater von Stern-Stewart & Co., vgl. Winnes (1999), 172 f., Schmid (1998), 220, vgl. Günther (1997), 1

unter dem Begriff „wertorientierte Unternehmensführung" aufgegriffen und von vielen deutschen Großfirmen eingeführt.[8] Andere Anspruchsgruppen wie Kunden, Lieferanten und vor allem die Arbeitnehmer traten gegenüber den Shareholdern in den Hintergrund. Die einseitige Orientierung an den Methoden der quantitativen Ermittlung des Shareholder-Values sieht die Arbeitnehmer letztlich als Kosten, die es zu minimieren gilt, um die Cash Flows so zu steigern, dass die Rendite des eingesetzten Kapitals die Kapitalkosten übersteigt (näheres zur Methodik siehe 3.2.1). Die Gewinnmaximierung als oberstes Ziel der Unternehmensführung erhielt – wie von der Betriebswirtschaftslehre lange postuliert – wieder Vorrang vor anderen Zielsetzungen wie etwa der „Maximierung des Kundennutzens".[9]

Dass die Arbeitnehmer einen großen, wenn nicht entscheidenden Anteil am Shareholder Value haben, kommt in der rein quantitativen Shareholder-Value-Orientierung nicht vor.[10] Spricht man jedoch mit Praktikern der Unternehmensführung, dann kann man oft die Antwort hören, dass das Human Capital das eigentlich wichtigste Kapital sei.[11] Diese Position wird durch die empirische Erfolgsfaktorforschung gestützt, nach der die Qualität des Personals den wichtigsten Einflussfaktor für den Erfolg darstellt.[12] Betriebswirtschaftlich stellt sich die Frage, wie dieser Widerspruch zu erklären ist:

---

[8] U.a. von Bühner (1990, 1994) u. Volkart (1997), vgl. Günter (1999), 1; zur Übertragung auf nicht börsennotierte Firmen vgl. Bea/Thissen (1997); als Beispiele für Unternehmen gelten Daimler Chrysler, Siemens, Deutsche Bank, Hoechst (jetzt: Aventis), BASF, vgl. Winnes (1998), S. 222 ff.

[9] Malik (1995), 16

[10] Fröhlich (1998) moniert, dass weder Rappaport (1986) – in der Erstauflage, der Verf. - noch Bühner (1990) die Unternehmensmitarbeiter überhaupt erwähnen

[11] Peter Drucker (1992), 11, zitiert in: Friedman et.al. (1999), 3, sagt hierzu: „Heute behaupten alle Unternehmen routinemäßig: ‚Unsere Mitarbeiter sind unser größtes Kapital.' Doch nur wenige praktizieren, was sie propagieren – geschweige denn, dass sie wirklich daran glauben"; vgl. auch Kittner (1997), 2285, der eine Reihe von Wirtschaftsführern mit ähnlichen Aussagen zitiert

[12] Vgl. Fritz (1990), 91: eine Zusammenfassung von vierzig empirischen Untersuchungen kommt zu dem Ergebnis, dass die Qualität des Personals (Führungskräfte u. Mitarbeiter) an erster Stelle der Erfolgsfaktoren steht; in einer groß angelegten eigenen Untersuchung kommt Fritz (1995), 169 f. u. 257 zum Ergebnis, dass die „Mitarbeiterorientierte Führungsdimension" und damit die Qualität des Personals den stärksten Einfluss auf den Unternehmenserfolg hat; Göttgens (1996), 315 ff. und 338 kommt ebenfalls wie Daschmann (1993), 119 u. 165 f. zu einem signifikant größten Einfluss des Personals auf den Erfolg; in einer Klausurtagung seines Arbeitgeberverbands konfrontierte der Verfasser vgl. Grill (2001), 18 teilnehmende Unternehmer, Geschäftsführer und Personalleiter mit der offenen Frage: „Welche Faktoren bewirken den Erfolg des Unternehmens?" Die zusammengefasste Meinung der Anwesenden stützt die von Fritz (1990) referierten Ergebnisse annähernd deckungsgleich

Investitions- und kapitalmarkttheoretisch begründete finanzwirtschaftliche Bewertungsansätze des Shareholder Value–Konzepts stehen empirisch fundierten, realwirtschaftlichen Ergebnissen der Erfolgsfaktorforschung gegenüber.

Eine Beantwortung dieses eher allgemein betriebswirtschaftlich-wissenschaftlichen Themas kann in Bezug auf mittlere Unternehmen nicht erfolgen, ohne auf deren Besonderheiten einzugehen.[13] Die Betriebswirtschaftslehre hat sich bisher überwiegend mit Großunternehmen auseinandergesetzt und dem Mittelstand wurde relativ wenig Beachtung geschenkt. Josef Mugler, Lehrstuhlinhaber am Institut für Betriebswirtschaftslehre der Klein- und Mittelbetriebe an der Wirtschaftsuniversität Wien, spricht sogar davon, dass der Mittelstand von den Wirtschaftswissenschaften „phasenweise ignoriert“ wurde: „Was in Großbetrieben vor sich geht, schien interessanter und analytischen Prozessen leichter zugänglich als die wenig formalisierte Welt der Klein- und Mittelbetriebe.“[14]

Eberhard Hamer[15] vom Mittelstandsinstitut Hannover hat den **personalen Aspekt** mittelständischer Unternehmer und Unternehmen als qualitatives Differenzierungsmerkmal, gestützt auf zahlreiche empirische Untersuchungen, herausgearbeitet. Seiner Auffassung nach unterscheiden sich mittelständische Unternehmen wesentlich von Großunternehmen, für die im Gegensatz zum Mittelstand der formale Aspekt maßgeblich sei. Die Betriebswirtschaftslehre habe sich überwiegend mit der formalen Welt von Großunternehmen auseinandergesetzt. Der im Mittelstand dominierende personale Aspekt komme in den üblichen Erklärungsmodellen kaum vor. Hamer hat deshalb eine auf die Besonderheiten des Mittelstands gerichtete „**Mittelstandsökonomie**“ entwickelt, die sich insbesondere aus der Unterscheidung des mittelständischen Risikounternehmers vom Gehaltsunternehmer (Manager) der Großunternehmen ableitet (vgl. 2.3.3/4).

Der Verfasser hat fast sein ganzes Leben im bzw. für den Mittelstand gearbeitet. Er kennt mittlere Unternehmen nicht nur aus der Rolle eines „Beobachters“ von außen, sondern vor allem aus der Rolle eines „Teilnehmers“ mittelständischer „Lebens- und Sprachwelten“ von innen und hat somit im Sinne von Werner Kirsch[16] neben der „außenperspektivischen“ insbesondere eine „binnenperspektivische“ Wahrnehmung mittlerer Unternehmen erfahren.[17] Seit Ende der 1980iger Jahre stellt er einen tiefergreifenden Umbruch in Bezug auf den von Hamer definierten personalen Aspekt fest, der negative Auswirkungen auf das Personal nach sich zieht. Dieser tritt insbesondere bei ambitionierten

---

[13] Zur Charakterisierung mittlerer Unternehmen siehe Abschnitt 2.3.3 ff.

[14] Mugler (1998), 2

[15] Vgl. zusammenfassend Hamer (2001), detailliert Hamer (1984, 1987, 1988, 1989)

[16] Kirsch (1997c), 19 ff.

[17] Zur Unterscheidung der Teilnehmerperspektive von der Beobachterperspektive vgl. auch Scherer (2002), 27

mittleren Unternehmen auf, die sich ehrgeizige Umsatz- oder Gewinnwachstumsziele gesetzt haben. Diese Sicht wird durch Ergebnisse des europäischen Forschungsprojekts STRATOS gestützt, in dem die Werthaltungen von mehr als 1100 Führungskräften mittelständischer Unternehmen aus 8 Ländern untersucht wurden.[18] Mit hoher Signifikanz ergibt sich folgender für diese Unternehmen abträglicher Zusammenhang: „Je mehr Führungskräfte" nach „Gewinnmaximierung" und „Wachstum" und nach „denselben Vorgehensweisen, wie sie für Großunternehmen üblich sind" streben, umso mehr verringern sich Wettbewerbsvorteile wie Reputation, Image, Qualität des Managements, Qualität der Mitarbeiter und das Betriebsklima.[19]

Mittlere Unternehmen im Umbruch

Mittlere Unternehmen sind wie Großunternehmen den sich rasch verändernden Variablen eines dynamischen Käufermarktes ausgesetzt: Verkürzte Produktlebenszyklen, schnellere Lieferzeiten und erhöhte Qualitäts- und Serviceerwartungen bedrängen sie in gleicher Weise wie Billigangebote und Plagiate aus Fernost. Bedrohlich erleben mittlere Unternehmen außerdem die steigende Konzentration der Einkaufsmacht von Handelsketten und Großindustrie.[20] Die mit dem „Wechsel vom industriellen zum post-industriellen Organisationsmodell" einhergehenden Trends zu „weltweiter Präsenz/Globalisierung", „Durchlässigkeit", „Demassifizierung", „Beschleunigung" und zu „steigender Turbulenz" stellen massive Herausforderungen dar, unter denen ehrgeizige Wachstums- und Gewinnziele nur durch ständige Anpassungen zu erzielen sind.[21] Für Zulieferer in der Automobilindustrie bedeutet dies zum Beispiel, dass weltweit vor Ort an die Montagebänder angeliefert werden muss, wobei die Grenzen zwischen Hersteller- und Zulieferfirma immer mehr verwischen. Angesichts der Variantenvielfalt werden die Serien immer kleiner, es muss binnen Stunden angeliefert werden, wobei die Komplexität der Abläufe und unberechenbare Situationen zunehmen.

---

[18] Vgl. Gabele (1989), 633 f.; zum STRATOS-Projekt Fröhlich/Pichler (1988); Bamberger / Pleitner (1988)

[19] Gabele (1989), 634

[20] Der steigende Preis- und Konkurrenzdruck führt dazu, dass viele Unternehmen diesem nicht mehr Stand halten können und dann als Bezieher von Investitionsgütern ausfallen oder bestellte Waren nur schleppend bezahlt werden, da auch private Endkunden wirtschaftlich schwächer geworden sind. Diese Einschätzung spiegelt sich in der **Mittelstandsumfrage 2003** wider, in der 512 Inhaber, geschäftsführende Gesellschafter und Geschäftsführer mittelständischer Unternehmen teilnahmen (Interviews nach Quotenauswahl auf Basis der amtlichen Statistik, Minimumumsatz 1 Mio. Euro, weniger als 500 Beschäftigte). Die fünf größten „Ursachen für die mangelnde wirtschaftliche Situation" sehen die Befragten wie folgt: „Die schlechte wirtschaftliche Situation der Kunden" (93 %), „Steigender Preisdruck" (89%), „Die Politik in Deutschland" (87%), „Steigender Konkurrenzdruck" (76 %), „Nachlassende Zahlungsmoral der Kunden", Watt (2004), 19 u. 54 f.

[21] Perich (1993), 33 ff.

Auf Druck der Europäischen Union hat beginnend ab 2001 auch der deutsche Gesetzgeber mit dem Kapitalgesellschaften- und Co-Richtlinie-Gesetz die Veröffentlichungsvorschriften der Rechnungslegung für mittelständische Unternehmen so verschärft, dass sie nicht länger der in Deutschland bis dahin eher nachlässig gehandhabten Veröffentlichungs-Praxis ausweichen können.[22] Dies trifft besonders diejenigen, die es bisher vorzogen, im Verborgenen zu bleiben, in ihrem Selbstverständnis.[23] Bedrohlich erleben mittlere Unternehmen auch die Veränderung der Kreditvergabepraxis durch den Basler Akkord II, der sie dazu zwingt, nicht nur Vergangenheitsdaten aufzuzeigen, sondern bisherige und zukünftige Erfolgsquellen gegenüber Kreditinstituten offen zu legen. Nicht schlüssig vorgetragene Erfolgsaussichten gehen dabei zu Lasten der Bonität und führen zu einer Verteuerung der Kredite.[24] Für mittlere Unternehmen mit einer niedrigen Eigenkapitalquote und hoher Bankabhängigkeit können höhere Sollzinsen dazu führen, dass ihre Finanzsituation existenzbedrohende Züge annimmt.[25]

Stärker noch als diese nur beispielhaft und nicht abschließend aufgeführten externen Veränderungen, die über die Wirtschaftspresse jedermann zugänglich sind, wiegen Umbrüche, die vorwiegend hinter den Kulissen stattfinden. Mit der Jahrtausendwende hat der Prozess des ‚sich-aus-dem-aktiven-Geschäft-Zurückziehens' eines Großteils der Gründer- und Aufbau-Generation nach dem zweiten Weltkrieg einen Höhepunkt erreicht.[26] Nicht alle können die Geschäftsführung an familienangehörige Nachfolger übergeben. Immer häufiger wird das Steuer in die Hände familienfremder Manager gelegt.[27] Die bishe-

---

[22] Durch das KapCoRiLiG wird zudem die im Mittelstand weit verbreitete GmbH & Co.KG erstmals publizitätspflichtig; zur bislang geübten „defensiven Publizitätspolitik" im Mittelstand Kupsch (1987)

[23] Nach Simon (1996) blieben selbst die besten mittleren Unternehmen gerne im Verborgenen („Hidden Champions")

[24] Vgl. Schierenbeck (2001), Wimmer (2001), Barth et.al. (2002); die veränderte Kreditvergabepraxis ist für mehr als jedes zweite Unternehmen ein bedeutender Faktor. Vor allem bemängeln die 512 befragten Mittelstandsvertreter, dass Banken viel zögerlicher Kredite gewähren als früher und viel höhere Sicherheiten dafür verlangen, vgl. Watt (2004), 22. Außerdem belasten Veränderungen im Arbeitsrecht wie die Modifikationen im Betriebsverfassungsgesetz und das neue Teilzeit- und Befristungsgesetz (TzBFG) mittlere Unternehmen insgesamt stärker als die Großindustrie: Freigestellter Betriebsrat bereits ab 200 Arbeitnehmern sowie mehr Betriebsräte als zuvor: §§ 9, 38 BetrVG; Teilzeit als gesetzlicher Anspruch, Verbot, ehemalige Arbeitnehmer zu befristen: § 4 TzBG; Zunahme der „Bürokratieüberwälzung: Strafarbeit für Selbständigkeit" (z.B. Bauabzugssteuer), die kleinere Unternehmen überproportional härter trifft als große, ausführlich hierzu Hamer (1984), 179 ff.; 87% von 512 befragten Mittelständlern sehen in der Politik eine Hauptursache für ihre schwierige wirtschaftliche Situation: insb. Steuergesetzgebung u. zu viele Vorschriften, vgl. Watt (2004), 19 ff.

[25] Die Eigenkapitalquote mittelständischer Unternehmen lag im Jahr 2001 nur bei 7,3%, bei den Großunternehmen hingegen bei 24,8 %, vgl. Institut der deutschen Wirtschaft (2004), 48

[26] Freund/Kayser/Schröer (1995) nennen den Zeitraum ab 1995 bis 2000; nach Beobachtungen des Verfassers hat dieser Prozess etwa in den Jahren vor 1990 begonnen

[27] Viele mittlere Unternehmen wurden/werden mangels Nachfolge verkauft, vgl. Institut der deutschen Wirtschaft (2006)

rigen Familienunternehmer, die mangels Nachfolger immer öfter in der aktiven Geschäftsführung nicht mehr vertreten sind, konzentrieren ihre Tätigkeit auf die Teilnahme an Aufsichtsgremien oder Gesellschafterversammlungen. Unter dem Einfluss ihrer Berater werden auch sie auf das Denken in Shareholder Value[28] aufmerksam gemacht. Aufsichtsorgansitzungen finden oft nur im Quartal und Gesellschafterversammlungen nur jährlich statt. Bei den wenigen Begegnungen geht es hauptsächlich um Informationen aus dem Rechnungswesen. Hatten die Gesellschafter in ihrer aktiven Zeit noch täglich mit den Leistungsträgern und anderen im Unternehmen tätigen Personen zu tun, so lassen die nun nur noch seltenen Kontakte das früher ständig Präsente verblassen. Ihre Beziehung zu den lebenden ‚Aktivposten' tritt hinter den Zahlen zurück. Das persönliche Verhältnis und die einhergehende Wertschätzung werden abgelöst durch Verhältniskennzahlen wie ‚Personen zu Umsatz' oder ‚Personalkosten zu Umsatz'. Am Ende richtet sich der Blick primär auf das ökonomische Ergebnis. Das Wertsystem der Gründer- und Nachfolgerunternehmer, das - wie die empirische Zielforschung zeigt[29] - neben ökonomischen immer auch nichtökonomische Ziele bzw. Werte wie die ‚Wertschätzung des Personals' enthalten hat, gerät in Vergessenheit.

Da in den Berechnungsgrundlagen des Shareholder-Value-Konzeptes der ‚Wert' von Mitarbeitern nicht erscheint , aber ihr ‚Unwert' als Kosten sehr wohl definiert ist, [30] wird der Fokus der verantwortlichen Personen einseitig auf Personalkosteneinsparung gelenkt, ohne die dabei stattfindende mögliche Wertvernichtung ins Kalkül zu ziehen. Vielfach folgt man den Vorbildern der Großindustrie[31] und schreckt dabei - bislang mittelstandsfremd[32] - auch vor „Downsizing" (Abbau von Personal ohne wirtschaftliche Notwendigkeit) nicht zurück.[33] Abgesehen davon, dass – wie die empirischen Studien von Wayne

---

[28] Nach Rappaport (1999), 39 ff. liegt Shareholder Value vor, wenn der Unternehmenswert das Fremdkapital übersteigt; der Unternehmenswert ergibt sich vereinfacht aus dem Gegenwartswert der erwarteten betrieblichen Cashflows, der durch Diskontierung mit Hilfe des gewogenen Kapitalkostensatzes aus Fremd- und Eigenkapitalkosten gewonnen wird, ausführlich 3.2.1

[29] Vgl. Heinen (1976), 21 ff; zur Zielforschung vgl. Kirsch (1981); die empirischen Studien von Fritz/ Förster/Wiedmann (1987), Fritz/Raffée (1990) u. Raffée/Fritz (1992) belegen den Zielpluralismus und konstatieren bis zum Beginn der 1990er tendenziell eine Bedeutungsabnahme des Gewinnzieles

[30] Personal ist nicht als sog. „Werttreiber" im „Shareholder-Value-Netzwerk" von Rappaport (1999), 68 definiert; weniger Personal erhöht hingegen durch eine steigende Produktivität über den Werttreiber „betriebliche Gewinnmarge" den „betrieblichen Cash-flow" und somit den Shareholder Value

[31] Nicht von ungefähr kreierte die US-Zeitschrift Business Week über das Verhalten von Managern deutscher mittlerer Unternehmen den Slogan „lean, mean, German", Miller/Woodruff (1997), zitiert in: Scholz (2000), 2

[32] Vgl. Hamer (1987), 160 ff.

[33] Dieses mit ethischen Grundsätzen kaum zu vereinende Verhalten erweist sich, wie Untersuchungsergebnisse des STRATOS-Projekts belegen, als nicht erfolgsförderlich. Die Einhaltung ethischer Prinzipien geht, - im Gegenteil - hoch signifikant mit ökonomischem Erfolg

Casico belegen – selten der gewünschte Erfolg eintritt und der Prozess des Downsizing von vielen negativen Folgewirkungen begleitet wird,[34] stellt sich die Frage, ob mittlere Unternehmen hierbei nicht nur grob mit ihrer jeweiligen Tradition brechen, sondern vermehrt auch gesellschaftlich in eine Legitimationskrise geraten. Es ist fraglich, ob die rein zweckrationalen Argumentationen der angeblich notwendigen Gewinnsteigerung den ausscheidenden, verbleibenden und künftigen Arbeitnehmern als Begründung für eine solche Entwicklung ausreichen und ob sie nicht zur Verschärfung der schon länger schwelenden gesamtgesellschaftlichen Sinn- und Orientierungskrise beitragen, wie sie von dem Soziologen Ulrich Beck als Wechsel von der Industrie- zur „Risikogesellschaft" herausgearbeitet worden ist.[35]

Selbst wenn eine neue Führung die von Gründern und Nachfolgern geprägten Werthaltungen fortsetzen will oder dazu verpflichtet werden soll, ist ihr häufig unklar, worin diese bestehen. Ein Grund dafür ist, dass Unternehmer in der Vergangenheit ihre Entscheidungen mit Gefühl und Intuition getroffen haben und darin verfolgte Wertschätzungen und Bewertungen selten explizit und systemtisch ausgesprochen haben, so dass diese nur schwer versteh- und nachvollziehbar waren bzw. sind. Für mittlere Unternehmen allgemein und insbesondere für solche, die sich im Umbruch des Generationenwechsels befinden und ambitionierte Ziele verfolgen,ergeben sich folgende ungeklärte Themen:

1. Der sich einseitig an der Wertsteigerung für Shareholder orientierende Shareholder-Value-Ansatz steht in einem Gegensatz zur empirischen Erfolgsfaktorforschung, die neben anderen Faktoren insbesondere das Personal als den wichtigsten Erfolgsfaktor ansieht, der in den Kalkülen nur als Kostenposition auftaucht, die im Sinne einer Steigerung des Shareholder Value minimiert werden muss. Methodisch basiert der Shareholder-Value-Ansatz auf dem Rechnungswesen. In der Strategieforschung hat insbesondere Aloys Gälweiler gezeigt, dass für die strategische Führung die rein finanzwirtschaftlichen Daten des Rechnungswesens irreführend sein können und dass stattdessen mit der realwirtschaftlich orientierten Größe des „Erfolgspotentials" operiert werden sollte.[36] Das Halten, Gewinnen, Entwickeln und Führen von Personal kann auch als eine „Fähigkeit"[37] des Unternehmens aufgefasst werden, die

---

einher. So lehnen Erfolgsbetriebe die Aussage „Man sollte es Unternehmungen nicht verübeln, wenn sie gelegentlich das Gesetz umgehen" signifikant stärker ab als Verlustbetriebe. Fröhlich/Pichler (1988), 150 ziehen daraus den Schluss, dass „Werte, Moral oder Ethik" einer erfolgreichen Unternehmensführung nicht abträglich sind, sondern stattdessen eine „Erfolgsbedingung" darstellen

[34] Casico et.al. (1997), vgl. auch Kieser (2002a)

[35] Beck (1986), Petersen (1997), 20 ff., Geißler (2000), 68 ff.

[36] Gälweiler (1987), 24 ff.

[37] Kirsch (2001), 411

zur Stärkung des Erfolgspotentials beiträgt, aber in den Kalkülen des Shareholder-Value-Ansatzes nicht enthalten ist.

2. Die Betriebswirtschaftslehre hat sich nur wenig um den Mittelstand gekümmert und noch weitgehend übersehen, dass mittlere, personal geführte Unternehmen auf anderen Grundlagen als formale Großunternehmen basieren. An die offene Frage der generellen Charakterisierung von mittleren Unternehmen schließt sich die weitere Frage an, ob – bedingt durch diese Andersartigkeit – der für börsennotierte Großunternehmen entwickelte Shareholder-Value-Ansatz für mittlere Unternehmen überhaupt geeignet ist.[38]

3. Gründer- und Nachfolgerunternehmer haben ihre Entscheidungen vor dem Hintergrund eines „Wertsystems" gefällt, das ökonomische und nichtökonomische Werte als Elemente enthält und miteinander verbindet. In diesem Wertsystem ist auch eine „Standortbestimmung" des Unternehmens zur Gesellschaft einschließlich des Personals enthalten.[39] Es ist wesentlicher Bestandteil der „Unternehmenskontiunität".[40] Beim Wechsel maßgeblicher Leitungspersonen besteht die Gefahr, dass es mangels expliziter Formulierung bei künftigen Entscheidungen aus dem Blick gerät und ursprüngliche Werte und Wertschätzungen eine andere Priorität erhalten oder gar ganz in Vergessenheit geraten. Auch ohne einen solchen Wechsel besteht die Gefahr, dass normative Zielsetzungen nicht oder nur ungenügend als Vorgaben in strategische Programme und deren Umsetzung eingehen.[41] Dieses Wertsystem ist auch maßgeblich für die Bewertung von Strategien. Vor dem Hintergrund der Veränderung von der Industrie- zur Risikogesellschaft[42] ergeben sich oft neue Fragen zur gesellschaftlichen Legitimität des Wertsystems, deren Antworten im Unternehmen erst noch erarbeitet werden müssen.

---

[38] Vgl. Rappaport (1986, 1999)

[39] Kirsch/Knyphausen (1988); Wertsystem oder Wertesystem werden synonym aufgefasst

[40] Nach Kappler (1997), 426 ff. verbirgt sich hinter dem Begriff „Unternehmenskontiunität" ein mehrdimensionales Konstrukt, das auch eine „unternehmenspolitische Leitlinie" enthält, in dem das hier angesprochene ‚Wertsystem' zu verorten wäre, ebd. Wenn Unternehmer einen Nachfolger suchen, wünschen sie sich, dass ihr Unternehmen als ganzes fortlebt, einschließlich der von ihnen vertretenen Werte, ebd., 426. Dass es hierbei zu großen Kommunikationsdefiziten kommen kann, zeigt ein von Anna Meyer (2006) geschildertes Beispiel vor allem auch vor dem Hintergrund, dass mittlere Unternehmer ihre Orientierungs- und Bewertungssysteme nur bedingt kommunizieren vgl. auch 2.3.9 u. 2.3.12

[41] Raffée/Fritz (1992), 316 f., stellen empirisch Inkonsistenzen zwischen normativen und strategischen Führungsaspekten fest, die nach der „Konsistenz-Effizienz-Hypothese" vgl. Staehle (1999), 60f. den Unternehmenserfolg beeinträchtigen können

[42] Vgl. Beck (1986)

Zielsetzung

Allgemeines Ziel der Arbeit ist es, einen Beitrag zur Klärung der soeben markierten Themen zu leisten. Im Einzelnen werden folgende Ziele verfolgt:

→ **Ziel 1:**

Erörterung des Shareholder-Value-Ansatzes durch Vergleich mit anderen Ansätzen der strategischen Literatur im Hinblick auf die strategische Bedeutung des Human Capital

→ **Ziel 2:**

Charakterisierung mittlerer Unternehmen und Erörterung, inwieweit der Shareholder-Value-Ansatz für diese geeignet ist.

→ **Ziel 3:**

Generierung eines Bezugsrahmens für die strategische Bewertung des Human Capital unter Bezugnahme auf die Literatur mit dessen Hilfe eine Evaluation vorgenommen werden kann.

1.1 Aufbau der Arbeit

Das **Kapitel 2** legt die Grundlagen dieser Arbeit fest. Hierzu werden einzelne Begriffe unter Hinzuziehung dazugehöriger Ansätze erörtert und zugleich geprüft, inwieweit diese Ansätze in der Arbeit verwendet werden können. Zunächst wird in **Abschnitt 2.1** der wissenschafts-theoretische Hintergrund der Arbeit ausführlich beleuchtet. Eine besondere Rolle spielt dabei, dass der Verfasser über zwei Jahrzehnte an Erfahrung im Mittelstand in diese Arbeit einbringt. Wegen der fehlenden Distanz zum Untersuchungsobjekt erscheint dies im Kontext des kritischen Rationalismus zumindest ungewöhnlich. Wie dies dennoch methodologisch vertreten werden kann, ist wesentlicher Inhalt dieses Abschnitts. Unter anderem wird geklärt, was ein theoriegeleiteter Bezugsrahmen ist, auf dessen Basis eine Bewertung bzw. Evaluation erfolgen soll. In **Abschnitt 2.2.1** geht es um die Definition von Human Capital (HC) aus unterschiedlichen Blickwinkeln. Insbesondere wird herausgearbeitet, inwieweit Humankapital im volkswirtschaftlichen Kontext identisch mit dem HC als immateriellem Wert in einer Unternehmensbilanz ist, wobei auch geprüft wird, ob der Ansatz des Human Ressource Accounting hierzu Beiträge liefern kann. Besondere Bedeutung kommt dem vertraglich verpflichteten Humanpotential zu und wie dieses durch Arbeits- und Führungssysteme zu Human Capital werden kann. Betrachtungen über HC als Bestandteil des Intellektuellen Kapitals runden diese Klärungen ab. Der **Abschnitt 2.2.2**. setzt sich mit zentralen Begriffen des strategischen Managements auseinander, die in der Literatur nicht einheitlich verwendet werden. Der Fokus liegt auf den Zusammenhängen von ‚Erfolgsfaktoren', Fähigkeiten' und ‚Erfolgspotential', die in der Bestimmung des Shareholder Value nicht oder nur wenig berücksichtigt werden. Ferner geht es um die Erläuterung, was unter strategischer Unternehmensführung zu verstehen ist und um die Skizzierung einer strategischen Unternehmungsführungstheorie, die den Hintergrund für den angestrebten Bezugsrahmen bildet. In **Abschnitt 2.3** steht neben der quantitativen insbesondere die qualitative Charakterisierung des Forschungsobjekts mittelständisches Unternehmen im Vordergrund. Dabei werden grundlegende Unterschiede von mittleren und großen Unternehmen erarbeitet. Eine Grundlage hierzu liefert die Mittelstandsökonomie Eberhard Hamers, die den Gegensatz von Risiko- und Gehaltsunternehmern herausstellt. Der Verfasser ergänzt den Ansatz Hamers, indem er seine Mittelstandserfahrungen unter Rekurrierung der Literatur anhand der Themen Unternehmensverfassung, -kultur, -struktur, -strategie und der strategischen Personalarbeit einbringt, in die auch eine empirische Überprüfung eingeht. Die Folgen des Wechsels vom Risikounternehmer zum Gehaltsunternehmer werden näher beleuchtet. Abschließend wird das Verhältnis des Risikounternehmers zur Wissenschaft betrachtet und eine Definition des mittleren Unternehmens gegenüber Groß- und Kleinunternehmen vorgenommen.

In **Kapitel 3** wird zunächst reflektiert, was unter Bedeutung und Bewertung des HC generell verstanden werden kann. Ein Ergebnis dieser Reflexion ist, dass ‚strategische Bedeutung bzw. Bewertung' zwei Aspekte enthält, nämlich einen normativen und einen strategischen (im engeren Sinne). Zur Behebung des oben festgestellten dritten Defizits eines fehlenden Wertesystems, wird in **Kapitel 3.1** überwiegend die Bedeutung des normativen Managements für das HC behandelt. Dabei wird in **Abschnitt 3.1.1** zunächst die Kontextabhängigkeit von Bedeutung an sich erläutert. Zur Standortbestimmung wird in **Abschnitt 3.1.2** auf die Identität bzw. das Selbstverständnis von Unternehmen ausführlich Bezug genommen. Dabei wird die Unternehmensgründung beleuchtet, die nach Edgar Schein beim Identitätsbildungsprozess eine maßgebliche Rolle spielt. Um den Identitätsfindungsprozess zu vereinfachen, wird in **Abschnitt 3.1.3** die Thematik der Sinnmodelle vertieft. Diesen liegen als Basis-Leitbilder dem normativen Management - mehr oder weniger bewusst - zugrunde. In **Kapitel 3.2** wird als wichtiges Teilgebiet des normativen Managements zur Erfüllung von Ziel 1 untersucht, welche grundlegenden Verhaltensweisen Unternehmen gegenüber ihren Anspruchsgruppen verfolgen. In **Abschnitt 3.2.1** wird der Shareholder-Value-Ansatz und in **Abschnitt 3.2.2** der Stakeholder-Value-Ansatz erläutert. Desweiteren wird in **Abschnitt 3.2.3** ein Ansatz beleuchtet, der im Mainstream der Literatur bislang nur eine geringe Rolle spielt, und zwar das Unternehmen an sich (Corporate-Capitalism-Ansatz). Als Resümee aus dem Vergleich der unterschiedlichen Ansätze und den Vorarbeiten aus dem Abschnitt 2.3 wird in **Abschnitt 3.2.4** zur Erfüllung von Ziel 2 begründet, ob der Shareholder-Value-Ansatz für mittlere Unternehmen geeignet ist. In **Abschnitt 3.2.5** wird ein allgemeiner Bezugsrahmen zur

Schöpfung bzw. Generierung von Wert bzw. Werten für mittlere Unternehmen als Ergebnis der Diskussion der Ansätze hergeleitet. In **Abschnitt 3.2.6** wird zusammengefasst, welche Bedeutung HC in den unterschiedlichen Ansätzen zu den Anspruchsgruppen zukommt. Abschließend wird in **Kapitel 3.3** die normative Bedeutung des HC als Resümee der Kapitel 3.1 und 3.2 mit Hilfe von 10 Hypothesen zusammengeführt.

Kapitel 4 beschäftigt sich mit der strategischen Bedeutung von HC in strategischen Ansätzen und Programmen. Das **Kapitel 4.1** arbeitet zur umfassenderen Beantwortung von Ziel 1 zunächst heraus, welche Bedeutung HC in weiteren Ansätzen der strategischen Literatur hat, da der von Rappaport geprägte Shareholder-Value-Ansatz wesentlich nur auf dem marktorientierten Ansatz aufbaut und andere Ansätze nicht miteinbezieht.[43] In **Abschnitt 4.1.1** wird der marktorientierte Ansatz und in **Abschnitt 4.1.2** der ressourcenorientierte Ansatz erläutert. In **Abschnitt 4.1.3** werden integrative Ansätze dargestellt, welche gegenüber den vorangehenden, an sich konträren Ansätzen eine vermittelnde Position einnehmen. Ein Resümee hierzu wird in **Abschnitt 4.1.4** gezogen. Das **Kapitel 4.2** dient im wesentlichen der Erfüllung von Ziel 3. Zunächst wird in **Abschnitt 4.2.1** die Überführung vom strategischen Rahmenkonzept auf strategische Programme als die Nahtstelle von normativem zu strategischem Management näher betrachtet. In den strategischen Programmen geht es um die Gestaltung von Fähigkeiten, die in **Abschnitt 4.2.2** ausführlicher behandelt werden, insbesondere auch im Hinblick auf personale Kompetenzen im Unterschied zu organisationalen Fähigkeiten. Die rein strategische Bedeutung von HC erwächst aus der Stellung und Umsetzung von Human Capital Management (HCM), das in **Abschnitt 4.2.3** erläutert wird. Es wird dabei auf einen Ansatz fokussiert, der sich nicht auf die klassischen HCM-Bereiche beschränkt, sondern auch Einfluss auf die Technologie und Organisation im Sinne des HC nimmt. Am Ende von Abschnitt 4.2.3 wird ein Bezugsrahmen für das HCM skizziert, dessen einzelne Faktoren in den Folgeabschnitten ausgeführt werden. Eine wesentliche Rahmenbedingung für das HCM ist dessen Verankerung in der Organisationsverfassung in **Abschnitt 4.2.4**, die eigentlich dem Bereich der normativen Bedeutung in Kapitel zuzuordnen wäre, aber wegen der notwendigen vorausgehenden Erläuterung des HCM erst hier aufgegriffen werden kann. In **Abschnitt 4.2.5** wird mit dem Arbeits- und Führungssystem der wichtigste Ansatz zur Wertsteigerung von HC durch das HCM näher betrachtet. Der **Abschnitt 4.2.6** erläutert, warum HCM proaktiv Einfluss auf Technologien nehmen sollte. Analog wird in **Abschnitt 4.2.7** ausgeführt wird, warum ein solcher Einfluss von HCM auch auf die Organisation begründet ist. In **Abschnitt 4.2.8** wird auf verschiedene Aspekte der Unternehmenskultur und deren Einfluss auf HC eingegangen. In **Abschnitt 4.2.9** wird das Humanpotential als zentraler Erfolgsfaktor vertieft. Hier werden die personalen Kompetenzen aufgeführt, die von Leitenden, Wissens-

[43] Vgl. Rappaport (1999), 71 ff. u. 89

arbeitern und Operativen erlangt werden sollten, um eine möglichst gute Ausgangslage für ein HCM bzw. HC zu schaffen. Im Anschluss geht es in **Abschnitt 4.2.10** um die Personalstruktur, die sich z.B. im Verhältnis Qualifizierter zu weniger Qualifizierten ausdrückt. Externe Einflüsse wie der gesellschaftliche Wertewandel und proaktive Reaktionen darauf spielen in **Abschnitt 4.2.11** eine Rolle. Als eine Besonderheit wird in **Abschnitt 4.2.12** eine integrierte ‚Entwicklung von Personen, Organisation und Technologie' postuliert. In **Abschnitt 4.2.13** sind alle Thesen zur Generierung von strategischer Bedeutung des HC zusammengefasst.

In **Kapitel 5** werden zur Erfüllung von Ziel 3 die Vorarbeiten der Kapitel 3 und 4 zusammengeführt. Zunächst wird der im betriebswirtschaftlichen Kontext noch ungewohnte Begriff der Evaluation in **Abschnitt 5.1** erörtert. In **Abschnitt 5.2** werden die Erkenntnisse aus Kapitel 3.1 genutzt, um die Identität des Unternehmens zu beschreiben. Dabei wird von einer Selbstevaluation maßgeblicher Personen des Unternehmens ausgegangen, die von einem Forscher moderiert wird. In **Abschnitt 5.3** werden aus den Hypothesen zur strategischen Bedeutung Fragen abgeleitet, deren Beantwortung jeweils Ausprägungen von Wert ergeben. Es ergibt sich so ein Wertprofil, dessen Veränderungen anzeigen, ob der Wert des HC zunimmt, abnimmt oder in etwa gleich bleibt. In **Abschnitt 5.4** wird der Vorgang der Evaluation zusammengefasst. Ansätze zur Vertiefung und eine Überleitung zum dalogischen Management schließen in **Kapitel 6** die Arbeit ab.

2 Grundlagen

2.1 Wissenschaftstheoretischer Hintergrund

Öffnung zu Sozialwissenschaften

Im Zentrum des Themas steht das Human Capital. Betriebswirtschaftlich betrachtet handelt es sich zunächst um den Produktionsfaktor Arbeit. Im Gegensatz zu den Produktionsfaktoren Betriebsmittel (z.B. eine Stanze) und Werkstoffen (z.B. ein Blechteil) unterscheidet sich der Produktionsfaktor Arbeit (z.B. ein Arbeiter, der Blechteil mit der Stanze formt) durch seine Lebendigkeit. Günther Schanz spricht daher konsequenterweise von „lebendiger Arbeit".[44] Zum Verständnis der Träger lebendiger Arbeit, also von individuellen Subjekten und Gruppierungen von Subjekten, ist die rein ökonomische Theorie nur bedingt in der Lage. Dies gilt auch für die „Neue Institutionen-Ökonomie", die über die drei Theoriestränge „Verfügungsrechte-, Transaktionskosten- und Agencytheorie" personalwirtschaftlich relevante Aussagen zu treffen vermag, aber der Komplexität des Menschen nicht voll gerecht werden kann.[45] Hierzu ist es unumgänglich auf Nachbardisziplinen wie die Organisations-Psychologie zurückzugreifen.[46] Um kritischen Einwänden von Vertretern der nur ökonomischen Theorie[47] gerecht zu werden, kann dies nur professionell mit einer entsprechenden Auseinandersetzung mit den berührenden (Teil-)Gebieten dieser Disziplinen geschehen.

Theorienpluralismus

Nach dem Verlust des Gutenberg- Paradigmas gibt es mehrere theoretische Ansätze in der Betriebswirtschaftslehre. Nach dem Wissenschaftshistoriker Thomas S. Kuhn ist ein Paradigma wie folgt zu verstehen:

> „Ein Paradigma ist das, was den Mitgliedern einer wissenschaftlichen Gemeinschaft und nur ihnen, gemeinsam ist. Umgekehrt macht der Besitz eines gemeinsamen Paradigmas aus einer Gruppe sonst unverbundener Menschen eine wissenschaftliche Gemeinschaft." Kuhn (1978), 390

---

[44] Schanz (2000a), 6

[45] Schanz (2000a), 50 ff.

[46] Vgl. Vertreter der Neuen Institutionenökonomie wie Höckels (2000)

[47] Auch nach Jahrzehnten ist die Öffnung der Betriebswirtschaftslehre zu den Sozialwissenschaften durch Edmund Heinen – Schanz (2000a), 111 datiert diese mit 1962 – umstritten. So beklagt Albach in der Eröffnungsrede der Hochschullehrertagung 1990, dass das Wort „Verhalten" öfters verwendet werde, als der Begriff „Kosten", zitiert in: Ordelheide/Rudolph/Büsselmann (1991), 3. Fachüberschreitungen unterliegen generell einem „Dilettantismusvorwurf", Chmielewicz (1979), 27

Nach Schanz verfolgt eine wissenschaftliche Gemeinschaft ein „Wissenschaftsprogramm".[48] Imre Lakatos[49] definiert ein Wissenschaftsprogramm im wesentlichen durch zwei Kriterien: eine „negative Heuristik", bezüglich der Wege die eine Forschergemeinschaft nicht bereit ist, einzuschlagen, und eine Abweisungsregel, die verhindert, dass aus der eigentlichen Theorie abgeleitete, falsifizierte Hypothesen zugleich diese verwerfen.[50] Wolfgang Stegmüller fasst die eigentliche Theorie als „Theoriekern" auf und sieht in Hypothesen lediglich „intendierte Anwendungen" des Theoriekerns, wobei nur die intendierten Anwendungen an der Empirie scheitern können.[51] Dieser raffinierte Falsifikationismus, der den ursprünglichen Theoriemonismus[52] Poppers ablöst, lässt ein Nebeneinander von Wissenschaftsprogrammen zu. Es stehen daher verschiedene Ansätze miteinander in Konkurrenz und ein einheitliches, übergreifendes Paradigma, das alle Wissenschaftsprogramme integrieren könnte, existiert nicht. Schanz unterscheidet in der Betriebswirtschaftslehre grob in

- die „Betriebswirtschaftslehre als Wissenschaft von der Produktivitätsbeziehung" nach Erich Gutenberg
- die „entscheidungs-orientierte Betriebswirtschaftslehre " nach Edmund Heinen
- die „systemorientierte Betriebswirtschaftslehre" nach Hans Ulrich
- die „ökologisch verpflichtete Betriebswirtschaftslehre"
- den „Neuen Institutionalismus" und
- die „verhaltenstheoretische Betriebswirtschaftslehre"[53]

Allein in der für diese Arbeit relevanten Literatur zum strategischen Management[54], der Personalwirtschaftslehre[55], der Unternehmensbewertung[56] und der Organisationstheorie[57] finden sich jedoch eine Reihe von Ansätzen, die nicht oder nur bedingt auf eines der von Schanz genannten Wissenschaftspro-

---

[48] Schanz (1988b), 86
[49] Vgl. Lakatos (1974)
[50] Schanz (1988b), 86 f.
[51] Stegmüller (1973), 184; vgl. auch Kirsch (1978a), 121 ff.; Schnell/Hill/Esser (1999), 46 ff. unterstreichen Stegmüllers nach wie vor aktuelle Bedeutung
[52] Nach Popper (1966), 54 f. sollten falsifizierte Hypothesen auch die Theorien, aus denen die Hypothesen deduktiv abgeleitet worden sind, als falsifiziert gelten. Spinner (1974,1980) sieht im Gegenteil im „Pluralismus als Erkenntnismodell" die Chance, zu einer Steigerung des von Popper geforderten Fallibilismus beizutragen
[53] Schanz (2000b); Schanz trifft noch weitere Unterscheidungen für die BWL vor 1950
[54] Vgl. Knyphausen-Aufsess (1996), siehe auch 2.2.2.5
[55] Vgl. Scholz (2000), 42 ff.
[56] Vgl. Hinterhuber A. (2002), 13 ff.
[57] Vgl. Kieser (Hrsg.)(2002); auch in der Organisationspsychologie finden sich mehrere Theorien vgl. Holling/Müller (1995) und differente motivationstheoretische Ansätze vgl. Rosenstiel (2003), 388 ff.

gramme zurückgeführt werden können.[58] Aufgrund der Vielfalt der Ansätze und eines fehlenden übergreifenden Meta-Ansatzes, der die Vielfalt integriert, ist es zur Bewältigung des komplexen Themas unumgänglich, verschiedene Theorien und theoretische Ansätze in einem „theoretischen Bezugsrahmen" zusammenzufassen mit dessen Hilfe Bedeutung und Bewertung des Human Capital gemessen bzw. eingeschätzt werden kann. „Eine Beschränkung auf lediglich einen theoretischen Ansatz und eine Theorie würde der Komplexität des zu erklärenden Sachverhaltes nicht gerecht."[59]

Theorie und theoretischer Bezugsrahmen

Nach dem Vorbild der Naturwissenschaften ist eine „Theorie" ein „System von Gesetzesaussagen über einen bestimmten Gegenstandsbereich".[60] Gesetzesaussagen oder Gesetze werden auch „Invarianzaussagen" genannt, um auszudrücken, dass ein „konstantes Muster vermutet wird."[61] Gesetzesaussagen sind möglichst allgemein gefasst und haben sich in empirischen Prüfungen bewährt. „Hypothesen" hingegen sind „Vermutungen über die strukturelle Beschaffenheit der Realität". Sie werden dann zu Gesetzesaussagen, wenn sie möglichst allgemein gehalten sind und sich empirisch bewährt haben. Man spricht dann von „nomologischen Hypothesen".[62] Man unterscheidet vier Stufen von Hypothesen:[63]

1. Noch „**unbegründete**" und „**ungeprüfte Spekulationen"**, noch unverbunden mit dem bisherigen Wissen, noch ohne Prüfvorstellungen
2. An Erfahrungsmaterial getestete und mehr oder weniger gut bewährte Vermutungen, die allerdings weitgehend unbegründet sind" („**empirische Hypothesen**")
3. „begründete, bislang aber ungeprüfte Hypothesen" („**plausible Hypothesen**")
4. „**bewährte Hypothesen**", „wohlbegründet und empirisch bestätigt", „**nomologische Hypothesen**."

Die Stufe 4 findet sich in den Naturwissenschaften häufig, In den Sozialwissenschaften – inklusive der Betriebswirtschaftslehre – eher selten.[64] Menschliches Verhalten ist raum- und zeitbedingt. Es kann sich verändern, wenn an „Drittvariablen" Variationen auftreten.[65] Angesichts dieser Veränderbarkeit kön-

---

[58] Zum Beispiel unterscheidet Göttgens (1996), 97 ff. industrieökonomische, wettbewerbsstrategische, organisations- und managementtheoretische, entscheidungstheorethische, marketingbasierte und institutionen-ökonomische Ansätze
[59] Göttgens (1996), 97, dessen Thema sich nicht minder komplex darstellt
[60] Schanz (1988b), 29; ausführlich zu Theorien vgl. Spinner (1974), 120 ff.
[61] Schanz (1988b), 28
[62] Schanz (1988b), 24
[63] Schanz (1988b), 27 f.
[64] Schanz (1988b), 27 f.
[65] Galtung (1978), vgl. auch Kirsch (1984), 767

nen im Gegensatz zu den Naturwissenschaften die Sozialwissenschaften kaum die gleiche Reife erringen.[66] Es erscheint daher auch nicht angebracht, den Terminus Theorie zu verwenden. Werner Kirsch schlägt stattdessen in Anlehnung an Amitai Etzioni vor, von einem „theoretischen Bezugsrahmen“ zu sprechen und diesen wie folgt zu definieren.[67]

> „Ein *theoretischer Bezugsrahmen* ist somit lediglich eine Vorstufe der *Modellentwicklung*. Er enthält eine Reihe theoretischer Begriffe, von denen angenommen wird, dass sie einmal Bestandteil von Modellen bzw. Theorien werden könnten. Darüber hinaus umfasst ein theoretischer Bezugsrahmen einige, freilich sehr allgemeine Gesetzeshypothesen, die jedoch meist nur tendenzielle Zusammenhänge andeuten. Nicht selten beschränken sich die Aussagen darauf, dass zwischen bestimmten Variablen funktionale Beziehungen angenommen werden, ohne dass diese Funktionen eingehender präzisiert werden. In erster Linie dient ein theoretischer Bezugsrahmen dazu, das Denken über komplexe reale Systeme zu ordnen und *exploratorische Beobachtungen* zu leiten, die mit der Zeit eine genügend große Zahl von Beobachtungen erbringen, um konkrete Modelle mit konkreten Gesetzeshypothesen zu formulieren. Diese explorativen Beobachtungen sind gleichzeitig Test des Bezugsrahmens. Die Tests sind freilich nur bedingt intersubjektiv überprüfbare Operationen. Sie bewirken jedoch laufende Modifikationen und Anpassungen des Bezugsrahmens.“
> Kirsch (1984), 752 f.

Theoretische Bezugsrahmen bewegen sich demnach im obigen Vierstufen-Schema überwiegend auf Stufe 1 und 2, weniger auf Stufe 3. Im Kontext der amerikanischen Managementlehre wird von „Frameworks“ gesprochen, ohne dass eins zu eins die beiden Begriffe theoretischer Bezugsrahmen und Framework gleichgesetzt werden könnten, zumal Framework nicht einheitlich verwendet wird. Beispielsweise unterscheidet Porter Framework von Modell, das sich für ihn durch einen hohen Abstraktionsgrad, hohen Allgemeinheitsanspruch und durch geringe Komplexität auszeichnet. Ein Framework stellt für ihn einen Versuch dar, die hohe Komplexität vollständig zu erfassen, allerdings beschränkt durch einen geringeren Allgemeingültigkeitsanspruch. Im Unterschied zu einem Bezugsrahmen lässt nach Porter ein Framework mehr Erklärungen und präzisere Handlungsweisungen zu.[68] In der Betriebswirtschaftslehre verwendete theoretische Modelle gehören der Stufe 3 an, bei empirischer Bewährung entsprechen sie der Stufe 4.[69] Ein Modell auf Stufe 4 wird mit Theorie gleichgesetzt.[70]

---

[66] Nach Kirsch (1984), 754 ff. führen in den Sozialwissenschaften immanente „Begründungsdefizite“ zu deren „chronischen Unreife“

[67] Vgl. Etzioni (1975), 167 f. in: Kirsch (1984), 190 f. und Kirsch (1978b), 111 ff.

[68] Vgl. Porter (1991), 97 ff., vgl. auch Böhi (1995), 94 und Kyphausen-Aufsess (1995), 351 ff.; Mintzberg/Quinn/Ghoshal (1999), X f. überschreiben zwar einen Abschnitt mit „On Theory“, beschreiben aber mehr einen theoretischen Bezugsrahmen („theoretical framework“) als eine Theorie bzw. ein Modell im Sinne der Betriebswirtschaftslehre

[69] Ein Beispiel hierfür sind die von Albach (2001) verwendeten Modelle, die sich auch empirisch bewährt hätten

[70] Vgl. Abel (1979)

Empiristischer, intellektualistischer und kritizistischer Weg zu einer Theorie

Die Frage, wie Wissenschaftler zu Theorien kommen, steht in einem engen Zusammenhang mit der Beobachtung von Forschungsobjekten. Die Alltagsmeinung, dass zwei Beobachter, die das Gleiche aus dem gleichen Blickwinkel betrachten, das Gleiche sehen und vom Gleichen beeindruckt sind, täuscht.[71] Beschreibungen von Beobachtern über einen Beobachtungsgegenstand – also „Beobachtungsaussagen“ – sind stets in der „Sprache einer Theorie“ abgefasst. Beobachtungsaussagen können nur so genau sein, wie das zugrundeliegende „theoretische und begriffliche Gerüst“.[72] Beobachtungen sind daher „theoriegeleitet.“[73] Von einer Vielzahl gleicher Beobachtungsaussagen (z.B. ‚Schwäne sind weiß‘) zu einer Theorie oder gar zu einem Gesetz (‚alle Schwäne sind weiß‘) zu schließen, mag im Alltagszusammenhang berechtigt erscheinen, ist es aber bei näherer Betrachtung nicht, weil immer nur von einer „begrenzten Anzahl von Einzelaussagen“ „induktiv“ auf eine „allgemeine Aussage“ geschlossen wird („Induktivismus“).[74] Von nur endlich vielen Beobachtungen kann nicht zwingend ein unendlich oft, vorkommender universeller Satz erschlossen werden. Ein im Induktivismus enthaltenes „Induktionsprinzip“ scheitert logisch daran, da es sich aus Beobachtungen ableitet, selbst als Prinzip jedoch nicht beobachtbar ist („logischer Zirkel“).[75] Hans Albert hat aufgezeigt, dass alle Ansätze zur „Letztbegründung“ sich logisch als unmöglich erweisen.[76] Das gilt auch für den umgekehrten Weg, „deduktiv“ aus „intuitiv“ einleuchtenden „Prämissen“, die a priori als wahr angenommen werden („Deduktivismus“), Aussagen abzuleiten.[77] Weder das „**empiristische**“ induktive, noch das „**intellektualistische**“ deduktive Vorgehen können voll überzeugen.[78] Aus „**kritizistischer** Sicht“ („kritischer Rationalismus“) sind Theorien „kontrollbedürftige Spekulationen.“[79] Nach Karl Popper müssen Theorien einer „deduktiven Methodik der Nachprüfung“ standhalten. Nach seiner „Logik der Forschung“ erfolgt eine „deduktive Überprüfung“ knapp skizziert wie folgt:[80]

1. Aus dem Spekulativen, vorläufig noch unbegründet Antizipierten müssen logische Folgerungen abgeleitet werden, wobei die Folgerungen im Vergleich zu anderen Sätzen logisch widerspruchsfrei sein müssen.
2. Die Aussagen müssen Aussagen zur Empirie enthalten, also empirisch gehaltvoll sein.

---

[71] Vgl. Chalmers (1994), 27 ff.
[72] Chalmers (1994), 32 ff.
[73] Chalmers (1994), 36 f.; zu Beispielen aus der Physik vgl. Dürr (1990), 26 ff.
[74] Chalmers (1994), 7 ff.
[75] Schanz (1988b), 40 f.; zum Induktionsproblem vgl. Popper (1966), 1 ff.
[76] Albert spricht vom „Münchhausen-Trilemma“, Spinner (1974), 32 f. u.Schanz (1988b), 41
[77] Schanz (1988b), 44 ff.
[78] Schanz (1988b), 46 ff.
[79] Schanz (1988b), 50 ff.; im Original zum Teil in Fettdruck
[80] Popper (1966), 7 ff.; vgl. auch Schanz (1988b), 50 ff. u. (1988a)

3. Im Vergleich zu anderen Theorien muss ein wissenschaftlicher Fortschritt ersichtlich sein.
4. Es muss eine Prüfung an der Empirie stattfinden: im positiven Fall gilt die Folgerung als vorläufig bestätigt („verifiziert"), im negativen als widerlegt („falsifiziert"), nur nach wiederholten strengen Prüfungen als „bewährt".
5. „Subjektive Überzeugungserlebnisse" sind von „objektiv-logischen Zusammenhängen" zu unterscheiden: wissenschaftliche „Objektivität" erzeigt sich in intersubjektiver Nachprüfbarkeit und personenunabhängiger „Reproduzierbarkeit".[81]

Popper trennt dabei das Zustandekommen des Spekulativen z.B. das „erkenntnispsychologische" „Zustandekommen eines Einfalls" strikt von der begründenden „Erkenntnislogik".[82] „Entdeckungszusammenhang" und „Begründungs-„ oder „Rechtfertigungszusammenhang" werden daher streng unterschieden.[83] Das vielfach geforderte Postulat der Wert(urteils)freiheit, auf Werturteile in sozialwissenschaftlichen Aussagen zu verzichten, bezieht sich nach Albert allein auf den Begründungszusammenhang.[84] Raffée unterscheidet dabei „Werturteile im Basisbereich" (z.B. Auswahl von Forschungsmethoden und von Spielregeln, was ist wissenschaftlich und was nicht), „Werturteile im Objektbereich" (Werturteile als Gegenstand der Forschung wie das Zielsystem von Unternehmungen) und das „eigentliche Werturteilsproblem" (Werturteile im Aussagen- oder Begründungszusammenhang im Sinne Alberts).[85] Kirsch / Esser / Gabele bezweifeln jedoch, dass in den Sozialwissenschaften überhaupt Aussagensysteme formuliert werden können, in die Werturteile des Forschers *nicht* einfließen. Sie ergänzen vielmehr die von Raffée ausgeführte und auf Albert zurückgehende Werturteilsklassifikation um „Wertungen im Konstruktionsbereich von Aussagensystemen." Sie vertreten dabei die These, dass allen theoretischen Aussagensystemen, „nicht-wahrheitsfähige Kerne" zugrunde liegen, in die eine Reihe von „Festlegungen" eingehen. So mögen Aussagensysteme ohne „explizite Wert*urteile*" der Forscher auskommen, sind aber dennoch hochgradig „werthaltig".[86]

---

[81] Popper (1966), 18 f.
[82] Popper (1966), 6 f.; ob die ‚Erkenntnislogik' nicht doch eine ‚Psychologik' ist, bezweifelt Kuhn (1978), 357 ff.
[83] Schanz (1988b), 39
[84] Chmielewicz (1979), 211 u. Heinen/Dietel (1976)
[85] Raffée (1974), 46
[86] Kirsch / Esser / Gabele (1979), 135 f.

Zum Rationalitätsverständnis

Ein weiteres wesentliches Thema ist , das Verhältnis zum Begriffskomplex „Rationalität" zu beleuchten, zumal man sich explizit mit dem beschäftigt, was Erich Gutenberg als Begründer der mikroökonomischen Betriebswirtschaftslehre als „irrational" bezeichnet hat.[87] Gutenberg – von dem auch die Unterteilung des Faktors Arbeit in „ausführende" und „dispositive" stammt,[88] hält die „Geschäfts- und Betriebsleitung" als dispositiver Faktor für nicht weiter erklärbar. Deren „große Entscheidungen wurzeln in jener Irrationalität, die das Geheimnis individueller Art zu denken und zu handeln bleibt."[89] Gerade im Hinblick auf die wissenschaftliche Auseinandersetzung mit Unternehmern und Führungskräften der mittelständischen Praxis, die oft zutreffend mit Kirsch als „Meister im Durchwursteln"[90] beschrieben werden können, steht zu erwarten, dass dort viel weniger mit ‚rationalen' mikroökonomischen Modellen gearbeitet als vielmehr auf Improvisation und Intuition gebaut wird. Vielfach werden Entscheidungen getroffen, die im Sinne der Rationalität eines homo oeconomicus nur schwerlich nachzuvollziehen sind. Um nicht von vornherein diese Praxis als ‚irrational' klassifizieren zu müssen, erscheint es angebracht, den sehr negativ behafteten Irrationalitätsbegriff weiter zu differenzieren, zumal vermutet werden darf, dass Gutenberg ‚irrational' im Sinne von dem Rationalen nicht zugänglich benutzt hat und nicht das negativ Aburteilende meinte, das dem Begriff ebenfalls anhaftet.[91] Der Kieler Philosoph Kurt Hübner bietet hierzu eine passende Unterscheidung an, indem er „irrational" und „nicht-rational" trennt:

> „Folgen wir wieder dem heutigen Sprachgebrauch, so versteht man unter dem Irrationalen etwas *gegen* Rationalität Gerichtetes, etwas, was sich zwar begründen lässt, aber nur mit pathologischen, blinden Gefühlen und unkontrollierten Leidenschaften. Davon ist das Nicht-Rationale zu unterscheiden als dasjenige, wovon in einem gegebenen Begründungszusammenhang ausgegangen wird, das also in diesem Zusammenhang nicht selbst wieder Gegenstand einer Begründung ist und es bisher auch nicht in einem anderen Zusammenhang wurde." Hübner (1981), 34

Hübner führt Rationalität auf „semantische Intersubjektivität" zurück. Begriffe und Begründungen müssen „intersubjektiv nachvollzogen" werden können: „Jeder muss das gleiche unter den Begriffen und Aussagen verstehen können."[92] An Beispielen der Naturwissenschaften belegt Hübner, dass semantische Intersubjektivität nur in einem „Bezugssystem" gemeinsamer Geschichte

[87] Gutenberg (1979), 147
[88] Gutenberg (1975), 27 und 57 ff.
[89] Gutenberg (1979), 147
[90] Kirsch (2001), 552
[91] Vgl. Feyerabend (1981)
[92] Hübner (1981), 13

und Erfahrungswelt möglich ist.[93] Ein „Maß" semantischer Intersubjektivität ergibt sich „aus dem jeweiligen *Zusammenhang*, aus der jeweiligen Zielsetzung und Absicht ... und nicht losgelöst davon"; es kann nur relativ und nicht „absolut bestimmt werden."[94] Gerade innovative Unternehmer stehen in dem Dilemma, Entscheidungen für etwas treffen zu müssen, das noch nicht existiert, um sich vielleicht erst später als ‚richtig' zu erweisen; es fehlt ihnen die Möglichkeit, neue Ideen unter allgemein Anerkanntes zu subsumieren, weil die „Sprachspiele" und „Kontexte" (noch) nicht geschaffen sind.[95] Argumentieren, entscheiden und handeln Unternehmer auf der Basis ihrer Lebenswelt, die sie mit ihren (engen) Mitarbeitern intersubjektiv teilen, dann ist ihr Verhalten im Sinne Hübners nicht ‚irrational', sondern ‚nicht-rational'. Im Einzelfall kann es im Sinne der Argumentation Hübners rein ‚formal' auch als ‚rational' angesehen werden kann.[96]

Einbringen von Erfahrungen des Verfassers

Der Verfasser hat mehrere Jahrzehnte subjektive Erfahrungen in mittelständischen Unternehmen gemacht. Diese haben zwangsläufig einen großen Einfluss auf Auswahl, Inhalt und Zusammenstellung in dieser Arbeit behandelter Themen. Um den Anforderungen einer kritisch-rationalen Sicht zu genügen, sucht er Wege, seine Folgerungen zu objektivieren. Dies geschieht zum einen dadurch, dass er seine Erfahrungen intersubjektiv mit denen von Wissenschaftlern abgleicht, die im mittelständischen Kontext ebenfalls gearbeitet haben und zum anderen, in dem er seine Erfahrungen mit bestehenden Theorien bzw. theoretischen Bezugsrahmen in einen Zusammenhang bringt und versucht, diese daraus abzuleiten. Ein weiterer Weg liegt darin, bestehende theoretische Bezugsrahmen aus seiner Sicht zu beleuchten und ggf. zu erweitern, auch durch Ergänzung um noch nicht berücksichtigte weitere theoretische Bezugsrahmen. Überdies legt er diejenigen Bezugsrahmen dar, anhand derer er ‚bezugsrahmengeleitet' Beobachtungen machte und vor deren Hintergrund zu seinen Folgerungen kam (siehe 2.3.1). Gegenüber den meisten, der in der mit-

---

[93] Hübner (1981), 15; an anderer Stelle benutzt Hübner, ebd., 18 das Adjektiv „lebensweltlich" für Zusammenhang

[94] Hübner (1981), 16

[95] Kirsch (1984), 224 f.; Kirsch plädiert dafür, Begründungszwänge nicht zu eng zu setzen, damit nicht das „eigentlich ‚Unternehmerische'" nur deshalb verloren geht, weil es im wissenschaftlichen Kontext (noch) nicht verstanden werden kann. Kirsch und Mitarbeiter unterstellen für das „intuitive unternehmerische Element" des „'dispositiven Faktors'" ebenfalls „eine Form von Rationalität", die sie „jenseits einer strikt prinzipiellen Rationalität" verorten. Sie halten die „okkasionelle Rationalität" im Konzept der „Doppelvernunft" von Helmut Spinner als geeignet, die Intuition als andere Form der Rationalität auszudrücken, Kirsch (1997c), 30 u. 435 ff., vgl. insb. Bretz (1988), 278 ff.

[96] Vgl. Hübner (1981), 35; Hübners stringente Beweisführung, dass selbst der Mythos als „rational" angesehen werden muss, kann auch auf improvisatorisches Unternehmertum übertragen werden, so es sich intersubjektiv nachvollziehbar in einem Bezugssystem geteilter Apriorismen bewegt

telständischen Praxis als Berater tätigen Wissenschaftler, unterscheidet den Verfasser, dass er nicht aus der Beobachterrolle eines Forschers oder eines schon mehr involvierten Beraters, sondern als von der Organisation abhängiges Organisationsmitglied aus der Teilnehmerperspektive mittelständische Kontexte erlebt und in diesen aktiv agiert hat. In der empirischen Sozialforschung gibt es dafür kein Vorbild. Auch die „Aktionsforschung", in der Forscher praktische Probleme lösen und zugleich nach verallgemeinerungsfähigen Zusammenhängen suchen und diese theoretisch aufbereiten, taugt nicht als Muster, weil der Aktionsforscher nicht als abhängiges Organisationsmitglied agiert.[97] Von allen untersuchten methodologischen Positionen betreffend der Rolle des Verfassers eignet sich ein Teilgebiet der Evaluationsforschung – die „entwicklungsorientierte Evaluation" (vgl. 5.1) - am besten, die Detlef Behrmann und Andreas Frey wie folgt beschreiben:

> „Genau genommen handelt es sich beim entwicklungsorientierten Evaluationsprinzip nicht um eine Aktionsforschung im klassischen Sinne, die besagt, dass ein Forscher ins Forschungsfeld eintritt und zum Beteiligten im zu erforschenden sozialen Gefüge wird. Vielmehr handelt es sich um eine Abstraktions- und Reflexionsleistung der im Handlungsprozess und in der Organisation stehenden Betroffenen, die sich neben sich stellen, um die von ihnen erlebte und gelebte Praxis systematisch zu untersuchen und zu hinterfragen, um daraus Lern- und Entwicklungsimpulse zu gewinnen. Die Rolle des Forschers wird zu der des Begleiters, der die sich selbst und ihre Praxis erforschenden Akteure unterstützt." Behrmann/ Frey (2003), 225

Der Verfasser hat sich als Betroffener in verschiedenen Unternehmen - wie von Behrmann und Frey benannt - ‚neben sich gestellt' und dabei unter Nutzung vorhandener Bezugsrahmen (vgl. 2.3.1) Reflexionsleistungen erbracht, die er explizit im Rahmen dieser Arbeit unter Rekurrierung auf verschiedene Ansätze in der Literatur zu einem speziellen Bezugsrahmen für die Bewertung des Human Capital weiterentwickelt, so dass sie als Evaluationsinstrument dienen können. Das Einnehmen einer solchen Teilnehmer- oder „Binnenperspektive" (vgl. 3.1.2.2) ist dem kritischen Rationalismus eher fremd, weil dadurch die Grenze von beobachtendem Subjekt und dem beobachteten ‚Objekt' verwischt wird, ein Mangel an Distanz zum Objekt eintreten kann und der intersubjektive Nachvollzug erschwert wird. Andererseits ist der zu gewinnende Einblick durch viel mehr Nähe zum Untersuchungsobjekt eine Chance, dieses besser zu ‚verstehen'. Damit ist ein Themenbereich angesprochen, der in den Sozialwissenschaften schon lange unter dem Stichwort „Erklären-Verstehen-Kontroverse" diskutiert wird.[98] Die Erläuterung dieser Kontroverse ist nicht ohne eine grundsätzliche Beleuchtung der gegebenen generellen Kritik am kritischen Rationalismus und des zugrunde liegenden „Subjekt-Objekt-Modell(s)" möglich.[99]

---

[97] Kirsch/Gabele (1984), 774 ff u. Moser (1977)
[98] Kirsch (1997c), 19 ff.
[99] Scherer (2002), 10

Wissenschaftstheoretische Kritik am Subjekt-Objekt-Modell

Wesentliche Elemente des Subjekt-Objekt-Modells (Subjekt beobachtet losgelöstes Objekt) sind bereits oben genannt worden. Dieses lässt sich mit Andreas Scherer kurz wie folgt charakterisieren:[100]

1. Die ‚reale Welt' und ihre „unveränderlichen Strukturen" sind existent, ohne dass Menschen diese erkennen. Sie sind „objektiv *vorgegeben*".
2. Durch „systematisches Beobachten" ist ein Erkennen der Strukturen möglich („Empirismus"). Anhand dieser Beobachtungen werden aus Theorien abgeleitete Hypothesen überprüft.
3. Die Erkenntnislogik liefert Regeln, die einen Fortschritt im Wissen über „Natur und Kultur" erzielen.
4. Der „Rationalisierungsprozeß in der Wissenschaft" aus 3. wird durch eine „Rationalisierung der Lebenspraxis" generalisiert. Es wird dabei nur die Rationalisierung in „ihrer technischen Dimension" erfasst. Inwieweit Normen legitim sind, unterliegt nicht wissenschaftlichem Urteil.

Während das Subjekt-Objekt-Modell von den Naturwissenschaften breit akzeptiert worden ist, äußerten sich schon lange in den Sozialwissenschaften Einwände gegen dieses Modell.

Zu Erstens:
Das Subjekt-Objekt-Modell fand in der „Kontingenztheorie" in den 1960er Jahren einen starken Niederschlag in der Organisationsforschung, basierend auf der Annahme, dass Organisationen durch strukturelle Faktoren wie Größe, Technologie usw. determiniert seien. Neuere Ansätze sehen vor, „dass Organisationen nach Regeln ablaufen, die durch das Handeln der Akteure *selber geschaffen und verändert* werden. Die organisatorische Wirklichkeit ist aus dieser Perspektive nicht objektiv vorgegeben, sondern ist das Ergebnis einer sozialen Konstruktion."[101]

Zu Zweitens:
Des weiteren wurde kritisiert, dass die Naturwissenschaft mit „unbelebter Materie" umgeht, die in Experimentieranordnungen kontrolliert werden kann. Das sozialwissenschaftliche Untersuchungsobjekt „konstituiert sich aus Akteuren, die selbst reden und handeln.. [Es] ist kommunikativ vorstrukturiert und entsteht und verändert sich im Verlauf des Forschungsprozesses", ohne vollständig kontrollierbar zu sein. Es ist in Wirklichkeit überhaupt kein Objekt, sondern hat „seine eigene Geschichte und bringt dabei Subjekthaftigkeit zur Geltung. Ein objektiver, neutraler Zugang von außen aus der Beobachterperspektive ist daher gar nicht möglich...Für die Sozialwissenschaften werden daher *interpre-*

---

[100] Scherer (2002), 10
[101] Scherer (2002), 12

tative Methoden als Alternative vorgeschlagen, mit denen ein *verstehender Zugang* gesucht wird". Hierzu zählt die Hermeneutik, um die „subjektiven Sinngehalte der handelnden Akteure" aus der Teilnehmerperspektive zu erschließen. Der im kritischen Rationalismus angestrebte Allgemeinheitsanspruch wird aus verstehender bzw. interpretativer Sicht eingeengt, auch kann das Kriterium der Reproduzierbarkeit nicht ohne Probleme erfüllt werden.[102]

Zu Drittens:
Eine sehr starke Infragestellung der ‚Logik der Forschung' erfolgte durch den Wissenschaftshistoriker Thomas Kuhn, der an zahlreichen Beispielen zeigte, dass sich wissenschaftlicher Fortschritt nicht durch konsistentes Einhalten einer Logik ergab, sondern durch ein Abweichen verwendeter Methoden, das häufig irrational erschien. Nach Kuhn gibt es keinen Maßstab, mit Hilfe dessen sich konkurrierende Forschungsbestrebungen auf Meta-Ebene beurteilen lassen. Es wird seither in Frage gestellt, ob sich einheitliche „Rationalitätsstandards" überhaupt noch entwickeln lassen und sich diese nur aus den jeweiligen Paradigmen heraus herleiten lassen. Kuhn prägte hierzu auch den Begriff der „Inkommensurabilität" als Ausdruck einer Art Übersetzungsschwierigkeit, von einem Paradigma ins andere.[103]

Zu Viertens:
Schon in den 1960er Jahren wurde im „Positivismusstreit"[104] die einseitige Ausrichtung an den „Interessen der Mächtigen" kritisiert. Im Gegensatz zum kritischen Rationalismus soll durch wissenschaftliches Arbeiten eine Kritik an gesellschaftlichen Gegebenheiten möglich sein. So erstreckt sich der Rationalitätsbegriff bei Jürgen Habermas nicht nur auf Aussagen, die objektiv wahrgenommen werden können, sondern auf insgesamt drei Ebenen der Kommunikation. Nach Habermas handeln wir dann kommunikativ, wenn wir uns auf drei Ebenen einigen: [105]

- die Aussage ist wahr im Sinne des objektiv Wahrgenommenen
- die Aussage bzw. die intendierte Handlung ist wahr im Bezug auf den sozialen Kontext
- die Aussage ist so gemeint wie sie geäußert wurde.[106]

„Rationalität" bei Jürgen Habermas lässt sich auf „Kritisierbarkeit zurückführen." „Für Habermas sind also sprachliche und/oder teleologische Handlungen rational, wenn für sie jeweils gute, d.h. notfalls einer kritischen Diskussion

[102] Scherer (2002), 11 f.; Einf. in eckiger Klammer v. Verf.
[103] Kuhn (1979), 210; zur Bedeutung des inzwischen viele Aspekte umfassenden Inkommensurabilitätsbegriff vgl. Scherer (2002), 19 ff.
[104] Adorno et.al. (1980)
[105] Habermas (1984), 588
[106] Vgl. Kirsch (1997c), 46 ff.

standhaltende Gründe bestehen."[107] Für ihn gilt das Wertfreiheitspostulat, im Erklärungszusammenhang, auf wertende Aussagen zu verzichten, eben gerade nicht, weil es gilt, einem „*emanzipatorischen Erkenntnisinteresse* Geltung zu verschaffen."[108]

Zusammenfassung

Ein Überschreiten der Fachgrenzen zum Einbezug von Theorien bzw. theoretischer Bezugsrahmen von Nachbardisziplinen wie der Organisationspsychologie ist unter Einhaltung professionellen Rezipierens methodologisch vertretbar. In Folge eines in der Betriebswirtschaftslehre und in den Nachbardisziplinen gegebenen Pluralismus von Theorien und Ansätzen, ist die Bildung eines theoretischen Bezugsrahmens aus den relevanten Ansätzen unumgänglich. Erst dieser ermöglicht eine bezugsrahmengeleitetete Generierung eines in der Themenstellung angestrebten Bewertungsvorgangs. Das Subjekt-Objekt-Modell des kritischen Rationalismus ist in den Sozialwissenschaften umstritten. Aufgrund sozial konstruierter Wirklichkeit kann im sozialwissenschaftlichen Kontext nicht zwingend von einer ‚objektiv' vorgegebenen Umwelt ausgegangen werden. Sozialwissenschaftlich gibt es kein ‚Forschungsobjekt' im Sinne der Naturwissenschaften. Es hat vielmehr seine eigene Geschichte und bringt darin Subjekthaftigkeit zum Ausdruck. Ein objektiver Zugang aus entfernter Beobachterperspektive erscheint unmöglich. Nur der verstehende Zugang interpretativer Ansätze wie der Hermeneutik eröffnet einen angemessenen Zugang, um die Sinnhaftigkeit handelnder Akteure aus der Teilnehmerperspektive zu erschließen. Die Verarbeitung mehrjähriger Erfahrung in mittleren Unternehmen aus Teilnehmersicht, erscheint im Verstehens-Kontext als willkommener Beitrag zur Vertiefung des Verständnisses mittelständischer Lebenswelten.

Im Subjekt-Objekt-Modell gibt es wegen der fehlenden Distanz erklärenden wissenschaftlichen Vorgehens kein Pendant, ist aber im Entdeckungszusammenhang nicht nur statthaft, sondern im Sinne der Anreicherung und des Fortschritts an Wissen erwünscht, soweit eine induktivismus-basierte Begründung vermieden wird. Durch Einbringen aus der Erfahrung gewonnener Folgerungen in Hypothesen mit empirischem Gehalt und deren möglicher Prüfung sowie der Herstellung von Bezügen zu bestehenden Ansätzen bzw. einer Subsummierung unter diese sowie Versuche, Intersubjektivität zu wissenschaftlichen Autoren mit mittelständischer Beobachter-/Teilnehmer-Erfahrung herzustellen, ist aus kritisch-rationaler Sicht der Rückgriff in die Erfahrungswelt des Verfassers methodologisch gerechtfertigt, zumal wenn der der Erfahrungsgewinnung zugrunde liegende Bezugsrahmen im Sinne bezugsrahmengeleiteter Beobachtung offengelegt wird.

---

[107] Kirsch (1997c), 53 f.
[108] Scherer (2002), 11

Das Wertfreiheitspostulat, im Begründungszusammenhang auf Werturteile zu verzichten, ist sozialwissenschaftlich aus emanzipatorischem Interesse umstritten. Wenn der Verfasser im Verlauf der Arbeit zu dem Ergebnis kommt, dass es höher zu bewerten ist, wenn ein Unternehmen einem anspruchsvolleren Sinnmodell folgt, so will er es dennoch nur in dem Sinne tun, weil es sich aufgrund eines theoretischen Bezugsrahmens zur Unternehmensführung so ergibt und nicht weil er es als Person besser findet.

Sowohl aufgrund der oben zitierten Arbeiten von Kuhn und Hübner erscheint der Rationalitätsbegriff nur im Zusammenhang mit einem gemeinsam geteilten Begriffs- und Theoriegerüst mit Verweis auf ein Bezugssystem herstellbar. Was rational, nicht-rational oder irrational ist, kann letztlich nur in der entsprechenden Forschungsgemeinschaft entschieden werden. Ein Meta-Paradigma, über das sich alle Paradigmen zur Überwindung der Inkommensurabilität verständigen könnten, ist zwar wünschenswert, scheint aber gegenwärtig nicht machbar zu sein. Von Unternehmern intuitiv getroffene Entscheidungen sind nicht deshalb irrational, weil sie (noch) nicht unter ein wissenschaftliches Paradigma eingeordnet werden können. Sie handeln im Sinne von Hübner allenfalls nicht-rational, innerhalb ihres Bezugssystems und ihrer Laientheorie möglicherweise ebenfalls rational.

2.2 Grundlegende Begriffe und Ansätze

2.2.1 Human Capital

Sowohl der englische Begriff ‚Human Capital' als auch der deutsche ‚Humankapital' erwecken den Eindruck, dass hier der Wert des Menschen an sich in ökonomische d.h. in Geldeinheiten ausdrückbare Größen gefasst werden soll. Dies wäre unvereinbar mit grundlegenden Menschenrechten.[109] Dass es darum **nicht** geht, zeigt eine nähere Betrachtung des Begriffs.

2.2.1.1 Human Capital im volkswirtschaftlichen Kontext

In der Volkswirtschaftslehre versteht man unter „Humankapital, human capital, das in ausgebildeten und hochqualifizierten Arbeitskräften repräsentierte Leistungspotential der Bevölkerung (Arbeitsvermögen)."[110] Die Idee, dass die Qualität der menschlichen Arbeit einen fundamentalen Beitrag zur wirtschaftlichen Entwicklung eines Landes liefert, wurde in der politischen Ökonomie bereits seit dem 17. Jahrhundert vertreten. Zunächst wurde der „Wert des Humanka-

---

[109] Nach dem praktischen Imperativ von Immanuel Kant in der Darlegung von Rupert Lay (2000), 296 „Handle stets so, dass du dich und andere niemals zum bloßen Mittel machst" nähme der Mensch Mittelcharakter an, wenn sein Wert in Geldeinheiten ausgedrückt würde; vgl. Petersen (2003), 102 ff.

[110] Gabler Wirtschaftslexikon (1997), 1797

pitals" vom „Wert des Menschen" definitorisch nicht eindeutig getrennt.[111] In der modernen Humankapitaltheorie – maßgebliche Vertreter sind die Nobelpreisträger Theodore W. Schultz und Gary S. Becker [112] - geht es nicht darum , den „Wert von Menschen ökonomisch zu taxieren, sondern den ökonomischen Wert der in den Menschen korporierten Wissens-, Fähigkeits-, Fertigkeits- und Orientierungsbestände (Wert des Humankapitalbestandes oder -stocks) oder –zuwächse (Wert der Humankapitalinvestitionen) zu erfassen." Hauptinhalt der Theorie ist, dass der Erfolg von Personen im Erwerbsleben und in der Gesellschaft weitgehend auf Eigenschaften zurückgeführt werden kann, die durch „Bildungsprozesse" generiert wurden. „Bildungsaktivitäten" stellen so gesehen Investitionen in das Humankapital dar. Die „Produktivitätsthese" geht davon aus, dass aufgrund solcher Investitionen das Leistungspotential gesteigert werden kann, was sich in höherer „Arbeitsproduktivität (Leistung pro Stunde)" niederschlägt.[113] Für spätere Betrachtungen lässt sich daraus ableiten, dass eine Verstärkung durch höher Gebildete bzw. Qualifizierte die Produktivität im Unternehmen erhöhen muss.

Eine weitere wesentliche Aussage der Theorie ist, dass je nach Volkswirtschaft Humankapital knapp oder im Überangebot (z.B. in Entwicklungsländern) gegeben ist.[114] Dies soll auch der Begriff „Humanressourcen" ausdrücken. Wissen als knappe Ressource steht zudem nicht zu hundert Prozent im Humankapitalbestand, also „inkorporiert in menschlichem Arbeitsvermögen" zur Verfügung. Es ist z.B. in Büchern gespeichert, aus denen es von einem Menschen erneut erworben werden muss, um human inkorporiert zu sein.[115] Die Unterscheidung nach Probst/ Knaese[116] von „Wissens-/Know-How-Kapital" in „Humankapital" als „an Personen gebundenes Wissen" und „Strukturelles Kapital" als „organisatorisch verankertes Wissen klingt nur vordergründig plausibel, da es immer Personen braucht, die ein in Texten, Tabellen und Datenbanken verankertes Wissen entschlüsseln, austauschen und anwenden.[117] Die Humankapitaltheorie nach Becker unterscheidet generelle – d.h. in allen Unternehmen anwendbare - und spezifische – d.h. nur in einem bestimmten Unternehmen anwendbare – Qualifikationen.[118] Williamson nennt ein Humankapital, das nur in einem Unternehmen einsetzbar ist und außerhalb seinen Wert verliert „spezifisch."[119] Backes-Gellner, Lazear und Wolff leiten daraus für Un-

[111] Timmermann (1997), 641; insbesondere Pfahler (2000), 7 ff., zeigt auf, dass es wiederholt volkswirtschaftliche Bestrebungen gab, den Wert des Menschen in Geldgrößen zu fassen
[112] Vgl. Backes-Gellner/ Lazear / Wolff (2001), 4
[113] Timmermann (1997), 644 f.
[114] Vgl. Friedman et.al. (1999), 16
[115] Timmermann (1997), 645
[116] Probst/Knaese (1998), 26, zitiert in: Höckels (2000), 16
[117] Mehr zum Wissenskapital siehe 2.2.1.7
[118] Vgl. Höckels (2000), 53
[119] Williamson (1985), 52 ff, zitiert in: Höckels (2000), 54

ternehmen, die Empfehlung ab, bevorzugt in spezifisches Humankapital zu investieren.[120]

2.2.1.2 Human Capital und betriebswirtschaftliches Rechnungswesen

Im betriebswirtschaftlichen Kontext wird ein Begriff wie ‚Kapital' in Bezug zum externen Rechnungswesen (Rechnungslegung gegenüber Bilanzadressaten wie Eigenkapitalgebern, Gläubigern, Banken usw.) gebracht. Es wird darunter die Passivseite der Bilanz, in der Vermögen und Kapital gegenübergestellt sind, als Mittelherkunft verstanden.[121] Eine Investition in Personal würde in der Aktivseite der Bilanz behandelt werden, welche die Mittelverwendung als materielles und immaterielles Vermögen zeigt. Im Falle von Personal handelte es sich um nicht stoffliches, immaterielles Vermögen. Folgerichtig wird im betriebswirtschaftlichen Kontext nicht von ‚Humankapital', sondern von ‚Humanvermögen' gesprochen.[122] Da aber Investitionen in Personal nach bestehenden Bilanzierungsvorschriften (siehe unten) nicht bilanziert werden dürfen, sondern in der Gewinn- und Verlustrechnung als Aufwand behandelt werden müssen, hat die Frage Humanvermögen oder Humankapital zunächst nur hypothetischen Charakter.[123] Hypothetischem Humanvermögen stünde ein gleich großes hypothetisches Kapital gegenüber, das man als ‚Humankapital' oder ‚Human Capital' bezeichnen kann. *So gesehen können beide Begriffe gleichwertig verwendet werden, wobei in dieser Arbeit der Begriff* **Human Capital (kurz: HC)** *bevorzugt wird.*

Ziel der externen Rechnungslegung einschließlich der Bilanzierung ist, „Außenstehenden vertrauenswürdige Informationen über die wirtschaftliche Situation der Unternehmung zu liefern." Die ausgewiesenen Zahlen müssen „intersubjektiv nachprüfbar" sein und somit „Objektivierungserfordernissen Rechnung tragen".[124] § 248 (2) HGB verbietet den Ansatz von nicht entgeltlich erworbenen Vermögensgegenständen des Anlagevermögens. Im Umkehrschluss und aus dem Vollständigkeitsgrundsatz (§ 246 (1) HGB) ergibt sich eine Aktivierungspflicht für entgeltlich erworbene immaterielle Vermögensgegenstände wie sie in der Bilanzgliederung nach § 266 (2) HGB unter 1. aufgeführt sind: Konzessionen, gewerbliche Schutzrechte und ähnliche Rechte und Werte sowie Lizenzen an solchen Rechten und Werten.[125] Maßgebliches Kriterium ist die „Einzelveräußerbarkeit". Dieses leitet sich als „Prinzip der Einzelerfassung" aus den Grundsätzen ordnungsgemäßer Buchführung (GoB) ab. Die Erfüllung dieses Prinzips ist Voraussetzung für die „Einzelbewertung" gemäß § 252 (2) HGB. Von Bedeutung ist ferner, dass auch „wirtschaftliches Eigentum",

---

[120] Vgl. Backes-Gellner/ Lazear / Wolff (2001), 34 ff.
[121] Vgl. z.B. Schierenbeck (2000), 511 ff.
[122] Vgl. z.B. Schmidt (1982)
[123] Vgl. Fischer (1999), 30
[124] Marx (1994), 2380
[125] Vgl. Marx (1994), 2381

d.h. „tatsächliche Verfügungsmacht" am Vermögen gegeben ist.[126] In Bezug auf Personal sind diese Kriterien nicht erfüllt. Es findet kein entgeltlicher Erwerb statt. Dies zeigt sich auch an der Behandlung der Transferentschädigung von Lizenz-Fußballern. Durch die Zahlung einer Transferentscheidung eines zukünftigen Vereins an den derzeitigen Verein könnte zunächst ein entgeltlicher Erwerb unterstellt werden. Bei näherer Betrachtung ergibt sich jedoch eine „Differenzierung" zwischen der „erlangten Befugnis" und der zu „zahlenden Entschädigung." Die konzessionsähnliche Bedingung, als Profifußballer spielen zu dürfen (Spielererlaubnis nach § 26 a Lizenzspielerstatut) hängt nicht von der Transferzahlung ab. Ihre Erteilung ist von deren Leistung unabhängig. In ihr ist vielmehr ein „Nachteilsausgleich" für den abgebenden Verein zu sehen. Abgesehen davon, ist das „Recht am Spieler" trotz verbandsrechtlicher Regelungen des Deutschen Fußball Bundes „so flüchtig", dass sich die „Spielererlaubnis als Bilanzposten im Rahmen einer objektivierten Gewinnermittlung" nicht „eignet und nur die sofortige aufwandswirksame Verrechnung verbleibt."[127]

Im Gegensatz zu den aufgeführten strengen Objektivierungserfordernissen zum **handelsrechtlichen** Ansatz von immateriellen Wirtschaftsgütern als Aktivposten in der Handelsbilanz geht das Steuerrecht andere Wege. So erkennt der 1. Senat des BFH in seiner Entscheidung vom 26.8.1992 [128] in der Spielererlaubnis ein immaterielles Gut, das unabhängig von der Leistung des Spielers selbständig bewertbar sei. **Steuerrechtlich** kommt es somit zu einer Aktivierung der Ablösesumme beim aufnehmenden Verein, die auf die Vertragsdauer abgeschrieben wird. Durch diese Auslegung kommt es nur verzögert zu gewinnmindernden Betriebsausgaben, die handelsrechtlich bereits beim Erwerb anfallen.[129] Die deutsche wie die kontinentaleuropäische Rechnungslegung ist stark dem Gläubigerschutz verpflichtet. Der Ansatz flüchtiger Positionen würde das „Schuldendeckungspotential" des angesetzten Vermögens gegenüber Gläubigern im Insolvenzfall nicht richtig ausweisen.[130] Auch das sich verstärkt an Aktionäre richtende amerikanische Rechnungswesen lässt bislang eine Aktivierung von Investitionen in Personal nicht zu.[131] Eine ähnliche Situation ergibt sich für die International Accounting Standards (IAS),[132] die seit 2005 als International Financial Reporting Standards (IFRS) nach europäischem Recht im Konzernabschluss verwendet werden können.[133]

---

[126] Gabler Wirtschaftslexikon (1997), 4092
[127] Marx (1994), 2385
[128] BStBl. II 1992, 977
[129] Marx (1994), 2384 f.
[130] Federmann (2000), 198
[131] Vgl. Federmann (2000), 231 f., Friedman et.al. (1999), 13 f., Fischer (1997), 342 ff.; zum Unterschied der Rechnungslegungssysteme vgl. Schierenbeck (2000), 511 f.
[132] Vgl. Weißer (2000), 342 f, Federmann (2000), 232
[133] Vgl. Deloitte / F.A.Z.-Institut (2004)

2.2.1.3 Human Capital und Unternehmensbewertung allgemein

Trotz der mangelnden Bilanzierungsfähigkeit im externen Rechnungswesen wird bei der Unternehmensbewertung eine indirekte Bewertung des Human Capital vorgenommen (siehe Abb. 1). Im betriebswirtschaftlichen Kontext wird anstelle des Terminus „Wert" von „Bewertung" als Resultat der Tätigkeit „Bewerten" gesprochen.[134] Es wird dabei von einem „Bewertungszweck" ausgegangen. In der „funktionalen Bewertungslehre" der sog. „Kölner Schule" wurde eine „Typisierung der Bewertungszwecke" vorgenommen, deren Schemen, die auf einer Kauf- oder Verkaufssituation basieren , die Bewertung des Gesamtunternehmens an sich nicht vorsehen.[135] Aus dem Blickwickel eines Anteilseigners, der seine Renditeforderungen bevorzugt, dominiert der „zukunftsbezogene Ertragswert", der nach Peemöller von folgenden „Prinzipien" geleitet wird:

- „Zukunftsbezogenheit der Bewertung"
- „Vorrang der Gesamtbewertung der Unternehmung"
- „Subjektivität des Bewertenden" [136]

Wegen der fehlenden „Quantifizierbarkeit" von „nichtfinanziellen Nutzenkomponenten, wie z.B. Prestige oder Macht" konzentriert sich die Analyse auf „finanzielle Nutzenkomponenten" eines Anteilseigners. Diese bestehen in den Entnahmen, die dem Anteilseigner zufließen. Rein quantitativ stellt sich für den Anteilseigner die Frage, welches Kapital er einbringen müsste, „um gleiche Entnahmen erzielen zu können". Entscheidend sind die zukünftigen Entnahmen, die auf die Gegenwart diskontiert werden. Dieses „Grundmodell" lässt sich auf „Ideen" der Investitionstheorie[137] zurückführen. Darauf basieren im deutschen Kontext gegenwärtig zwei Ansätze zur Ermittlung des Ertragswertes: das „Ertragswertverfahren des IDW" (EWV IDW)[138] und das „Discounted-Cashflow-Verfahren"(DCFV)[139] mit seinen Varianten.[140] Ohne tiefer in diese Verfahren zur Bewertung des Unternehmes bzw. - nach Abzug der Schulden - des Anteilseignerkapitals einzusteigen, zeigt sich bei deren Anwendung in der Bewertungspraxis, dass ertragswertbasierte Unternehmenswerte die Bilanzwerte häufig übersteigen. Bei gut geführten Unternehmen kann der Unternehmenswert ein Mehrfaches betragen.

---

[134] Peemöller (2001a), 3 ff., zur allgemeinen Unternehmensbewertung vgl. Ballwieser (1997), zu Möglichkeiten zur Berücksichtigung des Humanvermögens in der Unternehmensbewertung vgl. Bösch (1979)

[135] Peemöller (2001a), 7 - 13

[136] Peemöller (2001a), 7; zu den Grundsätzen ordnungsmäßiger Bewertung und Bilanzierung vgl. Peemöller (2001c)

[137] Vgl. Perridon/ Steiner 1999, 58 ff., Brealey/Myers (2000), 35 ff.

[138] Ausführlich Peemöller/Kunowski (2001)

[139] Ausführlich Baetge/Niemeyer/Kümmel (2001)

[140] Peemöller/Kunowski (2001), 205

Abbildung 1: Bilanz-, Substanz- und Unternehmenswert (brutto)[141]

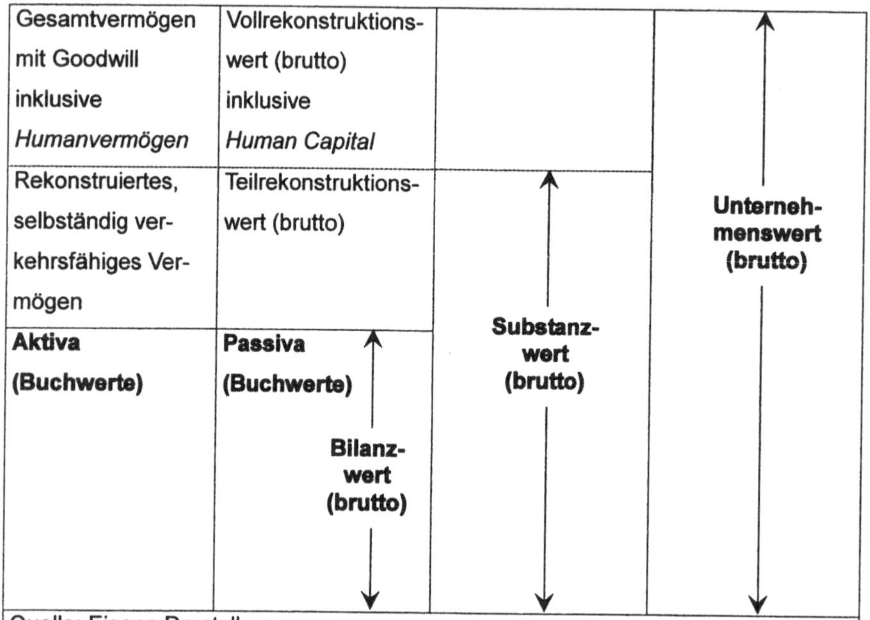

Quelle: Eigene Darstellung

Früher hat man nach der „objektiven Werttheorie" versucht, den „Unternehmenswert losgelöst von Personen" zu ermitteln.[142] Im Zentrum dieser Diskussion stand dabei der „Substanzwert". Dieser ergibt sich durch eine künstliche Rekonstruktion, indem alle Vermögensbestandteile in der Bilanz aufgelistet und aktuell unter Berücksichtigung entstandener Abnutzung zum Wiederbeschaffungspreis bewertet werden. Es wird quasi das Unternehmen auf der grünen Wiese nachgebaut. In der Bewertungsterminologie spricht man vom „Teilrekonstruktionsaltwert" und bringt damit zum Ausdruck, dass so zwar alle „selbständig verkehrsfähigen materiellen und immateriellen Vermögenswerte" (vor Aufrechnung von Vermögen und Schulden) berücksichtigt sind, aber ein wesentlicher Teil zur Brutto-Vollrekonstruktion noch fehlt, nämlich alle „nicht

[141] Die Bruttobetrachtung geht von einem Wert vor Aufrechnung von Vermögen und Schulden aus

[142] Peemöller (2001a), 5

bilanzierungsfähigen Faktoren", die im sog. „Goodwill" subsumiert sind.[143] Münstermann klassifiziert diese Faktoren wie folgt:[144]

- „Raumbedingte Faktoren (z.B. Standort eines Unternehmens),
- zeitbedingte Faktoren (z.B. Alter als Ursache für Reputation oder Bekanntheitsgrad eines Unternehmens),
- sachliche Faktoren (z.B. Rechtsform, Breite und Qualität der Produktpalette, Produktionsmethoden, Verflechtungsgrad eines Unternehmens),
- **persönliche Faktoren** (z.B. Qualität des Personals, Unternehmenskultur eines Unternehmens)."

Im E-DRS 14 empfiehlt der Deutsche Standardisierungsrat über die hier erwähnten ‚nicht bilanzierungsfähigen Faktoren' als „intellektuelles Kapital" zu berichten, wovon „Humankapital (*Human Capital*)" eine Kategorie wäre.[145] Das im Goodwill unter ‚persönliche Faktoren' verborgene HC, spielt in der Ermittlung des Ertragswertes nach dem EWV IDW nur insofern eine Rolle in dem eine „Einschätzung der Qualität des Managements" vorgenommen wird, die in der Prognoserechnung berücksichtigt werden kann.[146] In der Darstellung des DCFV kommt selbst dies nicht vor:[147] HC geht nur als Kosten in die Prognoserechnungen ein. In dem vor einem Kauf vorgenommenen sog. „Due-Diligence-Review" soll mit „gebührender Sorgfalt" untersucht werden, ob die „Gewährleistungen des Verkäufers" den „Erwartungen des Käufers" entsprechen. Ziel ist nicht eine Unternehmensbewertung, sondern die „Risikominimierung für den Käufer". Im Rahmen eines solchen Reviews finden auch die Qualität des Managements und „Abhängigkeiten von Einzelpersonen" Beachtung.[148]

Gleichwohl umfangreiche Checklisten zum Themenkomplex ‚Personal' bestehen, fehlen wie Michael Kittner[149] feststellt, „Anleitungen zu wertenden und insbesondere vergleichenden Schlussfolgerungen", so dass allgemeingültige Schlüsse daraus nicht abgeleitet werden können. Es bleibt nur eine subjektive Einschätzung übrig, die sich aufgrund mangelnder „Überprüf- wie Vergleichbarkeit der Bewertungen" und damit verbundener Transparenzdefizite externer Kontrolle entzieht. Dies trifft auch für die Einschätzungen von zwei Berufsgruppen zu, die sich mit der Unternehmensbewertung auseinandersetzen: Experten für Unternehmens-Rating und Aktienanalyse. Beide sehen den Faktor Personal nur unter dem Kosten- und Risikoaspekt. Eine Ausnahme machen sie im Hinblick auf die Qualität des Managements. Allerdings bleibt verborgen,

---

[143] Für Sieben/Maltry (2001), 377 ff. hat der Substanzwert für die Bewertung nur noch „ergänzenden Informationswert", 380; für Helbling (2001c), 183 ist er Bestandteil eines Bewertungsgutachtens

[144] Münstermann (1966), 139, zitiert in: Sieben/Maltry (2001), 380, Hervorh. in fett d. Verf.

[145] Entwurf Deutscher Rechnungslegungs-Standard Nr. 14 zu immateriellen Vermögenswerten vom 14.11.2001, Details siehe 2.2.1.7

[146] Pemöller/Kunowski (2001), 257

[147] Vgl. Baetge/Niemeyer/Kümmel (2001)

[148] Helbling (2001b), 171

[149] Kittner (1997), 2287

in welchem Ausmaß dieser Faktor in das Rating oder die Einschätzung eingeht.[150] Im Zuge von Basel II finden die Methoden der Rating-Experten auch im Mittelstand Anwendungen, dessen Bewertung weiterer Besonderheiten unterliegen.

2.2.1.4 Human Capital und Unternehmensbewertung im Mittelstand

Ein mittelständisches Unternehmen zeichnet sich dadurch aus, dass es von einem personalen Unternehmer (siehe 2.3) geführt wird. Es ist naheliegend, dass bei der Unternehmensanalyse im Rahmen des Bewertungsvorgangs die Beurteilung der Unternehmensführung im Vordergrund steht. Der personale Faktor kann extrem bedeutsam sein: „Ist der Erfolg des Unternehmens wesentlich oder gänzlich von der Person des Inhabers abhängig, verbleibt im Falle seines Ausscheidens nur noch der Liquidationswert."[151] Die Beurteilung des Nachfolgers und einer geordneten Übergabe an diesen wiegen daher schwer. Von großer Bedeutung ist, inwieweit ein Goodwill stark genug ausgeprägt ist, dass quasi die Fähigkeiten des personalen Unternehmers in den Produkten, der Marke und Prozessen so glaubwürdig ‚fortleben', dass es Kunden, Mitarbeiter, Lieferanten, Banken und Gesellschafter überzeugt. Dies gelingt umso leichter je länger ein Unternehmen existiert, weil dann schon ein- oder mehrmals bewiesen wurde, dass ein Weiterleben gemeistert wurde. Stärker als im Großunternehmen können KMU „von einigen wenigen Geldgebern, Kunden, leitenden Mitarbeitern, Lieferanten usw." abhängig sein, deren Risiken in der Bewertung zu berücksichtigen sind.[152]

Bei der Übernahme durch ein Großunternehmen sind es gerade die Schlüsselpersonen, Leistungs- und Know-how-Träger die nicht oder nur schwer zu halten sind. Versuche, die Unternehmenskultur des KMU an die des Großunternehmens anzupassen, bereitet Schwierigkeiten nicht nur für die Schlüsselpersonen, die selbständigeres Arbeiten und schnelles Entscheiden durch den personalen Unternehmer gewohnt waren.[153] Es wird dabei auch an Flexibilität und Anpassungsfähigkeit eingebüßt, die es als Stärke gegenüber Großunternehmen auszeichnete. Angesichts der personalen Faktoren ist ein Goodwill und damit ein Human Capital als Teil des Goodwill nur dann gegeben, wenn z.B. ein Nachfolger Akzeptanz bei Schlüsselkunden, -mitarbeitern, -gläubigern usw. findet. Der Goodwill wird gestärkt, wenn mehrere Personen im Bewusstsein der Unternehmensöffentlichkeit positiv verankert sind: Ein personaler Unternehmer geht in den Ruhestand, die Nachfolge ist geregelt, aber darüber hinaus ist z.B. der Vertriebsleiter bei den wichtigsten Kunden seit Jahren eingeführt, der Entwicklungsleiter als Fachkapazität bekannt, der Finanzleiter bei

[150] Vgl. Kittner (1997), 2287 f.; auch im Due Diligence wird die Qualität des Managements herangezogen vgl. Helbling (2001a), 161
[151] Vgl. Peemöller/Kunowski (2001), 223
[152] Helbling (2001d), 191
[153] Vgl. Helbling (2001d), 191

den Banken als kompetent und seriös eingestuft usw. Je mehr Aufgaben und Kompetenzen personal verteilt sind, um so mehr Zutrauen ist in eine positive Weiterentwicklung gegeben, umso höher ist der Goodwill und der Unternehmenswert anzusetzen.[154]

Als Bewertungsmethoden präferiert Carl Helbling für KMU die „Gesamtkapitalmethode" (den sog. „Entity Approach"). Er ermöglicht mehr Flexibilität in der Finanzierung, da bei Bedarf durch Reduktion des Eigenkapitals der Kaufpreis herabgesetzt werden kann („Leveraged Buy-out"). Die passende Methode ist hierzu das angloamerikanische DCFV. [155] Da ein Goodwill stark von personalen Komponenten abhängt, ist im Mittelstand vielfach noch üblich, den Substanzwert zu rechnen. Er ist eine wichtige Orientierungsgröße, nicht nur bei der Bewertung und Aussonderung von nicht betriebsnotwendigen Teilen. Weit verbreitete Praktikermethoden basieren auf „Mischrechnungen" von „einfach oder doppelt gewichtetem Ertragswert und Substanzwert."[156] Eine plausible und nachvollziehbare Methode zur Bewertung des personalen Faktors **fehlt** auch im Mittelstand. Auch Praktikermethoden liefern hierzu **keine** Anhaltspunkte. Da der personale Faktor in der Bewertung mittelständischer Unternehmen stärker als bei großen hervortritt, stellt sich die Frage nach geeigneten Bewertungsansätzen. In der Literatur findet sich hierzu der Ansatz des Human Resource Accounting.

2.2.1.5 Human Capital und Human Resource Accounting

Rensis Likert hatte 1967 in empirischen Untersuchungen festgestellt, dass je nach Ausprägung eines Managementsystems – im negativen Pol „ausbeutend" bzw. im positiven „kooperativ" - es zu einer unterschiedlichen Nutzenstiftung der Human Resources kam. Um dies für das Management in deren Instrumenten greifbar zu machen, versuchte er, das HC in das Rechnungswesen als „Human Resource Accounting" (HRA) einzubeziehen.[157] Schon 1964 hatte Hermanson einen Beitrag hierzu vorgelegt, in dem er überdurchschnittliche Gewinne als Beleg für HC nahm.[158] Eine Reihe weiterer Modelle, die unscharf in „inputorientierte" und „outputorientierte" eingeteilt werden können, entstand. Inputorientiert sind Modelle, wenn auf Aufwendungen für HC zurückgegriffen, outputorientiert, wenn auf die Leistung des HC – einzeln oder gesamt – abgestellt wird.[159] In den siebziger Jahres hat dieser Ansatz in der

[154] Vgl. Helbling (2001d), 190
[155] Vgl. Helbling (2001d), 189 u. 191
[156] Vgl. Helbling (2001d), 197
[157] Vgl. Staehle (1999), 782
[158] Vgl. Schoenfeld (1974), 9f.
[159] Mit den Modellen des HRA haben sich mehrere Autoren auseinandergesetzt: kritisch Schoenfeld (1974) u. Fischer-Winkelmann/Kohl (1982), zusammenfassend Wunderer/Jaritz (1999), 155 ff., Maier (1980), 23 ff. u. Brummet (1982); eine Aufarbeitung des HRA-Ansatzes findet sich u.a. in folgenden Dissertationen: direkt Conrads (1976), Aschoff (1978), Kontner

BRD als „Humanvermögensrechnung“ großen Widerhall gefunden.[160] Zu unterscheiden hiervon ist eine um gesellschaftsbezogene Aspekte erweiterte Rechnungslegung in Form von Sozialbilanzen, in die gesellschaftsrelevante Aktivitäten der Unternehmung eingehen.[161]

Kritisch am HRA sind nicht nur die Hemmnisse im Rechnungswesen bezüglich der Aktivierung von Investitionen in HC wie Flüchtigkeit des Personals, schwere Bewertbarkeit, fehlender Kaufpreis, nicht gegebene Einzelverwertbarkeit bzw. -veräußerbarkeit zu werten. Vielmehr kommen inhärente Probleme hinzu, welche die Modelle als „unzureichend“ und „angreifbar“ erscheinen lassen.[162] Fischer-Winkelmann und Kohl kritisieren den mangelnden Nachweis, dass Veränderungen von Input- oder Output-Faktoren auch einen entsprechenden Anstieg oder Fall im Wert des HC bewirken. So bedeutet ein Anstieg der Löhne nicht unbedingt mehr Leistung bzw. mehr Wert. Als generell ungelöst sehen die Autoren die „verursachungsgerechte“ Zurechnung von Aufwendungen und Erträgen zum Faktor Arbeit. Gänzlich unberücksichtigt bleiben Effekte der Zusammenarbeit zwischen Personen.[163] Trotz dieser Mängel erfreut sich der Ansatz angesichts der allgemein gestiegenen Bedeutung von immateriellem gegenüber materiellem Vermögen einer gewissen Renaissance.[164]

Da im externen Rechnungswesen die Aktivierung von Personal nicht erlaubt ist, hat Hajo Fischer[165] eine Systematik zur Buchung von Personalinvestitionen für das interne Rechnungswesen erarbeitet. In der Unternehmenspraxis müsste hierzu ein weiterer Buchungskreis für alle Zu- und Abgänge bzw. für Zu- und Abschreibungen eingerichtet werden. Es ist fraglich, ob dies eine Standardsoftware zu leisten vermag. Vermutlich müsste hierfür erst teure Individualsoftware entwickelt werden. Zudem ist die Handhabung aufwendig, da alle Arbeitnehmer (auch Angestellte und Zeitlöhner) zu einer genauen Leistungskontierung verpflichtet wären, die verbucht werden müsste. Da vielfach Marktpreise fehlen, dürften zumindest einige der Wertansätze den Buchhaltern Schwierigkeiten bereiten. Ungelöst bleibt auch bei diesem Ansatz der Verbuchung von Personalinvestitionen der Kausalitätsbezug. Inwiefern eine Steigerung des Bilanzansatzes eine Steigerung des Ergebnisses und letztlich des Unternehmenswertes nach sich zieht, ist nicht eindeutig nachvollziehbar. Aber auch ohne diese inhärenten Probleme wäre der Ansatz für ein mittleres

---

(1980), indirekt Fischer (1997); ein häufig zitierter Vertreter des Ansatzes ist Flamholtz (1982, 1999); zu weiteren Informationen vgl. Schmidt (Hrsg.) (1982) u. Marr (1982)

[160] Schmidt (Hrsg.) (1982)

[161] Vgl. Fischer-Winkelmann/Kohl (1982), 124

[162] Schoenfeld (1974)

[163] Fischer-Winkelmann/Kohl (1982) 142 ff.

[164] Vgl. z.B. Drake (2002), Johanson (2002) u. Zambon (2002); auf umfassend anderer methodischer Basis Wucknitz (2002)

[165] Vgl. Fischer (1997, 1999)

Unternehmen zu kostspielig, weshalb er wie das Human Resource Accounting in dieser Arbeit nicht weiter verfolgt wird.

Von Interesse ist allerdings der Grundgedanke von Investitionen in Personal, der bereits anfangs der sechziger Jahre von Eberhard Witte[166] vorgetragen wurde. Im Detail zeigt Witte auf, dass im Falle von Ausbildung alle Merkmale einer Investition erfüllt sind: die Ausgaben sind für „zukünftige Einnahmen" oder zur Vermeidung „anderer Ausgaben" verwendet, es liegt eine „zeitliche Kluft" zwischen den Zeitpunkten der Einnahme und der Ausgabe, mit der Ausgabe ist „sowohl die subjektive Hoffnung als auch die Bereitschaft zum Wagen" enthalten. Bei Investitionen in immaterielles Vermögen fehlt es an einem greifbaren „Investitionsobjekt". Bei „materiellen Investitionsobjekten ist das Investitionsbewusstsein in der Regel klar ausgeprägt", im Falle von nicht-materiellen mangels Objekt dagegen nicht.[167] Dies obwohl z.B. auch die Investition in eine Maschine zunächst nur ein **Potential** zukünftiger Einnahmen darstellt. Nur wenn die unterstellten Rahmenbedingungen eintreten, treten auch der Erfolg und die Einnahmen ein. Im Falle des Nichteintretens ist auch das Investitionsobjekt kein Ersatz für die investierte Ausgabe. Eine Sondermaschine z.B., die nur unter bestimmten Rahmenbedingungen brauchbar ist, ist nach Abzug der Abbau- und der Transportkosten vom Schrottwert u. U. ebenso wertlos wie die Ausbildung in einen Mitarbeiter, der bei einem Verkehrsunfall ums Leben kommt. Daraus kann gefolgert werden, dass Investitionen in materielles oder immaterielles Vermögen in einem unmittelbaren Bezug zu einem darin erhofften Erfolgspotential steht, dass unter bestimmten Bedingungen zeitversetzt erfolgs- und damit liquiditätswirksam werden kann. Bei Investitionen in Personal liegt demnach nicht unmittelbar eine Steigerung des HC vor, sondern zunächst nur eine Zunahme des Potentials der Mitarbeiter, des sogenannten Humanpotentials, vor.

2.2.1.6 Human Capital und Humanpotential

Fischer versteht unter „Personal" sowohl den Produktionsfaktor „personale Arbeit" als auch „die Gesamtheit der einer Organisation arbeitsvertraglich verpflichteten Personen." Die „Personalausstattung" definiert er folglich als die „Gesamtheit der personalen Leistungspotentiale nach Art, Menge und Güte..., die für betriebliche Personaleinsatzentscheidungen (bei gegebener physiologischer und willentlicher Leistungsbereitschaft der Arbeitnehmer) tatsächlich zur Verfügung stehen."[168] Vom Unternehmen werden vertraglich gegen Zahlung von Entgelt an den Arbeitnehmer ***nur*** „Leistungsansprüche" erworben, nicht aber das Eigentum am Arbeitnehmer selbst. D.h. auch die Leistungspotentiale gehören dem Unternehmen nicht. Vertraglich wird nur das „Humanpotential"

---

[166] Witte (1962)
[167] Witte (1962), 211 ff
[168] Fischer (1999), 32

erworben, das „Ansprüche des Unternehmens gegenüber Arbeitnehmern auf Bereitstellung ihrer Leistungspotentiale bestimmter Art, Menge und Güte bezeichnet, die sich erwartungsgemäß in der Zukunft durchsetzen lassen und die Leistungspotentiale damit erwartungsgemäß für das Unternehmen verfügbar machen."[169] **Humanpotential** heißt also **Anspruch** auf **Bereitstellung von Leistungspotentialen**. Auch diese Definition verdeutlicht, warum es so schwierig ist, Personalinvestitionen bilanziell zu aktivieren. Eine vertragliche geschuldete Leistung ist zwar durch ein Lastenheft fixierbar. Im Unternehmensalltag ergeben sich aber vielfach Situationen, die nicht vorher geregelt werden können. Der Arbeitnehmer erfüllt zwar, macht Dienst nach Vertrag, aber er müsste just in einem Moment etwas davon Abweichendes tun. Macht er es, dann leistet er mehr als im Vertrag definiert ist. Er tut es, weil er – mehr oder weniger bewusst - neben dem **juristischen Vertrag** noch einen **„psychologischen Vertrag"** eingegangen ist, in dem er sich dazu verpflichtet, auch in juristisch undefinierten Situationen sein Leistungspotential einzubringen, sowie es seiner Erwartung und der Erwartung des Unternehmens, repräsentiert durch Führungskräfte und andere Organisationsmitglieder entspricht.[170]

Hier kommt das zum Tragen, was Schanz mit „lebendiger Arbeit" beschreibt, die nicht mit der ‚Arbeit' einer Maschine gleichgestellt werden darf, die nur macht, was vorher klein säuberlich festgelegt worden ist. Psychologische Kontrakte unterliegen noch weniger als juristische der Einzelverwertbarkeit. Eine bilanzielle Aktivierung ausgedrückt in Geldgrößen kann somit als ausgeschlossen gelten. Bei näherer Betrachtung dessen, was sich hinter dem Terminus ‚Leistungspotential' verbirgt, wird noch deutlicher, wie weitreichend die beidseitige Erfüllung des psychologischen Kontrakts ist. Fritz Bisani unterscheidet drei Faktoren des Leistungspotentials, das er „Leistungsangebot des Mitarbeiters" nennt[171]: „Leistungsbereitschaft", „Leistungsdisposition" und „Leistungsfähigkeit". Die Leistungsfähigkeit lässt sich „im Rahmen gegebener Anlagen durch Lernen und Erfahrung...durch Schulungsmaßnahmen und Übungen" steigern. Die Leistungsdisposition wird durch „gesundheitlichen Zustand, Ermüdung, körperliches Befinden usw." bestimmt und ist für „kurzzeitige Leistungsschwankungen von Bedeutung". Ausschlaggebender als diese ist die Leistungsbereitschaft als „Einstellung der Mitarbeiter zu ihrer Aufgabe" und „Wille, die gegebenen Fähigkeiten für die Leistungserstellung einzusetzen."

---

[169] Fischer (1999), 33

[170] Schein (1988), 22: „ The notion of a psychological contract implies that there is an unwritten set of expectations operating at all times between every member of an organization and the various managers and others in that organization", vgl. auch Schanz (2000a), 28

[171] Bisani (1982), 584; nach Scholz (2000), 576 f. gehören zu einem Arbeitssystem alle Faktoren, die zur Lösung einer Arbeitsaufgabe in einem „sozio-technischen Input-Outputsystem" transformiert werden; den Rahmen hierzu liefert die Arbeitswissenschaft, die sie analysiert und gestaltet (siehe 4.2.5.1)

Die Leistungsbereitschaft wird zum einen von der Person bestimmt, zum anderen durch das „Arbeitssystem". Dieses wird durch die Faktoren „Arbeitsumgebung (..Lärm, Hitze, Staub; Einzelarbeitsplatz oder Gruppenarbeit), Arbeitsablauf und Arbeitsorganisation (z.B. Fließband, Montageinsel,..., Belastungswechsel ...), Arbeitsinhalt und Arbeitsaufgabe (Grad der Arbeitsteilung, Grad der Strukturiertheit...Monotonie oder Abwechslung, Handlungs- u. Entscheidungsspielraum), Führungsorganisation (Führungsverhalten, Aufgabendelegation, Kontrollwesen, Soziale Organisation)" bestimmt.[172] Kommt es wiederholt zu einem Auseinanderklaffen von Mitarbeitererwartungen und dem Arbeitssystem, etwa durch Nichtbeachtung berechtigter Anliegen des Mitarbeiters, erfolgt eine Kündigung des psychologischen Kontrakts. Formell arbeitet der Mitarbeiter zwar weiter und erfüllt seine vertraglichen Pflichten, innerlich ist er nicht mehr bei der Sache, sein Engagement leidet: er verlässt z.B. das Büro pünktlich – obwohl gerade noch ein wichtiger Kunde anruft oder er lässt eine Maschine über Nacht laufen, die im benachbarten Trakt vergessen wurde auszuschalten usw. Formell kann ihm nichts nachgewiesen werden. Dennoch erfüllt er nicht die Erwartungen, die juristisch nicht einzeln aufgeführt werden können; die Kosten der Erstellung und laufenden Überwachung aller Vertragspunkte im Detail wären viel zu hoch.

Nach Bisani wirkt das Arbeitssystem nicht nur indirekt über die Leistungsbereitschaft der Mitarbeiter, sondern auch direkt auf das Human Capital ein. Das Leistungspotential kann nur genutzt werden, wenn dem entsprechende „Arbeitsanforderungen" gegenüberstehen. Ist das Leistungspotential höher als die Anforderungen des Arbeitssystems, dann kommt es zu einer quantitativen oder qualitativen Überdeckung: entweder ist das Stundenangebot zu hoch oder die Mitarbeiter verfügen über höhere Fähigkeiten, die nicht eingesetzt werden („Überqualifikation"). Zu hoch qualifizierte Mitarbeiter noch weiter auszubilden käme in diesem Zusammenhang einer „Fehlinvestition" gleich.[173] Das Leistungspotential der Mitarbeiter mit den Anforderungen des Arbeitssystems in Kongruenz zu bringen, ist eine wesentliche Aufgabe der Unternehmensführung. Im Sinne eines „übergreifenden Managements" wird diese - einem modernen Verständnis folgend - vom „Human Resource Management" wahrgenommen, das bezogen auf das Humanpotential, „langfristige, strategische Steuerungsaspekte" in den Vordergrund stellt.[174]

Im Unterschied zum volkswirtschaftlichen Humankapitalbegriff (siehe 2.2.1.1), der den Wert der Wissens-, Fähigkeits-, Fertigkeits- und Orientierungs-

---

[172] Bisani (1982), 584
[173] Bisani (1982), 585
[174] Wunderer (2001), 609; Schanz (2000a), 31 bevorzugt anstelle von Human Resource Management den Terminus „Personalwirtschaft" als „Art und Weise organisationalen Umgangs mit lebendiger Arbeit"

bestände umfasst, ist das „realisierbare Humanvermögen" bei Bisani[175] - im Kontext dieser Arbeit das **realisierbare Human Capital** - eine Resultante aus dem **Humanpotential** als **Anspruch auf das Leistungspotential** der Mitarbeiter ***und*** den **Arbeitsanforderungen des Arbeitssystems.**[176]

Das hier definierte Humanpotential ist weitgehend identisch mit den Inhalten der in der Literatur verwendeten Termini „Human Resources", „Humanvermögen" und „Humankapital" („Human Capital"). Da im Deutschen sowohl die Begriffe Human Capital als auch Humankapital mit gleicher Bedeutung verwendet werden, bietet sich für diese Arbeit die Möglichkeit, den Begriffen unterschiedliche Bedeutungen zu geben.

Human Capital – *als immaterieller Wert des Unternehmens* - **entsteht, wenn durch Führung unter Einsatz des Arbeitssystems die Leistungsbereitschaft der Arbeitnehmer derart mobilisiert wird, dass sie ihr Humankapital so in den Dienst stellen, dass dadurch ein Mehrwert erzielt wird, der über den Personalausgaben liegt.**

Das Arbeitssystem im Sinne Bisanis stellt eine „Organizational Capability" im Sinne von Robert Grant dar, die „Human Resources" zur Produktivität führt.[177] Der volkswirtschaftliche Humankapitalbegriff entspricht dagegen weitgehend der Leistungsfähigkeit als einem wesentlichen Faktor des Leistungspotentials des Mitarbeiters.[178] Der Ausgestaltung der komplexen Variable ‚Arbeitssystem' – als intervenierender Variable zwischen Humanpotential und Human Capital – kommt situationsabhängig eine maßgebliche Bedeutung zu. Einen situativen Faktor stellt beispielsweise die Knappheit an verfügbarem Personal am Arbeitsmarkt dar. Ein anderes Beispiel ist die generelle Abhängigkeit von Personal an sich, wie sie im Dienstleistungssektor besonders hervortritt; hier kann Personal nicht so ohne weiteres durch Automaten substituiert werden. Human Capital als immaterieller Vermögensbestandteil wird in der Literatur häufig in Bezug zum Intellektuellen Kapital gebracht.

2.2.1.7 Human Capital und Intellektuelles Kapital

Im EDRS (Entwurf Deutscher Rechnungslegungs-Standard) Nr. 14 zu immateriellen Vermögenswerten vom 14.11.2001 wird eine Berichterstattung über den Goodwill als „intellektuelles Kapital" (*Intellectual Capital*) nach folgenden Kategorien empfohlen:

---

175 Z.B. Gabler Wirtschaftslexikon (1997), 1797 f.; Grant (2002), 143 f; Wunderer (2001), 609; Staehle (1999), 39

176 Bisani (1982), 584 ff.

177 Grant (2002), 143 ff.; die Capabilities von Grant stellen strategische Fähigkeiten dar, die in 2.2.2.1 u. 4.2.2 vertieft werden

178 Vgl. auch die von Höckels (2000), 17 f. präferierte Humankapitaldefinition

- „Humankapital (*Human Capital*),
- Kundenbeziehungen (*Customer Capital*),
- Lieferantenbeziehungen (*Supplier Capital*),
- Investor- und Kapitalmarktbeziehungen (*Investor Capital*),
- Organisations- und Verfahrensvorteile (*Process Capital*),
- Standortfaktor (*Location Capital*) und
- Innovationskapital (*Innovation Capital*).“[179]

„Intellectual Capital“, „Intellectual Property“, „Intangibles“ und „Intangible Assets“ oder im Deutschen „immaterielle Güter“ oder „immaterielle Vermögensgüter“ – soweit sie nicht aktiviert werden dürfen[180] - treten im Zusammenhang mit Rechnungslegung und wertorientierter Unternehmensführung synonym auf. Auf „kleinstem gemeinsamem Nenner“ können sie als „Non-physical Sources of Future Economic Benefits“ definiert werden.[181] Intellectual Capital ergänzt dabei das finanziell messbare Kapital („Financial Capital“), das auch das derivativ erworbene immaterielle Vermögen beinhaltet.[182] Beide Kapitalarten ergeben in Summe den „Marktwert“ („Market Value“) einer Unternehmung.[183] Der Begriff ‚Intellektuelles Kapital' ist durch die Pioniertätigkeit des schwedischen Finanzdienstleisters Skandia-AFS bekannt geworden. Dieses Unternehmen begründete 1991 erstmals einen Unternehmensbereich für intellektuelles Kapital und berief Leif Edvinsson als dessen Leiter, der Intellektuelles Kapital wie folgt definiert:

> „Intellektuelles Kapital ist der Besitz von Wissen, angewandter Erfahrung, Organsationstechnik, Kundenbeziehungen und professioneller Fertigkeiten, der Skandia einen Wettbewerbsvorteil auf dem Markt gibt.“ Edvinsson/Brünig (2000), 38

Später vereinfachte Edvinsson die Definition nach der Formel:

> „Humankapital + Strukturkapital = intellektuelles Kapital.“ Edvinsson/Brünig (2000), 39

Unter Strukturkapital lassen sich alle vom EDRS erfassten Kapitalarten – ausgenommen dem Humankapital – verstehen. Der zunächst verfolgten Absicht, intellektuelles Kapital intern für das Management und extern für Aktionäre und Analysten erstmals darzustellen folgte das vom Vorstand Jan R. Carendi erklärte Ziel, dieses neu eruierte Wissen zur Wertsteigerung in dauerhafte Vermögenswerte, d.h. in Strukturkapital zu transformieren. Edvinsson und seine Mitarbeiter erkannten, dass neu erstehende Unternehmensteile vor allem durch Humankapital charakterisiert wurden. In schon weiter fortgeschrittenen

---

[179] Deutscher Standardisierungsrat (2001), 11 u. 15, ebenso AK IW SG (2004), 225 ff.; hierzu auch 4.2.2.1

[180] Deutscher Standardisierungsrat (2001), 15

[181] Zimmermann/Schütte (2004), 315 u. Deutscher Standarisierungsrat (2001), 15

[182] Der Zusammenhang Intellektuelles Kapital und immaterielles Vermögen wird in Abschnitt 4.2.2.1 vertieft

[183] Edvinsson/Brünig (2000), 44, Wunderer /Jaritz (1999), 336

Unternehmensteilen erkannten sie jedoch, dass sich diese durch zusätzliches Strukturkapital auszeichneten, das aus dem Humankapital erwachsen war. Strukturkapital blieb, wenn alle Mitarbeiter nach Hause gegangen waren, im Unternehmen nach Feierabend zurück. Daraus wurde die Idee geboren, dass man durch gezielte Bildung von Strukturkapital den Unternehmenswert für den Aktionär dauerhaft steigern könne, ohne allein auf das als ‚flüchtig' eingestufte Human Capital angewiesen zu sein.[184]

Im mittelständischen Kontext sind der Umwandlung von Humankapital in Strukturkapital Grenzen gesetzt, weil Bestandsaufnahme und Fortschreibung des durch Humankapital geschaffenen Wissens aufwendig und hochkomplex sind.[185] Die hierzu notwendigen Expertensysteme benötigen zusätzliche hochqualifizierte Mitarbeiter, die vorhandenes Wissen konzeptionell aufarbeiten, angemessene Strukturen in diesen Systemen generieren und Wissen darin speichern. Die Kosten hierfür sind hoch bis sehr hoch, zumal die Wissensträger zusätzliche Zeit für die Übergabe ihres Wissens investieren müssen und in dieser Zeit nicht produktiv tätig sein können. Zudem sind ständige Pflege- und Erweiterungsaktivitäten notwendig. Fraglich ist, ob die Mitarbeiter bereit sind, ihr gesamtes Know how einzubringen, ohne dafür ausreichende Sicherheiten zu verlangen, weil sie sich letztlich selbst überflüssig machen können.[186] Das steht in einem Widerspruch zum personalen Unternehmen, das darauf setzt, dass die Kompetenz in den Personen dem Unternehmen durch Identifikation der Personen mit dem Unternehmen erhalten bleiben (siehe 2.3.5). Dem personalen Unternehmen ist eine „Qualifikation durch soziale Wissen[s] systeme"näher.

---

184 Vgl. Edvinsson/Brünig (2000), 39 f., vgl. auch Servatius (1998)

185 Da Wissen u. Innovation immer bedeutender für den Wettbewerb werden, sollen Faktoren der Zukunftsfähigkeit die herkömmliche Bilanz u. Gewinn- und Verlustrechnung ergänzen. Hierzu fördert das BMWA (2004) die Verbreitung der sog. „Wissensbilanz" im Mittelstand. Eine bundesweite Vorreiterrolle nimmt dabei die VR Bank Südpfalz (2005) ein. Zur theoretischen Fundierung der Wissensbilanz vgl. diverse Beiträge in Mertins/Alwert/Heisig (Hrsg.) (2005). Aus der Wissensbilanz kann HC nicht ersehen werden. Bei näherer Betrachtung ergibt sich, dass der Begriff ‚Wissensbilanz' irreführend ist, weil er weder mit Wissen noch mit Bilanz zu tun hat, vgl. hierzu auch Scholz/Stein/Bechtel (2004), 135 f. Es handelt sich vielmehr um eine Aufstellung diverser Kennzahlen, die auch solche aus dem Personalbereich umfassen, die mit Humankapital überschrieben werden, vgl. z.B. VR Südpfalz (2005), 12. Die Wissensbilanz stellt eine Art von Balanced Scorecard (vgl.4.2.5.3) dar, wobei Faktoren nach Einflussstärke - dem Sensitivitätsmodell von Vester (2001), 157 ff. folgend - miteinander verknüpft werden, vgl. VR Bank Südpfalz (2005), 17 f. u. persönliche Kommunikation mit Herrn Rainer Offen, einem Mitglied der Projektgruppe, vgl. Alwert/Offen (2005)

186 Eine Ausnahme stellt der systematische Wissenstransfer zwischen den Generationen dar. Wie Studien der Ruhruniversität Bochum in mittleren Unternehmen zeigen, ist ein solcher zur Übergabe des meist sehr großen betriebsspezifischen Wissens vor dem Ausscheiden in den Ruhestand möglich. Voraussetzung ist die Freiwilligkeit und die Transparenz des Transferprozesses sowie die methodisch-didaktische Unterstützung durch Personalentwickler, vgl. Priorr et.al. (2006), 84

Klimecki und Gmür unterscheiden „Wissenssysteme" nach drei Konzepten:

(a) die schon genannten **sozialen Wissenssysteme**, die darauf basieren, dass die Arbeitsorganisation Qualifikationen auf mehrere Mitarbeiter verteilt z.B. durch Job Rotation, Stellvertreterregelungen oder in „Kompetenzzentren";

(b) „**formale Wissenskonzepte**", die beispielsweise ihren Niederschlag in folgenden Systemen finden: „Arbeitsanweisung", „Handbuch", „Dokumentenablage", „Wissenskarten", „Expertenverzeichnis";

(c) „**technische Wissenssysteme**" wie „Data Warehouse", „Datenverarbeitungssystem", „Entscheidungsunterstützungssystem", „Expertensystem".[187]

Häufig werden im Zusammenhang mit Intellektuellem Kapital auch noch die Begriffe Wissenskapital und Sozialkapital verwendet. Probst und Knaese unterscheiden ähnlich wie Edvinsson „Wissen-/Know-How-Kapital" in die Komponenten „Humankapital" („an Personen gebundenes Wissen") und „Strukurelles Kapital" („organisatorisch verankertes Wissen").[188] Nonaka und Takeuchi unterschieden zwischen „explizitem" und „implizitem Wissen". Explizites Wissen ist jedermann zugänglich und kann im Prinzip auch von jedermann verstanden werden. Implizites Wissen ist in Personen gebunden. Es wird über Sozialisierungsprozesse erworben bzw. an andere weitergeben, sprich internalisiert bzw. externalisiert.[189]

Vom Wissenskapital unterscheidet sich „Sozialkapital". Mehr auf einzelne Personen bezogen spricht man im Verfügungsrechtsansatz dann von Sozialkapital, wenn „persönliche Beziehungen" aufgebaut wurden und Personen „quasi ein ‚Recht' auf Hilfsbereitschaft, auf Loyalität, auf Treue und Redlichkeit" erworben haben.[190] Auf eine Organisation bezogen ist „Sozialkapital" nach Habisch „jenes...Beziehungsgefüge, das einer Gesellschaft die dauerhafte Überwindung sozialer Interaktionsprobleme erlaubt und somit Erträge sozialer Kooperation dauerhaft zu stabilisieren verhilft." Synonyme Begriffe hierzu wären „Organisationskapital" (Sadowski), „Vertrauenskapital" oder „Reputationskapital" (Albach).[191]

2.2.1.8 Zusammenfassung und Definition: Human Capital

Wesentliche Grundlage des Human Capital eines Unternehmens ist dessen Humanpotential. Dieses leitet sich aus der Ausstattung mit Personal ab. Per-

[187] Klimecki/Gmür (2001), 328 ff.
[188] Probst/Knaese (1998), 25 f.
[189] Nonaka/Takeuchi (1997), 75 ff., vgl. auch Klimecki/Gmür (2001), 133 ff u. Höckels (2000), 21 ff.
[190] Göbel (2002), 67
[191] Göbel (2002), 263

sonal steht zum einen als Ausdruck des Produktionsfaktors „lebendige Arbeit" (Schanz)[192] und zum anderen als die Gesamtheit der dem Unternehmen arbeitsrechtlich zur Verfügung stehenden Personen. Hierzu zählen alle arbeitsvertraglich verpflichteten Mitarbeiter und die Organvertreter. Für betriebliche Personaleinsatzentscheidungen maßgeblich ist die Personalausstattung als Gesamtheit der personalen Leistungspotentiale nach Art, Menge und Güte, soweit sie bei gegebener physiologischer und willentlicher Leistungsbereitschaft tatsächlich zur Verfügung stehen. Der **vertragliche Anspruch** auf die **Bereitstellung von Leistungspotentialen** wird mit **Humanpotential** gleichgesetzt. Erst **durch** das **Arbeitssystem und** dessen **Wirkungen** auf die **Mitarbeiter** wird das **Humanpotential** zu **realisierbarem Human Capital**.

Das Humankapital (Humanvermögen) des einzelnen Mitarbeiters umfasst in der Regel mehr als das vertraglich zur Verfügung gestellte Leistungspotential, sowohl was die Leistungsfähigkeit als auch die Leistungsbereitschaft angeht. Entspricht der psychologische Kontrakt den Erwartungen, dann können aufgrund verstärkter Identifikation und Motivation, die Beiträge so zunehmen, dass dieses ‚Mehr' den Aufwand für das Humanpotential übersteigt und zum Human Capital des Unternehmens wird, das als immaterielles Vermögen auch zum Bestandteil der eigentlichen Unternehmensbilanz bzw. des Unternehmenswertes werden kann.

Im Sinne der strategischen Unternehmensführung (vgl. die folgenden Abschnitte 2.2.2.1 bis 3) stellt das Humanpotential einen Erfolgsfaktor dar, der in Kombination mit dem Erfolgsfaktor Arbeits- und Führungssystem die Fähigkeit ‚Human Capital (HC)' bildet (siehe Abb. 2). Als eine wesentliche Fähigkeit des Unternehmens trägt HC zu Aufbau, Pflege, Erneuerung und Ausdehnung des strategischen Erfolgspotentials bei, welches bestehende und künftige Erfolge ermöglicht.

Abbildung 2: Zusammenhang Humanpotential und Human Capital

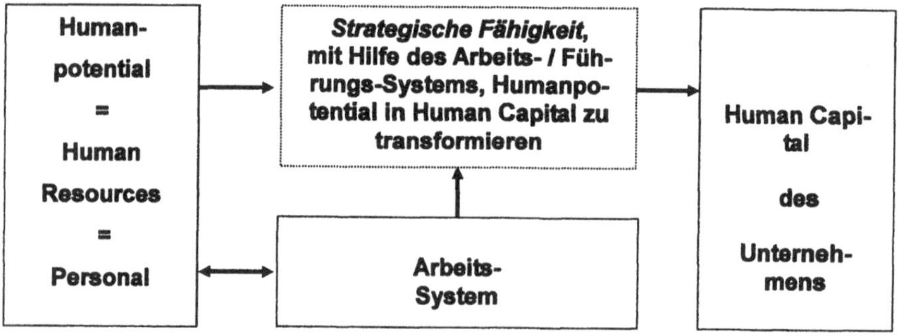

[192] Schanz (2000a), 28

2.2.2 Grundlagen des Strategischen

Um sich dem Komplex ‚strategische Bedeutung und Bewertung' als solchem – also losgelöst vom Human Capital - zu nähern, erscheint es hilfreich, die Begriffe ‚Strategie' und ‚strategisch' näher zu betrachten, zumal es nach Klimecki und Gmür aufgrund einer „inflationären Begriffsverwendung" schwierig ist, eine Abgrenzung von strategisch und nicht-strategisch vorzunehmen.[193] Häufig wird im Zusammenhang mit dem Strategischen ein Bezug zum Begriff ‚Erfolgspotential' hergestellt, der im nächsten Abschnitt expliziert werden soll.

2.2.2.1 Strategische Fähigkeiten und Erfolgspotential

Henry Mintzberg definiert Strategie nach ihrer Verwendung als „Plan", „Muster", „Position", „Perspektive" oder „List".[194] Unter Plan ist „eine Richtung, ein Leitfaden oder ein Aktionskurs für die Zukunft" zu verstehen. Gelingt es, die damit verbundene Absicht „vollkommen" umzusetzen, dann kann die Strategie als „bewusst" bezeichnet werden. Häufig ist es jedoch so, dass erst im Nachhinein ein „konsistentes Verhalten" festgestellt werden kann, dass die Strategie als ein aus der Vergangenheit in die Gegenwart führendes „Muster" beschreibt.[195] Verwendet man den Begriff Strategie in Bezug auf die „Positionierung bestimmter Produkte auf bestimmten Märkten, dann orientiert man sich nach „außen" an den Ort, wo sich Produkt und Kunde treffen. Nach „innen" – „ins Innere der Köpfe der Strategen" – gerichtet wird Strategie zur „Perspektive" oder zur „großen Vision des Unternehmens".[196] Schließlich findet Strategie noch als „List" Verwendung, z.B. um Konkurrenten irre zu führen, durch „Manöver", die vom eigentlichen Plan ablenken sollen.[197] Leitet man das Adjektiv ‚strategisch' von ‚Strategie' ab, dann wird es als „auf Strategien gerichtet" oder als „auf die Entwicklung und Umsetzung von Strategien gerichtet" interpretiert. Da es aber auch „beobachtbare ‚strategische' Entwicklungsmuster oder Manöver gibt", die außenperspektivisch nur als Strategien erscheinen, aber binnenperspektivisch überhaupt keine – also auch keine List - sind, ist es sinnvoll, das Adjektiv strategisch von Strategie zu entkoppeln und unmittelbar mit einer Bedeutung zu belegen.[198] So setzt Werner Kirsch das Adjektiv „strategisch" mit der Formel „die Fähigkeiten signifikant betreffend" gleich.[199] Früher haben Kirsch und Mitarbeiter ‚strategisch' mit dem auf Aloys Gälweiler zurückgehenden Begriff des „Erfolgspotentials" unmittelbar in Bezug gebracht.[200]

---

[193] Klimecki / Gmür (2001), 367; nach Scholz (2000), 88 gibt es zum „Strategiebegriff" und zu „Strategiekonzepten" eine „wahre Flut von Vorschlägen und Ideen"
[194] Mintzberg et.al.(1999), 22 - 29; vgl. auch Müller-Stewens/Lechner (2001), 17
[195] Mintzberg et.al.(1999), 22 f.
[196] Mintzberg et.al.(1999), 26 f.
[197] Mintzberg et.al.(1999), 28 f.
[198] Kirsch (1997b), 11
[199] Kirsch (2001), 411
[200] Kirsch et.al. (1985), 13 ff., auch Kirsch (1997b), 205 ff.

„...die Aufgabe der strategischen Unternehmensführung [besteht] darin, so früh wie möglich und so früh wie notwendig für die Schaffung und Erhaltung der besten Voraussetzungen für anhaltende und weit in die Zukunft reichende Erfolgsmöglichkeiten, das heißt für ‚Erfolgspotentiale' zu sorgen. Das Erfolgspotential ist die bei der strategischen Unternehmensführung im Mittelpunkt stehende Führungs- und Steuerungsgröße. Die Steuerung des Erfolgspotentials als Kernaufgabe der strategischen Führung ist daher nichts anderes als eine organisierte und systematische *‚Vorsteuerung'* der für die operative Führung maßgebenden Größen Erfolg und Liquidität. Deshalb gehört zur strategischen Führungsaufgabe auch die Einbeziehung der mit der Erfolgsvorsteuerung langfristig verbundenen Liquiditätswirkungen. Die strategische Führung ist daher der operativen Führung stets vorgelagert, weil sie die für die operative Führung später maßgebenden Bewertungs- und Effizienzspielräume schafft."
Gälweiler (1987), 24, Einf. in eckigen Klammern v. Verf.

Der Aufbau, die Pflege und Weiterentwicklung von Erfolgspotential stellt einen Haupt-Wesenszug des Strategischen dar, der in der betriebswirtschaftlichen Literatur weite Verbreitung gefunden hat.[201] Erfolgspotential entsteht aus einem Gegenüber von Konstellationen der Unternehmensumwelt und den Fähigkeiten des Unternehmens, diesen Konstellationen zu begegnen bzw. sie zu nutzen.[202]

„Ganz allgemein versteht man unter dem Erfolgspotential das gesamte Gefüge aller jeweils produkt- und marktspezifischen erfolgsrelevanten Voraussetzungen, die spätestens dann bestehen müssen, wenn es um die Erfolgsrealisierung geht. Alle dazu gehörenden Voraussetzungen haben vor allem die gemeinsame Eigenschaft, dass für ihre Schaffung eine lange Zeit gebraucht wird, die grundsätzlich nicht beliebig verkürzt werden kann. Dazu gehören daher insbesondere Produktentwicklungen, der Aufbau der Produktionskapazitäten, von Marktpositionen, von kostengünstig funktionierenden Organisationen in den einzelnen Funktionsbereichen usw. Dabei spielen die Marktpositionen, ihr Aufbau und ihre Erhaltung eine dominierende Rolle, weil sie unmittelbar Erfolgspotentiale begründen und repräsentieren." Gälweiler (1987), 26

Im Unterschied hierzu konzentriert sich „operative Führung" auf die Nutzung – d.h. „bestmögliche Realisierung" - des Erfolgspotentials.[203] Wie oben erwähnt, hat Kirsch die ursprüngliche Formel ‚strategisch' = ‚Erfolgspotential betreffend' auf ‚die Fähigkeiten signifikant betreffend' erweitert, wobei er die ursprüngliche Formulierung als Sonderfall einstuft. Die allgemeinere Charakterisierung eröffnet, sich von – wie im Falle Gälweilers - sehr finanzwirtschaftlich geprägten Erfolgsmaßstäben zu lösen und Fähigkeiten selbst als Werte zu begreifen, um diese nicht ausschließlich durch „Bewertungen im Lichte anderer Werte (interpretiert als ‚Erfolgsmaßstäbe')" zu beurteilen. [204] Zur Erläu-

---

[201] Ohne einheitliche Begriffsverwendung vgl. Bleicher (1992), Dellmann (1991), Kirsch et.al. (1985), Krüger/Schwarz (1990), Liessmann (1997), Müller-Stewens/Lechner (2001), Scholz (1987), 33, Wolfrum (1993), 67; kritisch: Winand (1989), Sp. 443, zitiert in: Wolfrum (1993), 68

[202] Vgl. Wolfrum (1993), 59

[203] Gälweiler (1987), 28

[204] Kirsch (1997b), 204 ff.; vgl. auch Wolfrum (1993), 34; zu Erfolgmaßstäben vgl. Näther (1993)

terung der Fähigkeiten knüpft Kirsch an das SWOT-Schema an.[205] Das Akronym *SWOT* steht unternehmens-intern für *S*trengths (Stärken) und *W*eaknesses (Schwächen), unternehmens-extern für *O*pportunities (Gelegenheiten) und *T*hreats (Gefahren). Nach Einschätzung der internen und externen Situation durch das Management geht es darum, Unternehmen und die Unternehmens-Umwelt in Einklang zu bringen. Kirsch definiert dabei Stärken und Schwächen als Fähigkeiten: „Man betrachtet dann die Stärken und Schwächen, d.h. die Fähigkeiten des Unternehmens daraufhin, ob sie geeignet erscheinen, die Gelegenheiten zu ergreifen bzw. den Gefahren zu begegnen."[206] Fähigkeiten können wie folgt unterschieden werden:

> „**Fähigkeiten erster Ordnung** äußern sich in Stärken und Schwächen, mit konkreten Gegebenheiten umzugehen: die Fähigkeit, neue Produkte zu entwickeln, zu produzieren und zu vermarkten, die Fähigkeit, einen Zugang zu erforderlichen Ressourcen aufrechtzuerhalten und wichtige Technologien zu beherrschen; die Fähigkeit, mit den Ansprüchen und Forderungen der vielfältigen Anspruchsgruppen (‚Stakeholder') umzugehen. **Fähigkeiten zweiter Ordnung** äußern sich demgegenüber darin, das zu tun, wozu man Fähigkeiten erster Ordnung besitzt. Viele Unternehmen diversifizieren in ‚fremde' Geschäftsfelder, obwohl sie hierfür nicht über relevante Fähigkeiten (erster Ordnung) verfügen. Auch die Innovationsfähigkeit läßt sich als Ausdruck einer Fähigkeit zweiter Ordnung auffassen, indem sie vor allem darauf abzielt, Kernfähigkeiten ...zur Anwendung zu bringen. Die Fähigkeit, seine Fähigkeiten selbst realistisch einzuschätzen, ist keineswegs stets vorhanden. Schließlich können als **Fähigkeiten dritter** (oder höchster) **Ordnung** die Fähigkeiten bezeichnet werden, solcher erster und zweiter Ordnung fortzuentwickeln bzw. zu entfalten. Man kann die Fähigkeiten ...auch als Basisfähigkeiten bezeichnen. Diese Basisfähigkeiten sehen wir in der Lernfähigkeit, der Handlungsfähigkeit und in der Responsiveness (Empfänglichkeit) der Organisation." Kirsch (1997b), 8 f.; Hervorhebung in fett J.G.

Die im Zitat erwähnten ‚Kernfähigkeiten' leiten sich aus einer Denkrichtung ab, die im SWOT-Schema die Blickrichtung umkehrt. Das ursprüngliche Schema zielte ‚out-side in' von Gefahren und Gelegenheiten auf Stärken und Schwächen, um diese in Einklang mit den Gefahren und Gelegenheiten zu bringen. Die umgekehrte Richtung fragt ‚inside-out' nach zentralen Fähigkeiten – sogenannten „Kernkompetenzen" -, die im Unternehmen im Laufe der Zeit entstanden sind.[207] Im Fokus der Kernfähigkeiten stellt sich die Frage, inwieweit nicht solche zu Gelegenheiten werden können bzw. schon eine Gelegenheit sind.
Die Forderung, dass Fähigkeiten, ‚signifikant' betroffen sein müssen, führt Kirsch darauf zurück, dass „unterschiedliche Beobachter" und „unterschiedliche Aktoren" das adjektivisch zum Ausdruck gebrachte ‚strategisch' „nicht in völlig übereinstimmender Weise verwenden, obwohl sie unter Umständen der

---

[205] Kirsch (1997b), 8; Mintzberg et.al.(1999), 40 ff. sehen in der SWOT-Analysis das Grundmodell der Designschule, das seit gut vierzig Jahren an der Harvard Business School gelehrt wird

[206] Kirsch (1997b), 8

[207] Hamel/Prahalad (1995a, 1995b) sehen darin technologische Fähigkeiten aus denen Kernprodukte entstehen können, um in unterschiedliche Endprodukte einzugehen; Kernkompetenzen und Kernfähigkeiten sind identisch, zu Details vgl. 4.1.2 u. 4.2.2.2

Formel ‚die Fähigkeiten betreffend' zustimmen könnten." Letztlich ist das „Signifikanzniveau" „Ausdruck einer Bewertung", zumal Fähigkeiten selbst zu Werten werden können, mit denen sich die wesentlichen Leistungsträger eines Unternehmens identifizieren und konstitutiv „Bestandteil dessen sind, was man als ‚Identität' eines Unternehmens bezeichnen kann."[208] Unter „Handlungsfähigkeit" versteht Kirsch „die Fähigkeit eines Systems.., auf wahrgenommene Probleme angemessen zu reagieren", unter „Lernfähigkeit", die „Gewinnung und Nutzung von Wissen" (z.B. „systematische Marktforschung"); die „Responsiveness" bringt die „Empfänglichkeit gegenüber den Bedürfnissen und Interessen der Betroffenen zum Ausdruck".[209]

Strategisch in Bezug auf das Personalmanagement[210] als „arbeitsteiligen und integrativen Prozeß" zwischen „Personalabteilung" und „Linienführungskräften" eines Unternehmens leitet sich ein direkter Bezug zu den Fähigkeiten und damit zum Erfolgspotential eines Unternehmens ab. Strategisches Personalmanagement im Kontext von Großunternehmen „abstrahiert von einzelnen Mitarbeitern und Stellen,"„operatives Personalmanagement" ist dagegen „immer mitarbeiter- und/oder stellenbezogen". „Taktisches Personalmanagement" – als „Vermittlerfunktion zwischen der strategischen und der operativen Ebene" – orientiert sich an „Gruppen von Mitarbeitern beziehungsweise an Gruppen von Arbeitsplätzen."[211] Im mittelständischen Kontext ist eine Abstrahierung im obigen Sinne nicht sinnvoll. Es kommt sehr auf die einzelnen Personen an (siehe 2.3.5). Strategisches Personalmanagement ist daher im Mittelstand mit taktischem Personalmanagement gleichzusetzen.[212] Wegen der schon in der Problemstellung benannten zentralen Rolle des Erfolgsfaktors Human Resources und in Folge des Erfolgsfaktors Personalmanagement[213] ist im Zusammenhang mit dem Strategischen noch zu klären, was strategische Erfolgsfaktoren sind und wie sie mit dem Erfolgspotential zusammenhängen.

2.2.2.2 Strategische Erfolgsfaktoren und Erfolgspotential

Die Frage, welche Faktoren Erfolg bewirken, steht im Mittelpunkt der Erfolgsfaktorforschung (siehe 3.2), die bis in die sechziger Jahre zurückreicht. Ronald Daniel[214] empfahl, angesichts einer Vielzahl von Informationen, das Management-Informationssystem anhand der „success factors" (Erfolgsfaktoren) auszurichten:

---

208 Kirsch (1997b), 12 f.
209 Kirsch (1997b), 396
210 Scholz (2000), 1
211 Scholz (2000), 90 u 110
212 Dieses Vorgehen erscheint auch aus der Strategielehre gerechtfertigt, da nicht alle Autoren der Einteilung in strategisch-taktisch-operativ folgen, z.B. Kirsch et.al. (1985) oder Drucker (1963), 54 mit seiner Unterscheidung in „Doing things right" für strategisch und „Doing right things" für operativ
213 Vgl. Scholz (2000), 2, der u.a. auf Peters/Waterman (1993) verweist, siehe 2.2.2.2
214 Daniel (1961)

„In reporting internal data, a company's information system must be discriminating and selective. It should focus on 'success factors.' In most industries there are usually three to six factors that determine success: these key jobs must be done exceedingly well for a company to be successful."Daniel (1961), 116

Mit Bezug auf Daniel sprechen Joel Leidecker/Albert Bruno[215] und John Rockart[216] von „Critical Success Factors". Fritz Hoffmann bezeichnet „Faktoren, die für besondere Erfolge (und Misserfolge) von Unternehmungen ausschlaggebend sind" als „kritische Erfolgsfaktoren." [217] Ziel dieser Forschungsrichtung ist, die „wesentlichen, langfristig gültigen Determinanten (Schlüsselfaktoren) des Unternehmenserfolges empirisch zu ermitteln."[218] In dieser Forschung finden sich eine Vielzahl von Begriffen und inhaltlichen Schattierungen, die als strategische Erfolgsfaktoren verstanden werden können: Beispielsweise definiert Wilfried Krüger[219] „Erfolgskomponenten", Cuno Pümpin[220] „Nutzenpotentiale", Friedrich Reutner[221] „Erfolgsdeterminanten"; Eduard Gabele und Dieter-Jürgen Moraw[222] sprechen von „Wettbewerbsfaktoren" und Hartmut Kreikebaum und Ulrich Grimm[223] sowie Bernd Lange[224] mit Bezug auf Klaus Dunst[225] von „strategischen Faktoren". Entsprechend der Begriffsvielfalt gibt es mannigfache Untersuchungsansätze mit unterschiedlichen Strukturierungen: Exemplarisch unterscheidet Krüger [226] Erfolgskomponenten, die er zu sechs „Erfolgssegmenten" zusammenfasst: „Unternehmensträger" („Personen bzw. Gruppen, die maßgeblichen Einfluss auf die Unternehmenspolitik ausüben"), „Philosophie und Kultur" („Wertsystem der Unternehmung sowie die darüber hinausgehenden Komponenten der Unternehmenskultur"), „Strategie" („Markt- und Wettbewerbsstrategien"), „Struktur" („Regelungen der Organisation sowie der rechtlichen Konstitution"), „Systeme" („Führungsmodelle und Anreizsysteme sowie Planungs-, Steuerungs- und Kontrollsysteme") und „Realisationspotential" („Ausführung der Strategie" u.a. zählt hierzu auch das Humanpotential).[227] Wichtige Impulse für die Erfolgsfaktorforschung gingen vom

---

[215] Leidecker/Bruno (1984), 23
[216] Rockart (1980)
[217] Hoffmann (1986), 831
[218] Fritz (1990), 92
[219] Krüger (1988), 32
[220] Pümpin (1992), 19
[221] Reutner (1987)
[222] Gabele/ Moraw (1991)
[223] Kreikebaum/ Grimm (1983)
[224] Lange (1982)
[225] Dunst (1979)
[226] Krüger (1988), 29 f.
[227] Zu den verschiedenen Ansätzen vgl. Daschmann (1993), 1 ff., Goettgens (1996), 29 ff. u. Reitmeyer (2000), 35 ff., der zehn Jahre nach Fritz (1990) einen neueren status quo der Erfolgsfaktorenforschung feststellt. Bedeutende Impulse auf die Erfolgsfaktorforschung gingen bezogen auf Großbetriebe von Wohlgemuth (1989a, 1989b, 1990), bezogen auf KMU von Pohl/Rehkugler (1986, 1989), Rehkugler (1989), branchenbezogen von Patt (1988), Schefczyk (1994), Seibert (1987) aus; einen anwendungsorientierten Ansatz verfolgt Hoffmann (1989a, 1989b, 1989c, 1990), aufbauend auf ders. (1986)

PIMS-Forschungsprojekt und den Studien von Thomas Peters und Robert Waterman aus. Hinter dem Akronym „PIMS" („Profit Impact of Market Strategy") verbirgt sich ein in den 60er Jahren des vorigen Jahrhunderts gestartetes Forschungsprojekt, das statistische Auswertungen aufgrund von Unternehmens- und Geschäftsbereichsdaten amerikanischer und auch europäischer Firmen vornimmt. Es ergaben sich 37 grundlegende Einflussfaktoren auf den Return on Investment und 19 auf den Cash Flow. Hervorgehoben werden die Erfolgsdeterminanten „Investitionsintensität", „Produktivität", „Marktposition", „Marktwachstum", „Qualität der Leistungen", „Innovation einschließlich Differenzierung vom Wettbewerb" und „vertikale Integration". Trotz vielfältiger Kritik zählt PIMS als ein erfolgversprechender Ansatz der empirischen Erfolgsfaktorforschung.[228]

In ihrem Bestseller „In Search of Excellence" erweitern Peters und Waterman an Beispielen herausragend erfolgreicher amerikanischer Großunternehmen die verengte Perspektive von PIMS, Erfolgsfaktoren nur auf den Produkt- bzw. Marktbereich zu beziehen. Sie stellen dabei acht zentrale Faktoren heraus, die fast alle mit den Human Resources und dem Personalmanagement zu tun haben: „Primat des Handelns", „Nähe zum Kunden", „Freiraum für Unternehmertum", „Produktivität durch Menschen", „sichtbar gelebtes Wertsystem", „Bindung an das angestammte Geschäft", „einfacher, flexibler Aufbau" und „straff-lockere Führung".[229] Obwohl diese Studie nicht nur im wissenschaftlichen Kontext kritisch aufgenommen wurde, hat sie die Erfolgsfaktorforschung insbesondere um den schwer greifbaren, weichen Faktor der Unternehmenskultur bereichert, dem Peters und Waterman eine überragende Rolle zuschreiben.[230] Auch in der Abgrenzung von Erfolgsfaktoren zum Erfolgspotential findet sich in der Literatur kein einheitliches Bild. Klaus Dellmann[231] erarbeitet einen Bezugsrahmen, der rein externe Einflüsse wie Konjunkturschwankungen zwar als Erfolgsfaktor gelten lässt, sie aber von solchen Erfolgsfaktoren absondert, die unternehmensspezifisch eine Ausprägung erfahren können, entweder aktuell als „Wettbewerbsvorteile" oder zukünftig als „Kompetenzvariable." Wettbewerbsvorteile sind durch „erfolgreiches Agieren in der Vergangenheit entstanden." Kompetenzvariable leiten sich aus der „Fähigkeit zu allgemeinen Problemlösungen bzw. zur Befriedigung von Kundenbedürfnissen" ab.[232] Auch Franz Xaver Bea und Jürgen Haas[233] bringen den Fähigkeitsaspekt (vgl. Abschnitt 2.2.2.2) ins Spiel, in dem sie strategische Erfolgsfaktoren als „erfolgsrelevante Stärken und Schwächen einer Unternehmung" definieren.

---

228 Fritz (1990), 93 u. 102
229 Peters/Waterman (1993)
230 Vgl. o.V. (1984) u. Krüger (1989); Fritz (1990), 93, geht ausführlich auf die Kritik an den Studien von Peters/Waterman (1993) ein, hebt aber auch deren positive Aspekte hervor
231 Dellmann (1991), 432 ff.
232 Dellmann (1991), 439
233 Bea/Haas (2001), 110

Da Erfolgsfaktoren – wie das Konjunkturbeispiel von Dellmann zeigt - als allgemeine Einflussgrößen an sich gegeben sein können, ohne im Unternehmen zwingend eine Ausprägung erfahren zu müssen, bietet sich an, **Erfolgspotential** als **Ausprägung von unternehmensspezifischen Fähigkeiten** zu sehen, allgemeine vom Unternehmen losgelöste strategische **Erfolgsfaktoren** (oder „Nutzenpotentiale") zu nutzen.[234] Mit einer solch weitgefassten Definition ist es möglich, die Enge des von Gälweiler (siehe 2.2.2.2) geprägten Erfolgspotentialbegriffs, der sich nur auf Erfolgsfaktoren des primären Produkt-/Marktbereichs bezieht, zu überwinden und auf alle Bereiche abzustellen, die durch die Fähigkeiten eines Unternehmens direkt oder indirekt zu dessen Erfolgspotential werden können.[235]

Der von der Erfolgsfaktorforschung ermittelte Erfolgsfaktor „Qualität der Human-Ressourcen"[236] geht in die Definition von Human Capital (siehe 2.2.1.7) als Humanpotential ein, das unter dem Einfluss des Arbeits- und Führungssystems zu einer Fähigkeit wird, die direkt oder indirekt das Erfolgspotential beeinflusst. In der strategischen Bilanz (siehe 2.2.2.3) findet diese Fähigkeit in der *Gegenwarts-Betrachtung* Ausdruck als **realisiertes Human Capital**, in der *Zukunftsbetrachtung* als **realisierbares Human Capital**. Über ein bestimmtes Humanpotential zu verfügen, ist ebenso Ausdruck einer Fähigkeit des Unternehmens wie das vorhandene Arbeits- und Führungssystem. Die hierzu notwendigen Fähigkeiten haben strategische und operative Aspekte, indem sie sich sowohl auf strategische als auch auf operative Erfolgsfaktoren beziehen. Die Erfolgsfaktorforschung ist von Beginn an auf die Auswahl der kritischen, d.h. strategischen Erfolgsfaktoren ausgerichtet.[237]

2.2.2.3 Strategische Unternehmensführung

Strategische Unternehmensführung ist ein beobachtbares Phänomen der Unternehmenspraxis. Als solches ist es das zentrale Forschungsobjekt einer strategischen Unternehmensführungs-Theorie (vgl. 2.2.2.4).[238] Im Vorfeld zu einer Theorie gibt es verschiedene Bezugsrahmen, in denen Deskriptionen und ansatzweise Erklärungen geleistet werden.[239] In der Literatur werden strategische Unternehmensführung und strategisches Management häufig synonym

---

[234] Vgl. Wolfrum (1993), 114 f.; auch Pümpin (1992), 28 sieht die von ihm vertretenen „Strategischen Erfolgspositionen" als „Fähigkeiten", intern wie extern „Nutzenpotentiale" auszubauen, wobei der Begriff ‚Nutzenpotential' auf ‚Erfolgsfaktor' zurückgeführt werden kann; zu „Wirkungsintensität" und „Wirkungsinteraktionen" von Erfolgsfaktoren auf das Erfolgspotential siehe Wilde (1989), 54 ff.

[235] Eine möglichst weite Begriffsfassung wird auch von Andreas Hinterhuber (2002), 72 gefordert; eine solche scheint gewährleistet, wenn alle Betätigungsbereiche der strategischen Unternehmensführung miteinbezogen werden, siehe 2.2.2.4

[236] Fritz (1990), 104

[237] Vgl. Daniel (1961), Leidecker/Bruno (1984) und Rockart (1980)

[238] Vgl. Knyphausen-Aufsess (1996), 366 ff.

[239] Vgl. Kirsch (1997c), 3 ff.; zu Bezugsrahmen vgl. 2.1

verwendet.[240] Wie die folgende Begriffsexplikation des Terminus ‚strategische Unternehmensführung' zeigen wird, beinhaltet diese immer einen normativen und einen rein strategischen Aspekt, wobei in der ursprünglichen Strategie-Literatur der nur strategische Aspekt dominierte. Im Bezugsrahmen des St.Galler-Managementkonzepts unterscheidet Knut Bleicher die drei Ebenen des „normativen", des „strategischen" und „operativen" Managements, wobei „gleichsam" normatives und strategisches Management die eine Seite und operatives die andere Seite der „Medaille" bilden:[241]

> „Normatives Management...beschäftigt sich mit den generellen Zielen der Unternehmung, mit Prinzipien, Normen und Spielregeln, die darauf ausgerichtet sind, die *Lebens- und Entwicklungsfähigkeit* der Unternehmung zu ermöglichen." „Strategisches Management ist auf den *Aufbau, die Pflege und die Ausbeutung von Erfolgspotentialen* gerichtet..." „Normatives und strategisches Management finden ihre Umsetzung im operativen Vollzug [Aufgabe des operativen Managements; J.G.], der im *Ökonomischen* auf leistungs-, finanz- und informationswirtschaftliche Prozesse ausgerichtet ist." Bleicher (1992), 69; 70; 71

Im Zentrum des von Werner Kirsch und Mitarbeitern entworfenen Bezugsrahmens eines strategischen Managements als „Ausdruck einer ‚geplanten Evolution'" (siehe Abb. 67) steht die „konzeptionelle Gesamtsicht der Unternehmenspolitik", die sich zum einen auf die „Perspektiven des Primär-, Sekundär-, Tertiär- und Quartärbereichs" einer Unternehmung bezieht und zum anderen als „strategisches Rahmenkonzept" und als „strategische Programme" seinen Niederschlag findet. Abgebildet findet sich dieses als „Spektrum eines strategischen Managements" (vgl. Abb. 3). Ergänzend kommen noch die Prozessphasen „Exploration, Analyse, Planung und Steuerung" für die Umsetzung hinzu. Die vier Perspektiven gliedern sich wie folgt: „Primärbereich" zur „Versorgung der Märkte mit Gütern und Dienstleistungen", „Sekundärbereich" für „Ressourcen und Technologien" einschließlich der Human Resources, „Tertiärbereich" für „Führung und Organisation", „Quartärbereich" für die „Standortbestimmung" („im wörtlichen und übertragenen Sinn") im „sozio-ökonomischem Feld" („Beziehungen zu den Interessengruppen", „Verortung in der Gesellschaft", „Identität", „Image", „Werthaltungen").[242]

Das strategische Rahmenkonzept oder das „unternehmenspolitische Konzept" spiegelt all jene „Maximen (Grundsätze, Grundstrategien, Ziele)" wider, die die „Soll-Vorstellung für die langfristige Evolution der Rahmenbedingungen des Unternehmens zum Ausdruck bringen."[243] Aus dem Rahmenkonzept abgeleitete strategische Programme konkretisieren Ziele in den einzelnen „Betätigungsfelder(n)", indem sie beispielsweise Produkt- und Marktdefinitionen, da-

---

[240] Vgl.Müller-Stewens (1997), 3652, eine begriffliche Differenzierung erfolgt in 2.2.2.4.
[241] Bleicher (1992), 68
[242] Kirsch et.al. (1985), 28 u. 30 ff.; hierzu zählt auch die Wahl eines Sinnmodells siehe 3.1.3
[243] Kirsch (1997a), 292

zugehörige Ressourcen und die dazu notwendige Organisation für ein strategisches Geschäftsfeld definieren.[244]

Abbildung 3: Spektrum eines strategischen Managementsystems

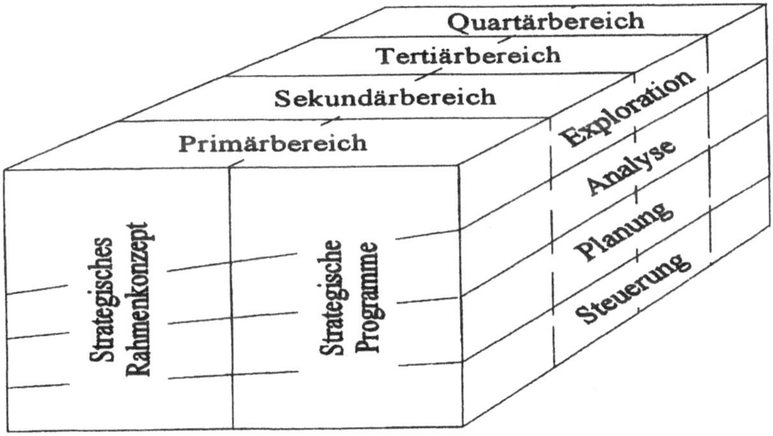

Quelle: Kirsch (1997a), 97

Strategische Programme konzentrieren sich stärker auf den Primär-, Sekundär- und Tertiärbereich, während das Rahmenkonzept mehr Bezug zum Quartärbereich hat. Dadurch ergeben sich inhaltlich Bezüge zum St.Gallener Managementkonzept, dessen normatives Management zum einen mit dem Quartärbereich korrespondiert [245] und zum anderen wesentliche Elemente des Rahmenkonzepts mitbeinhaltet. Vereinfacht lässt sich ‚normatives Management' mit dem strategischen Rahmen und ‚strategisches Management' mit strategischem Programm übersetzen.[246] Dietger Hahn spricht hingegen von sechs „Aufgabenkomplexen" der strategischen Unternehmensführung:[247]

[244] Kirsch (1997a), 298 ff.
[245] Kirsch (1997a), 286, Fn 5 vermutet Entsprechungen des normativen Managements zum Quartärbereich
[246] Vgl. auch Müller-Stewens (1997), 3652 ff.; zum Bezug von normativem Management zu Rahmengestaltung vgl. Bleicher (1992), 68
[247] Hahn (1997), 3638

(1) „Festlegung der Unternehmensphilosophie"
(2) „Festlegung unternehmenspolitischer Ziele / generelle Zielplanung"
(3) „Geschäftsfeld- sowie grundlegende Funktionsbereichs- und Regionalstrategieplanung"
(4) „Organisations-, Rechtsform- und Rechtsstrukturplanung"
(5) „Führungssystemplanung" und
(6) „Steuerungs- und Kontrollprozesse"

Die Aufgabenkomplexe (1) und (2) und zum Teil (3) Rechtsform-/strukturplanung finden sich im Konzept Bleichers unter dem ‚normativen Management' wieder. Damit ist – wie oben schon hergeleitet – auch eine Nähe zum ‚strategischen Rahmen' von Kirsch gegeben. Hans Raffée und Wolfgang Fritz sehen die Aufteilung in ‚normativ' und ‚strategisch' durch ihre empirischen Untersuchungen als gerechtfertigt an. Sie kommen zum Ergebnis, dass beide Arten des Managements „gemeinsam kritische Faktoren des Unternehmenserfolgs" darstellen.[248] Unabhängig von Unterschieden in den Details verschiedener Ansätze ist von Bedeutung, dass auf höchster Ebene in unternehmenspolitischen Prozessen die **grundlegende Ausrichtung des Unternehmens** festgelegt wird, die als Vorgabe (Mission) über das strategische Management in strategische Programme eingehen, in denen Erfolgspotential, Fähigkeiten und strategische Erfolgsfaktoren gezielt gesucht, erkannt, aufgebaut, gepflegt und ausgeweitet bzw. unter Umständen auch aufgegeben werden. Auf normativer Ebene geht es auch um eine Ausrichtung, wie mit unterschiedlichen Interessengruppen umgegangen wird (Näheres siehe 3.2.). Entscheidend für die Bewertung von Strategien und damit für die strategische Bewertung des Human Capital sind die hier festgelegten Erfolgsmaßstäbe und Sinnmodelle. Dies lässt sich über wesentliche Elemente des normativen Managements und deren Inhalte nach Bleicher knapp zusammengefasst wie folgt ausdrücken:[249]

(1) die „*unternehmerische Vision*" zum Zweck des Unternehmens,
(2) die „*Unternehmenspolitik*" zur „*Harmonisation externer..Interessen*..und *intern* verfolgter *Ziele*"
(3) die „*Unternehmensverfassung*" als die "normierende, formale Rahmenordnung für ..Zielfindung und ..Interessenausgleich"
(4) die „*Unternehmenskultur*" („verhaltensbezogene Werte und Normen").

Anlass für die Entwicklung strategischer Führung waren starke **Veränderungen** und deren zunehmende **Geschwindigkeit** im **Umfeld** von Unternehmen. Markante Einschnitte in den siebziger Jahren des vorigen Jahrhunderts waren z.B. die beiden Ölpreisschocks und der Wechsel vom Verkäufer- zum Käufer-

---

[248] Raffée/Fritz (1991), 1211; diese setzen normatives Management mit „Unternehmensidentität" gleich und stellen diese der „Unternehmensstrategie" gegenüber; Siegwart/Malik/Mahari (Hrsg.) (1995), 1 ff. verwenden analog die Begriffe „Unternehmenspolitik" und „Unternehmensstrategie"
[249] Bleicher (1992), 82 f.

markt.[250] Sowohl die Dynamik als auch die Komplexität von Veränderungen in der Umwelt haben seither zugenommen und stellen die Unternehmen vor große Herausforderungen. Bis dahin unterschieden sich operative und strategische Unternehmensführung wesentlich im Hinblick auf die Fristigkeit von Plänen. Klassisch ordnete man Fristen bis zu einem Jahr der operativen, mehrjährige Fristen der strategischen Unternehmensführung zu.[251]

Diese Zuordnung von der Fristigkeit der Planung übersieht, dass strategische Unternehmensführung auf zeitlich vorgelagerte Erfolgspotentiale fokussiert ist bzw. sein sollte. Qualitativ handelt es sich um eine ganz andere Aufgabe, die im Kontext des „Organisationslernens“ als „Double-loop-learning“ im Gegensatz zum rein operativen „Single-loop-learning“ bezeichnet wird.[252] Im Single-loop-learning wird versucht, die Fähigkeit im Unternehmen zur Lösung operativer Probleme zu verbessern, wobei die aus strategischen Vorgaben abgeleiteten Ziele selbst nicht in Frage gestellt werden. Die Essenz des Double-loop-learnings liegt nun gerade darin, strategische Vorgaben im Fokus auf die Unternehmensumwelt zu hinterfragen und operative Ziele an die strategischen Notwendigkeiten auf Erfolgspotentialebene anzupassen bzw. neue Erfolgspotentiale zu erschließen.[253] Richtig an dem obengenannten Fristigkeitskriterium ist, dass der Aufbau und die Pflege von Erfolgspotentialen in der Regel lange Fristen in Anspruch nimmt. Allerdings können sich zur operativen Nutzung von strategischen Erfolgspotentialen durch langlaufende Projekte wie einer Produktionsanlage ebenfalls lange Fristen ergeben, ohne deshalb strategisch zu sein.[254]

Problematisch für die strategische Unternehmensführung ist, dass es vom Rechnungswesen nur bedingt unmittelbar verwertbare Informationen erhält. Der Aufbau des Markennamens zum Beispiel ist aus strategischer Sicht eine Investition. Im Rechnungswesen muss diese jedoch wegen dem Aktivierungsverbot selbstgeschaffener immaterieller Wirtschaftsgüter als Aufwand behandelt werden. Strategische Investitionen müssten eigentlich in einer **‚strategischen Bilanz'** aktiviert und deren ‚Werteverzehr' strategisch abgeschrieben werden.[255] Über ‚strategische Abschreibungen' würden umgekehrt ‚Erträge' in

---

[250] Vgl. Ansoff (1965, 1976,1995), Bea/Haas (2001), Müller-Stewens/Lechner (2001), Gomez (1993,1999)

[251] Die taktische Unternehmensführung nahm eine Mittelstellung zwischen kurz- und mittelfristig ein

[252] Hierzu ausführlich Geißler (1994) und Petersen (1997), 261 ff.

[253] Die Definition von Petersen (1997), 261 ff., der analog zum Single- bzw. Double-loop-learning in „operatives Anpassungslernen“ und „strategisches Erschließungslernen“ unterscheidet, könnte in Bezug auf bestehende Erfolgspotentiale als ‚strategisches Anpassungslernen' und in Bezug auf künftige Erfolgspotentiale strategisches Erschließungslernen weiter differenziert werden

[254] Zur langfristigen operativen Planung und Kontrolle vgl. Kirsch et.al. (1985), 6 u. 41 ff.

[255] Die hier angesprochene ‚strategische Bilanz' ist eine erweiterte Bilanz im Sinne des Rechnungswesens im Unterschied zur „strategischen Bilanz“ von Nagel (1997), die eine or-

die operative Gewinn- und Verlustrechnung aus dem Erfolgspotential eingehen. Beispielsweise ist ein über Jahrzehnte aufgebauter Markenname mit großem Bekanntheitsgrad ein mächtiger Verkaufshelfer, der einen Großteil realisierter Umsätze ausmacht bzw. erst ermöglicht. Wird jedoch an gezielter Markenwerbung gespart, können auf Frist operative Gewinne gesteigert werden. Aufgrund ausbleibender ‚Investitionen' in das Erfolgspotentialsegment Marke erodiert diese und verbraucht sich schneller bis im Extremfall das Potential verwirkt ist.

Die strategische Analyse und Planung bewegt sich somit im Grenzbereich zwischen strategisch relevanten realwirtschaftlichen Vorgängen und deren Bezifferung in finanzwirtschaftlichen Größen. Aus Vereinfachungsgründen wird anstelle von qualitativen Potentialbetrachtungen auf die Fortschreibung finanzwirtschaftlicher Zahlenreihen gesetzt. Dadurch ist ein systematischer Einbezug von auf strategischer Analyse und Planung beruhenden zukünftig zu erwartender Zielbeträgen nicht mehr gegeben, was insbesondere Andreas Hinterhuber[256] und Johannes Schmidt[257] kritisieren. Es fehlt die ausreichende Berücksichtigung vorhandener Ressourcen und deren Nutzung.[258] Es kommt dann zum **Dilemma der strategischen Bewertung**, das sich darin äußert, dass man auf qualitative Methoden[259] verzichtet und stattdessen in der wertorientierten Unternehmensführung rein auf quantitative Methoden wie Discounted Cash Flow (vgl. 3.2.1) setzt, ohne eine eindeutige Verbindung zwischen real- und finanzwirtschaftlichen Gegebenheiten herzustellen.

Da das Rechnungswesen nur zum Teil strategisch verwertbare Informationen liefert und überdies die Geschäftsleitung in der immer noch üblichen Funktionalorganisation im operativen (Tages-)Geschäft erheblich in Beschlag genommen wird [260], geraten strategische Themen leicht aus dem Sinn. Auch wenn es vielfach strategische Konzepte gibt, verwundert es nicht, dass es an deren Umsetzung mangelt.[261] Für strategische Unternehmensführung sind daher andere Themen relevant, die nach Malik Informationen zu mindestens sechs „Schlüsselgrößen" beinhalten sollten zu denen das Rechnungswesen nur zum Teil Beiträge liefern kann:

---

dinale Bewertung ausgewählter Erfolgsfaktoren beinhaltet oder der von Mann (1979), die strategische „Abhängigkeiten" aufzeigt

[256] Hinterhuber, A. (2002), 69 ff.

[257] Schmidt (1997), 77 ff.

[258] Schmidt (1997), 78 f. bemängelt die fehlende Berücksichtigung des RBV siehe 4.1.2

[259] Vgl. Rumelt (1999)

[260] Bea/Haas (2001), 384 bezeichnen die Überlastung der Führungsspitze in der Funktionalorganisation als „Kamineffekt"

[261] Vgl. Kaplan/Norton (2001), 3 f. monieren insb. die mangelnde Umsetzung von Strategien

- (1) „Marktstellung“
- (2) „Innovationsleistung“
- (3) „Produktivitäten der Arbeit, des Geldes, der Zeit, des Wissens, des Gesamten“
- (4) „Attraktivität für gute Leute“
- (5) “Liquidität und Cash-Flow”
- (6) „Profitabilität“

Auffallend deutlich sind dabei die Human Resources im dritten und vierten Punkt angesprochen.[262] Zur Umsetzung strategischer Pläne ist deren Verzahnung und Verankerung in den operativen Zielvereinbarungen obligatorisch. Offene Kommunikation zumindest an die beteiligten bzw. betroffenen Führungskräfte ist Pflicht. Dass strategische Absicht auch zur betrieblichen Realität wird, bedarf eines Ineinandergreifens von operativen und strategischen Fähigkeiten. Auch Mitarbeiter, die nicht an der Strategie mitwirken, können operative Ziele erhalten, deren Umsetzung der Strategie dienen. Im forstwirtschaftlichen Kontext dient das operative Ziel „Aufforsten“ dem strategisch induzierten Potentialaufbau, das Ziel „Holzhacken“ der operativen Nutzung. Insofern lassen sich stets zwei Aspekte der operativen Führung unterscheiden: „Operative Führung 1“ dient der „Potentialnutzung“, „operative Führung 2“ dem „Potentialaufbau“.[263] Operativ 1 heißt das Ziel Verkaufen, um den Zielumsatz zu erreichen, operativ 2 ist es Ziel des Marketings, den angepeilten Marktanteil zu erreichen. Um sich im Umfeld ergebende Veränderungen zu nutzen, müssen im Unternehmen geeignete Strategien entwickelt werden, [264] deren Umsetzung organisatorische Veränderungen nach sich ziehen können.

Je mehr äußere Veränderungen durch innere Anpassungen übereinstimmen, umso besser lassen sich Erfolgspotentiale nutzen. Generelles Ziel der strategischen Unternehmensführung ist, einen **„strategischen Fit“** – eine Art Kongruenz - von Unternehmung und Umwelt zu erzeugen. Bea /Haas sprechen dabei von einem „System-Umwelt-Fit“, dem eine interne Übereinstimmung betrieblicher Teilsysteme zur Komplettierung mit einem „Intra-System-Fit“ folgen müsste. [265] Unter Teilsystemen der strategischen Unternehmensführung verstehen beispielsweise Bea / Haas Planung, Kontrolle, Information, Organisation, Kultur und Leistungspotenziale, die auch die Human Resources beinhalten.[266] Daraus folgt, dass vorderhand das Human Capital, strategisch dann

---

[262] Malik (2002), 153 ff.

[263] Wolfrum (1993), 54 f. u. Kirsch (1989)

[264] Zur strategischen Unternehmensführung für KMU vgl. Gottschlich (1989), Haake (1987), Herdzina/Blessin (1996), Schmidt/Freund (1989)

[265] Bea/Haas (2001), 15 ff.

[266] Hahn (1999), 28 ff. unterscheidet die Teilsysteme „Unternehmensphilophie“, „Ziele“, “Strategische Planung“, „Organisationsplanung“, „Führungskräfteplanung“, „Implementierung“, „Kontrolle“ und „Unternehmenskultur“; Peters/Waterman (1993), 10 beziehen sich auf das 7-S-Modell von McKinsey; Hax/Majluf (1991), 93 ff. und Hinterhuber (1996), 33 ff. stellen auf andere Teilsysteme ab

‚wertvoll' ist, wenn sowohl nach außen als auch nach innen ein Zueinanderpassen im Sinne eines Fit gegeben ist.[267]

2.2.2.4 Strategische Unternehmensführungs-Theorie

Unter den Lehrstühlen für Betriebswirtschaftslehre gibt es in Deutschland nur wenige die ‚strategische Unternehmensführung' als eigenes Fach vertreten.[268] Von diesen wird eine ‚Theorie der strategischen Unternehmensführung' explizit nur am Lehrstuhl von Werner Kirsch in München entwickelt. Kirsch und Mitarbeiter sind dabei, eine „Theorie der strategischen Unternehmensführung"[269] im Rahmen einer „evolutionären Organisationstheorie" zu konstruieren.[270] In diese Konstruktion gehen Entwicklungen der sozialwissenschaftlichen Grundlagendiskussion mit ein. Insbesondere sind dies die „soziologische Systemtheorie", die „Handlungstheorie", die „Entscheidungstheorie" und die „Evolutionstheorie".[271] Als Schüler von Edmund Heinen führt Kirsch in gewisser Weise Themenstellungen der entscheidungsorientierten Betriebswirtschaftslehre fort.[272] Dabei spielen aber auch system- und evolutionstheoretische Elemente eine Rolle, wie sie in der von Hans Ulrich vertretenen systemorientierten Betriebswirtschaftslehre des St. Galler Ansatzes ebenfalls zum Tragen kommen können.[273] Zentrale Konzepte des naturwissenschaftlichen Paradigmas der Selbstorganisation[274] wie die Autopoiese und die Selbstreferentialität werden unter Bezug auf Niklas Luhmann in einer soziologischen Systemtheorie fortentwickelt.[275] Die Handlungstheorie von Jürgen Habermas wird mit der Theorie der Entscheidungsprozesse kritisch verglichen und verknüpft.[276]

Kritisch an dieser Theorie ist, dass sie die in Kapitel 2.1 formulierten Anforderungen an eine Theorie als System von Gesetzesaussagen (noch) nicht erfüllt. Angesichts der Vielfalt ist ungeklärt, welche Sätze „Axiome", d.h. „Aussagen von höchster Allgemeinheit", die „untereinander widerspruchsfrei" und „logisch unabhängig voneinander" sein müssen, sind. Auch enthält sie nur wenig „Theoreme" oder „Propositionen", d.h. aus den Axiomen zusammen mit den Definitionen abgeleitete Aussagen. In einer Theorie sollten alle Axiome, Definitionen

---

[267] Kritisch zum Fit-Konzept Knyphausen-Aufsess (1996), 208 f., der sechs Arten von Operationalisierung ausmacht u. moniert, dass meist nicht gesagt werde, welche Art verwendet wird und überdies oft kausale Zusammenhänge nicht nachgewiesen seien

[268] Nach Knyphausen-Aufsess (1996), 18 handelt es sich hierbei um die Lehrstühle: W. Kirsch (München), W. Schertler (Trier) u. R. Bresser (Berlin)

[269] Knyphausen-Aufsess (1996)

[270] Kirsch (1997b), 1 ff.

[271] Knyphausen (1996), Vorwort

[272] Vgl. Kirsch (1997c), 33 ff. u. 57 ff.

[273] Im Überblick vgl. hierzu: Kieser /Woywode (2002), 276 ff., Malik (1979), Malik /Probst (1981)

[274] Vgl. Jantsch (1979)

[275] Vgl. Kirsch (1997c), 269 ff.

[276] Vgl. Kirsch (1997c), 44 ff.

und Propositionen explizit ausgedrückt sein.[277] Aufgrund dieser Defizite liegt keine Theorie im strengen Sinn vor, sondern allenfalls ein Bezugsrahmen, der allerdings inhaltlich nur wenig Aussagen enthält. Das Besondere daran ist, dass im Forschungsprozess die Inhalte erst durch Rückgriff auf andere Realitätskonstruktionen und das damit gegebene spezielle Wissen ‚hinzuwachsen'. Dennoch handelt es sich weder um eine ‚Super-Theorie', in der alle Phänomen erfasst werden können, noch um eine reine ‚Meta-Theorie', die sich selbst zum Gegenstand hat, wie die Wissenschaftstheorie.

Kirsch charakterisiert die angestrebte Organisationstheorie als eine „Rahmentheorie" innerhalb derer die „Vielfalt von Realitätskonstruktionen" unter „Prozessgesichtspunkten" thematisiert wird, wobei andere Objekttheorien Partner als auch Konkurrenten sein können.[278] Versucht man diese im Burrell-Morgan-Bezugsrahmen (siehe Abb. 4) zu verorten, dann tritt geradezu als Charakteristikum dieser Rahmentheorie hervor, dass sie eindeutig keinem der vier Felder zugeordnet werden kann. Außenperspektivisch bzw. objektiv lässt sie wie der Funktionalismus zu, dass Regelmäßigkeiten auf kausale Zusammenhänge rückführbar und damit einzelne Phänomene erklärbar sind. Binnenperspektivisch bzw. subjektiv nimmt der die Rahmentheorie nutzende Forscher als Teilnehmer Interpretationen vor und ist damit dem interpretativen Paradigma zugehörig. Durch Bezugnahme auf Habermas sind normativ-kritische Reflexionen inbegriffen, die im Feld Radikaler Humanismus zu verorten sind. Aus objektiver Forschungsperspektive ist eine Infragestellung der Strukturen innerhalb der Rahmentheorie nicht ausgeschlossen, weshalb prinzipiell auch eine Verortung im Feld Radikaler Strukturalismus möglich erscheint.[279] So gesehen lassen sich andere Organisationstheorien, die direkt in einzelnen Feldern verortet werden können als ‚Partner' der Rahmentheorie einbeziehen.

Der im deutschen Sprachraum unmittelbar konkurrierende St. Galler Ansatz, teilt mit dem Münchner Ansatz, dass angesichts einer nicht beherrschbaren Komplexität der Organisationsgestaltung nur mit Hilfe einer andersgearteten Rationalität und einem entsprechenden Management zu bewerkstelligen sei. Das von beiden propagierte ‚Evolutionäre Management' konzentriert sich auf die Schaffung günstiger Rahmenbedingungen für die Selbstorganisation und Evolution von Unternehmungen.[280] Wie Fallstudien des St. Galler Ansatzes zeigen, gibt dieser wie der Münchner Ansatz kaum inhaltliche Lösungen vor.[281] Trotz gleicher Ausgangsposition gibt es inhaltlich nicht viele Gemeinsamkeiten.[282]

---

[277] Schnell/Hill/Esser (1999), 51 ff.
[278] Kirsch (2001), 599 ff.
[279] Zur Verortung der Inhalte des Burrell-Morgan-Bezugsrahmens siehe Scherer (2002), 14 ff.
[280] Vgl. Kieser/Woywode (2002), 275
[281] Vgl. Probst (1987), 121 ff., Kieser/Woywode (2002), 278, auch Gomez/Probst (1995) bzw. Ulrich/Probst (1990)
[282] Vgl. Ringlstetter (1988)

Abbildung 4: Paradigmen sozialwissenschaftlicher Theoriebildung

	Subjektiv	Objektiv
Radikaler Wandel	**Radikaler Humanismus**	**Radikaler Strukturalismus**
Ordnung	**Interpretatives Paradigma**	**Funktionalismus**

Quelle: Nach Burrell/Morgan (1979), 22[283]

Ein wesentlicher Unterschied liegt darin begründet, dass der St. Galler Ansatz dem Paradigma der zirkulären Kausalität verhaftet bleibt (siehe 3.1.3.2). Das Charakteristikum der Selbstreferentialität klammert die Hinterfragung von Normen aus und bleibt im wesentlichen im Primat des Zweckrationalen gefangen.[284] Es kommt nicht zu einer vollen Entfaltung an Rationalität wie es die Handlungstheorie von Habermas ermöglicht, auf die der Münchner Ansatz wesentlich fußt. Im Burrell-Morgan-Bezugsrahmen würde der St. Galler Ansatz nur in der rechten Hälfte Funktionalismus und ein wenig im Radikalen Strukturalismus zu verorten sein.

Für diese Arbeit liefert die ‚Rahmentheorie' des Münchner Ansatzes ein Gerüst, das die Verarbeitung nicht nur von außenperspektivischen Beobachtungen, sondern ebenso von binnenperspektivischen Phänomenen zulässt: Es handelt sich somit um den Versuch einer Theorie, die sowohl erklärende als auch verstehende Wissenschaft ermöglicht. In Bezug auf die vermeintliche ‚Irrationalität' mittelständischer Unternehmer und Führungskräfte eröffnet diese eine Grundhaltung, die auf ‚Verstehen' ausgerichtet ist. Die Theorie fokussiert in Fähigkeiten, wie sie in besonderer Weise in der Lernfähigkeit, Handlungsfähigkeit und der Fähigkeit zur Empfänglichkeit zum Ausdruck kommen. Diese können zu „Kernfähigkeiten" als Kompetenzvariablen entwickelt werden, die als künftige Konkurrenzvariable Wettbewerbsvorteile schaffen.[285] Einseitigkei-

[283] Zitiert in: Scherer (2002), 16

[284] Zur Kritik am St.Galler Ansatz vgl. Petersen (1997), 196 ff.

[285] Kernfähigkeiten verstanden als verschiedene Geschäfte übergreifende Fähigkeiten können zur „treibenden Kraft" der Unternehmensentwicklung werden, indem neue Produkte und Dienste in verschiedenen Märkten angeboten werden können, Kirsch (1997a), 333 ff. u. 340 ff., auch 4.2.2.2

ten des Gewinnmaximierungs-Ansatzes der von Gutenberg geprägten Betriebswirtschaftslehre oder der stark an der (Über-)Lebensfähigkeit eines Unternehmens orientierten St. Galler Schule werden dadurch überwunden, dass Erfolg dann gegeben ist, wenn Fortschritte zur Befriedigung der Bedürfnisse aller vom Unternehmen Betroffenen erzielt werden.[286] Der dabei verwendete Fortschrittsbegriff ist so angelegt, dass er die Engführungen verkürzter (Zweck)Rationalität überwindet und Wertrationalität beinhaltet. Dadurch ist es mit dieser Theorie möglich, vom finanzwirtschaftlichen Kontext losgelöste Erfolgsmaßstäbe zu generieren, die nicht finanzielle, firmen- oder allgemeinkulturelle Werte ausdrücken. Der Ansatz kann unter Verweis auf bereits dargestellte Inhalte in dieser Arbeit knapp wie folgt skizziert werden:[287]

Erstens: In engem Zusammenhang mit der Erklären-Verstehen-Kontroverse der Sozialwissenschaften steht, dass es **unterschiedliche Zugänge** zum Geschehen in Unternehmen gibt: Das Erklären kann beobachtbare Vorgänge an der Oberflächenstruktur außenperspektivisch unter Theorien subsumieren, wohingegen Verstehen nur binnenperspektivisch über eine kompetente Teilnahme in der Lebenswelt Unternehmung möglich ist, um die Tiefenstruktur zu erfahren, deren Änderung eng mit organisatorischem Wandel verbunden ist.[288] Empirische Forschungsergebnisse basieren auf Beobachtungen, die selbst wiederum empirische Phänomene sind.[289]

Zweitens: Unternehmen befinden sich in einer Umwelt, die der Evolution unterliegt und deren Zukunft offen und grundsätzlich unvorhersehbar ist. Sie müssen daher **Fähigkeiten** entwickeln, die sie auch in der Begegnung mit unerwarteten Ereignissen erfolgreich sein lässt. Dies geschieht am besten durch die Entwicklung der Basisfähigkeiten Lernfähigkeit, Handlungsfähigkeit und Empfänglichkeit und deren konkretem Einsatz im allen Bereichen des Unternehmens.[290] Angesichts der grundsätzlichen Offenheit und Unvorsehbarkeit ist ein „Management of Evolution" zwangsläufig ohne Illusionen „bezüglich der Beherrschbarkeit der Entwicklung von Unternehmen geprägt." Dazu gehört das Eingeständnis, „dass die Führung immer nur begrenzt ‚Herr' der evolvierenden Systeme sein kann."[291] Zwischen den Extremen eines absoluten Machbarkeitsglaubens wie er im Gedanken der „synoptischen Totalplanung" zum Ausdruck kommt und einem „planlosen und ungerichteten ‚Muddling Through'" als Taktik in der Hinnahme des sich Ereignenden, wird als „dritter Weg" die

[286] Vgl. Kirsch (1997b), 279

[287] Vgl. Kirsch (1997a, b, c), die Punkteaufzählung orientiert sich an Kirsch (1997b), 3 ff.; bereits an anderen Stellen wörtlich zitierte Passagen werden hier nicht nochmals als solche gekennzeichnet, Hervorhebungen in fett stammen vom Verf.

[288] Vgl. Kirsch (1997b), 3-6 und Kirsch (1997a), 627; vgl. auch 2.1

[289] Vgl. Kirsch (1997b), 30-35

[290] Vgl. Kirsch (1997b), 7-10, vgl. auch 2.2.2.2; zur Evolution u. offenen Zukunft vgl. ebd., 46-50

[291] Kirsch (1997a), 37

Leitidee der „geplanten Evolution (Rosove)“ angeboten (Abb. 67). Diese besteht in einer „konzeptionellen Gesamtsicht der Unternehmenspolitik“, die schrittweise, in gezielten Feedback- und Steuerungsprozessen wenigstens eine teilweise Beeinflussung der Veränderungsprozesse in Unternehmen ermöglicht.[292]

Drittens: **Strategisch** ist, wenn **Fähigkeiten signifikant betroffen** sind. Es geht dabei nicht mehr (nur) um Erfolgspotentiale im ursprünglichen Sinn Gälweilers, sondern darüber hinaus um alle „Fähigkeiten, mit bestimmten Gegebenheiten so umzugehen, dass dies im weitesten Sinne des Wortes positiv zu bewerten ist,“ wenn aus Schwächen Stärken werden.[293]

Viertens: „**Strategien *der* Unternehmung** sind jene Strategien, die **offiziell autorisiert** sind.“ Dies bedeutet, dass eine Strategie der Freigabe der durch die Unternehmensverfassung vorgesehenen Organe der Unternehmung benötigt.[294] Eine solche Freigabe setzt explizit formulierte Strategien voraus. Solche „formierte Strategien“ sind sich formierenden vorzuziehen („**Primat formierter Strategien**“).[295]

Fünftens: Strategische Unternehmensführung wird als ein „erklärungsbedürftiges Phänomen“ angesehen. „**Strategische Führung**“ liegt dann vor, wenn sie „**strategisch relevant *und* strategiebezogen**“ ist. „Für eine strategiebewusste Führung ist zu fordern, dass in der organisatorischen Lebenswelt nachhaltige Reflexionen darüber vorliegen, was als eine „richtige“ bzw. „angemessene“ Form der Führung angesehen werden kann.“ Strategiebewusste Führung nimmt dann den Charakter eines „Strategischen Managements“ an, wenn es in „professionalisierter Form“ auf Basis „einschlägiger Führungs- oder Managementlehren“ erfolgt.[296] Dies impliziert eine „Offenheit der Praxis gegenüber der Wissenschaft.“[297] Professionalität äußert sich darin, wenn (Führungs-)Rollen „nachhaltigen Reflexionen“ unterworfen werden, um die operative Wirksamkeit von Führung zu erhöhen.[298]

Sechstens: Eine Theorie, die systematisch die Beobachtungen und deren Beobachter einbezieht, muss berücksichtigen, dass die Beobachter Wissen erzeugen, das wiederum als Beobachtung gesehen werden kann. Jede Produktion, Verwendung und Kommunikation von Wissen hat Auswirkungen in den Systemen, die wiederum beobachtet werden können. Diesen im Bezugsrahmen der konstruktivistischen Systemtheorie explizierten nie endenden Kreis-

[292] Kirsch (1997a), 41 ff.
[293] Kirsch (1997b), 13 u. 11-14
[294] Kirsch (1997b), 16 u. 14-17, vgl. auch 2.2.2.1 und 2.2.2.2
[295] Kirsch (1997b), 17 u. 17-21; Hervorhebung in fett d. J.G.
[296] Kirsch (1997b), 25 u. 21-25, vgl. 2.2.2.1 Unternehmen an sich u. 2.2.2.4
[297] Kirsch (1997a), 35
[298] Knyphausen-Aufsess (1996), 300f. u. 367

lauf bezeichnet Kirsch als „**Ökologie des Wissens**." Diese dient als Bezugsrahmen zur verfeinerten Theoriekonstruktion, die sowohl außenperspektivische wie binnenperspektivische Sichten unterschiedlich tief involvierter Wissenschaftler, Berater und Akteure im Unternehmen ermöglicht.[299]

Siebtens: Organisationen werden als **evolvierende, entwicklungsfähige Systeme** gesehen, die eine **Höherentwicklung** erreichen können, wenn sie ihre zugrundeliegenden **Sinnmodelle** verändern (siehe Abb. 25). Dies geschieht (a) durch die unter 2. angesprochene Entwicklung der Basis-Fähigkeiten und (b) durch eine Entfaltung der Rationalität in der organisatorischen Lebenswelt. Eine höchste Entwicklungsstufe stellt dabei die Fortschrittsfähige Organisation dar, die in Abschnitt 3.1.3.1 näher erläutert wird.[300]

2.2.2.5 Zusammenfassung zum Strategischen

Die Formel ‚Strategisch = Fähigkeiten signifikant betreffend' fordert die Unternehmensführung heraus, sich auf Entwicklung, Pflege und Ausbau von Fähigkeiten zu konzentrieren. Fähigkeiten sind die sich aufgrund der SWOT-Analyse ergebenden Stärken und Schwächen des Unternehmens, mit deren Hilfe die sich in der Umwelt ergebenden Gelegenheiten ergriffen und Gefahren abgewehrt werden können.

Kernfähigkeiten sind Fähigkeiten höherer Ordnung, die in differenten Geschäftsfeldern für unterschiedliche Kunden- und Produkt-/Dienstleistungsgruppen zum Einsatz gebracht werden können. Basisfähigkeiten dienen der Fortentwicklung von Fähigkeiten und Kernfähigkeiten. Es handelt sich um die Generierung und Nutzung von Wissen als Lernfähigkeit, das angemessene Reagieren auf Probleme als Handlungsfähigkeit und die Empfänglichkeit gegenüber den Bedürfnissen Betroffener als Responsiveness.

Das mit dem Strategischen in der Literatur häufig in Zusammenhang gebrachte ‚Erfolgspotential' ergibt sich durch das Zusammenwirken aller Fähigkeiten unter Nutzung diverser Erfolgsfaktoren. Es spannt den Rahmen möglicher operativer Erlöse auf und steuert diese vor. So wird der aktuelle Erfolg wesentlich durch das bestehende Erfolgspotential vorgesteuert. Für den Erfolg von morgen, muss schon heute zukünftiges Erfolgspotential aufgebaut werden.

In der Erfolgsfaktorforschung festgestellte allgemeine, an sich vom Unternehmen losgelöste mögliche Erfolgsquellen wachsen dem Unternehmen umso mehr zu, je mehr hierzu einschlägige Fähigkeiten entdeckt, entwickelt und ausgebaut werden. Das Erfolgspotential kann so auch als Ausprägung von

---

[299] Kirsch (1997b), 36-40 u. ders. (1997a), 637-643, Hervorhebung in fett d. J.G, vgl. Knyphausen-Aufsess (1996), 350ff.
[300] Kirsch (1997b), 40-50

unternehmensspezifischen Fähigkeiten gesehen werden, Erfolgsfaktoren für das Unternehmen zu nutzen, wobei häufig in einer Fähigkeit mehrere Erfolgsfaktoren kombiniert werden müssen wie im Beispiel der Fähigkeit HC (siehe 2.2.1.8).

Strategische Unternehmensführung besteht aus dem strategischen Rahmenkonzept und den strategischen Programmen. Im Rahmenkonzept wird die Soll-Vorstellung für die langfristige Evolution der Rahmenbedingungen grundgelegt, insbesondere welches Sinnmodell verfolgt werden soll. Hierunter fallen Unternehmenszweck und –vision, ebenso die Politik wie mit einzelnen Anspruchsgruppen und dem Unternehmen gegenüber verfahren werden soll.

Basis aller Regelungen ist die Unternehmensverfassung, welche die Mächtigkeit einzelner Organe und deren Zusammenspiel regelt. Dazu gehört auch die Unternehmenskultur als Ausdruck aller im Unternehmen gelebten Normen.

Aus dem strategischen Rahmenkonzept abgeleitete strategische Programme zielen in den konkreten Betätigungsfeldern auf Ausbau und Pflege von Fähigkeiten als Vorsteuergrößen des Erfolgspotentials. Ziel der strategischen Programme ist, die im Rahmenkonzept festgelegten monetären oder nichtmonetären Ziele zu erreichen, wobei ein Fit zwischen Umwelt und Unternehmung (System-Umwelt-Fit) und innerhalb des Unternehmens (Intra-System-Fit) angestrebt wird.

Die strategische Unternehmensführung ist Forschungs-Gegenstand einer Theorie der strategischen Unternehmensführung auf der Basis einer evolutionären Organisationstheorie, die aus unterschiedlichen Perspektiven den Zugang zum Unternehmen eröffnet. Sie kann außenperspektivisch wahrnehmbare Beobachtungen an der Oberflächenstruktur erklären und binnenperspektivisch dazu anleiten, ein kompetenter Teilnehmer der ‚Lebenswelt Unternehmung' zu werden, um über die Erkundung von deren Tiefenstruktur darin vorkommende sinnhafte Handlungen zu verstehen.

2.3 Charakterisierung mittelständischer Unternehmen

2.3.1 Ausgangsgangspunkte

Mitte der 1970iger Jahre hatte die von Edmund Heinen geprägte entscheidungsorientierte Betriebswirtschaftslehre großen Einfluss gewonnen.[301] Der

---

[301] Neben Heinen (1976) u. (Hrsg.)(1976) vertraten u.a. Werner Kirsch z.B. (1978) und Eberhard Witte z.B. (1972) an der Ludwigs-Maximilians-Universität den entscheidungstheoretischen Ansatz, wobei Witte im Gegensatz zum eher modelltheoretischen Ansatz Heinens einen realtheoretisch-empirischen präferierte; der Ansatz wurde wesentlich durch die Forschungsergebnisse der Carnegie-Gruppe unter dem späteren Nobelpreisträger Herbert A.

von Erich Gutenberg entworfene Bezugsrahmen einer neoklassisch-mikroökonomisch, produktions- und kostentheoretisch fundierten „Wissenschaft von der Produktivitätsbeziehung“ (Schanz) spielte zwar weiterhin eine große Rolle, wurde aber wegen der unterstellten vollkommenen Rationalität der Wirtschaftssubjekte (homo oeconomicus-Modell) als praxisfern kritisiert.[302] Heinen vollzog nun zwei bemerkenswerte Öffnungen der Betriebswirtschaftslehre:

Erstens stellte er den „dispositiven Faktor“ Gutenbergs - dessen Hauptaufgabe es war, die drei Elementarfaktoren Werkstoffe, Betriebsmittel und objektbezogene Arbeitsleistungen zu einer produktiven Kombination zu vereinigen - in den Mittelpunkt entscheidungstheoretischer Modelle. Im Unterschied zu Gutenberg fundierte Heinen das Entscheidungsverhalten durch sozialwissenschaftliche Konzepte und betrieb damit eine Öffnung der bis dahin als geschlossen betrachteten ökonomischen Theorie der Betriebswirtschaftslehre gegenüber den Verhaltenswissenschaften wie Psychologie, Soziologie oder Politikwissenschaft und zu „supradisziplinären Konzepten“ wie der Entscheidungs-, Organisations- und der Systemtheorie.[303]

Zweitens: Die Modellanwendungen fanden bei Heinen – wie bei Gutenberg - zwar meist unter dem Ziel der Gewinnmaximierung oder Kostenminimierung statt, aber – gestützt durch die empirische Zielforschung – waren als weitere Öffnung auch andere z.B. finanzielle oder absatzbezogene und generell nicht monetäre Ziele (wie Macht, Sicherheit, Unabhängigkeit, Ethisches Verhalten) der Unternehmung verwendbar.[304] Der auf Gewinnmaximierung fixierte Zielmonismus wurde durch einen Zielpluralismus ersetzt, in dem das Gewinnstreben zwar eine – unter Umständen sehr - bedeutende Rolle spielt, aber keine Alleinstellung mehr hat. Eine weitere Einschränkung gewinnmaximalen Verhaltens erfolgte durch den „Einfluss des Risiko- und Unsicherheitsphänomens.“[305]

Beide Öffnungen bildeten eine wichtige Grundlage zum Verständnis des Mittelstands, der damals in der an der Universität München angebotenen Betriebswirtschaftslehre keine Rolle spielte. Im Schwerpunktfach ‚Betriebswirtschaftliche Planung‘ am Lehrstuhl für strategische Unternehmensführung von Wer-

---

Simon beeinflusst: March/Simon (1958), Simon (1959/ 1977), Cyert/March (1963). Simon und Mitarbeiter stellten nach Heinen (1976), 70 anstelle der „allgemeinen (objektiven) Rationalität des ‚homo oeconomicus‘ die begrenzte Subjektivität des ‚Administrators‘“, ferner präferierten sie anstelle fixer Maximalvorstellungen anpassbare „Anspruchsniveaus“ ebd., 245 ff. und ließen „befriedigende Lösungen, ebd., 83 ff. zu.

302 Schanz (2000b), 103 ff., vgl. Kirsch (1978b), 9 ff.

303 Heinen (1976), 376 ff.; etwa zeitgleich betrieb Hans Ulrich an der Universität St.Gallen eine Öffnung insbesondere zum Systemansatz, den er für eine „interdisziplinäre Fundierung der Betriebswirtschaftslehre besonders geeignet“ hielt, Kirsch (1978b), 14

304 Vgl. Heinen (1976), 21 ff; zur Zielforschung vgl. Kirsch (1981); die empirischen Studien von Fritz/ Förster/Wiedmann (1987), Fritz/Raffée (1990) u. Raffée/Fritz (1992) belegen den Zielpluralismus und konstatieren tendenziell eine Bedeutungsabnahme des Gewinnzieles

305 Heinen (1976), 35 ff.

ner Kirsch, der damals noch Lehrstuhl für betriebswirtschaftliche Planung hieß, bot sich in der einmalig angebotenen Projektgruppe ‚Mittelstand' die Möglichkeit zu intensiver Mitarbeit und zur Verfassung der Diplomarbeit über die strategische Grundhaltung eines mittelständischen Unternehmens.[306] In der Kick-off-Vorlesung zum Mittelstandsprojekt im Herbst 1980 verglich Kirsch mittelständische Unternehmer mit den „tollkühnen Männern in ihren fliegenden Kisten“, die ohne viel Instrumentarium oft sehr Beachtliches erreicht hätten, aber angesichts der sich immer rascher ändernden Umweltbedingungen auf Dauer ohne den Einsatz betriebswirtschaftlicher Methoden zu scheitern drohten.[307] Untersuchungen der Industrie- und Handelskammer Koblenz hatten zuvor ans Licht befördert, dass Mittelständler den Einsatz dieser Instrumente vielfach ablehnten.[308]

Kirsch verwies auf Henry Mintzberg,[309] der aufgrund von Ergebnissen der Gehirnforschung Manager und Unternehmer - als rechts-hemisphärisch dominante Personen – in einen Gegensatz zu links-hemisphärisch-dominanten Analytikern und Anwendern betriebswirtschaftlicher Instrumente brachte (vgl. Abschnitt 2.3.12). Kirsch leitete daraus Fähigkeiten von Unternehmern und Praktikern ab, die sich dem wissenschaftlichen Verständnis von Rationalität nur schwer erschließen.

Anfang der achtziger Jahre begann am Lehrstuhl Kirsch das Paradigma der Selbstorganisation als zentrales Thema eines evolutionären Managements eine große Rolle zu spielen. Ein wesentlicher Protagonist war Erich Jantsch. Jantsch – vom Ursprung Physiker – beschäftigte sich im betriebswirtschaftlichen Kontext mit Long Range Planning.[310] Er gehörte zu den Mitbegründern des Club of Rome. Angetrieben von den ‚Grenzen des Wachstums' setzte er sich mit den Ergebnissen der modernen Chemie (Prigogine, Eigen) und Biologie (Manturana, Riedl, Varela) auseinander und suchte nach neuen Lösungsansätzen, um diese für die Führung von Unternehmen nutzbar zu machen.[311] Der selbstorganisatorische Ansatz fand Anklang bei der Zentralabteilung Fertigungswirtschaftsorganisation von Siemens. Er bot eine Erklärung für damals neu aufkommende produktionswirtschaftliche Themen wie Kanban.[312]

---

[306] Auf der Basis strukturierter Interviews mit dem Inhaber der bayerischen Traditionsbäckerei ‚Hofpfisterei' zu deren strategischer Grundhaltung, vgl. Kirsch/Trux (1981)
[307] In anderer Fassung Kirsch (2001), 171 f.
[308] Vgl. IHK Koblenz (1977, 1978, 1980); ähnlich Müller/Steiner (1979)
[309] Mintzberg (1976), ausführlich hierzu Kirsch/Klein (1977), 89 ff.
[310] Vgl. Jantsch (1971)
[311] Zur Anwendung der Evolutionstheorie für Unternehmen vgl. Jantsch (1979, 1973, 1976) u. Sprüngli (1981)
[312] Vgl. Helletsberger (1983), Grill (1984), Ditterich/Helletsberger/Matzka (1985)

Zusammengefasst waren folgende theoretische Bezugsrahmen für das Verständnis aus Teilnehmerperspektive in der mittelständischen Praxis maßgeblich:

- Die entscheidungsorientierte Betriebswirtschaftslehre mit ihrer Grundlegung durch sozialwissenschaftliche Konzepte aus Psychologie, Politikwissenschaft und Soziologie sowie der Fundierung begrenzt rationalen Handels unter Relativierung des Gewinnmaximums unter Annahme eines Zielpluralismus
- Das Paradigma der Selbstorganisation und das daraus entstehende Evolutionäre Management, das aufgrund der Grenzen der Machbarkeit das Leitbild des Machers durch das des Kultivateurs ablöst
- Die Ergebnisse der Gehirnforschung, die zeigen, dass es neben dem analytischen ein eher ganzheitliches ‚Auffassungs-, Verarbeitungs- und Entscheidungs-Instrument' gibt, das in den Menschen ungleich verteilt wirksam ist

Bedingt durch Arbeitgeberwechsel und personelle Veränderungen in den Unternehmen war dem Verfasser eine sehr enge Zusammenarbeit mit insgesamt sechs Gesellschafter-Geschäftsführern (darunter vier Gründern) und vier Geschäftsführern deutscher mittlerer Unternehmen möglich.[313] Alle diese Unternehmen hatten ambitionierte Ziele und konnten zweistellige Wachstumsraten und Umsatzrenditen vorweisen.[314] Eines davon gehörte zur Stichprobe der von Hermann Simon durchgeführten Studie über die Hidden Champions.[315] Durch diese Zusammenarbeit, aber auch durch die Erfahrung mit Unternehmern auf Verbandsebene sowie durch Austausch mit Kollegen in anderen Firmen ist ein Bild mittelständischer Unternehmer und Unternehmen entstanden, das grundlegend von einer Betriebswirtschaftslehre abweicht, die im Mittelstand nur einen kleinen Großbetrieb sieht, für den wissenschaftliche Erklärungen quasi nur im verkleinerten Maßstab Anwendung finden sollten.[316] Diese Abweichungen werden im folgenden herausgearbeitet, wobei soweit wie möglich auf Quellen universitärer Forscher zurückgegriffen wird, die als Berater ihrerseits gleiche oder ähnliche Erfahrungen im Mittelstand gemacht haben. Einige wesentliche Einschätzungen werden auch einer empirischen Überprüfung unterzogen.

---

[313] Hinzu kommt noch die Zusammenarbeit mit Geschäftsführern von europäischen und US-amerikanischen Vertriebs-Tochtergesellschaften und einem mittleren Produktionsbetrieb in Tschechien. Erfahrungen als Berater und Manager auf Zeit in MU ergänzen genannte Erfahrungen

[314] Umsatzrendite = Gewinn vor Steuern zu Umsatzerlösen; eines der Unternehmen konnte sogar über viele Jahre eine Umsatzrendite von weit über fünfundzwanzig Prozent erzielen

[315] Vgl. Simon (1996) u. Ewing (2004)

[316] Kontrasterfahrungen ergaben sich im Großbetrieb Siemens

2.3.2 Quantitative Abgrenzung von Mittelstand und Großunternehmen

Quantitativ betrachtet ist in dem Wort Mittelstand eine relative Aussage enthalten: Es wird zum Ausdruck gebracht, dass dazu zählende Unternehmen[317] zum einen größer als Kleinunternehmen und zum anderen kleiner als Großunternehmen sind. In der größenmäßigen Abgrenzung wird dabei häufig auf Messgrößen zurückgegriffen, die einfach zu erheben sind wie die Anzahl der Beschäftigten und/oder der Umsatz in Millionen Geldeinheiten. In der betriebswirtschaftlichen Literatur findet sich eine Vielzahl von Vorschlägen zur Messung der Unternehmensgröße.[318]

Ein allgemeingültiges Kriterium für die absolute oder relative Größe fehlt jedoch. Auch besteht keine Einigkeit darüber, ob Größe als „Leistungsbereitschaft (Kapazität)" oder „Leistungsergebnis" zu verstehen ist.[319] Eine nur quantitative Abgrenzung wird bis heute vom Mittelstand und seinen Verbänden abgelehnt.[320] Bedarf für eine solche Abgrenzung besteht jedoch in Politik und Ministerialbürokratie zur Bestimmung der Förderfähigkeit und ähnlichem.[321] So hat die Europäische Kommission folgende Größen festgelegt (Abb. 5), die mit einzelnen Mitgliedsstaaten kollidieren (siehe Abb. 6):

Abbildung 5: KMU-Schwellenwerte der Europäischen Union seit 1.1.2005

Autonome Unternehmen	Kleinstunternehmen	Kleinunternehmen	Mittelunternehmen
Beschäftigte	**< 10 (10)**	**<= 50 (50)**	**<= 250 (250)**
Umsatz (Mio. €) oder Bilanzsumme (Mio. €)	**<= 2 (-)** **<= 2(-)**	**<= 10 (7)** **<= 10 (5)**	**<= 50 (40)** **<= 43 (27)**
Quellen: Europäische Kommission (2003 u. 1996); in Klammern sind die bis 2004 geltenden Werte angegeben; ein Unternehmen gilt als autonom, wenn der Beteiligungsgrad 25 % nicht überschreitet[322]			

[317] Da die technisch-wirtschaftliche Einheit u. die finanziell-rechtliche Einheit im Mittelstand häufig deckungsgleich sind, werden in dieser Arbeit die Begriffe Betrieb und Unternehmen synonym verwendet

[318] Vgl. hierzu insbesondere die Literaturübersichten bei Hamer (1987), 54 und Marwede (1983); Hamer unterscheidet nach „Einsatzmengen", „Einsatzwerten", „Kapitaleinsatz" oder „Leistungswert"

[319] Hamer (1987), 55; spezifische Grenzen ergeben sich für Produktions-, Dienstleistungs-, Handels- oder land-/forstwirtschaftliche Betriebe oder bei freien Berufen vgl. Hamer (2001), 179

[320] Wirtschaftsverband Stahl- und Metallverarbeitung Düsseldorf, vgl. WSM-Nachrichten 04/ 2002, 5

[321] Vgl. Hamer (1987), 55 f.; WSM-Nachrichten 04/2002, 5

[322] Vgl. Punkt 9, Europäische Kommission (2003) sowie Mugler (1998), 30

Die Mittelstandsgrenze wird international völlig unterschiedlich definiert. Laut Hamer liegt diese bei folgenden Beschäftigtenzahlen (Abb. 6):

Abbildung 6: Internationale Mittelstandsdefinition nach Beschäftigtenzahlen

Land	Beschäftigte
Schweiz, Schweden, Belgien	**50**
Österreich, Niederlande	**100**
Großbritannien	**250**
Japan, Deutschland	**300**
Frankreich	**500**
USA	**1000**
Quelle: Hamer (2001), 180	

Gegen die Bestrebungen der EU-Kommission, die Mitarbeiterzahl bei 250 verbindlich festzumachen, richteten sich mit Nachdruck vorgetragene Stellungnahmen des BDI.[323] Im Gegensatz zur EU-Kommission setzt das Institut für Mittelstandsforschung in Bonn höhere Grenzen für den Mittelstand:

Abbildung 7: Mittelstandsdefinition des Instituts für Mittelstandsforschung

Unternehmensgröße	Klein	Mittel	Groß
Anzahl Beschäftigter	**<9**	**10 bis 499**	**500 und mehr**
Umsatz € / Jahr	**< 1 Mio.**	**1 bis 50 Mio.**	**50 Mio. und mehr**
Quelle: Institut für Mittelstandsforschung (2006)			

Obige Klasseneinteilungen erfolgen ohne Rücksicht auf Branchen. Branchenbezogen müssten jeweils andere Größenklassen eingeteilt werden. Ein Industriebetrieb mit z.B. 30 Mitarbeitern ist vergleichsweise klein, während ein Handwerks- oder ein Einzelhandelsunternehmen mit 30 Beschäftigten bereits als mittleres Unternehmen zu klassifizieren wäre.[324] Für die Größenwahl in der BRD haben rechtliche Rahmenbedingungen einen erheblichen Einfluss. Häufig beschränken sich Unternehmen auf eine bestimmte Größe, um nicht ar-

[323] WSM-Nachrichten 04/2002, 5
[324] Vgl. Pfohl (1997), 11

beits- und sozialrechtliche Benachteiligungen einer Grenzüberschreitung in Kauf nehmen zu müssen.[325] Die in Abbildung 8 dargestellten Schwellenwerte haben in der Unternehmenspraxis eine hohe Bedeutung, so dass sie bei statistischen Auswertungen berücksichtigt werden sollten.

Abbildung 8: Sozialpolitisch markante Schwellenwerte

Beschäftigte bis	**Arbeitsrechtliche Folgen:**
10 (davor 5)	Kein Kündigungsschutz § 23 KSchG
20	keine Unterrichtung von Betriebsänderungen § 111 BetrVG, nur ein Betriebsrat § 9 BetrVG
30 (davor 20)	Erstattung der Entgeltfortzahlung § 3 AAG
50	3 Betriebsräte § 9 BetrVG
100	5 Betriebsräte § 9 BetrVG
199	7 Betriebsräte, noch kein freigestellter Betriebsrat §§ 9 u 38 BetrVG
(299)	*Bis 2001 vielbeachtete Grenze für freigestellten Betriebsrat*
400	9 Betriebsräte, ab 401 11 Betriebsräte § 9 BetrVG
500	Aufsichtsrat ohne Arbeitnehmervertreter § 77 BetrVG 1952; noch keine zwei freigestellten Betriebsräte § 38 BetrVG
Quelle: Eigene Darstellung	

Ordnungspolitisch ist es fraglich, ob es Sinn macht, Unternehmen danach zu fördern, ob sie klein, mittel oder groß sind. Verbände fordern stattdessen qualitative Abgrenzungskriterien wie Eigentümerstruktur oder Rechtsform.[326] Eine besondere Behandlung mittlerer Unternehmen ließe sich vielmehr daraus ableiten, dass sie gegenüber Großunternehmen ‚wesensverschieden' wären. In der folgenden qualitativen Betrachtung treten solche Unterschiede vermehrt hervor. Eberhard Hamer hat hierzu eine eigenständige „Mittelstandsökonomie" entwickelt, welche die „personale Wirtschaft" ins Zentrum rückt.[327]

2.3.3 Qualitative Abgrenzung von Mittelstand und Großunternehmen

„A small business is not a little big business."
Welsh, J.A./White, J.F. [328]

Historisch bedeutet Mittelstand eine „ständische Mitte des freien städtischen Bürgertums, welches sich im Ständestaat des Mittelalters als neuer Stand zwischen den beiden traditionellen Landständen – der unfreien Landbevölkerung einerseits und dem Adel andererseits – in den neuen Städten bildete und

[325] Hamer (1987), 70 ff. leitet sozialpolitische Schwellenwerte aus dem Arbeits-/Schutzrecht ab, die zum Teil in Abb. 8 berücksichtigt und inzwischen aktualisiert sind
[326] WSM-Nachrichten 04/2002, 5
[327] Zusammenfassend in Hamer (2001), 180 f., detaillierter (1984), (1987), (1988), (1989)
[328] Welsh, J.A./White, J.F. (1980) zitiert in: Pfohl (1997), 2

durch Handel, Gewerbe und Bildung eine zunehmende Bedeutung errang."[329] Trotz vieler gesellschaftlicher Wandlungen umschreibt Mittelstand nach wie vor eine Mittelstellung zwischen der Arbeiterschicht und dem Großbürgertum. Soziologisch gehören dabei auch die Personen zum Mittelstand, die Führungs- und Verantwortungsfunktionen in unselbständiger Position wahrnehmen. In der Wirtschaftsliteratur wird hingegen vorwiegend nur der Personenkreis selbständiger Unternehmer hinzugezählt.[330] Hamer unterscheidet – gestützt auf Untersuchungen des Mittelstandsinstituts Niedersachsen - Mittelstand in „Wirtschaftlicher Mittelstand" und „Gesellschaftlicher Mittelstand".[331] Wirtschaftlicher Mittelstand setzt sich aus der Komponente „mittelständische Unternehmen (Kleine Unternehmen.. bis 9 Mitarbeiter, mittlere Unternehmen von 10 bis 300 Mitarbeiter)" und der Komponente „selbständiger Mittelstand (...Gewerbetreibende, Freiberufler, Land- u. Forstwirte,... Haus- u. Grundbesitzer, Kapitalanleger...)" zusammen. Die Komponente „fremdverantwortlicher Mittelstand (leitende Angestellte, leitende Beamte, ..., Forscher, Hochschullehrer, ...Journalisten...)" bildet zusammen mit der Komponente „selbständiger Mittelstand" den „Gesellschaftlichen Mittelstand."[332]

Diese Arbeit zielt auf mittlere mittelständische Unternehmen, wobei die quantitative Kennzeichnung anhand einer Beschäftigtenzahl von 10 bis 300 (bei Hamer) oder bis 500 (beim Institut für Mittelstandsforschung in Bonn) nur als Anhaltspunkt genommen wird. Entscheidend ist vielmehr, dass nach Hamer das Unternehmen nach **unten** abgegrenzt so groß ist, **dass es den Unternehmer als Führenden voll trägt, ohne das dieser operativ tätig sein muss** – was ab einer Größe von 10 Beschäftigten vorstellbar ist, wobei es heute wegen geringerer Margen wohl eher 20 Mitarbeiter sein dürften. Der Unternehmer im Kleinunternehmen ist hingegen voll operativ tätig, ohne seine unmittelbare Tätigkeit trägt es ihn nicht. Die Obergrenze ist qualitativ schwerer zu definieren. Wesentlich ist dabei die Definition des Unternehmers. Hamer zeigt anhand folgender - hier nur stark verkürzt in Stichworten wiedergegebenen - Definitionen, dass keine für sich genommen umfassend bzw. eindeutig genug ist:

- nach Cantillon als „Risikoträger" („unsicheres Einkommen")
- nach Adam Smith und Karl Marx als „Kapitalist" („Kapital für industrielle Produktion")
- soziologisch und arbeitsrechtlich als „Arbeitgeber" („Unternehmung auf eigene Rechnung", „Beschäftigung von Arbeitnehmern")
- nach Schumpeter als „Innovator" („Durchsetzung neuer Kombinationen")

---

329 Hamer (1987), 11; zum Mittelstandsbegriff vgl. auch Mugler (1998), 18 ff. sowie Grabas (2002) und Wimmer (2001); letztere heben die definitorische Unschärfe des Begriffs „Mittelstand" hervor

330 Vgl. Hamer (1987), 11 - 18

331 Pfohl (1997), 3 sieht das Adjektiv „mittelständisch" vorwiegend als Ausdruck für die gesellschaftliche Stellung, weshalb er die Umschreibung „kleine und mittlere Betriebe" bevorzugt

332 Hamer (1987), 22 ff.

- nach Eucken als „Kombinator von Produktionsfaktoren zum Zwecke der Produktion oder Leistung"
- nach Marshall u.a. als „Manager" („Führungs- und Anweisungsbefugnis")
- nach Gutenberg als „dispositiver Faktor" („nicht mehr Person ... fast... Neutrum")
- nach Heinen u.a. als „Entscheider" („wesentliche Entscheidungen", „Ziel- und Mittelentscheidungen" [333]

Im Großunternehmen wird die Unternehmerfunktion im Falle der Aktiengesellschaft vom Vorstand wahrgenommen.[334] Im Unterschied zum Vorstand als „Gehaltsunternehmer"[335] trägt der Unternehmer im Mittelstand volles Risiko, weshalb ihn Hamer als „Risikounternehmer" bezeichnet. In der Funktion und Tätigkeit sind beide Unternehmertypen gleich. Der Risikounternehmer steht aber in einem anderen Verhältnis zum Betriebsvermögen und ist an das Schicksal des Unternehmens in einem viel größeren Ausmaß gebunden als der Gehaltsunternehmer.[336] Hartmut Bretz, der sich wie Hamer ausführlich mit dem Unternehmertum bzw. der Unternehmerforschung[337] auseinandergesetzt hat, charakterisiert den Unternehmer zusammengefasst als „Risikoträger", „Kombinator von Produktionsfaktoren" und als „Innovator". Bretz betont zwar den vernachlässigten „unternehmerischen Aspekt des Managements", lässt aber den Unterschied bezüglich des unterschiedlichen Tragens von Risiko bestehen, so dass auch er implizit den Risikounternehmer vom Gehaltsunternehmer im Sinne Hamers unterscheidet.[338] Hamer sieht in der **„Schicksalsgemeinschaft"** des **Risikounternehmers *mit*** dem **Unternehmen** das **wesentliche Kriterium** eines **mittelständischen Unternehmens**.

---

333 Hamer (1984), 18 ff.; eine vergleichbare Auflistung erbringt Mugler (1998), 65

334 Im Falle einer GmbH kann der Geschäftsführer wie der Vorstand einer AG Unternehmerfunktion wahrnehmen – allerdings kann er satzungsrechtlich so eingeschränkt sein, dass er nicht automatisch wie der AG-Vorstand von der Sozialversicherung als befreit gilt, vgl. Brinkmann (1999), 674 f.

335 Kuhn, T. (1997), 258 bezeichnet den Gehaltsunternehmer als „Quasi-Unternehmer"

336 Hamer (1984), 34 ff.

337 Nach Thomas Lang-von Wins (2004), 4 ff. fehlt bislang „eine breite, verschiedene Perspektiven und Disziplinen integrierende Theorie des Unternehmertums"; verschiedene Ansätze in den Disziplinen gehen nur bedingt auf einander ein: zwar bezieht z.B. der mittelstandsökonomische Ansatz von Hamer (2001), 20 die psychologische Arbeit von Goebel (1990) ein, aber Lang-von Wins (2004) reflektiert hingegen das umfangreiche Werk Eberhard Hamers (1984, 1987, 1988, 1989, 2001) nicht. Die arbeits- und organisationspsychologische Unternehmerforschung bringt weitere, für die Charakterisierung des Unternehmers dispositionelle Besonderheiten hervor, die zwar für die Trennung von Risiko- und Gehaltsunternehmer nicht relevant erscheinen, aber für das Verständnis des Unternehmertums an sich unerlässlich sind. Hoch ausgeprägte(s) „Autonomiestreben", „Leistungsmotiv" und „internale Kontrollüberzeugungen" entsprechen den vom Verf. gemachten Erfahrungen, vgl. Lang-von Wins (2004), 30 ff. u. Günter Müller (2003), auch Peter Goebel (1990), der neben Autonomie und Leistung noch die Kreativität betont; hervorzuheben ist noch die „Eigeninitiative" bzw. die „Proaktivität", vgl. Lang-von-Wins (2004), 32 f. u. Hamer (2001), 19 ff.

338 Bretz (1988), 37 verweist explizit auf die „Trennung von Kapitalist und Unternehmer"; andere Autoren wie Glogowski/Gömmel (2002) betonen die Selbständigkeit des Unternehmers

Solange ein Risikounternehmer noch maßgeblicher „Träger und Initiator ‚seines' Unternehmens ist", ist ein Unternehmen noch dem Mittelstand zuzurechnen. Ist die „Existenz und die Führungsfunktion vom Eigentümer getrennt, nicht mehr auf dessen Person bezogen", dann ist es ein Großunternehmen.[339] Damit ist die **Obergrenze** vom mittelständischen zum Großunternehmen qualitativ definiert.[340] Dass eine solche qualitative Abgrenzung berechtigt ist, ergibt sich schon allein dadurch, dass auch Unternehmer sich dem Mittelstand zurechnen, auch wenn ihre Unternehmen größenordnungsmäßig von außen längst als Großbetrieb betrachtet werden.[341] Häufig wird im mittelständischen Kontext von Familienunternehmen gesprochen.[342] Nach Gabler Wirtschaftslexikon handelt es sich hierbei um „erwerbswirtschaftliche Unternehmungen in Gesellschaftsform, bei denen zwischen den Gesellschaftern verwandtschaftliche Beziehungen bestehen."[343] Werner Freund, Gunter Kayser und Evelyn Schröer kommen nach einer ausführlichen Literaturanalyse zu den folgenden Merkmalen eines Familienunternehmens:

- „Unabhängigkeit von der Rechtsform"
- „Eigentum der Familie am Unternehmen"
- „Einflussnahme der Familie auf die Geschäftspolitik"
- „Wille, das Unternehmen der nachfolgenden Generation zu erhalten"[344]

Es besteht Uneinigkeit in der Literatur darin, ob nicht auch die aktive Teilnahme an der Geschäftsführung zwingend zur Charakterisierung gehört.[345] Nach dieser Definition kann ein Familienunternehmen auch ein Großunternehmen sein. Die Gleichung Familienunternehmen = Mittelstand im hier vertretenen Sinne ist ex definitione nur dann gültig, wenn der Unternehmer der Eigentümerfamilie angehört und entsprechend an das Betriebsvermögen und Unternehmensschicksal gebunden ist, um wirklich Risikounternehmer zu sein. Hierzu passend konstatiert Mugler,[346] dass Familienunternehmen der „Größenordnung der Klein- und Mittelbetriebe entwachsen (können), ohne dass sie auf

---

[339] Bretz (1988, 23 ff.) und Hamer (1987), 74

[340] Andere qualitative Kriterien wie die Rechtsform oder der Marktanteil sind zu wenig trennscharf. Auch Mittelständler treten in der Statistik als Kapitalgesellschaften auf, vgl. Albach et.al. (1985), 162. Die Größe des Marktanteils mittelständischer Unternehmen erscheint global betrachtet als klein. Je nach Marktdefinition kann sie aber gerade in Nischen sehr groß sein wie Beispiele der Hidden Champions belegen, vgl. Simon (1996), 29 ff.

[341] So Berthold Leibinger von Trumpf (größer 4000 Arbeitnehmer), vgl. Peters (1993), 691 ff. u. Leibinger (2002); ähnlich Wolfgang Grupp von Trigema (größer 1200 Arbeitnehmer), vgl. Unternehmermagazin 4/2001, 20 f.; bei der von TOP JOB initiierten Suche nach dem besten Arbeitgeber im Mittelstand konnten sich Unternehmen bis 2000 Mitarbeitern beteiligen, vgl. Schuble (2003), 5; für die Größe von 2000 Mitarbeitern spricht auch der Umstand, dass darüber hinaus die häufig im Mittelstand anzutreffende GmbH & Co.KG mitbestimmungspflichtig wird (§§ 1, 4 u. 7 MitbestG)

[342] Vgl. Mugler (1998), 22 f.

[343] Gabler Wirtschaftslexikon (1997), 1282

[344] Freund/Kayser/Schröer (1997), 7

[345] Vgl. Freund/Kayser/Schröer (1995), 7

[346] Vgl. Mugler (1998), 22

der Führungsebene den familiären Charakter verlieren."[347] Auch dies zeigt deutlich die Beschränktheit der rein quantitativen Abgrenzung. Qualitativ kann sehr wohl ein dem Wesen nach mittelständisches Unternehmen gegeben sein, auch wenn es die mehr oder minder willkürlich angenommenen Größenordnungen an Beschäftigtenzahl und Umsatz bereits deutlich überschritten hat.[348] Dies steht im Widerspruch zu einem möglichen Ansatz, der Eigenschaften mittelständischer Unternehmen, allein durch die Größe als determiniert zu betrachten. Umgekehrt kann durch ein Abtreten und Nichtwiederbesetzens des Risikounternehmers – etwa aufgrund einer nicht gegebenen Nachfolge in der Familie – ein im Wesen bislang mittelständisches Unternehmen binnen kurzem in die Lage eines Großunternehmens versetzt werden, obwohl es sich rein quantitativ innerhalb der weiter oben dargestellten Größenordnungen bewegt. Dies kann durch Berufung eines Fremdgeschäftsführers geschehen, der im mittelständischen Kontext ‚nur' als Gehaltsunternehmer agiert (vgl. 2.3.11). Auch wenn ein Familienmitglied das Ruder in die Hand nimmt, ist nicht automatisch gewährleistet, dass es auch als Risikounternehmer und nicht als Gehaltsunternehmer fungiert, weil es z.B. einem Familienstamm angehört, der von der Beteiligung her unterrepräsentiert ist. Da die für die qualitative Abgrenzung des Mittelstands von Großunternehmen auf der Dichotomie von Risiko- zu Gehaltsunternehmer basiert, bietet sich eine nähere Betrachtung der zugrundeliegenden Mittelstandsökonomie Hamers an.

2.3.4 Die Mittelstandsökonomie Eberhard Hamers

> „Die Leistungen des für eigene Rechnung arbeitenden Unternehmers und des besoldeten Stellvertreters sind, wenn auch beide gleiche Fähigkeiten und Kenntnisse besitzen, dennoch sehr verschieden. In solchen Zeiten, wo durch Wechselfälle der Konjunktur das Geschäft große Verluste bringt und das Vermögen wie die Ehre des Unternehmers auf dem Spiele stehen, ist der Geist desselben von dem einen Gedanken, wie er das Unglück von sich wenden kann, erfüllt – und der Schlaf flieht ihn auf seinem Lager. Anders verhält es sich einem solchen Fall mit dem besoldeten Stellvertreter. Wenn dieser am Tage redlich gearbeitet hat und am Abend ermüdet nach Hause kommt, schläft er mit dem Bewußtsein erfüllter Pflicht ruhig ein."
> Heinrich von Thünen (1966), 483[349]

Im Kern der Mittelstandsökonomie Hamers steht die Gegenüberstellung „Personalwirtschaft" versus „Kapitalwirtschaft" sowie die dazugehörigen Unterneh-

[347] Einl. in Klammer J.G.
[348] Ein markantes Beispiel hierfür ist TRIGEMA und dessen Risikounternehmer Wolfgang Grupp, mit über 80 Mio. € Umsatz und über 1.200 Arbeitnehmern, vgl. Unternehmermagazin 4/2001, 20 f.
[349] Zitiert in: Hamer (1988), 43

merbegriffe „Risikounternehmer" versus „Gehaltsunternehmer (Manager)."[350] Rechtsgeschichtlich lässt sich diese Dichotomie bis zur Einführung des Bürgerlichen Gesetzbuches bzw. des Handelsgesetzbuches im Jahre 1900 zurückführen. Darin wurden personen- und kapitalbezogene Rechtsformen streng unterschieden: Der Einzelkaufmann, die Offene Handelsgesellschaft und die Komplementäre von Kommanditgesellschaft und Kommanditgesellschaft auf Aktien bildeten die Risikounternehmer im Sinne Hamers; die Organträger der auf dem Recht eingetragener Vereine basierenden Aktiengesellschaft und Gesellschaft mit beschränkter Haftung waren im Sinne Hamers Gehaltsunternehmer.[351]

Im Zentrum der Personalwirtschaft steht die sie erfüllende Person des Risikounternehmers, der auf eigenen Namen und auf eigene Rechnung handelt und mit seinem ganzen Vermögen haftet. Der Gehaltsunternehmer als Organ der Kapitalwirtschaft, die nur auf dem Stammkapital beruht, handelt im Namen und auf Rechnung der Kapitalgesellschaft, die nur – ohne Regress auf den Gehaltsunternehmer - mit ihrem Kapital haftet. Risikounternehmer versuchten deshalb schon früh nach Möglichkeiten, ihre persönliche Haftung einzuschränken. Als Beispiele dienen die innovativen Rechtsformen der GmbH & Co. KG[352] und der GmbH & Co. KGaA[353] zur Beschränkung der Vollhafterfunktion des Komplementärs auf das Stammkapital der an dessen Stelle tretenden GmbH oder durch Gründung einer Einmann-GmbH bzw. Einmann-AG.

Die Haftungsbeschränkung trat aber nur bedingt in Kraft, weil Banken als Kreditgeber zusätzlich die persönliche Haftung als Sicherheit verlangen. Auch die für Gehaltsunternehmer zunächst geltende Haftungsverschonung ist durch Gesetze aufgeweicht worden. So besteht Schadensersatzpflicht u.a. im Falle verzögerter Insolvenzanmeldung, Lohnsteuer- oder Sozialversicherungszahlungen.[354] Weitere Haftungstatbestände zeichnen sich als Auswirkungen des Sarbanes-Oxley Acts auch in Deutschland ab.[355] Wie eben gezeigt lässt sich die von Hamer gewählte idealtypisch strenge Dichotomisierung in der Praxis nicht voll aufrechterhalten. Dies gilt im Prinzip auch für in Abschnitt 2.3.5 folgenden weiteren Gegenüberstellungen, ohne dass deshalb die tendenziellen Aussagen zum jeweiligen Profil der beiden Unternehmertypen voll infragegestellt sein müssen. Hamer begründet seine Theorie der von der Kapitalwirtschaft wesensverschiedenen Personalwirtschaft bzw. Mittelstandsökonomie

---

[350] Hamer (1984), 34 ff,

[351] Zu den einzelnen Rechtsformen vgl. Klunzinger (1999)

[352] Reichsgericht-Urteil vom 4.7.1922, zitiert in: Binz (1992), 8, der auch die GmbH & Co.KG erläutert

[353] Bundesgerichtshof-Urteil vom 24.2.1997, zitiert in: Krüger, D. (1999), 311; zur Konstruktion der GmbH & Co. KGaA vgl. Hartel (1996)

[354] Vgl. Verspay / Sattler (2000), 66 f.

[355] Vgl. Lanfermann / Maul (2002), 1725 ff.; zu weiteren Tatbeständen vgl. Sieg (2002), 1759 ff.

argumentativ im Kontext der ökonomischen Theorie, in dem er die Modellfigur des homo oeconomicus für Gehaltsunternehmer eher für geeignet hält, weil jene ihre Entscheidungen gegenüber den Aufsichtsgremien „rational-ökonomisch" zu begründen hätten. Die Risikounternehmer hingegen folgten ihren „subjektiv-ökonomischen" Entscheidungen, die sie aus ihrer Person und ihren persönlichen Lebensumständen begründeten. [356] Hamer stützt seine Aussagen auf empirische Untersuchungen, die als Hauptmotiv der Selbständigen den „subjektiven Nutzen" anstelle objektiv-messbaren finanziellen Erfolgs ergaben.[357]

Die weitere Verwendung des von Hamer geprägten Begriffs ‚Personalwirtschaft' als Synonym für ‚Mittelstandsökonomie' ist angesichts des von Schanz gleichlautend mit „Personalwirtschaft" definierten Teilbereichs der Betriebswirtschaftslehre, der sich mit „lebendiger Arbeit" befasst, nicht sinnvoll, zumal sich diese gleichermaßen auf mittelständische wie große Unternehmen erstreckt.[358] Auch wird ‚Personalwirtschaft' häufig gleichbedeutend mit „Personalwesen" oder „Personalmanagement" und ähnlichen Begriffen verwendet.[359] Da die Person des Unternehmers – und wie noch zu zeigen sein wird – überhaupt die Personen im Zentrum mittelständischen Verständnisses von Unternehmen und Unternehmensführung stehen, ist es näherliegende, anstelle von ‚Personalwirtschaft' vom ‚**personalen Unternehmen**' zu sprechen. Da im Großunternehmen höhere Begründungs- und Kontrollzwänge gegeben sind, lässt sich als Pendant zu ‚Kapitalwirtschaft' in Anlehnung an Albach / Bock / Warnke der Begriff ‚**formales Unternehmen**' verwenden.[360]

Hamers aus der Beobachterperspektive gewonnenen Relativierungen der ökonomischen Theorie lassen sich durch teilnehmerperspektivische Erfahrungen des Verfassers unter Rekurrierung sozialwissenschaftlicher bzw. institutionenökonomischer Konzepte fortentwickeln. In Anlehnung an Knut Bleichers integriertem Managementansatz lassen sich vier Unterscheidungsfelder definieren, in denen die unterschiedlichen Ausprägungen von Risiko- und Gehaltsunternehmer aufeinandertreffen:

- Unternehmensverfassung (Corporate Governance)
- Unternehmenskultur
- Unternehmensstruktur
- Unternehmensstrategie bzw. strategische Unternehmensführung und Personalarbeit

[356] Hamer (1984), 52 ff.

[357] Vgl. Thuringia-Studie (1978), Schmölders (1978), Hederer (1971)

[358] Schanz (2000a), 31 f.

[359] Gabler Wirtschaftslexikon (1997), 2964 f.

[360] Albach/Bock/Warnke (1985), 54 sprechen vom Übergang „personaler zur formalen Führung"

Diese Unterscheidungsfelder[361] stehen in einem bestimmten Bezug untereinander: Die „Unternehmensverfassung“ als „Trägerin der Unternehmenspolitik“ ergibt die Basis für die unterschiedliche Stellung von Risiko- und Gehaltsunternehmer.[362] Diese wird heute unter dem Begriff ‚Corporate Governance“ als „Ordnungsrahmen für die Leitung und Überwachung eines Unternehmens“ aufgrund internationaler Bestrebungen weitergefasst.[363] An den ‚harten' Aspekt nur selten zu verändernder Unternehmensverfassung anknüpfend, ermöglicht die ‚weiche' Unternehmenskultur Entwicklungsspielräume. Der von Alfred Chandler an empirischen Beispielen u.a. von General Motors generierte Zusammenhang „Structure follows strategy“[364] legt eine thematische Bevorzugung des Unterscheidungsfelds Strategie vor Struktur nahe. Im mittelständischen Kontext kommt es jedoch häufig zu einer anderen Reihenfolge, die man analog mit ‚Structure determines Strategy' charakterisieren könnte.[365]

Vor der Vertiefung und Fortentwicklung des Ansatzes von Hamer in den vier Unterscheidungsfeldern kommen zunächst dessen originäre Unterscheidungen zum Tragen.

2.3.5 Personal und formal geführte Unternehmen

Wesentliches Merkmal mittelständischer Unternehmen ist die personale Führung durch den Risikounternehmer. Fällt dieser aus, dann verliert – so Eberhard Hamer - das Unternehmen an „Initiativkraft“, „Schwung“ und „Richtung“. Im Gegensatz zum Gehaltsunternehmer im Großbetrieb ist er nicht nur für ein Ressort verantwortlich, sondern für das Ganze, ist somit Generalist.[366]

Die auf den nächsten Seiten folgenden Abbildungen 9 bis 13 geben basierend auf Hamer die Besonderheiten ‚personaler' im Gegensatz zur ‚formalen' Unternehmensführung idealtypisch stichwortartig wieder.[367] Ohne Wertung, welche der skizzierten Arten der Führung der Vorzug zu geben wäre, sieht Hamer

---

[361] Vgl. insb. Bleicher (1992), 68 ff.; auch die „zentrale(n) Ansatzpunkte struktureller Führung: Kultur, Strategie, Organisation...“ von Wunderer (2001), 6 sowie das „Organisationsverständnis“ von Petersen (2003), 333 ff., der „Organisations*kultur*, Organisations*struktur* und –*strategie*“ unterscheidet, waren für die gewählte Strukturierung Vorbild

[362] Bleicher (1992), 83

[363] Werder (2001), 2

[364] Müller-Stewens / Lechner (2001), 9

[365] Bleicher (1992), zu Unternehmensverfassung u. -kultur ebd., 83, zu normatives Management, ebd., 69, zu strategischem Management ebd., 70 f.

[366] Hamer (1987), 129

[367] Die Kriterien (linke Spalte) wurden vom Verf. erarbeitet; die Stichworte der mittleren und rechten Spalte stammen wörtlich oder sinngemäß von Hamer (1987), 129 ff., vom Verf. getroffene Ergänzungen sind in kursiv. Zur Vertiefung anderer Eigenarten des Mittelstands in Bezug auf Finanzierung, Marketing, Produktion und Leistung, Organisation und Rechnungswesen sei auf die Literatur verwiesen: Hamer (1987), 139 ff. , Mugler (1998) und Pfohl (Hrsg.)(1997)

aufgrund empirischer Untersuchungen, dass in der mittelständischen Unternehmenspraxis die personale Führung erfolgreicher verläuft und damit die für diese Betriebsform die angemessenere und richtigere ist.[368]

Anzumerken ist, dass sich die Kontrastbildung Hamers bezüglich ‚personal' manchmal zu stark an kleineren Unternehmen orientiert, so dass mittlere Unternehmen nicht immer zutreffend charakterisiert sind. So werden viele mittlere Unternehmen auch als Kapitalgesellschaft geführt und die Wirkung ins Private ist besonders bei den ersten Adressen oft nicht mehr gegeben. Auch ist das Personal zwar immer noch an wichtigen Stellen nicht so leicht entbehrlich, aber generell nimmt mit der Größe auch die Ersetzbarkeit von Personen zu.

Liegt eine Kapitalgesellschaft vor, dann gilt auch für mittlere Unternehmen, dass die damit verbundenen formalen Bestimmungen einzuhalten und bei Entscheidungen zu berücksichtigen sind, so dass die betriebliche Zweckmäßigkeit etwas mehr zurückstehen muss. Im mittleren Unternehmen macht der Unternehmer nicht mehr jede Einstellung selbst, behält sich oft aber eine Letztentscheidung vor. Für Mitarbeiter bleibt er jedoch meist noch unmittelbar ansprechbar.

Der gewerkschaftliche Organisationsgrad kann vereinzelt auch in mittleren Unternehmen groß sein. Mit der zunehmenden Größe wird der Unternehmer auch seine nächste Ebene mehr konsultieren, so dass diese totale Souveränität wie sie in den Abb. 9 bis 11 ausgedrückt ist, nicht mehr uneingeschränkt gegeben ist. Auch braucht es oft Fachqualifikationen, die der Unternehmer nicht hat und die erwähnte Stärke der Persönlichkeit alleine nicht ausreicht. Bei mittleren Unternehmen übt oft ein Beirat Kontrollfunktionen aus, so dass auch die Führung einer Kontrolle unterliegt. In Abhängigkeit von der Führung unterscheidet sich auch das Personalwesen (siehe Abb. 12).

Vor- und Nachteile personaler Unternehmensführung, wie sie von Hamer in der Praxis festgestellt wurden, werden in Abbildung 13 einander gegenüber gestellt.

[368] Vgl. Hamer (1987), 137

Abbildung 9: Führung als Institution nach Hamer

Führung als Institution:	**Personal**	**Formal**
• Rechtsgrundlage:	*Eigenverwaltung eigenen Eigentums*, basierend auf eigenem dauerndem Recht	Fremdverwaltung fremden Eigentums, basierend auf abgeleitetem Recht auf Zeit
• Erfolgs-/Misserfolgswirkung	auf eigene Rechnung und auf eigenes Risiko mit voller Wirkung ins Private	auf fremde Rechnung und auf fremdes Risiko mit nur begrenzter Wirkung ins Private
• Entbehrlichkeit	unentbehrlich	austauschbar
• Berücksichtigung persönliche Interessen	Betrieb wird persönlichen Zielen untergeordnet	Betrieb wird sachlichen Interessen untergeordnet
• Unabhängigkeit der Führung	ohne Kontrolle	unter Kontrolle
• Führungsstil	direkte, persönliche Vorbildführung	indirekte, von der Mehrzahl der Mitarbeiter hierarchisch getrennte, institutionelle Vorgesetztenführung
• Führungskontakt	weitgehend unbürokratisch durch Gespräch und mündliche Anweisung	bürokratisch durch schriftliche Vorbereitung einer Entscheidung und deren indirekte, schriftliche Weitergabe
• Führungssouveränität	zentral, total, unbestritten	partiell (Teilsouveränität)
• Führungskonzentration	in einer Person: Generalist	geteilt: Spezialisten
• Dominierende Qualifikation	Führungsqualifikation Führungsstärke bestimmt durch Stärke der Persönlichkeit	Fachqualifikation Führungsstärke bestimmt durch Fachqualifikation
• Gesamtverantwortung	beim Risikounternehmer	beim Kollegialorgan des Vorstandes
• Entscheidungsbasis	Emotionalität möglich	Verpflichtung zu kontrollfähiger Rationalökonomik
Quelle: Nach Hamer (1987), 129 ff. u. 160 ff.; *Anmerkungen in kursiv v. Verf.*		

Abbildung 10: Führung als Prozess nach Hamer

Führung als Prozess:	**Personal**	**Formal**
• Willensbildung	einheitlich, ungeteilt, für alle Fälle, sofort vollziehbar	institutionell, langwierig, Stabs-vorbereitet einzeln, kollegial
• Formalisierung	mündlich, direkt, jederzeit	formal, bürokratisch
• Stil	patriarchalisch	kollegial-hierarchisch
• Einheitlichkeit	Einheit von Entscheidung, Ausführung, Willenssicherung	Entscheidungs- und Ausführungskompetenz hierarchisch getrennt
• Flexibilität	Einheit von Entscheidungsträger und –prozess erlaubt jederzeitige Änderung	Änderungen bedürfen hierarchischer Mitwirkung und neuer Entscheidungsbildung
• Systematik	Unsystematik und Intuition möglich	Systematisch und betriebswirtschaftlich genau
• Orientierung	betriebliche Zweckmäßigkeit	Regel- /Ordnungsmäßigkeit
Quelle: Nach Hamer (1987), 129 ff. u. 160 ff.		

Abbildung 11: Führung als Funktion nach Hamer

Führung als Funktion:	**Personal**	**Formal**
• Entscheidungsfähigkeit	jederzeit entscheidungsfähiger, -bereiter und -kompetenter, da ohne Entscheidungskontrolle	da mit Entscheidungskontrolle und mit Abstimmung im Kollegium bzw. mit Genehmigung des Aufsichtsorgans entscheidungsgehemmter
• Verhalten bei Störungen im Unternehmen	Beseitigung alleine und sofort	beschränkte Kompetenz des Fachvorstands, Achtung der Hierarchie: nur bedingt zur Beseitigung zuständig
• Zielkoordination	unproblematisch	zielkonfliktär
• Machtkämpfe	beim Alleinunternehmer ausgeschlossen, ohne Zielirritationen und ohne Reibungsverluste	häufige Machtkämpfe, Intrigen, Positionsgesichtspunkte: Zielabweichungen und Reibungsverluste
• Fristigkeit der Planung	eher kurz- und mittelfristig	eher langfristig, Ausrichtung nach langfristigen Plänen
• Grundhaltung	vorwiegend taktisch, weniger strategisch; gefragt ist der Taktiker; in mittleren Unternehmen ist ebenfalls mehr der Stratege gefragt	unerlässlich strategisch, gefragt ist der Stratege
Quelle: Nach Hamer (1987), 129 ff. u. 160 ff.		

Abbildung 12: Personalwesen nach Hamer[369]

Personalwesen:	**Personal**	**Formal**
• Personalauswahl/-einstellung	Im Kontakt mit dem Unternehmer, häufig erfolgt Auswahl durch ihn	verselbständigtes Personalressort, hierarchisch gegliedert, oft mit Vertrauensleuten der Gewerkschaften besetzt,
• Direktkontakt	Direktkontakt möglich und erwünscht	Direktkontakt ausgeschlossen, Betreuung durch untergeordnete Stellen; Vorstand keine vertraute Person, sondern Institution
• Selbstvertretung	Mitarbeiter können selbst zum Chef, müssen sich darin nicht vertreten lassen	Repräsentationsprinzip vorherrschend, Arbeitnehmer werden durch Betriebsräte vertreten
• Gewerkschaftlicher Organisationsgrad	gering	hoch
• Arbeitsverhältnis	persönlich	sachlich, formalisiert
• Arbeitszufriedenheit	höher: Sinn der eigenen Leistung an Gesamtleistung erkennbar; es komme auf jeden an; als unentbehrlich erlebt, höher motiviert	niedriger: Arbeitsteilung führt zu Unüberschaubarkeit; meist einfache, repetetive Tätigkeit führt zu Abstumpfung und Frustration
• Möglichkeit zur Selbstverwirklichung	höher	niedriger
• Verhalten im wirtschaftlichen Abschwung	auch im Abschwung wird versucht, Leute zu halten, oft unter Opfern, auch wegen der schwierigen Ersetzbarkeit	Rentabilitätsorientierung überwiegt, Entlassungen sind normal
• Aufstiegsmöglichkeiten	leichter und schneller Verantwortung übernehmbar, aber dann geringere Aufstiegschancen	Aufstieg und Weiterbildung im Großunternehmen günstiger
• Anteil qualifizierter Arbeitnehmer	relativ höher	relativ niedriger
• Äusbildungsbereitschaft	Mittelstand ist „Ausbilder der Nation"	überwiegend ungelernte und angelernte Kräfte
Quelle: nach Hamer (1987), 160 ff.		

369 Hamer (1987), 160 ff.

Abbildung 13: Vor- und Nachteile personaler Unternehmensführung nach Hamer

Vorteile:	Nachteile:
• Einheitlichkeit der Willensbildung • Entscheidungsbefugnis zentralisiert • unmittelbare Teilnahme am Betriebsgeschehen • Schnelligkeit der Entscheidungen • Flexibilitätsvorteil • unbürokratische Unternehmensführung • personale Zielsetzung möglich • keine Intrigen und Machtkämpfe	• Überlastung des Alleinunternehmers • Familienrücksichten • persönliche Unternehmerschwäche nicht ausgleichbar • Nachfolgeproblem • unzureichende Aufgabendelegation • mangelnde kaufmännische Ausbildung und Fortbildung • mangelnde strategische Orientierung und Mangel an Planungsmethoden • unzureichende Information • Gefahr des Präferenzenwechsels[370]
Quelle: Nach Hamer (1987), 137	

2.3.6 Unternehmensverfassung (Corporate Governance)

Im Gegensatz zum zweigliedrigem US-amerikanischen Boardsystem sieht das deutsche Aktiengesetz eine dreigliedrige Struktur vor: Aktionärsversammlung, Aufsichtsrat, Vorstand. Im Prinzip gilt dieses Muster für alle mittelständische Unternehmen, auch in der Rechtsform der GmbH oder der Personengesellschaft: Gesellschafter, Aufsichtsorgan, Geschäftsführer. Im Falle des Einzelkaufmanns werden Geschäftsführungs- und Gesellschafterfunktionen in Personalunion wahrgenommen. Oft nehmen Gesellschafter ihre originäre Rolle und die Rolle der Aufsicht wahr. In größeren mittelständischen Unternehmen nimmt die Aufsichtsfunktion vielfach ein Beirat wahr, der in seinen Befugnissen wie ein Aufsichtsrat gestellt sein kann. Da diese per Satzungsrecht frei gestaltet werden können, gibt es im Extremfall auch Beiräte ohne jegliche Befugnisse mit reinen Beratungsfunktionen. Ab einer Unternehmensgröße von 500 Arbeitnehmern ist ein Aufsichtsrat im Sinne des Aktiengesetzes auch für eine GmbH zwingend (§ 77 BetrVG 1952), ab 2000 für eine GmbH&Co.KG (§§ 1 u. 4 MitbestG).

Das Thema Corporate Governance gewinnt auch im Mittelstand an Aktualität, da mangels Nachfolge immer mehr Risikounternehmer durch Gehaltsunternehmer abgelöst werden. In der Person des Risikounternehmers waren die Interessen des Unternehmens, des Unternehmers und der Gesellschafter ge-

[370] Die Gefahr liegt darin, dass der Unternehmer andere Lebensziele als das Unternehmen höher gewichtet und infolge dessen das Unternehmen zu kurz kommt, ausführlich Hamer (1984), 124 ff.

bündelt. Durch die Übertragung der Unternehmensführung auf einen Gehaltsunternehmer kommt es zu einer Aufsplittung und Schwerpunktverlagerung in:

- (a) Interessen der Gesellschafter
- (b) Interessen der Aufsichtsorgane
- (c) Interessen des Gehaltsunternehmers

(a) Die Gesellschafter – zuvor durch intensives Tätigsein im und für das Unternehmen geprägt – beginnen sich vom Unternehmen zu lösen. Es treten dabei die originären Interessen eines Gesellschafters stärker hervor. Die Frage nach dem Unternehmenswert – dem Shareholder Value – kommt umso stärker hervor, wenn Verkaufs- oder Fusionsabsichten vorliegen. Tendenziell zunehmend ist dies bei Gesellschaftererben der Fall, denen der personale Bezug zum Unternehmen fehlt.

(b) Die Aufsichtsorgane gewinnen oft erst durch das Abtreten eines dominanten Risikounternehmers an Bedeutung. Familienvertreter sehen vielfach die Interessen ihres Stammes als vorrangig. Familienfremde vertreten oft die Interessen eines Stammes, haben aber zusätzliche Interessen, weil sie beispielsweise als Berater auch das Unternehmen – sprich den Gehaltsunternehmer - beraten.

(c) Die Gehaltsunternehmer haben natürlich das Interesse, während der begrenzten Zeit so viel wie möglich zu verdienen und sich womöglich mit Aufsichtsorganmitgliedern und wesentlichen Gesellschaftern zu arrangieren. Was nach ihrer Zeit kommt, muss nicht in ihrem primären Interesse liegen.

Die bisherigen Unternehmer geben faktisch Verfügungsrechte an die Gehaltsunternehmer ab, die sie mangels Wissen nicht mehr selbst ausüben können. Nach der Agency-Theorie kommt es zu einer „asymmetrischen Informationsverteilung“ zugunsten des Gehaltsunternehmers. Gesellschafter haben zwar die rechtliche Verfügungsmacht, verlieren aber in der täglichen Praxis an tatsächlicher Verfügung. Diese liegt in erster Linie beim Gehaltsunternehmer und sekundär beim Aufsichtsorgan.[371]

Die Unternehmensverfassung ist Basis für die ‚Gewaltenteilung' im Unternehmen. Den Verfassungsorganen obliegt es, die grundlegende Richtung des Unternehmens – den strategischen Rahmen - zu bestimmen (siehe 2.2.2.3). Der Risikounternehmer per se vereinigt diese Gewalten in seiner Person, während der Gehaltsunternehmer anderen Organen gegenüber rechenschaftspflichtig und in seinen Entscheidungsspielräumen deutlich eingeschränkter ist. Der Ri-

---

[371] Es kommt dabei auch zu „Opportunitätskosten“ in der Form, dass Gewinne nicht erzielt werden, weil Gehaltsunternehmer nicht die selben Risiken eingehen, die ein Risikounternehmer eingegangen wäre, Schanz (2000b), 133 ff.

sikounternehmer führt Gesellschafter-, Aufsichts- und Lenkungsfunktionen in Personalunion. Entsprechend hoch ist seine Identifikation mit dem Unternehmen. Diese Identifikation scheint typisch für Familienunternehmen zu sein. Berthold Leibinger beschreibt dies wie folgt:

> „Many of these firms...are family run. The connection between the companies and the families that own them is extraordinary close. The willingness to stay with the business through the highs, but also the lows, is considerable. When times are hard, the families are in many cases prepared to put aside thoughts of shareholder value." Leibinger (2002), 35 f.

Die sehr hohe Identifikation mit dem Unternehmen übt anscheinend eine Art ‚Anziehungskraft' aus, die auch die Identifikation von Mitarbeitern, aber auch von Kunden erhöht. Die Loyalität des einen erzeugt wechselseitig die Loyalität des anderen. Frederick Reichheld hat in empirischen Untersuchungen gefunden, dass der Unternehmenserfolg im wesentlichen von der Loyalität der Kunden abhängt, die wiederum auf der Loyalität der Mitarbeiter basiert, die ihrerseits durch die Loyalität der Investoren gestützt wird.[372] Entwickeln Mitarbeiter eine hohe Identifikation mit dem Unternehmen, dann ist dies ganz im Sinne des Risikounternehmers und wird entsprechend gewürdigt und verstärkt. Da Gehaltsunternehmer normalerweise nicht am Unternehmen beteiligt und nur auf Zeit engagiert sind, ist eine Identifikation in diesem Ausmaß eher die Ausnahme. Diese sehr unterschiedliche Ausgangslage von Risiko- und Gehaltsunternehmer findet seine Fortsetzung im ‚weichen' Aspekt der Unternehmenskultur.

2.3.7 Unternehmenskultur

Zu Beginn der achtziger Jahre rückte das Thema Unternehmenskultur in den Brennpunkt der Managementwissenschaft. In der Untersuchung des Phänomens ‚Unternehmenskultur' als einem System von im Unternehmenskollektiv gelebten Wertvorstellungen, Verhaltensnormen, Denk- und Handelsweisen trat rasch der prägende Einfluss der Gründerunternehmer und ihrer Nachfolger hervor. Gegründet wird ein Unternehmen in der Regel von einem personalen Unternehmer. Seine Einstellungen, Grundannahmen und Verhaltensweisen werden vom Mitarbeiterkollektiv internalisiert und wie selbstverständlich an Neuankömmlinge weitergegeben. Die hinter den oberflächlich wahrnehmbaren Äußerungen einer Kultur verborgenen Grundannahmen („Basic Assumptions")[373] über die Beziehungen zur Umwelt und im Umgang miteinander erschließen sich neu hinzukommenden Kulturmitgliedern - wenn überhaupt –

---

[372] Reichheld (1997); diesen Zusammenhang, den Reichheld „Loyalitätseffekt" nennt, hat der Verf. in der mittelständischen Praxis häufig vorgefunden, im positiven wie im negativen Fall. Interessanterweise verfolgen Vertreter des Großkapitals wie Warren Buffet und die Familie Quandt eine auffallend loyale Investoren-Strategie – mit außerordentlichem Erfolg: Lowenstein (1995) u. Jungbluth (2002)
[373] Schein (1997a), 21 f.

erst mit der Zeit und meist nur unvollständig. Dabei ist für neue Kulturmitglieder von großer Bedeutung, rasch die „impliziten, ungeschriebenen Gesetze" (das „Insider-Spiel") zu erlernen, „wie man im Unternehmen überleben und erfolgreich sein kann".[374] Ohne tiefer auf die Unternehmenskulturthematik einzugehen, die an anderen Stellen ausführlich behandelt wurde (vgl. auch 4.2.8),[375] erscheint hier zweierlei von Bedeutung: erstens, dass eine Unternehmenskultur von einem personalen Unternehmer und nicht von einem Gehaltsunternehmer geprägt wird und zweitens, dass sich das Zusammenwirken von drei Subkulturen unter einem personalen Unternehmer anders entwickelt als unter einem Gehaltsunternehmer.

Zu erstens: Edgar Schein unterscheidet „Leadership" von „Management", indem er darauf abstellt, dass Leader Kultur schaffen oder verändern, während Manager mit und in dieser Kultur leben.[376] Schein sieht als besonders kulturprägend an, was am meisten stabil und am wenigsten formbar ist: „...culture refers to those elements of a group or organization that are most stable and least malleable."[377] Im Mittelstand sind dies in der Regel die personalen Unternehmer, die im Vergleich zum Großbetrieb sehr lange Zeit führen. Zwanzig Jahre und mehr sind keine Seltenheit.[378] Sie sind folglich viel stärker das, was man „personenbezogene Führer" nennt, die das Verhalten der Mitarbeiter beeinflussen. Gehaltsunternehmer sind eher die Manager, denen die „Führung von Organisationen" obliegt.[379] Die von ihnen geprägte Kultur verleiht Risikounternehmern so etwas wie ‚Allgegenwärtigkeit' und verleiht ihnen Nimbus, auch wenn sie nicht unbedingt als „charismatische Führer" geboren sind.[380] Aufgrund der Machtfülle und des dadurch möglichen „interaktionellen Eingreifens" in der Setzung personaler Akzente[381] erscheinen sie als „Great Man" oder „Great Woman", ohne es in Wirklichkeit sein zu müssen.[382] Gehaltsunternehmer als Manager orientieren sich mehr am „strukturellen und institutionellen Aspekt" der Führung, die als „Distanzführung" nicht unmittelbar, sondern indirekt „Artefakte lenkt (z.B. Strukturen, Techniken, Institutionen oder Systeme)."[383] Im bislang personal geführten Unternehmen kommt dies als sachlich-distanzierte ‚Kälte' bei den Mitarbeitern an. Aufgrund der vermehrten Rechen-

---

[374] Shapiro (1996), 83

[375] Im Überblick: Staehle (1999), 497 ff., Scholz (2000), 790 ff.; im Konzept integrierten Managements: Bleicher (1992), 154 ff. und (1997), 3927; ein exponierter Vertreter ist Schein (1997a, 1997b) u. 3.1.2.3, siehe auch 4.2.8

[376] Schein (1997a), 5 differenziert zwischen Leader und Manager oder Administrator (hier vereinfacht nur als Manager wiedergegeben); eine ähnliche Unterscheidung trifft Kotter (1990)

[377] Schein (1997a), 5

[378] Vgl. Simon (1996), 185 f.

[379] Mugler (1998), 94 ff.

[380] Neuberger (2002), 142 ff.

[381] Neuberger (2002), 48

[382] Z.B. Neuberger (2002), 189

[383] Neuberger (2002), 48

schaftspflicht des Gehaltsunternehmers ist ein Hang zur Kontrolle naheliegend und ausgeprägter, während der Risikounternehmer mehr Vertrauen riskieren kann.[384]

Zu zweitens: Auf die Frage, warum es vielen Unternehmen nicht gelingt, das „Lernen zu erlernen“ und „Neuerungen“ umzusetzen, führt Schein aus, dass das damit zu tun hat, dass es in „jedem Unternehmen drei spezifische Subkulturen gibt, von denen ursprünglich zwei ihre Wurzeln außerhalb des Unternehmens haben und ihren besonderen Voraussetzungen unterliegen.“ Gemeint sind damit die „Kultur der Arbeitnehmer“ und die „Kultur der Techniker“.[385] Unter „Kultur der Arbeitnehmer“ (kurz: Operative) versteht Schein die operativ im Unternehmen Tätigen. Im Sprachspiel deutscher Unternehmen sind dies die Arbeiter und einfachen Angestellten.[386] Zur „Kultur der Techniker“ (kurz: Techniker) zählen die für die unternehmensspezifischen „Schlüsseltechniken“ zuständigen „Designer“ und „Technokraten“. Beispiele hierfür sind die Entwicklungs-Ingenieure für Produkte und Verfahren oder EDV-Professionals. Auch Betriebswirte können als Techniker auftreten.[387] In der Informations- und Wissensgesellschaft können die von Schein als Techniker benannten Berufsgruppen zu einem großen Teil mit den von Peter Drucker generierten „Wissensarbeitern“ gleichgesetzt werden.[388] Sowohl die Operativen als auch Techniker sehen sich als „Angehörige ihres Berufsstandes an, mögen sie auch weltweit verstreut sein.“ „Schließlich hat jedes Unternehmen seine Geschäftsführung – einen Vorsitzenden und dessen unmittelbare Untergebenen; mit ihnen rückt die ‚Kultur der Führungskräfte‘ (kurz: Leitende) ins Bild.“[389]

Diese „drei berufsbezogenen Subkulturen“ kommen nach Schein wegen ihrer „unterschiedlichen Ansichten ...einander oft in die Quere“.[390] „In einer Kultur vereinen sich geheime Grundansichten darüber, wie die Welt ist und wie sie

---

[384] Vgl. die Gegenüberstellung von ManagerInnen und FührerInnen von Neuberger (2002), 49 f.

[385] Schein (1997b), 61; Gehaltsunternehmer wie generell die von extern kommenden Leitenden haben auch ihre Wurzeln außerhalb, nur familienangehörige Risikounternehmer innerhalb

[386] Der Begriff „Arbeitnehmer“ bezieht sich nach deutschem Verständnis auf alle Angestellten und Arbeiter, ausgenommen sind Organträger wie Vorstände oder Geschäftsführer § 5 (1) ArbGG bzw. § 5 (2) BetrVG. Arbeitsrechtlich zählen die hier definierten„Techniker“ hingegen auch zu den Arbeitnehmern, ebenso die „Leitenden“ soweit sie keine Organträger sind, allerdings mit einer Sonderstellung gem. § 5 (3) BetrVG

[387] Betriebswirte sind wie Ingenieure „Technologen“, die eine „anwendungsbezogene Umformung der Theorie“ betreiben, Chmielewicz (1979), 182; in mittelständischen Industrie-Unternehmen finden sich in der Regel mehr Ingenieure als Betriebswirte. Näheres siehe 4.2.9.2

[388] Drucker (1998), 11; nach Drucker gehören den Wissensarbeitern im Gegensatz zu den Arbeitern ihre Produktionsmittel selbst, weil sie diese in ihren Köpfen tragen und beliebig an anderen Arbeitsplätzen einsetzen können

[389] Schein (1997b), 61

[390] Schein (1997b), 62

sein sollte. Diese Ansichten werden von einer Gruppe Menschen geteilt und bestimmen deren Wahrnehmungen, Gedanken, Gefühle und, bis zu einem gewissen Grad, auch ihr Verhalten."[391]

Die Operativen erleben täglich, dass es nicht ohne sie geht. Techniker erleben in ihrer perfekten Welt Operative als Störquellen, die es zu reduzieren oder auszuschalten gilt. Ihr Ziel ist die Automatisierung, die aber oft genug dann doch noch nicht funktioniert. Die Operativen müssen dann die Mängel der Technik beheben. Führungskräfte neuer Prägung stehen der Sicht der Techniker näher, haben aber gleichzeitig ein wachsendes Kontrollbedürfnis, weil sie aufgrund des Bildungsgefälles gegenüber den Operativen, diesen nicht zutrauen, das Richtige zu tun. Ihr zentralistisch orientiertes Kontrollbedürfnis wiederum steht im Gegensatz zur Tendenz der Techniker zu verteilten Systemen, die deren Perfektionsvorstellungen besser entsprechen.

Bezeichnend ist - wie Schein feststellt -, dass Unternehmensgründer oder aus der Unternehmerfamilie stammende Chefs, also personale Unternehmer ***anders*** als ihre familienfremden Nachfolger eine höhere Wertschätzung gegenüber den Operativen und eine differenzierte, weniger abhängige Haltung zu den Technikern einnehmen. Formale Unternehmer festigen hingegen Hierarchie als „das Maß für Status und Erfolg und das wichtigste Instrument zur Behauptung und Kontrolle." Über den Aufstieg in der Hierarchie gehen aber der „innere Wert von menschlichen Beziehungen und von Gemeinschaft verloren." „Menschen sind [dann] ein notwendiges Übel, nicht [mehr] Wert an sich." Es entwickelt sich das Ideal des „gutgeölten Unternehmen[s]", das „keiner Menschen, sondern nur vertraglich strikt geregelter Tätigkeiten" bedarf.[392] Es zeichnet sich bereits im Kontext der Untennehmenskultur eine differente Haltung zur Hierarchie ab, die sich auch unterschiedlich in der Unternehmensstruktur (siehe Abschnitt 2.3.8) niederschlägt.

Diese von Schein in US-amerikanischen Unternehmen festgestellte Beziehung der drei Subkulturen (im Kontext dieser Arbeit sind es die Leitenden, Operativen und Techniker) gilt m.E. grundsätzlich auch noch in deutschen mittleren Unternehmen. Vor allem in West-Deutschland ist jedoch schon seit längerem eine Verschärfung der Konflikte zwischen den drei Subkulturen eingetreten. Die historisch gewachsene höhere Wertschätzung der Operativen durch personale Unternehmer (siehe insbesondere 3.1.2.3) hat in Deutschland durch eine Überteuerung des Faktors Arbeit eine andere Entwicklung genommen.[393]

---

[391] Schein (1997b), 63 f.

[392] Schein (1997b), 67; Einf. in Klammern, J.G.

[393] Diese setzte in den 1970er-Jahren mit rasant hohen Lohnzuwächsen ein und erhielt mit der Einführung der 35-Stundenwoche in den 1990er-Jahren einen weiteren Schub, vgl. Miegel (2005), 153 ff.; problematisch erweist sich die geringe Spreizung von unteren Tarifgruppen zum sog. Facharbeitérecklohn. Der angelernte Nichtfacharbeiter kostet annähernd soviel: nur 15 % weniger im Holz-Kunststofftarif, nur 25 % weniger im alten Metalltarif (Informa-

Auch die mittleren Unternehmen substituierten den Faktor Arbeit durch höheren Kapitaleinsatz. Im Jahr 2000 war nach OECD-Angaben die Arbeitsmenge pro Kopf der Bevölkerung in den USA zwar um vierzig Prozent höher als in Deutschland. Bezogen auf den Einsatz in Arbeitsstunden zeigt sich jedoch, dass die Produktivität (Leistung pro Stunde) in Deutschland gegenüber den USA höher ist. [394] In den USA konnte aufgrund (viel) niedriger Löhne mit viel mehr Mitarbeitern mit geringerer Kapitalintensität die erforderliche Leistung erbracht werden mit der Folge, dass dort im Gegensatz zu Deutschland sogar neue Arbeitsplätze hinzukamen, wohingegen in Deutschland Arbeitsplätze abgebaut wurden.[395] Die hohe Stundenproduktivität in Deutschland basiert auf höherer Kapitalintensität, die wiederum ein Mehr an Wissen voraussetzt, die zur Konstruktion und zum Betrieb technologisch höherwertiger, d.h. produktiverer Anlagen notwendig sind. Dieses Wissen ist die Domäne der Techniker (Wissensarbeiter). Dadurch erklärt sich ein allgemeiner Bedeutungsschwund, den die Operativen aufgrund dieser Entwicklung – auch bei den personalen Untennehmern – gegenüber früher erleiden.

2.3.8 Unternehmensstruktur

Bei den folgenden Ausführungen muss man sich wie Gunter Kayser in Erinnerung rufen, dass mittelständische Unternehmen „trotz Missachtung zahlreicher" - von der Wissenschaft empfohlener - "Führungsgrundsätze äußerst erfolgreich" sein können.[396] Die für Risikounternehmer typische Haltung zur Hierarchie könnte mit ‚Diesseits der Hierarchie' überschrieben werden.[397] Der Risikounternehmer braucht zwar eine lockere Hierarchie, kann aber aufgrund seiner Verankerung in der Unternehmensverfassung und – kultur ohne sie stehen.[398] So kann er über Hierarchiegrenzen hinweg, Beziehungen zu Mitarbeitern unterschiedlichster Stellung aufbauen. Wie Anna Meyer zutreffend ausführt hat er „es nicht nötig, sich hierarchische Distanz zu verschaffen. Sein Status ist gesichert. Im Zweifel spielt die Hierarchie für ihn auch keine Rolle.

---

tion durch RA Gerhard Koch, Geschäftsführer des Verbandes der Holz- und Kunststoffverarbeitenden Industrie Rheinland-Pfalz, Neustadt)

[394] Vgl. Miegel (2005), 124. Neubäumer (2000), 152 ff. analysiert, dass im Zeitraum 1970 bis 1997 das Arbeitsangebot in USA um 65 % gegenüber nur 14 % in der BRD gewachsen, während die Beschäftigung um 73 % gegenüber 10 % in der BRD gestiegen ist. Während die Arbeitszeit in der BRD zurückgegangen ist, hat sie in den USA noch zu genommen. In der BRD kam es zu einer starken Zunahme der Arbeitsproduktivität pro Stunde – etwa 3,7 mal soviel wie in USA. Neubäumer erklärt dies mit einer Ausweitung des Kapitalstocks und bestätigt damit Miegels These, dass die relativ stärkere Zunahme der Wissensarbeiter vom Zuwachs des Kapitalstocks abhängt und es so zu einer Verdrängung von Arbeit durch Kapital kommt

[395] Vgl. Miegel (2005), 123

[396] Kayser (1997), 99

[397] In Anspielung auf „Jenseits der Hierarchien" von Tom Peters (1993)

[398] Seine Herrschaftsgrundlage ist durch die Tradition im Sinne von Weber (1922/1972), 124 legitimiert

Je nach persönlichem Selbstverständnis arbeitet er auch über alle Hierarchieebenen hinweg und an allen Führungskräften vorbei."[399]

Da in der personalen Unternehmung die Hierarchie schwächer als in Großunternehmen ausgeprägt sein kann, eröffnen sich für engagierte Mitarbeiter Spielräume, sich selbst in ganz anderer Weise einzubringen, um ihre Eignungen und auch ihre Neigungen besser zu verwirklichen.[400] Fähigkeiten der Mitarbeiter bleiben dem personalen Unternehmer nicht verborgen. Begünstigt wird dies durch die Grundhaltung, zu nehmen und zu nutzen, was kommt. So bringt er ad hoc erkannte Fähigkeiten zum Nutzen des Unternehmens, aber auch des Mitarbeiters zur Geltung. Da dies nicht systematisch erfolgt, bleiben viele Fähigkeiten unerkannt und ungenutzt. Die Organisation wird um die Fähigkeiten einzelner Mitarbeiter herum aufgebaut, notfalls um ‚störende' Vorgesetzte mit Hilfe einer By-Pass-Organisation herum. Fähige Personen werden in der Linie zugeordnet, können und sollen aber Direktkontakt mit dem personalen Unternehmer halten. Für die Leitungspersonen ist dies eine Herausforderung. Sie müssen nicht nur fachlich und leistungsmäßig fit sein, sondern auch die Stärke besitzen, die Loyalität Untergebener trotz ihrem direktem Kontakt zum Unternehmer zu gewinnen. Sie können sich viel weniger auf ihre hierarchische Stellung berufen als ihre Kollegen im Großunternehmen. Oft ist es allerdings so, dass Leitungspersonen im Mittelstand mehr aufgrund ihres fachlichen Könnens und ihres Einsatzes aufgestiegen sind. Solche Vorgesetzte sind dann auch häufig wiederum mehr Stab für den Unternehmer als wirkliche Linie. Zur Personalarbeit sind sie nur selten geeignet, zumal dies ja nicht Kriterium ihres Aufstiegs war.[401] Oft braucht man einen hochkarätigen Fachmann. Damit er in die Gehaltsstruktur passt, muss er zusätzlich Hierarchiefunktionen übernehmen. Als nur Führungskräfte müssten eigentlich viele der ‚Führungskräfte' entlassen werden. Von der nur administrativ ausgerichteten, in der Regel knapp besetzten ‚Personalabteilung' – so sie überhaupt eigenständig existiert - erhalten sie kaum Unterstützung.

Der von Fröhlich entwickelte Vorschlag,[402] „das Tabu zu brechen, dass Führungskräfte immer gleichzeitig auch die disziplinarische Verantwortung für die direkt zugeordneten Mitarbeiter haben müssen" erscheint im Risikounternehmer geführten Kontext nicht nur diskutabel, sondern auch praktikabel zu sein, zumal der Nutzen für das Unternehmen und die Mitarbeiter sehr hoch sein könnten. Vielfach sind die ‚Führungskräfte' als höhere Sachbearbeiter so sehr ins Tagesgeschäft eingespannt, dass sie durch eine derartige Aufspaltung effizienter und für sie befriedigender eingesetzt wären als sich mit der ihnen häufig eher lästigen ‚Personalarbeit' abzuquälen.[403]

---

399 Meyer (2003), 100
400 Zum Einbringen von Eignungen u. Neigungen vgl. Fröhlich (1999a, 1999b)
401 Zur schwach ausgeprägten Personalführung im Mittelstand vgl. Scholz (2003), 17 u . 28
402 Fröhlich (1997), 314 u. (1999a), 14 f.
403 Personalarbeit wird im Mittelstand eher als lästig eingestuft vgl. Hamel (1997), 231

Unterstellte Leistungsträger sind ihnen mehr oder weniger nur formal zugeordnet, was ihnen die Freiräume für ihr Engagement gewährt. Dies ermöglicht, dass Leistungsträger quer über Abteilungsgrenzen hinweg intensiv und wirkungsvoll zusammenarbeiten können. Immer wieder konnte der Verfasser beobachten, dass ohne viel Hierarchieeinwirkung sich ein hoher Selbstorganisationsgrad mit hoher Flexibilität und Schlagkraft entwickelte.[404] Die Führungskräfte können sich in diesem Modell auf die Verbesserung der Rahmenbedingungen, neue Aufgaben, Ausnahmesituationen und auf ihre meist anspruchsvolle Sacharbeit konzentrieren. Mittelstand Life nahm also vieles von dem auf eine eher ‚natürliche' Art und Weise vorweg, was moderne Managementkonzepte wie Lean Thinking[405] als neu propagieren. Solche eher organisch gewachsenen Strukturen - oft nicht formal im Organigramm oder in Stellenbeschreibungen festgehalten - sind aber gefährdet bei Umorganisationen kurzerhand unterzugehen, weil nur wirkliche Insider um ihre Existenz und ihren Wert wissen. Ein krasses Beispiel stellte nach Beobachtungen des Verfassers die Einführung der Qualitätssicherung nach DIN ISO 9000 anfangs der 1990er Jahre dar. Durch Überstülpen organisationsfremder, an das Unternehmen nicht adaptierter Standards wurde bewährte Selbstorganisation zerstört. Vielfach wurden im Anschluss deutliche Produktivitätsverluste beklagt: die Qualität sank vorübergehend, anstatt wie angepriesen unmittelbar zu steigen.[406]

Eine mittelständische Besonderheit liegt in der Stellung der Assistenz. In der strengen Formalorganisation arbeitet sie dem Linienvorgesetzten als Stab zu, hat selbst keine Linienbefugnis.[407] Im personalen Umfeld ist dies häufig nicht so: die Assistenz greift ins innerbetriebliche Auftragsgeschehen ein. Das kann die Wirkungsmächtigkeit des Linienvorgesetzten erheblich erhöhen. Allerdings funktioniert dieses Modell nur dort, wenn darunter ‚Führungskräfte' (z.B. Vorarbeiter) hängen, die sich dies von der Assistenz als ihrem Quasivorgesetzten gefallen lassen. In bestimmten Konstellationen kann dieses Modell sehr wirtschaftlich sein, weil es eine ganze Hierarchieebene einspart. Mitarbeiter, die durch Können und Engagement ihre Freiräume nutzen, erleben sich häufig als unentbehrlich. In der Tat sind sie es auch, weil sie über enormes betriebsinternes Know how verfügen, oft verbunden mit einer Qualifikation, die am Arbeitsmarkt nicht so einfach verfügbar ist.[408] Ein Fernbleiben durch Krankheit

---

404 Dies ist vergleichbar mit Bemerkungen von Ouchi (1981), 85 über japanische Unternehmen, deren Mitarbeiter mit weniger Kontrollen und Anweisungen auf der Basis eines hohen Zusammengehörigkeitsgefühls und einer langjährigen Sozialisation die Ziele des Unternehmens mit mehr Begeisterung selbstorganisatorisch verfolgen

405 Z.B. Womack/Jones (1997)

406 Es ist ein großer Unterschied, ob (a) etwas intrinsisch selbstorganisiert oder (b) extrinsisch fremdgesteuert verläuft. Die rein messbaren Ergebnisse können gleich sein. Im Falle von (a) werden jedoch „Entfremdung" u. „innere Kündigung" – siehe Wunderer/Küpers (2003), 143 ff. viel weniger auftreten

407 Schulte-Zurhausen (1999), 241

408 Auf die relativ höhere Bedeutung des Mitarbeiters im Mittelstand verweist Hamel (1997), 228

wird registriert - auch vom Unternehmer – selbst dann, wenn das Unternehmen mehrere Hundert Mitarbeiter hat. Es fällt ihm auf im Direktkontakt oder beim Rundgang oder weil es ihm gemeldet wird. Mitarbeiter stehen bei Krankheit auch von zu Hause noch zur Verfügung, nicht zu letzt, weil der Unternehmer daran Anteil nimmt. So merkt der Unternehmer auch, wenn ein Mitarbeiter Probleme hat oder sich verändern will. Im Großbetrieb geht dies unter. Der personale Unternehmer scheint einen besonderen Sinn dafür entwickelt zu haben und geht ‚automatisch' darauf zu. Überhaupt haben personale Unternehmer andere Formen der Intelligenz stärker entwickelt, die von der Betriebswirtschaftslehre wegen ihrer vermeintlichen Irrationalität lange Zeit nicht näher erkundet wurden (vgl. 2.3.12). Doch die ‚Meister der Improvisation' kommen trotz ihrer intuitiven Fähigkeiten besonders in der strategischen Unternehmensführung an ihre Grenzen.

2.3.9 Strategische Unternehmensführung

Auch wenn man anerkennt, dass personale Unternehmer durch ihren intensiven Bezug zu Kunden, Mitarbeitern, Produkten, Abläufen usw. eine besondere Art von Intelligenz – hier pauschal Intuition[409] genannt - entwickeln, die ihnen hilft, Gefahren und Gelegenheiten rechtzeitig zu erkennen, so bleibt aber dennoch der Umstand bedenklich, dass sich aufgrund einer immer komplexer werdenden Umwelt und die hierzu nicht minder komplexen Anpassungsprozesse im Unternehmen, Situationen ergeben können, die über Intuition nicht mehr oder nicht mehr richtig ‚verarbeitet' werden können. Das Gleiche gilt für eine Zunahme von Komplexität durch Wachstum. Das Tragische dabei ist, dass dies in dynamischen Situationen niemand mehr so genau weiß. Wegen der Berührungsängste zur Wissenschaft im Allgemeinen und zu wissenschaftlichen Beratern im Speziellen, wird der Kontakt zu einer qualitativ hochwertigen Beratung nicht gesucht. Es geht dabei aber nicht nur um die Auseinandersetzung mit qualifizierter Beratung, sondern vielmehr darum, personale Unternehmensführung' zu professionalisieren, und zwar insbesondere in Richtung strategisches Management, dorthin wo erfahrungsgemäß die größten Defizite gegeben sind.[410]

Vielfach haben vor allem Gründerunternehmer hervorragende Führungsfähigkeiten im Direktkontakt entwickelt, die aber mit zunehmender Größe des Unternehmens ergänzt werden müssen durch Fähigkeiten der strategischen Führung. Laut Hamer muss ab einer Unternehmensgröße von 25 Personen der Unternehmer zwingend vom Schreibtisch aus strategisch und nicht mehr vor Ort taktisch führen. Dies stellt eine Schwelle dar, die viele Risiko-Unternehmer

---

[409] Pfohl (1997), 19 markiert die „große Bedeutung von Improvisation und Intuition" im Mittelstand, ähnlich Eschenbach/Eschenbach/Kunesch (2003), 34

[410] Vgl. Kirsch (2001), 553 ff.; auch erkennbar am vergleichsweise geringen Einsatz strategischer Instrumente vgl. Eschenbach/Eschenbach/Kunesch (2003), 28

nur schwer übersteigen.[411] Aber auch dann, wenn sie den Schritt schaffen, bleiben sie in einer Direkt-Verbindung zum Personal und führen so viel mehr Personen als ihnen formal direkt unterstellt sind.[412] Bei der strategischen Unternehmensführung geht es in erster Linie – siehe 2.2.2.3 – um die Entwicklung von Fähigkeiten zum Aufbau des Erfolgspotentials als Vorsteuergröße des Erfolgs. Mehr oder minder bewusst wird dies auch vom personalen Unternehmer verfolgt, allerdings oft wenig strukturiert, häufig unklar in der Zielsetzung, greifbarer was die Ausführungsvorstellungen anbelangt.[413] Vordergründig erscheint angesichts der schwachen Ausprägung von strategischer Unternehmensführung im Mittelstand die Themenstellung ‚strategische Bedeutung und Bewertung von Human Capital' als deplaziert. Bei näherer Betrachtung lösen sich diese Zweifel auf, weil auch ein mittelständisches Unternehmen – besonders wenn es ambitionierte Ziele verfolgt - angesichts starker Dynamik in der Umwelt und beschleunigter Anpassungsvorgängen strategische Unternehmens- und Personalführung immer mehr braucht. Nicht von ungefähr verlangen dies heute Kreditgeber (Baseler Akkord II). Auch spielen Anforderungen des Gesetzes zur Kontrolle und Transparenz (KonTraG) im Hinblick auf strategische Frühaufklärung eine Rolle, die eine Ausstrahlwirkung auf nichtbörsennotierten mittelständische Unternehmen haben.[414]

Personale Unternehmensführer pflegen fast ausnahmslos einen auf ihre Person zielenden Zentralismus.[415] Gerade in Wachstumsunternehmen ergeben sich häufig Konstellationen, wo vorhandene Fähigkeiten des Unternehmens in verschiedene Märkte einfließen. Es kommt zu einem Aufspalten eines Geschäfts in mehrere - mit unterschiedlichen Kunden, Konkurrenten und Kostenpositionen. Strategisch wäre es angebracht, organisatorisch pro Geschäftsfeld (SGF) eigene Einheiten zu bilden, um im jeweiligen Geschäft eine führende oder zumindest verteidigungsfähige Position einzunehmen.[416] Personale Unternehmer reagieren in solchen Fällen auffallend halbherzig. Es werden zwar unterschiedliche Einheiten gebildet, deren Schlagkraft ist jedoch schon im Ansatz gehemmt. Um im jeweiligen Geschäftsfeld auch wirklich erfolgreich zu sein – meist gegenüber Konkurrenten, die nur in diesem tätig sind – müsste es auch von einem Unternehmer geführt werden.

---

[411] Vgl. Hamer (2001), 39 ff.

[412] Auch bei zunehmender Professionalisierung bleibt eine enge Bindung zum Unternehmen und den darin agierenden Personen bestehen; Kayser (1997), 99 sieht darin eine der Stärken mittelständischer Unternehmen

[413] Gälweiler (1986), 45 ff. hat dies begreiflich und zutreffend beschrieben

[414] Nach § 91 (2) AktG sind Vorstände u.a. verpflichtet, ein Überwachungssystem einzurichten, damit gefährliche Entwicklungen frühzeitig erkannt werden; vgl. auch BDO (o.J.), 49 ff.

[415] Einen Gegentypus stellt der einstige mittlere Durchstarter-Unternehmer Reinhold Würth (1995) dar

[416] Nach der Strategienmatrix von Ansoff läge hier eine Markterweitung vor, vgl. Mugler (1998), 181; zum SGF vgl. Hax/Majluf (1991), 31 ff.; zum „verteidigungsfähigen Marktanteil" Malik (1995), 17

Ein personaler Unternehmer duldet jedoch keine Unternehmer unter sich. Das ist eine der Wachstumsbremsen, die den Mittelstand auf mittelständische Größe begrenzen. Es fehlt auch an Managementsystemen, die ein wirkliches Laufen lassen ermöglichten. Daraus ergibt sich, dass die Struktur nicht der Strategie folgt, sondern diese vielfach bestimmt. Die Struktur richtet sich nicht nach Umweltsituationen wie der „situative Ansatz" dies unterstellt, sondern dient dem Risikounternehmer der „Herrschaftssicherung".[417] Überhaupt bleibt der personale Unternehmer bei der strategischen Unternehmensführung gerne auf sich selber bezogen. Gälweiler hat dies als „historische Entwicklungsstufen der Planungstätigkeit im Unternehmen" zutreffend beschrieben.[418]

Typisch für den personalen Unternehmer sind von den ingesamt sechs Stufen die beiden ersten. In Stufe 1 findet die Planung „im Kopf" statt. Der Unternehmer ist „Planender und Ausführender oder Denkender und Handelnder in einer Person" – häufig zeitlich gleichlaufend. Eine „Strukturierung" fehlt, „alle Pläne sind im Kopf." In Stufe 2 ist schon ein Fortschritt darin gegeben, dass die Pläne aus dem Kopf „wandern" und zu Papier gebracht „eigenständige Informationsträger" werden, die so fixiert immer wieder konsultiert in eine Struktur gebracht werden können. Ab Stufe 3 können Pläne zum „Führungsmittel" werden, um Ausführende im Sinne der Pläne zu steuern. Dieses ‚Eingeweihtwerden' kommt aber nur – wenn überhaupt - einem eng begrenzten Personen-Kreis zu. Gerade die nächsten Züge im Schach mit der Konkurrenz werden gerne geheim gehalten.

Eine offenes Miteinbeziehen nächster Führungs-Ebenen – wie es die Umsetzung von Strategien eigentlich erfordert – ist eher atypisch. Es ist naheliegend, dass sich bei einer solchen Vorgehensweise vorwiegend Strategien ergeben, die Mintzberg (siehe 2.2.2.1) als ‚Muster' charakterisiert hat, deren Konsistenz sich erst im Nachhinein abzeichnet. Nicht die Suche nach einer idealen Strategie ist hier dominant, sondern das „Eigenleben des Unternehmens mit seinen intuitiv definierten Strategien." [419] Wie sich die strategische Unternehmensführung personal geprägter Unternehmen auf die Personalarbeit auswirkt, wird im nächsten Abschnitt näher erläutert.

2.3.10 Strategische Personalarbeit

Aus der in den vorhergehenden Abschnitten vorgenommenen Charakterisierung Risikounternehmer geprägter mittelständischer Unternehmen lassen sich zu den zentralen Fähigkeiten des Attrakierens von Humanpotential und Betreuen i.w.S. desselben Hypothesen ableiten. Beide Fähigkeiten können unter

---

[417] Kieser (2002c), 189
[418] Gälweiler (1986), 45 ff.
[419] Scholz (2000), 89

dem Begriff „Personalarbeit" subsumiert werden.[420] Laut Gabler Wirtschaftslexikon fallen unter Personalarbeit „alle Tätigkeiten, die mit der Beschäftigung von Mitarbeitern anfallen, unabhängig davon von welcher betrieblichen Instanz diese erledigt werden." Auch in Großbetrieben war dies ursprünglich Aufgabe der Unternehmensspitze, die in verschiedenen Stufen an eine Personalabteilung übergeben wurde, wobei heute um eine Aufgabenverteilung zwischen Personalabteilung und Linienvorgesetzten gerungen wird.[421]

Im mittelständischen Kontext werden vorwiegend rein administrative Tätigkeiten an eine Personalabteilung übertragen, wobei häufig diese Funktion von einer Zentralstelle Finanzen miterledigt wird.[422] Ein Großteil der Personalarbeit blieb beim Unternehmer oder den von ihm beauftragten Linienvorgesetzten, was mangels spezialisierter Unterstützung durch die Personalabteilung und gezielter Auswahl und Entwicklung von Führungskräften im Hinblick auf Führungsfähigkeiten eine Tendenz zu einer wenig professionellen Ausübung im Mittelstand erkennen lässt. Dabei ist die Grundhaltung gegenüber dem Personal in der Weise positiv, dass Risikounternehmer sich zwar gegenüber dem Personal in der Pflicht sehen, aber in patriarchalischer Manier der Meinung sind, dass ihre ‚ständige Sorge um den Erhalt des Arbeitsplatzes' bereits genug sei.[423] Eine darüber hinausgehende ‚Mitarbeiterorientierung' ist für sie kein vorrangiges Ziel, auch wenn sie vielleicht in ‚Sonntagsreden' beteuern und ‚selbstverständlich' betonen, dass ihnen die Bedürfnisse der Mitarbeiter ‚wichtig' sind.[424] Personalarbeit oder Personalmanagement gliedert sich wie unter 2.2.2.1 näher ausgeführt in verschiedenen Ebenen: ‚strategisch' bezieht es sich auf die Fähigkeiten und das Erfolgspotential des gesamten Unterneh-

---

420 Der Begriff ‚Personalarbeit' wird hier mit „Personalmanagement" gleichgesetzt, wobei „Personalführung" bei Fröhlich u. Scholz eine „Personalmanagementfunktion" darstellt, vgl. Fröhlich/Böcker/ Müller (1998), 36 i.V.m. Fröhlich (2001), 131 ff., Scholz (2000), 85; der Begriff „Führung" ist als Teil der „Unternehmensführung" nach Fröhlich (2001), 9 u. 14 f. dagegen weitergefasst, so auch Wunderer (2001),4, der „Führung" als „ziel- und ergebnisorientierte, wechselseitige und aktivierende, soziale Beeinflussung zur Erfüllung gemeinsamer Aufgaben in und mit einer strukturierten Arbeitssituation" versteht. Auch Wunderer, ebd., unterscheidet von der ‚Führung' die „Mitarbeiterführung" zur Gestaltung der „Einflussbeziehungen in führungsorganisatorisch differenzierten Rollen im Rahmen von Arbeitsverträgen." Wunderer, ebd., 5 ff., unterscheidet ‚Mitarbeiterführung' weiter in eine „strukturell-systemische (indirekte) und eine personal-interaktive (direkte) Mitarbeiterführung." Erstere findet „mit", letztere „in einer strukturierten Arbeitssituation" statt. Strukturell-systemische Führung findet durch Gestaltung der Rahmenbedingungen statt, wie sie insbesondere durch die „Kultur", „Strategie" und „Organisation" repräsentiert sind. Im Zusammenhang hier explizierter Begriffe sind die ‚Personalführung' im Sinne von Fröhlich und Scholz in etwa deckungsgleich mit der ‚personal-aktiven direkten Mitarbeiterführung" von Wunderer, während die ‚strukturell-systemische Mitarbeiterführung' Wunderers in der Begriffssystematik Fröhlichs zum Führungsbereich gehört. Bei Scholz, ebd., 775 ff. kann auf Ebene der „strategischen Managementebene" nur ein Teil, der von Wunderer referierten Rahmenbedingungen subsumiert werden

421 Gabler Wirtschaftslexikon (1997), 2957

422 Vgl. Fröhlich (2000), 6 u. Hamel (1997), 231

423 Zur „patriarchalischen Grundhaltung" Hamel (1997), 229

424 Vgl. Fröhlich (1997), 302

mens, ‚taktisch' auf Gruppen von Arbeitsplätzen und ‚operativ' auf den einzelnen Arbeitsplatz. Strategische Personalarbeit ist somit Ausdruck der Unternehmensstrategie. Bezogen auf die strategische Personalarbeit (sPA) lässt sich nach dem oben gesagten eine erste Hypothese ($H1_{sPA}$) ableiten:

$H1_{sPA}$: Strategische Personalarbeit in mittelständischen Unternehmen ist ambivalent: Eine als hoch proklamierte Mitarbeiterorientierung stimmt nicht mit der tatsächlich in den Zielgewichtungen gehandhabten überein.

Zur Erkundung des Wahrheitsgehalts initiierte und betreute der Verfasser eine explorative Studie zur Untersuchung der Personalarbeit mittelständischer Unternehmen am Lehrstuhl für Berufspädagogik (Professor Jendrik Petersen) an der Universität Koblenz-Landau.[425] Erwartungsgemäß beantworteten alle teilnehmenden Unternehmen die Frage 8 des Fragebogens „Wie wichtig sind in Ihrem Unternehmen die Bedürfnisse Ihrer Mitarbeiter" damit, dass diese ihnen zumindest wichtig sind. 26,8 % davon hielten diese sogar für sehr wichtig. Zur Prüfung welches Gewicht die Unternehmen tatsächlich auf das Ziel ‚Mitarbeiterorientierung' legen, wurden mit Frage 7 und Frage 22 Kontroll-Punkte eingebaut. Da in Unternehmen unterschiedliche Interessenlagen in der Zielsetzung zum Ausdruck gebracht werden müssen, leitet Fritz daraus ein „mehrdimensionales Führungskonzept" ab. Dieses besteht aus fünf Führungsdimensionen, wobei bezüglich der Operationalisierung die Dimension Produktions-/Kosten-/Finanziellorientierung dreigeteilt wurde.[426] Für jede dieser Führungsdimensionen wurden für die Untersuchung Sachverhalte (Antwortmöglichkeiten) festgelegt und im Fragebogen abgefragt (siehe Abb. 14, Spalten 2 und 3).

Die Antwortmöglichkeiten wurden aus einer von Fritz entwickelten Zuordnungstabelle von Führungsdimensionen und Unternehmenszielen abgeleitet.[427] Die zusätzliche Antwortmöglichkeit ‚Arbeitsschutz' wurde zu Kontrollzwecken aufgenommen. Dahinter steht die einfache aber plausible Überlegung, dass Arbeitsschutz in erster Linie den Mitarbeitern dient. Echte Mitarbeiterorientierung muss gleichgerichtet um hohen Arbeitsschutz besorgt sein, beide müssen miteinander hoch korrelieren.

---

425 Vgl. Nicole Koch, Personalmanagement im Wandel der Zeit, DA Uni Landau 2004; die Industrieverbände Neustadt (IVN) riefen per Rundschreiben im Sommer 2003 rund 1200 Mitglieder zur Teilnahme auf; bei 44 Teilnehmern ergab sich eine Rücklaufquote von 4 %; zusätzlich erfolgte ein direkt adressierter Aufruf über die IVN-Personalleiterkreise u. Mitglieder d. sozialpolitischen Ausschusses des Holz-Kunststoffverbandes (Teil von IVN) mit insg. 120 Personen. Bezogen auf diesen Personenkreis ergab sich eine Rücklaufquote von 16 %. Fast die Hälfte der Rückläufe erfolgte offen. Im Vergleich zur Mitgliederstruktur Holz-Kunststoff gehören die Teilnehmer mehr größeren Unternehmen an, Daten über die IVN-Struktur liegen nicht vor; zur Studie selbst vgl. Grill (2005)

426 Fritz (1995), 154 ff., vgl. auch 4.1.3.2

427 Fritz (1995), 180

Abbildung 14: Führungsdimensionen und ihre Operationalisierung

Führungsdimensionen nach Fritz (1995), 154 ff.	**Antwortmöglichkeiten in Frage 7:** „Worauf setzen Sie, um am Markt zu bestehen?" (Mehrfachnennung möglich)	**Antwortmöglichkeiten in Frage 22:** „Welche Aspekte sind in Ihrem Unternehmen am wichtigsten?" (Rangfolge)
1 Marktorientiert	Kundenorientierung	Kundenzufriedenheit
2a Produktionsorientiert	Qualität	Qualität
2b Kostenorientiert	Kostensenkung	Kostensenkung
2c Finanziell orientiert	Produktivität	Gewinn
3 Technologie- / Innovationsorientiert	Innovation u. Kreativität (Qualität)	Qualität
4 Mitarbeiterorientiert	Mitarbeiterorientierung	Mitarbeiterzufriedenheit Arbeitsschutz
5 Umwelt- / Gesellschaftsorientiert	Sonstiges	Umweltschutz
Quelle: Eigene Darstellung		

Angesichts der Ergebnisse der empirischen Auswertung über die Führungsdimensionen von Fritz, nach denen vorrangig die Mitarbeiterorientierung und bereits schwächer ausgeprägt die Orientierung an Produktion, Kosten und Finanziell die größten Erfolgsfaktoren darstellen, [428] hätte man erwarten können, dass die Fragen 7 und 22 der hier abgebildeten Untersuchung mehrheitlich zugunsten der Mitarbeiterorientierung beantwortet worden wären. Wie der Abbildung 15 entnommen werden kann, ist dem aber nicht so.

Ergebnis 1 zu Hypothese 1 $_{sPA}$:

Offensichtlich messen mittelständische Unternehmen in ihren Zielgewichtungen der Mitarbeiterorientierung einen niederen Rang zu. D.h. die Hypothese H1 $_{sPA}$ kann aufrechterhalten werden.

Aus dem weiter oben Gesagten ist naheliegend, dass eine „aktive" bzw. „systematische Personalarbeit", die auf eine Steigerung der Mitarbeiter-Motivation gerichtet ist, im Mittelstand nur wenig ausgeprägt ist.[429] In Folge sind Personalabteilungen, wenn sie eigenständig überhaupt vorhanden sind, kapazitativ und qualitativ nur so ausgestattet sind, dass zwingend notwendige administrative Tätigkeiten bewältigt werden können.

[428] Vgl. Fritz (1995), 257 ff.

[429] Fröhlich (2000), 6; Hamel (1997), 231 registriert darüber hinaus, dass die „Bedeutung, die der Personalwirtschaft zukommt, ...in aller Regel nicht gewürdigt (wird), vielfach wird die Beschäftigung mit dem Personal als lästig, als störend, als ineffektiv betrachtet...der Leistungsfaktor Personal stiefmütterlich behandelt."

Abbildung 15: Rangfolgen der Führungsdimensionen

Führungsdimensionen nach Fritz (1995), 154 ff.	**Antwortmöglichkeiten in Frage 7:** „Worauf setzen Sie, um am Markt zu bestehen?“ (Mehrfachnennung möglich)	**Rang**	**Antwortmöglichkeiten in Frage 22:** „Welche Aspekte sind in Ihrem Unternehmen am wichtigsten?“ (Rangfolge)	**Rang**
1 Marktorientiert	Kundenorientierung	2	Kundenzufriedenheit	1
2a Produktionsorientiert	Qualität	1	Qualität	2
2b Kostenorientiert	Kostensenkung	4	Kostensenkung	4
2c Finanziell orientiert	Produktivität	3	Gewinn	3
3 Technologie- / Innovationsorientiert	Innovation u. Kreativität (Qualität)	3	Qualität	2
4 Mitarbeiterorientiert	Mitarbeiterorientierung	6	Mitarbeiterzufriedenheit Arbeitsschutz	6 5
5 Umwelt- / Gesellschaftsorientiert	Sonstiges	7	Umweltschutz	7

Quelle: Eigene Darstellung

Daraus und dem eher schwach ausgeprägten Führungsvermögen im Mittelstand tätiger Führungskräfte lässt sich eine zweite Hypothese ableiten:

$H2_{sPA}$: Systematische Personalarbeit ist in mittelständischen Unternehmen nur schwach ausgeprägt.

Bei der Operationalisierung zur Hypothese 2, abgekürzt O2, ist zu bedenken, dass Personalarbeit im Zusammenspiel von Personalabteilung und Linienvorgesetzten stattfindet. Die vom Verfasser betreute Untersuchung zur Personalarbeit mittelständischer Unternehmen richtete sich überwiegend an die Arbeit von Personalabteilungen. Auf die Personalarbeit durch Führungskräfte konnte nicht eingegangen werden. Die von dem Personalwirtschaftler Christian Scholz fachlich geleitete Untersuchung TOP JOB 2003 – Die besten Arbeitgeber im deutschen Mittelstand bestätigt, dass die „Personalführung“ mit 41 % am schlechtesten abschnitt. Es darf davon ausgegangen werden, dass es sich bei den 75 teilnehmenden Unternehmen überwiegend um solche handelt, die bereits systematische Anstrengungen bezüglich der Personalarbeit eingeleitet haben und darin erfolgreich sind.[430] Daraus darf gefolgert werden, dass eine

[430] Scholz (2003), 29 ff. u. 7 ff.; teilnahmeberechtigt waren Unternehmen mit 20 - 2000 Mitarbeitern, M = 605

repräsentativere Untersuchung, die auch Unternehmen mit weniger ausgeprägter Personalarbeit umfassen würde, ein tendenziell noch schlechteres Ergebnis aufzeigen würde. Bezüglich der Personalarbeit durch Linienvorgesetzte kann daher davon ausgegangen werden, das dieser Teil der H2 nicht falsifiziert ist und somit weiter behauptet werden kann.

Um zu erheben, inwieweit Personalarbeit durch Personalabteilungen systematisch erfolgt, sind mehrere Operationalisierungen notwendig. Für die im folgenden vorgenommenen Operationalisierungen – abgekürzt von O2.1 bis O2.4 – wurde in Bezug auf die Hypothese H2 folgende Regelung getroffen. H2 kann aufrechterhalten werden, wenn mindestens 3 der Operationalisierungen erfüllt sind. Bei zwei und mehr Nichterfüllungen muss H2 abgelehnt werden. Bedingung einer systematischen Personalarbeit ist, dass die Personalabteilung im Verhältnis zur Mitarbeiterzahl genügend Kapazität hat. Hierzu hat die Deutsche Gesellschaft für Personalführung (DGFP) Erhebungen durchgeführt, aus denen geschlossen werden kann, dass Personalarbeit im weiteren Sinne erst ab einer bestimmten Größe der Personalabteilung geleistet werden kann. Die Mitarbeiterzahl der Personalabteilung muss demnach zwischen 1,5 bis 2 % der Belegschaft liegen.[431] Daraus ergibt sich folgende erste Operationalisierung für die Hypothese 2:

O2.1: Ergibt der Durchschnitt der Anzahl Mitarbeiter in der Personalabteilung, erhoben in Frage 5 („Wieviele Mitarbeiter hat Ihre Personalabteilung“?) des Fragebogens, eine Prozentzahl kleiner als 1,5 % der Beschäftigten, dann wären die Voraussetzungen für eine systematische Personalarbeit nicht gegeben.

Ausdruck einer professionellen Mitarbeitergewinnung ist, dass möglichst viele der in Frage 9 wiedergegebenen Wege beschritten werden. Wenngleich auch die traditionellen Wege der Personalbeschaffung professionell genutzt werden können; kommt es heute mehr darauf an, insgesamt als Unternehmen einen professionellen Eindruck gegenüber potentiellen Bewerbern zu vermitteln.[432] Hierzu zählt der eigene Auftritt im Internet, der dem Bewerber auf Anhieb mehr Informationen über das Unternehmen und die Stelle verschaffen kann. Das nicht Nützen der Möglichkeiten des Internets und anderer Wege steht für einen Mangel an systematischer Personalarbeit. Daraus folgt eine zweite Operationalisierung zu Hypothese 2.

O2.2: Zur Mitarbeitergewinnung, erhoben in Frage 9, werden überwiegend nur die traditionellen Wege wie „Arbeitsamt“, „Stellenanzeigen Printmedien“ und „Empfehlung durch eigene Mitarbeiter“ eingeschlagen. Neuere Wege wie „Direktkontakt (Hoch-) Schule“, „Stellenanzeigen Internet“, „Eigene Homepage

---

431 Vgl. Fröhlich (2000), 6

432 Scholz (2003), 13; bereits 56 % der Auswahl TOP JOB beste Arbeitgeber stellt Job Angebote ins Internet, ebd.

Internet", „Imagewerbung lokal", „Personalmessen" und „Personalberater" werden nur weniger, d.h. unter 50 % genutzt.

Ein weiteres Feld, an dem die Professionalität der Personalarbeit abgelesen werden kann, ist die Mitarbeiterauswahl. Auch für die Nutzung der klassischen Methoden ‚Bewerbungsunterlagen' und ‚Interviews' gilt, das sie professionell genutzt werden können.[433] Dennoch ist es so, dass zur Absicherung der Entscheidung für einen Bewerber unabhängig vom Interviewer und der Interviewsituation bzw. einer Auswertung der Bewerbungsunterlagen der Rückgriff auf Tests [434] die Auswahl professionalisiert, wozu auch Arbeitsproben gehören. Nach Einschätzung des Verfassers werden im Mittelstand überwiegend die klassischen Methoden eingesetzt. Es ergibt sich daraus folgende dritte Operationalisierung zu Hypothese 2:

O2.3: Personalauswahlmethoden, erhoben in Frage 10, beschränken sich vorrangig auf „Bewerbungsunterlagen" und „Interview", weniger häufig auf „Arbeitsproben". Professionelle Methoden wie „Assessment Center", „Biographischer Fragebogen" und „Psychologische Einstelltests" werden mehrheitlich nicht, d.h. zu weniger als 50 % genutzt.

Professionalität der Personalarbeit zeigt sich auch darin, wie neue Mitarbeiter in das Unternehmen integriert werden. Neu Eingestellte zeigen sich häufig darüber enttäuscht, wenn zu wenig „Integrationsmaßnahmen" ergriffen worden sind.[435] Aus seiner Erfahrung leitet der Verfasser folgende vierte Operationalisierung zu Hypothese 2 ab:

O2.4: Die Einführung neuer Mitarbeiter, erhoben in Frage 11, obliegt im wesentlichen der „zuständigen Führungskraft". Unterstützt wird dies allenfalls noch durch „Allgemeines Informationsmaterial". Andere Wege wie die „Benennung eines Paten", „Firmenbroschüre", „Einführungsbroschüren", „Einführungsseminar" werden weniger als zu 50 % genutzt.

Aus der Auswertung des Fragebogens ergeben sich zu jeder Operationalisierung Ergebnisse, die der Reihenfolge nach abgekürzt mit E2.1 bis E2.4 aufgelistet und gewertet werden:

E2.1.: Mit durchschnittlich 1,21 % liegt der personelle Anteil der Personalabeilungen unter der Marke von 1,5 %. Der Mittelwert liegt bei 3,26 Mitarbeitern

---

433 Vgl. Scholz (2000), 472 ff.

434 So zeigt z.B. die Anwendung von Assessment Centers eine deutliche höhere Validität als Einstellinterviews, vgl. Neuberger (2002), 266; ähnlich verhält es sich beim biografischen Fragebogen, ebd., 300 f.; graphologische Verfahren werden wissenschaftlich abgelehnt, wegen ihrer Verwendung in der Praxis, ohne Professionalitätsnachweis nur interessehalber nachgefragt, vgl. Rastetter (1996), 243

435 Rastetter (1996), 335 ff.

der Personalabteilung mit einer Standardabweichung von 3,06. 16 der 41 antwortenden Unternehmen weisen einen höheren Prozentsatz als 1,5 % aus.[436]

E2.2: Wie erwartet dominieren die traditionellen Wege der Mitarbeitergewinnung: Arbeitsamt, Stellenanzeige Printmedium und Empfehlung durch eigene Mitarbeiter. Die neueren Wege Direktkontakt (Hoch-)Schule, Stellenanzeigen Internet und Eigene Homepage Internet liegen nur knapp unter 50 %.

E2.3: Wie angenommen werden die Bewerbungsunterlagen und das Interview sehr stark genutzt, Arbeitsproben schon weniger. Die anspruchsvollen, komplexeren Methoden wie Assessment Center, Biographischer Fragebogen und Psychologische Tests liegen eindeutig unter 50 %.

E2.4: Wie erwartet setzen die befragten Unternehmen die zuständige Führungskraft und allgemeines Informationsmaterial ein. Andere Wege liegen dagegen eindeutig unter 50 %.

Ergebnis zu Hypothese 2_{sPA}:
Aus allen vier Auswertungen und ihren Ergebnissen ergibt sich, dass in mittelständischen Unternehmen eine nur schwach ausgeprägte systematische Personalarbeit stattfindet. Im Bereich der Mitarbeitergewinnung sind jedoch vermehrte Anstrengungen in Richtung einer Professionalisierung der Personalarbeit erkennbar. **Hypothese 2 darf aufrechterhalten werden**

Im personalen Unternehmen bestehen zwar Möglichkeiten zur Personalentwicklung, aber so recht angekommen scheint dieses Thema dort noch nicht zu sein.[437] Besonders Personen, die dem Unternehmer auffallen, erhalten Gelegenheit, ihre Eignungen, aber auch Neigungen zu verwirklichen, umso mehr, wenn sie mit betrieblichen Bedarf zusammenfallen. „Personalentwicklung umfasst Ausbildung, Fortbildung und Weiterbildung sowie generell Mitarbeiterförderung."[438] Sie stellt somit ein zentrales Anwendungsfeld für Betriebspädagogen dar,[439] auf das die zugrundeliegende Untersuchung schwerpunktmäßig gerichtet war.

H3 $_{sPA}$: Personalentwicklung findet in mittelständischen Unternehmen ad hoc, d.h. nur gelegentlich und nicht systematisch, d.h. häufig statt.

---

[436] Von Frau Koch durchgeführte Nachfragen bei Unternehmen, die den Fragebogen offen beantwortet hatten, ergaben, dass zu den Mitarbeitern der Personalabteilung auch solche der Buchhaltung gezählt wurden. Es ist daher zu vermuten, dass einige der 16 Unternehmen bei genaueren Angaben unter die 1,5%-Marke sinken würden

[437] Vgl. Institut der deutschen Wirtschaft (2005): 518 befragte Personalchefs von KMU's sahen in drei Einsatzfeldern der Personalentwicklung den größten Handlungsbedarf: 39,6 % im Fachkräftemangel, 27,4 % im großem Bedarf an Weiterqualifizierung, 23,0 % in der Überalterung der Belegschaft

[438] Scholz (2000), 505

[439] Vgl. Geißler (1994), 297 u. Petersen (1997), 139 ff.

Da eine systematische Personalentwicklung eine Tendenz zur Regelmäßigkeit und Häufigkeit beinhaltet, wurde folgende Operationalisierung zu Hypothese 3 gewählt:[440]

Methoden der Personalentwicklung in Frage 15 wie „Coaching", „Mitarbeiterfördergespräche", „Karriereplanung", „Job rotation", „E-learning", „Workshops /Seminare", „Qualitätszirkel", „Teilzeitarbeit", „Traineeprogramm", „Zielvereinbarung", „Potentialanalyse" u.a. werden zu weniger als zu 50 % genutzt.

Ergebnis zu Hypothese 3_{sPA}:
Alle in Frage 15 („Welche ...Methoden werden in Ihrem Unternehmen eingesetzt") abgebildeten Maßnahmen zur Personalentwicklung finden überwiegend nicht oder nur gelegentlich somit nicht häufig statt. Damit kann H3 aufrechterhalten bleiben.

Gesamtergebnis zur strategischen Personalarbeit:
Aus allen drei Hypothesen und ihrer Überprüfung kann gefolgert werden, dass strategische Personalarbeit im Mittelstand wenig ausgeprägt ist.

2.3.11 Der Wechsel vom personalen zum formalen Unternehmer

Wie in den Abschnitten 1.1 und 2.3.6 ausgeführt, kommt es mangels Nachfolger mit dem Abtreten der Risikounternehmer tendenziell häufiger zur Bestellung von Fremdgeschäftsführern und Aufsichtsorganen. An die Stelle des meist stärker ausgeprägten Bezugs der Risikounternehmer und deren Familien zum Personal treten nun vermehrt formale Elemente. Dies ergibt sich aus der anderen Legitimation des Gehaltsunternehmers. Während der Risikounternehmer seine Herrschaft durch die selbst begründete oder fortgesetzte Tradition legitimiert sieht, kann der Gehaltsunternehmer seine Herrschaft im Sinne von Max Weber nur rational legitimieren, indem er auf seine legale Bestellung durch Gesellschafter oder Aufsichtsorgane aufgrund von Satzung und GmbH- bzw. Aktienrecht aufbaut.[441] Kennzeichen dieser Rationalität sind „Sachlichkeit", „Unpersönlichkeit" und „Berechenbarkeit".[442] Diese orientiert sich am Bürokratiemodell, das nach Weber legale Herrschaft am zutreffendsten verkörpert.[443] Die ursprüngliche Stärke des personalen Umgangs und der Wertschätzung des Personals[444] tritt immer mehr in den Hintergrund, auch dadurch begünstigt, dass sie weder im Jahresabschluss noch in den Kalkülen des Shareholder Values repräsentiert ist. Die Zunahme an Formalisierung und der Ver-

---

440 Zur Herleitung einzelner Personalentwicklungsmaßnahmen vgl. Koch (2004)
441 Nach Weber (1922/1972), 124 gibt es nur drei Begründungsformen der Legitimation: Charisma, Tradition und Legalität; es findet so ein Wechsel des Legitimationsgrundes statt
442 Gabriel (1979), 32, zitiert in: Kieser (2002d), 47
443 Vgl. Weber (1922/1972), 126
444 Die Bedeutung der Wertschätzung wird von Fröhlich (1998), 17 betont: „Wertschätzung und Aufmerksamkeit im Führungsalltag sind für die Mitarbeiter wichtig..."

lust an Personalem schlägt sich in zusätzlichen Kosten nieder. Die neue Institutionenökonomie[445] bietet eine plausible Erklärung dieser Kosten, die aufgrund des Wechsels von der „personalen" zur „formalen Führung" entstehen.[446] Es handelt sich um „Transaktionskosten", die nach Williamson das „ökonomische Gegenstück zur Reibung" darstellen [447] und wie folgt definiert sind:

> „'Eine **Transaktion** findet statt, wenn ein Gut oder eine Leistung über eine technisch trennbare Schnittstelle hinweg übertragen wird', was sowohl alle über den Markt vermittelten Transaktionen umfasst als auch die im Unternehmen stattfindenden. Die **Transaktionskosten** umfassen dem gemäß die Marktbenutzungskosten und die Hierarchiekosten." Williamson (1990),1 [448]

Diese Transaktionskosten in Form zusätzlicher Hierarchiekosten wären ohne einen solchen Wechsel nicht entstanden. Es handelt sich dabei allenfalls um Kosten, die erst aufgrund des Erreichens einer „kritischen Wachstumsschwelle" auf höherem Größenniveau angefallen wären.[449] Da die formale Führung ihren Niederschlag über die Strukturen im ganzen Unternehmen findet, bedeutet der Wechsel vom Risiko- zum Gehaltsunternehmer zugleich einen Wandel vom **personalen** zum **formalen Unternehmen**. Mittlere Unternehmen werden – was die Führung anbetrifft – zu Großbetrieben, ohne die aus deren Größe begründete Stärke zu gewinnen.[450]

Findet ein Wechsel vom personalen zum formalen Unternehmer bzw. Unternehmen statt, dann hat dies gravierende Auswirkungen. Gehaltsunternehmer sehen sich aufgrund ihrer begrenzten Stellung zu mehr Rücksichtnahmen verpflichtet als Risikounternehmer. Sie unterliegen deutlich mehr Rechtfertigungszwängen, die sie wiederum zu erhöhter Kontrolle antreiben.[451] Es ist naheliegend, dass sie Kontrollaufgaben an die Hierarchie delegieren, um wiederum rein organisatorisch Vorkehrungen getroffen zu haben, deren nicht Vorhandensein sie sich sonst im Ernstfall von den Aufsichtsorganen vorwerfen lassen müssten.[452] Aufgrund ihrer verfassungsmäßig viel schwächeren Stellung (vgl. 2.3.6) und ihrer schwachen Verankerung in der Unternehmenskultur (vgl.

---

[445] Die neuen Institutionenökonomie basiert auf den Theoriesträngen der „Theorie der Verfügungsrechte", die „Agency-Theorie" und die „Transaktionskostentheorie" z.B. Schanz (2000b), 133 ff., Göbel (2002); zur Verfügungsrechte- und Agencytheorie siehe 3.2.3

[446] Albach / Böck / Warnke (1985), 54

[447] Williamson (1990), 1, zitiert in: Göbel (2002), 129

[448] Zitiert in: Göbel (2002), 132

[449] Zur Definition „kritischer Wachstumsschwellen" Albach/Bock/Warnke (1985)

[450] Zur Beeinträchtigung von großbetrieblicher Vorgehensweisen für den Mittelstand vgl. Gabele (1989), 634

[451] Schon einfach bedingt durch den Umstand, dass der Risikounternehmer „subjektiv-emotional" entscheiden kann und der Gehaltsunternehmer zur aufwendigeren „rational-ökonomischen" Entscheidungsfindung verpflichtet ist, Hamer (1984), 52

[452] Als Organvertreter sind sie analog zum Vorstand einer AG zur Risikoprävention verpflichtet Hier hat § 91 (2) AktG Vorbildcharakter auch für GmbH-Geschäftsführer

2.3.7), setzen sie ganz auf die Hierarchie.[453] Ihre formal begründete Stellung fordert Gehaltsunternehmer zu formalem Verhalten geradezu heraus. Durch dieses an sich begründete Verhalten werden - vielfach unbewusst – Stärken des personalen Unternehmens im erheblichen Umfang gestört, wenn nicht zerstört. So ist die Gefahr groß, dass die Unternehmenskultur verloren geht:

> „Die Stärken von Familienunternehmen erleiden gerade dann oftmals einen Abbruch, wenn sich die Familie ...zurückzieht und ...Fremdgeschäftsführer einsetzt. Erfahrungen zeigen, dass sich dann ein anonymes Unternehmensgebilde entwickelt, das nur noch formal den Namen der früheren Inhaber trägt. Es besteht die Gefahr, dass sich austauschbare und beliebige Kulturen entwickeln, in denen weder eine Identifikation mit der Firma, dem Produkt noch mit den Führungspersönlichkeiten möglich ist."
> Meyer (2003), 104

Die folgende Aufzählung von durch den Wechsel vom Risiko- zum Gehaltsunternehmer erzeugten Effekten ist beispielhaft und erhebt keinen Anspruch auf Vollständigkeit. Je nach Dynamik und Intensität können diese schon kurz nach der Übernahme durch einen Gehaltsunternehmer gebündelt eintreten oder sich erst - auf Jahre verteilt – in vollem Ausmaß zeigen:

- Risikounternehmer zeigen aufgrund ihrer Unabhängigkeit von der Hierarchie eine Neigung Leistungsträger über Hierarchiegrenzen hinweg zu fördern, zu fordern und auch informal zu führen, was diese Mitarbeiter als Auszeichnung erfahren. Deren Motivation und Identifikation steigert sich auch durch den Umstand, dass ihr „Handlungsspielraum" faktisch wächst.[454] Wenn ihnen etwas missfällt oder sie etwas wünschen, haben sie außerhalb der Hierarchie eine Möglichkeit, ihre Beziehung zum Risikounternehmer zu nützen und so - schnell und unbürokratisch - Entscheidungen auch mit größerer Tragweite herbeizuführen. Ein Gehaltsunternehmer baut auf Hierarchie. Er kann mit Rücksicht auf Vorgesetztenebenen darunter diesen Direktbezug zu Leistungsträgern nicht in der für sie gewohnten Weise fortsetzen, falls er diese Beziehung überhaupt erkennt, weil er sie so im

[453] Vgl. Schein (1997b); die Rücksichtnahme gegenüber der Hierarchie verleitet dazu, dass im Umgang mit den (nächsten) Führungskräften eine noch vom Risiko-Unternehmer meist mit Aggression betriebene Sachzielorientierung zurück tritt, vgl. Zaleznik (1998), 15. Risikounternehmer zeigen in ihrem Verhalten mehr Kanten wie die Untersuchung von Schmidt-Rodermund /Silbereisen (1999), 127, ergibt. Unter diesen sind eher „knorrige", manchmal „unwirsche" Typen anzutreffen, vgl. Gebert/ Rosenstiel (2002), 189, die nicht selten Rauheit mit Herzlichkeit zu verbinden wissen. Bei Gehaltsunternehmern dominieren stattdessen wie Zaleznik (1998), 15 feststellt, „interpersonale Fragen, Machtverhältnisse und friedliches Betriebsklima". Es fehlt dann der unternehmerische „Schwung", Hamer (1987), 129. Nach Zaleznik, ebd. 16, fehlen die positiven Aspekte der „Aggression", die „eine sehr nützliche Gefühlsregung und elementare Antriebskraft" darstellen, ohne die „weniger effektive Arbeit" zustande kommt. Dies überträgt sich nach Zaleznik auf die Mitarbeiter, die dann ihre Ideen mit immer weniger Aggression vertreten und leichter einlenken: „Das aber führt dazu, dass jeglicher Anflug zu individueller Entfaltung im Keim erstickt" wird, ebd., 15. Positive Seiten von solcher Aggression erkennt auch Felix von Cube (1998), 77 für den sie in Leistung mündet

[454] Bungard/Antoni (1995), 392; es handelt sich um „Motivatoren" im Sinne von Herzberg Weinert (1987), 269

Organigramm nicht findet. So wird der Handlungsspielraum der Leistungsträger faktisch reduziert. Mit dem Abtritt des Risikounternehmers verlieren die Leistungsträger einen wesentlichen Motivator.

- Da der Gehaltsunternehmer auf die Hierarchie baut, wird diese nun ernster genommen. So werden die Vorgesetzten der Leistungsträger auf Abteilungsleiterebene aufgrund der Straffung der vormals lockeren Hierarchie ebenfalls zu ‚Kontrollaktivitäten' der bislang ihnen formal nur zugeordneten Personen gezwungen, zumal ihnen übergeordnete Bereichsleiter nun auch mehr Kontrolle ausüben und mehr Informationen haben wollen. Dies erfahren diese Leistungsträger als eine – ggf. weitere - Einschränkung. Vom Risikounternehmer gewollte By-pässe (vgl. 2.3.8) werden abgebaut und Spielräume auf das formale Organigramm eingeengt. Das Entfallen von motivierenden Umständen reduziert deren hohe Motivation weiter.
- Durch das unternehmensweite Straffen der Hierarchie erfahren die Leistungsträger in der unmittelbaren Zusammenarbeit mit anderen Leistungsträgern über Abteilungsgrenzen hinweg eine weitere Einengung. Vorgesetzte wollen – und müssen – nun mehr informiert sein. Die bislang eingeübte u.U. hocheffiziente Selbstorganisation unter Leistungsträgern darf sich nicht länger frei entfalten, sie wird nun vermehrt Regeln unterworfen. Dies verlangt die unmittelbare Hierarchie und die Hierarchie anderer Abteilungen und Unternehmensbereiche. Es sind nun mehr Rückfragen und Rücksichtnahmen notwendig. Die Prozesse dauern länger, werden schwerfälliger, sind inflexibler und insgesamt ineffizienter.
- Für die Leitungskräfte bedeutet dies, dass sie ihr umfangreiches Sachbearbeitungsgebiet nicht länger aufrechterhalten können, weil Sie nunmehr zu mehr Führungs- und Kontrollaufgaben angehalten sind. Die in ihnen häufig verkörperte hohe und teure Fachkapazität steht dem Unternehmen nur noch beschränkt zur Verfügung. Oft müssen teure Fachkräfte eingestellt werden, um die Leitungskräfte für ihre Führungsaufgabe zu entlasten. Aus Gründen der Gehaltsstruktur müssen auch die neuen Fachkräfte Hierarchiefunktionen übernehmen, was den Ausbau weiterer Ebenen fördert. Da die zusätzlichen Aufgaben nicht mehr bewältigt werden können, werden ‚halbe Hierarchien' (vgl. 2.3.8) – bislang von Assistenzen bewältigt – zu ganzen ausgebildet. Weitere Hierarchiestufen bedeuten einen Anstieg von Gemeinkosten. Die Produktivität sinkt.
- Neue Fachkräfte (oft Techniker im Sinne Scheins vgl. 2.3.7) werden entsprechend der Vorstellungen der neuen Führung ausgewählt. Häufig sind diese besser ausgebildet als bewährte Leistungsträger, die zwar weniger allgemein gebildet sind, dafür über beträchtliches unternehmensspezifisches Know-how verfügen, d.h. sie sind oft zugleich bedeutende Wissensträger. Da diese neuen Fachkräfte, die neue Systeme zur Kontrolle zur Stärkung der Hierarchie und zum Ersatz von Arbeitskräften einführen sollen, vorgezogen werden, erleben dies die bewährten Kräfte als weitere

Benachteiligung und reagieren – ggf. nach Phasen des Aufbäumens – mit einer Reduktion ihres Engagements.[455]

- Gehaltsunternehmer sind als Top-Manager angetreten. Ihrem Selbstverständnis nach führen sie in erster Linie die Institution Unternehmung als ein versachlichtes Gebilde im Sinne von Webers Bürokratiemodell. Sie sind keine Leader im Sinne von Schein und können nicht wie diese eine Kultur schaffen oder verändern. Ihrem Ideal nach entspricht die Unternehmung mehr einer gut geölten Maschine. [456] Ihre sachlich geprägte Führung tendiert dazu, sich von Personen unabhängig zu machen, auf die – davor - der personal führende Risikounternehmer noch gesetzt hat. Es kommt zu einer Zunahme der Distanzführung, die mehr Daten und Informationen benötigt. Diese werden über Systeme gewonnen, die nun bedeutender werden. Mit der Nachfrage nach Systemen steigert sich das Ansehen der Techniker.
- Die Operativen – und das ist normalerweise die Mehrzahl der Arbeitnehmer – verlieren an Ansehen bei der neuen Geschäftsführung, die nun mehr auf die Techniker setzt.[457] Es fehlt nun die persönliche Wertschätzung[458] durch den Risikounternehmer, den jeder beim Rundgang ansprechen durfte, ohne Probleme mit den eigenen Vorgesetzten zu bekommen.
- Generell erscheint der neue Gehaltsunternehmer zu fern. Mag er auch öfters durch Unternehmen gehen: es ist nicht mehr dasselbe. Die nun straffere Hierarchie lässt einen freien Umgang nicht mehr so zu. Äußert sich ein Mitarbeiter direkt gegenüber dem Unternehmer, dann bekommt er Probleme mit seinem Vorgesetzten, der nun seinerseits vermehrt in Rechtfertigungszwängen gegenüber seiner Hierarchie steht usw. Außerdem muss der neue Chef ganz andere Rücksicht auf die Hierarchie nehmen. Dessen werden die Personen im Unternehmen gewahr. So gelangen wichtige, oft kritische Informationen nicht zum Chef, die dem Risikounternehmer noch unverblümt gegeben werden konnten. Allenfalls können noch positive Meldungen durchdringen, die dem Gehaltsunternehmer bei der Problembewältigung nur wenig nützen.
- Die unmittelbaren Vorgesetzen der Operativen mögen durch Fach-Knowhow und Leistung überzeugen, aber gute Führungskräfte sind sie in der Regel nicht[459] und können so auch die Lücke des Risikounternehmers, die sich in der personalen Führung auftut, nicht füllen.
- Gehaltsunternehmer werden, wenn es Gelegenheiten gibt, die nächste Führungsebene neu besetzen. Dabei werden sie Personen bevorzugen, die ihnen ähnlich sind. Über die Ähnlichkeit wird ihre Unsicherheit absor-

[455] Aufgrund von mangelndem Verständnis wird mit demotivierender Wirkung die Sinnhaftigkeit eigener Arbeit in Frage gestellt, vgl. Wunderer/Küpers (2003), 144
[456] Vgl. Schein (1997b)
[457] Vgl. Schein (1997b), 63 f.
[458] Vgl. Fröhlich (1998), 17
[459] Vgl. 2.3.10 u. insb. Scholz (2003), 29 ff. u. 7 ff.

biert und sie finden Vertrauen.[460] Bei der Auswahl dominieren Habitus-Aspekte wie Umgangsformen und souveränes Auftreten. Während der Riskounternehmer noch verstärkt auf Leistung achtete,[461] überwiegen nun diese habituellen Elemente.[462] Die Leistungsträger im bislang Risikounternehmer-geführten-Unternehmen registrieren alsbald den Unterschied. Nun ist nicht mehr die Leistung ausschlaggebend. Da sie habituell zu wenig vorgeprägt sind, empfinden sie dies als Nachteil, zumal ihre Leistung nun nicht mehr so zählt. Leistung war ja auch ihre Motivation, sonst hätten sie es unter dem fordernden Risikounternehmer nicht so lange ausgehalten. Diese Motivation im Sinne Herzbergs wird nun noch mehr geschwächt. Auch kommt es zu einer Entfremdung in dem Sinne, nicht mehr wie bisher „wesens- oder naturgemäß" agieren zu können.[463] Aufgrund dessen wird es wahrscheinlicher, dass es insgesamt zu Leistungseinbrüchen kommt . Dies bietet dem Gehaltsunternehmer Möglichkeiten, sich auch von diesen Leistungsträgern zu trennen oder sie auf die Seite zu nehmen, um noch mehr Personen seiner Wahl, die im Trend eher habituell stärker sind, zu holen. Solches bleibt der gesamten Belegschaft nicht verborgen, die sich nunmehr stärker am Habituellen als an der Leistung orientiert. Hierdurch kann eine Negativspirale ausgelöst werden, die sich in der messbaren Leistung im Rechnungswesen negativ bemerkbar macht.

- Im Alltag müssen die Operativen immer mehr erkennen, dass – wie von Schein festgestellt [464]- nicht ihnen, sondern vermehrt den Technikern Gehör geschenkt wird. Ihr an sich hohes Praktiker-Know how verliert an Bedeutung. Hoch Engagierte und Identifizierte unter ihnen, die häufig zu den reiferen Personen im Sinne von Argyris gehören, gewinnen vermehrt den Eindruck, dass ihr Wunsch nach Leistung und Verbesserung von Rahmenbedingungen nicht mehr so gefragt ist. Auch das Stärkerwerden der Hierarchie erleben sie als Entfremdung. Sie können ihre Fähigkeits- und Bedürfnisstruktur nicht mehr adäquat einbringen. Die zunehmende Steilheit der Befehlshierarchie macht sie, die eigentlich Erwachsene sein wollen, (noch)

---

[460] Sozialpsychologisch hängen Identität und Identifikation eng zusammen vgl. van Dick (2004), 45

[461] ausführlich hierzu 3.1.2.4

[462] Der Verfasser beobachtete einen Trend zur Bevorzugung des Habituellen vor dem Leistungsstarken etwa beginnend ab den 1990iger Jahren. Interessanterweise ergibt sich durch die Untersuchung von Michael Hartmann (2002), der Karriereverläufe der Promotionsjahrgänge 1955, 1965, 1975, 1985 (n = ca. 6500) von Ingenieuren, Wirtschaftswissenschaftlern und Juristen untersuchte, dass Angehörige des gehobenen Bürgertums und des Großbürgertums um ein Vielfaches höhere Chancen hatten, in Spitzenpositionen vorzudringen als bei Angehörigen der Mittel- und Unterschicht, ebd., 44 ff. Als erfolgsrelevantes Persönlichkeitsmerkmal ergibt sich der ‚richtige Habitus', ebd., 36: Umgangsformen, Kleidung und Stil, Allgemeinbildung, unternehmerisches Denken, persönliche Souveränität und Selbstsicherheit, ebd., 34; der habituelle Trend nimmt mit den Jahrgängen zu, ebd., 44 ff. Durch die Bevorzugung des Habituellen wird die Tendenz, mental zum Großunternehmen zu werden, verstärkt, da dort Habituelles in der Regel den Ausschlag gibt, ebd., 117 ff.

[463] Wunderer/Küpers (2003), 144

[464] vgl. Schein (1997b), 67

mehr zu Kindern.[465] Für normen-konformes Verhalten wollen sie bestenfalls mehr bezahlt werden, sonst gehen sie in die innere Emigration und reduzieren zum Ausgleich ihre Leistung.[466]

- Die Leitenden sind nun zunehmend beschäftigt, ihren Begründungszwängen nachzukommen und – das ist nun auch neu, weil in der Regel der Risikounternehmer, „mikropolitische"[467] Aktivitäten (Machtspiele) in der Regel unterbunden hat - ihre Positionen gegenüber anderen Leitenden zu verteidigen und auszubauen.
- Was dem Gehaltsunternehmer und den Leitenden nun auch immer mehr zu schaffen macht, was aus Respekt und Loyalität gegenüber dem Risikounternehmer häufig keine so große Bedeutung hatte, ist das verstärkte Auftreten von Betriebsrat und Gewerkschaften. Der Organisationsgrad nimmt – für MU eher untypisch – zu.[468] Es ist als ob sich der Frust über den Verlust an Personalem ein Ventil sucht. Der damit verbundene Zeitaufwand und die Verzögerungen kosten viel Geld, abgesehen davon, dass bei Haustarifen auch höhere Lohnforderungen gestellt werden oder bei Tarifauseinandersetzungen ein Unternehmen – was es bis dahin nicht kannte – auch bestreikt werden kann. Oft werden die in MU häufig stillschweigend großzügig interpretierten Regelungen nun genauer genommen, was sich unmittelbar in erhöhten Kosten niederschlägt. Ein gereizter Betriebsrat, der auf Einhaltung der vielen Vorschriften des Betriebsverfassungsgesetzes besteht, hat viele Möglichkeiten den betrieblichen Alltag erheblich zu erschweren.[469]
- Da das allgemeine Nachlassen des Engagements nicht verborgen bleibt, werden aufwendige Versuche gestartet, die verlorengegangene Legitimation - ein Thema, das sich beim Risikounternehmer nicht stellte[470] - wiederherzustellen. Entweder werden dabei mit viel Aufwand der oder die Risikounternehmer als „Kulturdenkmäler" (Personenkulte) in die Gegenwart hinübergerettet. Oder, so sich diese zu wenig als ‚Helden' intern vermarkten lassen, wird mit nicht weniger Aufwand versucht, sich „durch Formulierung von Werten, Prinzipien, Verfassungen oder Philosophien ein legitimieren-

---

[465] Vgl. Argyris (1975), 216 f. , Gebert/Rosenstiel (2002), 103 ff. u. Wunderer/Küpers (2003), 143 ff.

[466] Vgl. Argyris (1975), 225; zum Phänomen der „inneren Kündigung" Wunderer/Küpers (2003), 146 ff.

[467] Neuberger (1995); nach Meyer (2003), 103 spielen in der Regel „mikropolitische Spiele" im Familienunternehmen keine Rolle, vgl. Abb. 11; Mikropolitik hier verstanden als „unauthorisierte Machtausübung", „eigene Interessen" im Unternehmen zu schützen oder durchzusetzen, Müller (2006a), 68

[468] Zu dem für Großunternehmen typischen Auftreten von Betriebsrat u. Gewerkschaften vgl. Hamer (1987), 160 ff.

[469] Nicht nur in aufwendiger werdenden personellen Einzelmaßnahmen wie Einstellung, Ein-/Umgruppierung oder Kündigung gem. §§ 99 ff. BetrVG sondern auch bei häufig anstehenden Betriebsänderungen nach § 111 BetrVG mit langwierigen Interessenausgleichs- und Sozialplanverhandlungen bis hin zur Anrufung durch eine Einigungsstelle macht sich dies bemerkbar. Auch werden Streitigkeiten häufiger vor dem Arbeitsgericht ausgetragen

[470] Vgl. Neuberger/Kompa (1987), 251

des Gewand über[zu]ziehen."[471] Mit diesen Aktionen übt man sich im Sinne von Berger und Luckmann darin, den gewollten „pragmatischen Imperativen die Würde den Normativen zu verleihen."[472]

- Um dies noch zu verstärken wird zusätzlich „*in* Kultur" gemacht. An einem normalerweise lange dauernden kulturellen Wandel ist man nicht interessiert: die Kosten hierfür sind zu hoch und insbesondere hat der Gehaltsunternehmer dafür nicht die Perspektive. Da einseitig die ökonomischen Ziele dominieren, wird versucht, das Unangenehme daran zu verschleiern. Dies führt dann dazu – wie Neuberger und Kompa beschreiben, dass man, um den „Wolfscharakter des Kapitalismus (der nicht Lebenssinn, sondern Geld vermehren will)" zu verbergen, die (neuen) Manager „Kulturkreide fressen" sollen. Die Nüchternheit zweckrationaler Standardisierungen und Normierungen sollen überdeckt werden durch neue (oder die Verstärkung vorhandener) Riten, Symbole, Bräuche und Feiern usw. Prämien, Ehrennadeln und andere Statussymbole sollen von einer Auseinandersetzung mit der tatsächlichen Kultur und den dahinter stehenden Motiven, Zielen und Interessen ablenken.[473] Die neue ‚Kultur' verspricht „Begeistert-sein, statt denken" sowie „fühlen und vertrauen, statt kritisieren und kontrollieren."[474]
- Dies hat negative Wirkungen auf die Bereitschaft der Mitarbeiter, freiwillig Aufgaben über das normale Maß im Sinne eines „Organizational Citizenship Behavior" zu übernehmen, was vorher eher ‚normal' war.[475] Es bedarf nun erst zusätzlich entgeltlicher „extrinsischer Motivation", welche die ursprünglich vorhandene „intrinisische Motivation" noch weiter zurückschraubt, was eine fatale Negativspirale von Kostensteigerungen auslösen kann.[476]

Durch den Wechsel vom Risiko- zum Gehaltsunternehmer erhöhen sich also an vielen Stellen die Kosten direkt und über ein Nachlassen der Leistung indirekt. Freiwilliges über den Arbeitsvertrag hinaus gehendes Engagement, bedarf nun erst entgeltlicher Anreize. Zusätzliche Leistung kann immer häufiger erst durch zusätzliches Geld erzielt werden. Auch sind neu ins Unternehmen geholte Personen deutlich teurer. Diese Kostensteigerungen können wiederum nur durch mehr Wachstum oder durch Personalabbau ausgeglichen werden. Die für den Mittelstand elementare Flexibilität nimmt ab.[477] Dadurch erhöhter Druck verstärkt die eben aufgeführten negative Effekte noch weiter.

---

[471] Neuberger/Kompa (1987), 252; Zusatz in eckigen Klammern von J.G.
[472] Neuberger/Kompa (1987), 251
[473] Neuberger/Kompa (1987), 268 f.; es kommt zu einer Neuauflage antiker „Brot und Spiele", 269
[474] Neuberger/Kompa (1987), 272 weisen zurecht auf die Gefahr der Infantilisierung der Mitarbeiter hin, die solche ‚Alles-ist-schön-Versprechen' beinhalten
[475] vgl. Weibel/Rota (2000), 202 ff. u. Rosenstiel (1999), 83 ff.
[476] Zur Verdrängung intrinsischer durch extrinsische Motivation siehe Frey/Osterloh (2000), 24 ff.
[477] Zur hohen Bedeutung der Flexibilität vgl. Kayser (1997), 98 u. Pfohl (1997), 20

Selbstverständlich besteht durch den Wechsel vom Risikounternehmer zum Gehaltsunternehmer die Chance, aufgrund der Empfehlungen betriebswirtschaftlicher Organisationsforschung,[478] eine viel schlagkräftigere, transparentere und auf lange Sicht auch effizientere Organisation zu formieren. Ein solcher Umbau ist häufig nötig, weil z.B. das Unternehmen eine kritische Wachstumsschwelle erreicht oder schon überschritten hat, oder, dass die ursprüngliche strategische Grundhaltung gewechselt werden muss. Dennoch ist der Übergang problematisch, da eine bisherige Stärke abgebaut wird, ohne dass die neue bereits voll funktionsfähig aufgebaut und einsatzfähig ist. Die **Konsequenzen des Wechsels** des Unternehmertyps werden **zu wenig bedacht**. Im Grunde wird dadurch ein tiefgreifender, langwieriger **organisatorischer und kultureller Wandel** eingeleitet, der zielführend durch ein gezieltes Management des Wandels begleitet sein müsste, um die Risiken zu minimieren und die Chancen zu optimieren.[479]

Aufgrund der gestiegenen Transaktionskosten der Erzeugung und Aufrechterhaltung der Formalorganisation ist das Unternehmen gezwungen zu wachsen. Häufig kommt es dabei zu Konstellationen, in denen das Unternehmen mit zusätzlichem Risiko neue Märkte betreten und/oder neue Produkte/Dienstleistungen entwickeln muss. Dieses erhöhte Risiko hat in der wertorientierten Unternehmensführung Konsequenzen.[480] Die Kosten für Kapital steigen. Für gestiegenes Risiko verlangen die Shareholder eine höhere Risikoprämie (siehe hierzu 3.2.1) . D.h. die Gewinne müssen im Wachstum steigen. Dies stellt eine große Herausforderung dar, weil Wachstum immer mit Vorleistungen wie zusätzlichen Entwicklungsingenieuren, Vertriebsmitarbeitern, mehr Werbung usw. verbunden ist, die sich erst später bezahlt machen, wenn künftige Wachstumsziele erreicht sind. Solange diese nicht erreicht sind, sinkt die Gewinnmarge.[481] Beides erhöht den Druck, Gewinne zu steigern: Transaktions-, Wachstums- und Risikokosten müssen durch höhere Gewinne verdient werden. Es ist naheliegend, dass dann an die im Mittelstand meist sehr große, wenn nicht größte Kostenposition der Personalkosten zuerst herangegangen wird. Die Folgen sind Outsourcing von personalintensiven Leistungen zu ex-

---

[478] Vgl. hierzu einschlägige Organisationsliteratur wie Schulte-Zurhausen (1999), Bea/Göbel (2002)

[479] Das Thema Change Management sprengt den Rahmen, weshalb auf die Literatur verwiesen wird, z.B. Kirsch/Esser/Gabele (1979), Staehle (1999), 898 ff., Doppler et.al. (2002), Doppler/Lauterburg (2002), ansatzweise vgl. auch 4.2.7.2 u. 4.2.8.1

[480] Vgl. Rappaport (1999), 89, der vor einem unkritischen Verfolgen von Wachstumsstrategien warnt

[481] Aufgrund des abnehmenden Grenznutzens kann ein Unternehmen in Wachstumsfallen geraten, die nur schwer zu meistern sind, vgl. insbesondere das Konzept der „kritischen Wachstumsschwellen" von Albach/Bock/Warnke (1985), 45 ff.; auf ähnliche Gefahren verweisen das „Krisenmodell" von Greiner (1972), 37 ff. und das „Phasenmodell im St.Galler Management-Konzept" von Gomez/ Zimmermann (1993), 143 ff.; Mauthe (1984), 326 belegt anhand empirischer Studien, dass es auf dem Wachstumspfad zwischen geringem und großen Marktanteil zu einem deutlich niedrigerem Return on Investment kommen kann

ternen Lieferanten oder die Verlagerung in Billiglohnländer. Es kommt dadurch genau zu jenem negativen Effekt, den Eduard Gabele empirisch aus dem STRATOS-Projekt hergeleitet und belegt hat: Ambitioniertes Streben nach Prosperität beeinträchtigt die für ein MU typischen Wettbewerbsvorteile wie Ruf, Erscheinungsbild, Flexibilität, Qualität des Managements und der Mitarbeiter sowie Betriebsklima. Je mehr das Management Anstrengungen unternimmt, Gewinne und Umsätze zu maximieren und je intensiver es Verhaltensweisen verfolgt wie sie für Großunternehmen typisch sind, umso mehr leiden die genannten Wettbewerbsvorteile.[482]

2.3.12 Personaler Unternehmer und Wissenschaft

Rolf Wunderer stellt in der Führungsforschung generell gegensätzliche Tendenzen in der Praxis (sowohl für Risiko- als auch Gehaltsunternehmer) und in der Wissenschaft fest: „Vielfach verfügen Praktiker auch über andere Denk- und Handlungsmuster, die eine Zusammenarbeit in der empirischen Führungsforschung erschweren." Praktiker neigen z.B. eher dazu, Komplexität zu reduzieren, Wissenschaftlicher erweitern sie. Viele Variable können zwar wissenschaftlich einen Sachverhalt besser beschreiben und erklären, um praktisch zu gestalten, braucht es aber wenige ‚handfeste' Parameter an denen man etwas verändern kann (weitere Gegensätze siehe Abb. 16).[483] Für die mikroökonomisch orientierte Betriebswirtschaftslehre war die Analyse des Entscheidungsprozesses des „dispositiven Faktors" Unternehmer tabu.[484] De personale Unternehmer ist jedoch täglich in mannigfaltige Entscheidungssituationen gestellt. Es steht ihm viel weniger Stabsunterstützung zur Vorbereitung seiner Entscheidungen zur Verfügung als dem Gehaltsunternehmer im Großbetrieb. Oft ist großer Zeitdruck gegeben. Für ausführliche Analysen fehlen die sachlichen und letztlich die finanziellen Mittel. Gleichwohl auch personale Unternehmer bei größeren Entscheidungen versuchen, Rechnungen aufzumachen, um die Folgen abzuschätzen, folgen sie dabei nur bedingt den rationallogischen Kalkülen, die Mikroökonomen erdacht haben. Sie haben stattdessen eine andere Form von ‚Intelligenz' entwickelt und ausgeprägt, die im wissenschaftlichen Kontext nicht anerkannt ist. Es ist die Rede von Intuition, Inspiration, Fingerspitzengefühl usw.[485] Erklären können sie es selbst nicht, aber sie ‚wissen', dass sie durch die intensive Auseinandersetzung, das tägliche Erleben mit den Kunden, Produkten und Abläufen zu Ergebnissen kommen können, die erfolgreich sind.

---

[482] Vgl. Gabele (1989), 633 f. u. Fn 18
[483] Wunderer (2001), 524
[484] Gutenberg (1975), 147
[485] In der vom Frankfurter Institut für Media Markt Analysen durchgeführte Mittelstandstudie mit 512 interviewten Unternehmern (Mindestumsatz 1 Mio. Euro, max. 500 Beschäftigte) vertrauen 71 % der Befragten auf intuitive Fähigkeiten vgl. Watt (2004), 41; zur Intuition als Managementkompetenz vgl. Schanz (1997)

Abbildung 16: Idealtypische Denk- und Handlungsformen von Praxis und Wissenschaft nach Wunderer

Aspekte	Tendenzen in der Praxis	Tendenzen in der Wissenschaft
Zeitperspektive	kurzfristig	langfristig
Werteorientierung	aktuelle Wertströmungen, wertverhaftet, praktisch-normativ	vergangene u. kommende Wertströmungen, wertneutral, theoretisch
Komplexitätsbezug	Komplexitätsreduktion	Komplexitätserweiterung
Reaktionsmuster	Reaktion auf „starke Signale“	Reaktion auf „schwache Signale“
Problembezug	starke persönliche Betroffenheit u. individuelle Motive, begrenzte Distanzierungsmöglichkeit	geringe persönliche Betroffenheit u. individuelle Motive, hohe Distanzierungsmöglichkeit
Problemwahrnehmung	integrativ, konstruierend	selektiv, rekonstruierend
Problemlösung	Gestaltung	Beschreibung u. Erklärung

Quelle: Nach Wunderer (2001), 524

Das ist ihre Erfahrung und der Erfolg gibt ihnen Recht. Kritisch muss hierzu vermerkt werden, dass dieser ‚Erfolg' immer nur relativ zu dem ist, was im jeweiligen Kontext des Unternehmens als solcher wahrgenommen wird. Der Verfasser hat des öfteren eine unbewusste Angst der Unternehmensführer vor tiefergehenden Analysen festgestellt. Es hätte dabei z.B. an den Tag treten können, dass die erzielten Ergebnisse zwar oberflächlich als bemerkenswert dastehen, aber angesichts eines insgesamt stark gewachsenen Marktes hinter den Möglichkeiten zurückblieben. Die Gehirnforschung hat aufgezeigt, dass die zwei Gehirnhälften unterschiedlich entwickelt sein können, es also linksdominante und rechtsdominante Persönlichkeiten gibt. Die Domäne der linken Hemisphäre ist das bewusste, analytische, rational nachvollziehbare, Schritt für Schritt Denken. In der rechten findet ein ganzheitliches Denken in Bildern nach einer ‚Logik' statt, die noch unbekannt ist. Wissenschaftler gehören dem linksseitig dominierten Typus an, personale Unternehmer dagegen dem rechtsseitig dominierten. Das Phänomen Sprache gehört der linken Seite an, die rechte ist an sich sprachlos. ‚Sprachlos', das ist sehr häufig Kennzeichen für personale Unternehmer, die um Worte ringen, um auszudrücken, was in ihrer Art der Informationsverarbeitung vorgeht. Es fehlt die Begründung für das Gefundene und verlangt von den Mitarbeitern eine Übersetzungsleistung bei der Umsetzung in die Praxis. Auch diese müssen letztlich eher erahnen oder erfühlen, was der Chef will. Ein einseitig analytisch orientierter Mitarbeiter tut sich dann sehr schwer, weil er den Unternehmer nicht verstehen kann. [486]

[486] Zur Hemisphärentheorie der Gehirnforschung: Ornstein (1976), Eccles (1979), 258 ff. u. Schanz (2000a), 66 ff.; mit Bezug zum Management Mintzberg (1976) u. (1995), 355 ff. sowie (Kirsch (2001), 531 u. 552, der eine Rechtsdominanz „intuitiver mittelständischer Unternehmer“ sieht. Weitere Brücken zum Verständnis bieten Howard Gardners „Modell der viel-

Wenn es gelingt, dem Unternehmer ein zum Vorgang passendes Denkmodell und dazugehöriges Sprachspiel aus der Wissenschaft zu liefern, in dem das ‚Sprachlose' ausgedrückt werden kann, dann kann dies eine fruchtbringende Kommunikation in Gang setzen. Allerdings braucht es dazu einen wissenschaftlichen Berater, der entsprechendes Einfühlungsvermögen entwickelt hat.[487] Die Grundhaltung des Wissenschaftlers sollte in jedem Fall von dem Gebot ‚Verachte mir die Meister im Intuitiven nicht' geprägt sein.[488]

Es erscheint als eine lukrative Aufgabe von Seiten der Wissenschaft, dem personalen Unternehmertypus entgegenzukommen und ihm fundierte Werkzeuge, Methoden, Modelle usw. anzubieten, in denen seine Art und Weise des Denkens und Erahnens sprachlichen Ausdruck findet und dies dann verständlich kommuniziert und ins Werk gesetzt werden kann. So könnte eine Hauptschwäche dieses Typs durch wissenschaftliche Professionalisierung behoben werden.[489] Nach Mintzberg, der nicht in Risiko- und Gehaltsunternehmer unterscheidet, sind Manager allgemein eher rechtsdominant. Es ergeben sich tjedoch insofern markante Unterschiede, dass Gehaltsunternehmer ihr Vorgehen „rational-ökonomisch" begründen müssen, während Risikounternehmer überwiegend „subjektiv-emotional" entscheiden und sich offen zu dieser Art von Entscheidung bekennen können.[490]

2.3.13 Zusammenfassung Mittelstand und Definition ‚Mittleres Unternehmen'

Unter dem Aspekt einer **qualitativen Abgrenzung** ist ein mittelständisches Unternehmen nach Eberhard Hamer immer dann gegeben, wenn es von einem Risikounternehmer geführt wird. Zum Großunternehmen nach **oben** grenzt es sich durch den Umstand ab, dass letzteres meist von mehreren Gehaltsunternehmern geführt wird, die wesentlich weniger an das Betriebsvermögen und Schicksal des Unternehmens gebunden sind als dies beim Ri-

---

fachen Intelligenzen" (1991) u. Martin (2001) sowie Dave Golemans (2001) „emotionale Intelligenz"; kritisch zu den Folgerungen aus Hemisphärentheorie Hines (1987); merkwürdig ist, dass die Ergebnisse der Gehirnforschung in der Betriebswirtschafts- und Managementlehre einen relativ starken Widerhall gefunden haben - Kirsch (2001), Kirsch/Klein (1977), Mintzberg (1976,1995) und insbesondere Schanz (2000a) – sie aber von der Kompetenzforschung bislang nicht reflektiert werden vgl. Erpenbeck/Rosenstiel (Hrsg.)(2003)

[487] Kirsch (2001), 531 f., konstatiert einen Mangel an Einfühlungsvermögen wissenschaftl. Berater

[488] In Anlehnung an Kirsch (2001), 552, dessen Gebot „Verachte mir die Meister im Durchwursteln nicht!" außerhalb Süddeutschlands einen negativen Beigeschmack hat, der gerade nicht gemeint ist

[489] Vgl. hierzu den Ansatz Mintzbergs (1995), 247 ff. „Analyse und Intuition miteinander" zu verbinden; in die gleiche Richtung gehen die empirischen Ergebnisse von Weber/Reitmeyer /Frank (2000), 72 ff. nach denen ein „ausgewogenes Zusammenspiel von Reflexion und Intuition zu überlegenen Entscheidungen" führt

[490] Hamer (1984), 52 ff.

sikounternehmer der Fall ist. Mittelständische Unternehmen unterscheiden sich außerdem wesentlich durch ihre Personenorientierung von überwiegend sachorientierten Großunternehmen. In dieser Arbeit wird dieser Unterschied begrifflich dadurch zum Ausdruck gebracht, indem vom personalen und vom formalen Unternehmen bzw. Unternehmertum gesprochen wird. Nach **unten** grenzt sich ein mittleres Unternehmen nach Hamer vom Kleinunternehmen dadurch ab, dass es einen Risikounternehmer insoweit finanziert, dass dieser nicht mehr operativ als Sachbearbeiter tätig sein muss.

Hauptcharakteristikum für ein mittelständisches Unternehmen ist die Führung durch einen oder mehrere Risikounternehmer. Der Risikounternehmer unterscheidet sich vom Gehaltsunternehmer durch seine Stellung innerhalb von Unternehmensverfassung, -kultur und –struktur. Durch die in der Tradition begründete Legitimation und die sehr starke Verankerung in der Verfassung und Kultur sind Risikounternehmer viel unabhängiger von der Unternehmenshierarchie, auf die sich der Gehaltsunternehmer wesentlich stützt. Im personalen Unternehmen dominiert die Personenbezogenheit auf den Unternehmer und dessen Bezug zu den Schlüsselpersonen im Unternehmen. Gehaltsunternehmer führen vorwiegend distanziert sachbezogen. Strategie ist im personalen Unternehmen vorwiegend Angelegenheit des Unternehmers, im formalen ist hingegen die Wahrscheinlichkeit größer, dass die höheren Linienvorgesetzten in die Strategieentwicklung und –umsetzung stärker miteinbezogen sind. Auch wird eine strategisch ausgerichtete Organisation im Sinne von ‚Structure follows Strategy' häufiger vorkommen.

Personal geführte Unternehmen zeigen trotz ihrer Personenbezogenheit ein ambivalentes Verhalten in der strategischen Personalarbeit. Sie stehen zwar in schwierigen Zeiten viel mehr zu ihrem Personal als formale Unternehmen, gehen aber in der Personalarbeit oft nur unsystematisch vor. Der Wert systematischer Personalarbeit ist vielfach noch nicht erkannt. Im formalen Großbetrieb hingegen ist diese viel häufiger anzutreffen.

Wird ein Risikounternehmer durch einen Gehaltsunternehmer abgelöst, erzeugt dies – häufig nicht bewusst – große Veränderungen im Unternehmen. Bis die Stärken personaler Direktheit und Flexibilität durch eine funktionierende Formalorganisation mit klaren Aufgaben- und Kompetenzzuordnungen ersetzt sind, vergeht viel Zeit. Stark fachlich ausgerichtete Leitungspersonen mit eher schwach ausgeprägten Führungseigenschaften müssten häufig durch qualitativ hochwertige Manager ersetzt werden, damit die formale Organisation in der Charakterisierung von Edgar Schein als die ‚gut geölte Maschine' auch die Schlagkraft und Effizienz bringt, die in der personalen auf eine eher selbstorganisatorisch ‚natürliche' Weise entstanden waren. Die Verluste an Flexibilität, Motivation, Produktivität und Innovation in der Übergangsphase können ein Unternehmen gefährlich schwächen. Um die höheren Kosten der Formalorganisation zu decken, muss das Unternehmen wachsen. Häufig kommt es dabei zu Konstellationen, in denen das Unternehmen mit zusätzlichem Risiko neue Märkte betreten und/oder neue Produkte/Dienstleistungen entwickeln muss. Dies führt neben den höheren Transaktionskosten der formalen Organisation zusätzlich zu einem Anstieg der Kapitalkosten. Beide Negativ-Effekte werden häufig übersehen. Gleichzeitig wachsender Kosten- und Gewinndruck erhöht die Wahrscheinlichkeit des Abbaus von Personalkosten durch Outsourcing und/oder Verlagerung in Billigproduktionsländer. Dabei wird zwangsläufig Human Capital und Erfolgspotential zerstört. Die negativen Auswirkungen dieser Entwicklung werden oftmals unterschätzt.

Wie Ergebnisse der Gehirnforschung vermuten lassen, fällen sowohl Risiko- als auch Gehaltsunternehmer unter Einbezug der Stärken der rechten Gehirnhälfte ihre Entscheidungen intuitiv. Da Gehaltsunternehmer jedoch ausgeprägteren Kontroll- und Rechenschaftszwängen unterliegen, neigen sie stärker dazu, ihre Entscheidungen im ökonomischen Bezugsrahmen zu begründen, da sie zu objektiv-rationalem Verhalten verpflichtet sind. Risikounternehmer können dagegen offen zu ihren subjektiv-emotionalen Einschätzungen bzw. Entscheidungen stehen und sind frei diese als solche auch zu kommunizieren. Dabei fehlen dem Risikounternehmer allerdings häufig geeignete Instrumente seine Visionen so zu kommunizieren, dass seine Mitarbeiter diese auch richtig ins Werk setzen. Eine reizvolle Aufgabe für die Wissenschaft und wissenschaftliche Berater könnte im Sinne Henry Mintzbergs darin bestehen, Bezugsrahmen zu entwickeln, in denen unternehmerische Intuition und wissenschaftlich fundierte Analyse konstruktiv miteinander verbunden werden können.[491]

Zur Definition Mittleres Unternehmen

Während die qualitative Abgrenzung nach oben zu Großunternehmen durch das Kriterium der Führung durch Risikounternehmer anstelle von Gehaltsunternehmern als gut fundiert erscheint, kann die von Hamer getroffene qualitative Abgrenzung nach unten, wenn ein Risikounternehmer voll getragen wird, ohne Sachbearbeiter sein zu müssen, nicht voll überzeugen. Dies erscheint vor allem vor dem Hintergrund quantitativer Abgrenzungen des Instituts für Mittelstandsforschung in Bonn als problematisch. Gleichwohl eine quantitative Abgrenzung anhand von Beschäftigtenzahlen – für Kleinunternehmen bis 9, bei mittleren Unternehmen 10 bis 500 - immer nur eine Ersatzgröße sein kann, erscheint die Spannbreite für ein mittleres Unternehmen von 10 bis 500 als zu weit. Hierfür muss ein weiteres Abgrenzungskriterium entwickelt werden. Rein quantitativ bietet dazu die Festlegung der europäischen Kommission, zwischen Kleinst- und Kleinunternehmen (Beschäftigtenzahlen bis 9 bzw. 10 bis 49) zu unterscheiden, einen Anhaltspunkt. Mittlere Unternehmen beginnen

---

491 Vgl. Mintzberg (1995); einen Ansatz hierfür bietet z.B. die Balanced Scorecard von Kaplan/Norton (1997)

demnach erst ab 50 Beschäftigten. Da Hamer seine qualitative Abgrenzung nach unten vor dem Hintergrund einer Beschäftigtenzahl ab 10 Mitarbeitern getroffen hat,[492] ist für die Grenze von 50 Beschäftigten noch eine andere qualitative Abgrenzung erforderlich. Mit Bezug auf das Strategische ergibt sich qualitativ eine Abgrenzung für mittlere Unternehmen darin, dass ein Risikounternehmer sich ganz vom operativen Geschäft frei halten kann, er also weder Sachbearbeiter noch Funktionalleitungsaufgaben (etwa als Leiter Technik oder Vertrieb) wahrnehmen muss. Ab dieser Größenordnung wäre der Risikounternehmer des mittleren Unternehmens frei für strategische Aufgaben, um sich beispielsweise mit dem zu beschäftigen, was Gegenstand dieser Arbeit ist.[493]

Das mittlere Unternehmen befindet sich damit definitorisch zwischen dem Klein- und dem Großunternehmen, d.h. zwischen dem überwiegend personalen und dem überwiegend formalen Unternehmen. Aus dieser Mittelstellung heraus ist eine Balance personaler und formaler Elemente denkbar. D.h. das mittlere ist von den personalen Unternehmen das am ehesten für wissenschaftliche Methoden Gewinnbare.

Zusammengefasst ergibt sich als Definition für Mittlere Unternehmen:

Ein **mittleres Unternehmen** ist dann gegeben, wenn es von **einem** - oder mehreren – **Risikounternehmer**(n) **geführt wird**, **der** (die) **sich ganz vom operativen Geschäft frei halten und voll dem strategischen widmen kann** (können). Als quantitativer Anhaltspunkt ergibt sich eine **Beschäftigtenzahl von 50 bis 499 Personen** als Ersatzgröße.

---

492 Vgl. Hamer (1987), 22 ff.

493 D.h. nicht, überhaupt keine operative Verantwortung mehr zu übernehmen, da eine solche hilft, mit der „wirklichen Wirklichkeit“ ohne Realitätsverlust in Kontakt zu bleiben, Malik (2002), 248

3 Die normative Bedeutung des Human Capital

Wesentlicher Anlass der Frage nach der strategischen Bedeutung des Human Capital ist dessen Infragestellung durch das Shareholder-Value-Konzept: Personal kommt darin nur als Kosten oder Risiko, nicht aber als Kapital bzw. als Wert vor (siehe 3.2.1). Im Folgenden geht es darum, zu untersuchen, welche Bedeutung dem Human Capital im Sinne der strategischen Unternehmensführung zukommt. Wie in Abschnitt 2.2.2.3 herausgearbeitet, beinhaltet strategische Unternehmensführung immer einen normativen und einen rein strategischen Aspekt, weshalb nach beiden Aspekten der Bedeutungsgehalt näher ausgeleuchtet wird: in Kapitel 3 die normative Bedeutung mit Bezug auf das strategische Rahmenkonzept und in Kapitel 4 die rein strategische Bedeutung des Human Capital mit Bezug auf strategische Programme. Ziel von Kapitel 3 ist, das Wertsystem mittlerer Unternehmen zu beleuchten. Hierzu gehört der Umgang mit den unterschiedlichen Anspruchsgruppen und die Klärung, inwieweit der Shareholder-Value-Ansatz für mittlere Unternehmen stimmig ist.

3.1 Was heißt ‚Bedeutung' des Human Capital

Da nicht unmittelbar klar ist, was unter Bedeutung an sich zu verstehen ist, muss zunächst der Begriff ‚Bedeutung' geklärt werden. Das gleiche gilt für den eng damit verbundenen Begriff ‚Bewertung'.

3.1.1 Kontextabhängigkeit der Bedeutung

Die Bedeutung von etwas hängt zunächst vom Aspekt der Betrachtung ab. Ist der Fokus auf Marktkräfte wie Kunden und Konkurrenten gerichtet, dann haben die unternehmenseigenen Ressourcen eher eine nachgeordnete Stellung. Es dominieren Positionierungen im Markt, in der Branche oder in der strategischen Gruppe (siehe 4.1.1). Umgekehrt haben bei einer Fokussierung auf Ressourcen die Marktkräfte eine geringere Bedeutung. Dort spielen die Kapazität der technischen Anlagen und die verfügbaren Mitarbeiter eine entscheidende Rolle (siehe 4.1.2). Betrachtet man Personal aus der Sicht der Anteilseigner oder eines anderen Stakeholders, dann kommt man wieder zu anderen Bedeutungszuweisungen (siehe 3.2.1 bzw. 3.2.2). So dominiert der jeweilige Ausgangspunkt in den Überlegungen und weist Bedeutung zu. Welche genaue Bedeutung dann einzelne Faktoren haben, hängt wesentlich von der Einstufung der beteiligten Personen ab. So ist zum Beispiel auch die Frage, ob ein Vorgang strategisch als signifikant eingestuft wird, von der Beurteilung der einstufenden Akteure abhängig.[494] Die Schwelle ab der ein Vorgang strategisch von Bedeutung bzw. (noch) nicht von Bedeutung ist, wird folglich von verschiedenen Akteuren unterschiedlich definiert werden. Die Zuschreibung von Bedeutung und die darin enthaltene Bewertung hängt wesentlich vom re-

[494] Vgl. Kirsch (1997b), 12 f.

lativen Standpunkt der Akteure ab. Welche Bedeutung die Markt- oder Ressourcensicht für ein Unternehmen hat, muss von den beteiligten Akteuren mit Hilfe eines „Diskurses“ ausgemacht werden. Es bedarf hierzu einer „Metakommunikation“ über verschiedene Standpunkte hinweg.[495] In der betrieblichen Praxis gehören die einzelnen Akteure unterschiedlichen Kontexten an, in die sie aufgrund ihres gesellschaftlichen und beruflichen Werdegangs[496] verwoben sind – etwa als Mitarbeiter der Fertigung oder des Vertriebs.[497] Für die Interpretation eines Begriffs ist demnach von Bedeutung, in welchem „Kontext“ der Begriff erwähnt wird.[498] Das gilt sowohl im alltagssprachlichen Umgang als auch in der wissenschaftlichen Verwendung. Alltagssprachlich ist beispielsweise von Bedeutung, ob das Wort ‚Läufer’ mit Bezug auf Sport oder Auslegeware verwendet wird. In der Wirtschaftswissenschaft hat der Begriff ‚Ertrag’ einen anderen Bedeutungsgehalt, ob er in der Produktionstheorie als Ertragsgesetz oder im Rechnungswesen als Ertrag im Gegensatz zu Aufwand verwendet wird.

Für die strategische Bedeutung eines Faktors wie dem Human Capital ist entscheidend, welcher „Sprach- und Lebensform“ die bedeutungszuweisenden Akteure angehören. Nach dem späten Ludwig Wittgenstein prägt die Sprache eines Menschen auch die Weise der Welterschließung. Es kommt dadurch zwangsläufig zu einer Pluralität der Weltauffassungen:

> „In der Spätphilosophie Wittgensteins gibt die entmachtete Monopolsprache der Naturwissenschaften den Raum zu einem Pluralismus von natürlichen Sprachen frei, die nun die Wirklichkeit nicht mehr theoretisch in einen einzigen Rahmen der Weltauffassung, sondern praktisch in verschiedenen Lebenswelten bannen. Die Regeln dieser Sprachspiele sind Grammatiken ebensowohl von Sprachen wie von Lebensformen. Jeder Ethik oder Lebensform entspricht eine eigene Logik, nämlich die Grammatik eines bestimmten und nicht reduzierbaren Sprachspiels.“
> Habermas (1977), 230 f.[499]

Wie oben schon erwähnt, treffen in einem Unternehmen Akteure aufeinander die unterschiedlichen Lebenswelten angehören. Das Alltags- und Privatleben der Menschen vollzieht sich im wesentlichen in der „originären“ Lebenswelt, während der Beruf in „derivativen“ Lebenswelten von Unternehmen oder anderen Organisationen stattfindet. Originäre wie derivative Lebenswelten können wiederum Gegenstand von Forschungstraditionen sein, die jede für sich Le-

---

[495] Wimmer (2004), Verwendung findet hier der Diskurs-Begriff der kritischen Theorie 334 f., wobei hier sowohl ein „theoretisch-empirischer“ Diskurs von Sachfragen als auch ein „praktischer Diskurs“ über Fragen von Normen und Werten beinhaltet ist, vgl. Habermas (1971), 114 ff.

[496] Von besonderer Bedeutung sind nach Schein (1997b) die drei Subkulturen der Leitenden, Operativen und Techniker, die in Abschnitt 2.3.7 näher ausgeführt sind

[497] Zur damit zusammenhängenden „Sozialisation“ vgl. Geuler (2004); zur „Subjektivität“ der Akteure vgl. Wimmer (2005)

[498] Zur Herleitung des Kontextbegriffes Kirsch (1997c), 167 ff.

[499] Zitiert in Kirsch (1997c), 168

bens- und Sprachformen entwickelt haben.[500] **Entscheidend** für die **Bedeutung von etwas** ist also **wie** dieses **‚etwas'** in der **Lebenswelt** eines Unternehmens **gesehen** und **bewertet** wird.

Kirsch verweist in seiner Explikation des Kontextbegriffes auf die Ähnlichkeit von ‚Lebens- und Sprachformen' zu den von Thomas Kuhn verwendeten „Paradigmen" und von Paul Feyerabend angeführten „Traditionen".[501] Sowohl Kuhn als auch Feyerabend vertreten die Auffassung, dass eine Übersetzung von einem Paradigma bzw. einer Tradition in ein(e) jeweils andere(s) problematisch ist, weil gleichverwendete Begriffe „inkommensurabel" d.h. in ihrer Bedeutung unvergleichbar sein können.[502] Diese Auffassung begrenzt die Hoffnung, dass in freien Diskursen alle Übersetzungsakte geleistet werden könnten. Ein Ineinanderüberführen verschiedener Kontexte scheint demnach nur beschränkt möglich, wenn nicht gänzlich unmöglich zu sein. Dies schränkt auch das Zustandekommen einer Lebenswelt ‚Unternehmung' ein, die zweifellos mehr sein müsste als eine „Menge inhomogener Lebens- und Sprachformen." Nach Kirsch hat man „davon auszugehen, dass soziale Systeme, insbesondere Organisationen ihre Identität erst entwickeln oder ‚finden' müssen. [503]

Dass Kollektive grundsätzlich eine Identität haben können, betont Habermas. Es käme dabei nur auf die „Grundwerte" und „Basisinstitutionen" an, die für eine „Gruppe eine Art Fundamentalgeltung genießen", wobei die Gruppenmitglieder „die Zerstörung oder Verletzung dieses normativen Kernes als eine Bedrohung ihrer eigenen Identität empfinden" müssen. „Nur an solchen normativen Kernen, in denen sich die einzelnen Mitglieder miteinander ‚eins wissen', lassen sich die verschiedenen Formen kollektiver Identität ablesen."[504] Um von einer Lebenswelt Unternehmung sprechen zu können, muss sich über einen gemeinsamen Kern von Werten und Normen eine Identität gebildet haben. Umgekehrt kann von der Identität eines Unternehmens erst dann gesprochen werden, wenn es eine spezifische Lebenswelt entwickelt hat.[505]
Was unter der Identität eines Unternehmens näher zu verstehen ist, soll im nächsten Abschnitt geklärt werden.

---

[500] Kirsch (1997), 82 f.; vgl. auch Kirsch/Knyphausen (1988); Fn 6; dass Forschungstraditionen trotz gleicher Themenstellung sehr unterschiedliche Sprach- und Lebenswelten entwickeln wird besonders an den in dieser Arbeit häufig bezuggenommenen Kontexten des St.Galler und des Münchner Ansatzes des evolutionären Managements sichtbar, vgl. Kieser/Woywode (2002), 281 u. Ringlstetter (1988)
[501] Kirsch (1997c), 169; Kuhn (1979), 210, Scherer (2002), 19 ff., Feyerabend (1980)
[502] Bezugnehmend auf die Minimal-Definition von Kirsch (1997c), 198, der sich ausführlich mit der Inkommensurabilität auseinandersetzt, 198 ff.; im betrieblichen Alltag äußert sich Inkommensurabilität in unter Umständen spannungsgeladenen Diskussionen zwischen so unterschiedlichen Kontexten wie Fertigung und Vertrieb oder Entwicklung und Marketing
[503] Kirsch (1997b), 429; allgemein zur „Identität von Unternehmen" vgl. Kirsch ebd., 428 ff.
[504] Habermas (1976), 26
[505] Vgl. Kirsch (1997b), 429

3.1.2 Die Identität von Unternehmen

Die ‚Identität' eines Unternehmens ist eine wesentliche Kategorie des unternehmenspolitischen Rahmens (siehe Abb. 17), den Kirsch und Trux wie folgt charakterisieren:

> „Im Mittelpunkt der Gestaltung des unternehmenspolitischen Rahmens steht das, was man in der Praxis häufig als Unternehmenspolitik bezeichnet. Im angelsächsischen Sprachraum wird hierfür der Terminus ‚Policy' verwendet. Die Formulierung übergeordneter Ziele und Unternehmensgrundsätze gehört ebenso zur Unternehmenspolitik in diesem Sinne wie die Bestimmung der Verfassung des Unternehmens ..."
>
> „Wenn man .. die strukturellen Gegebenheiten, die Verfassung, die Politik und nicht zuletzt auch die Kultur eines Unternehmens beschreibt, und mit jenen anderer Unternehmen vergleicht, dann kristallisiert sich sehr schnell ein Kern grundlegender Eigenschaften heraus, durch den dieses Unternehmen seine unverwechselbare Identität erhält ... Die Elemente der Unternehmensidentität strahlen kontinuierlich nach innen (auf die Mitarbeiter), aber auch nach außen auf die Umwelt aus. Diese ‚Ausstrahlung' produziert in der Öffentlichkeit ein spezifisches ‚Image', ein Abbild der Identität ..."
>
> „Unternehmenspolitik ist „... in den größeren Zusammenhängen des sozio-ökonomischen Feldes zu sehen, dessen Auswirkungen sich kein Unternehmen entziehen kann. Wir sprechen hier jene politischen, wirtschaftlichen, wissenschaftlichen und kulturellen Strömungen in der Gesellschaft an, die einen ‚Zeitgeist' zum Ausdruck bringen, den es bei der Gestaltung bzw. langfristige Entwicklung der Unternehmenspolitik zu erfassen gilt."
>
> Kirsch / Trux (1981), 333; 316 f.; 319 f.

Nach Kirsch kommt es darauf an, dass die drei Kategorien stimmig sind. So nützt es z.B. nichts, wenn über das Marketing ein progressives Image erzeugt wird, aber die Identität konservativ bleibt, im sozio-ökonomischen Feld andere Einstellungen bevorzugt werden.

Nach dem von Kirsch und Mitarbeitern vertretenen Ansatz gibt es grundsätzlich zwei verschiedene Perspektiven, die Außen- und die Binnenperspektive.

3.1.2.1 Außenperspektivischer Ansatz

Im außenperspektivischen Ansatz geht man als Beobachter im Sinne des in Kapitel 2.1 erläuterten Subjekt-Objekt-Modells von außen an das Untersuchungsobjekt Unternehmen heran. Ein beobachtetes Ereignis wird erklärt, wenn die entsprechende Beobachtungsaussage unter eine (empirisch bestätigte) allgemeine Gesetzesaussage über Regelmäßigkeiten subsumiert werden kann.

Abbildung 17: Kategorien eines unternehmenspolitischen Rahmens[506]

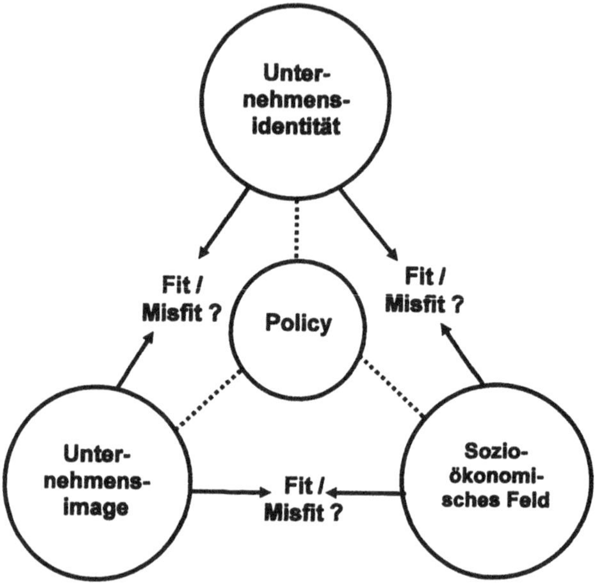

Quelle: Weber, J. (1985): 13

Dieses naturwissenschaftliche Vorgehen kann auch im sozialwissenschaftlichen Kontext angewandt werden. Im Zusammenhang mit der Unternehmensidentität könnte eine Hypothese lauten, dass finanziell erfolgreiche Unternehmen über eine ausgeprägtere Unternehmensidentität verfügen. Man sucht dann Variable, welche die Unternehmensidentität ausdrücken und misst deren Ausprägungen bei unterschiedlichen Unternehmen. Zugleich wertet man finanzielle Erfolgsdaten dieser Unternehmen aus. Im Anschluss werden die Ausprägungen der Variablen mit den Erfolgsdaten korreliert. Bei einer signifikant hohen Korrelation kann die Hypothese aufrechterhalten werden, sonst muss sie verworfen werden. Einen solchen für die Betriebswirtschaftslehre eher typischen Weg zur Ermittlung der Unternehmensidentität unternehmen die Autoren des im folgendem geschildertem Ansatzes. Nach Hans Raffée und Wolfgang Fritz sind es die „fundamentalen unternehmerischen Werthaltungen oder Grundhaltungen“, in den Unternehmen, die deren Identität wesentlich prägt.[507]

[506] Die Hauptaussage des Rahmens ist im Wesentlichen konstant geblieben. In neueren Veröffentlichungen stellt Kirsch anstelle der Policy das „Unternehmenspolitische Rahmenkonzept (Leitbild)“, Kirsch (2001), 520

[507] Raffée/Fritz (1992), 307

Auf der Basis der von Cuno Pümpin und Mitarbeitern[508] postulierten Grundorientierungen haben Raffée und Fritz zur Beschreibung des Selbstverständnisses von Unternehmen vierzehn Grundhaltungen entwickelt, die in der folgenden Abbildung ersehen werden können. Die Rangfolge ergibt sich aus einer im Winter 1989/90 durchgeführten Untersuchung.[509] Sie richtete sich an die jeweilige Geschäftsführung mit der Frage:

> „Die meisten Unternehmen verfügen über ein bestimmtes, oft unausgesprochenes Selbstverständnis (oder über eine bestimmte ‚Unternehmensphilosophie'). Bitte geben Sie an, in welchem Maße in den folgenden Aussagen das Selbstverständnis (oder die ‚Philosophie') Ihres Unternehmens zum Ausdruck kommt."
> Raffée/Fritz (1992), 309 i. Original kursiv

Es wird dabei davon ausgegangen, dass Unternehmen mehrere Grundorientierungen mit unterschiedlicher Ausprägung verfolgen können. Jedes Selbstverständnis wird als Indikator für eine Grundorientierung als Element der Unternehmensidentität interpretiert, das bei aktuellen Fragestellungen herangezogen wird und die Entscheidungen stark beeinflusst. Aus dem Befragungsergebnis stechen die kunden-, absatzmarkt- und verkaufsorientierten Grundhaltungen hervor. Auf vergleichsweise niedrigen Werten beruhen die mitarbeiterorientierte und innovationsorientierte Grundhaltung. Dies überrascht sehr, da in einer von Fritz durchgeführten Auswertung der Erfolgsfaktoren die Mitarbeiter und die Innovation Spitzenplätze belegten. Aus der Auswertung von 40 Studien ergab sich, dass die Mitarbeiter den größten Beitrag zum Erfolg von Unternehmen liefern.[510] Hierfür kann der Ansatz keine Erklärung liefern.

Als eine Anschlussfrage hierzu ergibt sich, ob nicht die Mitarbeiterorientierte Grundhaltung bei erfolgreicheren Unternehmen stärker ausgeprägt ist. Raffée und Fritz sind in derselben Untersuchung auch dieser Frage nachgegangen. Aus Abbildung 19 lässt sich ersehen, dass in der Tat sich darin erfolgreiche Unternehmen von weniger erfolgreichen unterscheiden. Alle Grundhaltungen bis auf die wettbewerbsorientierten sind bei erfolgreichen Unternehmen stärker ausgeprägt als bei weniger erfolgreichen.[511] D.h. auch die Mitarbeiterorientierung ist bei Erfolgreicheren stärker ausgeprägt, allerdings rangiert sie auch dort nur auf Rang 10.

---

[508] Vgl. Pümpin (1986) u. Pümpin/Kobi/Wüthrich (1985)

[509] Es wurden 417 Unternehmen nach einer „proportional geschichteten Zufallsauswahl" aus Adressen der HOPPENSTEDT-Wirtschaftsdatenbank angeschrieben, von denen 144 auswertbare Fragebögen mit einer Rücklaufquote von 34,5 %zurückkamen, davon über 88 % von mittleren Unternehmen mit 50 bis 500 Mitarbeitern, wobei diese überwiegend dem verarbeitenden Gewerbe zugehörten, Raffée/Fritz (1992), 305 ff.

[510] Vgl. Fritz (1990), 104, vgl. auch 4.1.3.1

[511] Vgl. Raffée/Fritz (1991), 1218; zum t-Test vgl. Schnell/Hill/Esser (1999), 413 f.

Abbildung 18: Selbstverständnis von Unternehmen[512]

Rang	Geäußertes Selbstverständnis und dahinter stehende Grundhaltung (in Klammer)	x	SD
1	„Wir sind ein Unternehmen, für das eine maximale Kundennähe, d.h. das dauerhafte Erkennen und Erfüllen aller Wünsche unserer Kunden oberste Leitmaxime ist." (Kundenorientierte)	5,82	0,95
2	„Wir legen größten Wert auf technisch perfekte Produkte." (Produkttechnische)	5,69	1,07
3	„Wir sind ein Unternehmen, das alle betrieblichen Vorgänge konsequent auf den Absatzmarkt und insbesondere auf den Kunden hin ausrichtet." (Absatzmarktorientierte)	5,45	1,08
4	„Wir verstehen uns als ein besonders verkaufsorientiertes Unternehmen." (Verkaufsorientierte)	5,28	1,20
5	„Die Optimierung aller Betriebsabläufe und vor allem die Perfektion unserer Produktionsverfahren sind für unser Unternehmen oberste Leitprinzipien." (Produktionsorientierte)	5,19	1,12
6	„Wir sind ein besonderes kostenbewusstes Unternehmen." (Kostenorientierte)	5,00	1,06
7	„Wir verstehen uns als ein Unternehmen, das besonderen Wert auf ein möglichst hohes finanzielles Ergebnis legt." (Finanzielle)	4,99	0,93
8	„Wir sind ein besonders innovationsfreudiges Unternehmen (z.B. durch die Einführung neuer Produkte)." (Innovationsorientierte)	4,78	1,32
9	„Wir sehen uns als ein Unternehmen, das eine besondere Verantwortung für den Schutz der natürlichen Umwelt trägt." (Umweltschutzorientierte)	4,51	1,44
10	„Für unser Unternehmen sind Wohlfahrt und Selbstverwirklichung unserer Mitarbeiter oberstes Gebot." (Mitarbeiterorientierte)	4,43	1,17
11	„Wir legen besonderen Wert darauf, uns umfassend am Verhalten unserer wichtigsten Konkurrenten zu orientieren." (Wettbewerbsorientierte)	4,14	1,46
12	„Wir sind in erster Linie ein technologieorientiertes Unternehmen." (Technologieorientierte)	4,09	1,66
13	„Wir sind ein Unternehmen, das auf die öffentliche Meinung großen Wert legt." (Öffentlichkeitsorientierte)	3,71	1,57
14	„Wir verstehen uns als ein Unternehmen, das einen Beitrag zur Lösung gesellschaftlicher Probleme zu leisten hat." (Gesellschaftsorientierte)	2,89	1,50
Quelle: Raffée / Fritz (1992), 309			

Bei den weniger erfolgreichen Unternehmen liegt die Mitarbeiterorientierung dagegen auf Rang 11, woraus geschlossen werden kann, dass eine höhere Mitarbeiterorientierung den finanziellen Erfolg (mit)verbessert. Dennoch bleibt damit insgesamt unbeantwortet, warum bei den Unternehmen die Mitarbeiterorientierung insgesamt nur nachrangig ausgeprägt ist. Zu den Untersuchungs-

[512] x gibt das arithmetische Mittel, SD die Standardabweichung an; es waren Ausprägungen von 1 bis 7 und Mehrfachnennungen möglich, vgl. Raffée/Fritz (1992), 309

ergebnissen kann nicht unerwähnt bleiben, dass daraus nicht folgt, dass jede Grundhaltung einen möglichen Erfolgsfaktor darstellt. Es bestehen möglicherweise Wechselwirkungen mit dem Erfolg. Einige Grundhaltungen können auch eine Folge des Erfolgs darstellen, der allerdings – zeitversetzt – auf lange Frist den Erfolg wiederum positiv beeinflussen kann.[513]

Abbildung 19: Unternehmerische Grundhaltungen in erfolgreichen und weniger erfolgreichen Unternehmen

Grundhaltung	Weniger erfolgreiche Unternehmen x	Rang	Erfolgreiche Unternehmen x	Rang	t-Werte	p
Kundenorientiert	5,34	1	6,09	1	-4,42	0,000
Produkttechnisch	5,24	2	5,97	2	-3,70	0,000
Absatzmarktorientiert	4,92	3	5,91	3	-5,44	0,000
Verkaufsorientiert	4,87	4	5,67	4	-3,66	0,000
Produktionsorientiert	4,68	5	5,59	5	-4,93	0,000
Kostenorientiert	4,68	5	5,23	7	-2,91	0,002
Finanziell	4,60	7	5,30	6	-4,28	0,000
Innovationsorientiert	4,19	8	5,15	8	-4,25	0,000
Umweltorientiert	4,17	9	4,79	9	-2,39	0,000
Mitarbeiterorientiert	3,98	11	4,71	10	-3,64	0,000
Wettbewerbsorientiert	4,17	9	4,12	13	0,20	0,421
Technologieorientiert	3,61	12	4,43	11	-2,37	0,010
Öffentlichkeitsorientiert	3,06	13	4,27	12	-4.74	0,000
Gesellschaftsorientiert	2,58	14	3,11	14	-1,99	0,024
Quelle: Raffee/Fritz (1991), 1217						

Betrachtet man die Frage zur mitarbeiterorientierten Grundhaltung näher, dann tritt zweierlei hervor. Zum einen ist zu vermuten, dass hinter der ‚mitarbeiterorientierten Grundhaltung' eine Vorstellung darüber existiert, was diese beinhaltet und wie diese erreicht werden kann. Es handelt sich also um ein theoretisches Konstrukt, das im Untersuchungsobjekt direkt nicht gemessen werden kann.[514] Mit der Wahl der Frage konkretisieren die Forscher ihre theoretischen Vorstellungen. In der Aussage „Für unser Unternehmen sind Wohlfahrt und Selbstverwirklichung unserer Mitarbeiter oberstes Gebot" lässt sich unschwer folgende Hypothese erkennen: Je mehr für die Wohlfahrt und die Selbstverwirklichung der Mitarbeiter getan wird, umso mehr liegt eine mitarbeiterorientierte Grundhaltung vor. Da der Einsatz für ‚Wohlfahrt' und ‚Selbstverwirklichung' offensichtlich unterschiedlich hoch ausgeprägt sein kann, handelt es

513 Vgl. Raffée/Fritz (1991), 1217

514 Zum Thema Messung vgl. Schnell/Hill/Esser (1999), 121 ff., Bronner/Appel/Wiemann (1999), 39 ff.

sich hierbei um „Variablen“.[515] Im Fragebogen wurden Ausprägungen von 1 als niedrigstem Wert bis 7 als höchstem Wert zugelassen. Die Hypothese basiert darauf, dass die Variablen Wohlfahrt und Selbstverwirklichung die von den Mitarbeitern meist gewünschten Themen beinhalten, ferner, dass die größte Ausprägung dieser Variablen die größtmöglichen Effekte für die Mitarbeiter erbringen. Nun sind aber auch Wohlfahrt und Selbstverwirklichung selbst nicht direkt messbar. Man überlässt es den Befragten, diese zu interpretieren, zu kombinieren und mit der für sie gegebenen Ausprägung zu versehen. Ein wesentliches Gütekriterium der Messung ist, ob diese auch misst, was sie messen soll („Validität“).[516] Diese erscheint angesichts obiger Argumentationen fragwürdig.

Bei dem nun folgendem Perspektivenwechsel wird die Beobachterrolle aufgegeben. Es ist nun notwendig, an den sozialen Interaktionen im Unternehmen teilzunehmen. Es geht darum, die in den Unternehmen verwendete Sprache zu erlernen, um ein kompetenter Teilnehmer der Lebenswelt Unternehmung zu werden. Ferner geht es darum, sich die Regeln anzueignen, die „den sprachlichen, aber auch den nicht-sprachlichen Äußerungen zugrunde liegen. Man kann auch sagen: Verstehen setzt eine Regelpartizipation voraus.“[517] Doch bevor versucht werden kann, die offene Frage nach der schwach ausgeprägten Mitarbeiterorientierung im binnenperspektivischen Ansatz zu beantworten, geht es zunächst darum den Ansatz von Kirsch und Mitarbeitern allgemein, d.h. noch ohne einen direkten Bezug zu einem bestimmten Unternehmen nachzuvollziehen. Einer möglichen Antwort nach der Frage nach der Mitarbeiterorientierung wird in Teilabschnitt 3.1.2.4 nachgegangen.[518]

3.1.2.2 Binnenperspektivischer Ansatz

Für Kirsch und Mitarbeiter spielt eine große Rolle wie die Identität eines Unternehmens durch soziales Handeln entsteht. Sie bauen dabei mit Einschränkungen[519] auf der Theorie kommunikativen Handelns von Jürgen Habermas

---

[515] Variablen sind definiert als „zusammenfassende Begriffe für verschiedene Ausprägungen“, Schnell/Hill/Esser (1999), 124

[516] Schnell/Esser/Fehlbaum (1999), 148

[517] Kirsch (1997c), 20

[518] Der außenperspektivische Ansatz könnte noch durch andere Typologien oder Grundhaltungen - vgl. Miles/Snow (1978), Kirsch/ Trux (1981), Fröhlich/Pichler (1988) - angereichert werden, die von Raffée/ Fritz (1992), 307 nicht gewählt wurden, weil ihnen der Ansatz von Pümpin und Mitarbeitern für ihren Zweck, Grundorientierungen aufzuzeigen, stimmiger erschien; da diese und andere vgl. Mugler (1998), 27 f. keinen unmittelbaren Erkenntnisgewinn in Bezug auf die Bedeutung von Personal bzw. Human Capital liefern, werden sie hier nicht weiter vertieft

[519] Z.B. die in 3.1.1 erwähnte Inkommensurabilität, die eine vollständige Ineinanderüberführung von Kontexten erschwert oder verunmöglicht, ferner eine Distanzierung von einer strikten Trennung der von Habermas geprägten Kategorien von System und Lebenswelt, die im folgenden noch erörtert werden; vgl. hierzu die Kritik von Kynphausen (1988), 54 ff. Die Be-

auf.[520] Nach Habermas kommt eine soziale Ordnung durch Koordinierung der Handlungen beteiligter Personen zustande. Er unterscheidet zwei Formen der Handlungskoordination: „Einflussnahme“ und „Einverständnis.“ Eine Einflussnahme liegt vor, wenn ein Aktor andere Aktoren als „Objekte“ seiner Umwelt betrachtet. Einverständnis liegt hingegen vor, wenn Aktoren andere als „Ko-Subjekte“ sehen und eine gemeinsame Deutung der Situation herbeiführen. Bei der Einflussnahme versucht ein Aktor anderen seine Weltauffassung mehr oder weniger aufzuzwingen, ohne auf deren Kontexte einzugehen. Im Extremfall betätigt er sich als „Kontextpartisan“ – so die Übersetzung von Kirsch des von Lindblom eingebrachten Begriffs „Partisan Decision Maker“[521], der seine Wahrheit als absolut setzt und die Wahrheitsauffassungen anderer nicht gelten lässt. Einverständnis liegt hingegen vor, wenn die beteiligten Personen auf drei Ebenen eine gemeinsame Situationsdefinition hergestellt haben.[522] Eine solche liegt vor, wenn die gemachten Aussagen „wahr“, „richtig“ und „wahrhaftig“ sind.

> „Sieht man von dem Geltungsanspruch der Wohlgeformtheit des jeweils verwendeten symbolischen Ausdrucks einmal ab, so werden nach Habermas mit einer Äußerung implizit oder explizit drei Geltungsansprüche erhoben, nämlich der Anspruch, (1) dass die gemachte Aussage wahr ist (bzw. dass die Existenzvoraussetzungen eines erwähnten propositionalen Gehalts tatsächlich erfüllt sind), (2) dass die intendierte Handlung in bezug auf einen geltenden normativen Kontext richtig (bzw. dass der normative Kontext, den sie erfüllen soll, selbst legitim) ist und (3) dass die manifeste Sprecherintention so gemeint ist, wie sie geäußert wird. Mit dem Geltungsanspruch der Wahrheit (1) bezieht sich der Autor auf etwas in der objektiven Welt, mit dem Geltungsanspruch der Richtigkeit (2) auf etwas in der sozialen Welt und mit dem Geltungsanspruch der Wahrhaftigkeit (3) auf etwas in seiner subjektiven Welt.“
> Kirsch (1997c), 46

Im Modell kommunikativen Handelns ist ein Bezug zu allen drei Welten gegeben. Im Dissens müssen Aktoren sich über alle drei Geltungsansprüche austauschen und dadurch freiwillig eine gemeinsame Handlungskoordination herbeiführen. Eine **Lebenswelt** ist nun dadurch gekennzeichnet, indem immer wieder auf **alle drei Dimensionen** der **Rationalität** rekurriert wird, wobei kommunikative Rationalität mehr ist, als nur kognitiv-instrumentelle Rationalität, weil hier nicht nur deskriptiv-propositionelles Wissen, sondern ebenso „normenreguliertes Handeln“ und „expressive Selbstdarstellungen“ rationalisie-

---

ziehung von System und Lebenswelt wird unter Rekurrierung auf die Quanten-Physik Niels Bohrs als Komplementarität betrachtet, vgl. Knyphausen (1988), 112 f. Es bedarf einer Art „Gestalt-Switch“, Brantl (1985), 71, um das aussenperspektivisch beobachtbare System und die binnenperspektivisch verstehbare Lebenswelt ineinander überzuführen, um so das Ganze sehen zu können, vgl. Knyphausen, ebd.

[520] Kirsch (1997c), 41 ff., Brantl (1985), 161 ff., Weber J. (1985), 80ff., Habermas (1981a, 1981b, 1984)

[521] Kirsch (1997c), 85, Lindblom (1965)

[522] Vgl. Habermas (1981a), 385

rungsfähig, d.h. kritikfähig sind.[523] Da Geltungsansprüche differieren können, müssen diese wiederkehrend im Diskurs ausgerichtet werden. Um ständiges langwieriges Aushandeln zu vermeiden kommt es zur Generierung von „Kommunikationsmedien" wie Geld oder Amtsmacht, die eine Konsensbildung der dreidimensionalen kommunikativen Rationalität durch eine eindimensionale Zweck-Mittel-Rationalität ersetzen. Moralische und ästhetische Aspekte des Handelns brauchen nicht länger berücksichtigt werden.[524]

Diese „entsprachlichten" Kommunikationsmedien erweisen sich als problematisch, da sie einen von „Norm und Werten, von sprachlicher Konsensbildung überhaupt weitgehend abgehängten sozialen Verkehr [darstellen; J.G.] – vor allem in jenen Subsystemen zweckrationalen Wirtschafts- und Verwaltungshandelns, die sich gegenüber Kontexten der Lebenswelt verselbständigt haben."[525] Da die Angehörigen einer intakten Lebenswelt diese als „Ressource verständigungsorientierten Handelns im Rücken" haben, können die Restriktionen einer Situation „im Bezugssystem der drei formalen Weltbegriffe nach Tatsachen, Normen und Erlebnissen" zugeordnet werden.[526] Während in archaischen Gesellschaften die Handlungen der Teilnehmer noch vorrangig durch kongruente Handlungen koordiniert waren, kommt es im Zuge der gesellschaftlichen Evolution zur Koordination von Handlungsfolgen, die nur noch begrenzt auf eine solche Kongruenz angewiesen ist. Nichtsprachliche Medien wie „Geld" oder „Macht" übernehmen die Koordination von Handlungsfolgen innerhalb der Märkte bzw. in hierarchischen Instanzen. Es bilden sich komplexe Systeme aus, deren Handlungskoordination über nicht-sprachliche Medien läuft und damit der Abstimmung der Mitglieder der Lebenswelten entzogen sind. Es kommt zu einer „Abkopplung der Interaktion von lebensweltlichen Kontexten...unter Umgehung sprachlicher Konsensbildungsprozesse... Die Lebenswelt wird für die Koordinierung von Handlungen nicht länger benötigt."[527]

Im Zusammenhang mit der Erstarkung der Systeme kommt es im Zuge einer „Mediatisierung der Lebenswelt" zu „sozialpathologischen Formen einer inneren Kolonialisierung," die sich beispielsweise durch eine zunehmende „Verrechtlichung" der Gesellschaft äußert.[528] Für Unternehmungen bedeutet dies, dass deren konstitutive Medien wie Amtsmacht und Geld in der Lebenswelt

---

[523] Brantl (1985), 174; nicht nur das „theoretische oder kognitiv-instrumentelle Wissen, sondern auch das moral-praktische und das ästhetisch-expressive bzw. (synonym) ästhetisch-praktische Wissen" unterliegt der „Konzeption, Rationalität auf Kritisierbarkeit zurückzuführen", Kirsch (1997c), 54

[524] Über Kommunikationsmedien wird eine „strategische Einflussnahme" auf Interaktionspartner genommen, Habermas (1981b), 273

[525] Habermas (1984), 604

[526] Habermas (1984), 589 f.

[527] Habermas (1981b), 273

[528] Habermas (1981b), 452 u. (1981a), 366; hierunter fällt m.E. auch die staatliche Überregulierung, der sich mittlere Unternehmen besonders ausgesetzt sehen, vgl. Hamer (2001)

verankert werden müssen, weil es sonst zu Sinn- und Orientierungskrisen der Mitarbeiter kommen kann, die sich dysfunktional auf die Leistung niederschlagen.[529] „Gewinnerzielung allein ist kein Ziel, das hinreichend Legitimation schafft."[530] Die durch Peters und Waterman aufgestellte Forderung nach einem „sichtbar gelebten Wertsystem"[531] löste nicht ohne Grund vielfache Bemühungen um eine Unternehmenskultur aus, in der ein solches verankert werden sollte. Kirsch und Knyphausen fordern darüber hinaus, dass neben der Verankerung in der derivativen Lebenswelt Unternehmung zusätzlich eine Verankerung in der originären Lebenswelt erfolgen müsse.

Die Institution Unternehmung muss gesellschaftlich legitimiert sein, wenn sie nicht die Unterstützung der Lebenswelt verlieren will.[532] Die von Habermas eingeleitete Ausdifferenzierung des Rationalitätsbegriffes durch eine Ergänzung der seit Max Weber einseitig forcierten Zweckrationalität um die Wertrationalität moralisch-praktischer und moralisch-ästhetischer Fragestellungen hat im Münchner Kontext positive Resonanz gefunden. Allerdings stößt der Ansatz im Bezug auf die Unternehmer auf Grenzen. Unternehmer zeichnen sich ja gerade dadurch aus, dass sie Bestehendes in Frage stellen und Neues wagen.[533]

> „Das Besondere und auch das Neue hat [im herrschaftsfreien Diskurs; J.G.] zu wenig Raum. Die Imagination, die Einbildungskraft ... bleibt außerhalb der Subsumptionslogik, der das Allgemeine .. schon vorgegeben ist, und in der das Besondere dem Allgemeinen nur subsumiert, d.h. unterworfen werden kann... Das Neue und das Schöpferische ist gerade das, was den wohlsituierten Konsens des bürgerlichen Heldenlebens immer wieder in Frage stellen, herausfordern, zerstören muß. Habermas' Diskurstheorie kann nicht Antwort geben auf die Frage Max Webers: Woher kommt denn in dieser verharzten Welt das Neue? Koslowski (1986), 14[534]

Nur Bekanntes lässt sich in Diskursen umfassend begründen. Erst im nachhinein liegen die Maßstäbe bereit, die dieses den Spielregeln prinzipieller Vernunft ‚vorweggenommene' Handeln als rational ausweisen könnte. Davor ist es lediglich eine „transzendierende Vision", welche die etablierten Kontexte der Wahrnehmung und Subsumption transzendiert.[535] Eine solche, aus der Einmaligkeit der Situation entstehende Vision kann auf „ästhetische Rationalität" bauen.

---

[529] Kirsch/Knyphausen (1997), 139

[530] Nach Malik (2002), 130 liegt „in der Erbringung einer wirtschaftlichen Leistung für den Markt und für die Gesellschaft .. die Legitimation des Unternehmens...Der Kunde kauft und bezahlt nicht, damit das Unternehmen einen Gewinn erzielt, sondern weil er eine Leistung erhält"

[531] Peters/Waterman (1993)

[532] Vgl. Kirsch/Knyphausen (1997), 140

[533] Vgl. Kirsch (1997c), 418 ff u. 551ff.

[534] Zitiert in: Kirsch (1997c), 552

[535] Kirsch (1997c), 440

„Der Aktor handelt *wahrhaftig*; sein Handeln bringt in authentischer Weise seine aktuelle Bedürfnislage zum Ausdruck. Der Aktor handelt als Subjekt, das mit seinem Handeln einen Ausschnitt aus der nur ihm privilegiert-zugänglichen ‚inneren' Welt seiner selbst nach außen hin artikuliert – ohne freilich in *unmittelbarer* Weise intersubjektiv verständlich machen zu können." Knyphausen (1988), 157

Auch ohne Bezug zur ästhetischen Rationalität gehen Kirsch und Mitarbeiter mit der von dem Philosophen Helmut Spinner proklamierten „Doppelvernunft" konform, die eine „prinzipielle Rationalität" von einer „okkasionalen Rationalität" unterscheidet, die sich nur in den Gegebenheiten einer konkreten Situation entfaltet.[536] Sie begründen wie Paul Feyerabend, dass auch erfolgreiche Wissenschaftler, gerade wenn sie als intime Kenner und kompetente Teilnehmer ihrer Forschungstradition und der darin enthaltenen Prinzipien und Regeln an deren Grenzen stoßen und diese überwinden.[537]

„Erfolgreiche Wissenschaftler verlassen sich in der konkreten Situation auf ihren gesunden Menschenverstand. Sie verhalten sich rational gerade nicht deshalb und dadurch, dass sie sklavisch tradierte Regeln und Prinzipien anwenden: Sie machen „New Game"... und handeln ausschließlich situationsbezogen. Da jede Situation anders ist, gibt es – so Feyerabend – auch keine für alle jeweils auftretenden Situationen brauchbaren Regeln und Prinzipien. Erfolgreiche huldigen wohl dem, was als ‚okkasionale Rationalität' bezeichnet werden kann." Kirsch (1997c), 474

Unternehmer stehen häufig vor solchen Situationen. Das im Zitat erwähnte ‚New Game' bezieht sich darauf, wenn die Regeln einer Branche neu interpretiert werden und im Erfolgsfall sogar neu geschrieben werden. Ein Beispiel ist der Gründer der Wienerwald-Gaststätten Friedrich Jahn. Entgegen der in 1960er Jahren üblichen Vollgastronomie bot er nur ein sehr begrenztes Spektrum an Speisen an und setzte mit sehr großem Erfolg auf Massenattraktivität und wurde zu einer Art deutscher Vorläufer von McDonalds.

Mit der Kennzeichnung einer Lebenswelt durch ständige Rekurrierung auf jede der drei Dimensionen von Rationalität – objektive Wahrheit, soziale Richtigkeit, subjektive Wahrhaftigkeit-, deren Zerstörung durch Abkopplung von eindimensionalen Kommunikationsmedien und der Forderung, diese sowohl in der derivativen Lebenswelt der Unternehmen als auch der in der originären der Gesellschaft zu verankern und der Begrenzung des Diskurses bezüglich der Entstehung von Neuem und der Annahme von okkasionaler Rationalität für dasselbe sind wesentliche Aspekte des binnenperspektivischen Ansatzes von

---

[536] Spinner (1980), 40; vgl. Kirsch (1997c), 474 ff., Bretz (1988), 278 ff.

[537] Vgl. Kirsch (1997c), 474 ff.; Geißler (2000), 39 f. sieht in Ergänzung zu Kirsch in der okkasionalen Rationalität eine „auf das aktuelle Hier und Jetzt schauende und nicht auf die Aufdeckung allgemeiner Prinzipien interessierter Rationalität." Sie ergänzt „die auf Wahrheit zielende ‚*prinzipielle* Rationalität', indem sie statt Wahrheit Wahrhaftigkeit und *ästhetische Stimmigkeit* von Gefühlen, Überlegungen und Handlungen zum zentralen Kriterium macht und deshalb auch *ästhetische* Rationalität bezeichnet werden kann." Sie ist damit „ein Kernstück dessen, was [.] als Wertrationalität" charakterisiert ist (siehe hierzu 3.1.2.3)

Kirsch und Mitarbeitern benannt worden. Hiervon ausgenommen sind die Unternehmensautonomie und die Sinnmodelle, die noch vertieft werden (siehe 3.2.3 bzw. 3.1.3). Um die Identität eines fokalen Unternehmens zu ergründen, muss mit den Teilnehmern eines Unternehmens eine „Selbstbeschreibung" erarbeitet werden. Aus der Zusammenfassung lebensweltlicher Regeln und Prinzipien ergibt sich die Identität eines Unternehmens als ein formiertes Leitbild, das für Teilnehmer auch in den „Oberflächenstrukturen sprachlicher Äußerungen" im Unternehmen zu finden ist. Dahinter – in der „Tiefenstruktur" verbirgt sich jedoch der eigentliche Sinn und Zweck des Unternehmens in „Selbstverständlichkeiten". Es handelt sich dabei um das „Weltbild" aus Unternehmenssicht, das Kirsch mit „weltbildartige Organisationssicht" benennt. Solche Selbstverständlichkeiten kommen durch „Sinnmodelle" zum Ausdruck, die eine modellhaft vereinfachte Abbildung dieser Selbstverständlichkeiten darstellen.[538] Im folgenden Abschnitt geht es darum, den binnenperspektivischen Ansatz zu konkretisieren. An sich kann dies nur im Einzelfall eines fokalen Unternehmens erfolgen. Da ein solches nicht Gegenstand dieser Arbeit ist, bringt der Verfasser seine als Teilnehmer mittlerer Unternehmen gewonnenen Erfahrungen durch Rekurrierung auf andere „interpretative Ansätze" [539] ein, die im Münchner Ansatz – soweit erkennbar – nicht vertreten sind wie der Ansatz von Edgar Schein.

3.1.2.3 Identität bei Unternehmensgründung

Die Unternehmensgründung ist aus binnenperspektivischer Sicht von vielfältigem Interesse: Es beginnt ein Prozess der Lebensweltbildung und damit die Bildung von Unternehmensidentität. Es kommt ein mehr oder weniger bewusstes zukunftgerichtetes Leitbild zum Tragen, das im Sinne der Unternehmenshistorie später vielfach nur noch als ein formiertes, geschichtlich gewordenes Leitbild rekonstruiert werden kann. Mit der Gründung wird ein wie auch immer geartetes Neues realisiert, das nicht oder nicht so ohne weiteres in bisherige Schemata eingeordnet werden kann. Eng damit verbunden sind Antworten auf die Frage, was die treibende Kraft zur Gründung des Unternehmens darstellt. In den folgenden Teilabschnitten werden unterschiedliche Zugänge zum Verständnis der Identität hergeleitet.

3.1.2.3.1 Lebensweltbetrachtung nach Habermas

Für die Lebenswelt der Unternehmung ist bei der Gründung zweierlei sehr bedeutsam: (1) die Lebenswelt der Gründerfamilie ist zugleich die Lebenswelt des Unternehmens. (2) Die subjektive Welt des Unternehmers kann sich an exponierter Stelle voll entfalten.

---

538 Kirsch (1997c), 370 f.

539 So wie sie im Bezugsrahmen von Burrell und Morgan als Interpretatives Paradigma definiert sind, Scherer (2002), 16 und Kieser (2002e); siehe auch 2.2.2.4

Zu (1): Unternehmer entstammen einer originären Lebenswelt und haben vor der Gründung oft erst in derivativen Lebenswelten anderer Unternehmen Erfahrungen gesammelt. Sie bleiben – auch wenn das neue Unternehmen sie immer mehr in Anspruch nimmt - der originären Lebenswelt verbunden, wenn nicht direkt so doch über die Familie. Damit haben auch die Werte und Prinzipien aus der originären Lebenswelt im Unternehmen wie ‚selbstverständlich' ihren Platz. Über die Einhaltung und Verfolgung dieser Werte kommt es auch zu einer Attraktion für Mitarbeiter, die diese Werte teilen, wobei darüber – so ist jedenfalls eine Erfahrung des Verfassers – nicht viel darüber gesprochen wird. Ein Diskurs im Sinne von Habermas findet jedenfalls in der Regel kaum statt. Im Familienunternehmen gehören Mitarbeiter im weiteren Sinn zur Familie.[540] Praktisch ist es oft auch so, dass die Familie des Unternehmers und Familien der Mitarbeiter lokal oder auch regional viele Berührungspunkte in ihrem privaten Leben haben. Auch wenn sich mit der Zeit eine eigene Lebenswelt des Unternehmens herausbildet, sie bleibt der originären viel stärker verbunden als bei einem formalen Unternehmen mit einer abgegrenzteren derivativen Lebenswelt (zur Unterscheidung personal – formal siehe die Abschnitte 2.3.5 ff.).

Zu (2): Der Unternehmer hat als Gründer – oder oft auch als Nachfolger, wenn er eine Neuausrichtung eines Unternehmens erfolgreich durchgeführt hat – bewiesen, dass er etwas in die Wege bringen kann, wo ihm mehr oder minder alle abgeraten haben. Frustrationserlebnisse als Vorstand bei einem großen Finanzdienstleister bewogen zum Beispiel Klaus Dieter Trayser ein Unternehmen mit anderen Rahmenbedingungen zu gründen. Anstelle des Verkaufens teuerer Produkte mit geringem Nutzen sollten Kunden die bestmögliche Beratung für ihre Vermögensbildung erhalten, zugleich sollten Mitarbeiter ohne Einschränkung ihre christliche Ethik leben können. Darüber hinaus sollte mit dem Unternehmen ein dem Gemeinwohl verpflichtetes Engagement eingegangen werden. Alle rieten ihm ab, seine „sozialromantischen Wunschvorstellungen ohne Aussichten auf wirtschaftlichen Erfolg" umzusetzen, dennoch gelang es überzeugend.[541] Solche oder ähnliche Erfahrungen wussten alle Unternehmer, die der Verfasser kennengelernt hat, zu berichten. Etwas in irgendeiner Weise Einmaliges, außerhalb von gängigen Schemen durchgesetzt zu haben, erhöht die Glaubwürdigkeit enorm. Das was sie sagen ist nicht nur im Sinne der moralisch-ästhetischen Weise stimmig, es hält – da es funktioniert - auch einer objektiv rationalen Kritik stand. Allerdings verführt ihre starke Stellung zu einer autoritären Haltung, mit einer Neigung, andere Kontexte immer weniger wahrzunehmen und einen sozialen Abstimmungsvorgang nicht mehr zuzulassen.[542]

Hierzu bieten die Ansätze von Petersen und Wunderer Zugänge an.

---

[540] Vgl. Meyer (2003), 102
[541] Vgl. Trayser (2005), 437
[542] Sie handeln dann vielfach wie ein Kontextpartisan im Sinne Lindbloms (1965)

3.1.2.3.2 Führungsverhalten nach Petersen und Wunderer

Im Sinne der Definition von autoritärer Führung von Wunderer (siehe Abb. 20) nehmen bei der oben ausgeführten Haltung Kooperation und Partizipation ab:

Abbildung 20: Führungsstile nach Wunderer

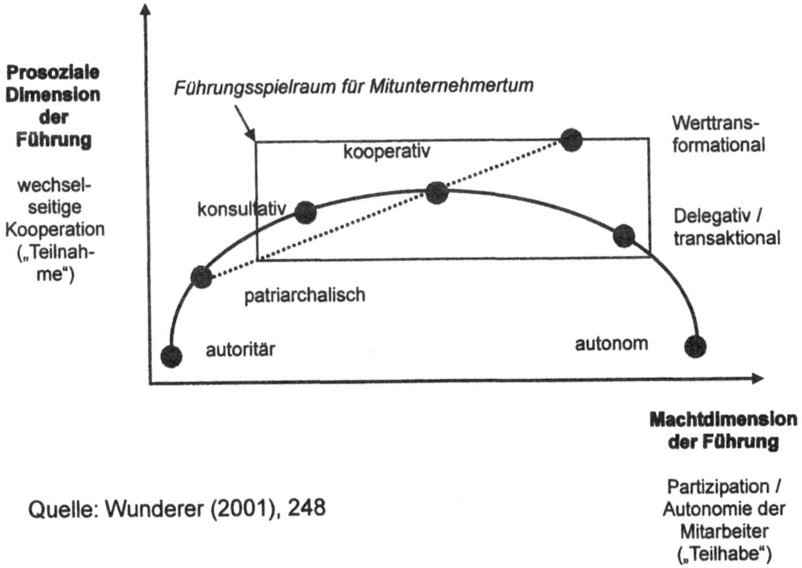

Quelle: Wunderer (2001), 248

Mitarbeiter können weder an den Abstimmprozessen „teilnehmen" noch mit eigenen Beiträgen „teilhaben". Es fehlen Austausch und Einflussmöglichkeiten.[543] Es kommt zu einer Monologisierung, die im folgenden Ansatz von Petersen verdeutlicht wird.

In einer an Extrempositionen orientierten Gegenüberstellung von „monologischem und dialogischem Führungsverhalten", wählt Petersen in der mittleren Spalte von Abbildung 21 Charakterisierungen, die für viele mittlere Unternehmer voll oder zumindest von der Tendenz her zutreffen.[544]

---

[543] Vgl. Wunderer (2001), 242 ff.; eine solche Kommunikation und in gewisser Weise auch Partizipation ist nach Schein am Anfang mit der Kerngruppe gegeben

[544] Vgl. Petersen (2003), 363 ff.

Abbildung 21: Monologisches und dialogisches Führungsverhalten nach Petersen

	Monologisch-ausgelegtes Führungsverhalten – Führung als *einseitige Wahrnehmungsvermittlung*	**Dialogisch-aufklärerisches Führungsverhalten – Führung als *gemeinsame* Wahrheitssuche**
Charakteristika	Führung als einseitige top-down ausgelegte Anordnung und Kontrolle; es gibt nur eine Wahrheitsquelle („Wahrnehmer" und „Falschnehmer"). Monologische Führung zeichnet sich häufig durch emotionale Abhängigkeit des Geführten von der „Vaterfigur" ab.	Führung als *gemeinsamer* Versuchs- und Irrtumsprozess; Führer und Geführte sind *gleichberechtigte* Wahrheitsquellen. Dialogisch-aufklärende Führung lässt sich durch ein rationales und unabhängiges Miteinander-Suchen kennzeichnen. Es wird die gegenseitige Abhängigkeit erkannt und als Anlass genommen, bilaterale Verlässlichkeit zu ermöglichen
Indikatoren	Verhältnis „Vater"-„Sohn" oder „Lehrer"-„Schüler" Vorgabe und „patriachalisch-liebevoll" ausgelegte strenge Kontrolle von Zielen, einseitige Kommunikatioin, *nicht hinterfragbares Wahrheitsmonopol* des Führenden, oftmals begünstigt durch Verehrung der „Vater-Figur" und unbedingte Loyalität sowie „vorauseilenden Gehorsam"	Verhältnis von *Partnern* auf dem Wege zu einer erfolgreichen Problemlösung des Ganzen, gemeinsames Ausprobieren von Möglichkeiten. Es herrscht ein „dialogisches Grundverständnis" vor, das sich durch eine Bereitschaft zur offenen Argumentation und einem Miteinander-Lernen auszeichnet. Der Führende lässt sich hinterfragen, fördert auch aus eigenem Interesse (Abgleich Selbstbild-Fremdbild) Feedback, Kritik sowie Beurteilung und Führung von unten nach oben. Es besteht kritische Loyalität zum Führenden und Souveränität. Querdenkertum wird als Chance zur Verbesserung der Problemlösungskompetenz der Organisation aufgefasst und gefördert
Absichten/ Zielvorstellungen	Bewahren des Bestehendend. Vermeidung von Komplexität. Verweis auf die permanente *monologische* Gestaltbarkeit momentaner und zukünftiger Herausforderungen.	Einerseits kritisches Hinterfragen des Bestehenden und andererseits neugieriges Bejahen der Komplexität des Organisationsalltages. Beiderseitiges Vertrauen in die *dialogische* Gestaltungskompetenz am Beispiel von Querdenkertum und „Führung von unten".

		Es besteht ein *moralischer Vertrag* als Grundlage der Vertrauensbeziehung
Bestrafungsmodi	In der Regel führen Verstöße gegen formale Regeln zu Bestrafung von „oben“ in Form konkreter Strafen oder einfach durch „Liebesentzug“ in von Form von Ignorierung etc...	Vor allem Verstöße gegen Prinzipien des Vertrauens, der Solidarität, der Loyalität, des Gemeinsinns und der Gemeinschaftsdienlichkeit, kurz: gegenüber dem *moralischen Vertrag* sind Anlass für Sanktionen bspw. in Form von Vertrauensverlust.
Quelle: Petersen (2003), 374 f.		

3.1.2.3.3 Unternehmenskulturmodell nach Schein

Da die subjektive Wahrheit der Unternehmer – sie tun, was sie sagen und sie sagen, was sie tun – auch objektiv funktionell bzw. instrumentell nachvollziehbar ist, da das Unternehmen ja erfolgreich prosperiert und sich – häufig unter Vernachlässigung des Privatlebens bis hin zu einem altruistischen Einsatz für das Unternehmen - die Unternehmer hundertprozentig mit ihren Unternehmen identifizieren, kommt es zu einer überzeugenden Authentizität, der die Mitarbeiter Gefolgschaft leisten.[545] Seine Leitgedanken für das Unternehmen, sein weniger ausgesprochenes als vielmehr gelebtes Leitbild wird zur Identität des Unternehmens an der sich alle orientieren.[546] Dies umso williger, wenn der Unternehmer – im Kontext des von Wunderer formulierten Konzepts „unternehmerischer Schlüsselqualifikationen – auch ‚Herz' zeigt, d.h. sich sozialkompetent verhält und kooperative Selbstorganisation nicht nur zulässt, sondern sie gezielt fördert.[547] Im organisationspsychologischem Kontext von Edgar Schein handelt es sich bei den Leitgedanken des Gründers um die Grundannahmen oder Grundvoraussetzungen („basic underlying assumptions“) einer Unternehmenskultur. Schein differenziert in seiner Analyse drei Ebenen, die in Abbildung 22 ersichtlich sind. Im Gegensatz zu anderen Kulturforschern, welche

---

[545] Nach Goffee/Jones (2006), 59 f. steht Authentizität, mit der sowohl Manager als auch Mitarbeiter Aufrichtigkeit, Ehrlichkeit und Integrität verbinden, wieder hoch im Kurs. Die Autoren konstatieren: „Leider ist diese Art von Authentizität nicht besonders verbreitet.“ Ähnlich Meyer (2003), 103

[546] Ähnlich hierzu Kirsch (1997c), 369 der mit Bezug auf Bretz (1988), 56 ff. u. 69 ff. in dieser altruistischen Identifikation mit dem Unternehmen ein neues Verständnis der charismatischen Führung sieht. Dies kommt auch in der Mittelstandsumfrage 2003 zum Ausdruck. Mehr als zwei Drittel der Risikounternehmer bejahten die Aussage „Die Firma ist mein Leben“, Watt (2004), 41, vgl. auch Fn 20

[547] Wunderer (1999), 43. In Fn 41, ebd., verweist Wunderer darauf, dass das dreidimensionale Konzept unternehmerischer Schlüsselqualifikationen „Strategieorientierte Problemlösung“, „kooperative Selbstorganisation“ und „Effiziente Umsetzung“ erstaunliche Parallelen zu den drei Kategorien pädagogischer Beeinflussung von Heinrich Pestalozzi über Kopf, Herz und Hand beinhalten

die Werte („basic values“) einer Kultur als die tiefste Ebene sehen, bevorzugt Schein das Drei-Ebenen-Schema, wobei er davon ausgeht, dass Werte diskutiert und von den Kulturmitgliedern angenommen oder abgelehnt werden können. Dagegen sieht er die Grundannahmen als selbstverständlich („be taken for granted“) und als nicht verhandelbar („treated as nonnegotiable“) an.[548] Interessanterweise gehen Kirsch und Mitarbeiter auch von einem Drei-Ebenen-Schema mit ähnlichen Zuordnungen aus, ohne Bezug auf Schein zu nehmen. In der darauf folgenden Abbildung sind beide Sichtweisen gegenübergestellt.

Abbildung 22: Ebenen der Unternehmenskultur nach Schein

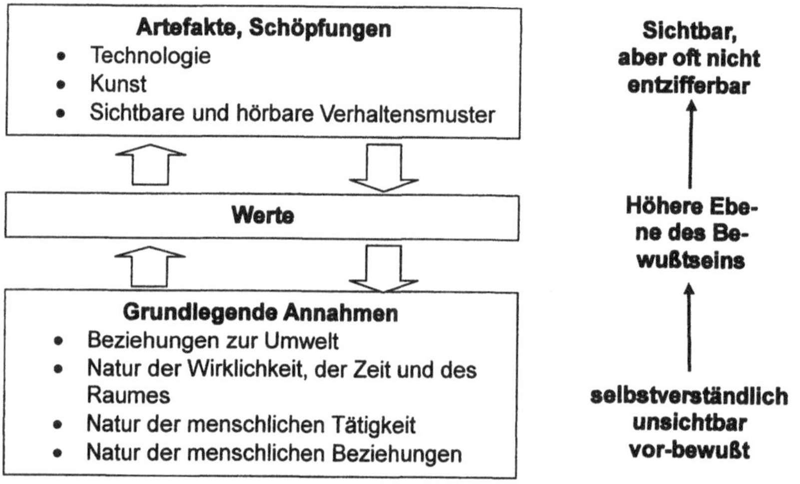

Quelle: Rosenstiel (1999), 95 auf der Basis von Schein (1997a), 17 ff.

In der Unternehmung beobachtbare Erscheinungen haben mit Bezug auf die Unternehmenskultur nicht nur einen funktionalen, zweckrationalen Aspekt, sondern immer auch einen symbolischen, wertrationalen Aspekt der im Unternehmen vertretenen Werte und soweit überhaupt noch erkennbar, des dahinterstehenden Weltbildes. Die Zuordnung von ‚Grundannahmen' bei Schein und von ‚Weltbild' bei Kirsch auf Ebene 3 findet eine Konkretisierung über die von Kirsch entwickelten Sinnmodelle (siehe 3.1.3.1). Die im Unternehmen vertretene Wertschätzung von Mitarbeitern kommt sichtbar zum Ausdruck z.B. in der Größe und Ausgestaltung der Büro- und Arbeitsräume, der Arbeitsmittel, in den Mitarbeitertoiletten und –waschräumen usw.

[548] Schein (1997a), 16 ff.

Abbildung 23: Drei-Ebenen-Schema nach Kirsch und Schein

	Ebene 1	Ebene 2	Ebene 3
Kirsch u. Mitarbeiter 1) [549]	**Oberflächenstruktur**	**Tiefenstruktur I**	**Tiefenstruktur II**
Inhalt	Regelmäßigkeiten	Regelsysteme	Weltbilder
Abbild	Modelle	Bezugsrahmen	Metaphern
Zugang	Beobachten	Verstehen/ Rekonstruieren	Verschmelzen
Einstellung	Erfolgsorientiert	Verständigungs-orientiert	Vereinigungs-orientiert
Schein 2)	**Artifacts**	**Espoused Values**	**Basic Underlying Assumptions**
Inhalt	visible organizational structures and processes (hard to decipher)	strategies, goals, philosphies (espoused justifications)	unconscious, taken-for-granted beliefs, perceptions, thoughts, and feelings (ultimate source of values and action)
Schein 3) (Übersetzung Rosenstiel)	Artefakte, Schöpfungen	Werte	Grundlegende Annahmen
Quellen:	1) Bretz (1988), 301 und dort angegebene Literatur von Kirsch 2) Schein (1997a), 17 3) Rosenstiel (1999), 95		

Zur Entstehung der Grundannahmen vertritt Schein, dass diese bei der Gründung vom Unternehmer und den ersten Mitarbeitern als einer Kerngruppe („core group") geteilt werden und dann im Zuge des Wachstums auf andere hinzukommende Personen übertragen werden. Die Gründer haben hauptsächlichen Einfluss darauf wie die Gruppe die Anpassung an externe Gegebenheiten steuert und in die Organisation integriert. Die Grundannahmen werden nach und nach weiterentwickelt. Sie beinhalten signifikante Lernergebnisse wie umzugehen ist, um zu überleben und zu wachsen.

> „Founders not only have a high level of self-confidence and determination, but they typically have strong assumptions about the nature of the world, the role that organizations play in that world, the nature of human nature and relationships, how truth is arrived at, and how to manage time and space." Schein (1997a), 213

---

[549] Das Drei-Ebenen-Schema von Kirsch ist wesentlich durch die drei Weltzugänge („approaches") „rational" („know-how") „mythological" („know-what") und „evolutionary" („know-whereto") von Jantsch (1975), 131 ff. u. 142 beeinflusst (erkennbar über die Zeile ‚Zugang' in der Abb. 23); ein direkter Bezug zu Schein (1997a) ist auch bei Bretz (1988), 300 ff. nicht erkennbar

Grundannahmen sind somit Resultat kollektiver Lernprozesse, die im Verlauf der Unternehmensgeschichte zur Selbstverständlichkeit werden. In ihnen kommt die unverwechselbare Kultur und damit die Identität des Unternehmens zum Ausdruck. Das selbstverständliche Anteilnehmen und Handeln in dieser Kultur verleiht den Mitarbeitern Sicherheit gegenüber der Bedrohung durch existentielle Ängste, ein Infragestellen lässt die Ängste wieder aufbrechen. Angriffen wird deshalb gewehrt und umgekehrt ist die Zugehörigkeit zur Kulturgemeinschaft überlebenswichtig.[550] Unternehmer und Mitarbeiter bilden eine Schicksalsgemeinschaft, in der füreinander eingestanden wird. Hierdurch wird die emotionale Beziehung der Unternehmer zu ihren Mitarbeitern nachvollziehbar, die sich in dem folgenden Ansatz von Geißler schlüssig verorten lässt.

3.1.2.3.4 Konstitutive Komponenten von Gemeinschaften nach Geißler

Die emotionale Beziehung zwischen Unternehmern und Mitarbeitern lässt sich über die Beziehung der Komponenten Ordnung und Fürsorge/Sympathie innerhalb des Achtkomponentenwürfels von Geißler konkretisieren. Auf den Umstand, dass sich Unternehmer durch ihre Verbindung zur originären Lebenswelt und zu deren Werten, auch wertrational verhalten, wurde weiter oben schon hingewiesen. Dies ergibt sich auch im Kontext der „acht konstitutiven Komponenten von Gemeinschaften" von Harald Geißler, die in Abbildung 24 ersichtlich sind.[551] Geißler geht der Frage nach, wie und wodurch sich Gemeinschaften abgrenzen.[552]

Hierzu entwickelt er insgesamt acht Gemeinschaftstypen mit deren Hilfe er acht Komponenten identifiziert, die im Sinne von Luhmann als „symbolisch generalisierte Kommunikationsmedien" verstanden werden können.[553] Die Abbildung der acht Komponenten in Würfelform ist nicht zufällig, sondern spiegelt eine innere Ordnung wieder, die hier wiederzugeben zu weit geht. Geißler führt aus, dass die obere Fläche mit den Komponenten „Arbeit", „Ordnung", „Tausch" und „Kampf" konstitutiv für die Zweckrationalität stehen, wohingegen die Wertrationalität durch die Komponenten „übergeordnete Werte", „Sympathie", „Ästhetik" und „Kritik" konkretisiert wird.[554]

Vor dem Hintergrund der in 3.1.2.2 erläuterten Entkopplungsthese von Habermas in Unternehmen als einem der Lebenswelt verlustig gegangenem Sys-

---

[550] Vgl. hierzu Geißler (1994), 116 f.

[551] Geißler (2000), 21; zur Herleitung Geißler (2000), 17 ff., auch Geißler (2003)

[552] Ausgehend von einer Unterscheidung von Beck/Brater/Daheim (1980), 25 ff., zitiert in: Geißler (2000), 18

[553] Luhmann (1984), 222

[554] Geißlers Acht-Komponenten-Würfel stellt somit eine Konkretisierung der beiden Arten von Rationalität nach Zweck und Wert dar

tem, haben diese die zweckrationalen Komponenten stärker ausgeprägt als die wertrationalen.

Abbildung 24: Konstitutive Komponenten von Gemeinschaften von Geißler

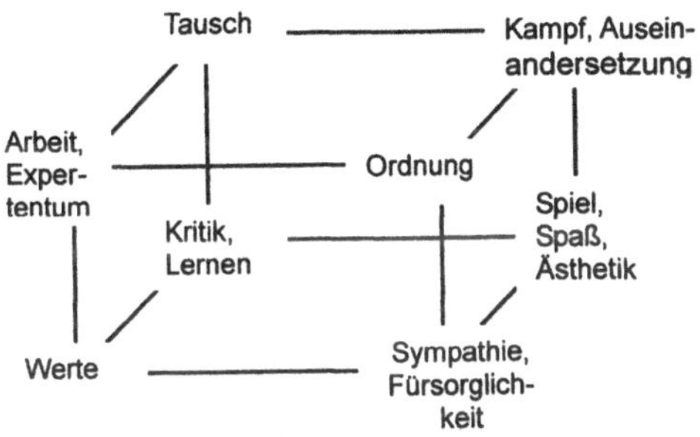

Quelle: Geißler (2000), 21

In noch von Unternehmern geführten mittleren Unternehmen konnte der Verfasser wahrnehmen, dass trotz aller zweckrationalen Geschäftigkeit Fürsorglichkeit gegenüber den Mitarbeitern eine große Rolle spielte. Dies meist aus einer wohlmeinenden patriarchalischen Grundhaltung, die im Achtkomponentenwürfel durch die Relation von Ordnung (Macht) und Sympathie / Fürsorglichkeit zutreffend beschrieben ist. Die Unternehmer handelten ihren Mitarbeiter gegenüber verantwortlich und hielten nicht selten an Personen fest, die unter ökonomischen Gesichtspunkten eigentlich hätten entlassen werden müssen.

So wie mit Hilfe des Achtkomponentenwürfels die Verbindung von Macht und Fürsorglichkeit in (immer noch) vielen mittleren Unternehmen beschrieben werden kann, so zutreffend tut sie dies auch in der antipodischen Relation von Ordnung und Kritik/ Lernen. Diese verläuft in mittleren Unternehmen ausgeprägt problematisch. Eine Neigung zum Monolog statt zum Dialog im Sinne von Petersen (siehe Abb. 21) ist unverkennbar. Dies ist für die Entwicklung der Unternehmen eher hinderlich. Angesichts der hohen Herausforderungen, der sich Unternehmen ausgesetzt sehen, vernachlässigen sie kritisches Potential wie „Querdenken“ in Form von Hinterfragen des Eingespielten und der Formulierung ungewöhnlicher Vorschläge, was für das Lernen und Weiterentwickeln der Produkte, Leistungen, Verfahren und Systeme dienlich wäre.[555]

[555] Zum Querdenken vgl. Petersen (2003), 363 ff., der noch weitere Vorschläge aufführt wie den „Dialog-Dekalog“ oder die „Führung von unten“

3.1.2.3.5 Ambitioniertes Verhalten nach Weber

Nach der ökonomischen Theorie wird jemand Unternehmer, um Profit zu maximieren.[556] Dass dem nicht unbedingt so ist, lässt sich schon aus den in 3.1.2.1 dargestellten empirisch ermittelten Grundhaltungen ersehen.[557] Die Gründe, warum Unternehmen gegründet werden sind vielschichtig. Der treibende Grund kann unter anderem in der Unzufriedenheit mit den bisherigen Verhältnissen als Arbeitnehmer oder Teilhaber liegen, oder es liegt eine technische Erfindung vor, die vermarktet oder die Entdeckung einer Marktlücke, die genutzt werden soll.[558] In jedem Fall liegt der Gründung eine Idee zugrunde, was das Unternehmen hervorbringen soll. Im Falle eines mittleren Unternehmens darf davon ausgegangen werden, dass der Gründungsansatz viel weiter reicht als nur den Lebensunterhalt der Gründer zu sichern.[559] Es müssen also **ambitioniertere Vorstellungen** vorgelegen haben bzw. vorliegen.

Max Weber hat hierzu in seiner Rekonstruktion des Kapitalismus ausgeführt, dass auf „Erwerb“ (Ertrag größer Verbrauch) ausgerichtete Unternehmer im Gegensatz zu den nur an der „Bedarfsdeckung“ (Ertrag soviel wie zu einem guten Leben nötig) interessierten Unternehmern gewonnenes Geld nicht verbrauchen oder für Zinsen anlegen, sondern immer ins Geschäft investieren. Nach Weber zeichnet kapitalistische Unternehmer eine große Verzichtshaltung nach dem Motto ‚vermehre deinen Reichtum (im Unternehmen), aber verbrauche ihn nicht‘ aus. Weber hat dies in einem engen Zusammenhang mit der protestantischen Ethik gebracht, die er für die Ursache dieses Verhaltens hielt.[560] Der Verfasser kennt viele Unternehmer, die sich wie von Weber charakterisiert verhalten (haben), allerdings ohne dass sie religiös im Sinne des

---

[556] vgl. Malik (2002), 130; Malik verweist darauf, dass aus den Biographien der Gründerpioniere und Tycoone und aus geführten Gesprächen mit denselben, sich keineswegs Gewinn als treibende Kraft ergab

[557] Für die Gründung sind vielmehr persönliche Motive wie die Existenzsicherung, Unabhängigkeit, Selbstverwirklichung im Unternehmen maßgeblich; nur weniger als 10 % streben laut Hamer (2001), 220 eine Profitmaximierung an

[558] Oft trifft man auf den Unternehmer im Sinne von Schumpeter (1912), der neue Kombinationen im Markt durchsetzt. Müller (2003) hat diese Disposition als ein Konstrukt gefasst, das er mit „Durchsetzungsfähigkeit“ überschreibt. Erpenbeck/Rosenstiel (2003), XVI f. haben eigens die Kompetenzklasse „Aktivitäts- und umsetzungsorientierte Kompetenzen“ generiert, um diesen Typus besser fassen zu können. Andere Typen siehe 2.3.3 u. Bretz (1988), 26 ff.

[559] Für diesen Zweck hätte ein Kleinunternehmen – nach der Definition in Abschnitt 2.3.12 bis zu 50 Personen – auch gereicht.

[560] Weber (1920/2004), 86 ff.; z.B. die „schottische Sparsamkeit“ des Textilunternehmers Klaus Steilmann, Buchheim/Hartmann (1991), 16; ebenso der Etikettenhersteller Schreiner (2001), 117, für dessen Familie es „nie ein Problem“ war, „jede verdiente Mark in das Unternehmen zu stecken“; protestantische Arbeitswerte scheinen in der Tat einen Einfluss auf die Berufswahl zum Unternehmertum zu haben wie die Arbeit von Carroll/Mosakowski (1987) aufgrund von Lebensläufen in West-Deutschland belegt: Angehörige der protestantischen Religion haben eine höhere Wahrscheinlichkeit, Unternehmer zu werden als Katholiken

Protestantismus besonders hervorgetreten wären.[561] Es scheint als ob dieses Modell historisch auf eine Vielzahl von Unternehmern übergegangen ist, wobei allerdings durch Generationenwechsel eher eine Tendenz zur Abkehr von diesem Modell zu erkennen ist: Die Nachfolger gönnen sich häufig entschieden mehr als ihre nur mäßig lebenden und enorm fleißigen Vorgänger für die ein Leben ohne Arbeit unvorstellbar war.[562] Ergänzend zu dieser Mehrungs- und Verzichtshaltung kommen weitere Anforderungen an einen Unternehmensgründer hinzu, die zu erfüllen Ambition erfordert: Er muss sich nicht nur um Technik, Vertrieb und alle kaufmännischen Aufgaben kümmern, sondern er muss auch Personal gewinnen und so führen, dass es in der Anfangsphase trotz vieler Unsicherheiten und Unwägbarkeiten seine Fähigkeiten entfaltet und ins aufstrebende Unternehmen einbringt.[563] Mitarbeiter, die in ein neu gegründetes und auf ein mittleres Niveau zustrebendes Unternehmen eintreten, erleben noch ziemlich unmittelbar, welchen Ehrgeiz der Unternehmer bezüglich Leistung und vielfältigem Können entwickelt und welches Risiko er trägt. Aus dieser Naherfahrung ist auch der Respekt vor dem Unternehmer viel höher als bei Personen, denen diese Erfahrung fehlt.[564]

3.1.2.4 Erläuterung schwach ausgeprägter Mitarbeiterorientierung

In ihrer Untersuchung der Grundhaltung von Unternehmen haben Raffée und Fritz die mitarbeiterorientierte Grundhaltung mit folgender Frage gemessen. „Für unser Unternehmen sind Wohlfahrt und Selbstverwirklichung unserer Mitarbeiter oberstes Gebot." Weitere Angaben, warum sie just diese Fragestellung gewählt haben, machen sie nicht. In der Frage sind die zwei Begriffe ‚Wohlfahrt' und ‚Selbstverwirklichung' enthalten. Der Begriff ‚Wohlfahrt' entstammt der Wohlfahrtsökonomik. Er soll ein Maß für den in einer Gesellschaft erzielten Wohlstand angeben. Die Wohlfahrtsökonomik zielt auf ein Wohlstandsoptimum. Eine genaue Begriffserläuterung fehlt, zumal ungeklärt ist, aus welchen materiellen und immateriellen Elementen dieser besteht.[565] In Verbindung zur Wohlfahrt wird auch vom Wohlfahrtsstaat gesprochen, der parallel zum Sozialstaat sich um die Daseinsvorsorge der Bürger anstelle von deren Eigenvorsorge kümmert.[566] In der Lebenswelt mittlerer Unternehmen wird der Begriff ‚Wohlfahrt' eher in einer negativen Begriffsbedeutung verwendet. Im

---

[561] Vgl. hierzu Geißler (2000), 165 ff., der diesen asketischen Zug aus der von David Ricardo entwickelten Modellfigur des homo oeconomicus ableitet

[562] Zur Einstellung zur Arbeit vgl. Weber (1920/2004), 85; derselbe, ebd., 197 stellt fest, dass die ursprünglich „religiöse Wurzel" solchen Verhaltens „langsam abstarb und utilitarischer Diesseitigkeit Platz machte"; ein Rückgang der Verzichtshaltung liegt auch im allgemein gesellschaftlichen Trend, z.B. Schulze (1993); ein Indiz enthält die Mittelstandsstudie 2003: selbst bei sehr schlechtem Geschäftsgang sehen nur 34 % der Unternehmenslenker die Erfordernis, den Lebensstandard zu reduzieren, vgl. Watt (2004), 41

[563] Vgl. Kayser (1997), 93

[564] Zum positiven Unternehmernahbild vgl. Hamer (2001), 48 f.

[565] Gabler Wirtschaftslexikon (1997), 4467

[566] Gabler Wirtschaftslexikon (1997), 4470

Selbstverständnis aller mittlerer Unternehmen, die der Verfasser kennengelernt hat, bestand Einigkeit darüber, dass Leistung vorgelebt und von Mitarbeitern Leistung verlangt wird.[567] Nur diese wird honoriert. Mit Wohlfahrt oder Sozialstaat wird Entgelt ohne Leistung im Sinne von Sozialhilfe assoziiert. Dafür sieht sich ein mittleres Unternehmen nicht zuständig. Dies schließt nicht aus, dass z.B. einem in Not geratenen Mitarbeiter geholfen wird. Die Verwendung des Begriffs ‚Wohlfahrt' in der obigen Fragestellung ist ungeschickt. Sie zeigt wie wenig darüber reflektiert wird, wie dieser Begriff bei den befragten Unternehmen insbesondere den mittleren – die ja die große Mehrheit der Befragten darstellten – verstanden wird. Der andere Begriff ‚Selbstverwirklichung' entstammt, das darf mit sehr großer Wahrscheinlichkeit angenommen werden, aus der Bedürfnistheorie von Abraham Maslow, die in der Betriebswirtschaftslehre eine weite Verbreitung gefunden hat.[568] Vermutlich ist auch der erste Begriff ‚Wohlfahrt' auch mit Bezug auf diese Theorie genannt worden, um die Sicherstellung der unteren Ebene der Bedürfnisse anzusprechen. Wahrscheinlich wollte man ausdrücken, dass mit ‚Wohlfahrt' sowohl die unteren bis mittleren Bedürfnisse als mit ‚Selbstverwirklichung' auch die höheren Bedürfnisse berücksichtigt werden. Maslows Ansatz ging von einer Hierarchie folgender Bedürfnisse (von unten nach oben) aus – in der Darstellung von Weinert:

1. Physiologische Bedürfnisse (Essen, Trinken, Behausung)
2. Sicherheitsbedürfnisse (Freiheit von Bedrohung und Existenznot)
3. Bedürfnisse der Zugehörigkeit und der Zuneigung (Freundschaft, Liebe, Interaktion)
4. Bedürfnisse der Achtung und der Wertschätzung (Selbstwertschätzung und Wertschätzung durch andere)
5. Bedürfnisse der Selbstaktualisierung (Selbstverwirklichung; Selbstrealisierung und Aktualisierung des eigenen Potentials).[569]

Empirisch hat die Theorie der Hierarchie von Bedürfnissen nur wenig Unterstützung gefunden.[570] Auch der zweite Begriff ‚Selbstverwirklichung' ist prob-

---

[567] Man kann sogar von einer „Lust auf Leistung" sprechen, Goebel (1990), 200 u. Hamer (2001), 21, zur „Lust an Leistung" siehe Cube (1994); auf hochleistungsmotivierte Unternehmerpersönlichkeiten hat insb. David McClelland hingewiesen, vgl. Schmalt (1990), 220, indirekt Hentze et.al (2005), 120 f.; das Leistungsmotiv ist auch ein wesentliches dispositionelles Merkmal von Unternehmern bei Müller (2003); in der Befragung zur Personalarbeit Rheinland-Pfalz, Frage 19, Relevanz von Fähigkeiten der Mitarbeiter, stuften 73 % der Unternehmen „Leistungsbereitschaft" als sehr relevante Eigenschaft knapp hinter „Fachliches Wissen" an Rang 2 ein, vgl. Grill (2004), 4

[568] Sie ist in vielen Lehrbüchern der BWL vertreten z.B. Schierenbeck (2000), 58 oder Heinen (1976), 541, auch Gabler Wirtschaftslexikon (1997), 437; auf die hohe Beliebtheit bei Wirtschaftswissenschaftlern verweist v. Rosenstiel (2003), 393

[569] Weinert (1987), 264

[570] Vgl. Weinert (1987), 264, ähnlich Staehle (1999), 222; Gebert/Rosenstiel (2002), 48 konstatieren, dass die wenigen Untersuchungen die Zentralannahme der hierarchischen Motivaktivierung eher falsifizieren als bestätigen; ebenso ließen sich die Motivinhalte nicht so eindeutig abgrenzen wie von Maslow behauptet; zwar konnte die von Alderfer vorgenommene Verkürzung auf drei Motivationsklassen (Grund-, soziale u. Entfaltungsbedürfnisse) tendenziell bestätigt werden, aber die Prinzipien der Motivaktivierung bleiben unklar, vgl. Ge-

lembehaftet. Gebert und Rosenstiel halten diesen für schwer operationalisierbar und sehen eher eine Leerformel darin.[571] In mittleren Unternehmen wird nach Erfahrungen des Verfassers auch dieser Begriff nicht unbedingt positiv gesehen. Es schwingt die Befürchtung mit, dass Mitarbeiter zu sehr egoistischen Vorstellungen folgen, die im Unternehmen und innerhalb der Betriebsgemeinschaft als problematisch erlebt werden: Man kann es nicht einstufen und hat eher eine Scheu davor, zumal man Irritationen im Zusammenhalt der Mitarbeiter befürchtet. Auch im Falle einer positiven Deutung, dass über Selbstverwirklichung des Mitarbeiters für das Unternehmen vorteilhafte Resultate erzielt werden können, löst dies bei den meisten Unternehmen eher negative Assoziationen aus, weil man Schwierigkeiten darin sieht, wie ein Mitarbeiter mit mehr Dynamik und Wissen künftig eingesetzt werden soll, ohne mit anderen Stellen und deren Inhabern in Konflikt zu geraten. Im Großunternehmen gibt es hierfür mehr Möglichkeiten. Eine Ausnahme ist bei Unternehmen gegeben, die in der Entfaltung von in Personen angelegten Potentialen einen anzustrebenden Wert an sich sehen.[572]

Dies scheint in einem Widerspruch zu stehen zu der in Teilabschnitt 3.1.2.3 getroffenen Feststellung, mittlere Unternehmen haben den Fürsorge-Aspekt stark entwickelt. Der dort angesprochene Fürsorge-Aspekt konzentriert sich auf die Bereitstellung eines sicheren Arbeitsplatzes und meint damit, die Bedürfnisse des ‚ganzen' Mitarbeiters zu erfüllen.[573] Dies ist aus der Sicht der Unternehmer, die das Risiko schwankender Ergebnisse tragen, auch mit der Gefahr Verluste zu machen, ein (sehr) großes Entgegenkommen. Dieser Einsatz des Unternehmers wird (wurde) von einem Großteil der Arbeitnehmer hoch geschätzt. Allerdings ist hierbei ein Wandel zu registrieren. Auch ambitionierte mittlere Unternehmen haben wie viele Großunternehmen zu wenig realisiert, dass sich in der Gesellschaft Wertvorstellungen gewandelt haben.[574] Diese sind – wie von Rosenstiel feststellt - genauso herausgefordert, die in ihren Organisationen, Prinzipien, Richtlinien „geronnenen Werte", d.h. ihre „er-

---

bert/Rosenstiel (2002), 48 f.; auch die Zweifaktorentheorie von Herzberg, die zur Unterscheidung von Hygienefaktoren und Motivatoren geführt hat, ist bislang empirisch nicht eindeutig erwiesen. Locke unterstellt ihr Methodenartefakte, vgl. Gebert/Rosenstiel, ebd., 50 f.

[571] Vgl. Gebert/Rosenstiel (2002), 48, auch Neuberger (2002), 79 f. u. 97 f.

[572] Vgl. Trayser (2005), 438; wenn bislang eher autokratisch geführte Unternehmen doch das ‚Risiko' der Personal- und der damit verbundenen Organisationsentwicklung eingehen, kann dies überraschend schnell zu positiven wirtschaftlichen Effekten führen so dass Unternehmer immer mehr Vertrauen gewinnen können und sich selbst verstärkende Effekte ergeben (persönliche Kommunikation mit einem Unternehmer des Arbeitgeberverbandes des Verf.)

[573] In Familienunternehmen zählt hierzu auch ein emotionales Annehmen und Angenommensein, vgl. Meyer (2003). Dieses ist auch Bestandteil der „transformationalen Führung", die davon ausgeht, dass Mitarbeiter sich nicht nur von rationalen Kosten-Nutzen-Überlegungen leiten lassen, Wunderer (2001), 246 ff. (siehe auch Abb. 8)

[574] Zum gesellschaftlichen Wertewandel vgl. Wunderer (2001), 176 ff., Rosenstiel (2003), 52 ff., Gebert/Rosenstiel (2002), 52 ff.

starrten Strukturen" an die „gewandelte Werte" in der Gesellschaft anzupassen.[575]

In mittleren Unternehmen galt – vermutlich gilt es bei vielen noch immer - folgendes an feudale Strukturen erinnerndes Selbstverständnis im Verhältnis zu Mitarbeitern: Das Unternehmen stellt einen sicheren Arbeitsplatz und erhält hierfür Gehorsam, Treue, Pflichterfüllung einschließlich der Erfüllung erwarteter Leistung. Genau diese geforderten Arbeitstugenden haben gesellschaftlich an Bedeutung verloren, wohingegen neue Arbeitswerte wie „Spaß an der Arbeit", „Selbstständigkeit", „herausfordernde Aufgaben" und „Entwicklungschancen" an Bedeutung gewonnen haben und tendenziell zunehmen.[576] Mit dem festen Arbeitsplatz, meinte man den ‚ganzen Mitarbeiter' zu erreichen, übersieht aber, dass Mitarbeiter noch weiter reichende Bedürfnisse haben, deren Nichterfüllung positive Folgen schwächt und ggf. negative zur Folge haben kann. Was müsste anstelle der von Raffée und Fritz gewählten Fragestellung gefragt werden? Zunächst bietet sich neutral eine Formulierung für die mitarbeiterorientierte Grundhaltung wie die folgende an: ‚Wir sehen unser größtes Gebot in der Zufriedenheit unserer Mitarbeiter'. Das Thema Mitarbeiterzufriedenheit nimmt unter dem Terminus „Arbeitszufriedenheit" einen großen Raum in der organisationspsychologischen und darauf beziehenden Forschung wie der Personalbetriebswirtschaftslehre ein.[577] Hinter dem Terminus ‚Arbeitszufriedenheit' verbirgt sich ein komplexes Konstrukt, das je nach Untersuchungsansatz divergiert. Da die Definition von Wunderer die meisten dieser Ansätze zum Ausdruck bringt, wird darauf rekurriert:

> „Arbeitszufriedenheit [oder Mitarbeiterzufriedenheit, die Wunderer gleichsetzt; J.G.] ist ein Gleichgewichtszustand, der durch einen hohen Grad an Übereinstimmung zwischen Erwartungen, Ansprüchen bzw. Werten der Mitarbeiter und Merkmalen ihrer Arbeitssituation bestimmt ist. Arbeitszufriedenheit manifestiert eine wertende Einstellung zur eigenen Arbeit hinsichtlich der Befriedigung einer ganzheitlichen Erlebnisqualität. Wird diese nicht erfahren, tritt Arbeitsunzufriedenheit und Demotivation ein." Wunderer (2001), 603

In der Forschung werden drei Zusammenhänge thematisiert:[578]

(1) Arbeitszufriedenheit führt zu Leistung
(2) Leistung führt zu Arbeitszufriedenheit
(3) Ein Zusammenhang von Arbeitszufriedenheit und Leistung hängt von dritten Variablen u.a. wie „Berufsebene", „Geschlecht", „Organisationsebene", „Vollzeit/Teilzeitbeschäftigung" ab[579]

---

[575] Diese Feststellung von Rosenstiel (2003), 399 ff. erfolgt im Kontext von Großunternehmen
[576] Wunderer (2001), 187
[577] Vgl. hierzu folgende Literaturstellen sowie die dort angeführte weiterführende Literatur: Gebert/Rosenstiel (2002), 80 ff., Staehle (1999), 255 ff., Rosenstiel (2003), 422 ff., Weinert (1987), 285 ff., Wunderer/Küpers (2003), 92 ff.
[578] Vgl. Staehle (1999), 258 ff.

Der Zusammenhang (1) ist besonders von der Human Relation Schule betont worden. Viele Manager sehen darin einen (Haupt-)Ansatzpunkt, um damit die Leistung zu steigern. Allerdings sprechen nur sehr wenige empirische Belege hierfür und die polemisch gefasste These, dass „glückliche Kühe, mehr Milch geben" greift zu kurz. Umgekehrt bestätigen empirische Studien auf der Basis von zeitversetzten Erhebungen eher den Zusammenhang (2).[580] Die Einbeziehung unterschiedlicher Variablen in (3) hat hingegen an den nur schwach ausgeprägten Zusammenhängen wenig geändert.

Trotz dieser eher dürftig belegten Zusammenhänge hält die Managementpraxis an der **Fiktion** fest, **dass zufriedene Mitarbeiter mehr leisten**.[581] Nach Erfahrungen des Verfassers orientieren sich auch mittlere Unternehmer und deren Führungskräfte an dieser Fiktion, obwohl es Ausnahmen gibt.[582] Aufgrund dieser Fiktion könnte die gewählte Frage: ‚Wir sehen unser größtes Gebot in der Zufriedenheit unserer Mitarbeiter' also gestellt werden. Es darf angenommen werden, dass eine solche um mögliche Missverständnisse bereinigte Frage insgesamt zustimmender beantwortet worden wäre bzw. werden wird.

Eingewendet muss hier allerdings zweierlei werden. In der Umfrage zur Personalarbeit beantworteten zum einen alle Unternehmen, dass Ihnen die Bedürfnisse ihrer Mitarbeiter wichtig sind, 26,8 % hielten sie sogar für sehr wichtig. Im Vergleich zu anderen Führungsdimensionen erwies sich aber die Mitarbeiterorientierung als nachrangig.[583] Zum anderen ist mit einer auf einer ordinalen Skala sehr hoch rangierenden Beantwortung m.E. **nur** eine **bedingte Mitarbeiterorientierung** gegeben, weil die Beantwortung immer vor dem Hintergrund eines verfolgten Sinnmodells gegeben ist, so dass nur eine relative und keine absolute Aussage damit verbunden ist. Eine detailliertere Argumentation hierzu ergibt sich im nächsten Abschnitt.

3.1.3 Sinnmodelle als Basis-Leitbilder

Im Teilabschnitt 3.1.2 wurde erörtert, dass sich der eigentliche Sinn und Zweck des Unternehmens in dessen Tiefenstruktur (genauer: Tiefenstruktur II, siehe Abb. 23) in ‚Selbstverständlichkeiten' verbirgt. Es handelt sich dabei um ein Weltbild aus Unternehmenssicht.[584] Dieses Weltbild ist die Grundlage des Leitbilds der Unternehmung, in das noch Bezüge zum Primärbereich als eine meist eng umrissene Auswahl an angebotenen Produkten und Dienstleistun-

---

[579] Vgl. Weinert (1987), 295 f.
[580] Rosenstiel (2003), 436 f.
[581] Vgl. Staehle (1999), 260
[582] Ein Unternehmer vertrat z.B. dass er keine zufriedenen Mitarbeiter wolle, ihm seien hungrige lieber
[583] Vgl. 2.3.10 bzw. Grill (2005), 309 ff.
[584] Vgl. Kirsch (1997c), 370 f.

gen eingehen. Deshalb kann man Sinnmodelle auch als Basis-Leitbilder ohne eine Festlegung von Produkten und Dienstleistungen auffassen. Die im folgenden reflektierten Sinnmodelle, die in unterschiedlichen Disziplinen entwickelt wurden, können im Kontext der Organisationspädagogik ineinander übergeführt werden.

3.1.3.1 Sinnmodelle für Unternehmen von Kirsch

Entsprechend der von Kirsch und Mitarbeitern im Entstehen begriffenen Theorie der strategischen Unternehmensführung (siehe in 2.2.2.4) sind Unternehmen im Verlauf ihrer Entwicklung unvorhersehbaren Ereignissen ausgesetzt. Darauf können sie sich am besten vorbereiten, wenn sie eine „Entfaltung von Fähigkeiten" vornehmen. Dieser Prozess zur Entwicklung von Fähigkeiten kann mit dem Begriff „Unternehmensentwicklung" benannt werden.[585] Im Sinne einer aktiv betriebenen Entwicklung kommt unweigerlich die oben gestellte Frage nach dem Selbstverständnis oder dem „Sinn und Zweck" des Unternehmens auf.[586] Hierzu finden sich in der Unternehmenspraxis mehrere Ausprägungsformen, die auf unterschiedliche „Entwicklungsniveaus" schließen lassen, hinter denen auch eine „geschichtliche Abfolge" angenommen werden kann. Kirsch abstrahiert insgesamt fünf „Sinnmodelle", wobei er das fünfte Modell – die „fortschrittsfähige Organisation" - „kontrafaktisch" postuliert, da sie noch nicht in der Realität vorkommen muss:[587]

- „**Instrumentalmodell**" (früher: „Zielmodell")
- „Koalitionsmodell"
- „**Überlebensmodell**"
- „Institutionsmodell"
- „**Fortschrittsmodell**"

Die **Grundtypen** charakterisiert er wie folgt:

> „Das Erste dieser Sinnmodelle ist das Instrumentalmodell. Die Organisation wird in aller erster Linie als Instrument zur Durchsetzung von Interessen der primären Nutznießer angesehen. Das zweite Sinnmodell sehen wir in der Betonung des Überlebens der Organisation (Überlebens- bzw. Bestandsmodell). Die Organisation hat viele Beteiligte, mit denen sie ihre Austauschbeziehungen so zu regeln hat, dass das System unabhängig von einem gewissen Wandel der Teilnehmer und der Umweltbedingungen überlebt. Dieses ‚Sinnmodell' schließt nicht aus, dass einzelne Organisationsteilnehmer im Sinne des Modells der ersten Phase besonders herausgestellt werden.

---

[585] Kirsch (2001), 393 f.

[586] Kirsch (2001), 404

[587] Kirsch (2001), 405 f.; in früheren Veröffentlichungen verwendet Kirsch statt „Instrumentalmodell" noch „Zielmodell", das „Koalitionsmodell" ist als weiteres Übergangsmodell hinzugekommen, vgl. Kirsch / Trux (1981), 379 ff.; die Grundtypen sind wie in der Originalabbildung fett hervorgehoben

Den dritten Grundtyp schließlich bildet das von uns postulierte Fortschrittsmodell. Im Vordergrund steht hier das Bestreben der Unternehmung einen Fortschritt in der Befriedigung der Bedürfnisse und Interessen der vom Handeln der Organisation direkt oder indirekt Betroffenen zu erzielen. ‚Bedürfnisse' und ‚Interessen' werden hierbei freilich nicht als gegeben hingenommen. Ihre Authentizität und ihre moralische Begründbarkeit sowie die Möglichkeit ihrer Veränderung unter diesen beiden Aspekten stellen vielmehr Problemstellungen dar, denen sich die fortschrittsfähige Unternehmung in expliziter Weise zuwendet." Kirsch (2001), 405 f.

Die Übergangsmodelle skizziert er als:

„(...) das Koalitionsmodell und das Institutionsmodell (...): das Koalitionsmodell (...) wird erreicht, wenn die (maßgeblichen; J.G.) Organisationsmitglieder zur Durchsetzung ihrer individuellen Interessen Koalitionen bilden. Natürlich ist damit auch die Koalition lediglich Instrument der Willensdurchsetzung, allerdings kann hierbei bereits angenommen werden, dass neben den Individualinteressen der Mitglieder auch das Überleben des Systems zu einem eigenständigen Interesse der Koalition wird. Das Institutionsmodell (...) ist .. dadurch gekennzeichnet, dass das System versucht, sich im Bewusstsein der Gesellschaft zu verankern und beginnt, seine Verantwortung gegenüber dieser Gesellschaft zu thematisieren." Kirsch (2001), 406

Durch die Entfaltung der Basisfähigkeiten – (siehe 2.2.2.1) können sich Unternehmen bzw. Organisationen höher entwickeln, wobei es zugleich zu einer Entfaltung der Rationalität der organisatorischen Lebenswelt kommt. Dieser Zusammenhang ist aus Abbildung 25 ersichtlich. Eine Höherentwicklung des Sinnmodells liegt dann vor, wenn es zu einer Veränderung des in der Unternehmung verankerten Selbstverständnisses kommt.[588] Es verändern sich dabei auch die „Argumentationen zur Begründung von Erfolgsdefinitionen bzw. Erfolgsmaßstäben."

Sinnmodelle „konstituieren letztlich ... jene grundlegende Sichtweise (im Sinne eines ‚Weltbildes'), auf deren Grundlage Probleme definiert, Situationen beschrieben, Lösungen gesucht werden usw.; sie sind in der Kultur der Organisation verankert und können als Inbegriff der in der Organisationspraxis vorhandenen Annahmen, Denkweisen und Vorstellungen aufgefasst werden."[589] Der Begriff ‚fortschrittsfähig' könnte insbesondere vor dem Hintergrund der von Ulrich Beck kritisierten Risikogesellschaft zu Irritationen Anlass geben. Nach Beck spitzen sich die Risiken gerade durch Fortschritte im Wissen und in der Perfektion der Naturbeherrschung zu.[590] Wobei diese Art von Fortschritt gesellschaftlich nicht hinterfragt wird. Der Fortschrittsbegriff von Kirsch setzt sich jedoch von einer einseitig zweckrationalen Auslegung durch zwei wesentliche Aspekte ab.

---

[588] Vgl. Kirsch (1997c), 15
[589] Kirsch (1997c), 16
[590] Vgl. Beck (1986), 300; weitere Ausführungen hierzu in 3.1.3.2

Abbildung 25: Höherentwicklung von Unternehmen von Kirsch

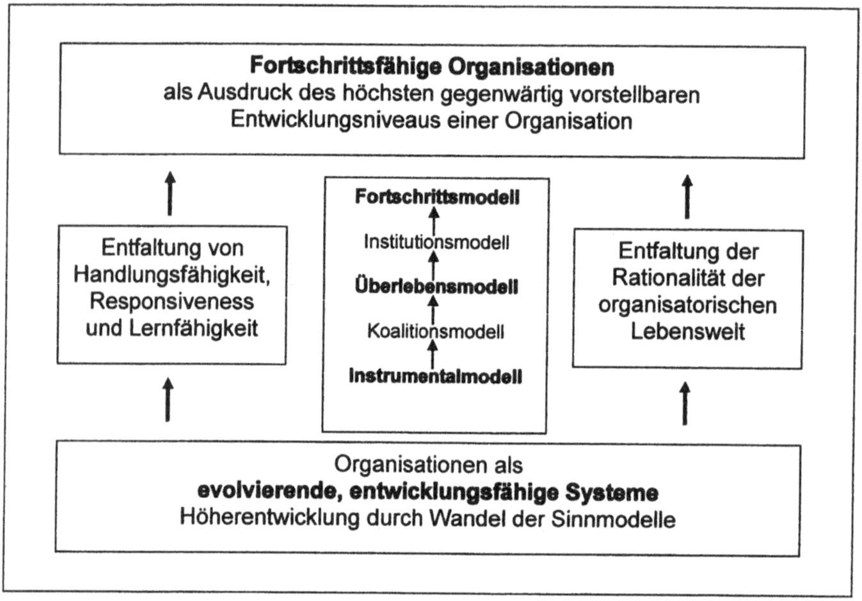

Quelle: Kirsch (2001), 581

Zum einen bedeutet Fortschritt eine Zunahme der Basisfähigkeiten und zum anderen eine Zunahme der Rationalität, wobei aber zweckrationaler Fortschritt mit Bezug auf die Lebenswelt immer auch wertrationalen beinhalten muss. Am wenigsten Fortschritt ist dort, wo Zweckrationalität dominiert und Wertrationalität zurückbleibt, nämlich im Instrumentalmodell. Es liegt also ein komplexerer Fortschrittsbegriff zugrunde, als der von Beck kritisierte, weil im Blick auf die Bedürfnisse Betroffener auch die Zwecke hinterfragt werden können. Fortschritt beinhaltet nicht nur eine Zunahme an Wertrationalität, sondern ermöglicht den Personen im Unternehmen auch einen Zuwachs an Persönlichkeit[591].

Der Ansatz von Kirsch hat sich im sozialwissenschaftlichen Kontext als anschlussfähig erwiesen.[592] Dies ermöglicht, ihn in 3.1.3.3 mit den folgenden Sinnmodellen für Manager von Geißler von Petersen zu verknüpfen.

---

[591] Vgl. hierzu die Explikation des Ansatzes von Kirsch durch Geißler (1994), 158 unter Verweis auf Sattelberger (1991), 14

[592] Vgl. Geißler (1994), 156 ff. u. Petersen (1997), 199 ff. u. (2003), 221 ff.

3.1.3.2 Sinnmodelle für Manager von Geißler und Petersen

Ausgehend von einer lerntheoretischen Auseinandersetzung mit der Diskursethik verfolgt Harald Geißler die Absicht, auf der Basis pädagogischer Fragestellungen „moralische Lernprozesse“ für Manager und Organisationen zu forcieren. Da die unternehmerische Praxis vom diskursethischen Ideal abweicht, schlägt er eine „Methode der selbstreflexiven Vergewisserung“ vor, die vor dem Diskurs in Kommunikationsgemeinschaften beim einzelnen Subjekt ansetzt.[593] Im Rahmen der Selbstreflexion nach dem Wesen des Menschen gerät dessen Unvollkommenheit ins Bewusstsein. Die „Entfaltung der Humanität“ als Überwindung der Unvollkommenheit geschieht auf der Grundbedingung der „kritischen Bescheidenheit“ durch Lernen.[594] „Zentrales Merkmal“ des Menschen ist dessen „Offenheit“, d.h. dessen „Unbestimmtheit und Unbestimmbarkeit.“[595] „Bildung“ erzeigt sich als „Vermittlung von wertrationalem Dialog und zweckrationalem Handeln.“[596] Die Grundbedingung der kritischen Bescheidenheit sieht Geißler mit Bezug auf die im Folgenden zitierte Kritik von Beck an der Risikogesellschaft im „reflexiven Zweifel“ erfüllt, in dem er das grundlegende Merkmal von Wertrationalität ersieht.[597]

> „Es ist die programmlose abstimmungsfreie Dauergesellschaftsveränderung ins Unbekannte. Wir nehmen an, dass es gut gehen wird, dass es letzten Endes immer wieder dennoch in die Fortschrittlichkeit gewendet werden kann, was da durch uns ausgelöst über uns hereinbricht. Aber schon danach zu fragen, - nach dem Wohin und Wozu – hat etwas Ketzerisches. Zustimmung ohne Wissen, wozu, ist Voraussetzung. Alles andere ist Irrglauben. Hier wird die ‚*Gegenmoderne*‘ des Fortschrittsglaubens deutlich. Er ist eine Art *irdische Religion der Moderne*. Für ihn gelten alle Merkmale des religiösen Glaubens. Vertrauen in das Unbekannte, Ungesehene, Ungreifbare. Vertrauen wider besseres Wissen, ohne Wissen um den Weg, das Wie. Fortschrittsglaube ist das Selbstvertrauen der Moderne in ihre eigene Technik gewordene Schöpfungskraft. An die Stelle von Gott und Kirche sind die Produktivkräfte getreten und diejenigen, die sie entwickeln und verwalten – Wissenschaft und Wirtschaft.“
> Beck (1986), 344 f.

Geißler führt hierzu aus, dass nicht die in der Industrie- und Risikogesellschaft vorherrschende Zweckrationalität dafür verantwortlich gemacht werden kann, sondern der „naive Glaube an einen Fortschritt, der alles irgendwie zum Guten bzw. Besseren wenden wird.“ Es ist der Fortschrittsglaube, der die an sich neutrale Zweckrationalität missbraucht.[598] Statt kulturpessimistisch, einen Ausstieg aus Technik und die sie begleitende Ökonomie zu empfehlen, tritt Beck dafür ein, anstelle des Fortschrittsglaubens eine vollständige Entfaltung der Rationalität anzustreben und von der ‚halbierten‘ Rationalität Abstand zu neh-

---

[593] Petersen (2003), 152 ff.
[594] Geißler (2000), 219 u. 207 ff.
[595] Geißler (2000), 209 f. nimmt Bezug auf die „negative Anthropologie“ von Prange (1978)
[596] Geißler (2000), 245 ff.
[597] Geißler (2000), 82
[598] Geißler (2003), 81

men, die auf den Bereich der Mittel und Instrumente reduziert blieb und letzte Ziele und Zwecke ausklammerte.[599] Beck schlägt hierzu die Methode des reflexiven Zweifels vor, die er von der Anwendung linearen Zweifels abgrenzt, die sich in unendlichen Regressen verliert, weil jedem Zweifel ein weiterer hinterher geschickt werden muss.[600] Der „reflexive Zweifel" hingegen richtet sich gegen den Zweifel und bricht ihn.

> „Der Zweifel selbst nimmt dem Zweifel sein Ätzendes, Zersetzendes, um nicht zu sagen: Zweifelhaftes. Der Zweifel gegen den Zweifel gewendet, gebietet dem Zweifel. Er ermöglicht auch sein – scheinbares – Gegenteil: Glauben, Vertrauen, Moral, Erkenntnis u.s.w. Nur eben ohne jenen seltsamen Anspruch der Verbindlichkeit, die alle weiteren Zweifel schluckt, verdammt und das Persönliche im allgemeinen auf- und untergehen lässt." Beck (1993), 257

Geißler sieht im reflexiven Zweifel eine ausdrücklich pädagogische Methode, die hilft die „moralische Imperfektheit" zu erkennen, so dass aus der Unvollkommenheit eine „kritische Bescheidenheit" erwächst. Das darin begründete „normative Identitätslernens" setzt Selbstreflexion voraus, für das jedoch Manager vielfach zu wenig vorbereitet sind.[601] Petersen sieht hier die Notwendigkeit von Managementbildung, um diese Reflexionen überhaupt leisten zu können.[602]

Zur Spiegelung konkreter Bedingungen entwickelt Geißler drei Sinnmodelle: das „Handwerker-Modell", das „Gärtner-Modell" und das „Mitverantwortungs-Modell".[603] Wesentliche Grundzüge dieser drei Sinnmodelle finden sich in Abbildung 26. Jedem Sinnmodell liegt ein Paradigma zugrunde. Es präsentiert jeweils ein normatives Idealbild des Managers. Zur Realisierung des Mitverantwortungsmodells ist nach Petersen „politisches Lernen" notwendig, welches das Management erst in die Lage versetzt, sich an der „aktiven Gemeinwohlsuche" zu beteiligen. Hierzu dient als Ergänzung zum Mitverantwortungsmodell sein „Mentorenmodell", das auf das Wohl des Ganzen ausrichtet. Der Schwerpunkt liegt hierbei auf der Normenanwendung und Normeneinhaltung, um ein Gegengewicht durch Verständigungsorientierung zu einseitiger Erfolgsorientierung zu ermöglichen, das hilft, eine Brücke zwischen Effizienzdenken und Humanität zu bauen.[604]

---

[599] Vgl. Beck (1993), 195 u. Petersen (1997), 24 f.
[600] Vgl. Beck (1993), 256
[601] Geißler (2000), 84 u. 219 ff., vgl. Petersen (1997a), 343
[602] Vgl. Petersen (1996), 143 ff. u. Petersen (1997a), 345 ff.
[603] Handwerker sind m.E. stärker aufgrund von Fertigkeiten charakterisiert. Umsetzer naturwissenschaftlicher Erkenntnisse sind hingegen die Ingenieure, vgl. Chmielewicz (1979), 11 ff.; insofern sollte das Handwerker-Modell zutreffender mit ‚Ingenieur-Modell' benannt werden
[604] Petersen (2003), 174 u. (2003a), 266 ff.; ausführlich zum politischen Lernen, ders. (1995)

Abbildung 26: Manager-Sinnmodelle von Geißler und Petersen

Normatives Idealbild des Managers	**Handwerker-Modell**	**Gärtner-Modell**	**Mitverantwortungs- und Mentorenmodell**
Paradigma	lineare Kausalität i.S. monokausaler Ursache-Wirkungs-Beziehungen	zirkulare Kausalität, i.S. von Feedback-prozessen; dynamisch, vernetzt, ganzheitlich	hermeneutische Selbstreferenzialität
Vorbild	klassische Naturwissenschaften	biologisch-geprägte Naturwissenschaften	geisteswissenschaftlicher Dialog
Verhältnis Manager - Mitarbeiter	Mitarbeiter ist primäres Objekt	Rahmenbedingungen sind primäres Objekt	Ich und Du, Wir
Primäre Orientierung	*direkt* Erfolgsorientiert	*indirekt Erfolgsorientiert*	verständigungsorientiert
Eigenheit	Tätigkeiten und Maßnahmen als funktionelles Mittel zur Erreichung klar definierter Ziele, alles nach Plan	Tätigkeiten und Maßnahmen nach natürlichen Prozessen ausrichten, richtigen Zeitpunkt wählen, adäquate Mittel wählen	Tätigkeiten und Maßnahmen werden gemeinsam geplant, gestaltet und verantwortet / aktive Gemeinwohlsuche
Vorstellung	souverän Darüber-Stehen, Beherrschen, Im-Griff-Haben	nicht über der Natur, sondern mit der Natur arbeiten	sich verständigen und aufeinander einwirken, ideale Kommunikationsgemeinschaft / politisches Lernen
Assoziation	bezwingen, unterdrücken, zähmen, bändigen, lenken, leiten, gebieten, diktieren, manipulieren	kultivieren, Rahmenbedingungen für schaffen, *Katalysator sein*, Fingerspitzengefühl, *Einfühlung*	herrschaftsfreier Dialog, Kritik, gemeinsame Problemsicht u. Lösungsansätze, kollektive Lernprozesse / institutionelle Kontrolle der Macht statt institutioneller Absicherung der Macht
Legitimation	nur eine Elite kann derart Anspruchvolles realisieren	nicht weniger anspruchsvoll, *letztlich ebenso elitär*	*Vorhaben sind im Kollektiv verankert*
Kritik	Machbarkeitswahn, Offensichtliche Beherrschung der	System-Wissen fehlt, Mitarbeiter als Kalkulations- und	Unklarheiten wie trotz Unfreiheit u. Herrschaft dialogi-

	Mitarbeiter	Manipulationsobjekt ‚höherer Vernunft'	sches Miteinander realisiert wird/ Überwindung durch das Mentorenmodell
Quellen: Die Aufbereitung der Abbildung orientiert sich wesentlich an Petersen (2003), 152 ff. u. (1997), 103 ff., der Vorarbeiten von Geißler (1995), 1 ff, (1996), 113 ff. u. (1996a), 255 ff. sowie von Lehnhoff (1998), 112 ff. auslegt und insbesondere um das Mentorenmodell, Petersen (2003), 170 ff. ergänzt.[605] *Anmerkungen in kursiv sind vom Verf.*			

Das von Geißler geforderte normative Identitätslernen stellt die höchste Stufe von Rationalität dar, die sich im Rahmen einer normativen Orientierung als dreistufige „Steigerung der Rationalität" ergibt: Lernen bezogen auf ein Mittel zur Zielerreichung ist die erste Stufe als „**operatives Anpassungslernen**"; Lernen in Bezug auf eine offene und unbestimmte Zukunft im Hinblick auf alternative Optionen ergibt als zweite Stufe „**strategisches Erschließungslernen**; Lernen im Hinblick auf einen normativen Horizont, unabhängig von den Kontextbedingungen, ist auf dritter und höchster Stufe **normatives Identitätslernen**. Diese Steigerung von Rationalität sieht Geißler sowohl für Individuen als auch für Gruppen, Organisationen und für die Gesellschaft als gegeben. [606] Darauf aufbauend betrachtet Petersen Organisationen – damit auch Unternehmen –als *„zu bildende und bildungsfähige Kollektivsubjekte"*.[607] Somit eröffnet die Lernfähigkeit von Individuen – wie hier von Managern – Anknüpfungspunkte zur Lernfähigkeit von Unternehmen. Über diese Brücke können, wie im nächsten Abschnitt noch erörtert wird, Sinnmodelle für Unternehmen und Manager, zusammengeführt werden. Dem geht noch eine nähere Betrachtung von Organisationslernen voraus mit der sich speziell die Organisationspädagogik auseinandersetzt.

3.1.3.3 Sinnmodell-Verknüpfung durch Organisationspädagogik

Bei sich rasant verändernden Umweltbedingungen stellt sich das Lernen von Organisationen als eine unerlässliche „Schlüsselfähigkeit" dar.[608] So sieht Arie de Geus im Schneller Lernen als die Konkurrenz den einzig dauerhaften Wettbewerbsvorteil.[609] Ausgangspunkt des Themas „Organisationslernen" ist für

---

[605] Maßgeblich für die Anschlussfähigkeit zu den Sinnmodellen von Kirsch (vgl. 3.1.3.1) sind die Arbeiten von Petersen, die Geißler (1996), 113 ff. andeutet, aber nicht weiter ausführt

[606] Geißler (2000), 50 f.

[607] Petersen (1997), 14; Kollektivsubjekte bauen auf eigenverantwortliches Lernen der ihr angehörenden Subjekte auf. „Kollektivobjekte", orientierten sich an einer vermeintlich objektiven Vernunft und sprechen angehörenden Individuen ein eigenverantwortliches Lernen ab, siehe Hartmann, U. (1995), 329 f.

[608] Knyphausen-Aufsess (1996), 99 ff., vgl. auch Müller-Stewens/Lechner (2001), 348 ff.; zur „Learning School" vgl. Mintzberg et.al. (1999), 203 ff.

[609] Vgl. de Geus (1989), 25

Chris Argyris und Donald Schön die Annahme, dass sich die Personen im Unternehmen eine Art von Theorie („theories-in-use“) konstruieren mit deren Hilfe sie das Unternehmen wahrnehmen und auf diese beziehen. Auf der Grundlage dieser Theorie, die verschiedene Autoren als „Alltagstheorie“ bezeichnen, wird im Austausch mit der Alltagstheorie anderer Personen getestet, angepasst und verfestigt. Das individuelle Lernen einzelner Personen führt somit über kollektive Lernprozesse zu einem kollektiv geteilten Wissen über das Unternehmen, wobei aber die Summe aller individuellen Alltagstheorien mit dieser kollektiv geteilten Alltagstheorie nicht mehr deckungsgleich sein muss.[610]

Organisationslernen findet nun auf der Grundlage von kollektiv geteilten Alltagstheorien statt.[611] Stimmen die Ergebnisse des Handelns mit den durch die Alltagstheorien erweckten Erwartungen im wesentlichen überein, erfolgt die Korrektur unter Beibehaltung der Alltagstheorie. Nach Argyris und Schön wird ein solches Lernen „single-loop-learning“ genannt. Es geht dabei nur um die Lösung alltäglicher Probleme des operativen Managements – darum operatives Anpassungslernen, wobei die Strategie nicht in Frage gestellt wird. Ist diese jedoch aufgrund von Vorkommnissen im sozio-ökonomischen Feld so nicht mehr aufrecht zu erhalten, findet zudem ein Lernen auf der Ebene der Strategie statt („double-loop-learning“) – daher strategisches Erschließungslernen. Der normative Hintergrund, der zur Auswahl und Bewertung der Strategie dient, bleibt dabei noch unberührt. Ist auch diese in Frage zu stellen kommt es zu einer dritten Lernschleife („triple loop learning“). Argyris und Schön haben dafür bevorzugt den Terminus „deutero learning“ geprägt.[612] Da diese Autoren darunter vorwiegend ein Lernen im Sinne zweckrationaler Steigerung von Nutzen sehen, stellt Petersen dieser Auffassung sein Modell des „Loop-Reflecting-Learning“ entgegen, das „Nützlichkeitslernprozesse“ ***und*** „Sittlichkeitslernprozesse“ umfasst. Erst diese beiden Prozesse zusammen erfüllen die Ansprüche des reflexiven Zweifels bzw. der hermeneutischen Selbstreflexivität vollumfänglich.[613] Das von Geißler verwendete normative Identitätslernen entspricht dem Loop-Reflecting-Learning von Petersen, auch wenn er terminologisch weiterhin deutero learning verwendet.[614] Unschwer lassen sich die oben ausgeführten drei Lernausprägungen in Abbildung 27 in den von Sattelberger drei Typen organisatorischen Lernens wieder erkennen.

---

[610] Petersen (1997), 252 ff., Staehle (1999), 916 f.; eine ausführliche Herleitung zum Organisationslernen geben Geißler (1994) u. Petersen (1997), 215 ff.

[611] Staehle (1999), 916 bezeichnet dies als „Assumption Sharing“; hierdurch ist auch ein Bezug zu den von Schein (1997a) geprägten „basic assumptions“ als Kulturbegriff gegeben, vgl. auch Geißler (1994), 115 ff., der genau diesen Bezug vom „Cultural Learning“ zum Organisationslernen herstellt

[612] Geißler (2000), 51 u. 211

[613] Petersen (1997), 275 f.

[614] Geißler (2000), 50

Abbildung 27: Typisierung des Organisationslernens nach Sattelberger

Zielsetzung der Organisation	**Typ des organisatorischen Lernens**	**Lernstimuli**	**Lernergebnisse**	**Lernmechanismus**
Regeln interner Angelegenheiten	Organisationsänderung („change")	Neuartige Probleme im Sinne von „performance gaps"	*Internes Justieren* (adjustment) mit dem Ziel der Kongruenz von Verhalten mit Zielen, Standards, Quoten etc.	Reformulierung von Aktion-Resultat-Beziehungen (auf Grundlage vorhandener Fähigkeiten der Organisation)
Überleben in der Umwelt	Organisationsentwicklung („development")	Verwirrendes „Puzzle" im Rahmen der Unternehmen/Umwelt-Beziehung	*Anpassung* (adaption) mit dem Ziel der Balance des Unternehmens mit der sich ändernden relevanten Umwelt	Akzeptanz neuer strategischer Annahmen (durch Umfeld-Monitoring und strategische Neuausrichtung)
Vorbereitung auf eine mögliche Zukunft	Organisationstransformation	Schmerzhafte Anomalien	*Antizipation* (anticipation) der wahrscheinlichen Zukunft durch Änderung von Charakter bzw. Kultur der Organisation	Vision eines neuen Kulturkernes (durch Umgang mit Unbekannten)

Quelle: Sattelberger (1991), 14[615]

Eine weitere Typisierung des Organisationslernens von Thomas Sattelberger, der sich zum einen auf die Sinnmodelle von Kirsch bezieht und diesen zum anderen einen bestimmtem Lerntypus zuordnet, verhilft zu weiteren Anknüpfungspunkten zwischen den Sinnmodellen von Unternehmen und Managern. Für eine so charakterisierte Organisationsänderung genügt single-loop-learning. Organisationsentwicklung entspricht dem double-loop-learning. Eine Organisationstransformation benötigt deutero-learning im Sinne des loop-reflecting-learning. Geißler erkennt in Sattelbergers Ansatz ein „organisations-

[615] Zitiert in: Geißler (1994), 158

didaktisches Strukturgitter des Organisationslernens", das durch die Dimensionen Sinnhaftigkeit und Lerntypus entsteht (siehe Abb. 28).[616]

Abbildung 28: Organisationsdidaktisches Strukturgitter

	Personal ←→ Persönlichkeit				
	Gewinnmaximierung ←→ Wirtschaftsethik				
Sinnmodelle / **Durchdringungsgrade**	Zielmodell ↓	Koalitions-Modell	Überlebens-Modell ↓	Institutions-Modell	Fortschritts-Modell ↓
Organisationsänderung	Organisationslernen im Umgang mit der Organisationsstruktur				
Organisationsentwicklung		Organisationslernen im Umgang mit der Organisationsstrategie			
Organisationstransformation			Organisationslernen im Umgang mit der Organisationskultur		
Quelle: Geißler (1994), 162					

Er sieht dabei eine inhärente Verwandtschaft des Zielmodells zur Organisationsänderung, des Überlebensmodells zur Organisationsentwicklung sowie des Fortschrittsmodells zur Organisationstransformation als gegeben. Über diese drei grundlegenden Sinnmodelle lässt sich nach Geißler der „sittliche Entwicklungsstand" einer jeden Organisation einschätzen.[617]

Petersen ordnet das single-loop-learning dem Ziel- und Koalitionsmodell zu. Er erkennt darin insbesondere Züge des Paradigmas der linearen Kausalität. Das double-loop-learning sieht er dem Überlebensmodell nahe, insbesondere wegen der erfüllten Merkmale des Paradigmas zirkulärer Kausalität. Sein loop-reflecting-learning sieht er dem Fortschrittsmodells nahe.[618] Das weiter oben referierte Handwerkermodell gehört nach Petersen zum Ziel- und Koalitionsmodell, da beide nahezu ausschließlich dem Primat der Zweckrationalität unterliegen. Eindeutige Parallelen zwischen dem Überlebens- und dem Gärtnermodell ergeben sich über die Schaffung von Rahmenbedingungen. Trotz angestiegener Komplexität setzt man auch im Überlebensmodell auf das „Super-

[616] Geißler (1994), 158, wobei Geißler, ebd., 153 ff. den Bezug von Kirsch's Sinnmodellen auf die „Interessenlehre" von Habermas (1968) herstellt, die wiederum konzeptionelles Kernstück des „Strukturgitter"-Ansatzes der Didaktik ist

[617] Zur Organisationsstruktur, -strategie und –kultur siehe 2.3.5 bis 2.3.9

[618] Vgl. Petersen (1997), 273; die Nähe Fortschrittsmodell und loop-reflecting-learning ergibt sich implizit aus, ebd., 274 ff.; explizit führt er den Ansatz von Kirsch als Beispiel für die Erfüllung der hermeneutischen Selbstreferenzialität an, ebd., 199 ff. u. 213

Subjekt" Management, das noch weitgehend ohne den Dialog mit den Betroffenen Überlebensstrategien konstruieren und umsetzen soll. Das sich daraus ergebende Sinndefizit wird zwar im Institutionsmodell zum Teil abgebaut, weil Überleben nur durch Verankerung im Bewusstsein der Gesellschaft möglich ist. Gefahren sieht Petersen, dass im Überlebenskampf der Dialog nur halbherzig geführt wird und letztlich auf „monologische Verhaltens- und Problemlösemuster" zurückgegriffen wird.[619] Sinn und Legitimität des Fortschrittsmodells liegen gerade darin, über den Dialog die Bedürfnisse aller Beteiligter und Betroffener zu befriedigen. Diese werden nicht als gegeben hingenommen, sondern stehen als Problemstellung auf der Agenda.[620] Aus der Kontrafaktizität ergibt sich eine Nähe des Fortschrittsmodells zum Mitverantwortungsmodell von Geißler bzw. zum Mentorenmodell von Petersen. In Abbildung 29 sind die wesentlichen Inhalte der Sinnmodelle für Unternehmen und Manager zusammengefasst.

In der Höherentwicklung von Unternehmen ist zum einen die Zunahme an Rationalisierung entscheidend. Zum anderen kommt es auf die Entwicklung der Basisfähigkeiten an. Beides hat mit Lernen, Lernfähigkeit und Lernbereitschaft zu tun. Diese sind wesentlich mit den Menschen im Unternehmen verknüpft. Es schließt sich deshalb die Frage an, welches Menschenbild sich in den Sinnmodellen verbirgt.

3.1.3.4 Sinnmodelle und Menschenbilder

Unterschiedlichen organisationstheoretischen Ansätzen wie dem Bürokratiemodell von Weber, der Managementlehre von Taylor, der Human-Relations-Bewegung, der verhaltenwissenschaftlichen Entscheidungstheorie usw., auf die hier nicht weiter eingegangen werden kann, liegen Annahmen über den Menschen in den Organisationen zugrunde, deren Gesamtheit als „Menschenbild" bezeichnet wird.[621] Menschenbilder enthalten Annahmen über die „Eigenschaften, Bedürfnisse, Motive, Erwartungen und Einstellungen." In der Praxis äußern sich Menschenbilder vor allem in den Auffassungen von vorgesetzten Führungskräften über untergebene Mitarbeiter.[622]

---

[619] Trotz dieser Kritik am Institutionsmodell ist hervorzuheben, dass mit der von Peter Ulrich geprägten Sicht, die Unternehmung als quasi-öffentliche Institution zu verstehen, eine „verpflichtete Management-Philosophie" angestrebt ist, die einen Gegenpol zu einer „opportunistischen" darstellt, wie sie im puren Zielmodell vorkommt, Bleicher (1992), 55 ff. u.496 ff.

[620] Vgl. Petersen (2003), 223

[621] Zu den unterschiedlichen organisationstheoretischen Ansätzen vgl. Kieser (Hrsg.)(2002) u. Staehle (1999), 22 ff., Zusammenfassungen finden sich bei Geißler (2000), 27 ff. und Petersen (1997), 117 ff.;

[622] Staehle (1999), 191, vgl. auch Gabler Wirtschaftslexikon (1997), 2598 f.; zur Bedeutung der Menschenbilder („Assumptions About Human Nature") Schein (1997a), 125 f.

Abbildung 29: Wesentliche Inhalte der Sinnmodelle

Sinnmodelle Merkmale	Zielmodell	Koalitions-Modell	Überlebens-Modell	Institutions-Modell	Fortschritts-Modell
Paradigma	lineare Kausalität		Zirkularität		hermeneutische Selbst-Referenzialität
Managerleitmodell	Handwerker-Modell		Gärtner-Modell	A la Carte-Modell oder Kellner-Modell[623]	Mitverantwortungs-/ Mentoren-Modell
Primäre Orientierung	direkt erfolgsorientiert		indirekt erfolgsorientiert	ansatzweise verständigungsorientiert	verständigungsorientiert
Menschenbild	?		?	?	?
Quelle: Eigene Darstellung					

Historisch können dabei drei Phasen festgestellt werden, wobei aktuell von einer vierten gesprochen werden kann:[624] Bis in die 1920iger und 1930iger Jahre dominierten mechanistische Annahmen über den Menschen, der nur als Produktionsmittel gesehen wurde. Begünstigt durch den Behaviorismus ging man von einem „reflexgesteuerten Wesen" aus, das mit Hilfe „verhaltensabhängiger Verstärkung" zu einem Mehr an Leistung motiviert werden muss. Der Mensch arbeitet primär als ***„rational man"*** (*„economic man"*) nur um im Tausch gegen seine Arbeitskraft, mit dem Lohn sein Überleben zu bestreiten.

Eine zweite Phase begann mit den Hawthorne-Studien, die zwischen 1927 und 1939 stattfanden. Diese machten sichtbar, dass Anreize aus dem sozialen Umfeld wie die Beachtung durch Vorgesetzte und die Anerkennung in der Arbeitsgruppe eine ebenso große Rolle spielen. Man sieht im arbeitenden Menschen nun vorwiegend den ***„social man"***, dessen Leistung durch Verbesserung der „human relations" verbessert werden kann, verstärkt durch die in 1940er Jahren einsetzende gruppendynamisch ausgerichtete (Sozial)Psychologie.

---

[623] Das Institutionsmodell basiert zwar darauf, dass eine Legitimierung durch Einbindung in die Gesellschaft angestrebt wird, ist aber in der Umsetzung sehr von der persönlichen Wertverfolgung des Top-Managements abhängig, so dass es oberflächlich nur um ein positives Image ohne tiefergehende Verankerung gehen kann, was das „Kellner"- oder „A la Carte-Modell" aussagen soll, Petersen (2003), 225 f.

[624] Zur folgenden knappen Charakterisierung siehe Günter Müller (2006a), 8 ff.

Die 1950er und 1960er Jahre sind geprägt von einer humanistischen Orientierung. Es soll der Vielfalt der Fähigkeiten und dem Bedürfnis nach Weiter- und Selbstverwirklichung („***self actualizing man***") in der Arbeit entsprochen werden. Neben äußeren, extrinsischen Anreizen wie Lohn und Gruppenzugehörigkeit treten nun innere, intrinsische Anreize (z.B. anspruchsvollere Aufgaben). Der Mensch wird überwiegend als „***complex man***" in dem Sinne interpretiert, dass er ein komplexeres Wesen ist, als die oben genannten drei Modelle vermitteln.[625]

Seit den 1980er Jahren zeichnet sich vor dem Hintergrund der ökonomischen Globalisierung mit den Folgen erhöhter Flexibilitäts- und Mobilitätsanforderungen ab, dass der arbeitende Mensch verstärkt eigene Initiative ergreifen muss, um über gerade bestehende Arbeitsverhältnisse hinaus prophylaktisch zu handeln. Hierfür bietet sich an, den Menschen als „***self-organizing man***" zu interpretieren. Im Fokus steht das eigenverantwortliche „unternehmerische" Handeln, das z.B. in selbstgesteuertem, lebenslangem Lernen oder im Mitarbeiter als Mitunternehmer zum Ausdruck kommt. Kritisch hierzu äußert sich Oswald Neuberger (dessen Zuordnungen nach Managementideologien siehe Abb. 30) der im *complex man* keine Fortsetzung des *self-actualizing man* erkennt, sondern eine Gegenbewegung: „der einzelne hat sich dem System und seinen Veränderungen bereitwillig und aktiv unterzuordnen und sich vielseitig zu entwickeln, dass er unter allen Umständen 'funktionstüchtig' ist." Durch den Sieg des Kapitalismus über den Sozialismus kommt es nach Neuberger zu einer Reanimation des *homo oeconomicus* in Form des „souveränen Ich". Abhängig Beschäftigte sollen sich als „UnternehmerInnen der eigenen Arbeitskraft" erfinden, sich also „zum eigenen Produkt machen" und „ego branding" betreiben. Mitarbeiter als self-organizing man müssen für ihre „employability (Beschäftigungsfähigkeit)" sorgen; es ist von der „Aktie Ich", der „Selbst-GmbH" oder „Ich-AG" die Rede.[626]

Im neu wieder erstehenden ***homo oeconomicus*** verbirgt sich das „Modell des rational handelnden, vollkommen informierten, ‚seismographisch' und unendlich schnell reagierenden Entscheidungsträgers" der klassischen und neoklassischen Ökonomie, der „in der Lage" ist, „eine schwache Ordnung seiner Alternativen vorzunehmen."[627] Handlungsbestimmend ist die „Nutzenmaximierung" der Mitarbeiter bzw. die „Gewinnmaximierung" der Unternehmer.[628] Da weder Mitarbeiter noch Unternehmer über vollständige Informationen und über vollständige Informationsverarbeitungskapazität verfügen, stellt der *homo oeconomicus* nur ein „verzerrtes Bild des Menschen dar."[629]

---

[625] Vgl. Schein (1988), 93 f.
[626] Neuberger (2002), 81 f.
[627] Heinen (1997), 1133 f.; Zitat im Original zum Teil kursiv
[628] Gabler Wirtschaftslexikon (1997), 1794
[629] Schumann/Meyer/Ströbele (1999), 98 f.; Menschen handeln nicht wie unterstellt, vollkommen unabhängig von anderen, sondern sind deren Einflüssen ausgesetzt: Zwischenmensch-

Abbildung 30: Aspekte von Managementideologien

Zeiten besonderer Dominanz	Dominierender Management-Ansatz nach Reinhard Bendix	Menschenbilder nach Edgar Schein	Bedürfnistheorie nach Abraham Maslow
bis 1750	Ständische Ordnung; Stabile Über- und Unterordnung		
1750 – 1850	Ablehnung der Verantwortung für die Arbeiter: Motivation durch Hunger und Elend		Physiologische Bedürfnisse
1830 – 1920	Sozialdarwinismus; Erfolgsversprechen	self-actualizing man (Variante 1)	Ich-Bedürfnisse (Variante 1)
1900 – 1940	Wissenschaftlich-rationale Unternehmensführung	rational man	Sicherheits-Bedürfnisse
1920 – 1970	Kooperative Führung; Betonung der sozialen Beziehungen; Vorherrschaft der Organisation	social man	soziale Bedürfnisse Ich-Bedürfnisse (Variante 2)
1950 – 1980		self-actualizing men (Variante 2)	Selbstverwirklichung
1960 – 1980		complex-man	
Quelle:	Ausschnitt aus Neuberger (2002), 98		

Das betont eigennützige Handeln der Individuen führt nach Adam Smith beim Vorhandensein wirksamer Konkurrenz nicht nur zur Vermehrung der Wohlfahrt der Individuen, sondern es steigert zugleich das allgemeine Wohl.[630] Hierin unterscheidet sich der *homo oeconomicus* von dem ansonsten recht ähnlichen *rational man*, der solche Gemeinnutz-Aspekte und Rücksichtnahme nicht kennt, wie sie dem Ansatz von Smith zugrunde liegt. Eine wesentliche Modifikation des homo oeconomicus stellte der von Herbert Simon geprägte ***„administrative man***" dar, der bei unvollständiger Information und begrenzter Fä-

liche Beziehungen führen zu „Nachfrageinterdepenzen" aufgrund von Mitläufer- , Abgrenzungs- oder Prestigeeffekten, ebd. 90 ff.

[630] Gabler Wirtschaftslexikon (1997), 2141 f.; das Streben nach Gewinnmaximierung wird im Liberalismus „nicht nur als legitimes Recht, sondern geradezu als moralische Pflicht des Unternehmers im Interesse des Gemeinwohls angesehen", Wunderer/Jaritz (1999), 31. Nach Guy Kirsch (2003a), 679 ging es Adam Smith als Moralphilosoph um die ethische Wirkung: „Er war davon überzeugt, dass auch eine marktwirtschaftliche Ordnung, die primär auf den individuellen Eigennutz als treibende Kraft setzt, darauf angewiesen ist, dass moralische Werte, also die Rücksichtnahme des Menschen auf den Mitmenschen, die rücksichtslose Verfolgung dieses Eigennutzes in Schach halten". Die Rücksichtnahme der Menschen untereinander beschrieb Smith in einer „Theory of Moral Sentiments" bevor er die Wirkung des Eigennutzes als Gemeinwohltreiber durch das Konkurrenzgleichgewicht in den „Wealth of Nations" veröffentlichte, ebd., 678 ff. u. ders. (2003b)

higkeit zur Informationsverarbeitung nur mit eingeschränkter Rationalität („bounded rationality") nach bestimmten „Anspruchsniveaus" („aspiration levels") entscheiden kann, die je nach Situation herab oder herauf gesetzt werden. Anstelle des maximalen Nutzens werden dann nur noch satisfizierende Lösungen angestrebt.[631] Während in der Ökonomie – als der Wissenschaft, welche die Wirtschaft als Teilbereich einer Gesellschaft zum Forschungsgegenstand hat – die Modellfigur des *homo oeconomicus* an Bedeutung verloren hat – spielt in der Ökonomik als der „Wissenschaft von den individuell rationalen Wahlhandlungen der Menschen in einer Welt unbegrenzter Bedürfnisse und knapper Ressourcen" weiterhin eine zentrale Rolle, wobei Nutzen mit materiellem Wohlstand gleichgesetzt wird. [632]

Starken Einfluss auf die Ökonomik hat das Scientific Management. Dessen Begründer, Frederich W. Taylor, hebt die negativen Seiten des Menschen wie Faulheit und Genusssucht hervor.[633] Diesen Aspekt übernimmt die neue Institutionenökonomik in der sog. „Arbeitsleid-Hypothese" nach der Arbeitnehmer Arbeit grundsätzlich negativ bewerten und eine Vorliebe für das Nichtstun haben. Elisabeth Göbel fasst neben dieser noch andere „Verhaltenserwartungen der Ökonomik" wie folgt zusammen: „Der Mensch will seinen **Wohlstand mehren bzw. sein Einkommen sichern**, er will **möglichst wenig arbeiten**, er hat **keine Scheu vor Lügen und Betrug,** wenn es ihm Vorteile bringt, er hat **ausschließlich sein persönliches Wohl** vor Augen, er befolgt Regeln nur aus Angst vor Strafe oder weil es vorteilhaft ist, also letztlich nach einem **Nutzen-Kosten-Kalkül**."[634] Sumantra Ghoshal und Peter Moran stufen die Grundhaltung, Organisationen so zu gestalten, dass sie den Opportunismus von Menschen abwehren, für Manager als gefährlich ein. [635] Menschen können sich opportunistisch verhalten, aber nicht alle tun es. Durch dieses pessimistische Menschenbild wird eine negative „self-fulfilling prophecy" in Gang gesetzt, die verhindert, was Organisationen eigentlich ermöglichen, nämlich die menschlichen Fähigkeiten zu erhöhen, Initiative zu ergreifen, zusammen-

---

[631] Simon (1959/1977), 87 ff. ; anstelle der „allgemeinen (objektiven) Rationalität des ‚homo oeconomicus' wird nach Heinen (1976), 70 die begrenzte Subjektivität des administrative man gesetzt, der statt fixer Maximalvorstellungen anpassbare „Anspruchsniveaus" ebd., 245 ff. zulässt und „befriedigende Lösungen" ebd., 83 ff. sucht; vgl. auch Schumann/Meyer/ Ströbele (1999), 99 u. Heinen (1997), 1133 ff.; eine weitere Modifikation stellt das „REMM"-Modell („resourceful, evaluating, maximizing man") von William Meckling dar; hier wird der homo oeconomicus ein „lernfähiger, abwägender, maximierender Mensch..., der seinen Informationsstand, auch aus der Erfahrung lernend, verbessert, sich der verbleibenden Unsicherheit bewusst ist und diesen Einschränkungen nach höchstmöglichem Nutzen strebt," Meckling (1976) zitiert in: Schumann/Meyer/Ströbele (1999), 99

[632] Göbel (2002), 22 f.; zur zentralen Bedeutung des homo oeconomicus, ebd., 23 ff.

[633] Ausführlich zum Taylorismus vgl. Kieser (2002b)

[634] Göbel (2002), 26 f.; das Menschenbild von Oliver E. Williamson, einem prominenten Vertreters der neuen Institutionenökonomik, ist nach Schanz (2000a), 52 f. durch zwei Charakteristika gekennzeichnet: „Begrenzte Rationalität" – Schanz setzt dies mit dem oben beschriebenen Satisfizierer von Simon gleich – und „Opportunismus"

[635] Vgl. Ghoshal/Moran (1996),

zuarbeiten und zu lernen. Nach ihrer Ansicht müssen Lernen und Vertrauen an die Stelle von Effizienz und Opportunismus treten:[636]

> „As we have suggested ..., the advantage of organizations over markets may lie not in overcoming human pathologies through hierarchy, but in leveraging the human ability to take initiative, to cooperate, and to learn; it also may rely on exploiting the organization's internalised purpose and diversity to enhance both learning and its use in creating innovations and purposive adaptation... In a theory of organizations and markets, learning and trust may well take the place that efficiency and opportunism occupy in the theory of market and hierarchies." Ghoshal/Moran (1996), 42

Aus der Kritik von Ghoshal und Moran wird deutlich, welche weitreichende Wirkung Menschenbilder haben: pessimistische engen ein, verhindern positive Aktionen und führen letztlich genau zu den negativen Resultaten, die man eigentlich vermeiden möchte, wohingegen positive Initiative und Engagement ermöglichen, auch wenn dadurch nicht sicher ist, dass sie inhaltlich so eintreten, aber sie können wenigstens eintreten und werden nicht systematisch verhindert. In die Managementliteratur ist 1969 dieser Effekt als „Pygmalions Gesetz" von J.Sterling Livingston eingegangen.[637] Livingston schlägt vor, am beruflichen Geschick von Mitarbeitern echte Anteilnahme zu nehmen, dann ergeben sich für sie positive Erfolgserfahrungen. Das Bild, das wir uns von einem Menschen machen, beeinflusst dessen Wirklichkeit. Obgleich Livingston explizit keinen Bezug darauf nimmt, könnte man ihn als einen Vertreter des Konstruktivismus ansehen, der vorgibt, dass die Wirklichkeit nicht unabhängig von den sie beschreibenden Welt- oder Menschenbildern existiert: „Jede Wirklichkeit im unmittelbarsten Sinne" ist die „Konstruktion derer.., die diese Wirklichkeit zu entdecken und erforschen glauben."[638]

Wie die obigen Ausführungen zeigen, bestimmen entweder mehr positive oder mehr negative Menschenbilder die einzelnen Ansätze. Dieser Dualismus, der besonders bei Douglas McGregor in der „Theorie X" (arbeitsscheu, kontroll- und zwangsbedürftig, verantwortungsvermeidend...) und „Theorie Y" (Arbeit als Quelle der Zufriedenheit, Identifikation mit Zielen, Eigeninitiative, Streben nach Selbstverwirklichung, Einfallsreichtum...) zum Ausdruck kommt, konnte auch empirisch bestätigt werden.[639] Setzt man die genannten Menschenbilder zu den Sinnmodellen in Beziehung (Zuordnung siehe Abb. 31 vorletzte Zeile), dann ergeben sich folgende Bezüge.

---

[636] Ghoshal/Moran (1996), 21 ff.; nach Paul Watzlawick (1981), 91 ist „eine sich selbsterfüllende Prophezeiung ..eine Annahme oder Voraussetzung, die rein aus der Tatsache heraus, dass sie gemacht wurde, das angenommene, erwartete oder vorhergesagte Ereignis zur Wirklichkeit werden lässt und so ihre eigene ‚Richtigkeit' bestätigt."

[637] Livingston (2003); umgekehrt lösen negative Ansprachen entsprechend negative Reaktionen aus, vgl. Rosenhan (1981)

[638] Watzlawick (Hrsg.)(1981), 9 f.; verschiedene Aspekte des Konstruktivismus im selben Band insb. Glasersfeld (1981)

[639] Staehle (1999), 191 f. u. 196; diese und weitere Typen beschreibt Neuberger (2002), 69 ff.

Abbildung 31: Sinnmodelle und Menschenbilder

Sinnmodelle Merkmale	Zielmodell (Instrumentalmodell)	Koalitions-Modell	Überlebens-Modell	Institutions-Modell	Fortschritts-Modell
Paradigma	lineare Kausalität		Zirkularität		hermeneutische Selbst-Referenzialität
Managerleitmodell	Handwerker-Modell		Gärtner-Modell	A la Carte-Modell oder Kellner-Modell	Mitverantwortungs-/ Mentoren-Modell
Primäre Orientierung	direkt erfolgsorientiert		indirekt erfolgsorientiert	ansatzweise verständigungsorientiert	verständigungsorientiert
Menschenbilder	rational man Theorie X/Opportunismus social man I homo oeconomicus (mit Varianten) self-organizing man		complex man social man II *[self organizing man]*	self-actualizing man Theorie Y	homo discens

Quelle: Eigene Darstellung

Wer Unternehmen nur als Instrument zur Durchsetzung seiner Interessen sieht, wird mit sehr großer Wahrscheinlichkeit auch Mitarbeiter so betrachten und ihnen Gleiches unterstellen. Darum gehört der *rational man* zum Ziel- oder Instrumentalmodell: Es erscheint als Arbeitnehmer vernünftig, möglichst wenig zu tun, um den gleichen Lohn zu erhalten, und umgekehrt, als Arbeitgeber zu kontrollieren und mit Nachdruck die vereinbarte Leistung zu verlangen. So ist die von der Institutionenökonomik vertretene Arbeitsleidhypothese hier zu verorten. Ebenso die deckungsgleiche Theorie X. Da es vom Zeitschinden zum Betrügen und Stehlen nicht weit ist, gehört auch die Opportunismusannahme von Williamson hierhin. Dass auch das aktuell moderne Menschenbild des *self-organizing* man hier eingeordnet wird, ergibt sich dadurch, dass im Grunde nur eine Methodensublimation vorgenommen wird. Vorher fremd instrumentalisierte Mitarbeiter sollen sich nun selbst instrumentalisieren, um auf eine anspruchsvollere, höhere Weise den Unternehmen entgegenzukommen, indem sie Unvollkommenheiten des Systems ausgleichen und noch mehr Profitmaximierung ermöglichen, weil sie flexibler und mobiler jeweils dorthin sich entwickeln bzw. dorthin kommen sollen, wie und wo sie kapitaloptimal gerade gebraucht werden. Insofern handelt es sich hierbei um eine Renaissance des *homo oeconomicus* auf höherer Ebene. Ein als *self-organizing man* agierender Mitarbeiter könnte sich selbst über seine ‚systemische Eigendynamik' dem Überlebensmodell zuordnen, weshalb er dort zusätzlich in eckigen Klammern steht. Im Unterschied hierzu folgt der complex man nicht dem Paradigma der linearen Kausalität des noch flexibler und noch mobiler, sondern ist schon aufgrund der eigenen hohen Komplexität vermehrt in der Lage, Komplexität außerhalb seiner selbst zu begreifen und zu handhaben. Dadurch unterliegt er dem Paradigma der zirkulären Kausalität und ist dem Überlebensmodell zuzuordnen. Aufgrund der Tendenz, sich zum Objekt externer Ansprüche zu machen, kommt es aber nach Petersen auch hier zu einer „raffinierten Selbstausbeutung".[640] Insofern sind der self-organizing man und der complex man nahe Verwandte.

Der *social man* hat zwei Aspekte. Einerseits ist er – in Abb. 31 als social man I gekennzeichnet - dem homo oeconomicus verwandt, indem er soziale Nähe und Anerkennung als Tausch für wohlgefälliges Verhalten erwirbt. Dies ist für die an der Spitze des Unternehmens vorwiegend nach außen im Konkurrenzkampf agierenden Vertreter des homo oeconomicus von großer Bedeutung. Sie erkaufen im social man I, dass dieser seinen Egoismus zurückstellt und ihnen treu dient, um in der Innenbeziehung dysfunktionale Eigenschaften des homo oeconomicus wie Kampf zu vermeiden.[641] Andererseits liegt im social man – auch wenn er in der Literatur so nicht definiert ist, hier als social man II bezeichnet – das Potential, sich in eine Schicksalsgemeinschaft im Überlebensmodell einzubringen.[642] Dieses ist meines Erachtens besonders bei mittleren Unternehmen gegeben, wenn der Risikounternehmer es versteht, Mitarbeiter – über die Hierarchie hinweg – als Mitstreiter im gemeinsamen Überlebenskampf zu mobilisieren, um ihnen nicht nur Entgelt und soziale Anerkennung, sondern dauerhaft einen Arbeitsplatz zu sichern. Analog zum Verhältnis homo oeconomicus zu social man I ergibt sich ein ähnliches Verhältnis von complex man zu social man II, wobei der *complex man* vorwiegend in Führungsfunktionen oder in anspruchsvollen Wissensarbeiterpositionen zu verorten ist. Die Führungskraft als complex man lebt im Spannungsfeld, Positionen des homo oeconomicus, social man II und einiger self-actualizing man so zu vereinigen, dass ein nachhaltiges Überleben des Unternehmens gesichert ist.

Die Zuordnung des *self-actualizing man* zu einem der Sinnmodelle ist nicht auf Anhieb zu leisten, da sich in der von Maslow formulierten Bedürfnispyramide nicht nur motivationspsychologische, sondern auch organisationssoziologische und gesellschaftspolitische Aspekte verbergen. Es wird in ihr eine Praxis beschrieben, in der Arbeitsplätze für ihre Inhaber nur recht unterschiedliche Möglichkeiten zur Selbstverwirklichung als dem treibenden Motiv des self-actualizing man bieten. Tendenziell ergibt sich eine Abhängigkeit der Höhe der Be-

---

640 Petersen (2003), 163

641 Vgl. Geißler (2000), 176

642 Die Mitarbeiter erleben nach Schein (1997a) in der auf Überleben angelegten Unternehmenskultur mittlerer Unternehmen den stabilen Rahmen, der ihnen hilft, die in der menschlichen Natur angelegten existentielle Ängste zu überwinden. Es entsteht dabei eine Schicksalsgemeinschaft, die den Weg in eine unsichere Zukunft gemeinsam begeht.

dürfnisbefriedigung von der Höhe des organisatorischen Rangs.[643] Da es in der traditionellen Organisationspyramide oben nur wenige Plätze gibt, sind die Spielräume hierfür eng. Im Instrumental- und Koalititionsmodell kommt der self-actualizing man nur in Ausnahmefällen zum Tragen. Dies gilt auch für das Überlebensmodell. In den von Maslow formulierten 15 Charakteristika der Selbstverwirklichung sind Züge enthalten, welche die ersten drei Sinnmodelle transzendieren wie: „ausgeprägtes soziales Interesse", „Zusammengehörigkeitsgefühl mit der Menschheit", „Achtung von allen Menschen." [644] So verstandene Selbstverwirklichung ist mehr als nur die Durchsetzung rein egoistischer Tendenzen. Sie steht im Dienste von etwas, was über sich hinausweist.[645] Als solche kann sie im Institutionsmodell verortet werden, da dort prinzipiell eine Bereitschaft erkennbar ist, nicht nur für sich bzw. sein eigenes Unternehmen, sondern auch Verantwortung für die Gemeinschaft zu übernehmen. Wegen der inhaltlichen Nähe[646] von self-actualizing man zur Theorie Y ergibt sich, auch diese beim Institutionsmodell zu platzieren.

Für das Fortschrittsmodell passt keines der oben erwähnten ‚positiv' beschriebenen Menschenbilder, die – wie Geißler feststellt - als „kognitive Konstruktionen... oft mehr über ihren Urheber als über die Wirklichkeit aussagen."[647] Aus der Kritik, inwieweit überhaupt die Natur des Menschen bestimmbar ist, hat Klaus Prange den umgekehrten Weg einer „negativen" Anthropologie beschritten, indem er anstelle einer ‚positiven' Festschreibung des Menschen, das zentrale Merkmal der „Offenheit, d.h. Unbestimmtheit und Unbestimmbarkeit" hervorhebt. Die Fähigkeit offene Fragen zu stellen ist Anlass zum Lernen. So gehört Lernen wesentlich zum Menschen, ein Lernen das sowohl operatives Anpassungslernen, strategisches Erschließungslernen als auch normatives Identitätslernen (siehe 3.1.3.2) beinhaltet. Prange bezeichnet den umfassend lernenden Menschen als „homo discens".[648] Im Unterschied zum complex man, der zwar für die vielerlei Ursache-Wirkungsbeziehungen offen ist in denen er agiert, ist der *homo discens* zudem offen für die moralisch-ethische Imperfektheit, sowohl die eigene als auch die anderer. Dadurch entspricht der homo discens dem Paradigma der hermeneutischen Selbstrefe-

[643] Vgl. Geißler (2000), 178 ff.
[644] Zimbardo/Floyd (1983), zitiert in: Bullinger (1996), 41
[645] Nach Viktor Frankl (1982), 87 f. „liegt der Sinn in der persönlichen Einzigartigkeit des Menschen ausschließlich in deren Bedeutsamkeit für ein übergeordnetes Ganzes". Auch Maslow (1966), zitiert in Frankl, ebd., schließt sich Frankls Auffassung an: „My experience agrees with Frankl's that people who seek self-actualization directly...don't, in fact, achieve it...I agree entirely with Frankl that man's *primary* concern is his will to meaning." Nach Frankl ist der „Mensch.. ein in die Welt hinein agierendes Wesen" mit der Fähigkeit zur „Selbstranszendenz", dem es nicht ausschließlich um sich selbst geht, sondern „im Wesentlichen um etwas außerhalb seiner selbst Liegendes", Lukas (1983), 62, vgl. insb. auch Frankl (1998), 252
[646] Eine solche ergibt sich nach Rolf Arnold, vgl. Geißler (2000), 179
[647] Geißler (2000), 207
[648] Prange (1978), 39, vgl. Geißler (2000), 209 ff.

rentialität und kann dadurch als einziges der hier behandelten Menschenbilder der fortschrittsfähigen Organisation zugeordnet werden .[649] Der homo discens unterscheidet sich vom self-actualizing man insofern, als er durch die Erkenntnis der eigenen Imperfektheit mehr Distanz zu sich selbst hat als der self-actualizing man, der mehr seine ‚Mission' erfüllen als in Frage stellen möchte, wodurch Lernen erschwert oder in bestimmten Feldern ausgeklammert wird.

3.1.4 Stellenwert des Human Capital in der generellen Zielausrichtung

Die Bedeutung des Human Capital hängt vom Sinn und Zweck eines Unternehmens ab. Sinn- und Zweckfragen gehören zu den Kernfragen eines Unternehmens, die nicht trivial zu beantworten sind. Die Antworten finden sind nach Bleicher in den „grundlegende[n] Annahmen", die im „Welt- und Menschenbild" des Top Managements verankert sind. [650] In mittleren Unternehmen handelt es sich um das Welt- und Menschenbild der Unternehmensgründer, das in der Unternehmenskultur fortlebt (siehe 2.3.7 und 3.1.2). Diese Grundannahmen („basic assumptions") werden nach Schein von den Organisationsteilnehmern unbewusst geteilt, wie selbstverständlich angenommen und nicht in Frage gestellt. Beispielsweise würde es in einem vom Kapitalismus geprägten Land niemand verstehen, wenn ein Unternehmer das Unternehmen trotz dauernder Verluste fortführt.[651] Unternehmenskultur ist für Schein das Resultat eines kollektiven Lernprozesses.[652] Es handelt sich um die in einer Unternehmung „faktisch gelebten Normen und Werte", welche einzelne Organisationsmitglieder zu einer „Gemeinschaft zusammenschließen."[653]

Angesichts der Vielzahl der in der Praxis vorkommenden und generell möglichen Unternehmenszwecke – im Spannungsfeld privat- bis gemeinwirtschaftlicher Positionen sind extrem eigennützige bis stark gemeinnützige Züge ausmachbar[654] - braucht es einen vereinfachenden Bezugsrahmen, der wesentliche Grundzüge widerspiegelt ohne extreme Einzelfälle auszuschließen. Da alle Unternehmen über Fähigkeiten verfügen und in der Ausgestaltung derselben einer Entwicklung zu unterliegen scheinen, bietet sich an, auf die von Werner Kirsch ausgemachten Sinnmodelle zu rekurrieren. Aus dem gewählten

---

[649] Vgl. Geißler (2000), 221

[650] Bleicher (1992), 59; Bleicher spricht undifferenziert von ‚Management', verwendet es aber im Sinne von Top Management

[651] Schein (1997a), 21 f.

[652] Vgl. Schein (1997a), 5

[653] Geißler (1994), 108

[654] Unter „Privatwirtschaft" sind hierbei Unternehmen zu verstehen, die für sich Gewinn erwirtschaften wollen und kein direktes Interesse am Nutzen der Allgemeinheit haben an der sich die „Gemeinwirtschaftlichkeit" orientiert, Gabler Wirtschaftslexikon (1997), 1498 u. 3074. Unternehmen, die in ihr gesellschaftliches Umfeld investieren zeigen „unternehmerisches Bürgerengagement" („Corporate Citizenship"), das in USA und GB weitere Verbreitung gefunden hat, vgl. Habisch (2005), 467; ein Beispiel ist Scott Bader Commonwealth, Wollaston Northamptonshire, GB, vgl. Schumacher (1977), 239

Sinnmodell lässt sich auch die generelle Wertigkeit von Human Capital ableiten. Grundsätzlich kann von dem in Abbildung 32 unten ausgedrückten Zusammenhang ausgegangen werden.

Abbildung 32: Zusammenhang von Sinnmodell und Wertigkeit von HC

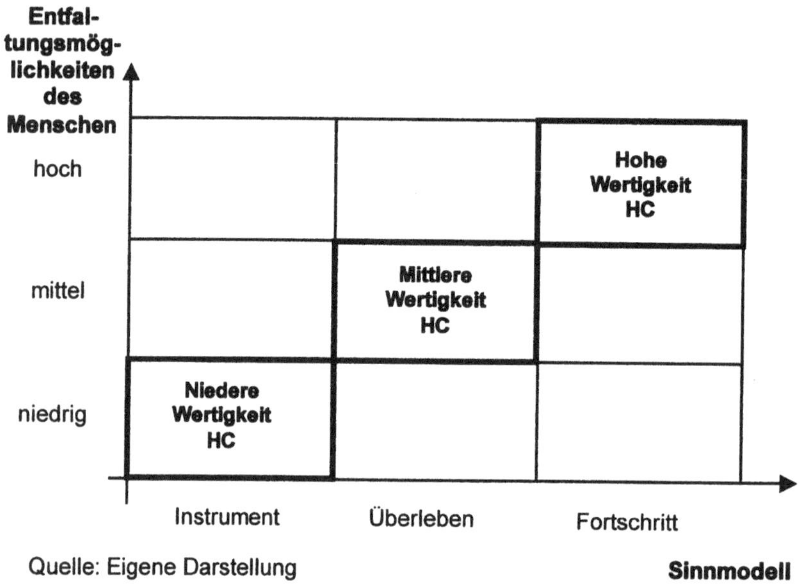

Quelle: Eigene Darstellung

Das tatsächlich gewählte Sinnmodell eröffnet bzw. engt die Entfaltungsspielräume und damit die Wertigkeit von Menschen im Unternehmen ein:

Das *Instrumentmodell* eröffnet nur insoweit Entfaltungsmöglichkeiten wie es Unternehmen opportun erscheint. Der Unternehmenszweck ist ausschließlich zweckrational definiert. Mitarbeiter haben darin eine Funktion. Im Sinne dieser Funktionserfüllung ist eine Entfaltung möglich, wobei diese tendenziell immer anspruchsvoller wird, weil im Zuge der Globalisierung ständig neue Strukturen geschaffen werden (müssen) und Unvollkommenheiten der Systeme durch Mitarbeiter ausgeglichen werden müssen.

Schon mehr Möglichkeiten eröffnet das *Überlebensmodell*, weil hier Fähigkeiten und Zusammenhalt im Sinne der Schicksalsgemeinschaft mehr willkommen sind. Beengend wirkt dieses Modell gegenüber Strömungen der Gesellschaft, die eher abgeschottet werden, anstatt sich dem Dialog mit Mitarbeitern, Kunden und Lieferanten zu stellen wie dies im Fortschrittsmodell möglich ist.

Das *Fortschrittsmodell* ermöglicht auch die volle Entfaltung wertrationaler Aspekte. Für den tatsächlichen Vollzug des angestrebten Sinnmodells ist es unabdingbar, dass in den strategischen Programmen die gewollte Wertigkeit zum Ausdruck kommt. Im Zielmodell könnte diese nicht einmal erwähnt werden, im Überlebensmodell eine Nebenbedingung sein bzw. eine vom ökonomischen Erfolg abhängige andere Erfolgs-Größe sein. Im Fortschrittsmodell kann die Wertigkeit von Mitarbeitern über gesonderte Erfolgsgrößen unabhängig vom ökonomischen Erfolg angestrebt werden. Wesentlich ist hierbei die Haltung gegenüber Anspruchsgruppen, die in einer Art Standortbestimmung festgelegt werden muss. Als Alternativen treffen dabei die Extrempositionen Shareholder-Value und Stakeholder-Value aufeinander. Sinnmodellmäßig entspricht das Instrumentalmodell dem Shareholder Value-Ansatz. Tendenziell entspricht das Institutionenmodell – und aufgrund der Kontrafaktizität - das Fortschrittsmodell noch besser dem Stakeholder-Value-Ansatz. Wie sich noch zeigen wird, verfolgt das Gros mittlerer Unternehmen das Überlebensmodell, das weder durch den Shareholder Value- noch durch den Stakeholder Value-Ansatz adäquat repräsentiert ist, sondern einem dritten Ansatz folgt, der in den Mainstream-Diskussionen fast unbekannt ist (siehe nächstes Kapitel).

Das in den unbewussten Grundannahmen verborgene Sinnmodell des Unternehmens kann nur binnenperspektivisch durch Partizipation in der Lebenswelt Unternehmung herausgefunden werden. Von der Außenperspektive beobachtbare Artefakte und abfragbare Werte alleine genügen hierzu nicht. Andererseits ermöglicht erst eine außenperspektivische Befragung der Werthaltung von Führungskräften von Unternehmen unabhängige Aussagen, ob diese Werthaltungen allgemein einen Einfluss auf den Erfolg von Unternehmen haben. Im STRATOS-Projekt, das auf die Werthaltungen europäischer Führungskräfte abzielte, ergab sich, dass die Befürwortung ethischer Prinzipien signifikant höher bei Erfolgsbetrieben als bei Verlustbetrieben auftrat.[655] Inwieweit so erhobene Werthaltungen mit der tatsächlichen Unternehmenswirklichkeit übereinstimmen, kann wiederum nur binnenperspektivisch herausgefunden werden. Es zeigt sich auch hier die Notwendigkeit beider Ansätze.

Aus der zentralen Bedeutung des Selbstverständnisses bzw. der Identität einer Unternehmung (vlg. 3.1.2) lässt sich bezüglich der Mitarbeiterorientierung eine erste Hypothese dahingehend ableiten, dass das von einem Unternehmen verfolgte **Sinnmodell** einen **Rahmen für die Mitarbeiterorientierung** vorgibt. Ausmaß und Inhalt der Mitarbeiterorientierung sind dadurch fixiert. Auch wenn eine Vielzahl von Unternehmen angibt, eine sehr hohe Mitarbeiterorientierung anzustreben, so ist das nicht das gleiche, weil sich die Umsetzung eben an dieser Rahmensetzung orientiert bzw. sich orientieren muss, da es sonst zu Konflikten mit dem Selbstverständnis des Unternehmens kommt:

---

[655] Vgl. Gabele (1989), 632 u. Fröhlich/Pichler (1988), 149; zur Aussagekraft von Befragungen von Werthaltungen und deren wissenschaftliche Verwertbarkeit vgl. Fritz (1995), 181

H1: Die Bedeutung von HC in einem Unternehmen hängt vom verfolgten Sinnmodell (Basis-Leitbild) ab. Je höher das Sinnmodell im Bezugsrahmen von Werner Kirsch entwickelt ist, desto höher ist die Bedeutung des HC.

Es wird dabei davon ausgegangen, dass ein in einem Unternehmen vorherrschendes Sinnmodell nicht für immer determiniert ist, sondern durch Lernen der im Unternehmen tätigen Personen und durch Lernen des Unternehmens weiterentwickelt werden kann. Die Lernfähigkeit ist eine Basisfähigkeit der Unternehmung (siehe 2.2.2.1) mit deren Hilfe die „Wissensbasis" eines Unternehmens fortentwickelt werden kann. Kern dieser Wissensbasis ist „von allen geteiltes Wissen".[656] In Bezug auf die Identität und die damit verbundenen Selbstverständlichkeiten wird zwar dieses Wissen von den Personen im Unternehmen geteilt, ist jedoch wie in 3.1.2.3 gezeigt wurde, überwiegend nicht bewusst. Herauszufinden welchem Sinnmodell ein Unternehmen folgt, ist somit ein Bewusstmachen dieses nicht bewussten ‚Wissens'. Dieses kann in einem fokalen Unternehmen nur binnenperspektivisch mit den Personen im Unternehmen erfolgen. In diesem Bewusstwerdeprozess wächst auch die Handlungsfähigkeit sowohl der beteiligten Personen als auch des Unternehmens. In der Selbstbeschreibung kommt es zu Abgrenzungen was man ist und was man nicht ist.[657] Zwangsläufig werden dadurch Alternativen und Variationen bewusst und damit der Handlung zugänglich. Es handelt sich also um einen Lernprozess[658], der eine Bewusstseins- und damit eine Verhaltensänderung ermöglicht. Daran schließt sich eine zweite Hypothese an:

H2: Über Lernprozesse kann sich ein Unternehmen zu einem höheren Sinnmodell verändern und dadurch dem HC eine höhere Bedeutung ermöglichen. Umgekehrt kann durch Veränderung des normativen Managements auch ein Verlernprozess einsetzen und zu einem niedrigeren Sinnmodell mit einer Einschränkung der Entfaltungsmöglichkeiten für Mitarbeiter führen.

3.1.5 Zusammenfassung ‚Bedeutung des Human Capital'

Die Bedeutung von etwas kann nach (dem späten) Wittgenstein nicht absolut in einer für alle geltenden Sprache ausgedrückt werden. Sie ist vielmehr nur relativ zu der Lebens- und Sprachform (Lebenswelt), der die bedeutungszuweisenden Personen entstammen. Da im Unternehmen verschiedene Lebenswelten aufeinandertreffen, hängt die Bedeutungszuweisung letztlich von gemeinsamen Grundannahmen ab, die sich in der Identität eines Unternehmens

---

[656] Kirsch (2001), 398

[657] In der Erarbeitung dessen, was man ist und was man nicht ist, wächst auch Verständnis des Seins anderer Beteiligter und Betroffener, d.h. durch Selbstbeschreibung in diesem Sinne erfolgt eine Sensibilisierung für die „verschiedenen Lebens-, Sprach- und Wissensformen.., in deren Kontext die Bedürfnisse und Interessen jeweils artikuliert werden" und in deren Folge eines Wachsens der dritten Basisfähigkeit „Responsiveness", Kirsch (2001), 396

[658] Zum Lernprozess vgl. Euler/Hahn (2004), 88 f, 108 f., 155 f.

– dessen Selbstverständnis – zu einem normativen Kern zusammenfinden. Die Identität eines Unternehmens kann nach Kirsch von externen Beobachtern außenperspektivisch erklärt und intern von Organisationsteilnehmern binnenperspektivisch verstanden werden, wobei sich beide Perspektiven wie zwei Seiten einer Medaille komplementär zueinander verhalten.

Außenperspektivisch kann nach Raffée und Fritz die Identität an der unterschiedlichen Ausprägung von Grundhaltungen mit Hilfe von Methoden der empirischen Sozialforschung mit Hilfe standardisierter Fragebögen ausgemacht werden. Binnenperspektivisch genügen solche propositionelle Aussagen alleine nicht. Nach Habermas konstituiert sich die Lebenswelt erst dann vollständig, wenn nicht nur der Geltungsanspruch nach Wahrheit in der objektiven Welt erfüllt ist, sondern auch noch Geltungsansprüche der Richtigkeit der sozialen Welt und der Wahrhaftigkeit der subjektiven Welt der Teilnehmer erfüllt sind. Teilnehmer müssen sich darüber austauschen und freiwillig eine gemeinsame Handlungskoordination herbeiführen.

Da diese kommunikative Rationalität (sehr) zeitaufwändig und mit zunehmender Anzahl von Teilnehmern immer schwieriger durchzuführen ist, wird in der Praxis langwieriges Aushandeln häufig durch Kommunikationsmedien wie Geld oder Macht abgekürzt, die sich allerdings nur zweckrational auf der Ebene objektiver Rationalität bewegen und die für die Lebenswelt wichtigen wertrationalen sozialen und subjektiven Aspekte ausklammern. Die Medien bilden mit der Zeit komplexe Systeme aus, die sich nicht nur von der Lebenswelt abkoppeln, sondern diese zugleich beeinträchtigen (kolonialisieren). Es kommt zu sozialpathologischen Erscheinungen, die zu Sinn- und Orientierungskrisen bei den Mitarbeitern führen, die sich dysfunktional auf deren Leistung niederschlagen. Dies kann nach Kirsch und Knyphausen nur dadurch vermieden kann, wenn Unternehmen ihr Wertsystem in der originären Lebenswelt der Gesellschaft verankern und dadurch hinreichend Legitimität gewinnen.

Einen hohen Einfluss auf die Identität eines Unternehmens haben deren Gründer, deren originäre Lebenswelt zur Lebenswelt des Unternehmens wird. Durch die Gründung wird in individueller Weise etwas Neues, vorher in dieser Kombination noch nicht Vorhandenes realisiert, das die Unternehmer häufig gegen Widerstände aus ihrer Umwelt durchsetzen. Dies verschafft ihrer subjektiven Rationalität eine hohe Glaubwürdigkeit, zumal objektiv jedermann nachvollziehen kann, dass (im positiven Fall) das Unternehmen prosperiert. Durch diese Sonderstellung gehen die Grundannahmen der Gründer in die Unternehmenskultur ein, die von den Organisationsmitgliedern ohne sonderliche Reflexion aufgenommen und wie selbstverständlich umgesetzt werden. Diese Grundannahmen (basic assumptions) bilden nach Schein die Kultur des Unternehmens, die in ihrer Tiefe wie ein gemeinsam geteiltes Weltbild wirkt. Die ersten Mitarbeiter standen vielleicht noch im direkten Dialog mit dem Unternehmer, der aber mit der Anzahl der Mitwirkenden tendenziell abnimmt. Es dominiert in der Mehrzahl ein im Sinne Petersens monologisch-ausgelegtes Führungsverhalten, das mit geringer wechselseitiger Kooperation im Sinne Wunderers, patriarchalisch bis autoritär geprägt ist. Die in die Tiefenstruktur der Unternehmen versunkenen Leitbilder der Gründer müssen mit Hilfe einer Selbstbeschreibung ins Bewusstsein gehoben werden. Im Kern dieser formierten Leitbilder verbirgt sich das organisatorische Weltbild, das einem der von Kirsch entwickelten Sinnmodelle zugeordnet werden kann. Diese haben sich im sozialwissenschaftlichen Kontext als anschlussfähig erwiesen. Sie können mit den Sinnmodellen von Managern von Geißler durch Arbeiten von Petersen zusammengeführt werden. Auch können die von der Organisationstheorie geprägten Menschenbilder diesen zugeordnet werden.

Das einem formierten Leitbild zugrunde liegende Sinnmodell bestimmt – so eine erste These – in welchem Ausmaß auf Mitarbeiter eingegangen wird und wie sich Mitarbeiter im Unternehmen entfalten können. Wird ein Unternehmen nur als Instrument der Kapitalgeber zur Gewinnmaximierung betrachtet, dann können auch Mitarbeiter nur als Instrumente hierzu verstanden werden. Erst in höheren Sinnmodellen treten zu den rein zweckrationalen immer mehr wertrationale Aspekte hinzu, die den Mitarbeitern in ihrer Ganzheit immer mehr gerecht werden. Darin begründet sich auch, dass eine nur außenperspektivisch erhobene ‚hohe Mitarbeiterorientierung' erst im Zusammenhang mit einer nur binnenperspektivisch möglichen Selbstbeschreibung und Zuordnung zu einem Sinnmodell wirkliche Aussagekraft erhält. Die Wahl des Sinnmodells und der damit zusammenhängenden Manager- und Mitarbeiterbilder legt im strategischen Rahmenkonzept den Grundstein, welchen Stellenwert das Human Capital in der generellen Zielausrichtung einnimmt. Hier schließt sich als zweite Hypothese an, dass Unternehmen ihre Sinnmodelle verändern und nach oben entwickeln, aber auch nach unten einengen können.

3.2 Die Bedeutung des Human Capital in Bezug auf Anspruchsgruppen

3.2.1 Shareholder-Value-Konzept

Der Shareholder Ansatz ist dadurch gekennzeichnet, dass einseitig zu Gunsten der Eigenkapitalgeber (shareholder) die in der Unternehmung erzeugten Gewinne gesteigert und verteilt werden sollen. Kerngedanke des Ansatzes ist, dass Eigenkapital nicht kostenlos zur Verfügung gestellt wird und eine Wertsteigerung gegenüber anderen möglichen Investitionen des Eigenkapitals erst dann entsteht, wenn dessen Verzinsung über der Verzinsung anderer möglicher Investitionen liegt.[659] Wesentlich beeinflusst wurde dieser Ansatz durch die Veröffentlichung von „Creating Shareholder Value" von Alfred Rappaport im Jahre 1986. Nach Rappaport sollten nur solche Strategien gewählt werden, die

[659] Vgl. Hinterhuber, A. (2002), 59

den Shareholder Value maximieren.[660] Zur Ermittlung des Shareholder Value gibt es eine Reihe von Methoden und Varianten deren Darstellung hier zu weit führen würde.[661] Stellvertretend wird die von Rappaport vorgestellte Methodik knapp skizziert. Anstelle von Erfolgsdaten der Gewinn- und Verlustrechnung präferiert Rappaport die Ermittlung künftiger Zahlungsströme, die auch den Cash-Verbrauch von Investitionen des Anlage- und Umlaufvermögens beinhalten.[662] Diese werden mit dem Kapitalkostensatz k diskontiert.[663] Es wird dabei von folgender Ermittlung des Kostensatzes für Eigenkapital ausgegangen:[664]

(1) $r_{EK} = r_f + \beta * (R_m - r_f)$

wobei:

r_{EK}	risikoangepasste Renditeforderung der Eigenkapitalgeber
r_f	risikofreie Rendite (z.B. Bundesanleihen bis 10 Jahre)
R_m	Rendite alternativer Marktportfolios
β	systematisches Marktrisiko des Unternehmens (Kovarianz Unternehmensrendite und Rendite des betrachteten Marktes)

Für mittlere Unternehmen, die in der Regel nicht börsennotiert sind, ergibt sich die Schwierigkeit, ein adäquates Beta zu ermitteln. Hierzu wird entweder auf Marktdaten vergleichbarer börsennotierter Unternehmen zurückgegriffen oder es wird mit Hilfe von Nutzwerttabellen ermittelt.[665] Zur Ermittlung des Diskontsatzes k wird der r_{EK}-Satz und der Zinssatz für Fremdkapital r_{FK} in folgende Formel eingestellt:

(2) $k = r_{fk} * (1-s) * MW_{FK} / MW_{GK} + r_{ek} * MW_{EK} / MW_{GK}$

wobei:

s	Ertragssteuersatz[666]
MW_{FK}	Marktwert des Fremdkapitals
MW_{EK}	Marktwert des Eigenkapitals
MW_{GK}	Marktwert des Gesamtkapitals

---

660 Vgl. Rappaport (1999), 91 ff., auch Siegwart (2002), 120 u. Gaugler (1997), 169

661 Einen Überblick bieten Mandl/Rabl (2001), zum Ertragswertverfahren Peemöller /Kunowski, zum Discounted Cash Flow Verfahren Baetge/Niemeyer/Kümmel (2001), Küting/ Heiden/Lorson (2000), Hachmeister (1999) u. Gräfer/Ostmeier (2000a, 2000b), zur Verbindung der Verfahren untereinander vgl. Ballwieser (2001) u. Wallmeier (1999). Den Neuheitsgrad der US-Verfahren bezweifelt unter Verweis auf die deutschsprachige Unternehmensbewertungslehre der 1960er Jahre insbesondere Hinterhuber, A. (2002), 27 ff., ähnlich kritisch Albach (2001)

662 Vgl. Rappaport (1999), 15 ff. u. 39 ff.

663 Rappaport (1999), 44 ff.; es wird von einem positiven linearen Zusammenhang zwischen den Eigenkapitalkosten eines Unternehmens und dem Marktrisiko ausgegangen

664 Küting/Heiden/Lorson (2000), 23

665 Vgl. Küting/Heiden/Lorson (2000), 28 f.

666 Wegen der Berücksichtigung von Dauerschuldzinsen und der Anrechenbarkeit der Gewerbesteuer ist ein unternehmensspezifischer Wert zu ermitteln, vgl. Baetge/Niemeyer/ Kümmel (2000), 339 ff.

Da gerade der Marktwert des Eigenkapitals ermittelt werden soll, kommt es hierbei zu einem Zirkularitätsproblem, das nur iterativ gelöst werden kann.[667] Häufig wird in der Praxis deshalb eine konstante Zielkapitalstruktur vorgegeben. Ungenauigkeiten werden in Kauf genommen.[668] Die Renditevorstellung der Fremdkapitalgeber ergibt sich aus dem gewogenen Durchschnitt der einzelnen Fremdkapitalzinsen, die der Eigenkapitalgeber nach Formel 1. Es wird zum einen eine Risikoprämie verlangt, die sich aus der Differenz der Rendite alternativer Marktportfolios zum risikofreien Zins ergibt. Dieses Risiko wird als „unsystematisches Risiko" bezeichnet. Das „systematische Risiko" wird durch das Beta abgebildet. Ein Beta von 1 bedeutet, dass die Rendite wie das Marktportfolio schwankt. Bei einem Beta unter 1 wäre die Fluktuation geringer, bei einem Beta größer 1 würde die Rendite des Unternehmen stärker als der Markt ausschlagen.[669] Betritt ein Unternehmen einen anderen Markt hat dies u.U. Auswirkungen sowohl auf eine höhere vergleichbare Marktrendite als auch auf ein höheres Beta. Die Renditeanforderungen wären dann höher.

Der Shareholder-Value ergibt sich bei Rappaport, indem vom Unternehmenswert das Fremdkapital abgezogen wird. Der Unternehmenswert ist definiert durch den „Gegenwartswert der betrieblichen Cash-Flows der Prognoseperiode" und dem „Residualwert".[670] Bei den betrieblichen Cash-Flows handelt es sich um die Differenz betrieblicher Ein- und Auszahlungen. Diese werden für jede Prognoseperiode ermittelt und anschließend mit den Kapitalkostensatz k auf die Gegenwart diskontiert.[671] Am Ende der Prognoseperiode liegt der Residualwert, der die Wettbewerbsstellung zu diesem Zeitpunkt ausdrücken soll. Es wird unterstellt, dass durch zusätzliche Investitionen genau der Kapitalkostensatz k verdient wird. Anders ausgedrückt bedeutet dies, dass in Strategien investiert wird, deren Gegenwartswert gleich Null ist, also keinen Zuwachs an Shareholder Value bringen. Dies entspricht einer „ewigen Rente" oder einem „unendlichen Strom identischer Cash-Flows". Ermittelt wird dieser, indem der Cash-Flow vor Neuinvestitionen durch den Kapitalkostensatz k geteilt wird. Ersatzinvestitionen werden genau in Höhe der Abschreibungen vorgenommen.[672] Im Zentrum der Planung steht die Projektion zukünftiger Einnahmeüberschüsse. Diese finden sich in Formel 3 wieder:[673]

---

667 Dies erschwert die Überführung der Bewertungsverfahren untereinander, vgl. Wallmeier (1999)

668 Gräfer/Ostmeier (2000a), 674

669 Gräfer/Ostmeier (2000a), 675

670 Rappaport (1999), 39 f.; zum Unternehmenswert zählt auch noch der „Marktwert handelsfähiger Wertpapiere"; da diese bei mittleren Unternehmen kaum vorkommen, werden diese ausgeklammert

671 Rappaport (1999), 40 ff.

672 Rappaport (1999), 48 ff.

673 In der Ausdrucksweise von Hachmeister (1999), 76, basierend auf Rappaport (1986), 52

(3) $\text{Cash-Flow}_t = \text{Umsatz}_t - \text{laufende Auszahlungen}_t - \text{Steuern}_t - \text{Investition}_t$

$$= U_{t-1}\,(1+g_{U,t})\,ROS_t\,(1-s) - U_{t-1}\,g_{U,t}\,(in_{NWC,t}+in_{AV,t})$$

wobei

U_{t-1} Umsatz der Vorperiode

$g_{U,t}$ Umsatzwachstum in der Periode t

ROS_t Umsatzüberschussrate der Periode t

s Steuersatz

in_t Kapitalbedarf je Umsatzeinheit der Periode

NWC Net Working Capital (Umlaufvermögen – kurzfristige Verbindlichkeiten)

AV Anlagevermögen

Der Unternehmenswert entspricht der Summe der pro Periode mit k abgezinsten Cash-Flows und dem abgezinsten Residualwert. Rappaport sieht sechs fundamentale Faktoren, die Wert schaffen, die er „Werttreiber" nennt (siehe Abbildung 33):[674]

- „Dauer der Wertsteigerung"
- „Umsatzwachstum" = $g_{u,t}$ in Formel 3
- „betriebliche Gewinnmarge" = ROS_t in Formel 3
- „Gewinnsteuersatz" = s in Formel 3
- „Investitionen ins Anlagelagevermögen" = in_{AV} in Formel 3 und „Investitionen ins Umlaufvermögen" = in_{NWC} in Formel 3
- „Kapitalkosten" = k in Formel 2

Entscheidend für die Shareholder-Value-Analyse ist die gewählte Strategie und deren Umsetzung.[675] Hierbei stützt sich Rappaport auf den strategischen Ansatz des Marked-Based-View von Michael Porter (siehe 4.1.1).[676]

Auch wenn gegenüber der Erstauflage Rappaport in der zweiten Auflage negative Wirkungen von Personalabbaumaßnahmen auf den Shareholder Value einräumt, fehlt ein unmittelbarer strategisch-methodischer Einbezug des Erfolgsfaktors Personal in die Bewertungsformel gänzlich.[677] Rappaport ist sich der Bedeutung des Humankapitals als eine Voraussetzung für die Wertsteigerung schon bewusst. Konkret sieht er die Branchenattraktivität als den Bestimmungsgrund für die Höhe jener „Investments in Human- und Sachkapital" an, die für den „Erhalt des Wertsteigerungspotentials" notwendig sind.

---

[674] Rappaport (1999), 68

[675] „[Sie] ist nur so gut, wie das strategische Denken, das dahintersteckt" Rappaport (1999), 69

[676] Vgl. Rappaport (1999), 71 ff. u. insb. (1986), 81 ff.

[677] Rappaport (1999), 9 ff. u. 71 ff.

Abbildung 33: Das Shareholder-Value-Netzwerk nach Rappaport

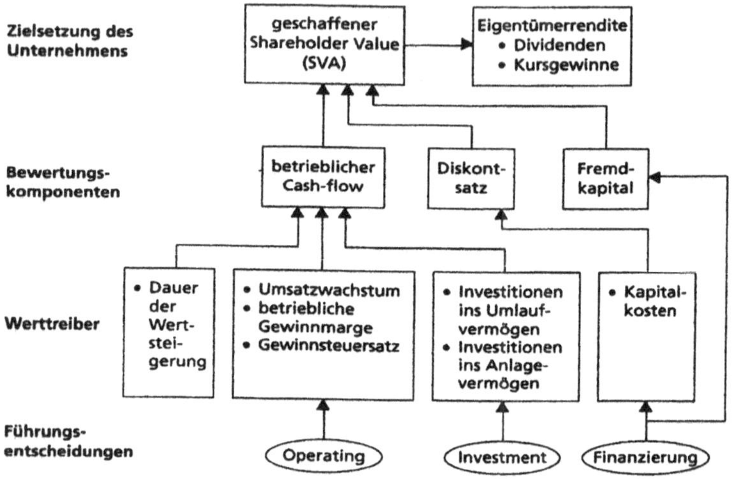

Quelle: Rappaport (1999), 68

Ferner erkennt Rappaport, dass „'ausgegebene Investitionen in Wissen' in vielen Branchen das größte und entscheidendste Investment" darstellen.[678] Angesichts der eingeräumt hohen Bedeutung des Humankapitals erscheint es als ein Mangel, Investitionen in dieses in der Wertformel nicht gesondert aufzuführen, sondern nur als Kostenfaktor in die Umsatzüberschussrate ROS_t eingehen zu lassen. Ähnlich verhält es sich mit anderen Fähigkeiten wie der Organisation und Organisationskultur. Interessanterweise verweist Rappaport im Zusammenhang mit der „Leistungsbewertung und Entlohnung von Führungskräften" auf „Vorsteuergrößen", die er als „messbare und leicht kommunizierbare gegenwärtige Leistungen" umschreibt, „die einen signifikanten positiven Einfluss auf den langfristigen Wert eines Unternehmens haben," ohne sie allerdings in die Wertformel zu integrieren. Vorsteuergrößen im Sinne Rappaports sind „Kundenzufriedenheit, Qualitätsverbesserungen, termingerechte Produkteinführungen, termingerechte Eröffnungen neuer Geschäfte oder neuer Produktionsanlagen, Rate der Kundentreue und Produktivitätsverbesserungen."[679]

[678] Rappaport (1999), 73
[679] Rappaport (1999), allgemein ab 133 ff., speziell hierzu 152 f.

Diese Vorsteuergrößen können – was Rappaport nicht ausführt, aber unmittelbar einsichtig ist – ohne Fähigkeiten bzw. Eigenschaften des Personals nicht erzielt werden. Beispielsweise gibt es einen mehrfach belegten Zusammenhang zwischen Mitarbeiterzufriedenheit und Kundenzufriedenheit.[680] Über die Kundenzufriedenheit lässt sich eine Wirkungskette zu Kundentreue, Erfolg im Markt und zu wirtschaftlichem Erfolg nachweisen.[681] Auch fehlt, dass durch eine Steigerung von Fähigkeiten ‚Vorsteuergrößen' nicht nur als Voraussetzungen erfüllt, sondern unter Umständen so gestaltet oder erst geschaffen werden können, dass sie neue Differenzierungsmöglichkeiten im Wettbewerb und damit zusätzliche Wettbewerbsvorteile darstellen. Dies kommt z.B. darin zum Ausdruck, wenn wie oben nur vom Erhalt des Wertsteigerungspotentials gesprochen wird. Latent vorhandene Erfolgspotentiale werden demnach viel zu wenig oder überhaupt nicht berücksichtigt.[682]

Ein weiterer Hauptkritikpunkt am Shareholder-Value-Ansatz ist, dass in der Praxis – trotz gegenteiliger Beteuerungen der Befürworter des Ansatzes[683] - nicht die langfristige, sondern die kurzfristige Gewinnmaximierung gesucht wird. Dies zeigt sich besonders darin, dass Wertsteigerung als kurzfristiges Steigern des Börsenkurses verstanden wird. Dies hängt nach Andreas Hinterhuber damit zusammen, dass „heute das Ausmaß der realisierten Unternehmenswertsteigerung als wichtigste Kenngröße für effektives oder ineffektives Management gilt."[684] Die Unternehmenswerte börsennotierter US-Unternehmen sind seit Beginn der 1980er Jahre kräftig gewachsen. Zum Beispiel ist der Börsenwert von General Electric um das Fünfzigfache gestiegen. Die von den Unternehmen gezahlten Dividenden konnten damit nicht Schritt halten. Eine Reihe von Unternehmen zahlt überhaupt keine.[685] Während früher Aktionäre durch hohe Dividenden an ein Unternehmen gebunden werden konnten, sind diese nun gezwungen, Kurssteigerungen zu realisieren, indem sie Aktien verkaufen. Das hat die Loyalität der Aktionäre zu den Unternehmen deutlich sinken lassen. Dies lädt zu kurzfristigem, opportunistischem Verhalten ein: „Letztendlich wird *nicht der Investor*, sondern der *Trader* belohnt." [686] Um die Börsenwerte noch weiter zu steigern, sind Unternehmenslenker versucht, zukünftige Gewinnerwartungen unrealistisch in die Höhe zu schrauben, was eine Entkopplung zum tatsächlichen Erfolgspotential bewirkt. Eine solche Überdehnung führt früher oder später zu Börsencrashs. [687]

---

[680] Vgl. Homburg/Stock (2000), 177 f. u. Stock (2001), 164 ff.

[681] Vgl. Stock (2001), 28 ff.

[682] Hinterhuber, A. (2002), 61 ff., kritisiert eine „Unfähigkeit der Erfassung latenter Erfolgspotentiale"

[683] Wie Rappaport (1999), 8 der die Langfristigkeit als „Kern" des Ansatzes betont

[684] Z.B. amazon, yahoo, e-bay vgl. Hinterhuber, A. (2002), 64

[685] Vgl. Hinterhuber, A. (2002), 65

[686] Hinterhuber, A. (2002), 67; der %-Satz länger als ein Jahr gehaltener Aktien ist von 1960 mit über 80 % auf unter 20% im Jahre 1989 gesunken, ebd.; zu Widersprüchen zwischen Börsenkurs und analytisch ermitteltem Unternehmenswert vgl. Hachmeister (1999), 37 ff.

[687] Vgl. Hinterhuber, A. (2002), 66 ff.

Diese Effekte des Shareholder-Value-Ansatzes stehen in krassem Gegensatz zur bislang weit verbreiteten Loyalität mittelständischer Eigner zu ihren Unternehmen. Abgesehen davon, dass aufgrund der in der Regel fehlenden Börsennotierung ein schneller Verkauf von Anteilen nicht möglich ist, war und ist es vielfach das Ziel mittelständischer Eigner, zu ihren Unternehmen zu stehen.[688] Für eine Vielzahl mittlerer Unternehmen bedeutet dies, dass eine Kongruenz von zukünftiger Erfolgserwartung und zukünftigem Erfolgspotential anzustreben ist. Dies bedeutet zwangsläufig, dass in Fähigkeiten zum Aufbau, der Pflege und zur Ausdehnung von Erfolgspotential zu investieren ist. Fortschritte darin lassen sich im Shareholder-Value-Konzept, weder in der Methodik, noch im Ergebnis feststellen. Er erweist sich somit hierfür in der bislang praktizierten Form als ungeeignet. Eine weitere Hauptkritik am Shareholder-Value-Konzept findet sich im Stakeholder-Value-Konzept.

3.2.2 Stakeholder-Value-Konzept

Im Zeichen des Shareholder Value wurde im US-amerikanischen Kontext das Management insbesondere von den institutionellen Anlegern wie Pensionsfonds aufgefordert, den Unternehmenswert zu steigern. Infolgedessen wurden Unternehmen zerschlagen oder verkauft, um die Börsenkurse in die Höhe zu treiben.[689] Rabiate Mittel wie das Downsizing – der Personalabbau ohne wirtschaftlichen Zwang – wurden ebenso eingesetzt.[690] Skrupellose Manager wie im Fall Enron schreckten auch nicht vor Bilanzfälschung und Betrug im großen Ausmaß zurück.[691] Ankündigungen von Personlabbau wurden und werden von der Börse mit Kurssteigerungen goutiert.[692] Aufgrund dieser Auswüchse wurde gefordert, dass alle Anspruchsgruppen oder Stakeholder in gleicher Weise am Unternehmen partizipieren sollen.[693] Der Extremposition des Shareholder Values ging historisch bereits eine Phase des Stakeholder-Denkens voraus. Nach Malik wurde in der Unternehmenspraxis der Stakeholder-Ansatz von Ralph Cordiner, dem damaligen Vorstand von General Electric, im Jahre 1952 als Antwort auf die Frage, „wem das Management verantwortlich sei" propagiert.[694] In der Theorie kann der Stakeholder-Ansatz auf zwei Quellen zurückgeführt werden. Nach R. Edward Freeman wurde der Ansatz 1963 am Stanford Research Institute entwickelt, um die Aufmerksamkeit auf alle Individuen oder Gruppen zu lenken, die auf die Zielsetzung des Unternehmens Einfluss nehmen und / oder von den erzielten Ergebnissen Auswirkungen erfahren.[695]

---

[688] Vgl. z.B. Leibinger (2002)
[689] Vgl. Brune (1995), 58 ff. ; zum "Übernahme- und Fusionsfieber" vgl. Bernhardt (2000)
[690] Vgl. Kieser (Hrsg.) (2002)
[691] Vgl. Lüdenbach / Hoffmann (2002)
[692] Vgl. Rappaport (1999), 12 u. Göbel (2002), 236
[693] Vgl. zum Stakeholder-Ansatz Brune (1995), 213 ff. und ausführlich Böhi (1995)
[694] Malik (2003), 37
[695] Freeman (1984), 25 u. 31; vgl. auch Gaugler (1997),170 der hierauf ebenfalls Bezug nimmt

Der Ansatz lässt sich auch von der Koalitionstheorie und der damit verbundenen Anreiz-Beitrags-Theorie ableiten: Organisationsteilnehmer im weitesten Sinne haben dann ein Gefühl der Zufriedenheit, wenn die Anreize der Organisation gegenüber den Beiträgen der Teilnehmer in einem Gleichgewicht sind.[696] Sauter-Sachs gliedert Anspruchsgruppen umfassend wie folgt, wobei zwischen „Innenwelt"(Nr. 1) und „Außenwelt" (Nr. 2 bis 4) unterscheiden wird:

1. „Interne Anspruchsgruppen (Eigentümer, Management, Mitarbeiter)
2. Wirtschaftliche Anspruchsgruppen (Kunden, Lieferanten, Konkurrenten, Kapitalgeber, potentielle Arbeitnehmer)
3. Gesellschaftliche Anspruchsgruppen (Staat, lokale Behörden, Medien, soziale Interessengruppen, politische Parteien, Bildungsanstalten, religiöse Gruppen, Kirche, Frauengruppen, Konsumentenorganisationen, Gewerkschaften, Öffentlichkeit, Arbeitnehmerorganisationen, usw.)
4. Anwaltsgruppen des Ökosystems (Interessengruppenvertreter der Ökologie, Staat)"[697]

Die Zuordnung von Management und Mitarbeitern zur Innenwelt weist bereits auf eine hervorgehobene Stellung des Stakeholders Personal hin. Wendet man auf diese folgende Kriterien der „Verbundenheit mit der Organisation" an, dann wird die Sonderstellung noch stärker hervorgehoben:

- „Anzahl der alternativen Koalierungsmöglichkeiten"
- „Streuung des Engagements des Einzelnen auf mehrere Organisationen"
- „die Höhe..der...geleisteten Beiträge"
- „die Fristigkeit der Kontrakte..."[698]

Da Eigentümer ihr Kapital auf mehrere Unternehmen streuen können, sind Mitarbeiter, zumal wenn sie zudem ihr Wissen stark betriebsspezifisch eingebracht haben, mit höherem Risiko mehr an ein Unternehmen und unter Umständen länger gebunden als Eigentümer.[699] Aus dieser Sicht wird in dem Konzept „Value Development" von Werner Fröhlich dem Shareholder Value gleichrangig ein auf das Personal beschränkter „Stakeholder Value" gegenübergestellt, der mit dem Shareholder Value „unauflösliche Interdependenzen" bildet.[700] Das Value Development kann im weiteren Sinn zu den Konzepten

---

[696] Vgl. March/Simon (1958); Brune (1995), 216 u. Strätling (1997), 3 führen den Stakeholder-Ansatz auf die Koalitionstheorie zurück

[697] Sauter-Sachs (1992), 191 ff., worauf Böhi (1995), 86 sein Konzept stützt

[698] Staehle (1999), 433

[699] Vgl. Göbel (2002), 235

[700] Fröhlich (1998), 15 ff.; für solche von Fröhlich argumentierte Interdepenzen sprechen aus ökonomischen Modellen abgeleitetete Ergebnisse: Unter statischer Betrachtung wird der Stakeholder-Value Personal maximiert, allerdings um den Preis, dass langfristig mangels fehlender Gewinne und daraus resultierender Investitionen Personen andere durch niedrigere Löhne substituieren. In der dynamischen Betrachtung bei „gleichgewichtigem Wachstum" der „Arbeitsproduktivität" entsteht ohne Arbeitsplatzverluste „kein Gegensatz zwischen Sha-

der wertorientierten Unternehmensführung gezählt werden, die vermittelnd einen fairen Ausgleich zwischen Shareholder und Stakeholdern anstreben.[701] Die Stakeholder miteinbeziehend soll im Rahmen der Corporate-Governance-Diskussion ein Kodex entwickelt werden, in dem sich Unternehmenslenker freiwillig verpflichten, von einer einseitigen Bevorzugung des Shareholder Value-Denkens Abstand zu nehmen, wobei aber die Eigentümer wegen ihrer Risikokapitalgebereigenschaft eine hervorgehobene Position behalten.[702]
Da Arbeitnehmer ihren im Unternehmen investierten ‚Stake' nur halten aber nicht mitnehmen können, sind sie gegenüber Eigen- und Fremdkapitalgebern

---

reholder Value-Prinzip und Stakeholder Value-Prinzip", Albach (2001), 647 ff. und 654. Umgekehrt führen Maßnahmen zur Shareholder-Value-Maximierung paradoxerweise – wie Kürsten (2000) anhand finanztheoretischer Modelle zeigt – nicht zur gewünschten Bevorzugung der Aktionäre, sondern zur Steigerung des Gesamtwerts der Unternehmung. „Ironischerweise handelt es sich dabei um die Gesamtheit aller Shareholder und Stakeholder, die Ansprüche am Unternehmen halten und die die Schaffung zusätzlichen Unternehmenswertes unter Verweis auf die ... Wohlfahrtstheorie, nicht aber aus ihrer eigenen Interessenlage heraus begrüßen werden." (374)

701 Wobei jedoch das Value Devolopment-Konzept Fröhlichs die „Entwicklung des Stakeholder Value zur Voraussetzung einer Entwicklung des Shareholder Value macht" und darüber hinaus die „qualitative Komponente (Entwicklung von Werten und Kultur) des Stakeholder Value" hervorhebt, Fröhlich (Hrsg.)(1998) Vorwort und (1998), 17; zur „wertorientierten Unternehmensführung vgl. besonders Gomez (1993), auch Brune (1995), 212 ff.; für eine dialogische Unternehmenspolitik plädiert Noppeney (1997); zur „sozialen Verantwortung" und dem Erhalt von „Legitimität" vgl. Hill (1996)

702 Der Berliner Initiativkreis Germon Code of Corporate Governance schlägt z.B. folgende „oberste Richtschnur für die Unternehmensführung" vor, Werder (2001), 71: „Ziel der Unternehmensführung ist die nachhaltige Steigerung des Unternehmenswertes. Der Wert eines Unternehmens bemisst sich nach dem Ausmaß seiner Fähigkeit, die Ansprüche seiner Bezugsgruppen – der Stakeholder – zu erfüllen. Zu den Stakeholdern zählen vor allem die Anteilseigner (Shareholder), aber auch die Arbeitnehmer, die Kunden, die Kreditgeber und Lieferanten sowie die Allgemeinheit..(den) Anteilseigner(n) als Risikokapitalgebern (kommt) eine besondere Bedeutung zu. Die herausgehobenen Stellung der Shareholder bedeutet allerdings keine einseitige Festlegung der Unternehmensführung auf eine strikte, am Börsenkurs gemessene, kurzfristige Maximierung des Shareholder Value. Vielmehr muss die Unternehmensführung schon aus ökonomischen Gründen die Ziele der verschiedenen Bezugsgruppen austarieren, da letztlich alle Stakeholder jeweils ihre Beiträge zum Unternehmenserfolg leisten...Aufgabe der Unternehmensführung ist es folglich, die Wertschöpfungsaktivitäten des Unternehmens im Sinne einer ‚multiplen Exzellenz' für sämtliche relevanten Bezugsgruppen so attraktiv zu gestalten, dass diese jeweils möglichst weitgehend zur Prosperität des Unternehmens beitragen." ; ähnlich argumentiert Wesner (2000), 309; Rappaport (1999), 6ff. relativiert Auswüchse des reinen Shareholder-Denkens und distanziert sich von „falscher Verwendung", bleibt aber letztlich dabei, dass der „richtige" Einsatz die Orientierung am Shareholder bleibe: die „Betonung langfristiger Cash-flows ist der Kern des Shareholder-Value-Ansatzes" ebd., 8. Andererseits erkennt er, dass der Abbau von Personen mit „persönlichen Beziehungen zu Kunden" die „langfristige Profitabilität nachhältig schwächen" kann und der „Rückbau auch die Motivation und die Produktivität der verbleibenden Arbeitskräfte negativ beeinflussen" ebd., 11 ferner dass „hochqualifizierte Arbeitskräfte" die „entscheidende Quelle der Wert-Generierung" werden, ohne jedoch die Methodik des „Shareholder-Value-Netzwerks" ebd., 68 gegenüber der Erstveröffentlichung ders.(1986), 76, um einen „Wertgenerator" Personal anzureichern.

benachteiligt. Gesellschafter können ihre Anteile verkaufen, Fremdkapitalgeber ihre Darlehen zurückfordern. Arbeitnehmer können nur durch Im-Unternehmen-bleiben, ihren Besitzstand wahren. Da dieser Stake in der Bilanz nach HGB nur im Falle ausgesprochner Kündigungen als Rückstellung für Abfindungen auszuweisen ist, fehlt eine bilanzielle Berücksichtigung. Da individuell unterschiedliche hohe Stakes der Arbeitnehmer wahrscheinlich sind, kann es sich beim Ansatz von Regelabfindungen nur um eine Hilfsgröße handeln.[703] Bei einer Ermittlung des realisierten Human Capital in einer strategischen Bilanz müsste dieses um den Arbeitnehmer-Stake reduziert werden. In dieser Betrachtung steht nur das realisierte Netto-Human Capital den Eignern zu.

3.2.3 Das Unternehmen an sich

Shareholder oder Stakeholder kümmern sich jeweils um ihren Anteil oder Stake. Doch wer sich um die Unternehmensinteressen kümmert, bleibt unbeantwortet, weshalb dieser Frage im folgenden nachgegangen wird. Wertorientierte Unternehmensführung zielt darauf, den Wert des Unternehmens zu erhöhen. Hierzu muss die Wertschöpfung, d.h. die Erzielung von Erlösen nach Abzug aller von externen geleisteten Vorleistungen, erhöht werden. In der Diskussion Shareholder versus Stakeholder Value geht es überwiegend um die Verteilung der Wertschöpfung, nur wenig aber um deren Entstehung. Wertschöpfung entsteht aber nur, wenn Kunden für eine Leistung bezahlen, die sie besser als die Konkurrenz kann. [704] Zur Steigerung der Konkurrenzfähigkeit sind nicht selten hohe Investitionen notwendig, deren Konsequenzen der Interessenvielfalt schwer gerecht wird. Das folgende *Fallbeispiel* soll dies illustrieren:

Da der Hauptkonkurrent bereits hohe Investitionen in die Automatisierung der Fertigung vorgenommen hat und künftig mit Preisspielräumen am Markt auftreten wird, steht das Beispielunternehmen vor der Entscheidung, ebenfalls Teile seiner Fertigung zu automatisieren. Es fallen dabei mindestens zehn Arbeitsplätze auf Dauer weg. Eine Finanzierung aus möglichst hohen Abschreibungen wäre sinnvoll, schon allein um weniger Steuern abfließen zu lassen. Die Entscheidung für hohe Abschreibungen bedeutet aber, dass Gewinne niedriger ausfallen. Die Folge wären geringere gewinnabhängige Bonuszahlungen ans Management und geringere Dividenden an die Gesellschafter. Der Vorteil liegt aber in einem Mehr an Liquidität, die das Unternehmen dringend braucht. Die Investition amortisiert sich in fünf Jahren. Der Geschäftsführer hat noch drei Jahre bis zum Ruhestand. Da die Investition die Wachstumschancen

[703] In der italienischen u. österreichischen Rechnungslegung müssen für jeden Arbeitnehmer Rückstellungen in Höhe einer üblichen Abfindung gebildet werden (Praxiserfahrung des Verf.)

[704] Vgl. Malik (2002), 37; vgl. die Kritik Rappaports (1999), 9, dass Nutzensteigerungen für den Kunden nur dann zu vertreten sind, wenn diese auch dafür bezahlen

vergrößert, ist nicht ausgeschlossen, dass die zehn Arbeitsplätze an anderen Stellen aufgebaut werden.[705]

Aus der Sicht von Management, Arbeitnehmer und Shareholder wäre es für die nächsten Jahre vorteilhafter, wenn die Investition ganz unterbliebe. Zehn Arbeiter behielten ihren Arbeitsplatz, das Management erhielte höheren Bonus, die Shareholder mehr Dividende. Auch die Entscheidung für die Investition könnte so ausfallen, dass man Abschreibungen so niedrig wie möglich ansetzte. Davon würden Management und Shareholder profitieren, nur die Liquidität wäre belastet, da zuviel Geld abfließt an Steuern, Bonus und Dividende. Die Entscheidung zu investieren und möglichst hohe Abschreibungen anzusetzen ginge zu Lasten aller beteiligten Interessengruppen, beinhaltete aber die Chance die Konkurrenzfähigkeit zu steigern und eventuell mitzuwachsen, um den zehn Mitarbeitern andere Arbeitsplätze anbieten zu können.

Angesichts der vielen Interessen, die sich im und um das Unternehmen streiten, provoziert der Beispielfall *erstens* die Frage, **wer kümmert sich** eigentlich um das **Interesse des Unternehmens**, so dass es weiterhin am Markt konkurrenzfähig bleibt und seine Überlebenschancen verbessert? und tiefergehend *zweitens*: Gibt es so etwas wie ein Unternehmensinteresse überhaupt? – oder anders gefragt: Gibt es ein **Unternehmen an sich**, aus dem sich die Unternehmensinteressen ableiten? Fredmund Malik vertritt entgegen dem Mainstream der wertorientierten Unternehmensführung[706] die These, dass weder die Shareholder noch andere Stakeholder in den Mittelpunkt gerückt werden sollten, sondern nur das Unternehmen selbst („*Corporate Capitalism* im Gegensatz zum *Shareholder Capitalism* oder zum *Stakeholder Capitalism*"):

> „Aus der Sicht der *Führung* eines Unternehmens, der Schaffung und Vermehrung seiner produktiven Leistungskraft und seines Markterfolges, ist mein Vorschlag also, keine der denkbaren Interessengruppen ins Zentrum zu setzen, weder die Aktionäre noch andere sogenannte Stakeholder, sondern das *Unternehmen selbst*...Das Unternehmen ist aus dieser Sicht nicht Gegenstand eines Bündels von Interessengruppen, sondern eine eigenständige institutionelle Einheit, nämlich der Grundtypus des produktiven Organs einer entwickelten Gesellschaft. Dem juristischen Denken ist diese Auffassung wohlvertraut; nicht umsonst wurde die Kapitalgesellschaft als eigenständige juristische Person konstituiert. Was gut für das Unternehmen ist, wird zwar immer wieder zu Anpassungsnotwendigkeiten und für einzelne oder temporär auch alle Interessengruppen zu Opfern führen. Mein Vorschlag ist, dass ein Unternehmen nicht dazu da ist, Interessengruppen zu befriedigen, sondern eine produktive Leistung für den Markt zu erbringen...Aus dieser Sicht ist der Zweck des Unternehmens somit weder, Aktionäre reich zu machen, noch – wie lange gemeint wurde – Arbeitsplätze zu schaffen. Es kann also keineswegs darum gehen, eine diffuse soziale Verantwortlich-

[705] Vgl. hierzu das dynamische Modell von Albach (2001), 649 ff.

[706] Es finden sich zahlreiche Belege, dass – mit Varianten - wertorientierte Unternehmensführung bei börsennotierten Unternehmen im Trend liegt, z.B. Neubürger (2000) für SIEMENS, Esser (2000) für MANNESMANN, Börsig (2000) für RWE, vgl. auch die Firmenbeispiele bei Bühner (1994) und Winnes (1999), 163 ff.

keit einzuführen...Ein prosperierendes Unternehmen wird allerdings immer die Interessen von Interessengruppen – allen voran vielleicht durchaus jene der Aktionäre – ausreichend befriedigen können... [Wer] an einem funktionierenden Free-Enterprise-System und an einer dauerhaft funktionsfähigen Marktwirtschaft interessiert ist, [muss] die Argumente akzeptieren, die für diese Logik sprechen."
Malik (2002), 34 f.[707]

Nach Malik muss Zweck des Unternehmens sein, „auf seinem Gebiet *wettbewerbsfähig* zu sein"; wertvoll zu sein, stelle keinen Unternehmenszweck dar.[708] Außer den Andeutungen, dass Juristen mit dem institutionellen Charakter des Unternehmens an sich vertraut wären und dass es der Unternehmenszweck sei, eine Leistung für den Markt zu erbringen habe, nicht dagegen, Interessengruppen zu befriedigen, liefert Malik keine tiefergehenden Begründungen für das Unternehmen an sich.

Das Unternehmen an sich

Eine Antwort, wer sich am besten um das Unternehmensinteresse kümmert, bietet unter Erstens die Institutionenökonomik, unter Zweitens die Rechtswissenschaft in Verbindung mit der Systemtheorie.

Zu **Erstens**: Rechtshistorisch brachte die Einführung des Handelsgesetzbuches (HGB) am Beginn des zwanzigsten Jahrhunderts eine Heraustrennung des Instituts ‚Unternehmen' vom Institut des 'personalen Kaufmanns'. Walter Rathenau entwickelte 1918 hierzu den Terminus des „Unternehmens an sich", das sich nicht mehr vollständig nach den Interessen der Eigentümer richtete.[709] Nach Göbel sind „Institutionen":

„Systeme von verhaltenssteuernden Regeln bzw. durch die gesteuerte Handlungssysteme, die Problembereiche menschlicher Interaktion gemäß einer Leitidee ordnen, die für längere Zeit und einen größeren Kreis von Menschen gelten und deren Beachtung auf unterschiedliche Art und Weise durchgesetzt wird." Göbel (2002), 3

Mit der Loslösung des Unternehmens vom Kaufmann gingen auch ein Teil der „Verfügungsrechte" vom Kaufmann auf das Unternehmen bzw. dessen Vertretern über:

„Als **Verfügungsrecht** im Sinne der Verfügungsrechtstheorie gilt jede Art von Berechtigung, über Ressourcen (materielle oder immaterielle) zu verfügen, sei es von Gesetzes wegen, aus Vertrag oder aufgrund sozialer Verpflichtungen." Göbel (2002), 67

---

[707] Einf. in Klammern, J.G.; welche hohe Bedeutung die Orientierung am Kunden bzw. „Kundennähe" hat vgl. Albers/Bauer/Eggert (1988)
[708] Malik (2002), 37
[709] Staehle (1999), 621 f.

Zur Wahrung seiner Eigentums- und Bestimmungsrechte z.B. über die Unternehmensaufsicht tritt nach dem „Principal-Agent-Ansatz“ eine „Agency-Beziehung“ ein:

> „Die **Agency-Beziehung** ist zu definieren ‚...as a contract under which one or more persons (the principal(s)) engage another person (the agent) to perform some service on their behalf which involves delegating some decision making authority to the agent'." Jensen/Meckling (1976), 308 [710]

Durch Aufteilung von Verfügungsrechten wird Externen ermöglicht, Wirkungen zu erzeugen. Die ursprünglichen Entscheider – wie hier der Kaufmann – können dies nur noch begrenzt tun, da die Unternehmensvertreter in die vielen Entscheidungen der täglichen Praxis ihre Interessen einfließen lassen können und überdies Informationsvorsprünge gegenüber dem Principal gewinnen. In der Folge zeichnen sich „Agencyprobleme“ durch „Informationsasymmetrien“ und „Zielkonflikte“ aus.[711] Die „regulative Idee“ eine „effiziente Allokation von Ressourcen“ dadurch zu erzielen, in dem **„jeder die Kosten und Nutzen seiner Entscheidungen selbst tragen müsste“** wird durch die Maxime ausgedrückt, dass im **„Unternehmen eine Einheit von Risiko, Verfügungsmacht und Erfolg** wünschenswert sei,“ ist somit nicht mehr gegeben.[712] Institutionenökonomisch ergibt sich, dass der ursprüngliche Kaufmann – hier auch als Synonym für den an anderer Stelle spezifizierten Risiko-Unternehmer (siehe 2.3.3) – diese regulative Leitidee ideal verkörperte und auch die ‚Interessen' des mit ihm deckungsgleichen Unternehmens am effizientesten und effektivsten vertreten konnte.[713] Wegen der ungeklärten zweiten Frage, ist die unter erstens gestellte Frage, wer die Interessen des Unternehmens an sich vertritt, (noch) nicht vollständig beantwortbar, weil hierzu erst vertiefend die Unternehmensinteressen als solche geklärt sein müssen.

Zu **Zweitens**: Die zweite der oben gestellten Fragen, ob das Unternehmen an sich überhaupt definitorisch gefasst werden kann, ist nicht ohne eine Bezugnahme auf die Systemtheorie, genauer die Theorie der Selbstreferentialität, beantwortbar.[714] Der Rechtswissenschaftler Gunther Teubner hat hierzu basierend auf der Systemtheorie von Niklas Luhmann einen Ansatz entworfen, dessen Argumentation zusammengefasst im folgenden nachvollzogen wird.[715] Die Grundlage hierfür ist die Übertragung des Autopoiesis-Konzepts auf das soziale System Unternehmung, das wie physische Systeme die eigenen Bedingungen produziert und sich damit selbst fortwährend reproduziert. Anstelle einer bestimmenden Umwelt tritt die Kategorie des Sinns. Entscheidend für das Ü-

---

[710] Zitiert in: Göbel (2002), 99
[711] Göbel (2002), 227
[712] Göbel (2002), 219
[713] Effizient wird hier mit ‚Doing things right', effektiv mit ‚Doing right things' gleichgesetzt
[714] Zur Theorie der Selbstorganisation siehe die Literatur unter 2.3.1, zur Entwicklung derselben vgl Kirsch (1997c), 271 ff. u. Petersen (1997), 173 ff.
[715] Vgl. Teubner (1985) und Luhmann (1984)

berleben ist, ob Veränderungen des Systems als *sinnvoll* bewertet werden.[716] Aus systemtheoretischer Sicht ist somit kurz gefasst das Unternehmen an sich ein „System von *sinnhaft* aufeinander bezogenen Handlungen, die in selbstreferentieller Geschlossenheit auf einen gesellschaftlichen Funktions- und Leistungszusammenhang hin organisiert sind." Es wird als ein „Kommunikationssystem" aufgefasst, das „Sachen und Menschen in die Umwelt des Unternehmens verweist und zugleich den ‚Gesellschaftsbezug' des Unternehmens als „Wirtschaftsorganisation" herbeiführt. Das Unternehmen an sich ist damit „nichts anderes als eine bestimmte Ordnung menschlicher Kommunikation, die allerdings über eine – auch rechtlich zu berücksichtigende – Eigengesetzlichkeit und Autonomie verfügt." Es steht im Gegensatz zu den Interessen des Managements und zu anderen Gruppen.

Durch die „Ankopplung an gesellschaftliche Funktion und Leistungen, auf die hin die Ausdifferenzierung der wirtschaftlichen Organisation gerichtet ist" wird die an sich gegebene „Abgehobenheit des Handlungssystems von den handelnden Individuen, Aktionären, Arbeitnehmern, Management" ausgeglichen.[717] „*'Träger*' des Unternehmensinteresses sind nicht die Anteilseigner in ihrer Gesamtheit, nicht die vereinigten Anteilseigner- und Arbeitnehmerinteressen,...sondern der *‚corporate actor'*, also *das auf seine gesellschaftliche Funktion und Leistungen ausgerichtete autonome Handlungssystem*...In seinem ‚*Inhalt*' ist das Unternehmensinteresse weder bloß auf einen internen diskursiven Interessenvergemeinschaftungsprozess gerichtet, noch nur auf die Befriedigung von Konsumenteninteressen, noch gar auf maximale Ertragssteigerung oder Profitmaximierung. Vielmehr ist das Unternehmensinteresse darauf gerichtet, solche Organisationsstrukturen zu schaffen, die eine *optimale Abstimmung von gesellschaftlicher Funktion und gesellschaftlichen Leistungen* des Unternehmens ermöglichen...Im Unternehmensinteresse sind Direktiven für die Interpretation von Unternehmensverfassung zu entwickeln, die *gegenüber der bloßen Interessenvergemeinschaftung das gesamtgesellschaftliche Interesse an wirtschaftlicher Organisation* betonen. Oder etwas salopp formuliert: es liegt im Unternehmensinteresse, die Raffgier der gesellschaftlichen Teilinteressen dazu auszubeuten, um den gesellschaftlichen ‚Mehrwert' an Zukunftssicherung abzuzweigen."[718]

Man könnte einwenden, dass die Abkehr von menschlichen Individuen als einzigem „Zurechnungsendpunkt von Interessen" und die Hinwendung zu ‚künstlichen' Interessen der Organisation eine „De-humanisierung" bewirkt. Das ist aber – wie Teubner überzeugend argumentiert – immer so: Interessen, die vom Recht berücksichtigt werden, sind nicht mehr auf Individuen rückführbar, sondern sind stets „sozial konstruiert".[719] Ferner könnte man Selbstreferenz

---

[716] Vgl. Luhmann (1984), Geißler (2003), 40
[717] Teubner (1985), 471
[718] Teubner (1985), 472
[719] Teubner (1985), 477

dahingehend falsch interpretieren, dass Unternehmen nur um sich selbst kreisen. Dass dies nicht der Fall ist, ergibt sich durch die Ausrichtung der Selbstreferentialität über Leistung und Funktion an die Gesellschaft. Unter ‚Leistung' sind konkrete Produkte oder Dienstleistungen zu verstehen, die über Beziehungen zu Kunden und Lieferanten erzeugt und geliefert werden. Hierzu zählt auch die Leistungsbeziehung zu den Arbeitnehmern (Lohn/Gehalt für Dienste) und zu den (Eigen)Kapitalgebern (Dividende/Zins für Stammeinlage/Kredit). ‚Funktion' ist Synonym für einen allgemeinen Nutzen, den die Gesellschaft durch die Existenz und der Fortsetzung derselben erfährt, beispielsweise dadurch, dass ein weiterer Anbieter die Konkurrenz belebt, einer Region ein Arbeitgeber erhalten bleibt, lokal ein Steuerzahler auch in Zukunft Steuern abführt. Teubner umschreibt die Funktion wie folgt:

> „...Wirtschaftsunternehmen haben ihre gesellschaftliche Funktion darin, Sicherheit auf breiter Bedürfnisbasis für die Zukunft durch dafür geeignete institutionelle Arrangements zu schaffen." Teubner (1985), 483

Zur *„Abstimmung zwischen Funktionsgerechtheit und Leistungsgerechtheit"* ist eine weitere Selbstreferenz notwendig, und zwar die „Reflexion":

> „Reflexion betrifft die Beziehung des Unternehmens zu sich selbst, also Prozesse der Selbstbeobachtung und Selbststeuerung, in denen das System seine Identität definiert." Teubner (1985), 483

Diese „Reflexionsprozesse" können nur „intern" geleistet werden können, um die „Balance" zwischen Funktions- und Leistungsorientierung zu gewährleisten. Von der Außenperspektive können aber die Rahmenbedingungen durch die satzungsrechtliche Verankerung zur Beachtung von Leistung, Funktion und Reflexion und entsprechende organisatorische Strukturen beeinflusst werden.[720] Das sind Regelungen für das normative Management so wie es in 2.2.2.3 definiert worden ist. Für die mit dem normativen Management beauftragten Personen leitet sich daraus eine entsprechende Ethik der Führung ab. Passend hierzu hat Karl Berkel eine „Führungsethik" entwickelt, die zur Vermeidung einseitiger Parteinahmen, auf den *„institutionellen Dienstcharakter"* von Organisationen abstellt:

> „Menschliches Verhalten ist eben nicht nur Folge und Ausdruck dessen, was eine Person, ob Manager oder einfacher Mitarbeiter, will und wünscht, sondern immer auch, was sie *wollen soll*. Und dieses Sollen kommt aus der institutionellen Verfasstheit von Organisationen, genauer: ihrem funktionalen Dienstcharakter. Die Organisationspsychologie läuft aufgrund ihrer dem Individuum verpflichteten Sichtweise stets Gefahr, aus der individuellen eine *individualistische* Perspektive (und Parteinahme) zu machen. Unter der Hand wird so das Individuum zum Widerpart der Organisation, oder umgekehrt: die Institution wird für individuelle Zwecke, sei's des Managements, sei's der Mitarbeiter instrumentalisiert." Berkel (1998), 117

---

[720] Teubner (1985), 484

Der von Berkel angesprochene funktionale Dienstcharakter, der aus der institutionellen Verfasstheit begründet und abgeleitet wird, orientiert sich – wie in der soeben geführten Betrachtung des Unternehmens an sich - an einer Organisation an sich. Er entspricht der Funktion – oder wie man früher in der Systemtheorie dazu sagte – dem ‚Dienst' des Unternehmens an sich. Nach diesen Ausführungen kann argumentiert werden, dass aus rechtlicher Sicht ein Unternehmen an sich nachvollziehbar ist. Es ist im Sinne der Systemtheorie kommunikativ konstituiert. Es kann eine Pflicht für die mit dem normativen Management beauftragten Personen abgeleitet werden, sich reflexiv das Interesse des Unternehmens zu erarbeiten und zu vertreten. In der Trias *Leistung*, *Funktion (Dienst)* und *Reflexion* werden alle für das Unternehmen maßgebliche normierenden Rahmen- und Richtungsentscheide generiert, inklusive des Unternehmenszwecks und einer zugrundeliegenden Unternehmensvision.

Dass Regeln und Normen sowohl in die „weiche" Seite Unternehmenskultur als auch der ebenfalls hierher gehörenden „harten" Unternehmensverfassung als weitere Elemente des normativen Managements eingehen, ist naheliegend. Ein Management, das sich aufgrund von Reflexionsprozessen am Unternehmen an sich orientiert, wird Arbeitnehmer weder einseitig schnell entlassen, um kurzfristig Kostensenkungen zu erzielen, noch ohne Verwendung länger halten als nötig. Durch tiefergreifende Reflexionen könnte es zur Einsicht gelangen, Mitarbeiter als ein wertvolles Gut zu behandeln, für das vorzeitig neue Einsatzfelder zu generieren sind, in das dieses eingesetzt oder vorbereitet sein müsste. Es besteht so die Chance antizipativ die zukünftige Verwendung einzuleiten. Andererseits wird bei einer dauerhaften Marktreduktion auch ein solches Management um Entlassungen nicht herumkommen. Bei entsprechender Weitsicht könnte jedoch frühzeitig die natürliche Fluktuation oder Umschulungen genutzt werden, um Entlassungen im großen Stil zu vermeiden. Durch Reflexion wird das Management auch die Wirkungen auf den zu behaltenden Mitarbeiterstamm miteinbeziehen und Extremhandlungen vermeiden.

3.2.4 Stimmigkeit für mittlere Unternehmen

Mittlere Unternehmen sind entsprechend der in 2.3.3 getroffenen Definition dadurch charakterisiert, dass sie von einem Risikounternehmer geführt werden. Der Risikounternehmer verkörpert die Maxime, dass im Unternehmen eine Einheit von Risiko, Verfügungsmacht und Erfolg gegeben sein sollte. Diese ergibt sich aus der regulativen ökonomischen Idee, dass es für eine effiziente Allokation von Ressourcen nützlich ist, wenn jeder die Kosten aber auch den Nutzen seiner eigenen Entscheidungen selbst tragen sollte.[721] Diese Einheit war beim klassischen Unternehmer bzw. im klassischen mittleren Unternehmen gegeben. Anders verhält es sich im börsennotierten Großunternehmen.

---

[721] Vgl. Göbel (2002), 219

Dort liegt die Verfügungsmacht im wesentlichen beim Top-Management, d.h. beim Vorstand. Je nach Streuung der Aktien kann der Vorstand auch die Besetzung des Aufsichtsrates (mit-)steuern. Häufig ist es so, dass der Vorstand den Aufsichtsrat kontrolliert und nicht umgekehrt, wie es vom Aktiengesetz her vorgesehen ist. [722] Man spricht von der „Managerkontrolle“ der AG.[723] Das Kapitalrisiko trägt der Investor (Aktionär), der auch am Erfolg beteiligt ist, soweit dieser als Dividende ausgeschüttet wird, worüber wiederum Vorstand und Aufsichtsrat mitzureden haben.[724]

Unabhängig von den Organen der Aktiengesellschaft kommt dem Aktionär Erfolg in Form von Aktienwertsteigerungen zugute, den er durch Verkauf von Aktien realisieren kann. Der Aktionär kann durch unterschiedliche Investments sein Risiko streuen und über die Börse relativ schnell seine Anteile verkaufen und in andere Finanztitel umschichten. Dies **unterscheidet** ihn **markant** vom Risikounternehmer, der in der Regel sein ganzes Kapital oder große Teile davon ins Unternehmen investiert hat. Mittlere Unternehmen sind in der Regel nicht börsennotiert. Da es keinen institutionalisierten Markt für den Verkauf von Anteilen mittlerer Unternehmen gibt, ist es nicht so einfach, die Anteile zu verkaufen. Oft ist es insbesondere nicht möglich das Unternehmen als Ganzes zu verkaufen. Die Bindung an das Unternehmen ist daher wesentlich größer.[725]

Risikounternehmer zeigen eine starke Tendenz, dass ihr Unternehmen idealiter durch ein Familienmitglied fortgeführt wird oder zumindest in Mehrheit der Familie erhalten bleibt. Vorrang hat die Fortführung der Tradition.[726] Nur im Ausnahmefall geht es darum, die Anteile zu verkaufen. Die Neigung zu verkaufen ist höher, wenn keine natürlichen Nachfolger gegeben sind und die

---

[722] Gemäß § 111 AktG obliegt dem Aufsichtsrat die Überwachung der Geschäftsführung; nach § 84 (1) bestellt er den Vorstand und vertritt die AG gegenüber diesen (§111)

[723] Göbel (2002), 225

[724] Insbesondere bei der Einstellung in die freie Gewinnrücklage gem. § 58 (2) AktG, vgl. Verspay/ Sattler (2000), 119 ff.

[725] Nach dem Transaktionskostenansatz hält der Risikounternehmer „spezifische Ressourcen“, der Aktionär lediglich „unspezifische“. „Spezifische Ressourcen verlieren deutlich an Wert, wenn sie aus ihrem Kontext herausgelöst werden“, Göbel (2002), 231; dies trifft auch auf langjährige Mitarbeiter zu, die durch den Erwerb von unternehmensspezifischem Know-how stärker an das Unternehmen gebunden sind als Aktionäre, da ein Wechsel zu einem anderen Unternehmen in der Regel nur unter Aufgabe dieses Know-hows möglich ist, ebd., 232

[726] Die lebenslange Bindung des Unternehmers an das Unternehmen gilt auch für dessen Familie, vgl. Hamer (2001), 27; umgekehrt haben die Interessen der Unternehmerfamilie im Unternehmen Vorrang, ebd., 29; die „personale Unternehmensführung“ ist zugleich „familiäre Unternehmensführung“, ebd., 285, weshalb auch der Partnerin des Risikounternehmers eine erhebliche Rolle zukommt, ebd. 286. Dies ergibt sich auch aus der Mittelstandsumfrage 2003: 69 % der Inhaber bzw. Geschäftsführenden Gesellschafter bejahten die Aussage „Die Firma ist für mich mein Lebenswerk“, 64 % „Das Unternehmen ist ein wichtiger Teil meiner Familie“ und 56 % „Die Firma soll in den Händen der Familie bleiben“, Watt (2004), 41, vgl. auch Fn 20

Familientradition nicht fortgesetzt werden kann.[727] Von der Grundhaltung her sind daher mittlere Unternehmen so angelegt, dass sie überwiegend dem Sinnmodell des Überlebensmodells (siehe 3.1.3.1) folgen.[728] Dies steht in einem Widerspruch zum Shareholder Value, der dem Sinnmodell des Ziel- oder Instrumentalmodells entspricht: Sinn des Unternehmens ist es demnach, möglichst viel Geld für die Anteilseigner zu erwirtschaften und auf die Interessen anderer nur insoweit einzugehen, als es diesem Ziel entgegenkommt.

Im Überlebensmodell geht es um den Bestand des Unternehmens als solchem. Es dient zwar auch den Anteilseignern, aber auch dem Management und den Mitarbeitern, die im gemeinsamen Ziel des Überlebens des Unternehmens eine Schicksalsgemeinschaft bilden können, die im personal geführten Unternehmen eher die Regel war und vermutlich vielfach noch ist. Das Denken in Shareholder Value ist hingegen am Bestand nur solange interessiert wie dieser den größtmöglichen Gewinn für die Anteilseigner ermöglicht. Versprechen Verkauf oder Verschmelzung des Unternehmens mehr Gewinn, dann wird das Unternehmen aufgegeben, womit es es zum reinen Instrument zur Geldvermehrung wird.

Das mittlere Unternehmen ist aber auf Fortbestehen (Going Concern) angelegt. Der Shareholder Value hätte in diesem Fall nur dann eine Aussagekraft, wenn ein hoher Shareholder Value zugleich ein maßgeblicher Indikator für die Fähigkeit zur Fortexistenz, d.h. zur Wettbewerbsfähigkeit wäre. Fredmund Malik spricht genau diese Eigenschaft dem Shareholder Value ab, weil ein kausaler Zusammenhang zwischen dem Unternehmenswert und der Wettbewerbsfähigkeit eines Unternehmens nicht herstellbar ist.[729]

Entscheidend für ein Unternehmen ist der Kunde, der seine Kaufentscheidungen nicht nach dem Aktienkurs oder Unternehmenswert richtet. Ihn interessieren ausschließlich der Wert der Produkte und/oder Dienstleistungen des Unternehmens:

---

[727] Aber auch im Fall ohne natürliche Nachfolger suchen Unternehmer nach Lösungen, den Fortbestand ihres Unternehmens zu sichern, indem sie zum Beispiel geeignete Personen adoptieren oder ihr Vermögen in eine privatrechtliche Stiftung einbringen oder im Extremfall das Unternehmen ihren Mitarbeitern schenken wie im Fall Scott-Bader, vgl. Schumacher (1977), 239 u. www.scottbader.com

[728] Dies steht im Widerspruch zur ökonomischen Theorie, die im Eigentümerunternehmer als Gewinnmaximierer just den Shareholder Value-Vertreter par exellencè sieht, Wunderer/Jaritz (1999), 32; neben einzelnen solchen orientiert sich aber das Gros mittlerer Unternehmen an einem Unternehmenszweck, der nach Malik (2002), 130 in der „(Er-)Schaffung von Kunden durch eine Marktleistung und die Transformation von Ressourcen in ökonomische Werte" liegt

[729] Vgl. Malik (2002), 38; auch spiegelt der Börsenwert den Unternehmenswert nur unvollständig wider vgl. Hachmeister (1999), 38 ff.

„Der Kunde bezahlt nicht – wie das der Aktionär tut – für den Wert des *Unternehmens*; er bezahlt den Wert der *Produkte* und *Dienstleistungen*. Das ist weder ein Wert *des* Unternehmens noch *für* das Unternehmen. Es ist ein Wert für den *Kunden*. Was in seinen Augen für ihn – und ausschließlich für ihn – wertvoll ist, das bezahlt er – und nur deshalb kauft er überhaupt." Malik (2002), 38

Im Mittelpunkt der Unternehmensführung steht also die Leistungs- und Wettbewerbsfähigkeit. Der Shareholder Value als Maßstab hat seine Bedeutung für den Aktionär, dessen Zweck im "Handel *mit* Unternehmen" und nicht im "Handeln *für* Unternehmen" liegt. Die Verwechslung des Zwecks von Aktionären und des Zwecks von Unternehmen wird auch in der Rollenverschiedenheit des Investors und des Unternehmers verdeutlicht. So muss „zwar jeder Unternehmer *Investor* sein.., aber nur wenige *Investoren* Unternehmer."[730] **Der Shareholder Value ist demnach als Maßstab für die Führung mittlerer Unternehmen ungeeignet**. Dies bedeutet nicht, dass Gewinn nachrangig wäre. Im Gegenteil, zum Erhalt und zur Steigerung der Lebensfähigkeit eines Unternehmens muss soviel Gewinn erzeugt werden, dass die nötigen strategischen Investitionen zum Auf- bzw. Ausbau der Fähigkeiten des Unternehmens möglich sind.[731]

Das Stakeholder-Value-Konzept geht über das Überlebensmodell hinaus. Im Ansatz entspricht ihm das Institutionsmodell, wobei ihm das kontrafaktische Fortschrittsmodell noch näher kommt, weil dort die Bedürfnisse aller Betroffenen soweit wie möglich erfüllt werden sollen. Das in 3.2.3 charakterisierte Unternehmen an sich ist von der Grundkonzeption das Überlebensmodell, das jedoch in der von Teubner getroffenen Kennzeichnung durch die Trias Funktion, Leistung und Reflexion den von Berkel geforderten institutionellen Dienstcharakter erfüllen (kann) und damit zur gesellschaftlichen Institution wird,[732] das im Fortschrittsmodell noch mehr Legitimität erlangen kann, dies unter der Voraussetzung, dass die Belange des Unternehmens auch im Institutionen- oder Fortschrittsmodell soweit berücksichtigt werden, dass es als Unternehmen an sich genügend berücksichtigt wird, um fortexistieren zu können. Umgekehrt ist die Öffnung des zu Abgeschlossenheit und Autonomie tendierenden Überlebensmodells zum einen aus Gründen der gesellschaftlichen Legitimierung notwendig und zum anderen aber auch, um die gesellschaftlichen Strömungen aller Stakeholder wahrnehmen und reflektieren zu können.

In 3.1.2.4 ist beispielhaft erörtert wie ein Ignorieren des gesellschaftlichen Wertewandels zu Fehleinschätzungen im Hinblick auf die Fürsorglichkeit gegenüber Mitarbeitern führt: Engagierte Mitarbeiter und besonders die anspruchsvollen Wissensarbeiter wollen heute in ihrer Selbständigkeit verstärkt

---

730 Malik (2002), 39

731 Auf die Notwendigkeit angemessen hoher Gewinne verweist Malik (2002), 131

732 Sofern Funktion und Leistung auch außenperspektivisch in der Gesellschaft überprüft werden und keine reine Innenschau betrieben bzw. diese überwunden wird

angesprochen und gefördert werden. Fürsorglichkeit, die ‚nur' einen sicheren Arbeitsplatz bietet, reicht nicht (mehr). Dieses Beispiel zeigt auch, welche Bedeutung die Fortentwicklung der Basisfähigkeiten Handlungs-, Lern- und Wahrnehmungsfähigkeit (Responsiveness) zukommt, die sich im Sinnmodell des Fortschrittsmodells am idealsten entfalten können. Zusammenfassend ergeben sich drei Hypothesen, wobei H4 im folgenden Abschnitt noch näher erläutert wird:

H3: Von Risikounternehmern geführte MU verfolgen überwiegend das Sinnmodell des Überlebensmodells (Unternehmen an sich), exzellente MU mit einer Tendenz zum Institutionenmodell.

H4: Der Shareholder-Value-Ansatz ist als Maßstab für die Führung von MU ungeeignet. Maßgeblich ist stattdessen die Wettbewerbsfähigkeit als Ausdruck des Unternehmens an sich (Leistung/Funktion (Dienst)) zur Schöpfung monetärer und nicht monetärer Werte. Die Verwendung der Werte an die Stakeholder (auch an das Personal) kann erst erfolgen, wenn sie geschaffen sind, wobei ein nicht unbeträchtlicher Anteil für die Zukunft des Unternehmens an sich im Unternehmen verbleiben muss.

H5: Der Shareholder-Value-Ansatz entspricht dem Instrumentalmodell. Folgen MU dem Shareholder-Value-Ansatz, dann findet in der Regel sinnmodellmäßig eine Rückentwicklung vom Überlebens- zum Instrumentalmodell statt.

3.2.5 Allgemeiner Bezugsrahmen für mittlere Unternehmen

Aus der in Kapital 3.2 geführten Diskussion – insbesondere in den Abschnitten 3.2.3 und 3.2.4 - lässt sich allgemein für mittlere Unternehmen ein Bezugsrahmen (Abb. 34) ableiten. **Kernelemente** sind das **Unternehmen an sich** und dessen **Fähigkeit zur Entstehung von Wertschöpfung**. Diese äußert sich durch Wettbewerbsfähigkeit in der Gewinnung und Beibehaltung von **Kunden**. Gegenüber dem Kunden findet eine zweifache Wertschöpfung statt: eine monetäre und eine nicht-monetäre.[733] Monetär wird eine Leistung mit einem höheren Preis als den Kosten bezahlt, wenn dem Kunden der Nutzen als adäquat erscheint. Mit der Güte der Leistungserstellung, der Bekanntheit des Markenamens, der Attraktivität der Produkte, der Qualität des Services usw. wird ein zusätzlicher Nutzen erzeugt, der auch einen nicht-monetären Nutzen stiftet, der Kunden zufrieden macht und gegenüber dem Unternehmen loyal sein lässt. Es findet eine darüber hinausgehende Identifikation mit Werten im Sinne von „Wünschenswertem"[734] statt, die von dem Unternehmen vertreten und geschaffen werden, die nicht ausschließlich monetären Zwecken folgen.

---

[733] Wunderer (2001), 4 f. sieht in der Wertschöpfung auch eine „qualitative Dimension", die sich in „immateriellen Größen wie Kunden- oder Mitarbeiterzufriedenheit" äußern
[734] Staehle (1999), 171

Tritt beispielsweise ein Unternehmen aus Überzeugung für den Umweltschutz ein und kann dies auch überzeugend darstellen, dann finden das bestimmte Kunden für wertvoll und halten dem Unternehmen die Treue nicht nur indem sie Produkte von dort beziehen, sondern indem sie allgemein wünschen, dass dieses Unternehmen fortexistieren soll.[735] Auch für andere Stakeholder ist das so. Besonders die Mitarbeiter interessieren sich nicht nur für monetäre Aspekte. Ihre Zufriedenheit hängt vielfach von nicht-monetären Aspekten (siehe z.B. 4.2.5.1) ab. Es wird verdeutlicht, dass ein Unternehmen zuerst aktiv monetäre Werte erwirtschaften muss und davon einen nicht geringen Anteil für sich selbst benötigt, bevor ein Überschuss verteilt werden kann. Dies hängt entscheidend von den Fähigkeiten (vgl. 2.2.2 u. 4.2.2) des Unternehmens an sich ab. Die in der Abbildung 34 angedeutete Verwendung der Wertschöpfung ist nur beispielhaft.

3.2.6 Zusammenfassung ‚Bedeutung des Human Capital in Bezug auf Anspruchsgruppen'

Mit der Wahl des Sinnmodells erfolgt auch eine Festlegung wie mit Anspruchsgruppen umgegangen wird. In der Literatur stehen sich dabei die Extrempositionen des Shareholder- und Stakeholder-Value-Ansatzes gegenüber. Eine nähere Betrachtung ergibt, dass beide Positionen mittleren Unternehmen nicht gerecht werden. Ein dritter Ansatz des ‚Unternehmens an sich' entspricht der Wirklichkeit mittlerer Unternehmen mehr. Kritisch am Shareholder Value ist hervorzuheben, dass methodisch generell Fähigkeiten und damit zusammenhängend Erfolgspotentiale zu wenig Berücksichtigung finden. Insbesondere gehen die Fähigkeiten der Mitarbeiter nicht in die Berechnung mit ein. Das Denken in Shareholder Value orientiert sich in erster Linie an der Maximierung desselben und ist am Fortbestand eines Unternehmens nur solange interessiert, wie es dieser Maximierung dient.

Mittlere Unternehmen sind aber auf Fortsetzung angelegt. Risikounternehmer sind ganz anders an ihr Unternehmen gebunden als Investoren an Börsenpapiere. Von der Grundhaltung her folgen sie mehr dem Überlebensmodell als dem Instrumentalmodell. Entscheidend für das Fortleben ist nach Malik die Wettbewerbsfähigkeit, zu der aber der Shareholder Value in keinem kausalen Verhältnis steht. Es zeigt sich, dass er nur dem Aktionär als Maß für den Handel *mit* Unternehmen(santeilen), aber nicht für das Handeln *in* Unternehmen dient. Dort hat er nur geringe Aussagekraft. Der mittlere Unternehmer denkt und handelt anders als der Aktionär.

---

[735] Dies war z.B. bei dem Säuglingsnahrungshersteller Hipp der Fall, dessen Kunden eine Handelskette zwangen, seine Produkte wieder aufzunehmen, nachdem sie abgesetzt worden waren

Der Stakeholder Value dagegen beinhaltet das Risiko, dass die Vielzahl der individuellen Zwecke die Oberhand gewinnen und die lebensnotwendigen Interessen des Unternehmens an sich zu kurz kommen, weil diese nicht oder zu wenig vertreten werden.

Die Existenz und Legitimation des Unternehmens an sich lässt sich nach Teubner auf der Basis der Rechtstheorie und der Systemtheorie von Luhmann herleiten und begründen. Dabei überschreitet Teubner die Grenzen des reinen Überlebensmodells (dessen Ausdruck das Unternehmen an sich ist), indem er über die Trias Funktion (Dienst), Leistung und Reflexion gesellschaftliche Legitimität eröffnet:

Als Anbieter einer spezifischen Leistung steht das Unternehmen im Dienst der Gesellschaft, die ohne dieses Angebot ärmer an Alternativen wäre, ganz abgesehen davon, dass es noch Arbeitsplätze stellt und Steuern zahlt etc. Ausgeglichen und realisiert werden Dienst und Leistung durch die ständige Reflexion der dem Unternehmen verpflichteten Führungspersonen auf den Unternehmenszweck, der in einer sich laufend verändernden Umwelt immer neu formuliert und realisiert werden muss. Dies setzt eine Verantwortlichkeit für das Unternehmen voraus, die der klassische Risikounternehmer am besten erfüllt und die durch eine Trennung von Kapital und Verfügungsmacht gefährdet ist.

Im Unternehmen an sich in der Formulierung Teubners hat das Human Capital zweifellos einen höheren Stellenwert als im Instrumentalmodell. Dieser kann allerdings im reinen Institutionsmodell und noch mehr im Fortschrittsmodell über weitere Werte, die nicht unmittelbar unter dem Unternehmenszweck subsumierbar sind, noch gesteigert werden, immer vorausgesetzt, die Lebensfähigkeit des Unternehmens wird dadurch gestärkt und nicht geschwächt. Die Bedeutung des HC ist im Shareholder-Value-Ansatz tendenziell am niedrigsten, im Stakeholder-Value-Ansatz tendenziell am höchsten, während im Ansatz des Unternehmens an sich ihm eher eine mittlere Bedeutungs-Position zukommt. Aus dem Ansatz des Unternehmens an sich und dessen Stimmigkeit für mittlere Unternehmen lässt sich ein allgemeiner Bezugrahmen für mittlere Unternehmen herleiten.

Abbildung 34: Allgemeiner Bezugsrahmen für mittlere Unternehmen

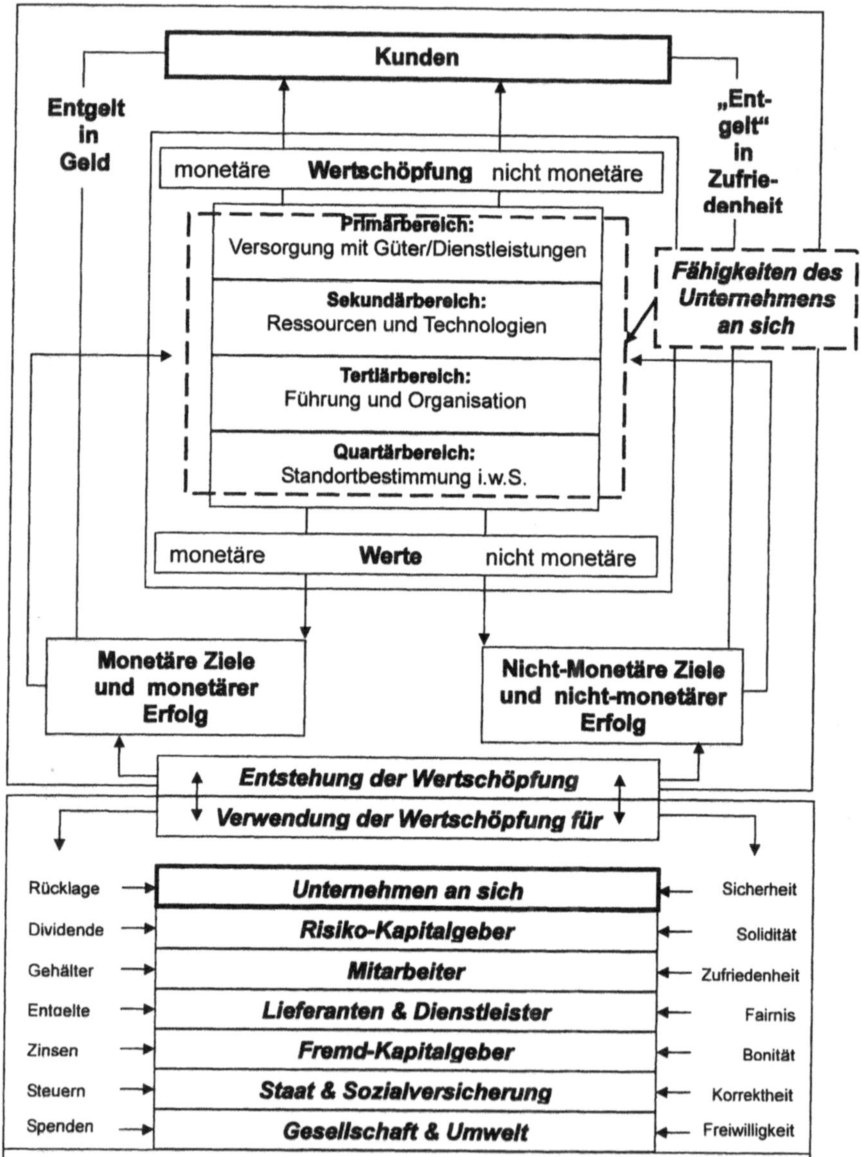

Quelle: Eigene Darstellung, Primärbereich usw. nach Kirsch et.al. (1985), 30 ff.

3.3 Zusammenfassung ‚Normative Bedeutung des Human Capital'

Das Ziel von Kapitel 3, das Wertsystem mittlerer Unternehmen näher zu beleuchten, ist dadurch erreicht worden, dass zunächst die Kontextabhängigkeit von ‚Bedeutung an sich' aufgezeigt worden ist. Ferner wurde hergeleitet, dass in Unternehmen der maßgebliche Referenzrahmen für Bedeutungszuweisung auf Sinnmodelle (Basis-Leitbilder) zurückgeführt werden kann. Mit Hilfe organisationsdidaktischer Strukturgitter konnten Sinnmodelle von Unternehmen und Managern sowie in der Organisationstheorie gängige Menschenbilder miteinander verknüpft werden. Dadurch ist zugleich ein Bezugsrahmen entstanden, der für die normative Bewertung von Human Capital in Unternehmen im Rahmen der Evaluation in Kapitel 5 verwendet werden kann. Im Anschluss daran konnte das zweite Ziel von Kapitel 3, den Umgang mit Anspruchsgruppen näher zu beleuchten, erreicht werden. Dabei wurde ausgeführt, dass weder der Shareholder- noch der Stakeholder-Value-Ansatz für mittlere Unternehmen passend erscheint. Der weitere, in der Literatur weniger stark vertretene Ansatz des *Unternehmens an sich* erwies sich hingegen als zutreffender.

Über den Stellenwert des Human Capital in der generellen Zielausrichtung und über die Stimmigkeit des Unternehmens an sich konnten bereits fünf Hypothesen hergeleitet werden. Aufgrund der Charakterisierungen mittelständischer Unternehmen (vgl. 2.3) und der Erkenntnisse aus Kapitel 3 lassen sich weitere fünf Hypothesen ableiten, so dass sich insgesamt zehn Hypothesen zum normativen Management bzw. zum normativen Human Capital Management (HCM) (vgl. 4.2.3) mittlerer Unternehmen ergeben, die in Abbildung 35 zusammengefasst sind. Aus der Spalte ‚Verweis' ist jeweils der Zusammenhang ersichtlich, aus dem heraus die Hypothese gebildet worden ist. Zusammen mit den dort herangezogenen Ansätzen und empirischen Untersuchungen ergibt sich ein Bezugsrahmen (vgl. 2.1) über das normative Management von mittleren Unternehmen.

Abbildung 35: Hypothesen zum normativen Management bzw. HCM mittlerer Unternehmen

Nr.	*Hypothesen*	*Verweis*
1	*Die Bedeutung von HC in einem Unternehmen hängt vom verfolgten Sinnmodell (Basis-Leitbild) ab. Je höher das Sinnmodell im Bezugsrahmen von Werner Kirsch entwickelt ist, desto höher ist die Bedeutung des HC.*	*3.1.4*

2	Über Lernprozesse kann sich ein Unternehmen zu einem höheren Sinnmodell verändern und dadurch dem HC eine höhere Bedeutung ermöglichen. Umgekehrt kann durch Veränderung des normativen Managements auch ein Verlernprozess einsetzen und zu einem niedrigeren Sinnmodell mit einer Einschränkung der Entfaltungsmöglichkeiten für Mitarbeiter führen.	3.1.4
3	Von Risikounternehmern geführte MU verfolgen überwiegend das Sinnmodell des Überlebensmodells (Unternehmen an sich), exzellente MU mit einer Tendenz zum Institutionenmodell.	3.2.4
4	Der Shareholder-Value-Ansatz ist als Maßstab für die Führung von MU ungeeignet. Maßgeblich ist stattdessen die Wettbewerbsfähigkeit als Ausdruck des Unternehmens an sich (Leistung/Funktion (Dienst)) zur Schöpfung monetärer und nicht monetärer Werte. Die Verwendung der Werte an die Stakeholder (auch an das Personal) kann erst erfolgen, wenn sie geschaffen sind, wobei ein nicht unbeträchtlicher Anteil für die Zukunft des Unternehmens an sich im Unternehmen verbleiben muss.	3.2.4
5	Der Shareholder-Value-Ansatz entspricht dem Instrumentalmodell. Folgen MU dem Shareholder-Value-Ansatz, dann findet in der Regel sinnmodellmäßig eine Rückentwicklung vom Überlebens- zum Instrumentalmodell statt.	3.2.4
6	Gehaltsunternehmer unterliegen größeren Rechtfertigungszwängen als Risikounternehmer. Sie sind dadurch zu stärkerer Formalisierung gezwungen. Dadurch erhöht sich der Kostendruck. Auch wird ihre Leistung häufig am Erreichen von Gewinn gekoppelt. Gewinn und Kosten treffen sich im Shareholder-Value-Ansatz.	2.3.5 / 2.3.11
7	Der Wechsel vom Risiko- zum Gehaltsunternehmer forciert den Shareholder-Value-Ansatz und leitet einen in der Regel ungeplanten kulturellen Änderungsprozess ein.	2.3.11 / 3.2.3
8	Je intensiver der Shareholder-Value-Ansatz verfolgt wird, umso mehr wird die bisherige Kultur in Mitleidenschaft gezogen, im Extremfall bis zu deren Zerstörung. Ein solcher Kulturrückgang hat je nach Intensivität umso negativere Wirkungen auf das HC.	2.3.11 / 3.2.3 Fn 18 / 1.1
9	Das von Gehaltsunternehmern geführte Management tendiert dazu, Shareholder und sich selbst zu Lasten anderer Stakeholder sowie des Unternehmens an sich zu bevorzugen.	2.3.11 / 3.2.3
10	Risikounternehmer entwickeln eine höhere Wertschätzung des Personals als Gehaltsunternehmer.	2.3.7 / 2.3.11 / 3.2.3
Quelle: Eigene Darstellung		

4 Die strategische Bedeutung des Human Capital

Die rein strategische Bedeutung des Human Capital lässt sich im Gegensatz zur normativen direkter aus der Literatur herleiten. Die Schwierigkeit liegt hier mehr darin, in der großen Vielfalt Grundzüge zu erkennen, an denen die Bedeutung des Human Capital festgestellt werden kann (siehe 4.1). In der praktischen Umsetzung und der intendierten Bedeutung des Human Capital kommt es darauf an, dass das gewünschte Sinnmodell über strategische Programme realisiert wird. Strategien müssen hierzu adäquat formuliert sein und wirklich vollzogen werden (siehe 4.2). Das Kapitel 4 verfolgt zwei Ziele. Erstens geht es darum, zur Erfüllung von Ziel 1 der Arbeit generell zu klären, welchen Stellenwert Human Capital in der strategischen Literatur hat. Zweitens ist bezogen auf Ziel 3 der Arbeit zu erörtern, welche Faktoren erfüllt sein bzw. wie ausgeprägt sein müssen, dass strategische Bedeutung von HC vorliegt.

4.1 Human Capital im Lichte verschiedener Ansätze der strategischen Literatur

Die wissenschaftliche Literatur zur strategischen Unternehmensführung ist keiner Weise einheitlich. Es gibt, wie insbesondere die Arbeit von Knyphausen-Aufsess[736] zeigt, eine Vielzahl verschiedener Forschungsansätze, die nur zum Teil in der ökonomischen Theorie verankert sind.[737] Es finden sich zudem organisations-[738] und system- [739] und evolutionstheoretische[740] Ansätze. Darüber hinaus gibt es Ansätze, die auf innovations- bzw. technologieorientierten Paradigmen bauen.[741] Ein Teil der Forschung orientiert sich am japanischen Modell oder sucht Erklärungen zu lokalen, z.B. deutschen oder europäischen Besonderheiten im Gegensatz zur Globalisierung.[742] Gemeinsam ist allen Ansätzen die Grundannahme, dass strategisches Management einen wesentlichen Beitrag zum Unternehmenserfolg leistet.[743] Die ‚bessere' Strategie erkennt strategische Erfolgsfaktoren (vgl. 2.2.2.2), die zu strategischen Erfolgspotentialen auf- und ausgebaut werden, deren Nutzung operative Ergebnisse ermöglichen, welche von Konkurrenten mit keiner oder einer ‚schlechteren' Strategie nicht erzielt werden. Es bietet sich daher zur Vereinfachung der Vielfalt von Ansätzen an, unternehmensexterne und unternehmensinterne strategische Erfolgsfaktoren zu unterscheiden. In der Diskussion verschiedener Erklärungsansätze hat sich hierzu in der Literatur die Einteilung extern nach dem

---

[736] Vgl. Knyphausen-Aufsess (1996)
[737] Vgl. Knyphausen-Aufsess (1996), 50 ff. u. Müller-Stewens/Lechner (2001)
[738] Knyphausen-Aufsess (1996), 88 ff.; vgl. hierzu auch Kieser (Hrsg.)(2002)
[739] Knyphausen-Aufsess (1996), 274 ff.
[740] Bea/Haas (2001), 29 ff. zählen hierzu den St. Galler- und den Münchner Ansatz
[741] Knyphausen-Aufsess (1996), 171 ff.
[742] Knyphausen-Aufsess (1996), 114 ff. u 235 ff.
[743] Vgl. Böhi (1995), 76 f. sowie die dort angegebene Literatur

„marktorientierten Ansatz (Market Based View)“ und intern dem „ressourcenorientierten Ansatz (Ressource Based View)“ herausgebildet.[744]

4.1.1 Marktorientierter Ansatz

In dem seit den 1980er Jahren in der Literatur dominierenden **marktorientierten Ansatz** stehen die Wettbewerbskräfte in der Branche im Fokus.[745] Ökonomisch ist der Ansatz im „Structure-Conduct-Performance-Paradigma“ nach Mason und Bain grundgelegt, das den unterschiedlichen Erfolg der Unternehmen durch das Verhalten von Unternehmen in Abhängigkeit von der Branchenstruktur erklärt. Im Ansatz werden Unternehmen aus der Perspektive der Absatzmärkte („**Outside-in-Perspektive**“)[746] betrachtet. Eine wesentliche Rolle spielen dabei die von Michael Porter 1979 beschriebenen Five Forces of Competition, welche die **Branchenstruktur** bestimmen:[747] Neben den Wettbewerbern der Branche stehen potentielle Konkurrenten, Abnehmer, Lieferanten und Ersatzprodukte im Fokus. Das Humanpotential spielt hierbei keine oder nur eine untergeordnete Rolle. Die in der Zeit vor Porter methodisch häufig verwendete SWOT-Analysis[748] oder die Portfolio-Analyse[749] beinhalteten Humanpotential noch zum Teil als Ausdruck von relativer Ressourcenstärke. Der marktorientierte Ansatz wird seinem Namen gerecht: es stehen offensichtlich nur die Belange des Marktes im Vordergrund. Dabei geht es um geschicktes Agieren und Positionieren in Produkt-Markt-Segmenten innerhalb einer bestimmten Branche, um **Wettbewerbsvorteile** zu erzielen. Von besonderer Bedeutung erhalten die von Porter ausgemachten grundlegenden Strategien, um strategische Vorteile zu erzielen: „Differenzierung“, umfassende „Kostenführerschaft“ und die „Konzentration auf Schwerpunkte“. Differenzierung bedeutet dem Abnehmer einen zusätzlichen Wert zu verschaffen, für den ein höherer Preis durchgesetzt werden kann. Bei der Kostenführerschaft geht es um einen Kostenvorsprung gegenüber der Konkurrenz, welcher durch niedrigere Preise ermöglicht, die Abnehmer zum Kauf zu verleiten. Je nach Marktlage empfiehlt sich die Konzentration auf eine Nische, die entweder durch Differenzierung

---

[744] Bea/Haas (2001), 24 ff.; Bea/Haas unterscheiden hierzu noch den „evolutionären Ansatz“, der nicht auf Erfolgsfaktoren basiert, sondern auf ganz anderer Ebene die Handlungsfähigkeit des Unternehmens in dessem Umfeld zu erklären sucht, ähnlich hierzu ist die Einteilung von Eschenbach/ Eschenbach/ Kunesch (2003), 19 ff.; die Einteilung unternehmensintern/-extern findet sich z.B. bei Schmidt (1997), die Einteilung nach market based view und resource based view bei Krings (1997), 103 und Böhi (1995), 78 f.

[745] Wesentlichen Einfluss haben die Arbeiten Porters (1992, 1997, 1998, 1999); auch wenn etwa Mitte der 1990iger Jahre die Dominanz dieses Ansatzes in der Literatur zurückgegangen ist, spielt er in der Praxis noch immer eine große Rolle, besonders in der strategischen Planung, vgl. z.B. Michel (1991)

[746] Bea/Haas (2001), 24 ff

[747] Vgl. Porter (1999)

[748] Vgl. 2.3.2.2

[749] Ausführlich hierzu Roventa (1979)

oder Kostenführerschaft wahrgenommen wird.[750] Treibende Kraft („**Drivers**") geht von einzelnen **Aktivitäten** aus, die zu einem Vorteil im Sinne der Differenzierung oder Kostenführerschaft führen. Ein Driver ist beispielsweise der Vorteil, der aus der zunehmenden Betriebsgröße (Economics of Scale) generiert werden kann. Eine Aktivität könnte zum Beispiel darin bestehen, Betriebsgrößenvorteile gezielt in der Preispolitik zu nutzen. Erfolgsentscheidend ist, inwieweit es dem Unternehmen gelingt, einen Fit zur Branchenkonstellation herzustellen. Der Fit erfolgt über die zwei Variablen Branchenstruktur („industry structure") und spezifischer Wettbewerbsvorteil („particular strategy") des Unternehmens. Dabei sind die Ressourcen als solche für Porter nicht wertvoll, von Bedeutung allerdings ist, dass sie stimmig gewählt sind: „Both the external and internal assets are not valuable in and of themselves, however, but because they fit industry structure and a particular strategy."[751] Für einen bestimmten Strategietyp ist ihm nur wichtig, dass zur gewählten Strategie auch eine passende Struktur und Kultur vorliegt, die er allerdings nicht näher beschreibt.[752] Dass die Struktur und Kultur erst durch Menschen gelebt wird, spielt keine Rolle. Auch dass sich andere Ressourcen wie Technologien unterscheiden ist nicht von Bedeutung, da er davon ausgeht, dass Ressourcen mobil sind und somit keine Einschränkung bedeuten. In allem liegt die industrieökonomische Prämisse zugrunde, dass über die Five Forces of Competition die Unterschiede zwischen den Unternehmen eliminiert werden und infolge die Ressourcen als homogen, mobil und imitierbar betrachtet werden können. Die Marktkräfte erzwingen, dass sich Unternehmen anpassen. Diese Anpassung erfolgt, indem die Unternehmen ihre Strategie nach der Branchenstruktur (Konzentration, Angebotsdifferenzen, Eintritts-/Austrittsbarrieren etc.) richten.[753] Dabei kommt es nach Porter auf die Stimmigkeit von externer und interner Konstellation an, die den eigentlichen Erfolgsfaktor ausmacht.

Wegen der mangelnden Berücksichtigung der Ressourcen wurde Porter vielfach kritisiert.[754] Porter hat diese Kritik des nachfolgend beschriebenen Resourced-Based-View nicht als Antithese, sondern als notwendige Ergänzung seines Ansatzes verstanden.[755] Sinnvolle Verknüpfungen ergeben sich, wenn man die Drivers mit Ressourcen und die Aktivitäten mit Fähigkeiten gleichsetzt.[756] Aus der Nachrangigkeit von Ressourcen und der Annahme von deren Mobilität in Porters Ansatz werden Arbeitsmarkteffekte nicht berücksichtigt, die sich beispielsweise durch Knappheit von Fachkräften ergeben. Das Image als

---

[750] Porter (1992), 62 ff.; das Shareholder Value-Konzept von Rappaport (1999), 71 ff. setzt bei der Strategieformulierung auf den Analyseergebnissen Porters und dessen Empfehlungen auf
[751] Porter (1991), 99 ff. u. 103
[752] Vgl. Porter (1992), 63 u. Böhi (1995), 110
[753] Vgl. Kammel (2000), 141 f. u. 227 f.
[754] Vgl. hierzu die Literaturübersicht bei Böhi (1995), 113, Fn 340
[755] Vgl. Porter (1991), 107 ff.
[756] Vgl. hierzu Böhi (1995), 121; zur Anschlussfähigkeit vgl. auch Grant (2002), 144 ff.

Arbeitgeber kann dabei ein entscheidender externer Erfolgsfaktor sein, um dringend benötigte Mitarbeiter für das Unternehmen zu gewinnen, als Voraussetzung, um den oben genannten Fit zu erzeugen. **Völlig übersehen wird zudem, dass die marktorientierte Sicht nicht ohne die hierfür kompetenten Personen geleistet werden kann**. Diese *im* und *nicht außerhalb* vom Unternehmen anzusiedelnden Fähigkeiten sind entscheidend für den Erfolg. Besonders in mittleren Unternehmen nehmen diese Personen eine Schlüsselrolle ein, da sie aufgrund ihrer Markt- und Methodenkenntnis, die richtigen Strategien auszuwählen vermögen. Dies hat umso mehr Bedeutung, da die Mittel für Marktforschung begrenzt sind und die Märkte für mittlere Unternehmen sich nur sehr bedingt aus offiziell verfügbaren statistischen Angaben rekonstruieren lassen. Allein aus diesem Grund, bedarf der marktorientierte Ansatz zwingend der Ergänzung durch den folgenden Ansatz.

4.1.2 Ressourcenorientierter Ansatz

Im Gegensatz zum marktorientierten Ansatz – es wird hier die Perspektivenrichtung vom Unternehmen zur Umwelt („**Inside-out-Perspektive**")[757] betont - steht im weiteren Sinne der **ressourcenbasierte Ansatz**, der Mitte der neunziger Jahre des vorigen Jahrhunderts vor allem durch Arbeiten von Gary Hamel und Coimbatore Prahalad[758] und – vorangehend von Hiroyuki Itami[759] - erneuten Aufschwung erhielt. Ökonomisch beruht dieser Ansatz auf Edith Penrose[760], die bereits 1959 Innovationen der Unternehmen auf deren heterogene Ressourcen zurückgeführt hat: Nicht die bessere Positionierung im Markt – wie im marktorientierten Ansatz - ist maßgebliche Ursache für die unterschiedliche Performance von Unternehmen, sondern die besseren Inputfaktoren und deren effizientere Koordination.[761] Es ist naheliegend, dass dieser Ansatz, dessen Wiederbelebung eigentlich mehr auf technologische „Kernkompetenzen" [762] ausgerichtet war, zumal in Verbindung mit dem personalwirtschaftlichen Kontext, den Erfolgsfaktor Mensch in das Zentrum der Betrachtung lenkt.[763] Nach Andreas Remer wächst dem Faktor Personal im „Managementsystem" eine „neue Rolle" zu.[764] Die feste Abfolge, nach der die normative Unternehmenspolitik über die strategische Planung die Anforderungen an die Organisation bestimmt, aus der dann der Personalbedarf abgeleitet wird, ist da-

---

[757] Bea/Haas (2001), 26

[758] Vgl. Hamel/Prahalad (1995a,1995b)

[759] Itami (1991), 12 ff. betrachtet Menschen als die wichtigsten „invisible Assets"

[760] Vgl. Penrose (1959)

[761] Vgl. Knyphausen-Aufsess (1996), 82 ff, Müller-Stewens/Lechner (2001), 276 ff, Bea/Haas (2001), 26 ff; Kammel (2000), 227 ff

[762] Hamel/Prahalad (1995a,1995b) verstehen darunter Technologien bzw. Technologiekombinationen, deren Basis in mehreren Geschäftsfeldern Wettbewerbsvorteile schafft; ihre Kritik richtete sich auf die Vernachlässigung übergreifender Anstrengungen nur selbständig agierender Geschäftseinheiten vgl. 4.2.2.2

[763] Vgl. Scholz (2000), 50 ff.

[764] Remer (1997), 404 ff.

mit in Frage gestellt. Das Personal wird zum strategischen Faktor, weil dessen Kompetenzen und die Entwicklung derselben nun umgekehrt über organisatorische Möglichkeiten, die Strategie und Politik bestimmen können, aus diesen Kompetenzen erzeugte, zusätzliche oder neue Produkte bzw. Dienste am Markt anzubieten.[765] So folgt nicht mehr zwangsläufig die „Personalstrategie" der „Unternehmensstrategie, sondern kann nun umgekehrt die Unternehmensstrategie durch die Personalstrategie geprägt werden.[766] Es lassen sich in der Inside-out-Perspektive drei Ansätze unterscheiden: der „Ressource Based View" (im engeren Sinne), der „Capabilities View" und der „Knowledgebased View."[767]

Der *Ressource Based View im engeren Sinne* erklärt die unterschiedliche Performance von Unternehmen durch das Vorhandensein besserer, nur begrenzt zur Verfügung stehender Ressourcen, die Unternehmen vor anderen erworben haben und daraus Effizienzvorteile generieren.[768] Bezogen auf die Ressource Personal, sind es die ‚besseren' Leute, die den Unterschied zur Konkurrenz ausmachen: People make the difference.

Im *Capabilities View* stehen dagegen „Fähigkeiten" im Umgang mit Ressourcen im Fokus. Erfolgreicher sein in diesem Kontext bedeutet nicht unbedingt bessere Ressourcen als andere, sondern Fähigkeiten zu haben, die einen besseren Nutzen der Ressourcen einschließlich des Humanpotentials ermöglichen.[769] Im Zentrum der Betrachtung stehen nach Robert Grant die „Organizational Capabilities".[770] Diese stellen die intangible Fähigkeit[771] einer Organisation dar, ihre Ressourcen produktiv bzw. produktivitätssteigernd einzusetzen. Personalwirtschaftliche Beispiele hierfür sind die Fähigkeiten, am Arbeitsmarkt nur begrenzt zur Verfügung stehende Fachkräfte zu gewinnen oder vorhandenes Humanpotential höher zu qualifizieren.

Der *Knowledge-based View* konzentriert sich auf die Ressource „Wissen", in der er das entscheidende Kriterium sieht, nachdem sich Unternehmen voneinander unterscheiden (siehe insbesondere 2.2.1.7).[772] Es geht zudem um die Fähigkeit, Wissen zu managen. Insofern handelt es sich bei diesem Ansatz, um eine gezielte Verengung des Resourced Based View im engeren Sinne und des Capability-View.

---

765 Vgl. Remer (1997), insb. 410 ff.
766 Scholz (2000), 90 ff.
767 Müller-Stewens/Lechner (2001), 276
768 Vgl. Müller-Stewens/Lechner (2001), 276 ff; Knyphausen-Aufsess (1996), 82 ff
769 Müller-Stewens (2001), 279 ff.; Knyphausen-Aufsess (1996), 88 ff
770 Grant (2002), 144 ff., vgl. auch 2.2.1.6
771 Vgl. Kammel (2000), 231 spricht von „Leistungsvermögen", „Kompetenzen" und „Potentiale[n]"
772 Vgl. Müller-Stewens/Lechner (2001), 281 ff.; zum Wissensbegriff vgl. 2.2.1.7

Allen drei der genannten Ansätzen ist gemeinsam, dass darin dem Humanpotential eine sehr hohe Bedeutung zukommt. Da Ressourcen und Fähigkeiten gerade im Personalbereich oft zusammenfallen, ist es schwierig diese getrennt zu operationalisieren. Beispielsweise ermöglicht die Fähigkeit betrieblicher Ausbildung qualifizierte Mitarbeiter als Ressourcen, wobei auch der Ausbilder als Ressource gesehen werden kann.[773] Wie allgemein in 2.2.1 und speziell in 2.2.1.6 bereits herausgearbeitet, hat das Unternehmen kein Eigentum am Mitarbeiter, aber an der organisationalen Fähigkeit, Mitarbeiter zu gewinnen, auszubilden und zu binden. Insofern ist der Capability-View hoch relevant für diese Arbeit, zumal ihm in der Strategieliteratur eine hohe Bedeutung bezüglich der Generierung von dauerhaften und schwer zu imitierenden Wettbewerbsvorteilen beigemessen wird. Knyphausen-Aufsess baut auf dem Fähigkeitenbegriff von Kirsch (siehe 2.2.2.1) auf und charakterisiert organisationale Fähigkeiten anhand von fünf Aspekten:

(1) Es geht um Fähigkeiten, die eine *„Koordination von Handlungen“* beinhalten, bei den es immer um *„Kombinationen* von ‚Assets'“ geht;
(2) sie können nicht an der Oberflächenstruktur ersehen oder gemessen werden; sie gehören vielmehr zur Tiefenstruktur der Organisation (vgl. Abb. 23) und sind als solche intangibel;
(3) sie beinhalten *„Potentialcharakter“*, d.h. sie stehen als Vorsteuergrößen in einem „nicht-linearen Funktionszusammenhang“ zum betriebswirtschaftlich messbaren Erfolg (vgl. 2.2.2.2);
(4) sie beinhalten eine „dynamische Komponente“ aus der über ständige Verbesserungen ‚Neues' genereriert werden kann, auf die nicht so ohne weiteres zugegriffen werden kann;
(5) die grundsätzliche „Nicht-Verfügbarkeit“ ermöglicht, sich im Sinne einer „unverwechselbaren Anbietereigenschaft (Unique Selling Proposition)“ von der Konkurrenz zu differenzieren.[774]

Nach Grant generieren Ressourcen für sich genommen noch keinen Wert für das Unternehmen. Erst das Zusammenwirken der Ressourcen („resources“) generiert organisationale Fähigkeiten („organizational capabilities“). Grant unterscheidet in materielle („tangible“), immaterielle („intangible“) und Human-Ressourcen (siehe den Part unterhalb von Strategy in Abb. 36).[775] Die Fähigkeit organisationale Fähigkeiten anzupassen bzw. neu zu erschaffen spielt als „organisatorisches Lernen“ eine zentrale Rolle. Knyphausen-Aufsess sieht in ihr eine „Schlüsselfähigkeit“, die aus der inhärenten Beziehung von Lernen und Evolution eine besondere Tragweite für die Theorie der strategischen Un-

---

[773] In Bezug auf Wissen stellt sich zudem die nicht triviale Frage nach der Relevanz von Wissen: Wann ist dieses wertvoll, wann nicht? vgl. Müller-Stewens/Lechner (2001), 283

[774] Knyphausen-Aufsess (1996), 94 ff., zur Verbindung zu Kirsch, ebd., Fn 46; zu anderen Einteilungen vgl. Kammel (2000), 231 f.

[775] Grant (2002), 139 ff.

ternehmensführung verspricht.[776] Es geht hierbei um die Lernfähigkeit als der „Fähigkeit, in systematischer Weise Wissen zu erwerben und dabei das gesamte Potential der Wissenschaft, aber auch anderer kultureller Institutionen zu nutzen" (siehe auch 3.1.3.3).[777] Dass hierzu dem Humanpotential bzw. dem Human Capital an sich eine hohe Bedeutung zukommt liegt auf der Hand. Die Organisation als soziales Konstrukt bzw. Kollektivsubjekt bedarf zum Lernen ihrer menschlichen Mitglieder, welche die eigentliche Lernleistung vollbringen. Zur organisationalen Fähigkeit zählen jedoch die Lernkultur und die Lernorganisation in Abhängigkeit des zugrunde gelegten Sinnmodells. Auch die Wissensbestände und der organisierte Zugang hierzu bzw. dessen laufende Aktualisierung sowie die Auswahl zählen dazu. Auch das Lernklima ist eine Eigenschaft der Lernfähigkeit des Unternehmens. Ebenso die verwendeten Technologien.

Strategisch sind aber diese Fähigkeiten nicht an sich, sondern erst in Relation zur Konkurrenz von Bedeutung. **Entscheidend** ist der aus der **organisationalen Fähigkeit** erwachsende **relative Wettbewerbsvorteil**.[778] *Daraus folgt, dass die* ***eigentliche Bedeutung des Humanfaktors*** *sich erst* ***im Zusammenspiel*** *von* ***Human- und anderen Ressourcen in Bezug*** *auf die* ***Strategie ergibt.*** Nach Grant (siehe Abb. 36) wird ein Wettbewerbsvorteil durch eine Strategie dann erzeugt, wenn mit Bezug auf die Branche und die Konkurrenten gezielt organisatorische Fähigkeiten für diese Strategie entwickelt und eingesetzt werden.[779] Damit vollzieht er bereits eine Integration beider Ansätze im Sinne Porters, der Ressourcen als Ergänzung seines Konzeptes sieht. **Unbeantwortet** bleibt allerdings die Tatsache, dass es vereinzelt Unternehmen gelingt, durch Innovationen die Branchenstruktur so zu instabilisieren, dass deren Spielregeln - wie im Beispiel Wienerwald von weiter oben - neu geschrieben werden.[780] Ein solches New Game setzt offensichtlich den einseitigen Marktdeterminismus außer Kraft, allerdings nicht durch passive Anpassung, sondern durch hoch pro-aktives Handeln. Nach dem Selbstorganisationsparadigma kommt es nach Erich Jantsch inside-out zu einer Ko-Evolution der Marktkräfte durch einzelne Marktteilnehmer.[781] Insofern stellt der ressourcenorientierte Ansatz nicht nur eine notwendige Ergänzung zum marktorientierten Ansatz dar, sondern auch eine Antithese zur Out-side-in-These.

4.1.3 Integrativer Ansatz

Bei der näheren Betrachtung des markt- und des ressourcenorientierten Ansatzes zeichnet sich bereits eine Annäherung in der Weise ab, dass sich beide Ansätze

---

[776] Knyphausen-Aufsess (1996), 99 ff. sowie die dort rekurrierte Literatur
[777] Knyphausen-Aufsess (1996), 101
[778] Vgl. hierzu insb. Grant (2002), 145 unter Bezug auf Hamel/Prahalad (1995a)
[779] Vgl. Grant (2002), 139 ff.
[780] Zum New Game vgl. z.B. Kirsch (1997a), 438 ff., siehe auch 3.1.2.2
[781] Vgl. Jantsch (1979), 74 ff.

Abbildung 36: Links among Resources and Capabilities by Grant

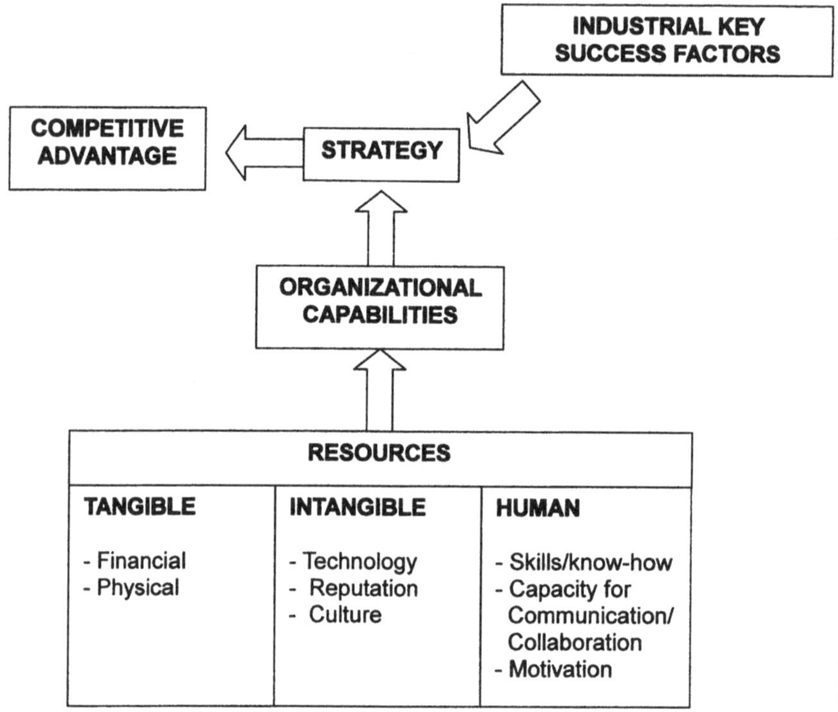

Quelle: Grant (2002), 139

eher ergänzen, aber dennoch in unterschiedliche Richtungen weisen. Wie sich im Folgenden zeigen wird, übernimmt die strategische Erfolgsfaktorforschung zwar eine vermittelnde Funktion ein, allerdings vielfach noch ohne eindeutigen Theoriebezug.

Dieses Defizit überwindet der Ansatz ‚Interessengeleiteter Führungsdimensionen' von Fritz, der sowohl theoretisch als auch empirisch wissenschaftliche Erfordernisse erfüllt.

Einen anderen theoriegeleiteten Ansatz legen Matzler, Stahl und Hinterhuber vor in deren Mittelpunkt sie den Customer Value setzen und in Folge vom Customer Based View sprechen.

4.1.3.1 Strategische Erfolgsfaktorenforschung

Die Orientierung an strategischen Erfolgsfaktoren hat in der Unternehmenspraxis besonders nach dem Erscheinen des Bestsellers von Peters und Waterman „Auf der Suche nach Spitzenleistungen" einen großen Widerhall gefunden. Wegen deren hoher Bedeutung sowohl in der Literatur als auch in der Praxis wurde auf diese in Abschnitt 2.2.2.2 bereits näher eingegangen. Die von Peters und Waterman aufgeführten acht zentralen Faktoren beinhalten sowohl Aspekte des marktorientierten als auch des ressourcenorientierten Ansatzes, wobei unternehmensinterne Faktoren überwiegen.[782] Der von Wolfgang Fritz durchgeführte Vergleich von vierzig Studien der empirischen Erfolgsfaktorforschung ergab ebenfalls ein gemischtes Bild (siehe Abb. 37); auch hier überwiegen die internen Faktoren. Problematisch an diesen Ergebnissen ist, dass die zugrunde liegenden Studien auf unterschiedlichen Operationalisierungen des Erfolgs und unterschiedlichen Faktoren beruhen, deren Erhebung zum Teil nur auf geringer empirischer Basis erfolgte. Die meisten der Studien erfolgten zur Erhebung von Faktoren ohne theoretische Vorgaben, d.h. sie waren „datenorientiert", nicht „theoriegeleitet", d.h. ohne „hypothesentestenden...Charakter".[783] Dass diesen Ergebnissen dennoch eine gewisse Aussagekraft zukommt, zeigt eine vom Verfasser durchgeführte Überprüfung durch Befragung mittelständischer Unternehmer und Führungskräfte, die zu ähnlichen Ergebnissen kam.[784] Während Fritz eine Rangfolge der Erfolgsfaktoren über die Häufigkeit von Nennungen bildet, beschreitet Hans-Achim Daschmann einen anderen Weg (siehe Abb. 38). Auch er zählt die gefundenen Erfolgsfaktoren, ordnet diese aber in einem eigens für diesen Zweck von ihm entworfenen Bezugsrahmen, den er als Analyseraster benutzt. Während Fritz auf vierzig Studien abstellt, sind es bei Daschmann zweiundfünfzig, wobei er auf siebenunddreißig zusätzliche Studien rekurriert, die Fritz nicht heranzieht.[785]

Aufgrund der unterschiedlichen Kategorien ist ein Vergleich der beiden Literaturauswertungen von Fritz und Daschmann nur bedingt möglich. Auffallend ist jedoch, dass der Erfolgsfaktor Mensch am häufigsten genannt wird, und dass ein Schwergewicht auf internen Faktoren liegt. Da in den zugrunde liegenden Studien nicht durchgehend mit den gleichen Faktoren gearbeitet und nur zum Teil auch die Einflussstärke einzelner Faktoren auf den Erfolg erhoben worden

---

[782] Vgl. Peters/Waterman (1993), 36 ff.

[783] Fritz (1990), 103

[784] Vgl. Grill (2001), 8 f.; die Ergebnisse waren ähnlich, die ersten drei Faktoren gleich

[785] Daschmann (1993), 91 u. Anhang A; Fritz (1990) bezieht sich insgesamt auf 58 Quellen, Daschmann ebd. auf 62, wovon nur 21 gleich sind, d.h. Daschmann bezieht sich auf 41 zusätzliche Veröffentlichungen. Auch die Anzahl der herangezogenen Studien differiert. Zu den von Fritz genannten kommen bei Daschmann insgesamt 37 hinzu. Beide Ansätze zusammen beziehen sich auf insgesamt 77 Studien und 99 Literaturquellen und können als repräsentativ für die Erfolgsfaktorforschung angesehen werden

ist, ist ein Rückschluss auf die Bedeutung einzelner Faktoren für das Zustandekommen von Unternehmenserfolg nicht exakt möglich.[786]

Abbildung 37: Rangfolge der Erfolgsfaktoren nach Fritz

Rang *)	Erfolgsfaktor	Orientierung Unternehmens-INTERN	Orientierung Unternehmens-EXTERN
1	Qualität der Human-Ressourcen (Management, Mitarbeiter)	X	
2	Kundennähe		X
2	Innovationsfähigkeit (neue Produkte, Verfahren...)	X	
4	Produkt- bzw. Angebotsqualität	X	
5	Führungsstil/Führungssystem	X	
6	(einfache, unbürokratische) Organisationsstruktur	X	
6	Konzentration auf einen klaren Geschäftsschwerpunkt		X
6	Ausgeprägte Organisationskultur	X	
9	Investition und Finanzierung	X	
10	Produktion	X	

Quelle: Fritz (1990), 104; die Einteilung intern/extern durch J.G.
*) die Rangfolge ergibt sich aufgrund der Anzahl von Nennungen in den zitierten vierzig Studien

Fritz belegt anhand der Ergebnisse der vorangehenden Erfolgsfaktorforschung, dass grundsätzlich ein Einfluss der Unternehmensführung auf den Unternehmenserfolg nicht bestritten werden kann.[787] In der Management- und Organisationstheorie finden sich über das Ausmaß des Einflusses der Unternehmensführung auf den Unternehmenserfolg drei grundsätzliche Positionen wieder: die voluntaristische, die gemäßigt voluntaristische und die deterministische. Die voluntaristische Position geht von der absoluten Machbarkeit aus. Die Entscheidungen der Unternehmensführung haben zentralen Einfluss auf den Unternehmenserfolg.

Diese Position steht dem marktorientierten Ansatz entgegen, der davon ausgeht, dass der Erfolg durch die Branche und deren Wettbewerbsgefüge **determiniert** ist. Das Management kann sich mehr oder minder dem nur ‚geschickt' einfügen. Eine **gemäßigt voluntaristische** Position vertritt dagegen die Theorie der strategischen Unternehmensführung (siehe 2.2.2.4) mit dem

[786] Vgl. hierzu die kritischen Anmerkungen von Fritz (1990), 104
[787] Fritz (1995), 245 f. verweist insbesondere auf Peters/Waterman (1993) u. PIMS (siehe 2.2.2.2)

Konzept der geplanten Evolution, das nur von einer eingeschränkten Machbarkeit ausgeht, aber grundlegende Ideen über eine „konzeptionelle Gesamtsicht der „Unternehmenspolitik“ schrittweise umsetzt und dabei auch Anpassungen derselben zulässt.[788]

Abbildung 38: Rangfolge der Erfolgsfaktoren nach Daschmann

Rang *)	Erfolgsfaktor	Orientierung Unternehmens-INTERN	Orientierung Unternehmens-EXTERN
1	**Personen** (Unternehmensleitung, Führungskräfte, Mitarbeiter)	X	
2	**Führungssystem** (Zielsystem, Organisation, Planung, Informationssystem, Controlling, Personalführungssystem)	X	
3	**Markt**strategien/-position		X
4	**Vollzugssystem** (Beschaffung, Produktion, Absatz, F&E, Investition & Finanzierung)	X	
5	**Interne konstitutive Rahmenbedingungen** wie Größe, Rechtsform, Kultur	X	
6	**Externe** ökonomische und ausserökonomische **Rahmenbedingungen**		X
7	**Produkt-/Leistungsprogramm**	X	

Quelle: Daschmann (1993), 91; die Einteilung intern/extern durch J.G.
*) die Rangfolge ergibt sich aufgrund der Anzahl von Zuordnungen von Erfolgsfaktoren in dem von Daschmann entworfenen Bezugsrahmen, wobei hier die Personen eine eigene Kategorie bilden, und Führungs- u. Vollzugssystem nur auf Informationen und Sachgüter basieren

Da auch die Erfolgsfaktorforschung erkennt, dass die „Wirkung der Unternehmensführung auf den Unternehmenserfolg unvollständig bzw. indeterministisch ist“, erscheint die gemäßigt voluntaristische Position als die angemessenere.[789] Die strategische Erfolgsfaktorforschung nimmt eine vermittelnde Position zwischen dem marktorientierten und dem ressourcenorientierten Ansatz ein, da sie erstens sowohl marktorientierte als auch ressourcenorientierte Faktoren beinhaltet und zweitens weder streng deterministisch wie der marktorientierte Ansatz noch pur voluntaristisch wie im ressourcenorientierten Ansatz an-

[788] Kirsch (1997a), 41 ff.
[789] Fritz (1995), 247, im Original zum Teil in fett

gelegt vorgeht und ihr stattdessen eher eine gemäßigt voluntaristische Position zugewiesen werden kann. Dadurch kann die Erforschung der strategischen Erfolgsfaktoren als ein aus der Forschung sich ergebender, formierter **integrativer Ansatz** interpretiert werden. So wie sie generell Theoriedefizite aufweist, fehlt ihr auch ein theoriegeleiteter ganzheitlicher Ansatz, der insbesondere auch den in den Unternehmen vertretenen unterschiedlichen Interessen gerecht wird.

4.1.3.2 Interessengeleitete Führungsdimensionen

Um die oben genannten Defizite der Erfolgsfaktorforschung zu vermeiden, hat Fritz im Rahmen mehrerer vorbereitender Studien auf der Basis eines theoriegeleiteten Unternehmensführungsmodells eine empirische Untersuchung durchgeführt, mit dem Hauptziel, die in der einschlägigen Literatur behauptete hervorragende Rolle des Marketing zu belegen.[790] Fritz stellt dabei auf den Begriff der Unternehmensführung im institutionellen Sinne ab. D.h. es geht in seinem Ansatz um die „Führung von Unternehmen" durch Steuerung des Verhaltens der Institution ‚Unternehmung'. Davon unterscheidet sich die Führung im personalen Sinne, die sich auf die Führung von Geführten durch Führungspersonen („Führung in Unternehmen") richtet. Inhalt ist die „Globalsteuerung" in der Form von „Grundsatzentscheidungen, Grundsätze oder Leitmaximen, die das Unternehmensverhalten auf lange Sicht festlegen". Mit anderen Worten betrifft dies die konzeptionelle Gesamtsicht der Unternehmenspolitik wie sie Abschnitt 2.2.2.3 ausgeführt worden ist.[791] Dabei kommt dem „interessenpolitischen Ansatz der Theorie der Unternehmenspolitik" eine besondere Bedeutung zu (siehe Stakeholder-Value-Konzept in 3.2.2). Als eine weitere Differenzierung dient das „Drei-Ebenen-Modell" der Unternehmensführung des St.Galler-Ansatzes (siehe 2.2.2.3). Beide zusammen ergeben ein Orientierungsraster für die Konstruktion des Modells der Unternehmensführung und des Konzepts des Unternehmenserfolges (siehe Abb. 39), das sich auch aus der Theorie der strategischen Unternehmensführung herleiten lässt, welche die Bedürfnisse aller Betroffenen einbezieht.

Aus der relevanten Forschungsliteratur leitet Fritz ein **mehrdimensionales Modell der Unternehmensführung** mit sechs Grunddimensionen ab, denen er ausgewählte normative und strategische Merkmale zuordnet (siehe Abb. 40). Dieses Modell wurde nach der Maßgabe des Konvergenzkriteriums (Indikatoren eines Konstrukts korrelieren untereinander hoch) und des Differenzkriteriums (zugeordnete Indikatoren korrelieren untereinander höher als nicht zugeordnete Indikatoren) in einer Voranalyse untersucht. Dabei blieben nur die fettmarkierten Zuordnungen bestehen.

---

[790] Vgl. Fritz (1995) mit Bezug auf Fritz/Förster/Wiedmann (1987), Fritz (1990), Fritz/Raffée (1990), Raffée/Fritz (1991), Raffée/Fritz (1992), Raffée/Effenberger/Fritz (1992)

[791] Fritz (1995), 31 f., der explizit Bezug nimmt auf Kirsch (1990), 55 ff., vgl. auch Kirsch (2001), 483 ff.

Abbildung 39: Unternehmungsführungs- und -erfolgsmodell nach Fritz

	Relevante Interessenträger:				
	Eigentümer	Manager/ Mitarbeiter	Kunden	Gesell-schaft	...
Normatives-Management/ Strategisches Rahmenkon-zept	Eigentümer-orientierte Werte u. Ziele des Unterneh-mens	Mitarbeiter-orientierte Werte u. Ziele des Unterneh-mens	Kunden-orientierte Werte u. Ziele des Unterneh-mens	Gesell-schafts-orientierte Werte u. Ziele des Untern.	...
Strategisches Management / Strategische Programme	Eigentümer-orientierte Strategien	Mitarbeiter-orientierte Strategien	Kunden-orientierte Strategien	Gesell-schafts-orientierte Strategien	...
Unterneh-mens-Erfolg	Eigentümer-orientierter Erfolg	Mitarbeiter-orientierter Erfolg	Kunden-orientierter Erfolg	Gesell-schafts-orientierter Erfolg	...

Quelle: Nach Fritz (1995), 70; strategisches Rahmenkonzept u. strategische Programme wurden durch J.G. ergänzt (Zusammenhang siehe 2.2.2.3)

Wegen der hohen Korrelation der produktions- und kostenorientierten mit der finanziellen Grundhaltung und deren zu geringe Unterscheidbarkeit (mangelnde Diskriminanzvalidität) wurden diese Grundhaltungen zu einer zusammengefasst, so dass ein fünfdimensionales Unternehmensmodell übrig blieb.[792] Auffallend ist, dass sich hierbei vermehrt Indikatoren als signifikant erwiesen haben, die mehr dem normativen und weniger dem strategischen Management angehören. Raffée und Fritz führen hierzu an, dass zum einen Grundhaltungen und Ziele unzureichend operationalisiert sein können.Zum anderen verweisen sie darauf, dass im Prozess der Umsetzung von normativen Vorgaben die für das strategische Management zuständigen Manager gewollte Grundhaltungen im Sinne der angestrebten „Kernidentität" und übergeordnete Ziele zu wenig berücksichtigen.[793] Zur empirischen Untersuchung wurden 417 Unternehmen – über 90 % dem verarbeitenden Gewerbe angehörend - mit mehr als 50 Beschäftigten aus dem Adressenbestand der HOPPENSTEDT-Wirtschaftsdatenbank angeschrieben, die zuvor in einem Zufallsverfahren ausgewählt worden waren. Diese Datei deckte ca. 87% der Grundgesamtheit in West-Deutschland ab. Etwa 88 % gehörten der Unternehmensgrößenklasse von 50 bis 500 Beschäftigten an. Die Rücklauf-Stichprobe betrug 144 Fragebögen.[794] Die Ergebnisse sind somit für mittlere Unternehmen repräsentativ.

---

[792] Vgl. Fritz (1995), 185 ff.
[793] Raffée/Fritz (1992), 317
[794] Vgl. Raffée/Fritz (1992), 305 f.; die schriftliche Befragung fand im Winter 1989/90 statt

Abbildung 40: Führungsdimensionen und deren mögliche Ausprägungen

Komponenten Führungs-dimensionen	NORMATIVE EBENE:		STRATEGISCHE EBENE:
	Grundhaltungen:	Unternehmensziele:	Basisstrategien:
Marktorientierte	**Kundenorientiert**, wettbewerbsorientiert, absatzmarktorientiert, **verkaufsorientiert**	**Kundenzufriedenheit** u. –loyalität; Wettbewerbsfähigkeit; Qualität d. Angebots; Umsatz; Marktanteil	Marktsegmentierung Differenzierung Qualitätsführerschaft
Produktions- u. Kostenorientiert	**Produktionsorientiert** und. kostenorientiert (Optimierungs- u. Erfahrungskurvenphilosophie)	**Produktivitätssteigerung**; Kapazitätsauslastung; **Kosteneinsparungen**; Umsatz; Marktanteil; **Gewinn**; **Rentabilität Gesamtkapital**	Kostenführerschaft; Preis-Mengen-Strategie; Standardisierungsstrategie; Massenmarktstrategie; Rationalisierung; vertikale Integration
Finanziell orientierte	**Finanziell orientiert** (Monetäre Ergebnisrechnung)	Liquidität; Gewinn; Rentabilität; Sicherheit; finanzielle Unabhängigkeit	Finanzwirtschaftl. Strategien; Investitions-/Desinvestitionsstrategien (Portfoliomanage-ment)
Technologie- u. Innovations-orientiert	**Technologieorientiert**, innovationsorientiert; produkttechnisch (technische Innovationsfreudigkeit u. Perfektion)	Wettbewerbsfähigkeit; Qualität des Angebotes; Marktanteil	**Technologieführerschaft**; Qualitätsführerschaft; Produkt- und **Prozeßinnovationen**
Mitarbeiter-orientiert	**Mitarbeiterorientiert** (Wohlfahrt/Selbstverwirklichung der Mitarbeiter als oberstes Gebot)	**Mitarbeiterzufriedenheit**: soziale Verantwortung; Erhaltung/Schaffung v. Arbeitsplätzen	Mitarbeiterpartizipation, insb. **Entscheidungsdelegation** sowie Beteiligung am Vermögen/Erfolg; Mitarbeiterförderung
Umwelt- /Gesellschaftsorientiert	Öffentlichkeits-, gesellschafts-/**umweltschutzorientiert**	Soziale Verantwortung; Schaffung v. Arbeitsplätzen; Ansehen in Öffentlichkeit;**Umweltschutz**; Verbraucherversorgung	Sozio-Programme; Social-Sponsoring; Dialog mit Öffentlichkeit; Recycling

Quelle: Fritz (1995), 180 u. 196; Angaben in **fett** – übrig nach Voranalyse, 185 ff.

Bei der Erfolgsmessung berücksichtigte Fritz, dass in der Praxis nicht nur das Gewinnziel verfolgt wird, wie es die traditionelle Betriebswirtschaftslehre annahm, sondern dass vielmehr ein „**Zielbündel**" aus **monetären** und **nicht-monetären Zielen** angestrebt wird. Er entwickelte hierzu ein „Maß des gesamten Unternehmenserfolgs" in Abhängigkeit von der Bedeutung des verfolgten Ziels und dessen Erreichungsgrad. Ferner überprüfte er mit Hilfe von zusätzlichen Erfolgskriterien, ob dieses Gesamtmaß Erfolg richtig misst. Die sonst übliche Einseitigkeit finanzieller Erfolgskriterien konnte(n) dabei vermieden und interessenspluralistische Annahmen berücksichtigt werden.[795]

In den Hypothesen ging Fritz davon aus, dass die einzelnen Führungsdimensionen in unterschiedlichem Maße zum Unternehmenserfolg beitragen und dass insbesondere die marktorientierte Führungsdimension im stärkeren Maße zum Erfolg beiträgt.[796] Die Untersuchungsergebnisse waren in Bezug auf das Marketing ernüchternd. Der marktorientierte Führungsaspekt ist zwar von zentraler Bedeutung, in der Erfolgswirkung wird er jedoch insbesondere vom mitarbeiterorientierten Führungsaspekt und – obwohl schwächer – auch noch von der produktions-, kosten- und finanziell orientierten Führungsdimension übertroffen.[797]

Bezüglich der Fragestellung der strategischen Bedeutung des Humanfaktors macht diese Untersuchung, die alle wesentliche Kritikpunkte an der Erfolgsfaktorforschung ausglich, deutlich, dass der mitarbeiterorientierten Führung bzw. indirekt dem Personal eine sehr hohe Bedeutung zukommt. Im Vergleich zu anderen Führungsdimensionen kommt ihr sogar die relativ höchste Bedeutung zu. Dieses Ergebnis wird durch eine weitere Studie erhärtet, die ebenfalls empirisch wissenschaftliche Kriterien in hohem Maße erfüllt. Diese wurde von Olaf Göttgens durchgeführt, der speziell die Erfolgsfaktoren in stagnierenden und schrumpfenden Märkten untersuchte. Hervorzuheben ist, dass Göttgens das Modell der fünf Führungsdimensionen von Fritz verwendet. Auch in der von ihm 1994 durchgeführten Untersuchung – in der auch mittlere Unternehmen mit über 58 % vertreten waren – erwies sich wiederum die mitarbeiterorientierte Führungsdimension als die am stärksten zum Unternehmenserfolg beitragende.[798] Damit stützt die auf hohem wissenschaftlichen Niveau agierende Erforschung interessengeleiteter Führungsdimensionen die Ergebnisse der Erfolgsfaktorforschung: **das Personal ist der wichtigste Erfolgsfaktor**.

Beide Forschungsansätze bestärken eine integrative Sichtweise von markt- und ressourcenorientierten Aspekten, wobei bei der interessengeleitete Ansatz eine Ausgewogenheit der Dimensionen anzeigt, deren Störung durch un-

---

795 Fritz (1995), 217-240

796 Vgl. Fritz (1995), 248 ff.; Marketingtheorie u. –praxis messen der marktorientierten Führungsdimension eine ausschlaggebende Bedeutung zu, ebd., 249

797 Vgl. Fritz (1995), 257 f.; die Führungsdimensionen erklären 46,2 % der Varianz in den Erfolgsvariablen, für Fritz ist damit ein „beträchtliches Maß an Zurechenbarkeit" gegeben, ebd., 258

798 Vgl. Göttgens (1996), 267 ff.; nach einer Zufallsauswahl wurden 488 Unternehmen aus der Hoppenstedt-Datenbank ausgewählt, die Rücklaufstichprobe betrug 152 auswertbare Fragebögen, wobei hierbei der Anteil von Großunternehmen größer war als bei Fritz (1995), 245 f.

gleichgewichtiges Bevorzugen einer Dimension sich situationsbedingt nachträglich auf den Erfolg auswirkt. Wenn der Absatzbereich den dominanten Engpass bildet, dann ist Marktorientierung der dominante Erfolgsfaktor.[799] Eine generell zu starke Marketingorientierung ist jedoch negativ ergebniswirksam.[800] Es ergibt sich daraus, dass eine „pluralistische Führungskonzeption" notwendig ist, um erfolgreich zu sein, wobei die Marktorientierung, die Produktions-/Kosten-/Finanzorientierung und vor allem die Mitarbeiterorientierung den „harten Kern" einer erfolgreichen Führungskonzeption ausmachen, die konsistent umgesetzt werden muss.[801]

4.1.3.3 Customer-based View

Ein ebenfalls aus der Marketingforschung stammender Ansatz unterstützt die integrative, ausgewogene Sichtweise. Es handelt sich um den „Customer-based View der Unternehmung" von Kurt Matzler, Heinz Stahl und Hans Hinterhuber, der darauf zielt, kausale Zusammenhänge zwischen der markt-, der ressourcen- und zusätzlich der wertorientierten Sicht herzustellen (vgl. Abb. 42).[802]

Abbildung 41: Customer-based View

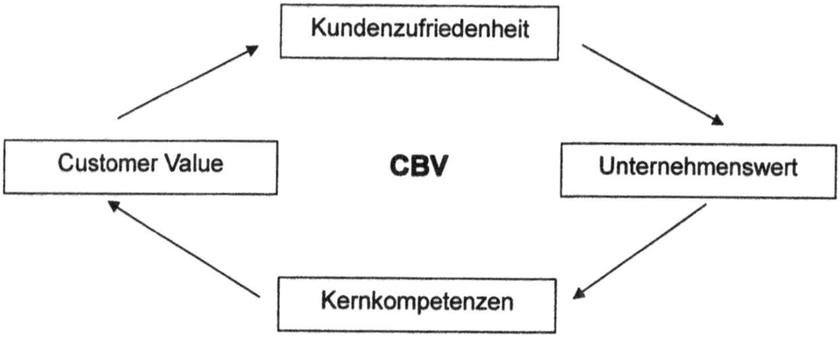

Quelle: Matzler/Stahl/Hinterhuber (2004), 7

Matzler/Stahl/Hinterhuber leiten aus der Literatur und aus eigenen empirischen Untersuchungen vier kausale Zusammenhänge ab.

[799] Vgl. Fritz (1995), 330
[800] Vgl. Fritz (1995), 438 f
[801] Vgl. Fritz (1995), 441 f.
[802] Vgl. Matzler/Stahl/Hinterhuber (2004)

(1) Der Unternehmenswert (im Sinne Rappaports vgl. 3.2.1) ist eine Funktion der Kundenzufriedenheit, die sich aus hohem Wiederkauf, Cross-Selling (Verkauf zusätzlicher Produkte und Leistungen), niedriger Preissensibilität und positiver Mundpropaganda ergibt. Aus der Kundenzufriedenheit ergeben sich z.B. über höhere Preise und höhere Verkaufszahlen positive Effekte auf den Cash Flow und in Folge auf den Unternehmenswert.[803]

(2) Die Kundenzufriedenheit ist eine Funktion der Fähigkeit (vgl. 4.1.2) „Customer Value". In dieser Fähigkeit des Unternehmens bündelt sich, welchen Wert die Kunden den angebotenen Produkten und Dienstleistungen zubilligen. Insofern ist dies ein immaterieller Wert des Unternehmens.[804]

(3) Der Customer Value ist eine Funktion der Kernkompetenzen, die sich aus „einer idiosynkratischen und langfristig robusten Kombination bestimmter Ressourcen" ergeben. Es handelt sich um vorgelagerte Fähigkeiten, mit Ressourcen umzugehen. Auch wenn die Autoren nicht explizit darauf hinweisen, gehören hierzu die Ressource Personal und die Fähigkeiten im Umgang mit Personal.[805] Unbedingt ist hier auch der von Ruth Stock empirisch gefundene Zusammenhang, dass Mitarbeiterzufriedenheit einen positiven Einfluss auf die Kundenzufriedenheit bewirkt, zu verorten.[806]

(4) Kernkompetenzen im oben genannten Verständnis können nur generiert werden, wenn es gelingt Kapital zu erhalten. Hierzu wiederum ist es von Bedeutung, die Ansprüche insbesondere der Shareholder zu erfüllen. Insofern sind die Kernkompetenzen eine Funktion des Unternehmenswertes, um die Mittel für Investitionen in Kernkompetenzen sicher zu stellen.[807]

Im Customer-based View wird verdeutlicht, dass eine nur marktorientierte Sicht nicht ausreicht. Um den Kunden auf Dauer an das Unternehmen zu binden, sind besondere Fähigkeiten notwendig, die auch die Fähigkeiten im Umgang mit dem Personal beinhalten. Nur über treue und zufriedene Kunden lassen sich die Cash-Mittel generieren, die wiederum für die Kapitalgeber von Bedeutung sind, die Zuwächse an Wert erzielen wollen. Der Aufbau von Kernkompetenzen im obigen Sinne ist nicht ohne Finanzmittel der Share- und anderer Stakeholder möglich. Der so gedachte Kreislauf der Abhängigkeiten in-

---

803 Matzler/Stahl/Hinterhuber (2004), 7 – 15; zu Details vgl. Huber/Herrmann/Braunstein (2004)

804 Vgl. Matzler/Stahl/Hinterhuber (2004), 16 – 23; der Customer Value ist der Wert aus Kundensicht; der Kundenwert stellt den Wert der Kunden für das Unternehmen dar, vgl. Stahl et.al. (2004)

805 Matzler/Stahl/Hinterhuber (2004), 23 - 25

806 Insbesondere die Zufriedenheit von Mitarbeitern mit häufigem Kundenkontakt, vgl. Stock (2001)

807 Vgl. Matzler/Stahl/Hinterhuber (2004), 25 ff.

tegriert die beteiligten Sichten in der Weise, dass jede der genannten Komponenten von Bedeutung sind und deren Vernachlässigung bzw. Bevorzugung dysfunktional wirkt.

Kritisch an diesem Ansatz ist zu sehen, dass nur zweckrational argumentiert wird und andere Werte außer dem ökonomischen Wert nicht vorkommen. Die zugrunde liegenden empirischen Arbeiten beziehen sich überwiegend auf Teilaspekte. Ein integrativer empirischer Ansatz analog zu Fritz ist noch nicht erkennbar. Dennoch zeigt auch dieser Ansatz, dass es ohne Personal nicht funktioniert. Indirekt kommt dem Humanfaktor eine zumindest hohe Bedeutung zu. Hervorzuheben ist die Integration der Sichten und deren Ausgleich.

4.1.4 Zusammenfassung ‚Human Capital im Lichte der strategischen Literatur'

Am Ansatz von Porter wurde insbesondere die fehlende Berücksichtigung der Stärke eigener Ressourcen kritisiert.[808] Entsprechende Erweiterungen des Ansatzes von Porter – wie im Beispiel von Grant – zeigen, dass eine dialektische Gegenüberstellung von Market Based View als These und Resourced Based View als generelle Antithese nicht aufrechtzuerhalten ist. Vielmehr ergänzen sich beide Ansätze, zumal keiner ohne den anderen auskommt: ein Markt ohne entsprechende Ressourcen ist nicht zu halten oder zu erobern und Ressourcen ohne Markt sind auf Dauer wertlos.[809]

Auch die Ergebnisse der strategischen Erfolgsfaktorforschung sprechen für ein notwendiges Vorhandensein von internen und externen Faktoren, wobei der Schwerpunkt auf den Ressourcen liegt und speziell die Humanressourcen einen Spitzenplatz einnehmen. Die Erforschung interessengeleiteter Führungsdimensionen belegt auf hohem Niveau außenperspektivisch erklärender Wissenschaft, dass die mitarbeiterorientierte Führungsdimension den größten Einfluss auf den Unternehmenserfolg hat. Dabei sticht hervor, dass eine Überbetonung oder Vernachlässigung der Führungsdimensionen sich nachteilig auf den Erfolg auswirkt, wobei in Engpasssituationen durchaus eine Dimension dominieren darf, jedoch nur solange bis der Engpass behoben ist.

Dieses Phänomen ist in der Betriebswirtschaftslehre als „Ausgleichsgesetz der Planung" bekannt. Nach Erich Gutenberg muss sich die Planung kurzfristig nach dem Minimumsektor richten, langfristig wird der Ausgleich der Sektoren

[808] Z.B. Krüger/Homp (1997), 59 f., darüber hinaus auch die fehlende Dynamik und Außerachtlassung der gesellschaftlichen Umwelt, vgl. Böhi (1995), 113 ff.

[809] Vgl. Böhi (1995), 114 und die dort zitierte Literatur; ebenso betonen Krüger/Homp (1997), 64 ff, dass es keine Wahl zwischen den beiden Alternativen gäbe, sondern die Notwendigkeit besteht, beide Ansätze zu integrieren und als „Marktorientierte Kernkompetenzen" zu kombinieren, ähnlich Simon (1996), 110 ff., der in ihnen nur die „zwei Aspekte" einer „Strategie" sieht

angestrebt und die unbegründete Dominanz vermieden.[810] Besonders in der praktischen Unternehmensführung hat die jeweilige Orientierung am Ausgleich eines Engpasses eine hohe Relevanz gewonnen.[811] Die naturwissenschaftliche Analogie zum „Prinzip des Wachstums“ nach Justus von Liebig, nach der weiteres Wachstum nur durch Überwindung des Minimum- oder Engpassfaktors ermöglicht wird, ist auch in die strategische Literatur eingegangen.[812]

Auch der aus der Marketingforschung stammende Customer-based View erkennt nicht nur die marktorientierte Sicht, sondern stellt die unabdingbare Notwendigkeit von Ressourcen und von Fähigkeiten im Umgang mit Ressourcen heraus, wobei auch die Human Resources miteinbezogen sind. Darüber hinaus stellt der Customer-based View einen Kreislauf von Abhängigkeiten vor, bei dem Über- oder Unterbetonungen negative Erfolgswirkungen zeigen.

Bezogen auf die Bedeutung von Human Capital im Lichte verschiedener strategischer Ansätze in der Literatur ergibt sich zunächst als **Resümee zu Kapitel 4.1:** die **strategische Literatur** misst dem **Human Capital** eine **hohe bis sehr hohe Bedeutung** zu. Als ein weiteres Resümee ergibt sich, dass die Verfolgung pluralistischer Führungsdimensionen in einem Unternehmen notwendig ist. Demnach ist weder eine einseitige Bevorzugung von Markt- noch einzelner Ressourcendimensionen erfolgreich. Es ist vielmehr ein pluralistischer Ansatz notwendig, um nachhaltig monetäre und nicht-monetäre Werte erzielen zu können. Einseitigkeiten gehen zu Lasten des ganzen Unternehmens und gefährden den langfristigen Erfolg. Die Hypothese 11 spiegelt diesen Zusammenhang wider:

H11: Monetärer und nicht-monetärer Wert können dauerhaft nur durch eine gewogene Verfolgung aller Führungsdimensionen – markt-, produktions/kosten/finanziell-, technologie/innovations-, mitarbeiter-, gesellschafts/ umweltorientiert – geschaffen werden.

Aus den Ergebnissen der interessengeleiteten Führungsforschung ergibt sich ferner, dass der mitarbeiterorientierten Führungsdimension eine besondere Rolle zur Erzielung von Erfolg zukommt. Diese findet in Hypothese 12 Ausdruck:

H12: Die mitarbeiterorientierte Führungsdimension hat den größten Einfluss auf den monetären und nicht-monetären Unternehmenserfolg. Eine hohe Mitarbeiterorientierung ist in der Verfolgung pluralistischer Interessen notwendig, um dauerhaft erfolgreich zu sein.

---

[810] Gabler Wirtschaftslexikon (1997), 319
[811] EKS-System nach Mewes vgl. Nagel (1997), Kap. VII
[812] Vgl. Naumann (1982), 22 ff.

4.2 Human Capital in strategischen Programmen

Während in Kapitel 4.1 erörtert wurde, welche Bedeutung dem Human Capital allgemein in verschiedenen Ansätzen der strategischen Literatur zukommt, geht es in Kapitel 4.2 darum, zu klären, wie Human Capital in der konkreten strategischen Unternehmensführung Bedeutung erhält. In der Theorie der strategischen Unternehmensführung erfolgt dies, in dem die eher allgemeinen Vorgaben des strategischen Rahmenkonzepts konkreter in strategische Programme gefasst werden (zur Basisterminologie vgl. 2.2.2.3).

4.2.1 Strategisches Rahmenkonzept und strategische Programme

Im strategischen Rahmenkonzept konzentrieren sich die Soll-Vorstellungen für die langfristige Evolution der Rahmenbedingungen eines Unternehmens. Eine wesentliche Rolle spielen dabei Vorstellungen über die Unternehmensidentität, wie sie in Abschnitt 3.1.2 hergeleitet wurden. Einen Schwerpunkt bildet das gewählte Sinnmodell (siehe 3.1.3). Das strategische Rahmenkonzept findet seinen Ausdruck im Leitbild, wobei in einer Vielzahl der Fälle zunächst die historisch entstandenen, formierten Leitbilder rekonstruiert werden müssen, bevor ein neues Soll-Leitbild entwickelt werden kann. Eine grobe Inhaltsübersicht und auch Abfolge hierfür ergibt sich aus den Perspektiven der Managementbereiche aus dem Strategischen Würfel (siehe 2.2.2.3 u. Abb. 3), wobei hier beim Quartärbereich begonnen wird.[813] Im Quartärbereich erfolgt in einer Standortbestimmung die Festlegung des Sinnmodells. Zudem werden die besonderen Fähigkeiten hervorgehoben, die wesentlichen Ausdruck des Selbstverständnisses darstellen Daraus werden im Tertiärbereich grundlegende Erwartungen an die Führung und die Organisation abgeleitet. Vertiefende Schwerpunktsetzungen aus dem Selbstverständnis wie ,Wir sind Messgerätehersteller für die Bauindustrie' oder ,Wir liefern Medizintechnik für die professionelle Anwendung' geben im Sekundärbereich Orientierung für die Auswahl von Ressourcen z.B. die Güte von Rohstoffen und Halbfabrikaten und dazu notwendiger Mess- und Verarbeitungs-Technologien, ebenso über die benötigte Qualifikation der Humanressourcen. Die Art und Weise der Mitarbeiterorientierung ergibt sich aus dem im Leitbild zugrunde gelegten Menschenbild. Schließlich folgen Eckpunkte für die Märkte und Produkte im Primärbereich wie ,Wir konzentrieren uns auf das Premiumsegment'. Diese Vorgaben müssen nun konkretisiert werden. Dies geschieht mit Hilfe des „Strategienfächers". Mit diesem werden vorrangig marktorientiert Ziele, Stoßrichtungen, Maßnahmen und erste robuste Schritte pro strategischem Geschäftsfeld (SGF) oder

[813] Eine u.U. sinnvollere Abfolge ergibt sich, wenn man die Perspektiven in Kreisform anordnet: es ergibt sich dann die Reihenfolge: (1) Quartär (2) Primär (3) Sekundär (4) Tertiär: es lassen sich so die Eckpunkte für Ressourcen und Organisation aus den Sollvorstellungen der Produkt/Marktperspektive ableiten, die z.B. bei Hidden Champions in einer engen Marktdefinition liegt vgl. Simon (1996), 42 ff.; zu anderen inhaltlichen Schwerpunkten vgl. Kirsch (2001), 410 oder Bleicher (1992), 191 ff.

pro (Haupt-)Zielgruppe formal definiert (siehe Abb. 42). Am Ende dieses Planungsprozesses stehen als Ergebnisse des Entwurfs von Strategien vom Top-Management autorisierte strategische Programme.[814] Entsprechend der in Teilabschnitt 2.2.2.1 hergeleiteten Definition von strategisch mit ‚signifikant die Fähigkeiten eines Unternehmens betreffend' richtet sich die strategische Programmplanung nach diesen. Da Human Resources für sich genommen keine Fähigkeit darstellen, spielen sie in diesen out-side-in dominierten Abläufen keine Rolle.[815] Allenfalls in der 4.Stufe können in Funktionalstrategien Anforderungen an die Human Resources enthalten sein, die nach der „Gesamtarchitektur von Managementsystemen" erst im operativen Managementsystem der „mitarbeiterbezogenen Planung und Kontrolle" wieder aufgegriffen werden.[816]

Abbildung 42: Strategienfächer

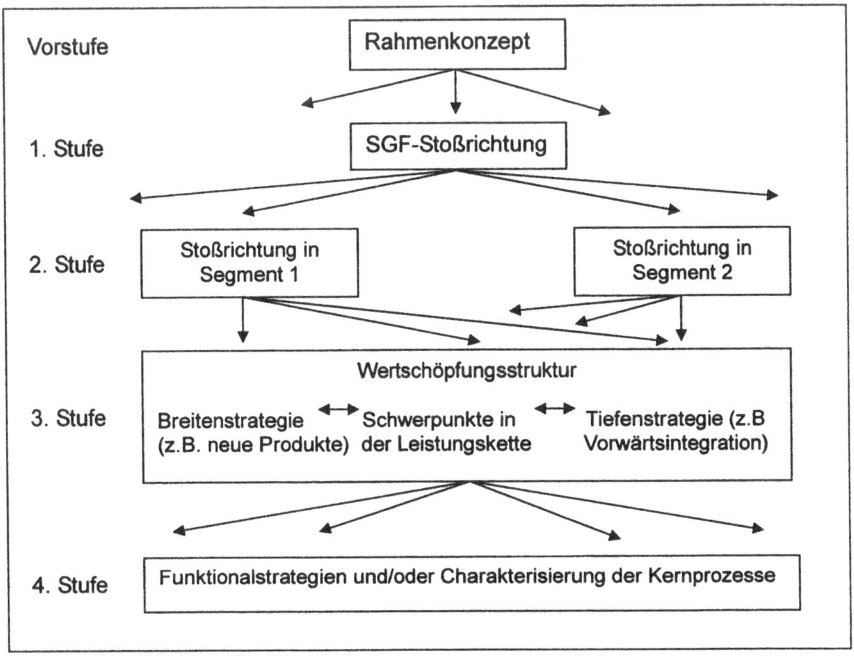

Quelle: Kirsch (1997a), 299

[814] Gabler Wirtschaftslexikon (1997), 3634 u. 3656 sowie Kirsch (1997a), 298 ff.
[815] Vgl. hierzu Teilabschnitt 4.2.2.1
[816] Kirsch (1997a), 289 u. Kirsch et.al. (1985), 73 ff.

Die in dieser Gesamtarchitektur enthaltene Unterscheidung in strategische und operative Managementsysteme mit diversen Unterteilungen richtet sich an Großbetriebe. Dieses ist für mittlere Unternehmen überdimensioniert.[817] Die Notwendigkeit *eines* Managementsystems wird hingegen nicht bestritten (siehe 4.2.5.2). Weiterer Kritikpunkt am Strategienfächer ist dessen Out-side-in-Dominanz. Prozedural ist nicht erkennbar, wie Ressourcen bzw. Capabilities in die Strategiebildung eingehen. Im jetzigen Zustand werden diese nur aus angestrebten Produkt-/Marktpositionen abgeleitet. Für eine solche Berücksichtigung ist von zentraler Bedeutung, dass Human Capital als Fähigkeit aufgefasst wird. Die Begründung hierzu folgt im Teilabschnitt 4.2.2.1. Der in Abbildung 43 dargestellte Weg der Strategiebildung sieht deshalb vor, dass generell Fähigkeiten einschließlich der Fähigkeit HC einen pro-aktiven Einfluss auf den Produkt-/Marktbereich nehmen können, so wie es von Andreas Remer (siehe 4.1.2) argumentiert worden ist.

Abbildung 43: Weg zum strategischen Programm

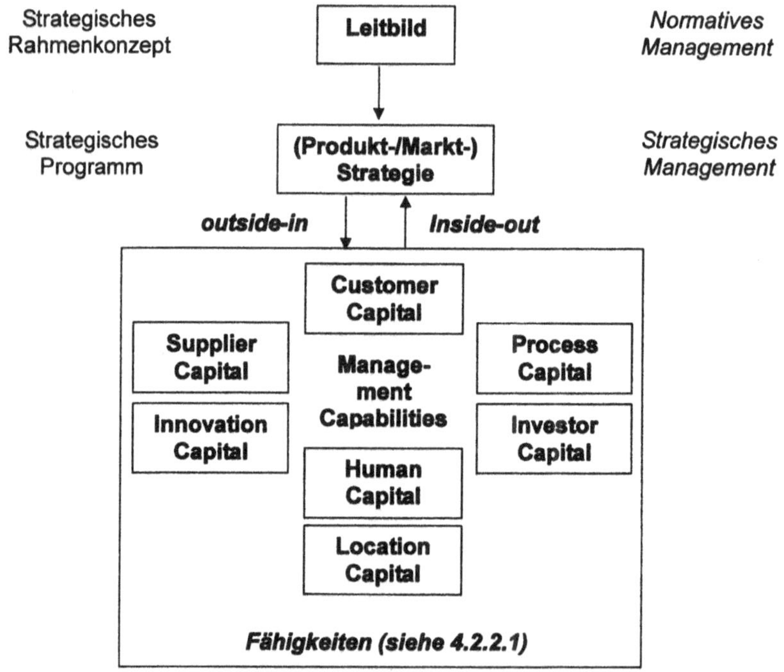

Quelle: Eigene Darstellung

[817] Kirsch (1997a), 176 räumt ein, dass in KMU Managementsysteme kaum vorkommen

Der Einfluss von Human Capital zur Bildung unternehmensübergreifender Kernfähigkeiten geht daraus nicht hervor und bedarf einer gesonderten Darstellung (siehe 4.2.2.2). Nicht weiter verfolgt wird wie andere Fähigkeiten in die Strategiebildung eingehen (zu organisationalen Fähigkeiten allgemein siehe 4.2.2.1). Generell findet ein Lernprozess in der Gestalt statt, dass das Leitbild gemäß dem Ansatz der geplanten Evolution nur schrittweise umgesetzt wird und die Reaktionen im Umfeld sorgfältig beobachtet und ausgewertet werden. Reichen operative Anpassungen (single loop learning) nicht, muss die Strategie überprüft und angepasst werden (double loop learning). Permanent mangelnder Erfolg würde eine Infragestellung normativer Grundpositionen und deren Korrekturen auslösen (triple loop oder deutero learning). Der Strategiebildungsprozess ist abgeschlossen, wenn für alle zuständigen Manager (siehe 4.2.2.1) klar ist, wie ihre zu betreuenden Fähigkeiten ausgeprägt sein müssen, um die geforderten Beiträge zum Gelingen des Gesamten liefern zu können. Die Summe aller dieser Soll-Beiträge innerhalb bestimmter zeitlicher Vorgaben stellen das Strategische (Gesamt)Programm des Unternehmens dar. Die **strategische Programmplanung** der **Fähigkeit Human Capital** ist **Aufgabe** des strategischen **Human Capital Managements** (siehe 4.2.3). Sie erfolgt in Ergänzung und Vertiefung der 4. Stufe des Strategienfächers (Abb. 42) in dem funktionsübergreifend die aus der Strategie resultierenden Kernprozesse zu deren Erfüllung geplant werden, was im folgenden *skizziert* wird. Im Planungsprozess findet ein systematischer gegenläufiger Abgleich der erforderlichen Technologien, der passenden Ausgestaltung organisatorischer Prozesse und der notwendigen personalen Kompetenzen und Kapazitäten zur Erfüllung der Strategie statt. Gegenläufig bedeutet, dass noch zu wenig genutzte bzw. sich neu entwickelnde Kompetenzen zur Verbesserung der Prozesse herangezogen werden und ebenso die technologische Ausstattung an die Kompetenzen des Personals angepasst werden, etwa in der Weise, dass im vermehrten Umfang noch ungenutzte CNC/CAD-Kompetenzen durch Aufstockung auch technologisch zur Verfügung gestellt werden. Sich eröffnende Spielräume durch vorhandenes aber noch nicht eingesetztes spezielles Technologiewissen können so pro-aktiv in die strategische Planung eingehen, die ohne die inside-out Gegenläufigkeit im outside-in dominierten Ablauf des Strategiefächers nicht berücksichtigt worden wären. Das gleiche gilt für zuwenig genutzte bereits vorhandene Technologien. Für das HCM ergeben sich daraus folgende Hypothesen:

H13: Die mitarbeiterorientierte Führungsdimension zur Bedeutung oder Geltung zu bringen, ist Aufgabe des Human Capital Managements (HCM).

H14: Ein HCM ist umso erfolgreicher, je mehr es ihm gelingt, im Strategiebildungsprozess inside-out bzw. pro-aktiv mitzuwirken (z.B. indem es ungenütztes Humanpotential zu einer Fähigkeit zur Bedienung neuer Märkte ausbaut oder vorzeitig fehlende personale Kompetenzen entwickelt bzw. einstellt, damit diese strategiegerecht zur Verfügung stehen).

Die 4. Stufe des Strategienfächers geht optional von Funktionalstrategien und / oder von einer Charakterisierung der Kernprozesse aus. Auch wenn meist eine Funktionalorganisation vorliegt, ist aus dem Blickwinkel der strategischen Planung die Orientierung nach Kernprozessen ebenso sinnvoll wie im Fall der noch seltenen reinen Prozessorganisation.[818] Kennzeichnend ist die **Orientierung an Kunden**, wobei es auch intern Prozess-Kunden bzw. Lieferanten geben kann. *Vorgabe ist, was der Kunde erwartet. Von ihm kommt der Auftrag. An ihn wird das Ergebnis (Produkt/Dienstleistung) geliefert.*[819] Typisch hierfür ist der Auftragsabwicklungsprozess, dem in der Regel ein Vertriebsprozess zur Akquisition des Auftrags vorangeht und häufig nach der Lieferung ein Serviceprozess zur Pflege und Wartung gelieferter Produkte folgt. Bei verschiedenen Geschäften sind meist unterschiedliche Vertriebs-/Abwicklungs- und Serviceprozesse mit speziellen Kundengruppen gegeben, die gegen andere Konkurrenten und mit differenten Kostenpositionen gewonnen bzw. gehalten werden müssen. Einfacher könnte der gesamte Geschäftsprozess für eine Kundengruppe in einer eigenen Geschäftsbereichsorganisation geplant und abgewickelt werden. Bleibt man dennoch bei der strikten Funktionalorganisation, dann müssen zunächst die Geschäftsprozesse geplant werden. Erst im Anschluss daran können die Anforderungen an die einzelnen Funktionsbereiche daraus abgeleitet werden. Die Funktionalplanung muss so die Anforderungen aus den unterschiedlichen Prozessen zusammenfassen, um sie in der Personalbereichsplanung berücksichtigen zu können. Das gilt ebenso für die eingesetzten Technologien und die Verzahnung mit den Kompetenzen des Personals. Die Planung ist komplex, aufwendig und oft intransparent. Die Komplexität steigt, wenn zu den bereits genannten primären Prozessen – die um Innovations-, Produktplanungs- und Produktentwicklungsprozesse ergänzt werden – noch sekundäre wie der Strategieplanungs-, Personalmanagement-, Ressourcenmanagement-, IT-, Business Controlling- und Qualitätsmanagementprozess hinzu kommen, wobei Teile des Strategieplanungs-, Personalmanagement- und Ressourcenmanagementprozesses im oben geschilderten Vorgehen schon enthalten sind. Die Prozessorganisation bietet anstelle der Funktionalorganisation die Chance, mit deutlich weniger Komplexität und Aufwand und mit mehr Transparenz zu planen.[820] Grundsätzlich geht die Theorie der strategischen Unternehmensführung bei der Planung, Steuerung und Kontrolle der strategischen Programme ebenso von der Komplementarität der Außen- und Binnenperspektive aus. Das was von außen als eine Strategie beobachtet wird, entspricht von innen nicht unbedingt der gewählten und eingeschlagenen Strategie. Die von außen beobachtbaren Phänomene verleiten häufig zu Fehl-

[818] Schmelzer/Sesselmann (2004), 55

[819] „Organisationen hängen von ihren Kunden ab und sollten daher gegenwärtige und zukünftige Erfordernisse der Kunden verstehen, deren Anforderungen erfüllen und danach streben, deren Erwartungen zu übertreffen" Deutsches Institut für Normung e.V. (Hrsg.) (2000), Kap. 0.2

[820] Zu den verschiedenen Prozessen vgl. Schmelzer/Sesselmann (2004), 57; zur Unterscheidung von Prozessen, Kernprozessen und Geschäftsprozessen siehe 4.2.7

schlüssen, so dass Kirsch für die Außenansicht nicht von Strategien, sondern von „strategischen Manövern" spricht.[821]

4.2.2 Fähigkeiten, Kompetenzen, Kernkompetenzen

In Literatur und Praxis ist seit einiger Zeit viel von Kompetenzen die Rede. Wie beim Begriff ‚strategisch', ist auch hier – besonders im Hinblick auf die Fähigkeiten von Personen - eine inflationäre Tendenz festzustellen.[822] Ziel dieses Abschnitts ist nicht nur, die Begriffe zu klären, sondern zudem einen Zusammenhang zwischen den Fähigkeiten des Unternehmens und den Fähigkeiten von Personen herzuleiten.

4.2.2.1 Organisationale Fähigkeiten

Entsprechend der in Teilabschnitt 2.2.2.1 hergeleiteten Definition von strategisch mit ‚signifikant die Fähigkeiten eines Unternehmens betreffend' richtet sich die strategische Programmplanung nicht nach Ressourcen. In dieser Sicht stellt Human Capital als Human Resources streng genommen *noch keine* strategische Fähigkeit dar, sondern ist lediglich ein Erfolgsfaktor, der mit Hilfe anderer Erfolgsfaktoren zu einer Fähigkeit entwickelt werden kann. Dies trifft prinzipiell auch auf die anderen Kategorien des Intellectual Capitals wie sie im EDRS (Entwurf Deutscher Rechnungslegungs-Standard) Nr. 14 (vgl. 2. 2.1.7) dargelegt werden zu (siehe dritte u. vierte Spalte Abb. 44).

Erst die Kombination von Kategorien ergibt gemäß EDRS Nr. 14 einen immateriellem Vermögenswert, der dann vorliegt, „wenn ihm die Fähigkeit innewohnt", über die Herstellung von Produkten oder die Durchführung von Dienstleistungen einen" Zufluss von finanziellen Mitteln" herbeizuführen.[823] Um z.B. eine Fähigkeit ‚Dienstleistung' (siehe fünfte Spalte Abb. 44) zu entwickeln, braucht es mindestens drei Kategorien: Customer Capital zur Akquisition von Aufträgen, Process Capital zur Abwicklung und Human Capital zur Durchführung; je nach Sachlage ist auch noch Location Capital als vierter Faktor bedeutsam. So stellen auch die anderen Kategorien des Intellectual Capital *für sich genommen* noch keine Erfolgs- oder Nutzenpotenziale dar. Diese entstehen erst durch deren Kombination, wobei *immer* Human Capital notwendig ist.[824] Der immaterielle Vermögenswert aller Kategorien des Intellectual Capi-

---

[821] Kirsch (2001), 498 ff.

[822] Insb. Bodensohn (2005) u. Reetz (1999), 34

[823] Deutscher Standardisierungsrat (2001), 15

[824] Die Argumentation von Edvinsson/Brünig (2000), 39 f., dass die im Strukturkapital gebündelten Kategorien ohne Human Ressourcen auskämen, ist unrealistisch. Nach ihrer Definition ist Strukturkapital das, was dem Unternehmen verbleibt, wenn die Mitarbeiter nach Hause gegangen sind. Dieses steht jedoch nur dann dem Unternehmen zur Verfügung, wenn die meisten der Mitarbeiter wieder kommen, um es für das Unternehmen und die neu hinzutretenden Mitarbeitern zugänglich zu machen. Die Vorstellung, heute in einem mittleren Unternehmen alle Mitarbeiter zu entlassen und morgen komplett neue einzustellen, die auf Anhieb

tal[825] nach EDRS Nr. 14 ist somit nur in seiner Gesamtheit als Good will bestimmbar (siehe fünfte Spalte Abb. 44).[826]

Folgt man den strengen Vorgaben nach EDRS Nr. 14, dann ist eine Bewertung einzelner Kategorien ausgeschlossen. Einen Ansatzpunkt, diesen eng gesetzten Rahmen zu überwinden, bietet die Theorie der strategischen Unternehmensführung. Sie ermöglicht, einzelne Kategorien unabhängig vom finanziellen Erfolg bzw. Nutzen allgemein als Fähigkeiten aufzufassen, wobei das Erfolgs- oder Nutzenpotential im Sinne der EDRS Nr. 14 nur einen Sonderfall von Fähigkeit darstellt (vgl. 2.2.2.1).[827] Aus der Erörterung des Zusammenhangs von Human Capital und Humanpotential in 2.2.1.6 und Abb. 2 ist insbesondere durch die Arbeit von Bisani deutlich geworden, dass Humanressourcen als Humanpotential erst durch die Einwirkung weiterer Faktoren zu einer Fähigkeit des Unternehmens werden können. **Human Capital (HC)** kann also erst dann als **Fähigkeit** aufgefasst werden kann, wenn es durch Führung unter Nutzung des Arbeits- und Führungssystems zu einer **Fähigkeit des Unternehmens** wird bzw. geworden ist, das an sich flüchtiges Humanpotential für das Unternehmen gewinnt, bindet, pflegt und ausbaut.[828]

---

wieder mit allen Kunden, Lieferanten, Prozessen, Produkten usw. genauso umgehen können wie die soeben entlassenen Mitarbeiter ist eine Utopie. Realiter könnte eine völlig neue Belegschaft ohne betriebsspezifische(s) Skills und Know-how nur mit enormen Anlaufschwierigkeiten und Zeitverlusten den alten Stand wieder herstellen, wobei mit großer Wahrscheinlichkeit viele Details nicht wieder belebt werden können und dem Unternehmen somit verloren bleiben, abgesehen davon, dass sich Führungskräfte und Teams erst einspielen und Erfahrungen gesammelt werden müssen, um wieder eine Kultur zu entfalten und Neues hervorbringen zu können.

[825] Nicht in den Kategorien des Intellektuellen Kapitals unmittelbar enthalten ist die **Fähigkeit der Gesamt-Führung**, die insb. darin liegt, Fähigkeiten als solche und deren Zusammenwirken zu erkennen, aufzubauen und fortzuentwickeln. Diese Management Capabilities (MC) bilden nach Kirsch (2001), 413 ff. als „Controlling Overlayer" eine „überlagernde Handlungsstruktur", die über allen Fähigkeiten liegt, was auch in Abb. 43 zum Ausdruck gebracht ist

[826] Nach dem Deutschen Standardisierungsrat (2001), 15 ist ein immaterieller Vermögenswert im engeren Sinne „selbständig verwertbar und von anderen Vermögenswerten abgrenzbar", er grenzt sich damit vom Goodwill (vgl. 2.2.1.4) ab, der im weiteren Sinne auch zu den immateriellen (Vermögens-) Werten gezählt werden kann wie dies z.B. Kaplan/Norton (2004) vertreten. Nach dem Arbeitskreis Immaterielle Vermögenswerte der Schmalenbachgesellschaft, vgl. AK IV SG (2004), 227, umfasst der Goodwill nicht aktivierte immaterielle Vermögenswerte und sonstige Komponenten eines Goodwill wie der beim Verkauf erzielte Mehrpreis. Nicht zum Goodwill zählen aktivierte immaterielle Vermögenswerte

[827] Vgl. Kirsch (2001), 412 f. Der Anteil des HC am Good will bleibt ungewiss. Das HC in Geldeinheiten zu messen ist nicht Ziel dieser Arbeit. Ein solches Ziel verfolgt z.B. Wucknitz (2002)

[828] Über die Fähigkeit Human Capital ‚gehören' die Mitarbeiter dem Unternehmen, allerdings nicht als juristisches Eigentum, sondern im Sinne des Verfügungsrechtsansatzes der Neuen Institutionenökonomie als Vertrauens- oder Sozialkapital vgl. Göbel (2002), 67 u. 263

Abbildung 44: Intellektuelles Kapital und immaterieller Vermögenswert

Erfolgsfaktoren nach Fritz (1990), 104	Erfolgsfaktoren nach Daschmann (1993), 91	Category of Intellectual Capital (EDRS Nr. 14) 1)	Kategorien des intellektuellen Kapitals (EDRS Nr. 14) 1)	Immaterieller Vermögenswert (EDRS Nr. 14) 2)
Erfolgsfaktoren →		**Fähigkeiten** →		**Erfolgspotential**
Qualität Human Ressourcen (Management, Mitarbeiter), Führungsstil, ausgeprägte Organisationskultur	Personen (Unternehmensleitung, Führungskräfte, Mitarbeiter) Personalführung	Human Capital	Humankapital	**z.B. Erfolgs-/ Nutzenpotential einer *Dienstleistung***
Kundennähe, klarer Geschäftsschwerpunkt	Marktstrategien/-position Absatz	Customer Capital	Kundenbeziehungen	
	Beschaffung	Supplier Capital	Lieferantenbeziehungen	
Investition und Finanzierung	Investition & Finanzierung, Rechtsform	Investor Capital	Investor- u. Kapitalmarktbeziehungen	
Produktion, Produkt u. Angebotsqualität, Führungssystem, einfache Organisationsstruktur	Produktion, Produkt- u. Leistungsprogramm, Organisation, IuK-System, Führungssystem	Process Capital	Organisations- u. Verfahrensvorteile	
	Standort	Location Capital	Standortfaktor	
Innovationsfähigkeit	F & E	Innovation Capital	Innovationskapital	**Good will**
		Überlagernde Fähigkeit, Fähigkeiten zu entwickeln und auszubauen → Management Capability		
Quellenangabe EDRS: 1) Deutscher Standardisierungsrat (2001), 11 2) ebd., 15; Eigene Darstellung				

Human Capital beinhaltet somit Humanressourcen, deren Führung und die Führung und Ausgestaltung des Arbeits- und Führungssystems. Dies umfasst auch die Humanressourcen tangierenden Aspekte von Organisation, Verfahren und Technologien. *Die Gesamtheit der Bemühungen, Human Capital professionell als Fähigkeit zu einer Stärke des Unternehmens als relativen Wettbewerbsvorteil werden zu lassen, kann zutreffend mit* **Human Capital Management (HCM)** *umschrieben werden*, dessen Einbindung in die strategische Programmplanung in 4.2.3.3 behandelt wird (siehe auch Abb. 58). Unterschiede zu anderen Auffassungen von HC bzw. HCM werden in Abschnitt 4.2.3 näher beleuchtet. Zusammenfassend lässt sich folgende Hypothese ableiten:

H15: HCM ist mehr als traditionelle Personalarbeit (Human Ressource Management). HCM ist um so effektiver, je mehr Gebiete des Managements im Sinne des HC proaktiv geführt werden. HC bzw. HCM wird zu einem relativen Wettbewerbsvorteil, wenn diese Fähigkeit (Capability) besser im Vergleich zur Konkurrenz ist.

4.2.2.2 Organisationale (Kern-)Kompetenzen

Unter organisationalen Kompetenzen sind Fähigkeiten der Organisation zu verstehen sowie sie in den Abschnitten 2.2.2.1 und 4.2.1 hergeleitet worden sind. In der Literatur und in der Praxis wird häufig auf „Kernkompetenzen" Bezug genommen, die hier Kernfähigkeiten genannt werden.[829] Der Begriff geht auf Hamel und Prahalad zurück, die ihn mit „Fähigkeit" oder „Können" gleichsetzen.[830] Das Vorliegen einer Kernkompetenz machen die beiden Autoren von der Erfüllung anspruchsvoller Kriterien abhängig:

Eine Kernkompetenz muss

(1) einen „überdurchschnittlichen Beitrag zu dem von Kunden wahrge nommenen Wert leisten,
(2) „im Wettbewerb einzigartig sein", also von der Konkurrenz abheben und
(3) (3) ausbaufähig sein, d.h. „die Türen zu den Märkten von morgen öffnen."

Eine Kernkompetenz wird umso wertvoller, je mehr sie in Anspruch genommen wird, d.h. je mehr strategische Geschäftseinheiten auf sie zurückgreifen. Während sie stets zu einem Wettbewerbsvorteil beitragen, beruht umgekehrt nicht jeder Wettbewerbsvorteil auf einer Kernkompetenz.

[829] Vgl. Kirsch (1997a), 340 ff.
[830] Hamel/Prahalad (1995b), 315; konsequenterweise wird in der Terminologie der strategischen Unternehmensführung von ‚Kernfähigkeiten' gesprochen (siehe 2.2.2.1).

„Jede Kernkompetenz ist ein entscheidender Erfolgsfaktor, aber nicht jeder entscheidende Erfolgsfaktor ist eine Kernkompetenz."[831] Wilfried Krüger und Christian Homp haben zur Operationalisierung dieses an Beispielen global agierender Großunternehmen entstandenen Ansatzes ein auch für mittlere Unternehmen anwendbares „Schichtenmodell der Kompetenzen" entwickelt, das schematisch in Abbildung 45 wiedergegeben ist.

Abbildung 45: Schichtenmodell der Kompetenzen nach Krüger und Homp

Kompetenzen	**Eigenschaft**
Wettbewerbsnachteil (ohne Kompetenz)	schwach/irrelevant
Wettbewerbsfähigkeit (Kompetenz 1. Ordnung)	wettbewerbsfähig, Kundenrelevant, Branchendurchschnitt wird erreicht bzw. überschritten
Wettbewerbsvorteil (Kompetenz 2. Ordnung)	dauerhaft
Kernkompetenz (Kompetenz 3. Ordnung)	transferierbar
Quelle: Nach Krüger/Homp (1997), 27	

Sie definieren „Kernkompetenz" als eine „dauerhafte und transferierbare Ursache für den Wettbewerbsvorteil einer Unternehmung, die auf Ressourcen und Fähigkeiten basiert."[832] Eine Kernfähigkeit ist nach Kirsch dann gegeben, wenn sie für „eine Vielzahl von Produkten eingesetzt werden kann bzw. den Zugang zu einer Vielzahl von Anwendungen erschließt." Dies bedeutet, dass sie nur mit sehr großem Aufwand nachgeahmt werden kann und für die Kunden kaufentscheidend ist. [833] In der Terminologie von Kirsch und Mitarbeitern stellt sie eine Fähigkeit 2. Ordnung dar, aus der Fähigkeiten 1. Ordnung als neue Produkte in bestehenden und/oder auch in neuen Märkten hervorgehen.

Aus Abbildung 46 ergibt sich, dass Kernfähigkeiten unspezifischer als normale Fähigkeiten und auch weniger an der Oberflächenstruktur (siehe Abb. 23) auszumachen sind. Noch unspezifischer und noch mehr der Tiefenstruktur eines Unternehmens zugeordnet sind die Basisfähigkeiten, aus denen Kernfähigkeiten und Fähigkeiten hervorgehen. Die Basisfähigkeiten gehören deshalb zur Tiefenstruktur, weil sie identitätsstiftende Wirkung haben und wie selbstverständlich genutzt und ausgebaut werden. Anhand der Anwendungsspezifität und der Strukturtiefe ergibt sich eine Verortung der Fähigkeiten im orga-

[831] Hamel/Prahalad (1995b), 315, zur Herleitung vgl. ebd. 308 ff.; "entscheidende" sind identisch mit strategischen Erfolgsfaktoren (siehe 2.2.2.2)
[832] Krüger/Homp (1997), 27 im Original zum Teil in fett
[833] Kirsch (1997a), 341

nisationsdidaktischen Strukturgitter (siehe Abb. 47). Bestehen keine Kernfähigkeiten, die auf mehrere Einsatzfelder transformiert werden können, dann sind, wenn auch im Umfang unterschiedlich, innovative Fähigkeiten an deren Stelle zu verorten.

Abbildung 46: Klassifikation von Fähigkeiten nach Kirsch[834]

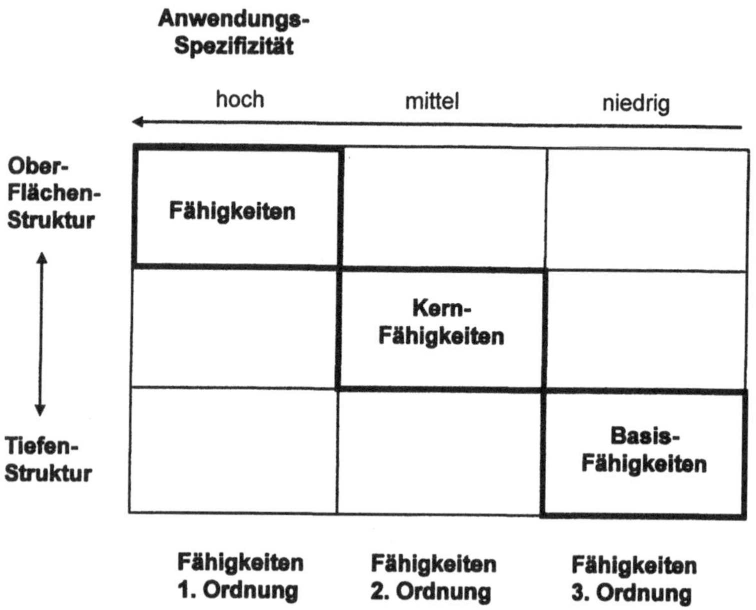

Quelle: Eigene Darstellung

Echte Innovation und Organisationsentwicklung bedingen sich einander. Veränderungen in den Basisfähigkeiten verlangen nach organisatorischer Transformation. Im Mittelpunkt der Basisfähigkeiten, auf die sich alle Fähigkeiten bzw. Kernfähigkeiten zurückführen lassen, steht die Lernfähigkeit. Der Zusammenhang der Basisfähigkeiten untereinander und zwischen den Veränderungen des Umfelds und der Rationalisierung der Lebenswelt Unternehmung ergibt sich aus der Abbildung 48. Eine Skizzierung der Basisfähigkeiten findet sich in der folgenden Abbildung 49.

[834] Abgeleitet aus Kirsch (1997a), 340 ff.

Abbildung 47: Organisationale Fähigkeiten und organisationsdidaktisches Strukturgitter

	Personal ←→ Persönlichkeit				
	Gewinnmaximierung ←→ Wirtschaftsethik				
Sinnmodelle	Zielmodell ↓	Koalitions-Modell	Überlebens-Modell ↓	Institutions-Modell	Fortschritts-Modell ↓
Durchdringungsgrade					
Organisationsänderung	Fähigkeiten 1. Ordnung				
Organisationsentwicklung		Fähigkeiten 2. Ordnung, Kernfähigkeiten			
Organisationstransformation			Fähigkeiten 3. Ordnung, Basisfähigkeiten		
Quelle Strukturgitter: Geißler (1994), 162, inhaltliche Zuordnung Fähigkeiten J.G.					

Abbildung 48: Basisfähigkeiten und Rationalisierung der Lebenswelt[835]

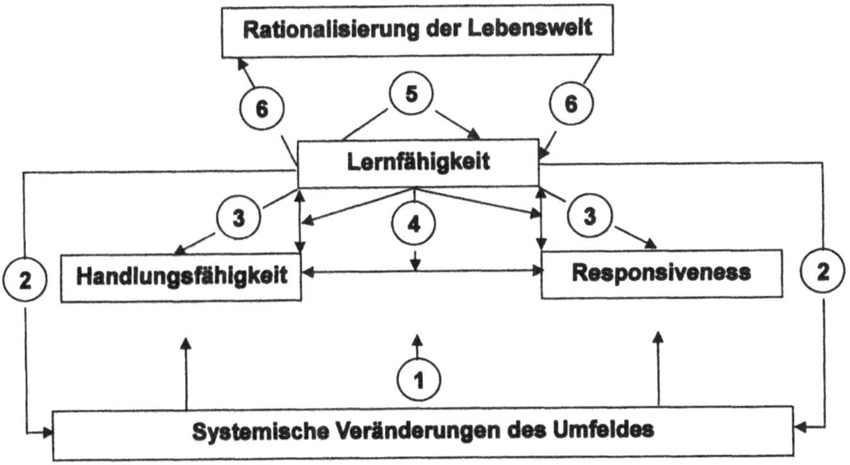

Bedeutung der Pfeile in Abbildung 20	
1	Einfluss systemischer Veränderungen auf Basisfähigkeiten
2	Lernfähigkeit bezieht sich auf fördernden oder beeinträchtigenden Einfluss von systemischen Veränderungen des organisatorischen Umfeldes

835 Nach Kirsch (1997a), 355 f.

3	Lernfähigkeit bezieht sich auch auf ein Lernen bezüglich der Handlungsfähigkeit und der Responsiveness
4	Beziehungen zwischen den Basisfähigkeiten
5	Verstärktes Lernen bezüglich der Lernfähigkeit selbst
6	Eine Zunahme der Basisfähigkeiten bedeutet zugleich eine Zunahme an Rationalisierung, wobei die Lernfähigkeit selbst vom Ausmaß des Niveaus dieser Rationalisierung abhängt: in Abhängigkeit vom Fortschritt kann ab einem bestimmten Niveau anstelle von Lernfähigkeit von „Erkenntnisfähigkeit" gesprochen werden, wenn diffuses Wissen zu kritikfähiger Erkenntnis wird
Quelle: Nach Kirsch (1997a), 356	

Abbildung 49: Fähigkeiten-Triaden entwicklungsfähiger Systeme nach Kirsch

Nach Kirsch basiert die Höherentwicklung von Unternehmen auf der parallelen Bildung von Fähigkeits-Triaden (vgl. Abb. 25: Höherentwicklung von Unternehmen)	
TRIADE 1: Drei Basisfähigkeiten:	Inhalt
Handlungsfähigkeit	Es wird vorausgesetzt, dass genügend Ressourcen und Fähigkeiten vorhanden sind, das laufende Geschäft fortzusetzen, um über den „Ongoing Process" die Identität des Systems zu erhalten, auch besteht die Kraft, die Systemidentität aus eigener Kraft zu verändern. Das System ist in der Lage „vollständige Entscheidungszyklen" zu durchlaufen
Lernfähigkeit	Fähigkeit, systematisch Wissen zu erwerben, unter Nutzung des gesamten Potentials der Wissenschaft und anderer kultureller Institutionen
Responsiveness	Fähigkeit, die Bedürfnisse und Interessen der vom Handeln der Organisation direkt und indirekt Betroffenen zu berücksichtigen; dies geschieht über eine „sensorische Empfänglichkeit" und durch die Ermöglichung des Zugangs des Wahrgenommenen zu den „Entscheidungsarenen" der Organisation
TRIADE 2: Drei Fähigkeiten der Rationalität	Geltungsanspruch erfüllt, wenn
kognitiv-instrumentell (objektive Welt)	die gemachte Aussage ***wahr*** ist, d.h. der „propositionelle Gehalt"ist erfüllt
moralisch-praktisch (soziale Welt)	die „intendierte Handlung" sich im geltenden „normativen Kontext" als ***richtig*** erweist
ästhetisch-praktisch (subjektive Welt)	die „manifesten Sprecherintentionen" so gemeint sind, wie sie geäußert wurden, also ***aufrichtig*** ist
Quellen: Zum Zusammenhang der Triaden und zur Triade 1: Knyphausen-Aufsess (1996), 101 u. die dort angegebene Literatur, im Original z.T. kursiv sowie Kirsch (1997a), 351 ff. Zur Triade 2: Kirsch (1997c), 46	

Die zentrale Basisfähigkeit ‚Lernfähigkeit' bezieht sich auf das Wissen der Organisation. Hierzu hat Gunnar Pautzke ein Schichtenmodell entworfen (siehe Abb. 50). Dieses zeigt, dass eine Organisation aktuell über zwei Schichten von Wissen verfügt: das durch mehrere Individuen zugängliche Wissen und das bei einzelnen Individuen abrufbare Wissen. Explizites Wissen außerhalb von Personen kann auch in Form von Dokumenten oder Datenbanken gespeichert sein, soweit sie kollektiv zugänglich und nicht individuell versperrt sind.

Abbildung 50: Schichtenmodell der organisatorischen Wissensbasis von Pautzke

Schicht	Wissensbasis	Beschreibung
	Aktuelle Wissensbasis	
1	Von allen geteiltes Wissen	Kollektives Wissen, d.h. von mehreren Individuen gleichzeitig erreichbar ist; es kann sich dabei auch um explizites Wissen handeln, das außerhalb der Köpfe gespeichert ist
2	Der Organisation zugängliches individuelles Wissen	Privates implizites Wissen der Personen, das kollektiv zugänglich ist
	Latente Wissensbasis	
3	Der Organisation nicht zugängliches individuelles Wissen	Privates implizites Wissen der Personen, das kollektiv nicht zugänglich ist
4	Wissen der Umwelt, über das ein Metawissen in der Organisation vorhanden ist	Wissen, dass spezifisches Wissen an anderen Orten besteht und abgerufen werden kann
5	Sonstiges kosmisches Wissen	Wissen das durch das Eingebettetsein in die soziologische, ökologische und technologische Umwelt, der Organisation zugänglich ist

Quelle: Pautzke (1989), 112 ff.; zur Beschreibung vgl. Kirsch (1997b), 347; allgemein auch 2.2.1.7

Auch in mittleren Unternehmen ist Wissen formal über Dokumente und technisch über Datenbanken verfügbar. Ob diese wirklich stets aktualisiert und vollständig sind ist nicht sicher.[836] In jedem Fall dominieren Personen als Wissensträger, d.h. die organisatorische Datenbasis liegt überwiegend in den Köpfen. Hier ist nur von Wissen die Rede, nicht aber wie detailliert dieses Wissen einzusetzen ist. Selbst bei Verfügbarkeit von allen Zahlen, Daten, Prozeduren, Rezepten usw. braucht es Personen, die diese interpretieren, richtige Ent-

[836] Das in vielen mittleren Firmen alljährlich zu beobachtende Phänomen, kurz vor dem externen Qualitätsaudit die Formalien in Ordnung zu bringen, legt die Vermutung nahe, dass unterjährig nur bedingt danach und vorrangig nach dem in Köpfen gespeichertem Wissen gearbeitet wird

scheidungen daraus ableiten und geeignete Handlungen vollziehen, indem sie diese einerseits planen, steuern und kontrollieren und andererseits korrekt ausführen. Diese Wissens-Verwendungsfähigkeiten, aber auch die Fertigkeiten z. B. bei der Datenerfassung oder im Umgang mit Werkzeugen sind alle in Personen bzw. Personen-Kollektiven verankert. Der Organisation gehörende Expertensysteme können diese zwar unterstützen, aber bislang nicht ersetzen. Sind Automaten, Industrieroboter und dergleichen im Einsatz, braucht es das Wissen von Spezialisten, diese zu programmieren, zu bedienen und zu warten.[837] Damit organisationale Fähigkeiten wirklich verfügbar sind, braucht es Personen mit entsprechenden Fähigkeiten. Daraus ergibt sich die folgende Hypothese:

H16: Wissen ist formal eine Fähigkeit der Organisation. Die Verwendung dieses Wissens mitsamt den dazugehörigen Fertigkeiten hängt jedoch personal von Individuen und Kollektiven ab. Damit organisationale Fähigkeiten wie Wissen verfügbar werden, braucht es Personen mit entsprechenden Fähigkeiten (Kompetenzen).

In der Terminologie der Basisfähigkeiten, müssen sie zunächst vor allem handlungsfähig sein, dann lernfähig, um wiederum Neues in Handlungen umsetzen zu können. Darüber hinaus müssen sie eine Empfänglichkeit gegenüber anderen Kontexten entwickeln und so Empfangenes in die Entscheidungsvorbereitungen einfließen lassen. Die Ausschöpfung des Rationalitätspotentials ist abhängig vom Sinnmodell.

Im *Instrumentalmodell* sind zur Durchsetzung von Interessen Lernprozesse nur zweckgerichtet. Es geht darum, wie der Wille besser durchgesetzt werden kann. Die Basisfähigkeiten werden rein zweckrational verwendet. Eine Öffnung zur Wissenschaft oder anderen fremden Lebens- oder Sprachformen findet nicht systematisch, allenfalls sporadisch statt. Beim *Überlebensmodell* treten die kurzfristigen Aspekte im Hinblick auf die Lebensfähigkeit des Unternehmens zurück. Hier findet schon eher ein Austausch mit anderen Traditionen statt, und es finden auch moralisch-praktische und ästhetisch-expressive Argumente Gehör, wobei in Kernfragen letztlich kognitiv-instrumentelle Argumente den Ausschlag geben. Das *Fortschrittsmodell* ist geprägt von einer systematischen Berücksichtigung aller drei Rationalitätsmodi, die nicht mehr instrumentalisiert werden, sondern gleichberechtigt bei Entscheidungen herangezogen werden.[838]

---

[837] Zum Fortschritt der computergestützten Informationssysteme vgl. Bea/Haas (2001), 331 ff.

[838] Vgl. Kirsch (1997b), 630

4.2.2.3 Personale Kompetenzen

In Abschnitt 2.2.1.6 wurde das Humanpotential als Anspruch auf die Bereitstellung von personalen Leistungspotentialen definiert. Im Wort „Potential“, das „Leistungsfähigkeit“ bedeutet, klingt das Wort „Potentialität“ an, laut Duden eine „Möglichkeit, die zur Wirklichkeit werden kann“.[839] Aus strategischem Blickwinkel sind angesichts ständig sich ändernder Tätigkeitsbilder und Arbeitsabläufe diese Möglichkeiten von sehr hoher Bedeutung: Fähigkeiten, die heute noch das Überleben sichern, reichen angesichts der Halbwertszeit des Wissens morgen nicht mehr aus – es sei denn, sie werden über operatives Anpassungslernen weiterentwickelt, um mit den Herausforderungen gleichzuziehen. Oft wird es so sein, dass andere Fähigkeiten strategisch erschlossen werden müssen, die heute noch keine oder nur eine geringe Rolle spielen, aber morgen entscheidend sein können. Hamel und Prahalad bezeichnen solche Möglichkeiten als „Chancenanteile“, die im „Wettbewerb um die Zukunft“ entscheiden können.[840] Umgekehrt ist es aus der Sicht der Mitarbeiter entscheidend, bezüglich der künftigen „Employability“, dass ihre Potentiale gefordert und entwicklungsbezogen gefördert werden. Allerdings ist dabei verstärkt gefordert, dass Mitarbeiter selbst in der Lage sind, ihre Fähigkeiten laufend zu „überprüfen, zu modifizieren und zu erweitern“.[841] Um ihre Chancenanteile zu sichern, suchen weltweit Unternehmen nach den Talenten und führen regelrechte Kriege („war for talents“), um die „high potentials“ für sich zu gewinnen. Malik weist daraufhin, dass Talente noch keine Garantie für die künftige Leistungsfähigkeit bieten. Der Blick sollte viel mehr auf bereits erbrachte Performance und Resultate gelenkt werden.[842] Dies impliziert, dass auch bei Berufseinsteigern oder bei Weiterbildungsmaßnahmen verstärkt auf Handlungsfähigkeit bzw. situationsgerechtes Handeln geachtet werden sollte.

Lothar Reetz hat dieser Forderung Nachdruck verschafft, indem er seinen Vorschlag, Schlüsselqualifikationen bildungstheoretisch zu begründen, auf der Theorie menschlichen Handelns als Entwicklung von Heinrich Roth aufbaut. Es ergibt sich dabei die Abfolge vom

- „Erlernen sacheinsichtigen Verhaltens (Entwicklung und Erziehung zu Sachkompetenz und intellektueller Mündigkeit)“ – über

---

[839] Duden (1990), 625

[840] Hamel/Prahalad (1995b), 63 ff.

[841] Vgl. Frey/Balzer (2005), 31; zur „Employability“ vgl. Kohler (2004), 6 f., der die deutsche Übersetzung „Berufsfähigkeit“ ablehnt, weil diese zu sehr auf den deutschen Berufsbegriff und dessen relativ eng umgrenzte Berufsbilder zielt, während es hierbei um Öffnung geht, auch zukünftigen Anforderungen gerecht zu werden. Möglicherweise ist ‚Beschäftigungsfähigkeit‘ das passendere Wort

[842] Talent bedeutet laut Duden (1990), 765: „Anlage zu überdurchschnittlichen geistigen oder körperlichen Fähigkeiten auf einem bestimmten Gebiet; angeborene besondere Begabung“; Malik (2003), 110 ff. warnt vor irreführenden Schlagwörtern wie „Talent“ und „Potenzial“

- das „Erlernen sozialeinsichtigen Verhaltens und Handelns (Entwicklung und Erziehung zu sozialkompetenter und sozialer Mündigkeit)" – zum
- „Erlernen werteinsichtigen Verhaltens und Handelns (Entwicklung und Erziehung zu Selbstkompetenz und moralischer Mündigkeit)."[843]

Die darin enthaltene Trias von Sach-, Sozial- und Selbstkompetenz konnte sich in der Literatur weitgehend durchsetzen.[844] Geißler verdeutlicht den Bezug zur Organisationspädagogik wie folgt:

- „Sachkompetenz [einschließlich Methodenkompetenz; J.G.] baut auf operativem Anpassungslernen und strategischem Erschließungslernen auf,
- Selbstkompetenz muss durch normatives Identitätslernen des einzelnen erarbeitet werden,
- und Sozialkompetenz meint die Fähigkeiten des einzelnen, kompetent zum Gemeinschaftslernen von Gruppen, Organisationen und schließlich der Gesellschaft beizutragen."[845]

Organisationen, die anstelle von linearem auf reflexives Management (siehe auch 3.1.3.2) umstellen, müssen nach Geißler zur Verbesserung der obigen Kompetenzen-Trias „Lern- und Metalernkompetenzen" („Fähigkeit Lernen zu lernen") und „pädagogische Kompetenzen"(„Fähigkeit, diese zu vermitteln") hinzukommen.[846] Der von Malik geforderte Bezug zur Performance ist dadurch hergestellt, dass der pädagogische Kompetenzbegriff auf die linguistische Kompetenztheorie Chomskys zurückführbar ist.[847] Chomsky unterschied „Oberflächenverhalten (Performanz)" des aktuellen Sprechens von dem in der Tiefenstruktur liegenden „Sprachpotential (Kompetenz)", mit dessen Hilfe mehr Sätze erzeugt werden können, als jemals hinausgestellt werden. In der Pädagogik geht man basierend auf Jean Piaget davon aus, dass der Erwerb von Kompetenzen durch Lern- und Entwicklungsprozesse erfolgt. Überträgt man die Erzeugung von Sprechakten auf berufliches Handeln, dann kann von „Erschließungsfähigkeit oder – bildkräftiger – von Schlüsselfähigkeit" gesprochen werden. Diese Fähigkeit richtet sich in der Ausbildung auf die „Generierung von verwertbaren Verhaltensweisen (Qualifikationen), weshalb es angebracht erscheint, diese mit „Schlüsselqualifikationen" zu bezeichnen.[848] Abbildung 51 stellt einen Versuch dar, bildungstheoretisch die Zusammenhänge von Qualifikation, Schlüsselqualifikation und Bildung auszudrücken. Dass zur Oberflächenstruktur und zur hohen Anwendungsspezifizität der Begriff Qualifikation

---

843 Roth (1971), 446, zitiert in Reetz (1999), 45
844 Vgl. Geißler (2000), 158; Reetz (1999), 40 trennt Sach- in Sach- und Methodenkompetenz
845 Geißler (2000), 159
846 Geißler (2000), 159
847 Vgl. Heursen (2005), 877 f.
848 Reetz (1999), 39

zugeordnet wird, erscheint vor dem Hintergrund bildungstheoretischer Diskussionen plausibel, die spezifische Qualifikation für einen Beruf in einen Gegensatz zur Allgemeinbildung gestellt haben.[849]

Abbildung 51: Bildungstheoretischer Bezugsrahmen und Fähigkeiten

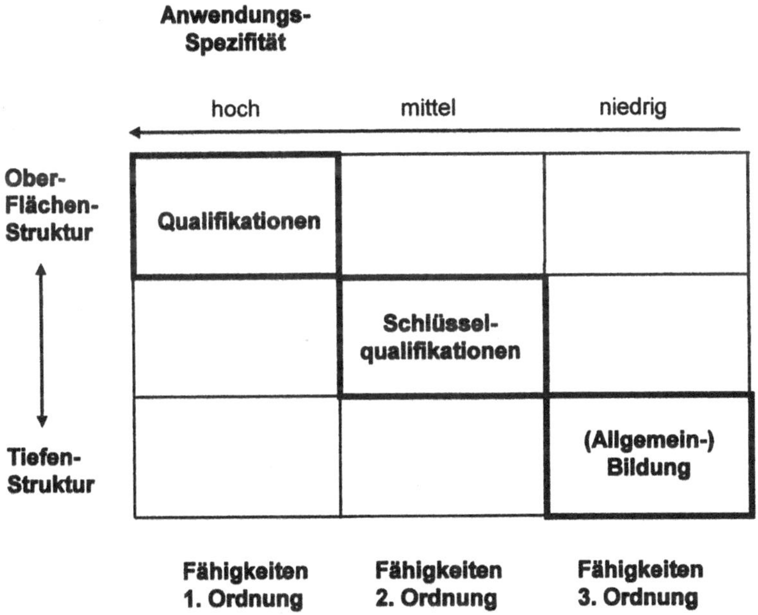

Quelle: Eigene Darstellung

Die Verortung der Schlüsselqualifikation ist weniger eindeutig, da hier die Spannbreite der Bedeutungen weiter auseinandergeht. Geht man nach dem Wortschöpfer Dieter Mertens, dann geht es dabei um tieferliegende Sachkompetenzen, die angesichts der sich verändernden Anforderungen gleich bleiben, während mehr an der Oberfläche liegende Qualifikationen ständig angepasst werden müssen.[850] Wie oben gezeigt umfasst der Begriff Schlüsselqualifikationen von Reetz auch Sozial- und Selbstkompetenzen, die sich auch im klassischen Verständnis von Bildung wieder finden, in welchem die Entwicklung und das Selbständigwerden des Zöglings, ausgerichtet nach Gesichtspunkten der Sittlichkeit eine dominante Rolle spielt. Petersen hat hierzu herausgearbeitet,

[849] Nach Reetz (1999), 44 hat der im deutschen Bildungsbegriff zugrunde liegende Entwicklungsgedanke in der Berufs- und Wirtschaftspädagogik wenig Resonanz gefunden, stattdessen wurde die „Dichotomie" von Beruf/Qualifikation versus Bildung betont

[850] Vgl. Geißler (2000), 156 f.

dass im Spannungsfeld von Nützlichkeit und Sittlichkeit, eine Dreistufigkeit von Qualifikation – Schlüsselqualifikation – Bildung sinnvoll ist, wobei Schlüsselqualifikationen eine vermittelnde Rolle einnehmen ohne den umfassenderen Begriff der Bildung zu ersetzen.[851] Diese Dreistufigkeit kann auch im organisationsdidaktischen Strukturgitter verortet werden (siehe Abb. 52).

Abbildung 52: Bildungsbegriff und organisationsdidaktisches Strukturgitter

<table>
<tr><td rowspan="2"></td><td colspan="5">Personal ←→ Persönlichkeit</td></tr>
<tr><td colspan="5">Gewinnmaximierung ←→ Wirtschaftsethik</td></tr>
<tr><td>Sinnmodelle
Organisatorische Durchdringungsgrade</td><td>Zielmodell
↓</td><td>Koalitions-Modell</td><td>Überlebens-Modell
↓</td><td>Institutions-Modell</td><td>Fortschritts-Modell
↓</td></tr>
<tr><td>Organisationsänderung</td><td colspan="3">Qualifikation(en)</td><td></td><td></td></tr>
<tr><td>Organisationsentwicklung</td><td></td><td colspan="3">Schlüsselqualifikationen</td><td></td></tr>
<tr><td>Organisationstransformation</td><td></td><td></td><td colspan="3">(Allgemein-)Bildung</td></tr>
<tr><td colspan="6">Quelle Strukturgitter: Geißler (1994), 162, inhaltliche Zuordnung von Qualifikationen, Schlüsselqualifikationen und Bildung durch J.G.</td></tr>
</table>

Zumindest einem Teil der Wirtschaft wird nachgesagt, dass er sich von der Bildungspolitik Berufsfertigkeit im Sinne eines „Instantproduktes“ wünscht, das eine ‚passende Qualifizierung des Personals’ nach ökonomischen Kriterien der Effizienz und Effektivität möglichst schnell und genau leistet. Ein solches Verständnis zwingt nach Jochen Kade die „menschliche Entwicklung in das Prokustesbett abstrakter Zweck-Mittel-Rationalität“.[852] Ein umfassender Bildungsbegriff wie ihn Petersen vertritt stellt sich einer rein „funktional stromlinienförmigen Qualifizierung“ von Managern und Mitarbeitern entgegen. Er beinhaltet unbedingt, die Belange des Individuums so zu stärken, dass eine „selbständige und selbstentwickelte Problemlösekompetenz“ geweckt werden kann.[853]

Gerade diese ist in der kundenorientierten Unternehmung zunehmend gefordert, die ihre Abläufe so organisiert, dass unmittelbar die Kunden und nicht die

[851] Vgl. Petersen (2003), 242 ff. sowie Petersen (1997), 43 ff.
[852] Kade (1983), 866, zitiert in Petersen (1997), 106
[853] Petersen (1997), 105, im Original kursiv

funktional-hierarchische Organisation Priorität haben. Mitarbeiter an der Kundenfront müssen mehr und mehr in der Lage sein, komplexe Probleme und Fragestellungen selbständig zu lösen, ohne auf langwierige Abstimmprozesse in Hierarchien zurückgreifen zu können.[854] Vielfach müssen – wie es Wunderer vorschlägt – Mitarbeiter zu Mitunternehmern werden.[855]

Angesichts der hohen Dynamik ist in vielen Arbeitsbereichen mehr Kreativität gefordert. Der Zwang ständig Neues schaffen zu müssen, erfordert nicht nur die Fähigkeit, Neues zu Entwerfen, sondern auch Selbständigkeit, Entscheidungen zu fällen und umzusetzen. Je breiter die Bildung, um so mehr Möglichkeiten stehen hierzu offen. Ein Wissensgebiet, das heute noch nicht nützlich im ökonomischen Sinne gilt, kann es morgen werden. So galt die Linguistik längere Zeit als antiquiert. Mit dem Aufkommen der Computer war ihr Beitrag zur Computerlinguistik plötzlich von Nutzen.[856] Auch die Anthropologie schien nur etwas für den Elfenbeinturm zu sein. Nach dem Kulturschock durch die Japaner, gewann plötzlich das Thema Unternehmenskultur größte Bedeutung und sie liefert hierzu die Grundlagen zum Verständnis, [857] auch für die Gewinnung interkultureller Kompetenz als einer wesentlichen Basis für die Globalisierung.[858] Unter Bezugnahme auf das „Gesetz der erforderlichen Varietät" von William Ross Ashby braucht es ein Mehr an Varietät im System, wenn im Umfeld diese zunimmt.[859] Angesichts einer *extern* ständig zunehmenden Komplexität im Umfeld kann ein Unternehmen als System nur standhalten, wenn es eine entsprechend hohe Komplexität im Denken, Entwerfen und Umsetzen *intern* pflegt. Wenn alle gleich stromlinienförmig qualifiziert sind, wächst die Wahrscheinlichkeit, dass als Output wiederum nur Stromlinienförmiges sichtbar wird, anstelle von notwendiger Einmaligkeit und Differenzierung im Wettbewerb. Zurecht sieht Rolf Arnold daher in einem solchen reduzierten Qualifikationsverständnis ein inhärentes „Qualifikationsrisiko".[860] Hierzu lässt sich folgende Hypothese herleiten:

H17: Angesichts der zunehmenden Komplexität in der externen Umwelt ist zur Wahrung der internen erforderlichen Varietät eine zunehmende Ausprägung personaler Kompetenzen notwendig. Je gebildeter und lernfähiger Mitarbeiter sind bzw. je bildungsfreundlicher Unternehmen sind, desto mehr gelingt es, die erforderliche Varietät zu erhalten oder zu übertreffen.

Diese außenperspektivisch das Unternehmen tangierende Diskussion um Bildungsinhalte hat auch eine binnenperspektivische Variante der innerbetriebli-

---

[854] Vgl. Schmelzer/Sesselmann (2004), 47 ff.
[855] Vgl. Wunderer (1999)
[856] Vgl. Schlieben-Lange (1975)
[857] Vgl. Schein (1997a), Peters/Waterman (1993)
[858] Vgl. Scholz (2000), 825 ff.
[859] Vgl. Staehle (1999), 43 f.
[860] Arnold (1991), 21, vgl. auch Geißler (2000), 150 ff.

chen Aus- und Weiterbildung, die ebenfalls im organisationsdidaktischen Strukturgitter verortet werden kann (siehe Abb. 53): Personaländerung zu operativem Anpassungslernen, Personalentwicklung zu strategischem Erschließungslernen und Personaltransformation zu normativem Identitätslernen.

Abbildung 53: Personaldidaktisches Strukturgitter

	Personal ↔ Persönlichkeit				
	Gewinnmaximierung ↔ Wirtschaftsethik				
Sinnmodelle	Zielmodell		Überlebens-Modell		Fortschritts-Modell
Organisatorische Durchdringungsgrade	↓	Koalitions-Modell	↓	Institutions-Modell	↓
Organisationsänderung	**Personaländerung**				
Organisationsentwicklung		**Personalentwicklung**			
Organisationstransformation			**Personaltransformation**		

Quelle Strukturgitter: Geißler (1994), 162, inhaltliche Zuordnung von Personaländerung, -entwicklung und –transformation durch J.G.

Im Feld *Personaländerung* wird gerade soviel gelernt wie notwendig ist, um Änderungen adaptieren zu können. Grundlegend neue Fähigkeiten werden nicht hinzugewonnen. Es kommt nur zu einer operativen Anpassung bereits vorhandener Kompetenzen. Für eine echte Entwicklung der Organisation ist es unumgänglich, dass Mitarbeiter grundlegend neue Kompetenzen erwerben. *Personalentwicklung* führt zu einer strategischen Erschließung von neuen Fach-, Methoden- und Sozialkompetenzen. Bei einer Organisationstransformation geht es zudem um tiefgreifende kulturelle Veränderungen und Neubildungen. Individuen sind herausgefordert, neben der Tiefenstruktur der Arbeitsgruppe und des Unternehmens auch ihre eigene Tiefenstruktur in Frage zu stellen, also eine *Personaltransformation* herbeizuführen. Es geht letztlich um Charakterbildung und Ausprägung von Identität und Persönlichkeit, also um Veränderung personaler Kompetenzen (siehe 4.2.8.6). Aus dem personaldidaktischem Strukturgitter lässt sich erschließen, warum im Mittelstand relativ wenige Unternehmen Personalentwicklung umsetzen (siehe 2.3.10). Entsprechend wird dort auch nur wenig echte Organisationsentwicklung anzutreffen sein. Es kann daraus gefolgert werden, dass sich ihr Sinnmodell nur im Bereich der ersten drei Modelle bewegt oder dass die strategische Umsetzung zum normativ gewollten nicht übereinstimmt. Daraus lässt sich folgende Hypothese folgern:

H18: Ein tiefgreifender organisatorischer Wandel gelingt umso eher, je mehr operative, strategische und normative Lernfähigkeiten bei Mitarbeitern ausgeprägt sind und je mehr ein organisatorisches Sinnmodell verfolgt wird, das diese begünstigt.

Zur tieferen Klärung des Begriffs Kompetenzen ist nach John Erpenbeck und Lutz von Rosenstiel unter Bezugnahme auf die aktuelle Kompetenzforschung zum einen ein „handlungszentrierter" und nicht ein „subjektzentrierter Betrachtungsfokus", der auf Eigenschaften oder Merkmalen einer Person fußt, notwendig. Zum anderen müssen „Handlungs- und Tätigkeitssituationen" so gestaltet sein, dass zu deren Bewältigung Fähigkeiten zur Selbstorganisation benötigt werden. Sie sprechen dabei von „divergent-selbstorganisative[n] anstelle von „konvergent- anforderungsorientierte[n] Handlungs- und Tätigkeitssituationen" (siehe Abb. 54).[861] Eine Erläuterung der Attributionsbegriffe folgt unten in Abb. 55.

Abbildung 54: Kompetenzen und andere Attributionsbegriffe

	Subjektzentrierter Betrachtungsfokus	**Handlungszentrierter Betrachtungsfokus**
auf konvergent- anforderungs-orientierte Handlungs- und Tätigkeitssituationen bezogen	Merkmale	Fertigkeiten Eignungen Qualifikationen Fähigkeiten
Sowohl konvergent als auch divergent	Variable, Eigenschaften	
auf divergent- selbstorganisative Handlungs- und Tätigkeitssituationen bezogen		**Kompetenzen**
Quelle: Nach Erpenbeck/Rosenstiel (2003), XXX		

Eine analoge Unterscheidung zu konvergent und divergent findet sich in der Theorie des Entscheidungsverhaltens in der „wohl-definierte" von „schlecht-definierten" Problemen unterschieden werden: „Wohl-definierte Probleme" sind dann gegeben, „wenn ein Test existiert, aufgrund dessen festgestellt werden kann, ob eine Problemlösung tatsächlich existiert." Dabei sind die Probleme eindeutig beschrieben. Sobald aber Eindeutigkeit nicht gegeben ist, ist der Problemlöser gezwungen, sich aus Mehrdeutigkeiten eine eindeutigere Defini-

[861] Vgl. Erpenbeck/Rosenstiel (2003), XXX, Einf. in Klammern, J.G.; zur Vielfalt unterschiedlicher Ansätze vgl. Erpenbeck/ Rosenstiel (Hrsg.) (2003) insb. Erpenbeck/Rosenstiel (2003), Lang-von Wins (2003), Frey/Jäger (2003); zur inflationären Anwendung des Kompetenzbegriffs vgl. Bodensohn (2005)

tion zu erarbeiten und als Lösungshypothese zu testen.[862] Demzufolge erzeigt sich Kompetenz erst in schlecht-definierten Handlungs- und Tätigkeitssituationen. Im Unterschied zu dem in Abb. 54 definierten Fähigkeitsbegriff wird im Kontext der Theorie der strategischen Unternehmensführung weiterhin von personalen Fähigkeiten in dem Sinne gesprochen, dass solche die Strategie signifikant betreffen. Diese sind deckungsgleich mit den Erpenbeck und Rosenstiel definierten Kompetenzen.

Abbildung 55: Diverse Attributionsbegriffe

Variable	Merkmalsklassen, „der direkten Beobachtung nicht zugänglich... nur auf Grund von anderen beobachtbaren Daten" erschließbar; sie stellen „Konstrukte" zur Unterscheidung von Individuen dar
Merkmale	Der Teil von Variablen, der „sichtbarer und einer direkten Beobachtung zugänglicher" ist
Eigenschaften	„Persönlichkeitseigenschaften, Entitäten und Wesenszüge..., die der Person und ihrem Verhalten relativ stabil und konsistent zugeordnet werden können"
Fertigkeiten	„durch Übung automatisierte Komponenten von Tätigkeiten, meist auf sensumotorischem Gebiet", „psychophysischer Tätigkeits- und Handlungsprozess als Ganzes"
Qualifikationen	„klar zu umreißende Komplexe von Kenntnissen, Fertigkeiten und Fähigkeiten ... zur Ausübung beruflicher Tätigkeiten [notwendig; JG] um .. handeln zu können."
Fähigkeiten	„verfestigte Systeme verallgemeinerter psycho-physischer Handlungsprozesse", wozu auch „innere psychische Bedingungen" sowie „lebensgeschichtlich unter bestimmten Anlagevoraussetzungen erworbene Eigenschaften" gehören, „die den Tätigkeits- und Handlungsvollzug steuern
Kompetenzen	„Selbstorganisationsdispositionen physischen und psychischen Handelns, wobei unter Dispositionen die bis zu einem bestimmten Handlungszeitpunkt entwickelten inneren Voraussetzungen zur Regulation der Tätigkeit verstanden werden." D.h. Dispositionen umfassen „nicht nur individuelle Anlagen sondern auch Entwicklungsresultate"
Quelle:	Erpenbeck/Rosenstiel (2003), XXVIII f.

Erpenbeck und Rosenstiel verdeutlichen ihre oben wiedergegebene Auffassung von Kompetenz durch die Unterscheidung zu Qualifikationen. Während „Qualifikationen" wie ein Fachgehilfen- oder Meisterbrief oder ein Fach-Hochschul-Diplom losgelöst von „selbstorganisiertem Handeln" in „abgetrennten,

[862] Kirsch (1978a), 31

normierbaren und Position für Position abzuarbeiten(den) Prüfungssituationen" erworben werden können, erzeigt sich Kompetenz nur in „Dispositionen selbstorganisierten Handelns." „Qualifikationen" sind „Positionen eines gleichsam mechanisch abgeforderten Prüfungshandelns, sind Wissens- und Fertigkeitsdispositionen." „Ob jemand davon ausgehend auch selbstorganisiert und kreativ wird handeln können, kann durch die Normierungen und Zertifizierungen kaum erfasst werden. Einem ‚gelernten' Multimediadesigner mit besten Abschlussnoten kann in der Praxis schlicht nichts einfallen."[863] Hierzu ergänzend Thomas Lang-von Wins: „Kompetenzen sind in ihrer jeweiligen Ausprägung in komplexe Handlungssysteme eingebettet und lassen sich daher nicht durch grundlegende kognitive Fähigkeiten oder einfache Fertigkeiten charakterisieren."[864] In diesem Kompetenzbegriff kommt zum Tragen, was Praktiker mit ‚Erfahrung' zum Ausdruck wollen: Erfahrung wächst zwar mit den Jahren, mehr aber in Abhängigkeit von bewältigten Herausforderungen, wobei auch das Scheitern ‚wertvoll' ist. Am Beginn von Tätigkeiten steht zwar in der Regel eine Qualifikation, erfolgsentscheidend ist jedoch das „tätigkeitsbezogene Wissen aus eigenen informellen Lernprozessen außerhalb geplanter Lernarrangements, das weitgehend selbstorganisiert erworben wird."[865] Erpenbeck/Rosenstiel unterscheiden folgende „Kompetenzklassen", in der sich in etwa die obige Trias Sachkompetenz (in F), Selbstkompetenz (in P und A) sowie Sozialkompetenz (in S) wiederfindet:[866]

> „**(P) Personale Kompetenzen**: Als Dispositionen einer Person, reflexiv selbstorganisiert zu handeln, d.h. sich selbst einzuschätzen, produktive Einstellungen, Werthaltungen, Motive und Selbstbilder zu entwickeln, eigene Begabungen, Motivationen, Leistungsvorsätze zu entfalten und sich im Rahmen der Arbeit und außerhalb kreativ zu entwickeln und zu lernen.
>
> **(A) Aktivitäts- und umsetzungsorientierte Kompetenzen**: Als Dispositionen einer Person, aktiv und gesamtheitlich selbstorganisiert zu handeln und dieses Handeln auf die Umsetzung von Absichten, Vorhaben und Plänen zu richten – entweder für sich selbst oder auch für andere und mit anderen, im Team, im Unternehmen, in der Organisation. Diese Dispositionen erfassen damit das Vermögen, die eigenen Emotionen, Motivationen, Fähigkeiten und Erfahrungen und alle anderen Kompetenzen – personale, fachlich-methodische und sozial-kommunikative – in die eigenen Willensantriebe zu integrieren und Handlungen erfolgreich zu realisieren.
>
> **(F) Fachlich-methodische Kompetenzen**: Als die Dispositionen einer Person, bei der Lösung von sachlich-gegenständlichen Problemen geistig und physisch selbstor-

[863] Erpenbeck/Rosenstiel (2003), XI; Zitate im Original teilweise in kursiv; Erg. in Klammern J.G.
[864] Lang-von Wins (2003), 586
[865] Kauffeld (2005), 58
[866] Vgl. Erpenbeck/Rosenstiel (2003), X f. u XV. In der Literatur finden sich noch andere Kompetenzklasseneinteilungen: Frey/Jäger (2003) z.B. unterscheiden fachliche, methodische, soziale und personale Dimensionen; Wunderer (1999), 42 ff. gliedert unternehmerische Schlüsselqualifikationen in Gestaltungs-, Handlungs- und Sozialkompetenz

ganisiert zu handeln, d.h. mit fachlichen und instrumentellen Kenntnissen, Fertigkeiten und Fähigkeiten kreativ Probleme zu lösen, Wissen sinnorientiert einzuordnen und zu bewerten: das schließt Dispositionen ein, Tätigkeiten, Aufgaben und Lösungen methodisch selbstorganisiert zu gestalten, sowie die Methoden selbst aktiv weiterzuentwickeln.

(S) Sozial-kommunikative Kompetenzen: Als Dispositionen, kommunikativ und kooperativ selbstorganisiert zu handeln, d.h. sich mit anderen kreativ auseinander- und zusammenzusetzen, sich gruppen- und beziehungsorientiert zu verhalten, und neue Pläne, Aufgaben und Ziele zu entwickeln."[867]

Das Vorhandensein von Eigenschaften, die z.B. eignungsdiagnostisch gemessen wurden,[868] kann ein Indiz für das Vorhandensein einer „Selbstorganisationsdisposition" und somit einer Kompetenz sein. Ob allerdings tatsächlich eine Kompetenz vorliegt, kann erst aus dem Handlungszusammenhang gedeutet werden: „Um von Persönlichkeitseigenschaften auf Kompetenzen zu schließen, ist stets eine Übersetzungsleistung erforderlich."[869] Grundsätzlich bedeutet dies, dass von Eigenschaften und anderen Attributionsbegriffen (Abb. 54) im Handlungszusammenhang auf Kompetenzen geschlossen werden kann, die im zweiten Schritt den oben genannten Kompetenzklassen zugeordnet werden können. Die gewählte Kompetenzklasseneinteilung erweist sich so auch als anschlussfähig für zahlreiche tradierte charakterologische Ansätze.[870] Personale Kompetenzen werden für diese Arbeit wie folgt definiert: ‚Personale Kompetenzen basieren in der Regel auf Qualifikation und Erfahrung. Sie sind umso ausgeprägter, je mehr sie in schlecht strukturierten Handlungssituationen unter Beweis gestellt werden bzw. worden sind.' Personale Kompetenzen können im Unternehmen vielfach erst dann umgesetzt werden, wenn den Personen zur Erfüllung ihrer Aufgaben von der Organisation Befugnisse und damit einhergehend die Nutzung diverser Ressourcen eingeräumt werden.

4.2.2.4 Kompetenzen im Sinne von Befugnissen innerhalb von Organisationen

Die Erfüllung unterschiedlicher Aufgaben im Unternehmen erfolgt arbeitsteilig in Stellen: „Eine Stelle bildet die kleinste aufbauorganisatorische Einheit. Sie entsteht durch die dauerhafte Zuordnung von Aufgaben auf eine oder mehrere Personen."[871] Bei der Stellendefinition sollen einer Stelle möglichst kongruent „Aufgaben", „Kompetenz" und „Verantwortung" zugewiesen werden. Diese **in der Organisation eingeräumte Kompetenz** ist von der personalen Kompe-

---

867 Erpenbeck/Rosenstiel (2003), XVI
868 Z.B. Sarges (Hrsg.) (1990)
869 Erpenbeck/Rosenstiel (2003), XXX
870 Erpenbeck/Rosenstiel (2003), XXVII verweisen in Fußnote 9 darauf, dass die von Gerda Jun (1980, 1990) unter entwicklungspsychologischen Gesichtspunkten erfolgte Zuordnung tradierter Ansätze in die Kompetenzklassen überführt werden können
871 Schulte-Zurhausen (1999), 141; durch Job-Sharing oder Schichtbetrieb können sich mehrere Personen eine Stelle teilen

tenz zu unterscheiden. Diese äußert sich zum einen in der „Durchführungskompetenz“ und zum anderen in der „Leitungskompetenz“. Über die **Durchführungskompetenz** wird ein Stelleninhaber z.B. befugt, tätig zu werden, Arbeitsrhythmus und –methode selbst festzulegen, Informationen anzufordern, eine Entscheidung von anderen Stelle zu verlangen, selbst in bestimmten Fällen zu entscheiden und unter Umständen gegenüber Außenstehenden zu vertreten. **Leitungskompetenzen** räumen Weisungs- und Entscheidungskompetenzen gegenüber anderen Stellen ein. Damit einhergehen Befugnisse, Ergebnisse und Verfahren dieser Stellen zu kontrollieren. Zur Vermeidung von Kompetenzüberschneidungen gilt in der Organisationslehre der „Grundsatz der Ausschließlichkeit“, der besagt, dass eine Kompetenz nur einmal zugeteilt werden darf.[872]

Aus der Aufgabenzuordnung zur Stelle ergeben sich Anforderungsprofile an die Person(en), die eine Stelle besetzen sollen. Diese *Stellenprofile* können sich in den Ausprägungen bezüglich der Kompetenzklassen (siehe Abb. 54) sehr unterscheiden. Ein Verkäufer braucht z.B. unter P eine hohe Frustrationstoleranz, um immer wieder – auch nach dem x-ten fehlgeschlagenen Versuch, unverzagt neu ein Verkaufsgespräch führen zu können. Er braucht ferner A-Kompetenz, um den Kunden zum Verkaufs-Abschluss bewegen zu können. F-Kompetenzen sind je nach zu vertreibendem Produkt oder Dienstleistung recht unterschiedlich: Reinigungsmittel für hochkomplexe Druckmaschinen benötigen ein fachlich ausgeprägteres Know how als ein Teppichreinigungsmittel für Hausfrauen. Zur Kontaktaufnahme und -pflege sind unbedingt S-Kompetenzen erforderlich, um auf den Kunden in seinen Befindlichkeiten eingehen zu können. In Abhängigkeit vom Stellenprofil erhält personale Kompetenz Wirkung innerhalb der Organisation, wobei hier die *Funktionalorganisation* im Blickfeld ist. Zum einen ist es die hierarchische Positionierung in der Leitungsorganisation[873], die unterschiedliche Wirkungsmächtigkeit erzeugt. Zum anderen sind es Stellen, die durch ihre Wissensbündelung eine hohe Bedeutung für das Unternehmen haben und den Stelleninhabern ermöglichen, personelle Kompetenz mit hoher Wirkung einzusetzen:

1. An der Spitze stehen der oder die Organvertreter: Inhaber, Geschäftsführer, Vorstände. Im mittelständischen Kontext kann deren personale Kompetenz höchste Wirkungsmacht entfalten.
2. An nächster Stelle der Wirkungshierarchie folgen in der im Mittelstand immer noch bevorzugten Funktionalorganisation diejenigen Personen, die einzeln oder gebündelt Hauptfunktionen zu vertreten haben wie Entwicklung, Produktion, Einkauf, Vertrieb, Marketing, Finanzen, (seltener) Personal. Häufig ist diese Gruppe identisch mit der Gruppe der leitenden Angestellten gemäß § 5 (3) Betriebsverfassungsgesetz, wobei

[872] Schulte-Zurhausen (1999), 142 f.
[873] Vgl. Schulte-Zurhausen (1999), 221 ff.; zu den Managementebenen Staehle (1999), 89 ff.

aber eine genaue arbeitsrechtliche Auslegung diese Zuordnung oft fraglich erscheinen lässt. Es handelt sich um Personen mit höheren Leitungs-, Vorgesetzten-, Sachbearbeitungs- und Sachverwaltungsfunktionen (vgl. erste Führungsebene 4.2.4.2).

3. Danach folgen Personen mit mittleren (a) und unteren (b) Leitungs-, Vorgesetzten-, Sachbearbeitungs- und Sachverwaltungsfunktionen in den Funktionalbereichen. Spezialisten ohne Leitungsfunktion – die eigentlich 4. angehören – können aufgrund ihrer Fachkompetenz eine ähnliche, wenn nicht höhere Wirkungsmächtigkeit entfalten, zumal wenn es sich unter 3. nur um Positionen handelt, die (b) mehr Vorarbeiterfunktionen erfüllen oder (a) als Aufhängstelle für selbständig agierende Spezialisten fungieren. Auch Nachwuchs- Führungskräfte sind hier zu verorten.
4. Es folgen alle Spezialistenpositionen ohne Leitungsmacht: z.B. Entwicklungs- und Applikationsingenieure, EDV-Spezialisten, Marketingfachleute, Verkaufsprofis. Häufig sind es die *Wissensträger* im Unternehmen. Auch die Wissensarbeiter zählen hierzu.[874]
5. Die relativ schwächste Bedeutung in Bezug auf organisationale Kompetenzwirkung haben in der *Funktionalorganisation* Sachbearbeiter, Arbeiter und Auszubildende. Unterschiede ergeben sich auf Grund von Qualifikationen. (a) Die Facharbeiter mit Gehilfen- und Meisterbrief bilden eine Gruppe, die in manchen Fällen zu den unter 4. aufgelisteten Personen zählen. Ähnlich liegt der Fall bei Sachbearbeitern mit Berufsausbildung. (b) Deutlich zu unterscheiden sind Angelernte, die ohne oder ohne einschlägige Ausbildung, in der Regel im Unternehmen nur eng umrissene Tätigkeiten erlernt haben und häufig rein ausführende Tätigkeiten in Produktion und Materialwirtschaft erfüllen. In der Gruppe der Angelernten kann ein auffallend hoher Anteil an Ausländern beobachtet werden. Wenn sprachliche Hürden überwunden werden, finden sich dort ehrgeizige Potentialträger wieder, deren Kompetenzen zu 3. (b) ausbaufähig sind.

In Abhängigkeit von dieser Wirkungsmächtigkeit, aufgrund der Stelle personelle Kompetenzen in das Unternehmen einzubringen, ergibt sich eine Priorisierung dahingehend, dass Erhebung, Entwicklung und Nutzung personaler Kompetenz von oben beginnend am bedeutendsten erscheint. Zu beachten ist, dass sich in der Prozessorganisation andere Reihenfolgen ergeben können.

H19: Personale Kompetenzen können in einer Organisation umso mehr zur Wirkung gelangen, je mehr der entsprechenden Person an organisatorischen Kompetenzen eingeräumt sind.

---

[874] Wissensträger verfügen über ein hohes Maß an betriebspezifischem Wissen (z.B. kennen sie die komplette Varianten- und Typenvielfalt an Produkten eines Unternehmens), sie sind aber nicht unbedingt identisch mit den Wissensarbeitern im Sinne von Drucker (vgl. 4.2.9.2), die mehr über ein auch in anderen Unternehmen nutzbares Wissen verfügen

4.2.2.5 Zusammenhang von organisationalen und personalen Fähigkeiten

Organisationale Fähigkeiten hängen in einem großen Maß von personalen Fähigkeiten ab. Umgekehrt kommen personale Fähigkeiten erst durch Befugnisse der Organisation, durch die Ausstattung mit Räumen, Technologien etc. und insbesondere in der Zusammenarbeit mit Personen unter der Führung durch Personen in den unter den Rahmenbedingungen des Arbeits- und Führungssystems zur Geltung (siehe 4.2.5). Es müssen daher grundsätzlich personale und organisationale Fähigkeiten ineinander übergehen. Da alle organisationalen Fähigkeiten auf Basis-Fähigkeiten zurückführbar sind, müssen diese mit den Kompetenzen von Personen erfüllt werden. In der folgenden Abbildung 56 erfolgt ein solcher Abgleich, der die Kompetenzklassen von Erpenbeck/Rosenstiel mit den zwei Fähigkeits-Triaden aus Abb. 49 in Relation bringt:

(1) Handlungsfähigkeit durch Personen wird erzeugt, wenn sie über ihre A alle anderen Kompetenzen mit einbringen.
(2) (a) Der Wissenserwerb benötigt vor allem F, (b) gemeinsames Lernen in Gruppen und (in) der Organisation in besonderem Maße S.
(3) Um die Bedürfnisse und Interessen Betroffener zu ermitteln braucht es die in (b) genannten sozial-kommunikativen Kompetenzen, zugleich ist aber auch Empathie notwendig, sich in der Lage anderer zu versetzen, die insofern eine personale Kompetenz (a) darstellt, dass eigene und fremde Werthaltungen, Motive und Selbstbilder richtig eingeschätzt werden können.
(4) Kognitiv-instrumentelle Fähigkeit basiert auf F.
(5) Moralisch-praktische Fähigkeit basiert vor allem auf S.
(6) Ästhetisch-praktische Fähigkeit basiert auf P (Authentizität).

Aus Abbildung 56 ergibt sich, dass durch personale Fähigkeiten grundsätzlich alle geforderten organisationale Fähigkeiten (mit) erzeugt werden können. Je mehr diese in organisationalen Fähigkeiten aufgehen, umso mehr kann im Sinne der ewf von einem **„kompetenten Unternehmen"** (siehe 4.2.3.2) oder nach Petersen von einem **„gebildeten Unternehmen"** gesprochen werden.[875] Zusammenfassend ergibt sich hierzu folgende Hypothese:

H20: Alle organisationalen Fähigkeiten sind auf Basisfähigkeiten zurückführbar, in die personale Kompetenzen eingehen. Sie können umso mehr zum Tragen kommen, je gebildeter die Personen sind. Je kompetenter die Personen, umso kompetenter kann die Unternehmung sein.

---

[875] Fischer/Schmitt (2002) u. Petersen (1997)

Abbildung 56: Organisationale und personale Fähigkeiten

Personale Fähigkeiten / **Organisationale Fähigkeiten**	Personale Kompetenzen **(P)**	Aktivitäts- und umsetzungs-orientierte Kompetenzen **(A)**	Fachlich-methodische Kompetenzen **(F)**	Sozial-Kommunikative Kompetenzen **(S)**
Handlungs-Fähigkeit		**1**		
Lern-Fähigkeit			**2 a**	**2 b**
Responsive-ness	**3 a**			**3 b**
kognitiv-instru-mentell			**4**	
moralisch-praktisch				**5**
ästhetisch-praktisch	**6**			
Quelle: Eigene Darstellung				

4.2.3 Human Capital Management

Human Capital Management ist eine organisationale Fähigkeit (Capability) (siehe 4.2.2.1). Sie ist ein wesentlicher Teil der gesamt in einem Unternehmen vorhandenen Management-Capabilities (MC). Diesen kommt eine „Meta- und Schlüsselrolle“ zu, da strategische Erfolgspotentiale bzw. Fähigkeiten „erst durch das Management in ihrer Bedeutung erkannt und durch seine Aktionen erschlossen und gefördert werden.“[876] Der Ausprägung von Management-Capabilities als einem „zentralen ‚*intangible Asset*‘“ bzw. der „Summe individueller Fähigkeiten und kollektiven Wissens“ wird eine sehr hohe Bedeutung beigemessen im Erreichen von strategischen Erfolgspositionen. Systemtheoretisch handelt es sich dabei um die „zeitstabile ‚optimale‘ Steuerung von der Transformation von Inputs in Outputs.“[877] Human Capital Management (HCM) kommt als einer Teilmenge der Management Capability eine ähnliche Bedeutung zu. In der Literatur hat sich angesichts der Vielfalt der Ansätze noch keine eindeutige Definition zum HCM durchgesetzt. Es können zwei Grundrichtungen unterschieden werden. Ein Ansatz der im engeren Sinne HCM bzw. HC für sich losgelöst von anderen Fähigkeiten bewerten möchte (siehe 4.2.3.1)

[876] Bleicher/Hahn (1995), 420
[877] Kammel (2000), 256 ff.

und einen Ansatz im weiteren Sinne, der HCM bzw. HC unter Einbezug tangierender anderer Fähigkeiten einer Bewertung zuführt (siehe 4.2.3.2).

4.2.3.1 Human Capital Management im engeren Sinn

Christian Scholz und Mitarbeiter haben mit der Option, HCM zu dem für das Human Resource Management werden zu lassen, was heute für die Finanzplanung, die Investitionsrechnung ist, zehn Postulate aufgestellt (siehe Abb. 57).[878] Sie verfolgen damit eine monetäre Bewertung des Human Capitals unabhängig von anderen Kategorien des Intellectual Capitals (siehe Abb. 44).[879] Eine solche (rein) monetäre Bewertung ist nicht Gegenstand dieser Arbeit. Bezogen auf das Ziel 3 (vgl. 1.1.) geht es hier um einen Bezugsrahmen zur Bewertung im Sinne einer Evaluation, die vorwiegend auf die unternehmensindividuell strategische Bedeutung des Personals und der Personalarbeit zielt. Auch wenn die nicht ausschließlich monetären „ indikatorenbasierte Ansätze" von Scholz / Stein / Bechtel Ansatzpunkte für die weitere Arbeit bieten, kann HCM im hier verfolgten Sinne daher nur zum Teil kompatibel mit den in Abbildung 57 aufgestellten Postulaten gehen.

Abbildung 57: Zehn Postulate zum HCM von Scholz et.al.

1	HCM muss mehr sein als eine bloße Umbenennung von Personalmanagement!
2	HCM muss sich zum Mitarbeiter als elementarem Vermögenswert des Unternehmens bekennen
3	HCM muss Kernaufgabe von Personalexperten sein!
4	HCM muss sich von der Fixierung auf den Aktienkurs lösen und auf den Arbeitsmarkt ausrichten!
5	HCM muss Bewertung und Optimierung umfassen!
6	Die HCM-Bewertung muss einem ganzheitlichen Ansatz folgen!
7	Die HC-Bewertung muss sich durch explizite Zukunftsorientierung auszeichnen!
8	Die HC-Bewertung muss gruppenbezogen und unternehmensbezogen erfolgen!
9	Die HC-Optimierung muss mindestens eines der zentralen Personalmanagement-Aktivitätsfelder abdecken!
10	HCM muss kollektiven Wettbewerb mit individueller Chancenvielfalt kombinieren!
Quelle: Scholz/Stein/Bechtel (2004), 23 - 49	

Die folgenden Antworten auf die in Abb. 57 aufgestellten Postulate greifen zum Teil Aussagen vor, die erst in den nächsten Abschnitten erläutert werden. Gleichwohl die genannten Autoren ein HCM begründen, das über das klassische Personalmanagement (operative Personaladministration und Mitarbeiterförderung) hinausreicht (1) und strategische Bezüge aufweist (6 , 7 u. 8) treten

[878] Zu den unterschiedlichen Ansätzen vgl. Scholz/Stein/Bechtel (2004)
[879] Vgl. insb. den State-of-the-Art dieser Ansätze von Scholz/Stein/Bechtel (2004), 24 u. 51 ff.

die von Dave Ullrich darüber hinaus geforderten Aspekte des „Managements der Transformation und Veränderung" („Change Agent") und „Managements der strategischen Humanressourcen" („Strategic Partner") im Sinne eines **strategischen Partners** der Geschäftsleitung kaum hervor.[880] Diese werden in einem HCM im weiteren Sinn (siehe 4.2.3.3) im Anschluss stärker berücksichtigt.

Zu (1) und (6): HCM im Sinne dieser Arbeit geht über das von Scholz / Stein / Bechtel geforderte hinaus, indem es (vgl. Abb. 58) – ausgehend von Leitbild und Strategie – das Managementsystem, die Organisation und Technologie einbezieht bzw. mitgestaltet und sich nicht auf das Management des reinen Human Capital gemäß EDRS Nr. 14 beschränkt;[881] es ist damit extensiv ganzheitlich im Sinne von (6), das ein aus den Zielen abgeleiteten Bedarf an Fähigkeiten nahelegt und auf Einbeziehung des organisatorischen Kontexts gerichtet ist.[882]

Zu (2): Mitarbeiter anstelle des nur Kostenfaktors auch als einen Aktivposten bzw. als einen Vermögenswert zu betrachten ist ganz im Sinne des hier vertretenen HCM-Ansatzes, der auf mittlere d.h. personale Unternehmen zielt (vgl. 2.3.5) bei dem Personen per se bedeutsamer sind.

Zu (3): HCM sollte durch Personalexperten in der ersten Führungsriege des Unternehmens vertreten sein. Aufgrund der sehr hohen Bedeutung der mitarbeiterorientierten Führung (siehe insb. 4.1.3.2) für den Erfolg, ist das dringend zu empfehlen. In mittleren Unternehmen mit einer Unternehmensgröße – aus der Erfahrung des Verfassers spätestens ab 200 Mitarbeitern[883]– ist ein eigener Personalvertreter zwingend, sonst ist eine als hoch bis sehr hoch propagierte ‚Mitarbeiterorientierung' unglaubwürdig.

Zu (4): Der Börsenkurs ist für mittlere Unternehmen normalerweise kein Thema, daher ist die Ausrichtung auf den Arbeitsmarkt sinnvoll. Auch wenn keine monetäre Bewertung des HC angestrebt ist, ist dennoch ein Vergleich anzustellen, ob gezahlte Löhne und Gehälter marktgerecht sind. Von besonderem Interesse ist das Verhalten knapper Humanressourcen wie bei Ingenieuren und Facharbeitern, ob diese leicht oder nur sehr schwierig zu akquirieren sind. Hier zeigt sich, ob das Unternehmen bzw. sein HCM wirklich attraktiv ist.

Zu (5): Der Bewertungsprozess verläuft im Sinne einer aus der Pädagogik hervorgehenden Evaluation. Dabei wird bisheriges genauso gewürdigt wie An-

---

[880] Ulrich (1996), 24 f., vgl. auch Ulrich (1998) i.V.m. Wunderer/Arx/Jaritz (1998a), 279 deren Übersetzung von Ulrich (1996), 24 übernommen wurde
[881] Vgl. Scholz/Stein/Bechtel (2004), 23 - 26
[882] Vgl. Scholz/Stein/Bechtel (2004), 38 – 40
[883] Als Orientierung hierfür dient § 38 (1) BetrVG: freigestellter Betriebsrat ab 200 Mitarbeiter

sätze zur Verbesserung aufgezeigt werden.[884] Angestrebt ist, den Evaluationsvorgang (vgl. 5.1) selbst zum Lernprozess für die Gesamtführung bzw. die Führungskräfte werden zu lassen, bei dem nicht nur die Beteiligten, sondern auch die Führungsorganisation lernt und damit die Lernfähigkeit des Unternehmens gestärkt wird. Die Bewertung ist ohne den kollektiven Lernprozess aus dem Leitbild und Strategien als „gemeinsame Handlungsorientierung" hervorgehen bzw. präzisiert werden gar nicht denkbar.[885]

Zu (7): Durch Bezug auf die Strategie ist die Bewertung des HC automatisch zukunftsgerichtet. Allerdings wird im Sinne der strategischen Unternehmensführung zunächst eine Lagebeurteilung angestrebt, die eine Bewertung der Gegenwart umfasst, aus der heraus das Soll festgelegt wird.[886]

Zu (8): Für mittlere Unternehmen als personale Unternehmen sind Personen in den Toppositionen keine abstrakten Größen, die sich hinter Gruppendurchschnitten verbergen können. Hier ist die individuelle Bewertung unumgänglich. Die Führungsriege als erste Ebene unter dem Top-Management kann als Gruppe bewertet werden, wobei es hier im Sinne der interessengeleiteten Führung (siehe 4.1.3.2) sehr darauf ankommt, dass alle Führungsdimensionen im Sinne einer ausbalancierten Unternehmensführung etwa gleich kompetent besetzt sind. Außerhalb dieses Personenkreises sind gruppenbezogene Bewertungen einer für die Steuerung zu pauschalen Unternehmensbewertung vorzuziehen. Allerdings ist die Gesamteinschätzung als Resümee als Vergleich über die Jahre von Bedeutung.[887]

Zu (9): Scholz und Mitarbeiter verstehen unter „Personalmanagement-Aktivitätsfelder" u.a. die „Personalbestandsanalyse", die „Personalbedarfsbestimmung", die „Personalbeschaffung", die „Personalentwicklung" und die „Personalführung". Sie wollen vermeiden, dass anstelle einer Fokussierung auf wenige Felder ein Aktionismus ausgelöst wird.[888] Grundsätzlich sind alle Felder für HCM von Bedeutung, wobei aus strategischer Sicht besonders die Bestimmung des zukünftigen Bedarfs bzw. die Lücke zum vorhandenen Bestand, die Personalentwicklung und – führung hervortreten; ggf. ist auch die Personalbeschaffung notwendig.

Zu 10: Hier stellen Scholz und Mitarbeiter darauf ab, dass der „externe Wettbewerbsdruck intern in kollektivem Wettbewerb zwischen den Mitarbeitern" durchschlägt und „Stammplatzgarantien" und „Kuschelecken" in Frage gestellt werden. Sie sehen dabei vor, dass das HCM zu einer „Steuerung der Mitarbeiter-Wertschöpfung nach Marktprinzipien beitragen" soll. Das ist letztlich nur

---

[884] Vgl. Behrmann/Frey (2003), Kordes (2004)
[885] Kirsch (1997b), 68, zur hohen Bedeutung der Learning School vgl. Mintzberg et.al. (1999)
[886] Die Lagebestimmung wird z.B. von Malik (1995) und Popp (2001) gefordert
[887] Scholz/Stein/Bechtel (2004), 43 f.
[888] Scholz/Stein/Bechtel (2004), 9 f.

möglich, wenn individuelle Mitarbeiterbewertungen erstellt werden, die im Widerspruch zu (8) stehen, wo diese explizit ausgeschlossen wurden. Zugleich sehen die Autoren, dass diese Herausforderung der Mitarbeiter zugleich eine Chance darstellt, weil sie diese in ihrer individuellen Entwicklung an entsprechenden HCM-Angeboten des Unternehmens besser orientieren könnten.[889] Ein solcher Wettbewerb passt von den Sinnmodellen zum Instrumentalmodell: Der Wert des HC besteht ausschließlich im finanziellen Barwert zukünftiger Gewinnbeiträge. Im Überlebensmodell, das auch wesentlich auf die Solidarität der Schicksalsgemeinschaft abstellt und mehr oder weniger auf das „iron law of responsibility“ [890] aufbaut, ist ein solcher Wettbewerb an sich (hoch) konfliktär. Inwieweit im Fortschrittsmodell ein solcher Ansatz verträglich erscheint, kommt ganz darauf an, inwieweit Menschenwürde, Rechte der Einzelnen, Solidarität und wirtschaftliche Notwendigkeit in einem fairen Dialog zu einer unternehmensindividuell stimmigen „Thematisierung von Verantwortung“ umgesetzt werden kann. Es hängt davon ab, was als Erfolg zählt und mit welchen Werten dieser Erfolgsmaßstab begründet wird. Anders gewendet braucht es eine Übereinstimmung darin, ob bei einem solchen Wettbewerb noch ein „Fortschritt in der Befriedigung von Bedürfnissen der direkt und indirekt Betroffenen“ gegeben ist.[891]

4.2.3.2 Human Capital Management im weiteren Sinn

Die Notwendigkeit in der Bildung von Human Capital ganzheitlich die berührenden Aspekte von Organisation, Verfahren und Technologien einzubeziehen, ergibt sich daraus, dass der beschleunigte Wandel von Technologien und Organisationen zu ständig wachsenden Anforderungen an die Menschen führt. Der Nachvollzug rasant erfolgender technologischer Neuerungen und von laufenden Markt- und Organisationsveränderungen wird durch die Anpassungsfähigkeit des Personals und des Managements von Personal limitiert.[892] In umgekehrter Richtung entstehen z.B. durch forcierte Personalentwicklung und ein lebendiges Vorschlagswesen zusätzlich eine interne Dynamik, die Anpassungen der Organisation und der technologischen Ausstattung notwendig macht. Es überrascht daher nicht, wenn Robert Kaplan und David Norton just in der **Kombination** der **immateriellen Werte** von **Personal**, (Informations-) **Technik** und **Organisation** die *entscheidenden internen Prozesse* sehen, die *zur erfolgreichen Implementierung einer Strategie* notwendig sind: „Anders als

---

[889] Scholz/Stein/Bechtel (2004), 10 ff.

[890] Kirsch (2001), 407: „Das langfristige Überleben ist nicht gesichert, wenn man nicht auch gesellschaftliche Verantwortung trägt."

[891] Kirsch (2001), 407 ff.

[892] Gemäß Schwarze (2006), 349 können Organisationen mit der Technologie-Entwicklung nicht Schritt halten: es entsteht eine „organisatorische Lücke“; die Menschen in Organisationen können weder mit den sehr schnell erfolgenden Technologieschüben noch mit den laufenden organisatorischen Anpassungen fertig werden: es ergibt sich zusätzlich eine „kulturelle Lücke“

bei materiellen Gütern erfolgt die Wertschöpfung immaterieller Werte fast nie isoliert durch diese selbst, sondern resultiert erst aus einer Kombination mit anderen Werten.“ Investitionen in neue Technologien bringen erst dann Rendite, wenn das Personal hierzu geschult wird und motiviert ist, diese einzusetzen. Organisatorische Abläufe wiederum erfahren erst durch den Einsatz und die Beherrschung von Informationstechnologien eine wesentliche Beschleunigung. Nach Kaplan und Norton ist es „unmöglich, immaterielle Werte isoliert zu betrachten.“ Ihr Beitrag zur Leistungsfähigkeit des Unternehmens und dessen Wertschöpfung lassen sich an deren „strategischer Bereitschaft (Strategic Readiness)“ erkennen. **Strategische Bereitschaft** wird erzeugt, wenn aus der Strategie abgeleitete Vorgaben für Personal, Technik und Organisation erfüllt sind.[893]

Weitergehende Vorstellungen hierzu hat die branchenübergreifende, aus Wissenschaftlern und Praktikern bestehende **Interessengemeinschaft ewf** entwickelt, welche in der „effizienten Gestaltung des EngineeringWorkflow (ewf) über den gesamten Produktlebenszyklus“ eine Schlüsselrolle zum Bestehen im größer werdenden globalen Wettbewerb sieht. Es geht dabei nicht nur um Produktentwicklung, sondern auch um die Entwicklung und Spezifikation der Produktionsanlagen, der Fertigungs-, Wartungs-, Serviceprozesse bis hin zu Demontage und Recycling. Hierfür ist „eine **tiefgreifende Integration** von **Personen** (P), **Organisation** (O) und **Technologie** (T) (iPOT-Ansatz) als ganzheitlicher Ansatz unabdingbar.“[894] In den genannten Ansätzen wird deutlich, dass die klassische Funktionalorganisation mit ihren festen Trennungen in Abteilungen und Bereiche und dem Selbstverständnis, abteilungs- bzw. bereichsoptimal zu handeln, einen schweren Stand hat, den Herausforderungen gerecht zu werden.[895] Dieser auf Frederic Taylor zurückgehende ***traditionelle Ansatz*** versucht den Problemumfang durch Funktions- und Arbeitsteilung zu reduzieren und möchte **alles unter Kontrolle** haben. Jedoch erweist sich angesichts der gestiegenen Komplexität und Dynamik „der Glaube, die Probleme durch Automatisierung, Computereinsatz und straffe Führung in den Griff zu bekommen ... als trügerisch. Ebenso problematisch ist es, Funktionen, deren Kosten ‚außer Kontrolle' geraten sind, einfach outzusourcen und so das Problem wegzudefinieren.“[896]

---

[893] Kaplan/Norton (2004), 20 f.; der immaterielle, nicht bilanzierbare Wert von Technik bzw. Technologien liegt in der Fähigkeit, diese zu beherrschen; auch Grant (2002), 140 ff. sieht erst im Zusammenwirken der Firm's Resources den Wettbewerbsvorteil bzw. den immateriellen Wert

[894] Fischer/Schmitt (2002), 1, Hervorh. in Fett v. Verf., das Akronym iPOT steht für „Integrated People, Organization and Technology”

[895] Im funktional organisierten Industriebetrieb müssten z.B. die Bereiche Technik (Produktentwicklung, Arbeitsvorbereitung, Fertigung, Fertigungslogistik), Vertrieb (Produktmanagement, Distributionslogistik, Wartung/Service) und Kaufmännisch (Controlling, Personal, IuK-Systeme), also mindestens 3 Bereiche mit mindestens 9 Abteilungen ganzheitlich zusammenwirken, häufig sind es deutlich mehr

[896] Fischer/Schmitt (2002), 2

Als anderes Extrem steht diesem traditionellen Ansatz ein ***innovatives Konzept*** gegenüber, das nicht auf straffe Kontrolle, „sondern [auf] eine **Steigerung der Kompetenz** im Umgang mit Problemen und eine Innovation [setzt], die **von** allen **Mitarbeitern** ausgeht: die ‚**kompetente Unternehmung**'." In den Fokus rückt dabei das Wissen und Können von Unternehmen, das durch die Mitarbeiter getragen wird, die „ in einem kommunikativen, innovativen und veränderungsfreudigen Umfeld zusammenarbeiten. Durch funktionale Integration, Dezentralisierung und Eigenverantwortung entsteht eine flexible Organisation, die die Dynamik des Abnehmer- und Zielmarktes und die ständige Weiterentwicklung der zur Verfügung stehenden Technologien unmittelbar und von innen heraus zu bewältigen versucht." Entscheidend ist, dass diese **organisatorische Innovation durch die Mitarbeiter** geleistet wird.[897]

Den genannten Extrempositionen liegen, wie unschwer zu erkennen ist, unterschiedliche Sinnmodelle zugrunde: dem traditionellen Part das Ziel- bzw. Instrumentalmodell, dem innovativen das Fortschrittsmodell (siehe 3.1.3.1). Während im Instrumentalmodell Mitarbeiter nur eine zu optimierende, im Zweifel zu substituierende Ressource darstellen, sind sie im Fortschrittsmodell die zentrale, tragende Größe auf der die Basisfähigkeiten des Handelns, des Lernens und der Responsiveness beruht. Der Wert bzw. die Bedeutung des Human Capital kann also nicht losgelöst für sich ermittelt werden, sondern ergibt sich erst in Abhängigkeit von der gewählten Strategie unter Bezugnahme auf das Personal als Humanpotential und das Arbeits- und Führungssystem, die Organisation und die eingesetzten Technologien sowie der Organisationsverfassung. Je nach Sinnmodell kommt es dabei zu einer unterschiedlichen Orientierung. So verstandenes Human Capital Management kann sowohl im Sinne von Kaplan/ Norton im Instrumentalmodell zur Verbesserung des Shareholder Value angewendet werden als auch hoch mitarbeiterorientiert im Fortschrittsmodell etwa im Sinne von Schwarze, der fordert, dass eine „menschengerechte Entwicklung in strategischen Konzepten" ermöglicht werden muss.[898] Der ‚Wert' des Human Capital erfährt in Abhängigkeit vom Sinnmodell eine andere Gewichtung: Im Instrumentalmodell steht ein möglichst hoher immaterieller Vermögenswert des Human Capital mit bilanzieller Wirksamkeit im Vordergrund. Je mehr sich das Sinnmodell dem Fortschrittsmodell nähert, umso mehr kann das Human Capital auch als ein vom rein vom Finanziellen losgelöster Wert an sich betrachtet werden, dem das Unternehmen eine hohe bis sehr hohe Bedeutung zumißt, zumal es diesen als Ausdruck der eigenen Identität versteht bzw. sich wesentliche Leistungsträger des Unternehmens damit identifizieren und der Wert einer Fähigkeit zu einer „treibenden Kraft"[899] für das Unternehmen wird.[900] Es steht dann nicht mehr der monetäre ‚Bilanzwert' im

---

[897] Fischer/Schmitt (2002), 2, Einfügungen in eckigen Klammern u. Hervorh. in fett v. Verf.
[898] Schwarze (2006), 351
[899] Tregoe/Zimmermann (1981)
[900] vgl. Kirsch (1997b), 13; zu Wert an sich im Sinne von Wünschenswertem bzw. als Idealzustand, vgl. Staehle (1999), 171 ff.,

Vordergrund, sondern die ‚Wertbilanz', d.h. eine Auflistung anzustrebender nicht monetärer Werte, deren relative Zunahme hoch bedeutsam ist.

4.2.3.3 Bezugsrahmen Human Capital Management

Wie bereits an anderen Stellen erläutert[901] stellen die Human Resources als Humanpotential nur einen Erfolgsfaktor dar. Erst durch den Einsatz des Arbeits- und Führungssystems wird aus diesem Erfolgsfaktor die strategische Fähigkeit ‚Human Capital des Unternehmens' generiert. Das Management des Transformationsprozesses vom Humanpotential zum Human Capital obliegt dem **Human Capital Management (HCM)**. Die folgende Abb. 58 zeigt einen Bezugsrahmen von HCM.[902] Das HCM erarbeitet in Abstimmung mit der Geschäftsführung und den Managern anderer Fähigkeiten – abgebildet durch den Faktor Management Capabilities[903] - das strategische Programm HC im Rahmen eines strategischen Gesamtprogramms. Die einzelnen Faktoren werden in den Abschnitten 4.2.4 bis 4.2.12 im Detail behandelt, ausgenommen der Zusammenhang zum Strategischen Programm, den Management Capabilities und dem HCM selbst, der bereits davor in 4.2.1, einleitend zu 4.2.3 und 4.2.3.1/2 erläutert wurde. Jeder Faktor ist zugleich ein Programm-Teil des strategischen Programms von HC. Der Hauptansatzpunkt des HCM zur Generierung von HC besteht im Arbeitssystem, welches Humanpotential (Personen), Technologien, (Basis)Organisation und Managementsystem miteinander verbindet. Umso mehr es gelingt, zwischen diesen Faktoren widerspruchsfreie Gestaltungslösungen zu finden, umso mehr werden Zufriedenheit, Zumutbarkeit, Erträglichkeit und Ausführbarkeit gesteigert, umso produktiver wird ein System (vgl. 4.2.5.1).[904] Angesichts der Dynamik des technologischen Fortschritts, der Märkte und in Folge rascher und häufiger organisatorischer Anpassungen sind Arbeitssysteme sehr häufig von ihrem Optimum ‚widerspruchsfreier Gestaltungslösungen' entfernt. Dies kommt zu einem großen Teil daher, dass der Humanfaktor entweder überhaupt nicht oder erst spät bzw. nur schwach ausgeprägt bei Auswahlentscheidungen zu Investitionen in neue Technologien und bei Entscheidungen für organisatorische Änderungen miteinbezogen wird. Es überwiegen dort ökonomische und technologische Gesichtspunkte (vgl. 4.2.6 u. 4.2.12).[905] Es ist daher erforderlich, dass HCM diese Vorgänge antizipiert und sich pro-aktiv Gehör verschafft, indem z.B. die Bedürfnisse der Mitarbeiter von Anfang an bei Auswahlentscheidungen entsprechend berücksichtigt werden und Mitarbeiter vorzeitig auf neue technologische und organisationale Entwicklungen (vgl. 4.2.7) vorbereitet werden oder – noch besser – diese von deren gesteigerter Kompetenz ausgehen. Nur so besteht

---

[901] vgl. hierzu Grundlagen 2.2.1.8 und den Zusammenhang zum Intellectual Capital in 4.2.2.1

[902] Als Detaillierung der Abb. 43, wobei hier nur auf das HC bzw. HCM Bezug genommen wird

[903] Ein Faktor, der für sich genommen auch eine Fähigkeit darstellt

[904] Vgl. Scholz (2000), 758

[905] Vgl. Schwarze (2006), 349 f.

eine Chance, das Hinterherhinken des personalen Faktors zu beenden und die Lücken zu den technologischen und organisatorischen Möglichkeiten aufzufüllen. Aus dem ergibt sich, dass ein Fit zwischen Personal-, Organisations- und Technologieentwicklung herbeigeführt werden sollte (vgl. 4.2.12). Ein bedeutender Faktor ist dabei die Personalstrukturentwicklung (vgl. 4.2.10). Für mittlere Unternehmen ist von besonderer Bedeutung, dass sie ihre Identität wahren, um hohe Identifikation und Motivation der Mitarbeiter zu erhalten. Diese steht in einem sehr ausgeprägten Zusammenhang mit dem Risikounternehmertum, das im Abnehmen begriffen ist.[906] Der Wechsel zum Gehaltsunternehmer führt zu einer Formalisierung des personalen Unternehmens mit negativen Wirkungen auf Identität und Identifikation. MU sollten daher organisatorische Vorkehrungen treffen und diese institutionell verankern, um diese Begleiterscheinungen zu begrenzen, indem der Gehaltsunternehmer wenigstens partiell zum Risikounternehmer wird (vgl. 4.2.4.1). Ein HCM ist nur dann glaubwürdig, wenn es auf der ersten Führungsebene wirksam vertreten ist (vgl. 4.2.4.2). HCM spielt in Aufsichtsorganen bislang, wenn überhaupt, nur eine untergeordnete Rolle. Aus Gründen der Glaubwürdigkeit sollte es auch hier verankert werden (vgl. 4.2.4.3). Generell sollte die Mitarbeiterorientierung organisatorisch verfasst sein (vgl. 4.2.4.4). Erst dadurch können Rahmenbedingungen geschaffen werden, die eine Vertrauenskultur als wesentlichen Erfolgsfaktor ermöglichen und stärken (vgl. 4.2.8).

Ein HCM muss die geänderten Bedürfnisse der Menschen aufgrund eines gesellschaftlichen Wertewandels gebührend berücksichtigen (vgl. 4.2.11.1). In einem Zusammenhang hierzu steht oft die persönliche Situation der Mitarbeiter, die sich heute aufgrund starker gesellschaftlicher Veränderungen anders darstellt wie früher. Sie muss durch HCM entsprechend beantwortet werden (vgl. 4.2.11.2). Schließlich gilt es die demografische Entwicklung zu antizipieren und vermehrt ältere Mitarbeiter zu fördern (vgl. 4.2.11.3). Knapp werden dabei die besonders produktivitätssteigernden Wissensarbeiter für die ein Unternehmen attraktiv sein muss, eine Herausforderung für ein HCM (4.2.9.2). Anforderungen an das Top Management und an die erste Ebene stellen einen entscheidenden Faktor für das Gelingen von HCM wie der Unternehmensführung generell (vgl. 4.2.9.1). Hierzu ergeben sich folgende Hypothesen:

H21: Durch den von HCM geführten Transformationsprozess entsteht aus Humanpotential HC. Hauptansatzpunkt hierfür ist das Arbeitssystem, welches Personen, Organisation, Managementsystem und Technologien miteinander verbindet.

[906] Nach dem Institut der deutschen Wirtschaft (2006) werden nur noch vier von zehn Unternehmen innerfamiliär übertragen

Abbildung 58: Bezugsrahmen Human Capital Management

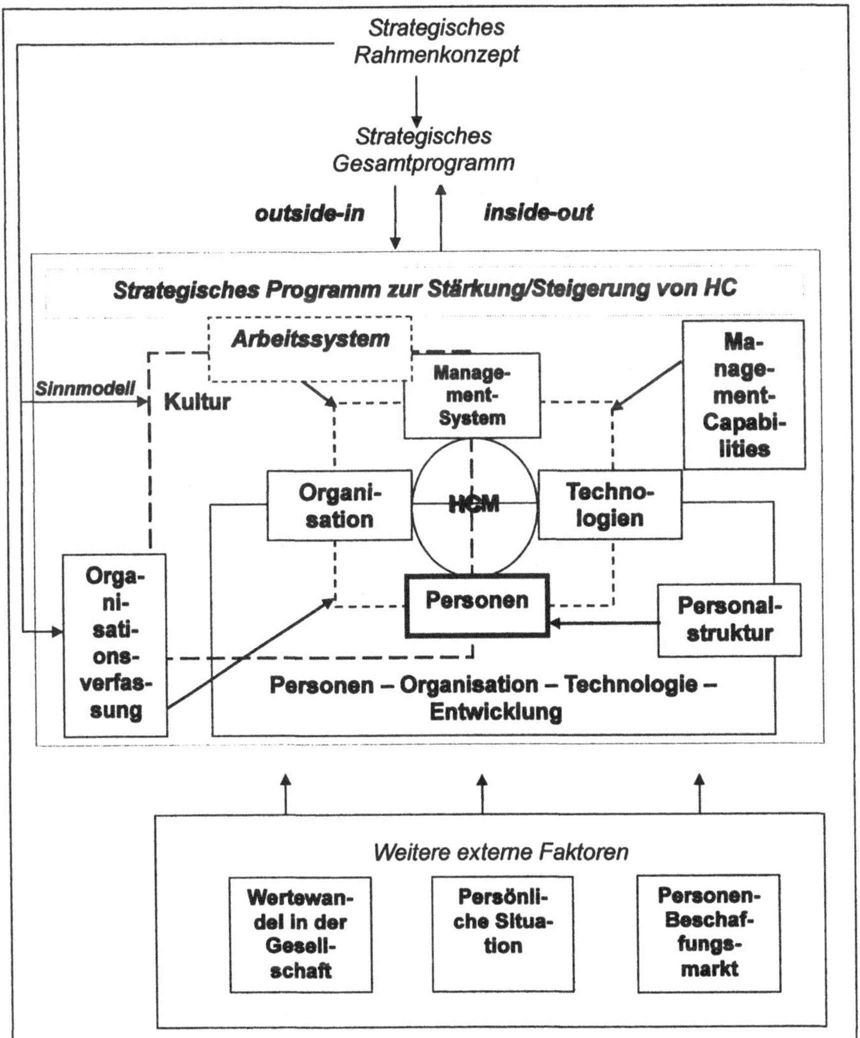

Quelle: Eigene Darstellung

H22: Umso mehr es gelingt, die Faktoren des Arbeitssystems in widerspruchsfreien Gestaltungslösungen zu verbinden, umso mehr werden Zufriedenheit, Zumutbarkeit, Erträglichkeit und Ausführbarkeit gesteigert, umso produktiver wird ein Unternehmen.

H23: Durch eine ausgewogene Berücksichtigung pluraler Interessen kann sowohl der monetäre Wert des HC als auch dessen nicht monetärer Wert gesteigert werden.

H24: In Abhängigkeit vom Sinnmodell hat HC eine andere Bedeutung: Im Instrumentalmodell ist der Fokus auf eine Steigerung des HC als höherem monetären Bilanzwert gerichtet. Im Fortschrittsmodell nimmt HC auch dann zu, wenn HC unabhängig von ökonomischen Aspekten nicht-monetär in einer Wertebilanz höher eingestuft werden kann.

4.2.4 Organisationsverfassung und Human Capital Management

Kerninhalt des HCM sind die Personen im Unternehmen, deren Potential zum Wert des Unternehmens transformiert werden soll. In der obigen Abbildung 58 ist bewusst von Personen anstelle von Personal die Rede.[907] Der Begriff ‚Personal' wäre zu eng, da dieser nur die dienstvertraglich gebundenen Personen im Sinne von BGB §§ 611 ff. beträfe. Unabhängig davon, dass heute auch in mittleren Unternehmen immer öfters auf Personen zurückgegriffen wird, die ihre Dienste als selbständig Tätige im Sinne von Werkverträgen gemäß BGB §§ 631 ff. anbieten, die nicht selten Schlüsselrollen bis hin zu Managementpositionen der ersten Ebene einnehmen, geht es hierbei besonders um einen **Personenkreis**, der den **größten Einfluss** auf das Unternehmen und das HCM hat, **ohne Arbeitnehmer** im Sinne des Betriebsverfassungsgesetzes (BetrVG § 5 (2)) **zu sein**. Es handelt sich im wesentlichen um Mitglieder des Top Managements und der Aufsichtsorgane, die als Organvertreter nicht zu den Angestellten gehören. Gleichwohl Mitglieder der Aufsichtsorgane häufig nur wenige Tage pro Jahr im Unternehmen sind, können sie aber je nach Satzung weitreichende Befugnisse haben, die für das HCM insbesondere auf normativer Ebene von Belang sind. Normatives HCM kann vor allem von der sogenannten Dominierenden Koalition (Doko) ausgehen, der auch noch Gesellschafter bzw. Gesellschafterberater angehören können, die über die Organe entscheidenden Einfluss ausüben.[908] Eine solche Doko kann z.B. aus dem Hauptgesellschafter, einzelnen Aufsichtsvertretern, sehr häufig auch dem Vorsitzenden und dder Geschäftsführung oder dem Vorsitzenden der Geschäfts-

---

[907] Der Terminus ‚Personal' weckt Assoziationen zum ‚Dienstpersonal' von einst, das im vorgegebenen Rahmen funktionieren sollte. Personen dürfen hingegen Persönlichkeit zeigen und diese entwickeln

[908] Vgl. Kirsch (2001), 107; im Mittelstand eher selten zählt auch der Betriebsratsvorsitzende dazu

führung bestehen. Das strategische HCM ist dagegen in der Regel Angelegenheit der Geschäftsführung und häufig der erweiterten Geschäftsführung (Mitglieder der ersten Führungsebene nach der Geschäftsführung). Das operative HCM ist wie die Personalarbeit Aufgabe aller Führungskräfte und der Personalabteilung. Die Ausprägung von HCM in den mittleren Unternehmen ist, da diese Aufgabe erst im Entstehen ist, vermutlich noch erheblich schwächer ausgeprägt als die strategische Personalarbeit (siehe 2.3.10).

Für mittlere Unternehmen im Umbruch ist es entsprechend den Ausführungen von Kapitel 3.2 und 3.3. von ausschlaggebender Bedeutung, dass der dem mittleren Unternehmen seinen Charakter verleihende Risikounternehmer, der am besten die Maxime der Einheit von Risiko, Verfügungsmacht und Erfolg verkörperte, das Unternehmen fortführt. Da dies tendenziell immer öfters nicht mehr möglich ist, wird auf Fremdgeschäftsführer ausgewichen, die von ihren Ausgangsbedingungen her mehr dem Großunternehmen entsprechen (siehe Kapitel 2.3). Solchen mittleren Unternehmen droht, wie insbesondere die Ausführungen von Abschnitt 2.3.12 zeigen, ihr Charakter abhanden zu kommen. Mit der Charakterveränderung besteht die Gefahr, dass auch die Fähigkeit des bis dahin personal geführten Unternehmens, loyale, leistungsfähige und –willige Mitarbeiter zu halten, zu entwickeln und anzuziehen, eingeschränkt und gemindert wird. Wenn ein mittleres Unternehmen diese Vorzüge erhalten will, kommt es nicht umhin, hierfür tiefgreifende Veränderungen in der Organisationsverfassung vorzunehmen. Wie in Abb. 58 durch vom Strategischen Rahmenkonzept ausgehende Pfeile zur Organisationsverfassung (und zur Kultur) bereits angedeutet, ist (sind) diese wesentlicher Ausdruck desselben (vgl. 2.2.2.3). Sie werden hier dennoch im Bereich des Strategischen in dem Sinne behandelt, wenn strategisches HCM gelingen soll, dann sind normative Vorkehrungen notwendig.

4.2.4.1 Risikobeteiligung der Geschäftsführung

Mittlere Unternehmen sind auf **Fortbestand** angelegt (siehe Abschnitt 3.2.3) Dieser wird am besten erzielt, wenn die Führungspersonen mit dem größten Einfluss genau ihn **nachhaltig** verfolgen. Der Risikounternehmer muss dies tun, weil er persönlich unbeschränkt haftet. Mit dem Untergang des Unternehmens droht(e) ihm (früher lebenslange) „Schuldknechtschaft“.[909] Gehaltsunternehmer hingegen verlieren in der Insolvenz nur ihre Stellung und müssen persönlich unter Umständen nur dann haften, wenn sie diese verzögert haben oder wenn sie Arbeitnehmerbeiträge oder die Lohnsteuer wissentlich nicht abgeführt haben (siehe 2.3.4). Ohne diese Versäumnisse ist ihre Stellung den Angestellten vergleichbar, die mit „fremdem Geld“ arbeiten, und die Folgen von Fehlentscheidungen betreffen vor allem das Vermögen anderer Personen und nicht ihr eigenes. Von normalen Angestellten unterscheidet sie allerdings,

[909] Malik (2002), 287

dass sie im Falle ihrer Abberufung vertraglich meist „komfortabel abgesichert" sind und „großzügige Abfertigungs- und Pensionsansprüche" erhalten.[910] Der Risikounternehmer kann seine Verantwortung nicht einfach abstreifen. Er wird daher – so darf mit hohem Wahrheitsgehalt angenommen werden – seine Aufgaben so gewissenhaft wie möglich erfüllen und die Qualität seiner Entscheidungen in Abhängigkeit der Reichweite an hohen oder höchsten Maßstäben orientieren, weil ihn die Folgen unmittelbar existentiell betreffen. Aus diesen Überlegungen ist es daher naheliegend, Fremdgeschäftsführer in eine ähnliche Position wie die des Risikounternehmers zu bringen. Dies könnte – wie dies Malik vorgeschlagen hat – dadurch herbeigeführt werden, dass **Gehaltsunternehmer**, sich am **Risikokapital** mit einer für die Person angemessen hohen Summe **beteiligen** und dass Abfindungs- und Pensionsansprüche nicht vom gegenwärtigen, sondern vom *zukünftigen Unternehmenserfolg* abhängen. Auch die Praxis, möglichst hohe Tantiemen als Vorabgewinn an die Geschäftsführer zu zahlen würde dadurch beschränkt, weil ein Teil der Tantieme als Kapital im Unternehmen verbliebe und erst nach von den Gesellschafter beschlossener Ausschüttungen abflösse. So würden „Zukunftsorientierung" und „langfristige Denkweise" etabliert.[911] Eine Verankerung in der Organisationsverfassung ist notwendig, weil häufig nur Gesellschafter Kapital halten dürfen. Dies hat zur Folge, dass die bisherigen Gesellschafter, dem eintretenden Gehaltsunternehmer auch Stimmrechte abtreten müssen, der nun nicht nur alle Pflichten wie das Kapitalrisiko trägt, sondern auch alle Rechte wahrnimmt. Er ist zwar dann möglicherweise ‚nur' Minderheitsgesellschafter, aber durch seinen Wissensvorsprung hat er mehr Gewicht, zumal sich unter Umständen auch noch Mehrheitsverhältnisse ergeben können, die seine Position noch mehr stärken. Durch die Gesellschafterposition ist ein solcher Gehaltsunternehmer deutlich besser gestellt und weniger von der Hierarchie abhängig. Ein derart gestärkter Verantwortungs- und Gestaltungsrahmen wird sich langfristig in qualitativ besseren Personal-Entscheidungen in Bezug auf Auswahl und Promotion von Personen niederschlagen.[912] Wie der Risikounternehmer müßte er mehr die langfristigen Wirkungen von Personalentscheidungen bedenken. Schnelle Gewinne auf Kosten des Personals würden weniger leicht fallen und die strategische Bedeutung des Personals mehr berücksichtigt werden. Umgekehrt würden die Gesellschafter gezwungen, die Auswahl des Gehaltsunternehmers noch gründlicher vorzubereiten, da auch sie Positionen für ihn aufgeben müßten, zumal der Geschäftsführer als Gesellschafter die gleichen Rechte wie sie genießen würde und als Gesellschafter nicht so einfach gekündigt werden könnte.[913] Eine Abberufung des Geschäftsführers würde daher weniger leicht fallen.

---

[910] Malik (2002), 287; „Abfertigung" ist der in der Schweiz übliche Ausdruck für Abfindung
[911] Malik (2002), 291
[912] Nach dem ehemaligen Personalvorstand Ulrich Weiss (2001) ist das „eigenverantwortliche Gestalten" der stärkste Motivator von Führungskräften,
[913] Eine Ausnahme könnte die Verletzung der Treuepflicht darstellen, vgl. Krüger, D. (1999), 128 ff.

H25: Je mehr Gehaltsunternehmer als Risikounternehmer gestellt sind, umso nachhaltiger werden sie eine Unternehmenspolitik verfolgen, die kurzfristige Gewinne zu Lasten des Personals ausschließt und langfristig das HC stärkt.

4.2.4.2 Institutionalisierung der ersten Führungsebene

Aufgrund der Ergebnisse der interessengeleiteten Führung (siehe 4.2.2.2) ist ab einer bestimmten Firmengröße – als Hilfszahl bietet sich die Größe ab 200 Mitarbeiter (Freistellung eines Betriebsratsmitglieds) an – eine Führungsperson notwendig, die sich Vollzeit um die Thematik ‚Mitarbeiterorientierung' bzw. HCM kümmert. Die Definition ‚mittlere Unternehmen' (siehe 2.3.13) setzt voraus, dass der Unternehmer keine Funktionsleitung mehr inne hat und vorwiegend strategisch tätig ist. D.h. Personen auf der ersten Führungsebene unterhalb des Unternehmers führen die einzelnen Funktionen. Wie aus der Abbildung 59 weiter unten ersehen werden kann, ist eine Funktionsaufteilung auf die Führungsdimensionen selten eindeutig und die Zuordnungen erscheinen oft fragwürdig, zumal Querschnittsfunktionen mehr oder minder alle Funktionen betreffen. Unter der Annahme, dass in einem Wirtschaftsunternehmen alle Funktionen ‚kostenorientiert' sein müssen[914] kann außenperspektivisch die folgende Funktionseinteilung getroffen werden, die der Organisation des klassischen Industriebetriebs recht nahe kommt:

Human Capital	→	Personal
Customer Capital	→	Vertrieb
Supplier Capital	→	Einkauf
Investor Capita	→	Finanzen
Process Capital	→	Produktion / Logistik
Location Capital	→	wenig operativ, Stabsfunktion der Geschäftsführung
Innovation Capital	→	Forschung & Entwicklung

Die verschiedenen betrieblichen Funktionen bzw. Querschnittsfunktionen müssten nun binnenperspektivisch auf die Führungspersonen verteilt werden, wobei mehrere Funktionen pro Person möglich und in der Realität vielfach wahrscheinlich sind.

Über die in Abbildung 59 angedeuteten mit X gekennzeichneten Schwerpunktbezüge wären damit in etwa die Führungsdimensionen personal vertreten.

---

[914] Nach Horváth (1996), 937 zählt Kostenrechnung/Controlling zur Kernfunktion jedes Managers

Abbildung 59: Führungsdimensionen, Fähigkeiten und betriebliche Funktionen

Führungsdimensionen **Fähigkeiten**	**Markt-orientiert**	**Produktions-orientiert**	**Kosten-orientiert**	**Finanz-orientiert**	**Mitarbeiter-orientiert**	**Techno-logie-/Inno-vations-orientiert**	**Öffentlich-keits-/Um-weltorientiert**
Human Capital					X		
Customer Capital	X						
Supplier Capital			X				
Investor Capital				X			
Process Capital		X					
Location Capital							X
Innovation Capital						X	
Betriebliche Funktionen	**Vertrieb** Marketing, Produkt-management, Distributions-logistik, Service	**Produktion & Logistik** (Produktions-/Beschaf-fungslogistik) Qualitäts-sicherung	**Einkauf strategisch** Controlling/ Kostenrech-nung (Informations-systeme)	**Finanzen** Geschäfts-buchhaltung Investor Relation	**Personal** Abteilung, Führungs-kräfte aller Bereiche	**Entwick-lung** Produkt-/ Verfahrens-entwicklung Qualitäts-Sicherung	Public Relation / Umweltschutz
Querschnittsfunktionen	Logistik, betriebswirtschaftliches und technisches Controlling (Qualitätssicherung), Personal, Arbeitsschutz, Informations-/Kommunikationssysteme, Allgemeine Organisation						
Anmerkungen: Mit **X** ist nur der Schwerpunktbezug angedeutet; Mitarbeiterorientierung kann bei allen Fähigkeiten eine Rolle spielen, z.B. durch Beziehungen zu Kunden, Lieferanten, Investoren; Mitarbeiter können Teil des Process, Location und Innovation Capital sein; ebenso kann Innovationsorientierung in allen Fähigkeiten zutreffen usw. → ***Funktionszuordnung oft fragwürdig***							
Quelle: Eigene Darstellung							

Die hierfür ausgewählten **Leitungspersonen** hätten nun idealiter die **Aufgabe** schwerpunktmäßig jeweils **eine Fähigkeit** und **eine Führungsdimension** zu vertreten. Bei Funktions-Kombinationen sind es mehrere. Eine Umsetzung ohne Klärung der Rollen würde viele Missverständnisse beinhalten. Machtkämpfe und Reibungsverluste wären vorprogrammiert. Die **Klärung der Führungsrollen** ist daher eine wesentliche Aufgabe der Geschäftsführung in Zusammenarbeit mit den Führungspersonen der ersten Ebene. Dies wird in den Abschnitten 4.2.5.2 und 4.2.8.4 vertieft. Der entscheidende Aspekt in Bezug auf die Organisationsverfassung ist nun, dass unter dem Gesichtspunkt einer ganzheitlich optimalen Führung unter der Vertretung aller notwendigen Interessen bzw. Führungsdimensionen bei gleichzeitiger Nutzung und Vermehrung der Fähigkeiten dem **Führungsorgan der ersten Ebene** ein **entscheidendes Gewicht** zukommt. Ausgangspunkt ist hierbei, dass nur eine nachhaltige Ausgewogenheit der Führungsdimensionen im Interesse des Unternehmens sein kann, insbesondere dass die Mitarbeiterorientierung nicht zum Stiefkind wird. Für die Ausgewogenheit gibt es eine Reihe von Gründen, die sich aus den in Kapitel 4.1 dargestellten Ansätzen ergeben. Eine Vernachlässigung bzw. Überbetonung einzelner Faktoren wirkt sich nachteilig auf den Erfolg aus, wobei nach dem mehrdimensionalen Modell der Unternehmensführung besonders auf einen Ausgleich der markt-, produktions-, kosten-, finanz- und mitarbeiterorientierten Führungsdimensionen zu achten ist (siehe 4.1.3.2). Bei allen Entscheidungen müssen die **einzelnen Rollen gleichrangig** sein. Es darf keine ständig dominant andere bestimmen, weil sonst ganze Führungsdimensionen bzw. Fähigkeiten vernachlässigt bzw. übermäßig ausgebaut werden zum Schaden des Gesamtunternehmens.

Eine Rolle muss **unabhängig** von den anderen vertreten werden können. Hierzu braucht es eine besondere Stellung durch die Organisationsverfassung, weil diese Rolleninhaber in mittleren Unternehmen nicht Geschäftsführer, sondern in der Regel Prokuristen sind: die sogenannte ‚**erweiterte Geschäftsführung**' ist **ohne gesetzliche Regelung**. Unliebsame, aber Sachverhalte korrekt vertretende Rollenvertreter können leicht gekündigt oder mit Kündigung bedroht werden. Dem könnte durch eine Veränderung der Satzung in der Weise entgegen gewirkt werden, dass dieser Personenkreis ein Recht erhält, auf Verlangen ihre Position, ggf. als Minderheitsvotum, dem Aufsichtsorgan darstellen zu können, ohne Repressalien befürchten zu müssen. Zwingend notwendig ist, dass Berufung und Abberufung der ersten Ebene der Zustimmung des Aufsichtsorgans bedarf. Die Rollenverteilung sollte vom Aufsichtsorgan bestätigt werden. Diese Verankerung empfiehlt sich auch, wenn der Risikounternehmer selbst noch die Geschäftsführung inne hat, weil er auch in der Versuchung steht, dauerhaft einseitig Rollen zum Nachteil des gesamten Unternehmens zu bevorzugen. Diese formale Verankerung der ersten Ebene erzwingt, dass bei Entscheidungen immer alle Manager einbezogen werden und ein Konsens gefunden werden muss. Die damit begründete formale Ordnung ist eine wichtige Voraussetzung für qualitativ bessere Entscheidungen, weil die

Entscheidungsprozesse „transparent" und „stabil verlaufend" gestaltet werden können.[915] Die verankerte Konsensorientierung ermöglicht die „Integration der verschiedenen Wissenskomponenten" und später eine „entscheidungskonforme Umsetzung".[916] Dennoch hat die Geschäftsführung das letzte Wort. Sie kann anders entscheiden, aber nicht unbegründet. Eine solche Institutionalisierung schafft einen Rahmen, Einseitigkeiten und Übertreibungen zu begrenzen. Auch aus der Sicht des Mentorenmodells von Petersen ist eine „gleichmäßigere Machtverteilung anstelle autoritärer Machtzentralisierung" erforderlich, weil sich dadurch eine „institutionalisierte *Kontrolle der Macht*" anstelle „institutionalisierter *Absicherung der Macht*" ergibt. Es ermöglicht die „dialogische, mitverantwortliche Teilnahmemöglichkeit" der Funktionsvertreter, die idealiter allen Organisationsmitgliedern Möglichkeiten zur Teilnahme an Entscheidungsprozessen einräumen sollten.[917]

Die institutionelle Verankerung ist insbesondere für das HCM notwendig, da es wie Abschnitt 2.3.10 zeigt, tendenziell vernachlässigt wird. Grundsätzlich ist das für jede Rolle notwendig. Weist z.B. Finanzen permanent auf negative finanzielle Auswirkungen einer Maßnahme hin und wird nicht gehört, kann es zur Liquiditätskrise kommen, oder der Entwicklungschef verweist auf technische Mängel des Produkts, das dennoch weiterverkauft wird und dann große Schadensersatzforderungen auslöst, die das Unternehmen ruinieren können usw. Entscheidend ist, dass die Fähigkeiten und Führungsdimensionen Gehör und Berücksichtigung finden und nicht mundtot gemacht werden können.[918]

H26: Ein HCM ist umso wirksamer, je mehr es institutionell in der Weise verankert ist, dass der HCM-Vertreter in einer erweiterten Geschäftsführung seine Rolle uneingeschränkt vertreten und nicht übergangen werden kann

4.2.4.3 Schwerpunktverlagerung der Aufsichtsichtsorgane

Die Aufsichtsorgane werden häufig dann gebildet oder spielen erst dann die ihre von der Satzung her gedachte Rolle, wenn Risiko-Unternehmer an Fremdgeschäftsführer übergeben.[919] Häufig treten ehemalige Unternehmer oder auch andere Gesellschafter als Aufsichtsorgan auf. Folgende weitere Berufsgruppen sind dort vertreten: Wirtschaftsprüfer, Steuerberater, Rechtsanwälte, Banker, befreundete Unternehmer, auch Lieferanten. Nicht selten dominie-

---

[915] Dies ist ein gut belegtes Ergebnis theoriegeleiteter Erfolgsfaktorforschung, siehe Reitmeyer (2000), 54 f. u.138 f.

[916] Auch diese wirken sich positiv auf die Qualität der Entscheidungen aus, siehe Reitmeyer (2000), 51 ff. u. 136 f.

[917] Petersen (2003), 175

[918] Ein eindeutig geregelter Geschäftsverteilungsplan erhöht das Zutrauen in das Unternehmen und damit den Goodwill desselben, vgl. Helbling (2001d), 190 u. 2.2.1.4

[919] Jürgen Weber (2001) kritisiert zurecht, dass solange der „Firmenpatriarch" am Ruder ist, Beiräte nur „Fassade" sind: „Substanzielle Kritik am Firmenchef ist da nicht angebracht"

ren Rechtsanwälte, die verschiedene, durch die Familien der Gründer entstandene Gesellschafterstämme vertreten, um darauf zu achten, dass der rechtliche und finanzielle Ausgleich zwischen den Stämmen korrekt abläuft. Alle diese Berufsgruppen bringen finanzwirtschaftliche Kompetenzen mit, selten jedoch die realwirtschaftlichen, die für die strategische Gesamtführung notwendig sind. Nun hat zwar der Unternehmer, der gerade in das Aufsichtsorgan gewechselt ist, aufgrund seiner lebenslangen, täglichen Erfahrung noch am meisten Wissen vom Geschäft. Aus diesem täglichen Erleben zog er all die Informationen und Inspirationen, die er für die Führung benötigte. Sobald er nicht mehr unmittelbar an diesem Leben teilnimmt, verfügt er nicht mehr über die unmittelbaren Informationen und Eindrücke, die er sich selbst durch Befragen aller relevanten Personen und per Augenschein (z.B. Auftrags-, Lager-, Fertigungsbestände) verschaffte. Er ist nun ganz auf diejenigen Kommunikationsmedien des Unternehmens angewiesen, die ihm die Geschäftsführung präsentiert. Die strategisch bedeutsamen realwirtschaftlichen Vorgänge sind darin nur wenig repräsentiert, die Human Resources mit Kopfzahlen und Kosten noch weniger. Auch ist der Unternehmer nicht unbedingt ein professioneller Aufsichtsorganvorsitzender. Auf diese Rolle ist er nur bedingt vorbereitet. Problematisch bei den erwähnten Berufsgruppen ist der Umstand, dass diese in ihrer Berufsfunktion überwiegend noch im Unternehmen tätig sind.[920] Damit stehen sie auch im Auftrag der Geschäftsführung und sind damit auch ihr verpflichtet. Sie sind also doppelt gebunden und nicht wirklich frei, ihrer Aufsichtstätigkeit voll nachzukommen. Hinzu kommt noch, wie stark das Aufsichtsorgan gestellt ist. Hat es nur beratende Funktion oder eingeschränkte Geschäftsführungsrechte, dann spielen die Gesellschafter die eigentliche Rolle. Dort treten dann auch Personen auf, die mit dem Unternehmen nur indirekt etwas tun zu haben. Oft sind es Erben, die nicht unbedingt über finanzwirtschaftliche und eher noch weniger über strategisch relevante Kompetenzen verfügen. Angesichts einer solchen Charakterisierung verwundert es nicht, wenn im Rahmen der Koblenzer Studie über mittelständische Unternehmen[921] empirisch belegt wurde, dass Aufsichtsorgane im Mittelstand einen negativen Einfluss auf die ökonomische Performance haben.[922] Oft ist die Geschäftsführung in der strategischen Führung wesentlich auf sich allein gestellt und findet in den Aufsichtsorganen nur bedingt Kompetenz zum Verstehen dieser komplexen Vorgänge. Sie sieht sich vielfach gezwungen, überwiegend nur auf das zu achten, was die Kommunikationsmedien anzeigen, nämlich Umsatz und Auftragseingang, Gewinn und Liquidität. Da die strategisch realwirtschaftlichen Vorgänge zu komplex sind – und auch bei vorhandener Kompetenz nicht an einem Tag (oft sind es nur Stunden) pro Quartal abgehandelt werden können, ist **strategi-**

920 Auch Weber (2001) bemängelt die „freundschaftlichen Bande"

921 Untersucht wurden 3000 Unternehmen von 50 bis 1000 Mitarbeitern mit einer Rücklaufquote von knapp 500, vgl. Reitmeyer (2000) 1 f. u. 172

922 Vgl. Weber (2001) u. Weber/Reitmeyer/Frank (2000), 71f.; die Umsatzrendite in der Vergleichsgruppe derjenigen Unternehmen ohne Beirat schnitt signifikant besser ab als in der mit Beirat

sche Gesamtführung – im Sinne eines Zusammenwirkens von Geschäftsführung, Aufsichtsorgan und Gesellschaftern – häufig schlicht **nicht gegeben**. Es bleibt dem Geschick der Geschäftsführung überlassen, sie dennoch zu leisten. Da aus strategischem Unverstand mit Widerständen zu rechnen ist, bleibt einer verantwortlichen Geschäftsführung im Interesse des Unternehmens nur, in den ‚Untergrund' zu gehen und strategische Investitionen über stille Reserven abzuwickeln. Eine Geschäftsführung auf Zeit ohne echtes Nachhaltigkeitsinteresse kann es sich einfacher machen und lieber die Gewinne und damit auch die Tantiemen höher ausweisen. Der strategische Flurschaden in den geschwächten Fähigkeiten und Erfolgspotentialen kann lange verborgen bleiben. Ob später ausbleibende Gewinne darauf zurückgeführt werden ist nicht sicher. Hierzu bräuchte es wiederum strategische realwirtschaftliche Kompetenz. Aus den oben aufgeführten Gründen ist eine Schwerpunktverlagerung notwendig, so dass (a) strategisch kompetente Personen in das Aufsichtsorgan berufen werden und (b) dass strategisch relevante Schlüsselinformationen vorgelegt werden müssen.

Zu (a): Dem (Gehalts-)Unternehmer und dem Unternehmen wäre mehr gedient, wenn er zumindest im Aufsichtsorganvorsitzenden einen strategisch versierten Sparringspartner hätte, der allerdings mehr Zeit als die üblichen vier Tage pro Jahr[923] im Unternehmen verbringen müsste, um wirklich das Geschäft verstehen und verfolgen zu können. Noch besser wäre es freilich, wenn das Aufsichtsorgan komplett mit **strategisch kompetenten** und **unabhängigen Personen** besetzt wäre.[924] Auch wenn alle der von Malik vorgeschlagenen sechs Schlüsselgrößen (siehe 2.2.2.3) regelmäßig dem Aufsichtsorgan zur Verfügung stünden, so liegt es letztlich an der strategischen Kompetenz der Personen, insbesondere weil nicht alles gemessen oder erhoben werden kann: „In letzter Konsequenz ist gerade das **Aufsichtsorgan selbst das ‚Messorgan'** des Unternehmens für alle jene Dinge, die nicht im herkömmlichen Sinne gemessen werden können – durch sein Urteil und seine Urteilskraft."[925] Ideal wäre, wenn der Aufsichtsorganvorsitzende sowohl strategische Kompetenz als auch die juristische und die soziale Kompetenz besäße, die Ausgleichsfunktion unter den Gesellschaftern wahrzunehmen.

Zu (b): Für das HCM ist von Bedeutung, dass es im Aufsichtsorgan entsprechend zur Sprache kommt. In den sechs Schlüsselgrößen ist es neben den Zahlen zur Produktivität der Arbeit und des Wissens vor allem die Größe: „Attraktivität für gute Leute". Betrachtet man nur Fluktuationszahlen, obgleich sie wie Absenzzahlen wichtige Signale zu vermitteln vermögen, bleibt die Qualität der betreffenden Personen unberücksichtigt: **Entscheidend** ist nicht wie viele, sondern **welche Personen** das Unternehmen verlassen haben. Wenn

---

[923] Nach Weber (2001) sind es zwei bis vier Sitzungen pro Jahr

[924] Für die Auswahl von Aufsichtsräten hat Malik (2002), 197 ff. Kriterien aufgestellt, die bei einer Evaluation herangezogen werden können

[925] Malik (2002), 150; Hervorh. in fett v. Verf.

die *„wirklich guten"* gehen und keine solche zu finden sind, stimmt etwas Grundlegendes nicht:[926]

> „Der Verlust guter Leute macht die anderen Mitarbeiter nachdenklich und lässt Zweifel aufkommen. Das hat unmittelbare Auswirkungen auf ihre Motivation, ihre Entschlossenheit und ihren Glauben an das Unternehmen."
> Malik (2002), 164 f.

Das Aufsichtsorgan muss bei Austritten wichtiger Personen diese befragen, um auch unangenehme Wahrheiten zu erkennen. D.h. dem Aufsichtsorgan müssen **Namen** vorgelegt werden, nicht nur anonyme Statistiken.[927] In den von Malik vorgeschlagenen Schlüsselgrößen ist nicht enthalten, wie die Mitarbeiter das HCM sehen. Dies kann durch regelmäßige organisationsweite, strukturierte und systematische **Mitarbeiterbefragungen** erhoben werden. Aus Gründen der Professionalität und Vertraulichkeit bietet sich an, diese über unabhängige Institute wie Universitäten durchführen zu lassen. Entscheidend ist, dass der Aufbau des Fragebogens nicht dauernd verändert wird, damit Vergleiche mit der Vergangenheit gezogen werden können. Dies hindert nicht, aktuelle Befragungen zu bestimmten Maßnahmen anzuhängen.[928]

Einen starken Ausdruck des Vertrauens in die Mitarbeiter würde die freiwillige Berufung von Arbeitnehmervertretern in das Aufsichtsorgan darstellen (siehe auch 4.2.4.4).

H27: Je mehr Aufsichtsorgane mit strategisch kompetenten Mitgliedern besetzt sind und je mehr Aspekte des HCM regelmäßig auf der Agenda von Aufsichtsorgansitzungen stehen, umso wirkungsvoller ist HCM.

4.2.4.4 Allgemeine Verankerung der Mitarbeiterorientierung

Auf der These aus Abschnitt 3.1.3 aufbauend, dass Mitarbeiterorientierung inhaltlich durch das gewählte Sinnmodell begrenzt oder befördert wird, leitet sich generell ab, diese auch in der Organisationsverfassung zu verankern. Mitarbeiterorientierung lässt sich am Umfang von der den Mitarbeitern eingeräumten „Partizipation" ablesen. Es wird darunter die „Mitentscheidung Betroffener verstanden, die es ihnen ermöglicht, ihre eigenen Vorstellungen und Bedürfnisse im Entscheidungsprozess zu artikulieren oder Widerspruch anzu-

---

[926] Malik (2002), 164; aufgrund sektorieller Knappheit an Stellenangeboten auf dem Arbeitsmarkt kann ein Wechsel zu anderen Unternehmen weniger leicht möglich sein, so dass niedrige Fluktuationsraten trügen können; zur Ermittlung der Fluktuationskosten vgl. Streim (1982). Auch Absenzstatistiken haben angesichts der schlechten wirtschaftlichen Entwicklung in der BRD an Aussagekraft verloren: die Krankheitstage erreichen niedrigste Werte seit den 1970iger Jahren vgl. Institut der deutschen Wirtschaft (2004), 77
[927] Vgl. Malik (2002), 164 f.
[928] Ein Beispiel bietet Hilb (1997), 78 ff.; allgemein zum Thema Mitarbeiterbefragung vgl. Wunderer/Jaritz (1999), 138 ff., zurückhaltend hierzu Malik (2002), 165

melden und gegebenenfalls mitzuentscheiden." Kirsch und Mitarbeiter unterscheiden dabei vier Stufen von Partizipation:

(1) „Pseudopartizipation, wenn es weder um Werte bzw. Bedürfnisse, noch um Wissen der Partizipienten geht, und es nur darum geht, eine Verbesserung der zwischenmenschlichen Beziehungen zu erreichen.
(2) Human-Resource Strategie, wenn das Wissenspotential der Geführten mobilisiert werden soll, während Werte und Bedürfnisse als Einflussfaktoren ausgeklammert werden.
(3) Social-Values-Strategie, wenn Werte und Bedürfnisse berücksichtigt werden sollen, andererseits die Notwendigkeit eines ausreichenden Wissens der Partizipienten unterschätzt wird, so dass die Entscheidungen nicht wirkungsvoll an den Werten ausgerichtet werden können.
(4) Authentische Partizipation, wenn eine Artikulation und Berücksichtigung der Bedürfnisse und Werte und eine Mobilisierung des Wissens des Partizipienten ermöglicht wird."[929]

Partizipation ist um so ernsthafter, wenn sie auch ihren **Niederschlag** in der **Organisationsverfassung** findet. Bei mittleren Unternehmen geht es um Freiwilligkeit, weil im Falle der Familien-Aktiengesellschaft und der Gesellschaft mit beschränkter Haftung ein Aufsichtsrat mit Arbeitnehmerbeteiligung erst ab 500 Mitarbeitern zwingend ist. Für die GmbH & Co. KG besteht erst mit 2000 Mitarbeitern eine Verpflichtung, für den eingetragenen Kaufmann überhaupt keine. Was spricht dagegen den Betriebsratsvorsitzenden oder einen anderen vom Betriebsrat gewählten Mitarbeiter zum Mitglied des satzungsmäßigen Aufsichtsorgans zu bestellen? Auch eine Verankerung der vertrauenswürdigen Zusammenarbeit mit Arbeitnehmervertretern in der Verfassung, würde die Ernsthaftigkeit unterstreichen, ebenso, dass ab einer gewissen Unternehmensgröße die Mitarbeiterorientierung im Führungsgremium speziell von einer kompetenten Führungskraft vertreten wird, oder zumindest in jedem Fall auf erster Ebene unter der Geschäftsführung von einem anderen Mitglied des Führungsgremium glaubwürdig mitvertreten wird. Die hier angesprochene Partizipation richtet sich an Mitarbeiter des Hauses. Delikater ist das Verhältnis zu Gewerkschaften, die ja als Tarif- und Sozialpartner dem Unternehmen direkt oder indirekt gegenüber stehen. Die Politik, die von Gewerkschaften verfolgt wird, kann hoch konfliktär zu den Interessen des Unternehmens, aber auch zu den Interessen der Mitarbeiter des Unternehmens sein. Da Gewerkschaften umso mehr Macht haben, je mehr Mitarbeiter sie stützen und in ihnen ihre Interessensvertretung sehen, kommt das Management bei einer angestrebt hohen Mitarbeiterorientierung nicht umhin, mit Gewerkschaften fair und partnerschaftlich zusammenzuwirken. Da die Gewerkschaften nicht von Mitarbeitern des Unternehmens vertreten werden, ist fraglich, ob eine freiwillige Ver-

[929] Kirsch et.al. (1985), 88 f.

ankerung per Satzung im Umgang mit Gewerkschaften ebenso geboten erscheint wie bei der unmittelbaren Mitarbeitervertretung. Ein bedeutsamerer Ausdruck für Mitarbeiterorientierung könnte aber eine satzungsmäßig eingerichtete Appellationsstelle (z.B. bestehend aus je einem Aufsichtsorganmitglied von Arbeitgeber- und Arbeitnehmerseite) sein, die jeder Mitarbeiter als ultima ratio anrufen darf, wenn er glaubt, dass er sich in seinen Rechten oder dass er Interessen des Unternehmens gefährdet sieht.[930] Solches institutionalisiertes unternehmensinternes Whistleblowing vermindert die Gefahr systematischer Untreue, was im Sinne aller vertretenen Interessengruppen – mit seriösen Zielen – ist, besonders der loyalen Mitarbeiter. Echte Partizipation kann darin bestehen, Mitarbeitern die Möglichkeit zur Kapitalbeteiligung zu geben. Das ist in mittleren Unternehmen nicht so einfach wie in börsengehandelten Großunternehmen. Aber es gibt inzwischen zahlreiche Modelle, die mit Erfolg umgesetzt werden.[931]

H28: Je mehr Möglichkeiten zur Partizipation von Mitarbeitern genutzt werden, umso wirkungsvoller ist ein HCM möglich.

4.2.5 Arbeits- und Führungssystem

Der in 2.2.1.6. eingeführte Begriff ‚Arbeitssystem' umfasst neben den Komponenten Arbeitsaufgabe/-inhalt, Arbeitsablauf/-organisation, Arbeitsumgebung auch das Führungssystem. In Abb. 58 ist das Arbeitssystem durch ein gestricheltes Rechteck gekennzeichnet, das die Faktoren Führungs- bzw. Managementsystem, Organisation, Technologien und Personen miteinander verbindet.

4.2.5.1 Arbeitssystem

Der Begriff ‚Arbeitssystem' stammt aus der Arbeitswissenschaft, die interdisziplinär (Teil-)Erkenntnisse aus sozialen, rechtlichen, wirtschaftlichen, technischen sowie medizinischen Disziplinen zu „widerspruchsfreien Gestaltungslösungen" zusammenfasst. Diese haben bezogen auf die Arbeit - soweit wirtschaftlich vertretbar - im wesentlichen folgende Inhalte: „Zufriedenheit" (Erzielung eines psychischen und physischen Wohlbefindens), „Zumutbarkeit" (im Hinblick auf den Stand der Wissenschaft und Technik und soziale Angemessenheit), „Erträglichkeit" (Ausführbarkeit bezogen auf ein ganzes Arbeitsleben) und „Ausführbarkeit" (Spitzenbelastungen/Höchstleistungsgrenze). Umso mehr es gelingt, diese Inhalte in der Leistungserstellung zu erzielen bzw. zu beach-

---

[930] Hintergrund sind die Veruntreuungen beim US-Konzern Enron, die erst durch mutige Mitarbeiter ans Licht der Öffentlichkeit drangen Vgl. Lüdenbach, N. / Hoffmann, W.-D. (2002)

[931] Vgl. insb. Arbeitsgemeinschaft Partnerschaft in der Wirtschaft e.V. [www.agpev.de], auch Wunderer (2001), 402 ff.; zu positiven Erfahrungen Lezius/Beyer (1989) u. Maier-Mannhart (1996); eine höhere Identifikation durch Mitarbeiterbeteiligung belegen Frey/Lüthgens (1996), 73

ten, umso produktiver wird ein System, vorausgesetzt dies wird individuell und kollektiv im Unternehmen auch so erlebt.[932] Im Mittelpunkt einer arbeitssystemischen Analyse steht die Arbeitsaufgabe als Schnittstelle von Personen, Organisation und Technologien (siehe Abb. 60), wobei die Eckfelder identisch mit Abbildung 58 sind, die noch zusätzlich das Managementsystem umfasst.

Abbildung 60: Einfaches Modell eines Arbeitssystems

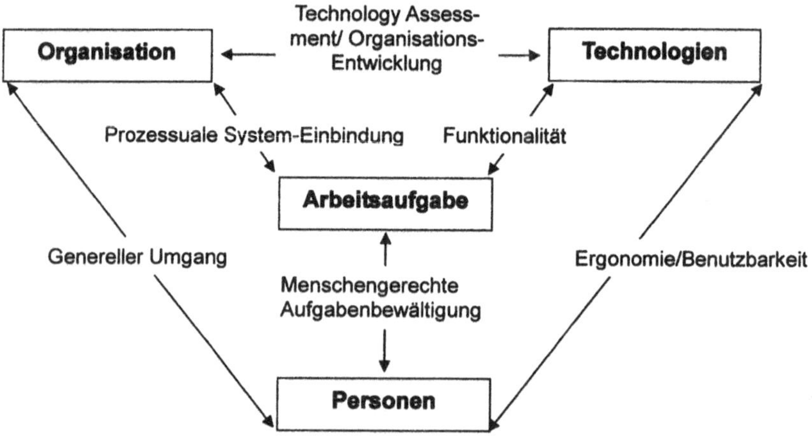

Quelle: Frei nach Scholz (2000), 644

Nach Bisani hat das Arbeitssystem eine zentrale Wirkung auf die Leistungsbereitschaft der Mitarbeiter. Diese beinhaltet die Einstellung der Personen zur Aufgabe und den Willen, eigene Fähigkeiten einzubringen.[933] Ähnlich Scholz, der „grundlegende Wertvorstellungen und Motive des Individuums" als bestimmend ansieht.[934] Wunderer und Küpers definieren Motive als „Beweggründe des Handelns, die meist von Zielvorstellungen geprägt sind, z.B. von dem Drang, Bedürfnisse zu befriedigen.

Motive können bewusst oder unbewusst sein, im Menschen selbst oder aus seiner Umwelt auf ihn wirken." „Motivation" ist die „psychische Kraft (i.S. eines Verhaltenspotenzials), die hinter der Intensität, Dauerhaftigkeit und Zielrichtung von Verhalten liegt."Von Motivation kann strenggenommen nur dann gesprochen werden, wenn eine Person über „intrinsische Selbstmotivation" sich

---

932 Scholz (2000), 758

933 Vgl. Bisani (1982), 584 f.; wie Schanz (2000a), 145 ff. führt er Leistungsbereitschaft auf Motive zurück

934 Scholz (2000), 332; als weiteren Faktor nennen Scholz u. Bisani (1982), 584 die situationsspezifische operative Leistungsdisposition, die im strategischen Kontext vernachlässigt werden kann

selbst steuert. Hingegen handelt es sich um „Motivierung“, wenn die „Verhaltensbereitschaft durch Vorgesetzte oder Anreize“ fremdgesteuert erzeugt, erhalten oder gesteigert wird.[935] Die „**Grundlage einer wert- und zielorientierten Selbststeuerung und Selbstmotivation** von Mitarbeitern“ entsteht nach Wunderer und Küpers durch „Identifikation“, die sie wie folgt definieren:

> „**Identifikation** ist die „selbständige Wahl von Identifikationsobjekten für die Lebens- und Arbeitsgestaltung. Als freigewählte Verankerung von Werten (Lebens-, Arbeits- und Organisationswerte) kann sie sich auf sachliche Objekte der Arbeitswelt (Arbeitsplatz, Leistungsprogramm, Abteilungsziele) oder personelle Beziehungen (zu Kollegen oder Vorgesetzte als Vorbild oder Kunden) ausrichten.“
> Wunderer/Küpers (2003), 57

Aufgrund der sozialpsychologischen Forschung ergibt sich durch eine positive Identität der Organisation eine erhöhte Identifikation der Mitarbeiter, wobei „Werte und Ziele der Organisation verinnerlicht“ und zu „internalisierten Zielen“ werden. Hochidentifizierte Mitarbeiter setzen sich mehr für die Zielerreichung ein, auch wenn eine formale Kontrolle durch Vorgesetzte fehlt.[936] Ohne Identifikation ist eine Motivierung nicht möglich. Sie ist deren „Voraussetzung und Grundlage.“ Darum muss Motivierung sich auf „zentrale Werte und Identifikationsorientierungen aktueller und potenzieller Mitarbeiter“ ausrichten.[937] In seit 1995 erfolgten Untersuchungen von Wunderer ergab sich immer wieder ein Anteil von um 50% „unternehmerisch Motivierter“. Der Verfasser hat in mittleren Unternehmen ähnliche Werte festgestellt. Es stellt sich daher die Frage, wozu diese Leistungsträger noch „zusätzlich motiviert werden“ sollen? Ist nicht anders gewendet zu fragen, **was diese Leistungspotenziale an der Entfaltung hindert?**[938]

Nach dreißig Jahren Motivationsforschung konstatiert Wunderer, dass diese Frage zu wenig gestellt worden sei, weshalb er sich die letzten Jahren verstärkt der Erforschung von Motivationsbarrieren zugewandt hat.[939] Die bislang vorliegenden Ergebnisse sprechen dafür, diese Frage generell ins Zentrum zu rücken, weshalb die Inhalte des Arbeitssystems zu Motivationsbarrieren in Bezug gesetzt werden (siehe Abb. 61).

---

935 Wunderer/Küpers (2003), 58 f

936 van Dick (2004), 10 ff.; es kommt darauf an, die Identität des Unternehmens für Mitarbeiter so attraktiv wie möglich zu gestalten, dass sie dies als eine Selbstwerterhöhung erfahren, 44 ff., zum Social Identity Approach vgl. auch Wagner/Zick (1990).

937 Wunderer/Küpers (2003), 57

938 Wunderer/Küpers (2003), V; auch der Geschäftsführer des MU Mettler-Toledo, Johann Tikart (1996), 111 stellte sich diese Frage. Durch radikales Beseitigen der organisatorischen Hindernisse und damit verbundenen Demotivatoren konnte er extreme Ergebnisverbesserungen erzielen

939 Rolf Wunderer (persönliche Kommunikation im Oktober 2000 in Krems)

Abbildung 61: Inhalte eines Arbeitssystems und Motivationsbarrieren

Betroffene Felder HCM-Bezugsrahmen Abb. 58	Haupt-Komponenten des Arbeitssystems nach Bisani (1982), 584	Motivationsbarrieren nach Wunderer/Küpers (2003), 24
Human Capital Management (Führungs)system (Unternehmen allgemein)	Führungsorganisation	Unternehmens- / Personalpolitik
		Anerkennung
		Honorierung
		Perspektiven
		Identifikation/Motivation
		Verantwortung
		Arbeitsdurchführung / Zeitlimits
		Sonstige Motivationsbarrieren
Organisation	Arbeitsinhalt/Arbeitsaufgabe	Arbeitsinhalt
	Arbeitsablauf/ Arbeitsorganisation	Arbeitskoordination
		Arbeitsdurchführung prozessual
		Verhältnis zu anderen Abteilungen
		Organisationskultur
Personen		Verhältnis zum direkten Vorgesetzten
		Verhältnis zu Kollegen/im Team
		Verhältnis zum höheren Management
Technologien (Ressourcen)	Arbeitsumgebung	Ressourcen
		Arbeitsdurchführung technisch
Persönliche Situation		Einflüsse auf das persönliche Leben
Quelle: Eigene Darstellung		

Treten Motivationsbarrieren verstärkt auf, dann führt dies zu Demotivation:

> „Demotivation reduziert und blockiert Motivationsenergien oder Leistungspotenziale von Mitarbeitern sowie deren Engagement für die Organisation. Sie wird durch Motivationsbarrieren und demotivierende Prozesse innerhalb eines personalen, interpersonellen und / oder strukturellen Kontextes verursacht. Sie kann aber über Prävention vorgebeugt und durch Barriereabbau und Remotivation vermindert und überwunden werden." Wunderer/Küpers (2003), 63

Da Demotivation in ein „vielfältiges Ursachen- und Wirkungsfeld eingebettet" ist, das unterschiedlichen Einflussbedingungen unterliegt, zieht die Demotivationsforschung diverse theoretische Erklärungsansätze heran, die in Abbildung 62 skizziert sind. In Abbildung 63 ist deren systemisches mehrdimensionales Zusammenwirken über rekursive und zirkuläre Prozesse angedeutet.

Abbildung 62: Theoretische Ansätze zur Erklärung von Demotivation

Ansatz	**Inhaltskizzierung**	**Ergebnisse**	**Verwendung**
Arbeitszufriedenheitsforschung (AZ)	Ausgeglichenes, emotionales Befinden; Übereinstimmung Anspruch u. Arbeitssituation	Kein kausallogischer, direkter Zusammenhang von AZ u. Demotivation (D)	Demotivierte Mitarbeiter in den Bereichen destruktiver AZ nach Bruggemann zu finden
Stressforschung	Zone von optimalem Stimulus bewirkt hohe Leistungen/ Engagement, zu geringer/ starker Stress schränkt ein	Hoher Zusammenhang Stress/D: Aufgaben-, Rollen-, Kommunikations-, organisations-, führungs-, berufs-/karrierebedingte, externe Stressoren	Verhalten zur Stressbewältigung: Informationssuche, direktes Handeln, Handlungshemmung, intrapsychische Anpassungen
Inhaltsorientierte Motivationstheorien (vgl. 3.1.2.4)	Wonach strebt der Mensch? Was muss inhaltlich erfüllt sein bzw. was hindert ihn? Bedürfnismodell (Maslow), Motivationstheorie (Alderfer), Zweifaktorentheorie (Herzberg), Bedürfnisfaktoren (McClelland)	Vernachlässigung von Identifikation, Über-/Fehlinterpretationen; Hauptproblem: attraktives Motivationsangebot würde entsprechende Leistung und Zufriedenheit (Z) bewirken	Anreicherung von Arbeit aufgrund v. Wachstumsmotiven/ Motivatoren, Erhöhung der Verantwortung u. Selbständigkeit, Bedeutung intrinsischer Motivation, Erklärung, warum Angebote nicht zu Z führen
Prozesstheorien	Erklärung wie Arbeitsmotivation unabhängig vom Inhalt initiiert, durchgeführt, beendet und bewertet werden kann		
	Anreiz-Beitragstheorie	Ausgleich von Anreizen u. Beiträgen nicht nachvollziehbar	Demotivation nicht nur Abwendung von Arbeitsbelastungen, sondern Hinwendung zu Aktivitäten mit höherem Anreizwert
	Erwartungs-Valenz-Modell	Einflussfaktoren erklären systematisch Leistungsbereitschaft	Wichtige Differenzierung für Demotivation aus Valenz ableitbar
	Integrationsmodell (Porter, Lawler)	Kein linearer Zusammenhang von Motivation und Leistungsverhalten	Aus Erwartungen u. Belohnungen Anreizsysteme ableitbar
	Gleichheitstheorie (Adams)	Soziale Vergleichsprozesse verdeutlichen Wahrnehmung von Unfairness	Honorierungssystemen unter Gleichheits-/Gerechtigkeitsaspekten
	Attributionstheorien	Relevanz von Zuschreibung als soziale Konstruktion	Konstruktion von Demotivationswirklichkeit, Überwindung v. Bewertungsmuster misserfolgsorientierter D.

	Zielsetzungstheorien	Bedeutung von Zielvereinbarungen aus Zielmodellen ableitbar; unspezifische nicht herausfordernde oder überfordernde nicht selbst bestimmte Ziele demotivieren	Relevanz von ziel- bzw. ergebnisorientierten Delegationskonzepten für Demotivationsprävention und -abbau
Psychologischer Vertrag (PV)	Individuum u. Organisation stehen sich mit vielgestaltigen Erwartungen gegenüber, die arbeitsvertraglich nicht gesichert werden können	Übereinstimmung von organisatorischem Rollenverständnis mit dem individuellen PV erwirkt Realisation v. Organisationszielen und individiueller Selbstverwirklichung	Verletzung führt zur Vernachlässigung von Pflichten, beeinträchtigt Commitment, schränkt Extra-Rollenverhalten ein; verletzte Fairness führt zu Misstrauen und geringer AZ; Vermeidung durch offene Kommunikation und Vertrauensaufbau
Theorien kognitiver u. emotionaler Dissonanz	Dissonanzerfahrungen zwischen Erwartungen und Ergebnissen	Dissonzanz tritt ein, wenn kognitive Prozesse der Informationsverarbeitung in Widerstreit geraten; Bedeutung des Emotionalen („Bauchwissen"), Gefühle als Ausdrucks-/Identifikationsmedium	Misslungene Dissonanzreduktion führt zu Demotivation. Wechselseitige Abhängigkeit kognitiver Denkprozesse u. emotionaler Vorgänge, Notwendigkeit v. „Gefühlsarbeit"
Willenstheorien u. Eskalation	Demotivation durch unzureichende Umsetzung von Intentionen	Zwischen Phase des Abwägens und der darauffolgenden Intention wird ein Grenzbereich überschritten	Demotivation tritt ein, wenn konkretes Handeln ausbleibt; Überanpassung führt zu Eskalation der D.
Entfremdung (E) / innere Kündigung (iK)	Entfremdung ist Verlust, wesens- oder naturgemäß zu leben / Distanzierung, Verweigerung von Eigeninitiative u. Einsatzbereitschaft für das Unternehmen	Beeinträchtigte Informations-/Kommunikationsflüsse schränken Involviertsein ein/ iK kommt auf allen Ebenen vor, sie geht mit mangelnder AZ u. verminderten internen Kontrollempfinden einher; negative Wirkung auf Gesundheit u. allgemeines Wohlbefinden; Pseudoharmonie, Konformismus, Kritiklosigkeit, kein Austragen latenter Konflikte	Entfremdungsformen sind bedürfnis- u. situationsabhängig; mangelnde Bedürfnisbefriedigung für zu E Remotivierungsbemühungen (R) wegen fehlender intrinsischer Beziehung zur Arbeit u. sozialer Beziehung zu Kollegen/Vorgesetzten stellen eine Herausforderung dar, zumal wenn eigene R erfolglos blieben
Quelle: Zusammenfassung nach Wunderer/Küpers (2003), 92 - 172			

Abbildung 63: Systemischer Integrationsansatz zur Demotivation / Remotivation

Neues Commitment Identifikation Engagement Remotivation ←

Anzustrebende Ziele		*Zu vermeidende negative Einflüsse / Wirkungen*
Sinnvermittlung/-wiedergewinnung	**Entfremdung / Innere Kündigung**	Verharren in Resignation
Erhöhung u. Realisation v. Handlungsoptionen	**Probleme der Willensrealisation**	Unbefriedigende Realisierungsmotivation / eingeschränkte Handlungskontrolle
Erfolgreiche Reduktions- und Ausgleichstrategien	**Kognitive, emotionale Dissonanz**	Erfolglose Reduktionsstrategien/Reaktanz
Wiederherstellung des psychologischen Vertrags	**Verletzung/Bruch psychologischer Vertrag**	Nichtgelingen einer Wiederherstellung des PV
Wiedergewinnung eines ausgewogenen Anreiz-/Beitragsverhältnisses	**Ungleichgewicht Anreiz-Beitrags-Verhältnis**	Scheiternde Ausgleichsversuche, bleibende Diskrepanz
Befriedigung von Motivationsinhalten, Verbesserung Motivationsprozesse	**Unbefriedigende Motivationsinhalte / Motivationsprozesse**	Unzureichende Motivationsinhalte und Motivierungsprozesse
Neue konstruktive Arbeitszufriedenheit	**Stress / Arbeitsunzufriedenheit**	Unzureichende Bewältigung/ Negative AZ
	Demotivation	←

→ **Verstärkte Demotivationen und negative Auswirkungen bzw. Folgen**

Quelle: etwas abgewandelt nach Wunderer / Küpers (2003), 150

Die in den darauf folgenden Abbildungen verwendeten Begriffe „Commitment" und „Remotivation" bedürfen noch der Erläuterung. Bei Commitment handelt es sich um die „freiwillige Selbstverpflichtung" von Organisationsmitgliedern gegenüber der Organisation. Dieses zeigt sich in der Bereitschaft, über vertraglich-formale Verpflichtungen hinaus, Einsätze zu bringen; „Freiräume" werden im Sinne der Organisation genützt.[940] Commitment oder „organisationale Verbundenheit" ist ein Konstrukt, „das das Bestreben einer Person umfasst, lange in der Organisation zu verbleiben." Commitment und Identifikation gewinnen immer mehr an Bedeutung, da äußere Kontrolle durch Vorgesetzte insbesondere bei Wissensarbeitern aber aufgrund größerer Leitungsspannen nicht mehr so gegeben ist wie früher. [941] „Remotivation" zielt darauf, „beeinträchtigte oder verlorene (Motivations-)Energien und Potenziale wiederzugewinnen", durch „direkten Abbau von Motivationsbarrieren" oder indirekt durch deren „Substitution".[942]

In empirischen Untersuchungen wurden über 250 zumeist mittlere Führungskräfte in 8 Nachdiplomkursen mit einer Rücklaufquote von über 90% mit homogenen Ergebnissen befragt. Zunächst wurde nach den drei wichtigsten potenziellen Motivationsbarrieren gefragt, danach, wie sie die aktuellen gewichten. Die Ergebnisse finden sich in den folgenden Abbildungen wieder. Bei den **potenziellen Motivationsbarrieren** sticht mit Abstand der ‚**Arbeitsinhalt'** hervor. In Interviews wurde dieser als die „zentrale Sinndimension der eigenen Arbeit" angesprochen. Demotivierend wirkt dieser, wenn nicht „herausfordernd, sinnvoll und ganzheitlich" erfahren wird und wenn die „Arbeit keinen Spaß macht." Von besonderer Bedeutung sind die „**Beziehungsfaktoren**" zu Vorgesetzten, Kollegen sowie zum privaten Leben. Der hohe Rang von Anerkennung zeigt „die Bedeutung von Respekt, Hochachtung und Lob durch soziale Kontakte."[943] Bei der stärksten aktuellen Barriere ‚**Arbeitskoordination**' bewirken „unproduktive Arbeitssitzungen" und „unklare Kommunikation bzw. Kompetenzabgrenzung" die größte Demotivation. Interviews verweisen darauf, dass „persönliche Animositäten", „Rangkämpfe" und „Zielkonflikte" die Koordination belasten, was besonders in Sitzungen hervortritt. Darin spiegelt sich auch die Organisations- und Führungskultur wider, was sich aus hohen Korrelationen zu ‚Identifikation/Motivation', ‚Organisationskultur' und ‚Arbeitsinhalt' ablesen lässt.

---

[940] Wunderer/Küpers (2003), 320 f.

[941] Gebert/Rosenstiel (2002), 96 f; messbar durch Organizational Commitment Questionnaire (OCQ); Commitment und Identifikation hängen eng zusammen. Rolf van Dick (2004), 6 f. verweist jedoch auf empirische Befunde nach denen sich faktoranalytisch trotz hoch korrelierender Werte im affektiven Bereich eine Distinktheit ergibt

[942] Wunderer/Küpers (2003), 69

[943] Wunderer/Küpers (2003), 23 f.

Abbildung 64: Potenzielle Motivationsbarrieren

Rang	Potenzielle Motivationsbarrieren	Gesamtnennungen N=193
1	Arbeitsinhalt	103 (42,9 %)
2a	Verhältnis zum direkten Vorgesetzten	46 (19,2 %)
2b	Verhältnis zu Teamkollegen	46 (19,2 %)
2c	Einflüsse auf das persönliche Leben	46 (19,2 %)
3a	Anerkennung	40 (16,7 %)
3b	Organisationskultur	40 (16,7 %)
4	Identifikation – Motivation	37 (15,4 %)
5	Perspektiven	35 (14,6 %)
6	Verantwortung	27 (11,3%)
7a	Unternehmens-Personalpolitik	17 (7,1%)
7b	Sonstige Motivationsbarrieren	17 (7,1%)
8	Ressourcen	15 (6,3 %)
9	Honorierung	13 (5,4%)
10	Arbeitskoordination	12 (5,0 %)
11	Verhältnis zum höheren Management	8 (3,3 %)
12	Arbeitsdurchführung	6 (2,5 %)
13	Verhältnis zu anderen Abteilungen	5 (2,1 %)
Quelle: Wunderer/Küpers (2003), 23		

Auffallend hohe Korrelationen zu ‚Verhältnis zum direkten Vorgesetzten' und ‚Verantwortung' zeigen, dass gestörte Koordination mit unklarer Verantwortung und der direkten Führung zusammenhängt.[944]

Die zweitstärkste Motivationsbarriere ‚**Organisationskultur**' hat hohe Korrelationen zu personalen und interpersonalen wie strukturellen Barrieren: (>.5)-Korrelationen zu ‚Verhältnis zu direkten Vorgesetzten', ‚Identifikation/Motivation', , Perspektiven' und ‚Verhältnis zum höheren Management' und ‚Unternehmenspolitik'.

Als Demotivationsaspekte treten auf: „Diskrepanz zwischen Reden und Tun, „unzureichende Kulturformen (z.B. Misstrauen, fehlende Kooperationskultur bzw. Konfliktbewältigung). Besondere Bedeutung hat noch die Motivationsbarriere ‚**Einflüsse auf das persönliche Leben**', die sowohl potenziell als auch aktuell den drittwichtigsten Faktor darstellt.[945]

[944] Hier deutet sich an, dass der unmittelbare Vorgesetzte eine (sehr) große Wirkung bezüglich Identifikation und Motivation der Mitarbeiter hat. Dies ist auch das hervorstechendste Ergebnis von großangelegten Gallup-Umfragen, vgl. Buckingham/ Coffman (2002), 10 u. 29 ff.

[945] Wunderer/Küpers (2003), 24 ff.

Abbildung 65: Aktuelle Motivationsbarrieren

Rang	Aktuelle Motivationsbarrieren	Gesamtmittelwerte N=251
1	Arbeitskoordination	3,04
2	Organisationskultur	2,97
3	Einflüsse auf das persönliche Leben	2,83
4	Ressourcen	2,79
5	Arbeitsdurchführung	2,76
6a	Verhältnis zum höheren Management	2,72
6b	Unternehmens-Personalpolitik	2,72
7	Perspektiven	2,64
8	Verhältnis zum direkten Vorgesetzten	2,58
9	Honorierung	2,54
10	Arbeitsergebnis / Anerkennung	2,52
11	Verantwortung	2,42
12	Identifikation – Motivation	2,37
13	Arbeitsinhalt	2,35
14	Verhältnis zu anderen Abteilungen	2,33
15	Sonstige Barrieren (Einflüsse aus dem persönlichen Leben, wirtschaftliche Situation, externe Beziehungen)	2,31
16	Verhältnis zu Team/Kollegen	2,17
Quelle: Wunderer/Küpers (2003), 24		

Gleichwohl ökonomische Statistiken auch andere Ursachen haben können, äußern sich darin Symptome der Demotivation:

- Zufriedenheitsanalysen (Mitarbeiterbefragungen) und Vorgesetztenbeurteilungen
- Leistungsergebnisse
- Fehlzeiten
- Fluktuationsrate
- Ausschuss, Produktivität, Bearbeitungszeiten, Inventurdifferenzen
- Quantität und Qualität der Kundenreklamationen
- Quantität und Qualität der Verbesserungsvorschläge
- Qualität der Wortmeldungen bei Besprechungen und Versammlungen
- Wahrnehmung von Angeboten im sozialen Bereich usw.[946]

Von seiner Konzeption her ist das **Arbeitssystem** dem operativen Management zuzuordnen. Als Ausfluss für die zukünftige Gestaltung, abgeleitet aus Leitbild und Strategie und diese auch beeinflussend, ist es ein wesentlicher Inhalt der Fähigkeit HC bzw. HCM. **Strategische Relevanz** erhält es zudem, weil es Antworten auf die Dynamik im Umfeld generieren muss. Scholz hat hierzu vier Herausforderungen benannt:

---

[946] Vgl. Wunderer/Küpers (2003), 76

- „Virtualisierung“ (Entkopplung der Arbeit durch elektronische Medien zur gleichen Zeit an differenten Plätzen z.B. Videoconferencing ; verteilte Arbeitsplätze z.B. Teleüberwachung...)
- „Arbeitszeitflexibilisierung“ (Permanente Leistungsbereitschaft, 24 h-Dienst...)
- „Grenzüberwindung“ (Internationale Koordination, Auslandsentsendung...)
- „Humanisierung“[947] (Überwindung der Gegensätze von Humanisierung und Wirtschaftlichkeit: unwirtschaftliche, dysfunktionale Effekte können vermieden werden, wenn Arbeit „ausführbar, erträglich, schädigungslos, fähigkeitserweiternd und persönlichkeitsfördernd“ ist...)

In Mängel behafteten Arbeitssystemen steckt ein (sehr) großes Erfolgspotential, dem die Unternehmen noch recht wenig Beachtung schenken.[948]

H29: Das Arbeitssystem hat eine sehr hohe Wirkung auf die Leistungsbereitschaft von Mitarbeitern. Negative Ausprägungen von Faktoren des Arbeitssystems führen zu Demotivation und Einschränkung von Leistungsbereitschaft: Je höher die Motivationsbarrieren, desto weniger Leistungsbereitschaft.

H30: Je umfassender die Mängel in einem Arbeitssystem behoben werden, umso höher ist die Leistungsbereitschaft und in Folge die Leistung von Personen.

4.2.5.2 Führungs- und Managementsystem

Eine besondere Rolle im Arbeitssystem kommt dem Führungssystem zu.[949] Durch Führung wird das Handeln von Personen und Kollektiven ausgerichtet, Ziele zu realisieren.[950] Führung findet auf zwei Wegen statt: Sie erfolgt direkt durch Personen, die andere Personen führen, indirekt durch Systeme, die einen führenden Einfluss auf Personen ausüben. Das Abstecken von Handlungsspielräumen und die Kanalisation von Aktivitäten durch Führungspersonen, insbesondere der Geschäftsleitung, schafft Rahmenbedingungen, von denen indirekte Führung ausgeht.[951] Im Kontext des Münchner Ansatzes hat ein Führungssystem zwei Aspekte. Es ist zum einen als Führungsorganisation Bestandteil der normalen Organisation, in welcher der laufende Ge-

---

[947] Scholz (2000), 576 u. 594 ff.; Scholz sieht fünf Formen von Dynamik als gegeben: „Organisations-, Werte-, Markt-, Globalisierungs- und Technologiedynamik

[948] Vgl. z.B. Scholz (2000), 609 oder Wunderer (2001), 13

[949] Bisani (1982), 583 verwendet die Termini Führungsorganisation und Führungssystem gleich

[950] Vgl. Gabler Wirtschaftslexikon (1997), 1411

[951] Vgl. Wunderer (2001), 4 ff., der „personal-interaktive (direkte)“ und „strukturell-systemische (indirekte)“ Führung unterscheidet. Indirekte Führung sieht er durch personenbezogene Aspekte der Kultur, Strategie, Organisation sowie über die Zusammensetzung der qualitativen Personalstruktur gegeben

schäftsbetrieb („Basisorganisation") abgewickelt wird. Zum anderen bildet es eine zusätzliche Organisation mit eigenen Führungs- und Entscheidungsstrukturen, eigener Aufgabenverteilung und eigenen Ablaufprozeduren. Da im mittleren Unternehmen von Personengleichheit ausgegangen werden kann, müssen betroffene Organisationsmitglieder – bestehende, angehende und potentielle Führungskräfte - neben ihren Rollen in der Basisorganisation auch Rollen in dieser zusätzlichen Organisation übernehmen. Je mehr und je besser dies gelingt, umso mehr ist Professionalität gegeben und desto mehr wird aus dem originären und diesem zusätzlichen Führungssystem ein „Managementsystem".[952] Kirsch verwendet erst dann den Terminus „Management", wenn „die Führung in professioneller Weise erfolgt":

> „Führung nimmt in dem Maße den Charakter von ‚Management' an, wie (1) in der betrachteten Organisation nachhaltige Reflexionen von Führungsrollen auftauchen und darüber hinaus auch operativ wirksam werden und wie (2) dies im Lichte von Ideen bzw. Wissen über Führung geschieht, die im Rahmen von (Führungs-)Lehren bzw. einschlägigen ‚Disziplinen' bearbeitet und gelehrt werden." Kirsch (2001), 426

Diese nachhaltigen Rollenreflexionen beziehen sich nicht nur auf die Rollenwahrnehmung in der Basisorganisation und im Managementsystem, sondern beinhalten die Reflexion der Rollen einzelner Führungspersonen insbesondere der ersten Ebene (siehe 4.2.9.1). Diese Reflexionen vollziehen sich vor dem Hintergrund verschiedener sozialwissenschaftlicher Ansätze, die in 4.2.8.3 näher beleuchtet werden. Die Notwendigkeit eines Managementsystems ergibt sich daraus, dass im Tagesgeschäft regelmäßig strategische Themen unterzugehen drohen. Vereinfacht formuliert stellt das **Managementsystem** die **strategische Organisation** dar innerhalb derer der Ablauf der strategischen Planung, die Steuerung der operativen Umsetzung und die Kontrolle von Plan- und Istwerten geregelt ist.[953] Nur über das Wirksamwerden der strategischen Organisation werden Strategien umgesetzt. Es hat allgemeine, bereichsübergreifende Funktionen, die nicht alle vom HCM, sondern auch von anderen Managementbereichen oder im Zusammenspiel vertreten werden. Im Managementsystem vollziehen sich sekundäre Prozesse, ohne eine originäre Wertschöpfung darzustellen. Für die Planung, Steuerung und Kontrolle sind spezielle Informationen notwendig. Nach Bleicher dient deshalb das Managementsystem zudem zum einen dem „Management der Information" (Gewinnung, Verarbeitung und zur Verfügungstellen von Information) und zum anderen der „Information des Managements" (Informationsverfügbarkeit für das Management, so dass Management diese analysieren und mit Bezug auf strategische Fragestellungen einsetzen kann).[954]

---

[952] Kirsch (1997a), 169 ff.

[953] Im Gegensatz zu Großunternehmen wird bei mittleren Unternehmen nur von einem Managementsystem ausgegangen vgl. Kirsch (1997a), 176

[954] Bleicher (1992), 248 ff.

Abbildung 66: Dimensionierung von Managementsystemen

I. Informationsgewinnung und - verarbeitung	
Eine geschlossene Informationsgewinnung in Verbindung mit einer sequentiellen Verarbeitung führt zu einem **reduktionistischen Umgang mit Information**	*Eine offene Methodenwahl, die sich bekannter aber auch neuer Daten und Quellen bedient, führt im Zusammenspiel mit simultan-rückkoppelnden Verarbeitungsmethoden zu einem* **holistischen Umgang mit Information**
II. Anwenderorientierung von Informationen	
Die **logistische Informationsversorgung** *der standardisierten, kanalisierten und periodisierten Berichterstattung*	*dialogische,* **benutzerorientierte Informationsabfrage**, *die den Verwendern die Möglichkeit bietet, Veränderungen, Analysen und darauf aufbauende Interpretationen zu vollziehen, womit allerdings auch die Verantwortung des Endbenutzers für die Informationsgestaltung einsetzt*
III. Kommunikative Verfügbarkeit von Informationen	
Eine insulare Informationsversorgung mit Informationen geringerer Aktualitität führt zu **status-bezogenen Kommunikationssegmentierung**	*Eine selbstgestaltete Nutzung von realtime Informationen aus einem Informationsnetzwerk, das aus In- und Umweltsystemen gespeist wird, lässt sich als* **fluss-bezogene Kommunikationsvernetzung** *kennzeichnen*
IV. Informationsverarbeitung durch das Management	
Bei Vorliegen von quantitativen, stark vergangenheitsorierten Informationen mit Exkulpationscharakter spricht man von **singularer ex-post Information**	*Weisen Informationen eine stärkere Prozessorientung und einen verstärkten Zukunftsbezug auf, wobei es sich sowohl um quantitative als auch qualitative Informationen handelt, kann von einer* **„integralen ex-ante Information"** *gesprochen werden*
Quelle: Bleicher (1992), 254 ff.	

Bleicher hat zur Dimensionierung von Managementsystemen die in Abb. 66 erfolgte Einteilung erarbeitet, aus der sich je nach Ausprägung typologisch denkbare Muster ergeben, wobei auch hier das Spannungsfeld linear bzw. reflexiv erkennbar ist. Je mehr das Managementsystem Ausprägungen der rechten Spalte annimmt, umso mehr ist es reflexiv. Zugleich stellt diese Dimensionierung ein Bewertungsraster für die Usability von für das Management verwendeten Technologien dar (vgl. 4.2.12). Das Managementsystem dient der Zielfindung und Zielvereinbarung bzw. als Planungs- und Kontrollsystem. Lange Zeit gab es im Managementsystem zwei Schwerpunkte:

(a) Sach- und Nominalpotentiale und (b) Personal-Managementsysteme. Zu (a) werden die Systeme des internen und externen Rechnungswesens und das der Steuerung der finanziellen Ressourcen (Treasuring) zu geordnet. Zu (b) das strategische Anreizsystem und das Personalbeurteilungs- und -entwicklungssystem.[955]

Unter einem Anreizsystem werden alle gezielt geschaffenen Arbeitsbedingungen verstanden, die – direkt oder indirekt – auf das Verhalten der Mitarbeiter einwirken sollen. Dazu gehören die Gestaltung der Löhne und Gehälter, der Entlohnungsgrundsätze sowie die Arbeitsgestaltung, Prämiensysteme, Erfolgsbeteiligungsmodelle, Karrieremöglichkeiten.[956] Strategisch erwünschtes Verhalten soll gefördert, unerwünschtes gemindert werden.[957] Das Personalmanagementsystem liefert wichtige Daten für das Personalcontrolling (vgl. 4.2.5.4). Diese Trennung der Untersysteme wird zum Teil durch die Balanced Scorecard (BSC) aufgegeben. Diese verknüpft für Führungs- und Ausführungspersonen deren persönliche Entwicklung mit zu erreichenden Zielen in den Prozessen und bei (externen und/oder internen) Kunden sowie Finanz- und Ergebniszielen. Auch in der Praxis mittlerer Unternehmen erfüllt die ursprünglich als erweitertes Modell betrieblicher finanzieller Kennzahlen gedachte BSC inzwischen die Funktion eines Managementsystems, das im nächsten Abschnitt ausführlicher behandelt wird.[958]

H31: Um die Umsetzung des strategischen Gesamt- und insbesondere des HCM-Programms sicherzustellen, ist ein Managementsystem notwendig. Es ist umso effektiver, je besser operative und strategische Ziele parallel umgesetzt werden.

4.2.5.3 Balanced Scorecard nach Kaplan und Norton

Die von Robert Kaplan und David Norton entwickelte BSC „ergänzt finanzielle Kennzahlen vergangener Leistungen um die treibenden Faktoren zukünftiger Leistungen."[959] Sie stellt einen Bezugsrahmen zur Verfügung in dem die Strategie aus vier verschiedenen Aspekten beleuchtet wird:

---

[955] Bleicher (1992), 264
[956] Vgl. Gabler Wirtschaftslexikon (1997), 160
[957] Vgl. Bleicher (1992), 268
[958] Starken Anteil an der Verbreitung der BSC im Mittelstand haben Friedag/Schmidt (2000a, 2000b). Nach Wunderer/Jaritz (1999), 329 dient die BSC auch zur Wertschöpfungsmessung. Eine Alternative hierzu stellt das Europäische Qualitätsmodell (EFQM) dar, vgl. Wunderer/Jaritz (1999), 351 ff, Wunderer/Gerig/Hauser (1997) u. Wunderer (1998), das eher in Großbetrieben Verbreitung gefunden hat
[959] Kaplan/Norton (1997), 8

1. „Finanzen: Die Strategie wird hier aus der Perspektive der Anteilseigner im Hinblick auf Wachstum, Rentabilität und Risiko betrachtet.
2. Kunden: Hier erfolgt die Darstellung der Strategie hinsichtlich der Wertgenerierung und Differenzierung aus dem Blickwinkel der Kunden.
3. Interne Geschäftsprozesse: Betrachtung strategischer Prioritäten in Bezug auf verschiedene Geschäftsprozesse, die Kunden- und Anteilseignerzufriedenheit schaffen.
4. Lernen und Entwicklung: Betrachtung der Prioritäten zur Schaffung eines Klimas für Wandel, Innovationen und personeller Entwicklung."

In ihr wird die Vision des Unternehmens so kommuniziert, dass sie in die Unternehmensplanung eingeht und die bislang einseitig an Finanzdaten operativ orientierte Budgetierung ergänzt. [960] In der Umsetzung erfolgen Feedback und Lernen, wobei es bei einfachen Rückkopplungsprozessen zu single-loop-learning im Sinne der verbesserten Umsetzung operativer Maßnahmen kommt. Wird die Vision und daraus entwickelte Strategien in Frage gestellt, kommt es zu strategischem double- und u.U. normativem triple-loop-learning. Schrittweise werden neue Umsetzungsversuche gestartet und bei neuen Ereignissen und Ideen/Werten analog angepasst.

Die BSC ist im Kontext des Münchner Ansatzes eine spezielle Form der geplanten Evolution (siehe Abb. 67) bei der Vision statt konzeptionelle Gesamtsicht steht. Durch die Ausrichtung auf die Strategie rückt diese in das Zentrum des Managementprozesses. Es kommt somit zu einer konsistenteren Beschreibung der Strategie als im nur finanzorientierten Budgetierungsprozess.[961] Durch die Offenlegung der Annahmen der Strategie und die Bildung von Ursache-Wirkungs-Ketten zwischen den vier Aspekten wird der „Umwandlungsprozess von immateriellen Vermögenswerten zu materiellen Werten im Hinblick auf Kunden und Finanzen" beschrieben. Kaplan und Norton haben hierfür den Begriff „Strategy Map" generiert.[962] Von besonderer Bedeutung an der BSC ist, dass im Prinzip alle Mitarbeiter in den Strategieumsetzungsprozess einbezogen werden können. Sie erfahren, wozu bestimmte Maßnahmen dienen, warum sie als Mitarbeiter – einzeln oder als Gruppe – definierte Beiträge hierzu leisten müssen, damit die Strategie, d.h. die angestrebten Fähigkeiten im gewünschten Inhalt und Ausmaß zum Tragen kommen.

In der persönlichen oder in der Gruppenzielvereinbarung werden diese operationalisiert. Mitarbeiter arbeiten dann operativ und strategisch auf Ziele ausgerichtet.[963] Durch Kommunikation kann ein wesentlicher Beitrag zu einer vertrauensbasierten Organisation geleistet werden. Dieser kann noch gesteigert

---

[960] Kaplan/Norton (2001), 22
[961] Zum Budgetierungsprozess vgl. Michel (1991), 111 ff.
[962] Kaplan/Norton (2001), 63 ff.
[963] Im Beispiel von Kirsch aus 2.2.2.1 hacken Mitarbeiter nicht nur Holz, sondern forsten auch auf

werden, wenn die Mitarbeiter sich aktiv am Strategiebildungsprozess, d.h. an der Koordination künftiger Aufgaben, beteiligen können.[964] In der Praxis mittlerer Unternehmen wäre es schon ein Erfolg, wenn alle Vorgesetzten an diesem Prozess als Schnittstellen zu den Mitarbeitern teilnehmen könnten.

Abbildung 67: Die geplante Evolution von Kirsch

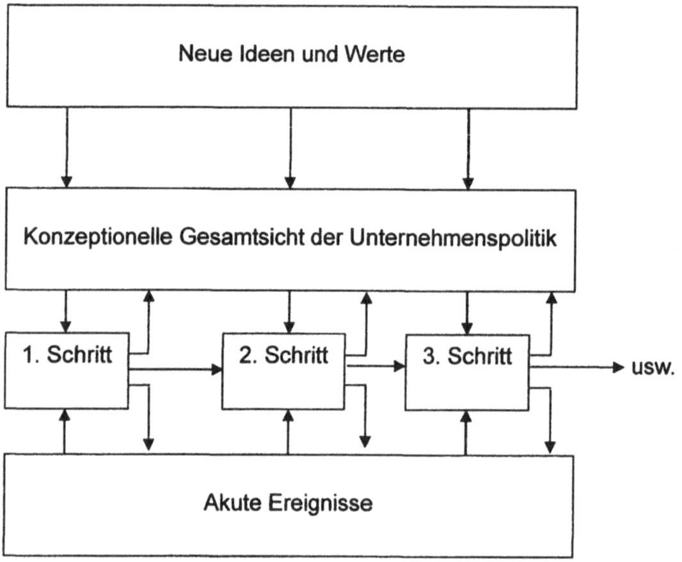

Quelle: Kirsch (1997a), 46

Für das HCM im engeren Sinn stellt in der BSC die Lern- und Entwicklungsperspektive die zentrale Dimension dar.[965] Bezogen auf Personen wird auf die Mitarbeiterzufriedenheit, -treue und –produktivität abgestellt, wobei die Zufriedenheit als Treiber der beiden anderen angesehen wird. Die Zufriedenheit wird über jährliche Mitarbeiterumfragen ermittelt, die Treue an Fluktuationskennziffern abgelesen und die Produktivität über Pro-Kopf-Wertschöpfung errechnet. Parallel zu den Mitarbeiterpotentialen erachten Kaplan und Norton die Potentiale der Informationssysteme sowie von der Organisation ausgehende Motivation, Befähigung durch Befugnisse und Zielausrichtung genauso für bedeut-

[964] Die größte Motivationsbarriere mangelhafte Arbeitskoordination (vgl. Abb. 65) kann dadurch verringert werden
[965] Kaplan/Norton (1997), 121 ff.

sam. Damit verfolgen sie den in dieser Arbeit bevorzugten Ansatz eines HCM im weiteren Sinne, der die Organisation und Technologien einbezieht. Sie argumentieren im Hinblick auf Informationssysteme, dass ohne diese die Fähigkeiten der Mitarbeiter und deren Motivation im heutigen Wettbewerb nicht bestehen könnten. Auch können hochqualifizierte und gut informierte Mitarbeiter für das Unternehmen nur dann zum Unternehmenserfolg beitragen, wenn sie organisatorisch befugt sind, selbständig zu handeln und Entscheidungen zu fällen. Die Motivation soll an der Anzahl vorgeschlagener und umgesetzter Verbesserungsideen ersehen werden. Die Zielausrichtung soll daran gemessen werden, inwieweit Mitarbeiterziele und Abteilungsziele mit den Unternehmenszielen in Einklang stehen bzw. die Entlohnung gleichgerichtet ist. Die zur Bewältigung künftiger Aufgaben notwendigen Kompetenzen sollen durch Weiterbildungsmaßnahmen erreicht werden, wobei ein „strategic job coverage ratio“ das Verhältnis bereits qualifizierter zur Anzahl notwendiger Mitarbeiter ausdrücken kann.[966] In dieser „strategischen Aufgabendeckungsziffer“ gehen überwiegend ausgewiesene Qualifikationen ein. Schlüsselqualifikationen und allgemeine Kompetenzen bzw. Bildung werden dabei zu wenig berücksichtigt, auch das Personalmanagement nicht.[967] Da nicht nur Informationstechnologien für die Prozesse bedeutsam sind, sondern alle vorkommenden Technologien im Arbeitssystem eine Rolle spielen, wird in dieser Arbeit ein HCM im weiteren Sinne angestrebt, das auch deren Implikationen berücksichtigt werden. Generell ist jedoch der Ansatz, eine Inventur über bestehende und künftig benötigte Qualifikationsprofile zu machen, von hoher Relevanz. Allerdings ist er im Hinblick auf personale Kompetenzen im Sinne von 4.2.2.3 auszuweiten und zu verfeinern. Das BSC-Konzept hat vielfach Kritik auf sich gezogen.[968]

Positiv wird der Effekt gewertet, dass in der BSC hard facts des Rechnungswesens und darüber hinausgehende soft facts wie Kundenzufriedenheit miteinander verbunden werden. Dadurch wird einer dem traditionellen Rechnungswesen inhärenten Tendenz, zu wenig in weiche Faktoren zu investieren, gegengesteuert.[969] Die BSC nährt die Vorstellung, Unternehmen direkt so steuern zu können, dass gewünschte finanzielle Ergebnisse erzielt werden. Sie vertritt damit vollständig einseitige Interessen des Instrumentalmodells (vgl. 3.1.3.1). Kaplan/Norton verweisen zwar darauf, dass die vier genannten Perspektiven kein Diktum darstellten, sondern je nach Unternehmen und Branche erweitert oder verändert werden könnten.[970]

---

966 Kaplan/Norton (1997), 127 ff.

967 Vgl. hierzu die Kritik von Wunderer/Jaritz (1999), 339; eine stärkere Ausprägung der Mitarbeiterperspektive vertreten auch Ulrich/Zenger/Smallwood (1999)

968 Vgl. Marr/Elbe (2001), Becke/Göllinger/Weber (2001), Göllinger/Weber (2002), Wunderer/Jaritz (1999); Friedag/Schmidt (2000a, 2000b) u. Horváth/Kaufmann (1998) sehen die BSC positiv

969 Vgl. Göllinger/Weber (2002), 8

970 Vgl. Kaplan/Norton (1997), 33 f.

Kritisch daran ist, dass das Vier-Perspektiven-Schema statt als heuristisches Konzept vielfach starr ausgelegt und angewandt wird.[971] Rainer Marr und Martin Elbe sehen in der Festlegung der vier Perspektiven und der zugrundegelegten hypothetischen hierarchischen Verknüpfung der Perspektiven von 4 zu 3 zu 2 zu 1 einen Idealtyp im Sinne von Max Weber, von dem idealtypische Wirkungen ausgehen.[972] Diese werden durch das Top-down-Verfahren verstärkt, Ziele für die nachgeordneten Ebenen deduktiv aus den zentralen Unternehmensstrategien und –zielen ohne deren Einbindung abzuleiten, wobei die finanzielle Perspektive deutliche Priorität hat und Zielkonflikte zwischen den Ebenen ausgeklammert bleiben.[973] Marr und Elbe sehen besonders kritisch, dass durch die Institutionalisierung der BSC bzw. der instutionalisierten Form der Informationsweitergabe als Managementsystem eine Programmierung im Sinne von Luhmann stattfindet. Dadurch wird die bisherige Form von personaler Führung, „Normen, also handlungsleitende Vorgaben in soziale Systeme einzubringen“ ersetzt durch eine Institutionalisierung von Normen.[974]

> „In traditionellen Managementsystemen wurde die Mittelbarkeit des Zusammenhangs zwischen Strategie und Messgrößen durch die Personifizierung des Unternehmens im jeweiligen Vorgesetzten kompensiert. Dieser stellte für die ihm nachgeordneten Mitarbeiter das Unternehmen per se (in allen seinen Anforderungen) dar und vereinigte Leistungsvorgabe mit Leistungskontrolle zwischen den Leistungsanforderungen (durch seine eigenen Vorgesetzten) und der Leistungserfüllung (durch den nachgeordneten Bereich).
> Marr/Elbe (2001), 317

Die Institutionalisierung der BSC ermöglicht, die Vorgesetztenrolle zu ersetzen und Hierarchieebenen zu eliminieren. Weiter wurde kritisiert, dass soziale und ökologische Ziele in der BSC nicht vorkommen und ein „einseitig praktiziertes linear-analytisches Denken“ vorliegt, das durch Feedbackschleifen im Sinne des single und double loop learning ergänzt werden müsste.[975] Für das personal geführte Unternehmen am gravierendsten ist, dass die Beurteilung durch den Vorgesetzten, in die alle Gesichtspunkte des sozialen Verhaltens des Beurteilten – sowohl formal als auch informal – in die Beurteilung einflossen, durch die BSC ersetzt zu werden droht. Der personale Vorgesetzte befleißigte sich zwar eines gewissen Maßes an Objektivität, blieb aber letztlich doch in seiner subjektiven Wirklichkeitskonstruktion haften. Darüber waren sich sowohl Vorgesetzter als auch der zu beurteilende Mitarbeiter bewusst, woraus „informale Handlungsoptionen“ erwuchsen:

---

[971] Vgl. Göllinger/Weber (2002), 8
[972] Vgl. Marr/Elbe (2001), 367 ff.
[973] Vgl. Göllinger/Weber (2002), 9
[974] Marr/Elbe (2001), 373
[975] Göllinger/Weber (2002), 14

„Luhmann[976] hat diese Verflechtung formaler und informaler Abhängigkeit zwischen Vorgesetzten und Untergebenen eingehend analysiert. Er stellt fest, dass Führungsleistungen letztlich informale Loyalität zur Person des Vorgesetzten voraussetzen, die durch (ebenso informale) Handlungsspielräume, die der Vorgesetzte regelwidrig seinen Mitarbeitern einräumt, erworben werden mussten. Diese informalen Prozesse werden durch die Trennung von Kommunikationsnetzen, die nur über den Vorgesetzten verknüpft sind, ermöglicht. Nur der Vorgesetzte [...] kommuniziert sowohl mit der höheren Hierarchieebene, als auch mit der niedrigeren. Durch selektive Kommunikation verschafft er sich einen Informationsvorteil in beide Richtungen, den er informal für sein eigenes Fortkommen nutzen kann. Gleichzeitig werden durch diese informalen Prozesse Kreativität und Leistungsbereitschaft freigesetzt, die weit über das formal Geforderte hinausgehen und somit eine wichtigen Beitrag im sozialen System Organisation leisten."
Marr/Elbe (2001), 380 Fn 29

Solche informale Handlungsoptionen treten im personalen Unternehmen stärker auf. Der Risikounternehmer kann als Vorgesetzter solche am weitesten ermöglichen.

H32: Die Balanced Scorecard eignet sich als Instrument, Führungskräfte und Schlüsselpersonen, sowohl bei der Bildung als auch bei der Vereinbarung der Strategie einzubeziehen. Im mittleren Unternehmen entfaltet sie sich nur dann funktional, wenn Führungskräfte durch sie unterstützt und nicht ersetzt werden.

Aus personalwirtschaftlicher Sicht kritisieren Wunderer und Jaritz, dass das Qualifikationsniveau und Schlüsselkompetenzen, also letztlich Kompetenzen im Sinne von 4.2.2.3 nicht in der BSC vertreten seien. Ebenso sei das Personalmanagement zu wenig repräsentiert und die technologische Perspektive zu stark berücksichtigt. Insgesamt kämen Potentiale zu kurz.[977]

Eine empirische Untersuchung der Ursache-Wirkungsbeziehungen der BSC korrespondiert nur bedingt mit der von Kaplan und Norton propagierten Kausalkette ‚organisationales Lernen & Entwicklung' → ‚interne (Geschäfts-)Prozesse'→ Kunden→ Finanzen.[978] Carl Wallenburg und Jürgen Weber haben deren Gültigkeit bei 245 Unternehmen per Zufallsauswahl im Rahmen eines Logistikprojektes untersucht.[979] Es wurden mehrere Modelle betrachtet, u.a. auch ein Closed-Loop-Modell (Abb. 68).

---

976 Luhmann (1964), 206 ff.
977 Vgl. Wunderer/Jaritz (1999), 339 u. 350
978 Kaplan/Norton (1997), 143 ff.
979 Wallenberg/Weber (2006), 7: Angeschrieben wurden 7.800 Verantwortliche, N = 216, 3,2 %

Abbildung 68: Modifizierte Sicht der Ursache-Wirkungsbeziehungen der BSC

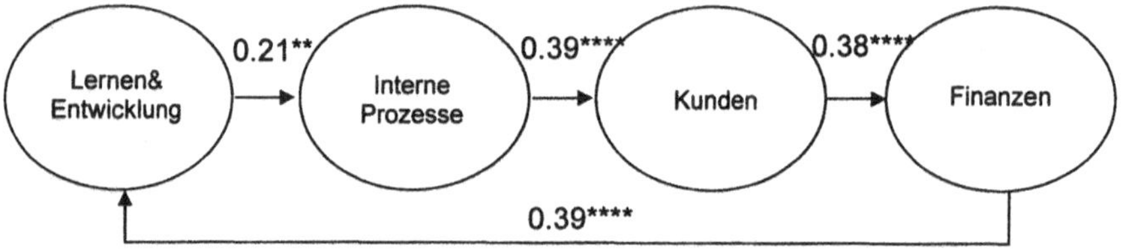

0,10 standardisierter Koeffizient, ** signifikant auf 5 %-Level, *** signifikant auf 1 %-Level, **** signifikant auf 0,1 %-Level

Quelle: Wallenberg/Weber (2006), 14

Das Closed-Loop-Modell geht davon aus, dass erst starke Finanzen aufgrund der obigen Kausalketten wiederum genügend Investitionen in organisationales Lernen & Entwicklung ermöglichen. Ein weiteres Modell ging davon aus, dass alle Perspektiven direkt miteinander verknüpft sind. Dieses lag empirisch an zweiter Stelle, noch vor der Kausalkettenannahme von Kaplan und Norton. Im Closed-Loop-Modell erwiesen sich alle Beziehungen als signifikant, wodurch die Hypothese, dass die Beziehungen zwischen vier Perspektiven der BSC zirkulär sind, in dem die Finanzperspektive der Lern- und Entwicklungsperspektive vorangeht (siehe Abb. 68), aufrecht erhalten werden kann. Dieses Ergebnis ist indirekt auch ein Beweis für die Existenz des Unternehmens an sich im Sinne des Bestands- oder Überlebensmodells. Nur der langfristig finanzielle Erfolg ermöglicht Lernen und Entwicklung. Eine ‚Einbahnstraße' nur in Richtung Finanzen ohne genügend Rückbehalt im Unternehmen ist auf Dauer nicht so erfolgreich.[980]

H33: Das von Kaplan und Norton nahegelegte Kausalkettenmodell entspricht nicht den auf Fortsetzung angelegten mittleren Unternehmen. Stattdessen ist die Reinvestition von Rücklagen u.a. in die Lern- und Entwicklungsperspektive unerlässlich.

[980] Andrea Prym-Bruck (2006), 27 als Gesellschafterin eines der ältesten Unternehmen der Welt (William Prym, Gründung 1530) erklärt den Bestand wesentlich dadurch, dass „Bestandskraft, Berechenbarkeit und langfristige Strategie [.] ihren Preis [haben;J.G.]. So ist es besser, eine Ausschüttungspolitik zu beschließen, die einen Großteil der Gewinne zur Stärkung der Eigenkapitalbasis und als Polster für Investitionen im Betrieb belässt."

4.2.5.4 HCM-Controlling

Um feststellen zu können, ob angestrebte Ziele durch die getroffenen Maßnahmen auch erreicht werden, benötigt HCM wie jede Managementfunktion Controlling. Im Grunde handelt es sich um die Personalmanagementfunktion des Personalcontrollings.[981] Dieses dient der Planung, Steuerung, Kontrolle und Analyse der Personalarbeit. Unter Planung ist die Ziel-, Maßnahmen- und Ressourcenplanung zu verstehen. Steuerung ist die Umsetzung der Planung. Kontrollen bestehen z.B. in der Planabweichungskontrolle von angestrebten Sollwerten und erreichten Istwerten. Dabei auftauchende Differenzen soll die Analyse erklären. Auf den Punkt gebracht ist Personalcontrolling ein Steuerungsinstrument mit dem „Ziel einer optimalen Wertschöpfung der menschlichen Ressourcen".[982] Evaluation ist integrierter Bestandteil des Personalcontrollings (vgl. 5.1).

Da HCM mehr ist als Personalarbeit muss sich auch HCM-Controlling unterscheiden, weil es auch Aspekte umfasst, die andere Bereiche wie Organisation und Technologie tangieren. Beispielsweise ist Gegenstand von HCM-Controlling, ob der gezielte Abbau von organisationalen Motivationsbarrieren erreicht wird oder ob eingesetzte Technologien festgelegte Usability-Kriterien erfüllen bzw. welche Fortschritte in deren Verfolgung erzielt werden. Zum HCM-Controlling gehören auch Zufriedenheitsmessungen durch Mitarbeiter- und interne wie externe Kundenbefragungen wie in 4.2.4.3 schon behandelt. Darin können auch Fragen enthalten sein, aus denen vorwiegend qualitative Beiträge des HCM zur Wertschöpfung abgelesen werden können.[983]

In den Abschnitten zur strategischen Führung (2.2.2.3) und zum Aufsichtsorgan (4.2.4.3) wurden bereits drei Kennzahlen erwähnt, die im folgenden vertieft werden: (a) Produktivität der Arbeit, (b) Produktivität der Zeit und (c) Produktivität des Wissens. Eine weitere bedeutende Kennzahl ist die strategische Aufgabendeckungsziffer, die unter (d) erläutert wird.

Zu (a): Produktivität der Arbeit

Vielfach wird diese der Einfachheit halber gemessen durch die Zahl Umsatzerlöse zu Anzahl Mitarbeiter. Folgendes Beispiel illustriert, dass diese irreführend sein kann:

---

[981] Vgl. Wunderer/Jaritz (1999), Amling (1997), Papmehl (1990)

[982] Wunderer/Jaritz (1999), 13, wobei Wertschöpfung sowohl monetär als auch nicht-monetär im Sinne von Abb. 34 zu verstehen ist

[983] Vgl. Wunderer/Arx/Jaritz (1998b), 346 ff.

	Unternehmen A	Unternehmen B
Umsatzerlöse (in T€):	40.000	37.000
Bestandsänderungen (in T€):	-1.000	2.000
Gesamtleistung (in T€):	39.000	39.000
Mitarbeiteranzahl	400	370
Umsatz pro Mitarbeiter (in T€):	**100**	**100**
Bezogene Leistungen (in T€):	12.000	8.000
Abschreibungen (in T€): 800	1.000	2.000
Wertschöpfung (in T€):	26.000	29.000
Wertschöpfung pro Mitarbeiter (in T€):	**65**	**78**

Vergleicht man die Unternehmen A und B nur mit der Kennziffer Umsatz pro Mitarbeiter, dann scheinen sie beide gleich produktiv zu sein. Betrachtet man jedoch die Wertschöpfung (WS), d.h. die tatsächlich erbrachte Leistung unter Berücksichtigung von Bestandsänderungen, abzüglich der bezogenen Leistungen und der Abschreibungen, dann zeigt sich, dass Unternehmen B deutlich besser abschneidet.[984] Gleichwohl die Wertschöpfungszahl die korrektere Leistungsmessung beinhaltet, haftet ihr der Mangel an, dass sie nur für das ganze Unternehmen, nicht aber für einzelne Mitarbeiter oder Kollektive ermittelt werden kann. Eine detaillierte Aussage kann ihr nur in der Weise entnommen werden, indem man Teilproduktivitäten misst: z.B. WS/ Außendienstmitarbeiter, WS/Verwaltungsmitarbeiter, WS/Manager, WS/Marketing usw.

Zu (b): Produktivität der Zeit

In den Märkten spielt der Faktor Zeit eine immer größere Rolle. Nicht unbedingt der Größere hat Vorteile, sondern der Schnellere. Ein neues Produkt vor der Konkurrenz eingeführt, kann entscheidend für den ökonomischen Erfolg sein.[985] Dass eine Verkürzung der Durchlaufzeiten eines Kundenauftrages gegenüber der Konkurrenz drastische Vorteile bringen kann, ist spätestens seit dem Erscheinen einer MIT-Studie im Jahre 1990 in der Industrie bekannt.[986] So kommt es darauf an, insgesamt schneller zu werden, d.h. die gleiche Leistung mit weniger Stunden zu erbringen. Die dazu passende Messzahl wäre Wertschöpfung pro Zeiteinheit. Diese kann jedoch nur ermittelt werden, wenn die Zeit detailliert erfasst wird. Dies ist, wenn überhaupt, häufig nur für Fertigungs-Arbeiter gegeben. Insbesondere für die Wissensarbeiter liegt eine solche Zeiterfassung in der Regel nicht vor. Damit kann deren Produktivität nicht ermittelt werden, gleichwohl sie für die Beurteilung einer Produktneuentwick-

---

984 Für die Wertschöpfungskennzahl als bessere Messzahl plädieren Wunderer/Jaritz (1999), 28 ff. u. Malik (2002), 157 f.; zur Definition der Wertschöpfung: Gabler Wirtschaftslexikon (1997), 4356

985 Vgl. z.B. Henderson (1984)

986 Womack/Jones/Roos (1990)

lung oder einer Produktneueinführung von größter Bedeutung wäre.[987] Ähnlich wie (b) verhält es sich mit

(c) Produktivität des Wissens:

Hierzu liegen nach Malik noch keine Ansätze vor, was angesichts der hohen Bedeutung, die dem Wissen zukommt, überrascht. Es bleibt bislang nur die unter (a) erläuterte Kennzahl auf Wissensarbeiter anzuwenden und die Wertschöpfung pro Akademiker zu erheben. Wird diese im Zeitablauf nicht höher, dann hat ein Unternehmen zwar die höheren Kosten von Mitarbeitern mit mehr Wissen, aber nicht den daraus zu erwartenden Nutzen.[988]

Zu (d) Strategische Aufgabendeckungsziffer:

Eine besondere Bedeutung erlangt die „strategische Aufgabendeckungsziffer (strategic job coverage ratio)" wie sie von Kaplan und Norton eingeführt worden ist.[989] Dahinter steht ein Abgleich der in Zukunft benötigten personalen Kompetenzen und den Mitarbeitern, die heute schon diese mitbringen. Im Grunde handelt es sich um eine besondere Form des strategischen Instruments der Gap-Analyse, die eine Lücke zwischen dem Soll- und dem Normalverlauf bisheriger Fähigkeiten aufzeigt.[990] Die strategische Planung wird durch das HCM in der Weise operationalisiert, dass im Zeitverlauf aufgelistet wird, wie viele Mitarbeiter mit welchen Kompetenzen bzw. deren Ausprägung gebraucht werden, um welche Technologien (siehe hierzu 4.2.6) nutzen zu können. Anschließend wird eine Bestandsaufnahme über vorhandene Mitarbeiter und deren Kompetenzausprägungen gemacht. Die Gegenüberstellung benötigter und vorhandener Kompetenzen führt in der Regel zu einem Gap. Dieser ist zum einen durch Weiterbildungsmaßnahmen und zum anderen durch Personalakquisition zu schließen. Je mehr dieser Kompetenzen heute schon vorhanden bzw. durch Personalentwicklungsmaßnahmen im Werden sind (d.h. die strategische Deckung ist hoch), umso besser ist das Unternehmen strategisch aufgestellt. Zum HCM-Controlling ergeben sich folgende Hypothesen:

H34: HCM-Controlling zielt darauf, die Produktivität des Personals zu steigern und qualitativ wie quantitativ benötigte Kompetenzen zur Verfügung zu stellen. Je mehr es gelingt, die Produktivitätsziele zu erreichen und strategisch benötigte Kompetenzen zu generieren, umso effektiver ist HCM.

H35: Personale Kompetenzen sind umso wertvoller, je mehr sie das strategische angestrebte Kompetenzsollprofil widerspiegeln bzw. umso höher die strategische Aufgabendeckung ist.

---

[987] Vgl. Malik (2002), 159 ff.
[988] Vgl. Malik (2002), 161 f.
[989] Kaplan/Norton (1997), 127 f.
[990] Gabler Wirtschaftslexikon (1997), 1430

4.2.6 Technologien

Der in dieser Arbeit verwendete Technologiebegriff muss – wie in den folgenden Ausführungen dargelegt wird – so umfassend wie möglich sein. Den Ausgangspunkt bildet der Begriff der Technik. „**Technik**" beinhaltet die Menge von Artefakten bzw. die Menge von Handlungen, bei denen Artefakte entstehen oder verwendet werden. „Artefakte" sind nicht nur „nutzenorientierte, künstliche, gegenständliche Gebilde", sondern auch nicht-gegenständliche, immaterielle wie Software. Eine Beschreibung der Technik beschränkt sich nicht nur auf deren naturale, d.h. natur-, ingenieur- und ökologiewissenschaftliche Dimensionen, sondern erfolgt mit den entsprechenden Wissenschaften auch unter humanen und sozialen Dimensionen.[991] Eine Wissenschaft von der Technik im weiteren Sinne muss folglich interdisziplinär sein und Wirtschaft , Gesellschaft und Technik umfassen. Unter „Technologie" ist eine solche, übergreifende Wissenschaft zu verstehen.[992] Für die Praxis ist dieses wissenschaftliche Technologieverständnis zu eng gefasst. Von Wissenschaft wird methodologisch überwiegend erst dann gesprochen, wenn eine Technologie auf Theorie beruht (siehe 2.1). Dies bedeutet, dass strenggenommen die Theorie zeitlich vor oder zumindest simultan mit der Technologie entsteht. In der Praxis ist jedoch der Problemlösungsdruck so hoch, dass Technologien vielfach nicht als eine Lösung aus bereits vorliegenden Theorien abgeleitet werden. Es wird vielfach mit „Ziel/Mittel-Aussagensystemen" operiert, die in der praktischen Anwendung zu brauchbaren, aber auch guten Ergebnissen führen, ohne genau zu wissen warum diese resultieren.[993] Technologien in der Praxis beruhen folglich nicht nur auf wissenschaftlich erzeugtem Wissen, sondern schließen wissenschaftlich noch ungeklärtes ‚Praxiswissen' mit ein. Es wird daher die leicht modifizierte Definition von Bea und Haas, die unter **Technologie** die „Gesamtheit des Wissens über Verfahren, Methoden und Techniken, welche innerhalb eines Unternehmens zum Einsatz kommen oder als Produkte [und in Dienstleistungen; J.G.] von der Unternehmung angeboten werden" verstehen, bevorzugt.[994] Unter „Technologiemanagement" verstehen die eben genannten Autoren die „Gesamtheit aller Führungsaufgaben zur Erhaltung und Verbesserung der Wettbewerbsfähigkeit einer Unternehmung im Technologiebereich."[995] Der genannte ‚Technologiebereich' ist jedoch nicht nur auf die organisatorischen Einheiten zu beschränken, die sich schwerpunktmäßig mit Technik beschäftigen wie Produktion/Logistik und Forschung/Entwicklung, sondern betrifft im Prinzip alle Einheiten. Dies ergibt sich aus der strategischen Bedeutung von Technologien. Diese liegt nicht nur im Ermöglichen von Innovationen aus denen Produkte und Dienstleistungen hervorgehen, sondern auch in der innovativen Gestaltung interner und externer Beziehungen wie sie insbesondere

---

[991] Gabler Wirtschaftslexikon (1997), 3721
[992] Gabler Wirtschaftslexikon (1997), 3725
[993] Chmielewicz (1979), 182 ff.
[994] Bea/Haas (2001), 538
[995] Bea/Haas (2001), 539

die moderne Informations- und Kommunikationstechnologie (IuKT) bietet (z.B. E-Commerce wie Electronic Purchasing oder Selling oder Anlieferung von Just-in-Time, interne Abstimmung via Video Conferencing usw.).[996] Aus strategischem Wissen hervorgehende Technologien wie die Portfolio-Methode können organisatorische Innovationen wie die Divisionalisierung auslösen. Auch die Fähigkeit an mehreren Standorten präsent zu sein basiert nicht nur auf Logistik- und IuK-Hardware-Technologien, sondern auch auf Software-Technologien wie der internen und externen finanziellen, kostenrechnerischen, personellen Abrechnung und Konsolidierung. In einem engen Zusammenhang zu Technologien steht der vielfach verwendete Begriff „**Innovation**". Wird eine Technologie, was in mittleren Unternehmen eher selten sein dürfte, durch eigene Forschung geschaffen, dann liegt eine „Basisinnovation (grundlegende Neuerung)" vor. Werden dagegen – was häufiger vorkommt - bereits bestehende Technologien verbessert, dann handelt es sich um „Verbesserungsinnovationen".[997] Technologien können so immer auf Innovationen zurückgeführt werden, während Innovationen nicht zwangsläufig Technologien hervorbringen müssen. Beispiele hierfür sind Struktur- und Strategieinnovationen. Beratungsfirmen können jedoch solche zu einer Technologie ausbauen und in vielen Unternehmen einführen.[998]

Es ist kein Zufall, dass in der Bearbeitung in den Abschnitten 4.2.6 bis 9 mit Technologien vor Organisation, Kultur und Personen begonnen wird. Die Grundtendenzen weltweit präsent zu sein (Globalisierung), Transparenz über weltweite Transporte zu erhalten, Massengüter individuell zu konfigurieren, Produktions- und andere Bearbeitungsvorgänge global mit 24-Stunden-Präsenz zu beschleunigen und eine insgesamt gestiegene Komplexität und Dynamik zu bewältigen beruht wesentlich auf sprunghaften Fortschritten in den Technologien. Dass ein Mehr und Besser an Technologien nicht zwangsläufig zu einer Steigerung von Wohlfahrt und Wohlbefinden für Mensch, Gesellschaft und Natur führen, wurde in Abschnitt 3.1.3.1 schon angedeutet: Technologische Fortschritte steigern sich vielfach zu unkontrollierbaren Risiken.[999] Mittlere Unternehmen können sich wie Großunternehmen dem jedoch nicht entziehen. Sie sind ständig zu technologischen Innovationen gezwungen und müssen versuchen möglichst frühzeitig Nutzen daraus zu ziehen.[1000] Deren Akzeptanz steigt aber in dem Masse wie negative Technologiefolgen („technology assessment") für Mensch und Natur so vollständig wie möglich

---

[996] Produktion und Dienstleistung schmelzen mit Hilfe der IuK-Technik immer mehr zusammen und in Folge wird jedes Unternehmen zum „informationsverarbeitenden System", Geißler (2000), 9
[997] Bea/Haas (2001), 538, vgl. auch Geißler (2000), 9
[998] Z.B. das Erfahrungskurvenkonzept der Boston Consulting Group, vgl. Henderson (1984)
[999] Vgl. Geißler (2000), 62 ff.; zum Begriff „technischer Fortschritt" vgl. Gabler Wirtschaftslexikon (1997), 3723
[1000] Vgl. Detter (1990), 108

analysiert, abgeschätzt und verhindert werden[1001] und je mehr Technologien **menschengerecht**, d.h. ergonomisch gestaltet werden.[1002] Entscheidend ist **Benutzungsfreundlichkeit** oder Gebrauchstauglichkeit einer Technologie, die mit dem Terminus „Usability" verbunden ist (vgl. 4.2.12).[1003] Dies ist der **erste** zentrale Ansatzpunkt für das HCM, am Technologiemanagement nicht reaktiv, sondern möglichst proaktiv mitzuwirken.[1004] Der **zweite** ist, die für die Anwendung und Innovation von Technologien notwendigen **personalen Kompetenzen** zuzuordnen, deren Ausprägung festzustellen und für die Auffüllung der Lücken bzw. für die sinnvolle Verwendung bestehender noch ungenutzter Kompetenzen zu sorgen. Dies kann über Technologie-Portfolios geschehen. Alle wesentlichen bestehenden und zukünftig notwendigen Technologien werden nach den zwei Dimensionen „Technologieattraktivität" (Technologiepotential und –bedarf) und „Technologieressourcenstärke" (Beherrschung relativ zur Konkurrenz) positioniert.[1005] In die Ermittlung der Ressourcenstärke gehen neben den verfügbaren technischen Ressourcen die personalen Kompetenzen nach Art und Ausprägung ein. Über das Technologie-Portfolio wird im Sinne des Resource- und Capability-based-views aufgezeigt, welche Fähigkeiten vorhanden bzw. möglich sind. Über einen Abgleich zu Marktportfolios mit den Dimensionen „Marktattraktivität" und eigene „Ressourcenstärke" ergibt sich,[1006] welche Ressourcen noch nicht im Markt angeboten sind bzw. welche noch angeboten werden müssen.[1007] So kann durch Fähigkeiten getrieben die Marktstrategie erneuert und/oder erweitert werden.[1008] Zukunftgerichtet kann das HCM erkennen, welche Kompetenzen durch Weiterbildung und Personalbeschaffung ausgebaut und verstärkt werden müssen. Werden – abgeleitet aus Markt- und Technologieportfolio – strategiebedingt personale Kapazitäten frei, ist es Aufgabe des HCM neue Einsatzfelder für dieses Human Capital zu suchen. Es zu entlassen sollte die ultima ratio sein, da gut eingearbeitete und im Team eingespielte Mitarbeiter unter rein ökonomischen Aspekten – noch

---

[1001] Gabler Wirtschaftslexikon (3726), 3725 f.

[1002] Vgl. Scholz (2000), 639 ff. sowie 4.2.5.1

[1003] Hassenzahl (2005); dies ist möglich geworden, weil neuere Technologien ihre Starrheit verloren haben und die Dominanz der Technik gegenüber Organisation und Mensch Freiheitsgrade ermöglicht, vgl. allgemein hierzu Staudt (1995), 21 ff.

[1004] Bislang folgen deutsche Unternehmen in ihrer Qualifikationsplanung überwiegend reaktiven Mustern. Nach Pawlowsky (1996), 33 ff. sind 65 % der Weiterbildungsaktivitäten reaktivbedarfsorientiert, nur 18 % zielen auf eine vorzeitige Synchronisierung von Qualifikation und technologischer bzw. organisatorischer Änderungen, nur etwa 17 % entwickeln das Potential der Mitarbeiter an sich weiter

[1005] Das Technologieportfolio stammt von Pfeiffer (1986); vgl. Müller-Stewens/Lechner (2001), 231 u. Bea/Haas (2001), 152 ff.

[1006] Zur Marktportfolio-Analyse vgl. Roventa (1979) und Bea/Haas (2001), 131 ff.

[1007] Den Spruch „Wenn Siemens wüsste, was Siemens weiß" als Ausdruck für nicht erkannte und nicht genützte personale Kompetenzen hat der Verfasser bei Siemens oft gehört – auch mittlere Unternehmen setzen die Kompetenzen ihrer Mitarbeiter nur zum Teil und zu wenig systematisch ein

[1008] Dies umso mehr, je mehr die Potentiale der Mitarbeiter frei weiterentwickelt werden, um strategisch darauf aufsetzen zu können, vgl. Pawlowsky (1996), 34 f.

ohne Berücksichtigung moralisch-ethischer Aspekte - ein immaterielles Wirtschaftsgut darstellen, das über die Kosten für Einstellung, Schulung und Einübung in Geldeinheiten beziffert werden kann. Denkbar ist auch, ob nicht Marktpartner mit anderen Strategien bereit sind, dieses Personal oder auch ganze Betriebszweige zu übernehmen, um zum Vorteil für Unternehmen und Mitarbeiter noch das Beste daraus zu machen.

H36: Je mehr personale Kompetenzen zur Beherrschung strategisch relevanter Technologien vorhanden bzw. in Entwicklung sind, umso größer ist der mögliche Beitrag des Personals zur strategischen Wertschöpfung.

Nach Schwarze eilt die technologische Entwicklung der strukturellen voraus: Organisatorisch lassen sich die technologischen Möglichkeiten nur zeitversetzt, d.h. langsamer umsetzen. Es kommt dabei zur „organisatorischen Lücke“.[1009]

4.2.7 Organisation

Angesichts einer Vielfalt von organisationstheoretischen Ansätzen, die hier nicht weiter vertieft werden können, existiert kein eindeutiger Organisationsbegriff.[1010] Zur Beschreibung von Organisationen hat Geißler in Anlehnung an Luhmann acht Komponenten beschrieben, die für sie konstitutiv sind. Diese eignen sich besonders zur Beschreibung binnenperspektivischer kultureller Aspekte (siehe 3.1.2.3.4). Außenperspektivisch kann die Organisation eines Unternehmens über Artefakte beschrieben werden, anhand deren die formale Aufbau- und Ablauforganisation sichtbar werden. In einer gewissen Opposition zur formalen steht die informale Organisation, die aufgrund von Beziehungen von Organisationsmitgliedern gebildet wird. Diese ist nirgendwo beschrieben und kann die offiziellen Organigramme als Ausdruck der formalen Organisation unterlaufen.[1011] Ob und inwieweit eine solche besteht, ist wie die Kultur in der Hauptsache nur binnenperspektisch zugänglich. Je größer die Abweichungen formal / informal sind, desto mehr besteht die Vermutung, dass die Organisation dysfunktionale Wirkungen erzeugt, die das HCM und die Bildung von HC erschweren. Die im folgenden näher behandelte Organisation wird hier im Sinne von Kirsch als Basisorganisation verstanden, welche die Geschäfte abwickelt. Sie wird vom Managementsystem als Führungssystem überlagert (siehe 4.2.5.2), das über Planvorgaben, Steuerungsakte, Feedbacks und Kontrollvorgängen mit der Organisation verbunden ist. Es geht vorrangig um die

---

[1009] Schwarze (2006), 349 zielt explizit auf die Informations- und Kommunikationstechnologie (IuKT), die in allen Unternehmen eine zentrale Rolle einnimmt vgl. auch Geißler (2000), 9

[1010] Vgl. Kieser (Hrsg.) (2002) , Geißler (2000), 17 ff., Bea/Göbel (2002), 40 ff., eine Synopse 199 ff.

[1011] Vgl. Krüger (2001), 133; die Bedeutung der informalen Organisation kam über die Hawthorne-Studien ins Bewusstsein und sind als „heimliche Spielregeln“ hochaktuell, Bea/Göbel (2002), 70 f.

‚harten' Seiten als den leichter fassbaren Teil von Organisation. Die nicht so leicht zugänglichen ‚weichen' Seiten werden überwiegend unter Kultur (4.2.8) behandelt. Mängel in der Organisation wirken dysfunktional. Sie verursachen nicht nur Transaktionskosten, sondern behindern die Motivation von Personen. Mehr als die Hälfte der Motivationsbarrieren (Abb. 62) haben einen Zusammenhang mit der Organisation. Da es bei der Tätigkeit ‚Organisation' immer auch um die Zuordnung von Aufgaben, Verantwortung und Befugnisse – wie bereits in 4.2.2.4 näher ausgeführt – geht, war es nicht zufällig, dass in mittleren Unternehmen früher diese Funktion oft der Personalabteilung zugeordnet wurde. So betrachtet ergibt sich ein historischer Ansatzpunkt für das HCM, hierin tätig zu sein. Da Personalabteilungen in mittleren Unternehmen tendenziell schwach ausgeprägt sind (siehe 2.3.10) werden diese Aufgaben vorwiegend in den Bereichen selbst wahrgenommen. Es handelt sich hier nicht um Plädoyer, diese in die Personalabteilung zurückzuholen, sondern zu fragen, welche Rahmenbedingungen gegeben sein müssen, dass Motivation freigesetzt und nicht verhindert wird.

4.2.7.1 Funktionen und Prozesse

Im mittleren Unternehmen dominiert die Funktionalorganisation (siehe auch 2.3.8 und 2.3.9).[1012] Es handelt sich dabei um eine „verrichtungsorientierte Einlinienorganisation mit der Tendenz zur Entscheidungszentralisation." Bei Verrichtungen (Funktionen) handelt es sich beispielsweise um Beschaffung, Produktion, Vertrieb. Einlinienorganisation bedeutet, dass ein Mitarbeiter nur Weisungen durch einen Vorgesetzten erhält. Da zwischen den Funktionen viele Interdependenzen existieren ergeben sich mannigfaltige Koordinationsaufgaben, die letztlich durch die Unternehmensspitze gelöst werden müssen.[1013] In Abschnitt 4.2.1 wurde bereits ausgeführt, dass heute immer mehr detailliert auf Kunden eingegangen werden muss. Dies war in der lange anhaltenden Periode eines Verkäufermarktes nach dem zweiten Weltkrieg, in der sich die Funktionalorganisation verfestigt hat, nicht notwendig. Der Kunde musste nehmen, was angeboten wurde. Im Zeitalter der Massenfertigung mit Einzelfertigungscharakter (Mass Customization) ist dies nicht mehr möglich. Es müssen immer mehr Varianten geliefert und in Folge eine höhere Flexibilität und Anpassungsfähigkeit erbracht werden, so dass die Abstimmprozesse zwischen den Funktionen immer größer werden.

Da die Funktionen hierarchisch, d.h. nach strengen Unter- und Überordnungsprinzipien gegliedert sind, spielen mehrere Vorgesetztenebenen eine Rolle,

---

[1012] Nach wie vor sind im Arbeitsleben trotz des oft propagierten ‚lean management' Hierarchien ausgeprägt; 80 % der Berufstätigen aus Repräsentativumfragen von 2000 Personen im Jahre 2003 sehen hierin keine Änderung gegenüber früher, vgl. Opaschowski (2006), 102 ff.; da die Funktionalorganisation auf Hierarchie baut ist im Umkehrschluss dies ein deutliches Indiz dafür, dass diese immer noch dominiert

[1013] Krüger (2001), 175

deren Zielsetzungen überwiegend auf die jeweilige Funktion der Abteilung oder des Bereichs und nicht auf den Ablauf der „Geschäftsprozesse" gerichtet sind, die aus „funktionsüberschreitenden Verkettungen wertschöpfender Aktivitäten" bestehen.[1014] Ein normaler Kundenauftrag muss viele Abteilungen und Bereiche durchwandern (siehe Abbildung 69). Für den Auftrag als Ganzes ist in der Funktionalorganisation in der Linie keine eindeutige Zuständigkeit gegeben. Es sind viele Bereiche und Abteilungen teilverantwortlich. Letztlich ist eine Gesamtzuständigkeit nur bei der Unternehmensspitze gegeben, deren Ressourcen begrenzt sind und im Sinne der Unternehmensführung schwerpunktmäßig bei strategischen Aufgaben liegen sollte, die nicht zuletzt wegen der Absorbierung durch Koordinationsaufgaben häufig zu kurz kommen (siehe 2.3.9). Reibungsverluste und Demotivation sind dadurch vorprogrammiert. Bei Kundenaufträgen gelingt es zwar im Tagesgeschäft mit viel Technologieunterstützung wie Anwendungssoftwarepaketen und zusätzlichem Einsatz diese zu überwinden, weil der Kunde drängt und diese Vertriebs-, Auftragsabwicklungs- und Service-Prozesse unmittelbar der Wertschöpfung dienen. Aber bei überwiegend intern induzierten Innovations-Prozessen zur Generierung neuer Produktideen, Festlegung von Produktanforderungen und Entwicklung neuer Produkte, die zwar künftige Wertschöpfung vorbereiten, aber noch nicht unmittelbar erzeugen, brechen die darin angelegten latenten Konflikte aufgrund der Zuständigkeitsvielfalt auf.[1015]

Letztlich muss auch hierbei die Unternehmensspitze koordinierend eingreifen. D.h. alle genannten primären Geschäftsprozesse liegen letztlich in der Gesamtverantwortung der Geschäftsführung.[1016] **Technologisch** sind durch moderne IuKT-Systeme völlig andere Kommunikations- und Zuständigkeitsstrukturen möglich: Aufgabenverteilungen und –bearbeitungen können am Prozess orientiert werden; durch Entscheidungsunterstützungs- und -kontrollsysteme können an untere Hierarchieebenen oder Sachbearbeiterplätze mehr Kompetenzen und Verantwortung zugewiesen werden.[1017]

[1014] Synonym zu Geschäftsprozessen werden auch die Termini „Kernzprozesse", „Leistungsprozesse", „Schlüsselprozesse" oder „Unternehmensprozesse" verwendet, Schmelzer/ Sesselmann (2004), 46

[1015] „Arbeitsteilung schafft Schnittstellen, erzeugt Koordinationsbedarf und verlangsamt dadurch die Abläufe im Unternehmen" Bea/Göbel (2002), 363; mit der Funktionsdifferenzierung kommt es durch „Heterogenität der Perspektiven" und „Situationsdefinitionen" zu Kommunikationsschwierigkeiten, die – positiv gewendet – auch ein „Kreativitätspotential" enthalten, Gebert/Rosenstiel (2002), 156; divergente Interessen bzw. die Sicherung von Machtpositionen blockieren Innovation, wie durch empirische Untersuchungen belegt, ebd.

[1016] Schmelzer/Sesselmann (2004), 55 ff. unterscheiden „primäre" von „sekundären" Geschäftsprozessen über das Kriterium der Wertschöpfung: primäre tragen unmittelbar oder vorbereitend bei, während sekundäre Infrastrukturleistungen ermöglichen: Primär sind der Innovations-, Produktplanungs-, Produktentwicklungs-, Vertriebs, Auftragsabwicklungs- und Serviceprozess, sekundär sind Prozesse des Managementsystems; es handelt sich um „Managementprozesse" wie Business-Controlling (4.2.5.3)

[1017] Vgl. Schwarze (2006), 347 f.

Abbildung 69: Prozesse in der Funktionalorganisation

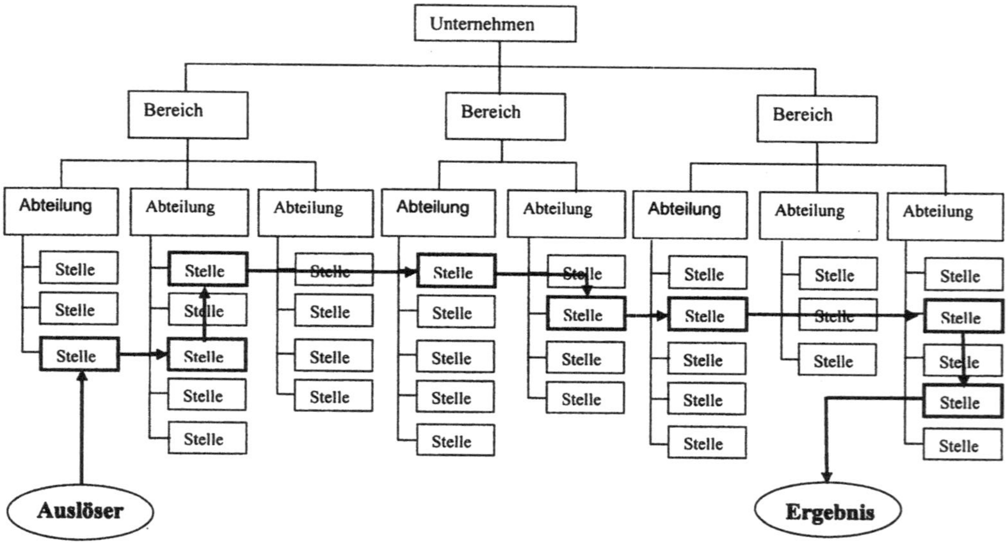

Quelle: Schwarze (2006), 348

Die hierdurch mögliche Prozess-Organisation gliedert Arbeitsteilung nicht nach Funktionen, sondern nach Prozessen: An die Stelle von Funktions- treten Geschäfts-Prozessverantwortliche.[1018] Die originären Funktionen werden darin nicht aufgehoben, sondern müssen in den Prozessen wahrgenommen werden.An dieser Stelle kommt es im mittleren Unternehmen zu einem gravierenden **Engpass**: Die einschlägigen personalen Kompetenzen sind entweder nur beschränkt vorhanden und/oder man kann sie sich mehrfach als Funktionsspezialist(en) in den Prozessen aus Kostengründen nicht leisten. Außerdem müssen Funktionen an der Unternehmensspitze aufgrund des Unternehmens an sich zusammenlaufen, um nach Führungsdimensionen planen, gestalten, steuern, kontrollieren und den Zusammenhalt des Ganzen gewährleisten zu können (siehe 4.2.4.2). Ein Aufteilen der Funktionsspezialisten in die Geschäftsprozesse würde viele ‚Unternehmen im Unternehmen' schaffen. Die Geschäftsprozessverantwortlichen wären dann Unternehmer in einem weniger komplexen Unternehmen. Ginge man einen solchen Weg konsequent auch formal zu Ende, dann entstünde ein mittlerer Unternehmenskonzern, an dessen Spitze Zentralabteilungen wie Finanzen, Personal, Technik etc. gemeinsame Aufgaben bewältigten. Der andere Weg führte zu einer Spartenorganisation in der pro Zielgruppe für jede Sparte ein eigenständiges Unternehmen gegeben wäre. Der Zusammenhalt erfolgte dann über eine Finanzholding.[1019] In beiden Fällen wären die Prozessverantwortlichen Generalisten, die wesentliche Funktionen wie Einkauf, Fertigung, Logistik, Entwicklung, Vertrieb selbst abdecken müssten, da Funktionsprofessionals nicht zusätzlich zur Verfügung stehen. Der Vorteil, für jede Führungsdimension bzw. Funktion an der Spitze ausgewiesene Spezialisten zu haben, ginge verloren. Die **Herausforderung** ist, gleichzeitig ein hohes Niveau in der Funktions- wie in der Prozessführung anzustreben. Trotz dieser hier nur angerissenen Schwierigkeiten ist die Prozessoptimierung Pflichtaufgabe, zumal bei erfolgreicher Bewältigung beachtliche Verbesserungen winken.[1020] **Entscheidend** ist die strategische Ausrichtung. Zur Erfüllung notwendiger Prozesse sollte sich die Funktional-Organisation nach der Strategie ausrichten (‚structure follows strategy') und sich von den Prozessen her prägen lassen (‚structure follows process'). Im traditionellen Unternehmen ist das genau umgekehrt. Neue Abläufe müssen erst in die bestehende, meist festgefahrene Aufbauorganisation „hineinorganisiert" werden.[1021] Das ist ein großer **Nachteil** vieler mittlerer Unternehmen. Die Aufbauorganisation muss lernen, sich an den strategisch begründeten Prozessen anzupassen und ein optimale Infrastruktur für deren Bewältigung bieten. Wesentliche Vorarbeiten müssen durch Rollenreflexionen der Führungsebene (vgl. 4.2.8.4) geleistet werden, die zu neuen Funktionsinhalten und –aufteilungen führen, die ihren Niederschlag in der Aufbauorganisation finden

[1018] Vgl. Bea/Göbel (2002), 363 ff., Krüger (2001), 158 ff., Schmelzer/Sesselmann (2004)
[1019] Ein MU-Beispiel stellt die frühere Berliner Elektro Holding dar [www.adcapital.de]
[1020] Vgl. Schmelzer/Sesselmann (2004), 403 ff.
[1021] Krüger (2001), 161 f. (siehe auch 2.3.9)

müssen. Hierin liegen auch die größten Widerstände (vgl. 4.2.8.1) organisatorischen Lernens, die nur von oben kommend überwunden werden können.[1022]

4.2.7.2 Auf dem Weg zur Prozessorganisation

In Abschnitt 4.2.1 wurde hergeleitet, dass Unternehmen heute an einer Intensivierung der Kundenbeziehung und –ausrichtung nicht vorbeikommen. Entsprechend müssen die Prozesse kundenorientiert verlaufen. Ferner wurde gezeigt, dass eine Ausrichtung der Organisation nach Prozessen Managementprozesse wie die strategische Planung, Durchführung und Kontrolle vereinfacht und für die Mitarbeiter durchschaubarer und besser handhabbarer macht. Jedes Unternehmen ist daher gezwungen, die Organisation der Prozesse zu verbessern, wobei nach den vorliegenden Erfahrungen, die Prozessorganisation gegenüber der Funktionalorganisation einen sehr viel höheren Wirkungsgrad erzielt.[1023] *Da in der Prozessorganisation die Mitarbeitermotivation deutlich zunimmt, gewinnt auch das HC an Wert.* Daraus folgt, dass das HCM danach bewertet werden kann, inwieweit tatsächlich im Unternehmen eine Prozessorganisation gegeben ist. Theoretisch ist dies darin begründet, dass es dort offensichtlich besser gelingt, die organisationsbedingten Demotivatoren wie negativ ausgeprägte Arbeitskoordination, Arbeitsdurchführung usw. signifikant zu reduzieren. Für den Mittelstand ergibt sich die Chance, selbstorganisatorische Kräfte zu stärken oder wiederzubeleben, die im Zuge der Formalisierung eingedämmt oder verloren gegangen sind. Die Beteiligten können und sollen sich wieder verstärkt selbst abstimmen, d.h. die „Selbstregelung“ tritt (wieder) an die Stelle der „Fremdregelung“. Voraussetzung sind hierfür gemeinsame Ziele und gemeinsame Werte. Die Selbstregulierung verbessert die Fähigkeit zur Flexibilität und Anpassungsfähigkeit.[1024] Dass dies keine Utopie ist, zeigt das MU-Beispiel Mettler-Toledo: Mitarbeiter planen dort selbst ihre Arbeitswoche, wählen aufgrund ihrer flexiblen Einsetzbarkeit ihren Arbeitsplatz selbst. Die Produktivität ist doppelt so hoch wie in der Branche und die Mitarbeiter sind hoch zufrieden.[1025] Neben der Selbstregulierung könnten auch an die Stelle von Hierarchie Elemente des Marktes treten. In der Betriebswirtschaftslehre ist schon früh von Eugen Schmalenbach ein Vorschlag entwickelt worden, mit Hilfe von internen Preisen einen fiktiven Markt unter rechtlich unselbständigen Organisationseinheiten zu schaffen, worauf diverse Center-Konzepte basieren, insbesondere das Profit-Center.[1026] Der Abrechnungsaufwand ist hoch. Kostenzuordnungen und die Höhe der Preise führen zu Reibereien. Kostengünstiger und für die Mitarbeiter unmittelbar nachvoll-

[1022] Vgl. Schmelzer/Sesselmann (2004), 289 ff.
[1023] Zu entsprechenden Untersuchungsergebnissen vgl. Schmelzer/Sesselmann (2004), 403 ff.
[1024] Krüger (2001), 150 f.
[1025] Vgl. Bea/Göbel (2002), 372 u. Tikart (1996)
[1026] Vgl. Krüger (2001), 151 f. u. 184 f.; zum Ansatz von Schmalenbach, betriebsinterne Vorgänge über Preise zu steuern, vgl. Gabler Wirtschaftslexikon (1997), 3060 f.;

ziehbarer ist eine Messung der Prozessfortschritte über Bestandszahlen, Durchlaufzeitmessungen und ähnliche Größen.[1027] Qualitative Wirkungen können nur über interne Kunden-Zufriedenheitsmessungen nachgelagerter Einheiten geleistet werden, die auf den Standards der empirischen Sozialforschung beruhen.[1028] Prozesse können in drei typischen Formen der Aufbauorganisation strukturiert werden die „reine Funktionalorganisation" (Beispiel siehe Abb. 69), die „Matrix-Prozessorganisation" und die „reine Prozessorganisation" (beide siehe Abb. 70). In der **Funktionalorganisation** bleibt die bisherige Struktur erhalten. Die Gestaltungsregel „structure follows process follows strategy" kommt nicht zum Tragen: „Prozesse vollziehen sich zwischen funktionalen Silos mit den Folgen von Redundanzen, Ineffizienzen und daraus resultierenden hohen, gemeinkostenverursachendem Koordinationsbedarf."[1029] Ein professionelles Geschäftsprozessmanagement mit einer entsprechenden Infrastruktur fehlen, so dass eine systematische Steigerung der Prozessleistungen nicht zu erwarten ist. Übergangsweise wird häufig versucht, Stäben oder Personen, die Koordination zu übertragen, wobei deren Handlungsspielräume und Befugnisse beschränkt sind. Voraussetzungen für Selbststeuerung und kontinuierliche Verbesserungen der Leistung bleiben unerfüllt. Deutlich positivere Aspekte hat dagegen die **Matrix-Prozessorganisation**, die Elemente der reinen Funktional- und Prozessorganisation kombiniert. Die Funktionen stellen entweder Ressourcen wie Mitarbeiter oder Leistungen als interne Lieferanten zur Verfügung. Die Verantwortung über die Ressourcen bleibt in der Funktion, die Ergebnisverantwortung bei den (Geschäfts-)Prozessfachleitern, die gegenüber den Funktionen zwar fachlich Anweisungen erteilen können, aber keine Linie sind. Auch bei der **Prozessorganisation** erfolgt in praxi keine Aufgabe der Funktionen, aber die Geschäftsprozesse werden organisatorisch eigenständig. Stellen solche Funktionen ihre Leistungen mehreren Geschäftsprozessen zur Verfügung, dann werden „Kompetenzzentren" gebildet, die nach Möglichkeit ihre Leistungen auch noch extern vermarkten sollen.[1030] Der im vorigen Abschnitt aufgezeigte Engpass an der Anzahl von Personen, die man sich nur leisten kann, zwingt mittlere Unternehmen eine Mittelposition einzunehmen. Personen oder Personengruppen, die mehreren Prozessen dienen, können nicht vollständig Geschäftsprozessverantwortlichen zugeordnet werden. Solche Funktionen müssen wie Kompetenzzentren wirken.[1031] Von den in Abschnitt 4.2.4.2 genannten Funktionen nach Führungsdimensionen und Fähigkeiten sind das Personal, Einkauf, Finanzen und ggf. Entwicklung. Bei Vertrieb, Produktion/Logistik spricht per se

---

[1027] Erfahrung der prozessorientierten Vorzeigeeinheit ‚Rohrbiegerei' von DaimlerChrysler Wörth; ähnliche Erkenntnisse bei Siemens Automotive & Drives R&D Karlsruhe (persönliche Kommunikation)

[1028] Vgl. Wunderer/Jaritz (1999), 112 ff.

[1029] Rohm (1998), 49, zitiert in: Schmelzer/Sesselmann (2004), 116

[1030] Schmelzer/Sesselmann (2004), 114 ff.

[1031] Kompetenzzentren bieten auch die Chance, Karriere und Hierarchie zu entkoppeln und auch in mittleren Unternehmen Fachlaufbahnen anzubieten, vgl. Fuchs (1998)

Abbildung 70: Formen der Prozessorganisation

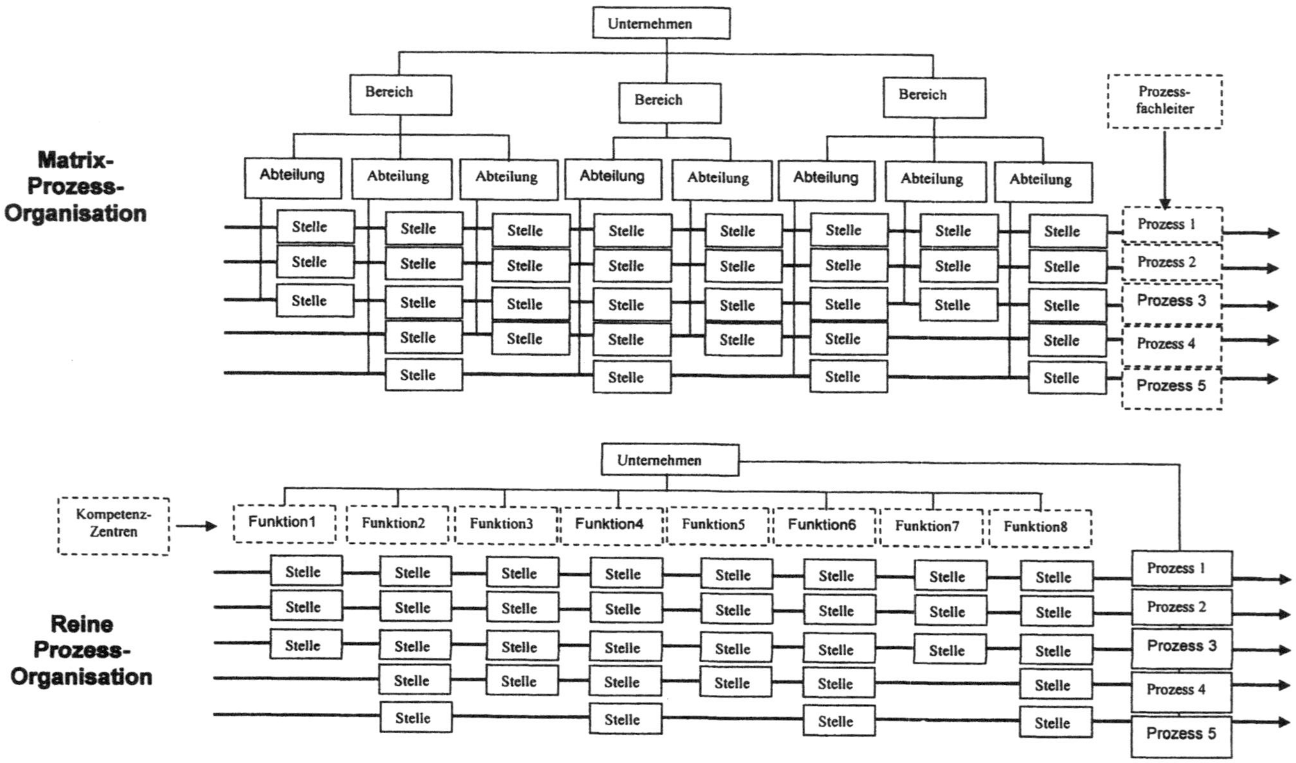

Quelle: Eigene Darstellung

viel für eine Zuordnung zu Prozessen, aber es kommt dabei sehr auf die Konstellation in den Unternehmen an. Im Hinblick auf Kernkompetenzen kann es auch so sein, dass Entwicklung und die Produktion von Kernkomponenten zentral bleiben, wohingegen die Endmontage nach unterschiedlichen Zielgruppen in eigenen Prozessen erfolgt. Auch kann es sein, dass Führungskräfte sowohl Verantwortung in der Funktion als auch im Prozess wahrnehmen. Liegt die Hauptlast im Geschäftsprozess X, könnte die Funktion Einkauf vom Funktionsleiter im Prozess wahrgenommen werden, zugleich gibt es fachlich bezüglich dem Lieferantenmanagement Mitarbeitern im Geschäftsprozess Y Vorgaben wie dieses professionell zu lösen ist. Aufgrund der vielen Möglichkeiten, sind keine allgemeinen Empfehlungen ableitbar. Entscheidend ist, dass sich das Unternehmen in Richtung Prozessorganisation nachvollziehbar fortentwickelt und sich insbesondere durch die Reflexion und Anpassung der Rollen in der Funktionalorganisation an neue strategische Gegebenheiten anpasst und Lösungen findet, Geschäftsprozesse möglichst unter Beachtung der obigen Gestaltungsregel zu strukturieren.

H37: Je mehr Prozesse im Sinne einer Prozessorganisation ablaufen, umso höher ist die Leistungsbereitschaft der Mitarbeiter.

Inwieweit dies gelingt, kann prozessbezogen durch spezifische Mitarbeiterbefragungen und Lieferantenbeurteilungen durch interne Kunden in den Prozessen abgelesen werden.

Fortschritte auf dem Weg zur Prozessorganisation hängen sehr von den Widerständen ab, die sich aufgrund der tiefgreifenden Veränderungen bei verschiedenen Personen im Unternehmen einstellen. Wie mit diesen Widerständen umgegangen wird, hängt wiederum von der Kultur des Unternehmens ab, die einen maßgeblichen Einfluss darauf hat, ob und inwieweit es zu einer „kulturellen Lücke“ zwischen organisatorisch theoretischen Möglichkeiten und der tatsächlichen Umsetzung kommt. [1032]

4.2.8 Kultur

Abgesehen von der informalen Seite einer Organisation kann ein Unternehmen der gleichen Branche mit den gleichen, äußerlich feststellbaren Organisationsstrukturen und anderen Artefakten operieren und dennoch sehr unterschiedlich sein. Diese Unterschiede liegen in der Tiefenstruktur, die maßgeblich von der Unternehmensgründung geprägt ist (siehe 3.1.2.3 und insb. 3.1.2.3.3). Ausdruck der Tiefenstruktur ist die Kultur des Unternehmens als ein reales Phänomen. Im Bezugsrahmen des HCM (Abb. 58) stellt sie einen weitreichenden Erfolgsfaktor (vgl. 2.2.2.2) dar, der die weiche Seite der gesamten äußeren Unternehmensorganisation ausdrückt, die durch die Erfolgsfaktoren

[1032] Schwarze (2006), 349

Managementsystem, (Basis-)Organisation, Organisationsverfassung, Arbeitssystem und HCM repräsentiert wird. Durch vom Rahmenkonzept ausgehende(n) Pfeile zur Kultur (und zur Organisationsverfassung) ist angedeutet, dass die Kultur (wie die Organisationsverfassung) über das Leitbild (Sinnmodell) originär normativen Charakter hat, der über strategische Programme konkretisiert wird. Die Überlappung des Feldes Personen mit der Kultur besagt, dass es zum einen maßgebliche Personen – meist dem Top-Management angehörend – sind, welche die Kultur prägen und zum anderen, dass Personen, die Kultur wie selbstverständlich leben. Indirekt spielt dabei auch die Zusammensetzung der Personen (Personalstruktur) eine Rolle. Die Technologie hingegen stellt in Bezug auf die Kultur unmittelbar keinen Erfolgsfaktor dar. Indirekt ist die Einstellung zur Technologie als eine Ausprägung der Kultur von Bedeutung, die von extrem ablehnend ‚technologiefeindlich' bis überschwänglich ‚technologieverrückt' reichen kann. Die Kultur erfüllt im wesentlichen zwei Funktionen: „interne Integration" und „externe Anpassung". Die Integrationsfunktion erfolgt über eine gemeinsame Sprache, Zugehörigkeitskriterien, Umgangsregeln, Belohnungs- und Bestrafungserwartungen, Regeln für Zusammenarbeit, Aufstieg, Macht, Status usw. Hierdurch werden bestimmte Wahrnehmungen gefiltert. Selbstverständlichkeiten reduzieren die Unsicherheit und schaffen eine Basis für Verständigung. Bezüglich der externen Anpassung erkennen die Mitarbeiter aus der Kultur, wie sie mit Herausforderungen umgehen sollen, damit sie – wie bisher – diese erfolgreich bestehen. Die in der Kultur verankerte Aufgabe (Mission) hilft in der Auswahl und Bewertung der Ziele und der Mittel usw.[1033] Können die Herausforderungen durch operatives und strategisches Anpassungslernen bewältigt werden, muss sich unter Umständen die Kultur nicht wesentlich ändern, wenn bereits in ihr grundgelegt ist, dass immer wieder neue Produkte und Dienstleistungen strategisch generiert und im Detail operativ angepasst werden müssen. Die aufgrund der immer stärker verlangten Kundenorientierung notwendige Prozessorganisation stellt jedoch eine tiefgreifende Herausforderung an die Kultur jedes Unternehmens dar und löst mannigfaltige Widerstände aus.

4.2.8.1 Umgang mit Widerständen

Die Funktionalorganisation ist nicht nur als Artefakt feststellbar. Sie ist zugleich Ausdruck der Kultur. Die Funktionserfüllung gilt als Garant für Belohnung, Aufstieg und damit für Status und Macht. Sie steht im Mittelpunkt der Organisation. Die Funktion schafft Bedeutung. In der Prozessorganisation rücken nun die Prozesse in den Mittelpunkt. Nicht mehr Funktionsvorgesetzte, sondern Prozessverantwortliche sind Träger des Geschäfts. Die Funktionalorganisation ist hierarchisch strukturiert. Eine wichtige Form von Belohnung besteht darin, dass erfolgreiche Mitarbeiter in der Hierarchie aufrücken können. Durch die Ausrichtung nach Prozessen und durch Nutzung technologischer Möglichkei-

[1033] Vgl. Bea/Göbel (2002), 172

ten werden Hierarchieebenen überflüssig. Das Belohnungsmodell Aufstieg ist dadurch in Frage gestellt. Nachwuchskräfte sehen keine Perspektive mehr und Stelleninhaber fürchten um ihre Rollen und ihren Status. Da Mitarbeiter die Prozesse selbst steuern und verbessern sollen, kommt es zu gravierenden Rollenveränderungen zwischen Managern und Mitarbeitern. So werden Funktionsleiterpositionen nicht nur durch den Bedeutungsverlust der Funktionen gegenüber den Prozessen in Frage gestellt, sie müssen sich zudem generell vom hierarchisch höher positionierten „Würdenträger" zum Coach („Spielertrainer) umstellen.[1034] Die Aufgabenerfüllung auch in den Funktionen untereinander können mit Hilfe neuer Technologien völlig neu verteilt werden, was zusätzliche Unsicherheiten auslöst. ‚Bewährte' Modelle der Zusammenarbeit im Zweifel über Hierarchie und Funktion sind out. Die Funktionalkultur verliert ihre Ungewissheitsabsorption. Abläufe und Arbeitsinhalte müssen aufgegeben werden, wenn sie keinen Nutzen für den Kunden schaffen. Die Kostenrechnung traditioneller Prägung mit Zuschlägen verliert ihre Bedeutung als Hauptsteuergröße.[1035] Das Controlling ist nun geprägt durch Prozesszeiten, -qualität und –kosten. Der organisatorische Wandel braucht also dringend ein Lernen zusätzlich auf normativer Ebene, das die Kultur umfasst. Das Unternehmen kommt nicht umhin, dieses zu leisten, weil es bei Mitarbeitern und Managern gleichermaßen Widerstände auslöst, die Änderungen verhindern. Was sind Widerstände? Nach den Change-Management-Experten Klaus Doppler und Christian Lauterburg liegen Widerstände dann vor, wenn zwar Entscheidungen und Maßnahmen gut und gründlich vorbereitet sind, diese Sinn machen und mit Logik bestechen, aber dennoch von einzelnen, Kollektiven oder der Gesamtbelegschaft abgelehnt werden; vorgebrachte Bedenken sind nicht schlüssig und/oder passiv-abwartendes Verhalten lässt das Angestrebte versanden. Die Autoren raten dringend, Widerstände ernst zu nehmen, weil sonst im weiteren Verlauf des Veränderungsprozesses, dieser hinausgezögert oder zu Fall gebracht werden kann.[1036] Häufig können Betroffene nicht mitmachen, weil sie für sich keine positiven Resultate erkennen. Ihre Betroffenheit wurde im Vorfeld nicht registriert und schlägt nun im Vorgang der Veränderung große Wellen.[1037] Es kommt hierbei sehr auf die Leistungsbereitschaft der Mitarbeiter an, d.h. auf ihre Motivation und Identifikation. Stimmt – wie in 4.2.5.1 hergeleitet – die Identifikation, dann ist auch Motivierung mög-

---

[1034] Doppler/Lauterburg (2002), 74 f.

[1035] Zu Veränderungen und Widerständen vgl. Schmelzer/Sesselmann (2004), 289 ff.

[1036] Nach Meissner (1976), 205 ff. äußern sich Entfremdungssymptome u.U. durch einen aggressiven, raubeinigen Umgang, der zur Distanzierung vor Bedrohungen dient. Ein Unterdrücken emotionsgeladener Verbalakte würde nach Argyris (1965) diese Entfremdung noch weiter verstärken. Diese ist in Unternehmen durch den pyramidalen Aufbau der Hierarchie mit ihren Begleiterscheinungen „Unterdrückung von Emotionen", „gegenseitige Kontrollen" und „hoher Grad an Konformität im Verhalten" per se gegeben, ebd., 30

[1037] Doppler/Lauterburg (2002), 323 ff.

lich. Für die Identifikation ist die Kultur von sehr großer Bedeutung,[1038] zumal diese auch noch einen weiteren Aspekt beinhaltet bzw. beinhalten sollte, der Motivation bzw. Identifikation stützt, wenn nicht erst ermöglicht, nämlich Vertrauen.[1039] Chris Argyris fordert, Emotionen nicht zu unterdrücken, Spontanität und Offenheit zuzulassen und Individualität zu fördern. Die Ermöglichung von Individualität wiederum benötigt den Aufbau „authentischer Beziehungen", die nur durch eine „interpersonale Kompetenz" von Führungspersonen möglich ist, welche die Person und nicht die Funktion im Mitarbeiter ansprechen. Auch hierzu heißt die Basisvariable Vertrauen.[1040] Authentische Beziehungen basieren auf authentisch führenden Managern, weshalb diese ein wesentliches Element der Kultur darstellen und im Rahmen des Abschnitts zur Kultur näher betrachtet werden (siehe 4.2.8.6). Bleicher unterscheidet zur Beschreibung einer Unternehmenskultur vier Dimensionen: Offenheit, Differenziertheit, die Rolle des Mitarbeiters und die Rolle der Führung. Geißler (siehe Abb. 71) hat diese in einen Zusammenhang von linearem und reflexivem Management gebracht und dabei besonders den Aspekt der Offenheit gegenüber der Geschlossenheit hervorgehoben.

Abbildung 71: Unternehmenskulturdimensionen nach Bleicher

	lineares Management	reflexives Management
Offenheit	Traditionsbestimmte insulare Kultur	vernetzte, zukunftsorientierte Kultur
Differenziertheit	Leistungsorientierte Einheitskultur	bereichsdifferenzierende Patchworkkultur
Rolle der MitarbeiterInnen	Kultur kollektivistischer Angepasstheit	Kultur subjektsensibler Entwicklungsimpulse
Rolle der Führungskräfte	kostenorientierte konservative Technokratie	dialogisch nutzenorientierte innovative Führungskultur
Quelle: Geißler (2000), 97 aufbauend auf Bleicher (1992), 153 ff.		

[1038] Nicht von ungefähr ist ‚Organisationskultur' zweitstärkster Demotivator (siehe Abb. 62). Doppler/ Lauterburg (2002), 58 f. sehen die Unternehmenskultur als wesentliche Voraussetzung für Identifikation

[1039] Nach Malik (2002a), 208 kann sich Motivation erst entfalten, wenn Vertrauen gegeben ist. Er begründet dies durch das häufig beobachtete Praxisphänomen, dass Manager, „die alles falsch machten" dennoch „hervorragende Leistungen, ein gutes Klima und motivierte Leute" hervorbrachten, während diese bei Managern, die „alles richtig machten" gegenteilig waren. Des Rätsels Lösung fand sich darin, dass erstere über Vertrauen verfügten, das den anderen fehlte

[1040] Vgl. Gebert/Rosenstiel (2002), 157

Eine Kultur, in der Fragen erwünscht sind ist lernfreundlich, wogegen eine lernunfreundliche davon ausgeht, dass bereits alles beantwortet ist.[1041]

Die Dimension ‚Differenziertheit' zielt darauf, welche Bedeutung der Unternehmensspitze zukommt und ob auch Individuen und Gruppen miteinbezogen werden. Die weiteren Dimensionen zeigen an, ob Mitarbeitern nur die Anpassung bleibt, bzw. ob sie auch Impulse zur Entwicklung setzen können und ob die Führungskräfte nur einseitig technokratisch vorgehen oder den Dialog suchen und gemeinsam Innovationen erarbeiten. Je mehr in einem Unternehmen bereits eine Kultur vorhanden ist, die Züge des reflexiven Managements beinhaltet, desto mehr ist auch die Chance für Veränderungen gegeben, weil die Belange der Mitarbeiter berücksichtigt werden und diese sich einbringen können. Durch solch „tiefgreifende Praxisveränderungen" werden immer mehr Mitarbeiter für die „normative, d.h. moralische Dimension" der Organisation wachgerüttelt und müssen sich der „Auseinandersetzung mit Widerständen im Medium kommunikativer Sinnorientierung" aussetzen. Normatives Lernen ist umso mehr möglich, wenn zukunftgerichtete Fragen und die bestehenden Bedingungen infrage gestellt werden können.[1042] Sofern noch keine auf Offenheit und Vertrauen basierende Unternehmenskultur existiert, muss diese durch Strategie erst geschaffen werden: „Culture follows Strategy". Allerdings ist dies nur durch Sorgfalt und Zeit möglich: Eine neue Kultur auf Knopfdruck voluntaristisch herbeizuführen ist eine Illusion; die große Anzahl gescheiterter Change Management Projekte spricht dagegen.[1043]

H38: Je offener eine Kultur ist, umso lernfreundlicher ist sie und umso leichter fallen ihr Änderungen.

Je tiefgreifender Veränderungen sind, desto mehr werden Ängste ausgelöst, die zu Widerständen führen.[1044] Ängste können durch Verständigung abgebaut werden. Mitarbeiter wollen dem Geschehen nicht blind ausgeliefert sein, sie wollen ihren Wunsch nach Dialog und Beteiligung erfüllt sehen.[1045] Hier kommt es besonders auf die direkte Führung an und inwieweit diese die hierfür notwendige Kooperation zulässt (siehe Abb. 72).

1041 Gebert (1998), hat Offenheit und Geschlossenheit in Organisationen mit Hilfe eines Fragebogens bei 327 Führungskräften aus 60 Organisationen gemessen, wobei sich die Dreidimensionalität „anthropologisch", „sozial" und „erkenntnistheoretisch" als konstruktvalide erwies. Offenere Organisationen im Wettbewerb erwiesen sich dabei als innovativer als geschlossenere, ebd., 165

1042 Geißler (2000), 99 f.

1043 Vgl. Doppler et.al. (2002), 62 ff., Doppler/Lauterburg (2002), 58 f.; auf die in Deutschland gegenüber USA und Japan schwächer ausgeprägte Veränderungsbereitschaft u. –fähigkeit verweisen insb.
Schmelzer/Sesselmann (2004), 289 ff.; zum Zusammenhang von Unternehmensstrategie u. -kultur vgl. Jahns (2002)

1044 Vgl. Bea/Göbel (2002), 444

1045 Vgl. Doppler/Lauterburg (2002), 336 ff.

Abbildung 72: Kooperation und Führung im Management nach Geißler

Lineares Management	Reflexives Management
„Direktives Führungsverhalten“ Beteiligung nur soweit nötig, Ziele vorgegeben	*„Kooperatives Führungsverhalten“* Gruppe übernimmt Führungsfunktionen in Abstimmung mit Führungskraft, Ziele gemeinsam vereinbart
„Segmentation der Fach- und Führungskräfte“ Hohe Arbeitsteilung/enge Kompetenzprofile/Hohe Arbeitskoordination der Führungskraft	*„Flexibilisierung der Fach- und Führungskräfte“* Geringe Arbeitsteilung, hohe Kompetenzprofile ermöglichen flexiblen Personaleinsatz/Selbstorganisation
„Führungskraft als institutionelle Autorität“ Verantwortung bei Führungskraft, Durchsetzung durch institutionelle Autorität	*„Führungskräfte als Coach“* Gruppe übernimmt Eigenverantwortung, Realisationsunterstützung durch Führungskraft
„(Sozial)technologisch determinierte individuelle Qualifizierung“ Arbeiten und Lernen getrennt, Adressat der einzelne, Bildungsbedarf sozialtechnologisch dominiert	*„Selbstbestimmtes individuelles und organisationales Lernen“* Arbeiten und Lernen zusammen, Adressat ist der einzelne und die Organisationseinheit, Bildungsbedarf als dialogische Lernaufgabe
Quelle: Nach Geißler (2000), 108	

Lineares Management ist von einem tayloristischen Menschenbild geprägt, das wenig Vertrauen in Mitarbeiter hat und davon ausgeht, dass diese in jedem Fall der Kontrolle bedürfen. Nach Bleicher liegt ihm eine „opportunistische Management-Philosophie“ zugrunde, die einseitig versucht, den Shareholder Value zu maximieren. „Geringe Solidarität, Loyalität und Motivation der Mitarbeiter“ sind die Folge. Oft liegt dann eine „ausgesprochene Misstrauens*organisation*“ vor. Dem gegenüber sieht Bleicher eine „verpflichtete Management-Philosophie“, die allen Stakeholdern verpflichtet ist. In ihr sind „größere Mitarbeitersolidarität, Loyalität und Motivation“ und „Ansätze zur Vertrauens*organisation*“ möglich.[1046] Wie Geißler kann man auch von einer „opportunistischen versus einer verpflichteten Unternehmenskultur“ sprechen.[1047]

[1046] Bleicher (1992), 496 f. u. 248; Geißler (2000), 97 verwendet „reflexiv“ und „verpflichtet“ synonym. Ausgangspunkt ist hierbei, dass Misstrauen und Vertrauen sich polar in einem gemeinsamen Kontinuum gegenüberstehen. Dem liegt die implizierte These „Vertrauen sei gut und Misstrauen sei schlecht“ zugrunde. Lewicki et.al. (1998), 444 argumentieren, dass Misstrauen in Negativ-Summen-Spielen positiv zu werten sei, um Schutzmassnahmen zu treffen und umgekehrt, dass Vertrauen auch blind sein könne. Sie postulieren darum analog zu Herzberg ein zweidimensionales Vertrauens-Misstrauens-Modell und begründen dies z.B. damit, dass viele Beziehungen ambivalent seien und sich Personen in manchen Bereichen trauten in anderen aber misstrauten, ebd., 448. Interessant ist dieser Ansatz insofern, dass ein Abbau von Misstrauen begünstigenden Umständen noch nicht automatisch Vertrauen ermöglichen muss. Die Forschung hierzu ist noch im Gange, vgl. Gebert/ Rosenstiel (2002),

H39: Eine Kultur ist umso offener, je ernsthafter mögliche Widerstände berücksichtigt werden und je mehr Führungskräfte untereinander und mit Mitarbeitern kooperativ umgehen.

Bezogen auf die Mitarbeiter ist daher entscheidend, ob im Unternehmen eine Vertrauens- oder eine Misstrauenskultur vorherrscht.

4.2.8.2 Vertrauens- versus Misstrauenskultur

Bleicher sieht im Falle der Vertrauensorganisation bzw. –kultur das Menschenbild des complex man als dominant.[1048] Eine Erörterung verschiedener Menschenbilder in 3.1.3.4 ergab, dass das Menschenbild des homo discens, der sich der eigenen Imperfektheit bewusst und für Fragen wie Antworten offen ist, dem von Geißler charakterisierten reflexiven Management mehr entspricht: Aufgrund der Begrenztheit eigener Fähigkeiten kommt es zu einer Offenheit für andere Sichten und Fähigkeiten, so dass diese in Entscheidungen und Maßnahmen berücksichtigt werden können. Anstelle von Monolog wird Dialog ermöglicht (Abb. 21). Bei linearem Management besteht eine Tendenz, „Information im Einwegverfahren" zu verteilen und dem Dialog im „direkten Gespräch der Menschen miteinander" auszuweichen. Nur bei „reflexivem Management" kommt es hier zu Fortschritten: „Menschen lernen und verändern ihr Verhalten praktisch nur durch direkte Kommunikation".[1049] Die Gefahr, dass lineares Management eine Misstrauenskultur erzeugt, ist daher groß. Die Auswirkung von Misstrauen in den Unternehmen erkennen Friedag und Schmidt an bestimmten Verhaltensweisen (Abb. 73) und empfehlen zur Vertrauensbildung die Einhaltung von bestimmten Regeln der Zusammenarbeit (Abb. 74). Diese in der Praxis gewonnenen Empfehlungen erscheinen nicht nur plausibel; sie treffen inhaltlich auch die Art und Weise wie Mitarbeiter von Verantwortungsträgern behandelt werden möchten.[1050] Die Autoren erhoffen sich, dass durch deren Befolgung, die Mängel der Misstrauenskultur, sich ins Gegenteil verwandeln, verhehlen aber nicht, dass dies in der Realität noch selten vorkommt:

---

176 ff.; Malik (2000), 136 kritisiert, dass Vertrauen in Organisationen bislang zu wenig erforscht sei

[1047] Geißler (2000), 97

[1048] Vgl. Bleicher (1992), 248

[1049] Doppler/Lauterburg (2002), 337; Zitate im Original teilweise kursiv

[1050] Zu diesem Ergebnis kommen verschiedene sozialpsychologische Untersuchungen, vgl. insb. Müller (1998), 59

Abbildung 73: Wirkung von Misstrauen nach Friedag und Schmidt

1.	„Informationen werden zurückgehalten", da Informationsgeber negative Auswirkungen für sich befürchten müssen
2.	„Positive Informationen werden überbetont, negative unterdrückt." Keiner will der Überbringer schlechter Nachrichten sein, Angst „geköpft" zu werden
3.	„Kontrollsysteme werden manipuliert", um besser dazustehen
4.	„Das Leistungsverhalten wird an vorgegebene Standards angepasst", weil Eigeninitiative nicht gefragt ist und die Kollegen ablehnend bis zur Ausgrenzung und mit Mobbing reagieren können
5.	„Zwischenmenschliche Beziehungen werden reduziert" aus Angst, es könnte etwas vertraulich Geäußertes gegen den Informationsgeber verwendet werden
6.	„hoher Zeiteinsatz für Verteidigungsstrategien" – beträchtliche Ressourcen gehen dem Unternehmen verloren, weil Mitarbeiter sich auf eventuelle Angriffe vorbereiten und Angst haben müssen, Nachteile zu erleiden
Quelle: Zusammenfassung aus Friedag/Schmidt (2000b), 204	

„Informationen werden nicht mehr zurückgehalten oder manipuliert. Und Eigeninitiative wird gefördert, auch wenn sie mitunter zu Fehlern führt. Man ist bereit, aus Fehlern zu lernen...Probleme werden frühzeitig offenbart, um sie gemeinsam lösen zu können. Und die viele Zeit, die früher für Verteidigungsstrategien vergeudet wurde, steht nun der Zukunftsgestaltung zur Verfügung. Leider ein Idealbild. Die Wirklichkeit in den meisten Unternehmen dürfte davon noch ein weites Stück entfernt sein." Friedag/Schmidt (2000b), 205

Abbildung 74. Regeln zur Vertrauensbildung von Friedag und Schmidt

1.	„Berechenbarkeit"
2.	„Ehrlichkeit und Aufrichtigkeit"
3.	„Einhaltung von Versprechen und Zusagen"
4.	„Zielklarheit und Deutlichkeit von Aussagen"
5.	„Bereitschaft zur vollständigen Information"
6.	„Bereitschaft zur Teilung von Verantwortung und Kontrollverzicht" im Detail der Auftragsdurchführung ohne „Hineinregieren"
7.	„Bekämpfung von Gerüchten durch [aktive; J.G.] Information"
8.	„Fehlertoleranz und Verzicht auf (voreilige) Schuldzuweisungen"
9.	„Wahrung von Erfolgs- und Urheberrechten der Mitarbeiter"
10.	„Wahrnehmung und Abbau von Ängsten und Widerständen"
11.	„Strikte Wahrung von Vertraulichkeit"
12.	„Ruhe und Gelassenheit bewahren"
Quelle: Friedag/Schmidt (2000b), 206 f.	

Offensichtlich stellen obige Empfehlungen eine große Herausforderung für Führungskräfte dar. Auf der Basis eines pur monologisch geprägten linearen

Managements lassen sich diese nicht umsetzen, weil es dort an Offenheit fehlt. „Offenheit“ und „Spontanität“ stellt eine Operationalisierung von Vertrauen dar, die geeignet ist, dem jeweils anderen ebenfalls zu mehr Offenheit und Spontanität zu verhelfen.[1051] Die Entwicklung „interpersonalen Vertrauens“[1052] ist Voraussetzung, dass „positive Synergien freigesetzt werden, ohne die Bewältigung von Konflikten und Krisen nicht gelingt. „In wechselseitigen vertrauensvollen Beziehungen wird die Gültigkeit einer Information nicht überprüft, sondern vorausgesetzt.“[1053] Durch den Verzicht auf Kontrollvorgänge kommt es zu einer Senkung der Transaktionskosten. Eine wesentliche Bedingung von Vertrauen stellt „prozedurale Gerechtigkeit“ dar. Diese wird über die wahrgenommene Fairness in den Verfahren zur Bildung von Entscheidungen erlebt.[1054] Dabei ist weniger die aus den Entscheidungen resultierende Begünstigung oder die darin zum Ausdruck kommende Mitsprache relevant, als vielmehr, ob die Betroffenen ernstgenommen und respektvoll behandelt werden.[1055] Die wahrgenommene Fairness hängt dabei mit den in Abbildung 75 wiedergegebenen Verfahrensmerkmalen zusammen, die in sozialpsychologischen Untersuchungen gefunden wurden.[1056]

Interessanterweise zahlt sich auch betriebswirtschaftlich die Gestaltung des Entscheidungsprozesses aus.[1057] Stabile, transparente Abläufe und klare Kompetenzen ermöglichen, dass mehr Wissen von Einzelnen in den Prozess einfließt. Es kommt zu verbesserten Entscheidungen aufgrund von mehr relevanten Informationen durch die Beteiligten und es erhöht sich die Umsetzungswahrscheinlichkeit.[1058] Eine Suche nach Konsens im Sinne „Betroffene zu Beteiligten“ zu machen wirkt sich positiv auf die Entscheidungsqualität im Sinne inhaltlicher „Richtigkeit“, aber auch im Hinblick auf eine erfolgreiche Implementierung aus.[1059]

[1051] Die Offenheit bzw. Geschlossenheit von Organisationen lässt sich mit Hilfe des Fragebogens FOGO messen, vgl. Gebert (1998), 164

[1052] Die „interpersonale Verfahrenskomponente“ wirkt „äußerst eindrucksbildend“, Müller (1998), 59

[1053] Gebert/Rosenstiel (2002), 171 ff.

[1054] Gebert/Rosenstiel (2002), 173; prozedurale Gerechtigkeit ist nur ein Aspekt von Gerechtigkeit in Unternehmen. Liebig (1998), 44 ff. unterscheidet darüber hinaus die „kommutative“, „konstitutive“ und „distributive“ Gerechtigkeit. Nach Frey, D. (2006), 18 ist die prozedurale Gerechtigkeit eine wesentliche Voraussetzung für Innovationen: "Wo Menschen sich [.] angemessen informiert und gerecht behandelt fühlen“ treten „eher Vorschläge“ auf und sind „Initiativen festzustellen, die Innovationen bewirken.“

[1055] Vgl. Tyler/Degeoy (1996), 343; Müller (1998), 58

[1056] Ausführlich Müller (1998), 59 ff., gekürzt Müller (2006a), 62

[1057] Vgl. Weber/Reitmeyer/Frank (2000), 56 ; aufgrund empirischer Untersuchungen bei 3000 Mittelständischen Unternehmen bis zu 1000 Mitarbeitern mit einer Rücklaufquote von 500 ergab sich, dass die Art und Weise des Entscheidungsprozesses bis zu zehn Prozent des Unternehmenserfolges erklärt

[1058] Vgl.Reitmeyer (2000), 133 ff.; Weber/Reitmeyer/Frank (2000), 60 ff.

[1059] Reitmeyer (2000), 136 f., vgl. Weber/Reitmeyer/Frank (2000), 66 ff.

Abbildung 75: Fairness in Entscheidungsprozessen

Beteiligung: Betroffene wollen „Ansichten äußern, Interessen offen vertreten und eigene Sichtweisen darlegen können."
Konsistenz: Regeln müssen vorhanden sein, „die eine vergleichbare Behandlung über die Zeit hinweg garantieren und sicherstellen, dass Entscheidungen nach bewährten und vorhersehbaren Modalitäten getroffen werden."
Unvoreingenommenheit: mit der Durchführung beauftragte Personen handeln „neutral und objektiv", es können ihnen „keine erkennbaren Interessen...zugeschrieben werden."
Genauigkeit: Wurden alle relevanten Informationen gesammelt, verarbeitet und berücksichtigt? Unvoreingenommenheit und Genauigkeit lassen Entscheidungsverfahren als „objektiv und fundiert erscheinen"
Zuwendung: „Eingehen auf soziale Bedürfnisse und emotionale Befindlichkeiten von Betroffenen"; „Sozial-emotionale Rücksichtnahme verbessert die wahrgenommene Fairness auch dann, wenn das Verfahren den Betroffenen. keinen Vorteil bringt"
Kommunikative Integrität: „Eindrucksbildend ist vor allem die Glaubwürdigkeit, mit der entscheidungsbefugte Organisationsmitglieder kommunizieren, dass sie weder parteiisch noch willkürlich handeln und dass sie sich bemühen, die Lage der Betroffenen umfassend zu würdigen."
Aufklärung: Betroffene haben Bedürfnisse nach Information. Bereits der Umstand, dass Entscheider etwas zu ihren Beschlüssen äußern oder Hintergründe bekanntgeben, erweckt bei den Betroffenen den Anschein, dass die Entscheidungen fair ablaufen.
Berücksichtigung ethisch-moralischer Grundsätze: Hierzu gehört die Einhaltung bestimmter Regeln z.B. Achtung der Privatsphäre Betroffener, Verzicht auf „manipulative Einflussstrategien", keine Absicht, Betroffene zu täuschen.
Quelle: Zusammenfassung nach Müller (2006a), 62

Werden Verhaltensmerkmale von Fairness durch Beteiligung von Mitarbeitern erstellt und ist institutionell sicher gestellt, dass diese Regeln erkennbar für alle auch eingehalten werden, dann steigt deren Legitimität.[1060] Durch Einhaltung der Kriterien lässt sich genauer beschreiben wie prozedurale Gerechtigkeit erzeugt wird und es ergeben sich auch Anforderungen, wie Führungspersonen interpersonelles Vertrauen begünstigen können. Turnley und Feldmann konnten empirisch ermitteln, dass im Falle eines Vertrauensbruches es bei Managern signifikant zu einem Anstieg der Kündigungsrate kam. Im positiven Falle konnte bei Regeleinhaltung ein Zuwachs an Loyalität und Extra-Rollen-Verhalten festgestellt werden.[1061] Wesentlich beim Konzept der prozeduralen

[1060] Im Gleichklang hierzu das STRATOS-Ergebnis „Mehr Beteiligung der Mitarbeiter – wenigstens an der Entscheidungsfindung – wirkt sich positiv am Unternehmenserfolg aus" Fröhlich/Pichler (1988), 151

[1061] Turnley/Feldman (1999), 907; N = 804; vgl. Gebert/Rosenstiel (2002), 174

Gerechtigkeit ist, dass es sich nicht um einen objektivierbaren Tatbestand handelt, sondern eine „subjektive oder kollektive Bewusstseinskonstruktion" gegeben ist, die Entscheider und Betroffene bilden. Es handelt sich vorrangig um ein binnenperspektivisches Phänomen, das zwar auch außenperspektivisch mit Hilfe der sozialpsychologischen bzw. der betriebswirtschaftlichen Erfolgsfaktorforschung untersucht werden kann, aber letztlich der Eruierung im Kontext des fokalen Unternehmens bedarf. Neben der prozeduralen spielt noch die „kommutative Gerechtigkeit" eine besondere Rolle. Nach der Equity-Theorie von Adams steht im Fokus, ob der Tausch von arbeitsvertraglicher Leistung und der Kompensation durch Lohn bzw. Gehalt, soziale Sicherheit usw. als gerecht empfunden wird („Tauschgerechtigkeit").[1062] Jeder Mitarbeiter vergleicht sein Aufwands-Ertrags-Verhältnis mit dem anderer und empfindet je nach Beurteilung subjektiv Gerechtigkeit oder Ungerechtigkeit. Empirische Untersuchungen legen nahe, dass ein Gefühl der Unterbezahlung sich negativ an Quantität und Qualität der Arbeit auswirkt.[1063] Da die Einstufung von Lohn/ Gehalt z.B. nach Tarif bestimmten Prozeduren unterliegt, wirken prozedurale und kommutative Gerechtigkeit ineinander. Werden diese unter Befolgung obiger Fairness-Empfehlungen vorgenommen, wird auch das Ergebnis – die Tarifgruppe – eher angenommen.[1064]

H40: Je fairer Entscheidungsprozesse und je größer das Empfinden von Tauschgerechtigkeit in der Wahrnehmung der Mitarbeiter sind, umso mehr bildet sich Vertrauen aus.

Besonders zur Erzeugung prozeduraler Gerechtigkeit kommt es auf die Kommunikation an.[1065]

4.2.8.3 Kommunikation

Im Gegensatz zum linearen beinhaltet reflexives Management den Dialog und sucht die Kommunikation. Ganz allgemein ist der Bereich der Kommunikation noch wenig erforscht,[1066] gleichwohl die Führungsforschung sie schon seit langem als das zentrale Führungsmedium ansieht. Diese blieb aber auf das klassische „Botschaft-Übertragungs-Modell" beschränkt,[1067] in der nur die „mediale Funktion der Sprache für die Verständigung" berücksichtigt wurde, aber die für die Begriffsdeutung unerlässliche Aushandlung zum Verständnis dahinter ste-

---

[1062] Liebig (1998), 44 f.

[1063] Vgl. Hentze et.al. (2005), 131; dies ist ebenso ein Ergebnis des STRATOS-Projekts: „Erfolgreiche Unternehmer entlohnen ihre Mitarbeiter nicht unbedingt höher, aber sie bemühen sich mehr um Lohngerechtigkeit", Fröhlich/Pichler (1988), 150 ff.

[1064] Vgl. Müller (1998), 57 ff.

[1065] Vgl. Doppler/Lauterburg (2002), 337

[1066] Vgl. Gebert/Rosenstiel (2002), 155

[1067] Neuberger (2002), 623

hender Normen und Regeln ausgeklammert blieb.[1068] Durch allerlei Trainings sollten Führungskräfte zu besseren Kommunikatoren werden, wobei auch mit „manipulativen Ratschlägen“ nicht gegeizt wurde.[1069] Im von Niklas Luhmann geprägten systemischen Ansatz ist Kommunikation das Fundament der Analyse, wobei von einer Systemtrennung ausgegangen wird. Personen können für sich Gedanken verarbeiten. Sobald sie sich gegenüber anderen Personen äußern, verlassen sie ihr persönliches „psychisches“ System und wechseln in ein Interaktionssystem, dessen zentrales Element die Kommunikation ist.[1070] Die Äußerung muss nach den Regeln dieses Systems erfolgen, sonst kann es vom Empfänger der Äußerung, der gleichfalls in dieses System wechseln muss, nicht verstanden werden. Eine Identität von Aussage und Empfangenem ist letztlich nur möglich, wenn in einem interpretativen Prozess eine gemeinsame Situationsdefinition gelingt. Kommunikation bedeutet also, sich über etwas in einem gemeinsamen Medium auszutauschen, wobei der andere Interaktionspartner diese Mitteilung einordnen oder verstehen können muss. Es bedarf also einer dreifachen Selektionsleistung: Es muss ausgewählt werden was übermittelt werden soll, es muss die Art und Weise (Modalität) der Mitteilung unterschieden werden und der Empfänger muss selektieren wie das Empfangene eingeordnet werden muss. Dadurch stellt sich Kommunikation als ein „potenziell labiler und störbarer Prozess“ dar, welcher der Absicherung bedarf, zumal noch weitere Besonderheiten zu berücksichtigen sind:[1071]

- Es wird ein Sachverhalt hinausgestellt, der nicht weiter reflektiert wird.
- Sie verläuft in „Praktiken der Absicherung“ als „generalisierte Unterscheidungen.
- Sie ermöglicht Beteiligten Unterscheidungen mit Hilfe von Rückkopplungsprozessen zu reflektieren.[1072]
- Es ist unmöglich, nicht zu kommunizieren; sie entsteht bereits bei gegenseitiger Wahrnehmung nonverbal.[1073]
- Jede Kommunikation besitzt einen Inhalts- und einen Beziehungsaspekt, wobei der soziale den inhaltlichen determiniert.[1074] Zum Sachinhalt kommen zusätzlich Informationen über den Sender i.S. von Selbstoffenbarung. Weiter sind Informationen zur Beziehung vom Sender zum

[1068] Lenzen (2005), 872 f.; zur Kontextabhängigkeit der Bedeutung siehe 3.1.1
[1069] Neuberger (2002), 623
[1070] Diese Trennung von psychischem System und System der Unternehmung wurde verschiedentlich kritisiert vgl. hierzu ausführlich Lehnhoff (1997), 55 ff.; im Kontext des Münchner Ansatzes geht man davon aus, dass letztlich alle Beobachtungen bzw. soziale Konstruktionen Individuen entspringen und in der Kommunikation sozialer Systeme ihren Niederschlag finden, vgl. Kirsch (1997c), 29
[1071] Vgl. Neuberger (2002), 620 ff. u. Hentze et.al. (2005), 378 ff.
[1072] Vgl. Neuberger (2002), 623, Hentze et.al. (2005), 379 f.
[1073] Vgl. Watzlawick/Beavin/Jackson (1974), 50 ff.
[1074] Vgl. Watzlawick/Beavin/Jackson (1974), 56.

Empfänger enthalten und zugleich gibt der Sender eine Nachricht mit Aufforderungscharakter (Appell) an den Empfänger.[1075]

- Kommunikationsabläufe werden unterschiedlich gewichtet („Interpunktion")[1076]
- Kommunikation dient als Instrument zur Führung.[1077]
- Kommunikation dient der Identitätsbildung.

Diese hier nur knapp skizzierte, der Kommunikation innewohnende Komplexität stellt an die Kommunikationsteilnehmer, insbesondere die Führungskräfte hohe Ansprüche. Sie müssen sehr klare Unterscheidungen treffen, was genau sie auf welche Weise mitteilen wollen und für Absicherung der Kommunikation sorgen, indem generalisierte Unterscheidungen quasi als vorformulierte Situationsdefinitionen auch von allen adäquat benutzt werden können. Essentiell sind der Stand der Erkenntnisse bei der Führungsperson selbst, die zu Reflexionsleistungen aufgefordert ist wie sie in der bisherigen, oben geschilderten Trainingspraxis nur wenig oder nicht vertreten war. Führungspersonen müssen sich klar werden, dass sie mit ihren Beobachtungen ein ‚Bild' der Wirklichkeit generieren und auf der Basis dieses ‚Bildes' agieren. Diese ‚Bilder' der Wirklichkeit leisten Selektionen. Wenn darin bestimmte Aspekte nicht enthalten sind, können sie in der Wirklichkeit auch nicht gesehen werden. Der Verbrauch von Natur ist zum Beispiel per se nicht in einer ökonomischen Kalkulation vorhanden, weil die Natur für ihre Leistungen keine Rechnungen ausstellt. Diese Wirklichkeit ist in einer Kommunikation erst zugänglich, wenn das Kommunikationsmedium den ökologischen Aspekt umfasst. Vorher fällt er nicht auf, weil das der Kalkulation innewohnende Bild ihn nicht erkennt. Führungspersonen müssen ihre Bilder reflektieren und erkennen, dass ihre Beobachtungen blinde Flecke aufweisen. Sie müssen also rückblickend selbst oder durch eine andere Person sich der Beobachtung aussetzen und Beobachtungsleistungen 2. Ordnung (Beobachtung der Beobachtung) vollbringen, um ihre blinden Flecke erkennen zu können. Stellt eine Führungsperson eine Diagnose der Situation, dann offenbart sie zugleich ihre Sicht und gibt auch ihr Selbstbild kund. Führungspersonen, die über andere sprechen, sprechen zugleich über sich selbst. Sie sind Teil des Systems und nicht unabhängige außerhalb des Systems Stehende. Beobachtung ist damit immer zugleich Selbstbeobachtung.[1078] Führungspersonen müssen diesen Selbstbezug („Selbstreferenz") herstellen und bislang unreflektierte, ‚blind' getroffene Unterscheidungen erkennen. Mit Hilfe dieser „mitlaufenden Selbstreferenz" kann sie wahrnehmen, dass sie Teil des Systems ist. Dies relativiert das Selbstbild tiefgreifend. Die Führungsperson kann nicht von Geführten verlangen, sie sollten sich ändern, ohne dass sie

---

[1075] Vgl. Schutz von Thun (2004), 18 ff.
[1076] Vgl. Watzlawick/Beavin/Jackson (1974), 55 ff., Hentze et.al. (2005), 380
[1077] Vgl. Hentze et.al. (2005), 380
[1078] Neuberger (2002), 597 ff.

sich selbst auch ändert. Dies wirft auf die in Abschnitt 3.1.3.4 thematisierte Tatsache der selbsterfüllenden Prophezeiung einen weiteren Akzent:

> „Eine Führungskraft kann ihrem Handeln McGregors Typologie von Theorie X (autoritäre, entwertende Führung) oder Theorie Y (vertrauende und aufbauende Führung) zu Grunde legen. Glaubt sie als Anhängerin von Theorie X, ihre MitarbeiterInnen seien faul und verantwortungsscheu und kontrolliert sie dementsprechend, so erstickt sie Ansätze zu Selbstverantwortung und Eigenständigkeit und macht durch ihr Verhalten wahr, was sie als wahr voraussetzt. Gleichzeitig aber definiert sie sich selbst als eine Person, die zu dieser Unterscheidung fähig und berechtigt ist und bräuchte – um aus ihrer ideologischen Befangenheit heraustreten zu können – Aufklärung über die Unterschiede, die die von ihr genutzte Unterscheidung erzeugt." Neuberger (2002), 627

Diese Aufklärung ist unabdingbar. Sie ist Voraussetzung, um einen normativen Lernprozess in Gang zu setzen, bei dem grundlegende Einstellungen der Person in Frage gestellt werden. Im Verlaufe eines solchen Lernprozesses müsste ein anderes Menschenbild entstehen und das vorherige abgelöst werden. Erst wenn aufgrund des neues Menschenbildes entsprechende Äußerungen und insbesondere nachvollziehbare Handlungen von anderen Kommunikationspartnern als konsistent wiederkehrend eingeordnet werden, entsteht bei diesen die Voraussetzung in ihrer Wahrnehmung, dass hier ein Wandel der Persönlichkeit eingetreten ist, dem man vertrauen kann. Erst dann können auch sie ihr Verhalten dem anpassen und z.B. Fehler melden ohne Angst haben zu müssen, unangemessen bestraft zu werden bzw. eher noch Lob für den Mut zu erhalten. Unterbleibt eine solche tiefgreifende Änderung, mag zwar die Rede neu klingen, aber die tatsächlichen Reaktionen werden wie früher sein. Für die Mitarbeiter bleibt es eine Misstrauenskultur, auch wenn Vertrauen propagiert wird. Wenn einzelne Führungspersonen so handeln mag das Einfluss auf die Kultur ihres Wirkungskreises haben, die Kultur des Unternehmens ist dadurch noch nicht verändert. Entscheidend ist hierbei das tatsächliche Verhalten der Spitzenpersonen insbesondere des Unternehmers. Nach Schein kann nur von dort ausgehend eine Unternehmenskultur verändert werden (siehe 2.3.7), die das Sinnmodell umfassen muss (siehe 3.1.3.1). Angesichts dieser systemischen Perspektive bleiben Empfehlungen wie in Abbildung 74 ohne grundlegende Änderungen bei den maßgeblichen Personen Makulatur. Sie erweisen sich als „Inszenierungen des Macher-Mythos", die vielleicht in trivialen Beziehungen eine Wirkung haben, aber im komplexen Gebilde der Unternehmenskultur dysfunktional bleiben.[1079] Identitätslernen muss daher zwingend bei den Personen der Führung, beginnend von der Spitze her, einsetzen, um dann auf ausführende Personen überzugreifen, die dieses Modell nachahmen. Über die veränderte Kommunikation erfolgt auch ein Identitätslernen der Kollektive und des Unternehmens, so dass am Ende des Prozesses ein neues Sinnmodell in Richtung Fortschrittsfähige Organisation in der Tiefenstruktur verankert wird. Auf der entstehenden Vertrauenskultur, zum Teil auch schon parallel, kann sich dann auch eine Vertrauensorganisation auf-

---

[1079] Vgl. Neuberger (2002), 626 ff.

bauen, die im Zeichen von reflexivem Management eine Geschäftsprozessorganisation ermöglicht. Artefakte wie „personengebundene Soziostruktur", „organische Prozessorganisation", „Selbstorganisation" können in diesem Fall deren Wirksamwerden anzeigen.[1080] Erst dann werden im Wandlungsprozess neu eingeführte verbesserte Rahmenbedingungen der Kommunikation im Unternehmen wie „Kommunikation von außen und innen (z.B. Kundenbefragungen, Wettbewerbsvergleiche)", „Netzwerke regelmäßiger Führungsbesprechungen", „Trennung von Tagesgeschäft und Grundsatzfragen"(Bearbeitung in speziellen Klausurtagungen und Workshops)", „Mitarbeitergespräche" usw. glaubwürdig und wirksam.[1081] Durch einen derartigen normativen Wandel von linearem zu reflexivem Management eröffnen sich Möglichkeiten auf der Ebene von Strategie und Informations- und Wissensmanagement wie in den folgenden Abbildungen 76 und 77 aufgezeigt.

H41: Je mehr sich Führungspersonen bewusst sind, dass Änderungen erst der Anpassung eigener Konstruktionen der Wirklichkeit bedürfen, umso glaubwürdiger ist ihre Kommunikation.

Eine Vertrauenskultur ist auch Voraussetzung für die Reflexion von Rollen insbesondere bei Führungspersonen.

Abbildung 76: Strategien linearen und reflexiven Managements

Strategie...	**lineares Management**	**reflexives Management**
...der Produkt- bzw. Leistungsangebote	standardisiertes Einheitsangebot	individuelles Unikatsangebot
...der Wertschöpfungsaktivitäten	bürokratisch reglementierte kostenorientierte Rationalisierung	nutzenorientierter Lerndialog zwischen internen/ externen Kunden und Lieferanten
...des Umgangs mit konkurrierenden Anbietern	Imitation und Verteidigung/ Verbesserung des Bewährten	offensive Erschließung neuer Wege durch exploratives Lernen
...der Potenzialerschließung und Ressourcennutzung	bürokratische Potentialerfassung und deterministische Ressourcenzuordnung	dialogische Potentialerfassung und nutzenoffene Ressourcenvorhaltung
Quelle: Geißler (2000), 104		

[1080] Geißler (2000), 106
[1081] Doppler/Lauterburg (2002), 336 ff., die ein Arsenal von Kommunikationsverbesserungen anbieten

Abbildung 77: Lineares Informationsmanagement versus reflexives Wissensmanagement

Lineares Informationsmanagement	Reflexives Wissensmanagement
„Bürokratische Reduktion auf Informationen" (Wahrnehmung/Verarbeitung von Wissen als Information)	„Lebendiger Umgang mit Wissen" (Alles Wissen wird als - potentiell - wertvoll zur Weitergabe an Interessierende bereitgestellt)
„Logistisches Informationsmanagement" (Standardisierung von Wissen als Information, Behandlung wie Sachressource)	„Dialogische Wissensvermittlung" (Wissensentwicklung auf Basis konkreter Themen durch Beteiligte/Betroffene)
„Wissen ist Macht" (Weitergabe/Zurückbehaltung von Wissen als Machtmittel)	„Wissensweitergabe schafft Gemeinschaftlichkeit" (Wissens-Weitergabe wird belohnt)
„Sich gegenseitig abschottende Wissensinseln" (Unsichtbare Grenzen schützen Insider-Wissen)	„Fließende Kommunikationsvernetzung" (Wissen fließt dorthin, wo es gebraucht wird, Wissensfließsystem passt sich an Kontextveränderungen an)
Quelle: nach Geißler (2000), 107	

4.2.8.4 Reflexion von Rollen

Nach Kirsch nimmt Führung in dem Maße den Charakter von professionellem Management an, wie die Rollen von Führungspersonen nachhaltig reflektiert und die Ergebnisse dieser Reflexionen operativ umgesetzt werden. Dabei ist es von Bedeutung, dass dies im Rahmen der Erkenntnisse einschlägiger wissenschaftlicher Disziplinen geschieht.[1082] Kirsch und Ringlstetter sehen eine Aufgabe der Betriebs- bzw. Organisationspädagogik darin, dass sie solche Rollenreflexionen anregt und didaktisch unterstützt, wobei auf die individuelle Situation des Unternehmens eingegangen werden muss. Da von solchen Reflexionen maßgeblich die Entwicklung von Basisfähigkeiten abhängt, müssen auch die Restriktionen des gelebten Sinnmodells erkannt werden, um nicht in die Falle voluntaristischer Machbarkeitsideale zu tappen. Ein unreflektiertes Machen ruft „Immunreaktionen" der Kultur hervor, wirkt letztlich dysfunktional.[1083] In den folgenden Ausführungen werden diese Anregungen aufgegriffen, indem unterschiedliche Rollenkonzepte dargestellt und am Ende im organisationsdidaktischen Strukturgitter verortet werden. Daran anschließend wird auf weitere Angebote der Organisationspädagogik zum Verständnis unterschiedlicher Rollen und Rollenwahrnehmungen verwiesen. Luhmann versteht z.B. unter „Rolle" ein „personenunabhängiges Erwartungsbündel an Personen" oder ein „Auswahlschema des sozialen Systems" als Bezeichnung für deren

[1082] Vgl. Kirsch (2001), 426
[1083] Kirsch / Ringlstetter (1995), 247 f.

„funktionale Ausdifferenzierung" in „Leistungsrollen".[1084] Diese wie andere Rollendefinitionen sind Ausfluss theoretischer Konzepte. Da es keine einheitliche Rollentheorie und es per se kein Rollenkonzept gibt, muss der Begriff der Rolle erst erarbeitet werden. Um dies zu erleichtern, werden im folgenden verschiedene Forschungsrichtungen zu Ansätzen gebündelt. Neuberger unterscheidet den „strukturalistischen", den „funktionalistischen" und den „symbolisch-interaktionistischen" Ansatz.[1085]

Im **strukturalistischen Rollenverständnis** ist der Stelleninhaber im Brennpunkt verschiedener Erwartungen. Organisatorische Regelungen äußern sich über direkte Verhaltensvorgaben, durch „Formulierung offizieller Erwartungen" anderer von der Organisation hierzu Ermächtigter, durch die Position des Stelleninhabers innerhalb der Organisation und durch das Zurverfügungstellen organisatorischer Hilfsmittel wie die Verfügungsberechtigung zur Bedienung bestimmter EDV-Programme. Zudem ist der Stelleninhaber Erwartungen der „Kerngruppe" („dominierende Koalition" siehe 4.2.4), des Vorgesetzten, der Kollegen, der Untergebenen und anderer interner (z.B. Betriebsrat) wie externer (z.B. Lieferant, Kunde) Interaktionspartner ausgesetzt. Daneben liegen weitere Rollenerwartungen „individueller Rollen" als Ehepartner, Elternteil, Familien- oder Vereinsmitglied usw. vor. Die Erwartungen in der Organisation sind nur zum Teil im sogenannten „Formalen Rollensegment" der Stelle über Stellenbeschreibungen fixiert. Die tatsächliche organisatorische Rolle reicht darüber hinaus.[1086] Von den Rollenerwartungen anderer ist die „Rollenperzeption" zu unterscheiden. Es handelt sich hierbei um Annahmen der fokalen Person, welche Erwartungen sie erfüllen soll. Vergleiche von Rollenerwartungen und Rollenperzeptionen zeigten, dass gut ein Viertel der Personen in ihren Annahmen irrte.[1087] Die Erwartungen anderer sind nicht gleichgerichtet. Sie konfligieren untereinander. Für die fokale Person entstehen vielfältige „Rollenkonflikte". Neuberger hat hierzu das Rollenmodell von Kahn et.al. nachkonstruiert und folgende Konfliktklassen gebildet:[1088]

„*Intra-Sender-Konflikt*": Eine Bezugsperson äußert gegenüber der fokalen Person in sich widersprüchliche Forderungen wie schnelle und gleichzeitig gründliche Aufgabenerfüllung.
„*Inter-Sender-Konflikt*": Unterschiedliche Bezugspersonen richten unvereinbare Erwartungen an die Fokalperson. Zum Beispiel erwarten unterstellte Personen Rücksichtnahme und Geduld, übergeordnete verlangen energisches Durchgreifen.
„*Inter-Rollen-Konflikt*": Die Fokalperson ist Mitglied in verschiedenen Systemen und muß die unterschiedlichen Forderungen miteinander ausbalancieren. Zum

[1084] Krause (2005), 218 u. 188
[1085] Neuberger (2002), 318 ff., vgl. auch Kirsch (1997a), 165 f.
[1086] Kieser/Kubicek (1977), 323
[1087] Kieser/Kubicek (1977), 324
[1088] Neuberger (2002), 321 ff. sowie Kahn et.al. (1964)

Beispiel ist die Fokalperson Vorgesetzter in der Firma A und zugleich Vereinsvorstand beim Verein V. Sie muß für unterschiedliche Forderungen eine Balance finden.
„Person-Rollen-Konflikt“: Innere und äußere Person bzw. Maske und Personenkern treffen aufeinander. Im hierarchischen Gefüge wird erwartet, bedingungslos Vorgaben von höherer Stelle abzunicken, auch wenn dies nicht mit inneren Werthaltungen übereinstimmt: Gefordert ist eine Balance mit sich selbst. Wird diese auf Dauer mißachtet, kommt es zu „Entfremdungserlebnissen“, die in Burnout, innere Kündigung usw. enden können.
„Rollen-Ambiguität“: Die Erwartungen kommen in unterschiedlicher Präzision. Zum Teil sind sie exakt im Rollensegment fixiert. Vieles bleibt jedoch diffus, unausgesprochen, mehrdeutig.
„Rollen-Überlastung“: Die Anhäufung unterschiedlicher Erwartungen ist zu groß. Sie kann nicht mehr bewältigt werden, außer durch Prioritätensetzung und Abstriche.

Die strukturalistische *„Außensteuerung durch Verinnerlichung* (rollengeleitetes Handeln)“ ist nicht so perfekt, dass fokale Personen zu „Handlungsautomaten“ werden. Im Gegenteil wird eine Managementposition als Fokalposition immer „Ermessens-, Interpretations- und Handlungsspielräume“ beinhalten, sonst könnte sie bei völlständiger Rationalisierung entfallen. Es bestehen überdies, Möglichkeiten zur Rückkopplung und des Aushandelns zu den Sendern. Nicht zuletzt: Rollen können sich entwickeln.[1089]

Anstelle der fokalen Person steht nun im **funktionalistischen Ansatz** das übergeordnete System im Mittelpunkt. Der Bestand dieses Systems wird durch Wirkungen (oder „Funktionen“), die es für ein übergeordnetes System hat erklärt. Gehört die fokale Person als Vorgesetzter der Organisationseinheit Einkauf an, dann geht es nicht um sie, sondern darum, dass die Funktion ‚Einkaufen’ erfüllt wird. Dabei ist letztlich egal, wer ‚einkauft’, Hauptsache ist dass die Funktion Einkaufen vollzogen wird. Es gibt „keine speziellen Führungs-Rollen mehr, sondern nur noch Systemerfordernisse“, die befriedigt werden müssen. Dies kann dann auch durch andere Instanzen erfüllt werden. Im funktionalistischen Ansatz verlässt sich ein System nicht auf eine Person, um nicht von deren subjektiven Eigenheiten abhängig zu sein. Man setzt darauf, dass Funktionserfüllung durch andere ersetzt, ergänzt oder kompensiert werden. Die Führungsrolle wird in Schach gehalten durch andere Personen oder durch „strukturelle Steuerung“, die zu einer Fülle von „Führungs*substituten*“ wird. Bezogen auf die Führungsrolle heißt das, dass Führungsfunktionen wie planen, koordinieren, kontrollieren und entscheiden von anderen Personen oder Instanzen wahrgenommen werden: von den Mitarbeitern („empowerment“, „intrapreneurship“), von Stäben oder Experten, von Wertordnungen wie der Unterneh-

[1089] Neuberger (2002), 325

menskultur.[1090] Wunderer spricht in konsequenter Umsetzung dieses Ansatzes von Führen „strukturierter Arbeitssituationen" unter denen er allgemein „Kultur", „Strategie" und „Organisation" versteht.[1091]

Im **symbolisch-interaktionistischen Ansatz** bestimmt „nicht irgend eine objektive Wirklichkeit, sondern die in konkreten Interaktionen erfahrene und ausgehandelte symbolvermittelnde Bedeutung bestimmt das Handeln der Subjekte." Zum Ausdruck wird dadurch gebracht, dass Rollenerwartungen nicht nur eine Zuschreibung oder Zumutung durch andere, sondern Ergebnis eigener „aktiver sozialer Deutungs- und Verständigungsarbeit" sind. In Bezug auf Leitungsrollen heißt dies, dass nicht „auto-aktiv" als souveräner Macher, nicht „reaktiv" als nur Antworter auf fremde Vorgaben, sondern vielmehr „inter-aktiv" auf andere eingewirkt wird bzw. Beeinflussung durch andere zugelassen wird. Dabei kann sogar „trans-aktiv" die Qualität der Beteiligten transformiert werden, indem beide Parteien nicht die bleiben, die sie waren, sondern neue Qualitäten annehmen. „Symbolisch" meint, dass zwischen dem Reiz der ‚Rollenerwartung' und der Reaktion ‚Rollenperzeption' ein aktiver Verarbeitungs- und Interpretationsprozess tritt, der das „symbolisierende Medium Sprache" nutzt. Dies vor dem Hintergrund einer jeweils "einmaligen Biografie". Die Rollen haben so eine „Geschichte" und können weiterentwickelt werden.[1092]

Die hier skizzierten Ansätze der Rollentheorie zeigen, dass aufgrund der hohen Komplexität der Rolle ein nicht minder hoher Reflexionsbedarf besteht, der geleistet werden muss, wenn personelle Kompetenzen in der Aufgabenerfüllung Bestleistungen (Excellence) entwickeln sollen. Das gilt ebenso für Rollen der Mitarbeiter, deren Rollen im Managementbereich ebenfalls immer wieder reflektiert werden müssen. So sind die Aufgabe bzw. der Arbeitsinhalt nicht zufällig zugleich der wichtigste potentielle Demotivationsfaktor (siehe Abb. 60). Je mehr in Bezug auf Führungsrollen dies unter Einbeziehung einschlägiger wissenschaftlicher Führungslehren geschieht, desto mehr entwickelt sich über fortgesetzte Professionalisierung Rationalität der Führung.[1093] Die Rollenkonzepte werden im Spannungsfeld von linearem und reflexiven Management je nach Sinnmodell eine unterschiedliche Annahme finden (siehe Abb. 78).

Im Instrumentalmodell werden Rollen vorgegeben und die Rolleninhaber sollen die ausgesprochenen und unausgesprochenen Rollenerwartungen erfüllen, womit eine Nähe zum strukturalistischen Rollenverständnis gegeben ist. Der funktionalistische Ansatz und das Überlebensmodell haben gemeinsam, dass die Systemfunktionen erfüllt werden müssen, unabhängig von fokalen Personen: Hauptsache sie werden erfüllt. Der symbolisch-interaktionistische Ansatz hingegen setzt eine hohe Dialogorientierung und die Bereitschaft zu

[1090] Neuberger (2002), 326 ff.
[1091] Wunderer (2001), 4 u. 6 ff.
[1092] Neuberger (2002), 332 ff.
[1093] Vgl. Kirsch (1997a), 167 ff.

tiefenstruktureller Arbeit voraus wie sie in der Fortschrittsfähigen Organisation angestrebt werden.

Abbildung 78: Rollenverständnis im organisationsdidaktischen Strukturgitter

<table>
<tr><td rowspan="2">Sinnmodelle
Durchdringungsgrade</td><td colspan="5">Personal ←→ Persönlichkeit</td></tr>
<tr><td colspan="5">Gewinnmaximierung ←→ Wirtschaftsethik</td></tr>
<tr><td></td><td>Zielmodell ↓</td><td>Koalitions-Modell</td><td>Überlebens-Modell ↓</td><td>Institutions-Modell</td><td>Fortschritts-Modell ↓</td></tr>
<tr><td>Organisationsänderung</td><td colspan="3">Strukturalistisches Rollenverständnis</td><td></td><td></td></tr>
<tr><td>Organisationsentwicklung</td><td></td><td colspan="3">Funktionalistisches Rollenverständnis</td><td></td></tr>
<tr><td>Organisationstransformation</td><td></td><td></td><td colspan="3">Symbolisch-Interaktives Rollenverständnis</td></tr>
<tr><td colspan="6">Quelle Strukturgitter: Geißler (1994), 162; inhaltliche Zuordnung der Rollenverständnisse J.G.</td></tr>
</table>

Zum inhaltlichen Rollenverständnis von Führungskräften hat Geißler den Bezugsrahmen der konstitutiven Komponenten von Gemeinschaften (vgl. Abb. 24) weiterentwickelt, indem er deren jeweils zugrunde liegende „Leitdifferenz" hervorhebt. Die Funktion der Leitdifferenz – im Verständnis von Luhmann[1094] - besteht darin, „bei der Erfassung und Gestaltung der vorliegenden Wirklichkeit zu erkennen, was wichtig und unwichtig ist." Es ergeben sich dabei acht Leitdifferenzen mit ihren Ausprägungen (siehe Abb. 79).[1095]

Jede Person kann in Relation zu den einzelnen Leitdifferenzen entscheiden, was für sie wichtig bzw. unwichtig ist, und zwar sowohl für die jeweilige „Wahrnehmung der Wirklichkeit", deren „geistige Verarbeitung", deren künftige Gestaltung als auch für das „Handeln in der Wirklichkeit." Aus der für sie dominanten Leitdifferenz (Abb. 80) kann die Führungskraft bzw. der Mitarbeiter die zugehörige Rolle ersehen, die sie bzw. er einnimmt, und kann diese im Rahmen eines systematischen Feedbacks auf die „Organisation als Ganzes", das zu vertretende „Organisationssegment", die „konkrete Aufgabe" sowie eine künftige Aufgabe klären.

[1094] Krause (2005), 188
[1095] Geißler (2003), 19

Abbildung 79: Acht organisationale Leitdifferenzen

Arbeit, Expertentum	professionell	laienhaft
Ordnung	ordnungsgemäß	ordnungswidrig
Tausch	reich	arm
Auseinandersetzung, Kampf	machtvoll	schwach
Werte	wertvoll	wertlos
Sozial-emotionale Beziehungen	sympathisch	unsympathisch
Hedonismus	lustvoll	lustlos
Kritik, Lernen	neu und unbekannt	altbekannt
Quelle: Geißler (2003), 19		

Abbildung 80: Führungskraft- und Mitarbeiterrollen

Dominante Leitdifferenz	Rolle der Führungskraft	Mitarbeiterrolle
Arbeit, Expertentum	Coach, Multiplikator	Fachmann, Multiplikator
Ordnung	Polizist	Gesetzeshüter- oder –brecher
Tausch	Kaufmann	Kaufmann
Auseinandersetzung, Kampf	Dschungelkämpfer	Grenzwächter
Werte	Missionar	Idealist
Sozial-emotionale Beziehungen	Mentor	Freund
Hedonismus	Ästhet	Hedonist
Kritik, Lernen	Forscher	Kritiker
Quelle: Geißler (2003), 58		

Bei den Feedbacks können mehrere Perspektiven unterschieden werden, und zwar das Selbstbild, das Fremdbild – das Kollegen, Mitarbeiter haben-, sowie das „reflexive Selbstbild“, indem sich Personen in den Augen von Vorgesetzten, Kollegen, Mitarbeiter betrachten. In Gesprächen kann die Ausprägung der Rollen und deren Wahrnehmung festgehalten werden.[1096] Dieser Aspekt erlangt Bedeutung, wenn die so ermittelten Rollenausprägungen insbesondere der Führungsebene miteinander verglichen werden, um die „Ausbalancierungskompetenz“ innerhalb der Gruppe reüssieren zu können.[1097] Hier zeigt sich wieder, dass die Reflexion von Rollen nicht von einzeln geleistet werden kann. Es braucht hierzu die Zusammenarbeit mit anderen, die im nächsten Abschnitt vertieft wird.

[1096] Geißler (2003), 58 ff.
[1097] Behrmann/Frey (2003), 251

H42: Je umfassender Rollen von Führungs- und Schlüsselpersonen regelmäßig reflektiert werden, umso professioneller ist die Führung, umso höher ist die Leistungsbereitschaft der Mitarbeiter.

4.2.8.5 Zusammenarbeit

Eine Reflexion von Rollen, die einzelne Führungskräfte für sich leisten, bereitet die Reflexion in der Gruppe vor. Jede Führungskraft kann für sich die Ausprägung, der von ihr wahrgenommenen und angestrebten Rollen in Abbildung 80 festhalten und im „intrapsychischen Dialog" die „intrapsychische Gruppendynamik" nachvollziehen, um eine innere Rangfolge zu bilden, was für sie welche Bedeutung hat. Dies leitet sich von der Theorie des „Inneren Teams" von Friedemann Schulz von Thun ab. Diese acht Rollen können mehrfach unter jeweils anderen Aspekten wie „Handeln", „Wahrnehmen", „Analysieren", „Planen" durchlaufen werden. Dabei muss nicht nur eine „innere Meinungsbildung" erfolgen, sondern eine Klärung erfolgen wie dieser Aspekt nach außen wirkt. Aufgrund der Parallelitätsthese verläuft die innere Gruppendynamik wie die äußere.[1098] Nach Schultz von Thun kommt es zu einer „strukturellen Kopplung" vom System der Person („psychisches System") mit dem System der Gruppe bzw. Unternehmens.[1099] Die Führungsperson muss nun die Kenntnis der inneren Dynamik und die Kenntnis des systemisch Eingebundenseins aufeinander beziehen und miteinander aussöhnen: Zum einen das „Ideal der autonomen, sich selbst verwirklichenden Persönlichkeit" und die „Erkenntnis, dass der Mensch nur als Teil eines Ganzen seine Identität gewinnt". Daraus leitet sich eine „duale Ethik" mit einer doppelten Pflicht ab, nämlich zum Gelingen der Persönlichkeit in seiner Ganzheit und zum Gelingen des Unternehmensganzen beizutragen, von dem es ein Teil ist. „Selbstverwirklichung" und „Hingabe" dürfen nicht Gegensätze sein, sondern sollen ‚strukturell gekoppelt' gelingen.[1100] Wird dies von der einzelnen Führungsperson nach innen- und außen gerichtet geleistet, kommt es durch Reflexionsleistungen der Gruppe von Führungspersonen zu einer Verbindung personalen und kollektiven normativen Lernens im Sinne von „Bildung als Verschränkung von Selbsterziehung und Teamentwicklung".[1101]

Der Gedanke, in Teams zu arbeiten, ist stark im Zunehmen begriffen.[1102] Ein Team ist eine Sonderform von Gruppe. Eine Gruppe ist gekennzeichnet durch

---

1098 Geißler (2000), 252 f.

1099 Zur strukturellen Kopplung über Medien wie Sprache siehe Krause (2005), 183 f. u. 193

1100 Schultz von Thun (1998), 15 f.;

1101 Geißler (2000), 252 ff.; dieser Ansatz lässt sich auch vom Selbst-Führungs-Ansatz der Mitarbeiterführung herleiten, vgl. Müller (2004, 2006b): Durch Kenntnis psychischer Potentiale und Ressourcen können Führungskräfte authentischer in Übereinstimmung mit eigenen Werten führen und Verantwortung so delegieren, dass Mitarbeiter in der Lage sind, Aufgaben in Eigenregie zu bewältigen

1102 Vgl. z.B. Bungard (1990), 315 f., Gebert/Rosenstiel (2002), 375 ff., Flöther (2003), 112; nach Malik (2004), 110 ist heute Teamarbeit bzw. Teamwork einer der meist verwendeten

mehrere Merkmale wie „Mehrzahl von Personen (ab drei Personen)", „unmittelbare Kommunikation", Häufigkeit der Kontakte, „gemeinsame Normen und Werte", „Wir-Gefühl" usw.[1103] Eine allgemein verbindliche Abgrenzung von Gruppe und Team gibt es noch nicht, häufig wird eine Unterscheidung darin gesehen, dass die Mitglieder eines Teams ein gleiches Ziel verfolgen.[1104] „Teamentwicklung" stellt im Rahmen der strategischen Personalentwicklung den „interpersonalen Aspekt" dar, „Personenentwicklung (Weiterbildung, Qualifizierung)" den „personalen" und „Organisationsentwicklung" den „apersonalen".[1105] Hervorgehoben wird der sozialpsychologische Zusammenhang, dass Gruppen mit einer durch die Tätigkeit bestimmten Attraktivität der Gruppenmitgliedschaft („Kohäsion") und einer großen Gemeinsamkeit in den Zielen und Normen („Konformität") eine tendenziell höhere Gruppenleistung bringen.[1106] Dabei spielt besonders die sozio-emotionale Kohäsion eine Rolle, die durch ein offenes, vertrauliches, respektvolles Klima, den bewussten Abbau von Spannungen, die Förderung einer ausgewogenen Kommunikation usw. herbeiführen soll.[1107] Durch gruppendynamische Trainings soll der Lernprozess durch Erfahrung intensiviert werden.[1108] Im Teambildungsprozess kommt es innerhalb des Teams zu einer Rangordnung („Hackordnung") und zu sozialpsychologisch betonten Rollenzuweisungen.[1109] Scholz nennt als Beispiele Rollentypen „Vorsitzender", „Umsetzer", „Macher", „Beobachter", „Mitspieler" usw.[1110] Gleichwohl im Team ein unter um Umständen hocheffektives Umfeld für individuelles Lernen gegeben sein kann[1111] ist die Übertragung des Teamgedankens in Führungsgremien bedenklich. Dort geht es vorrangig um die Bewältigung von Sachthemen des Systems Unternehmung. Wenn die Rangordnung der Personen untereinander dominiert, ist eine Gleichwertigkeit der Vertretung der Funktionen gefährdet. Es besteht hier eine Notwendigkeit, den Teamgedanken zu beschränken.[1112] Wenn etwas sachlich falsch läuft, kann es sozialpsychologisch nicht ‚richtig' gebogen werden: subjektive Macht kann objektive Wahrheit nicht ersetzen. Eine weitere Problematik ist, dass auch von

---

Begriffe im Management. In Großbetrieben steht Team- u. Kooperationsfähigkeit nach Fach-Know how an zweiter Stelle der von Personalleitern geforderten Fähigkeiten von Mitarbeitern, vgl. Wunderer/Arx/Jaritz (1998a), 280

[1103] Rosenstiel (1994), 78 ff.

[1104] Gebert/Rosenstiel (2002), 375; Bungard (1990), 317 betont, dass Team mit einem „spezifischen Gefühlsinhalt in Verbindung gebracht" wird

[1105] Scholz (2000), 409

[1106] Gebert/Rosenstiel (2002), 141 ff.

[1107] Vgl. Scholz (2000), 849

[1108] Gabler Wirtschaftslexikon (1997), 1668

[1109] Gebert/Rosenstiel (2002), 375

[1110] Scholz (2000), 851 f.

[1111] Doppler/Lauterburg (2002), 114 f. halten das Team für das einzig wirklich effektive Lernumfeld

[1112] Dies legen auch Bungard/Antoni (1995), 401 f. nahe, wenn sie von einer „Glorifizierung des Teamgedankens" warnen: „Die normative Kraft des Teamideals verhindert eine vernünftige Differenzierung im Sinne des ursprünglichen Plädoyers für Gruppenarbeit, wonach die Kooperation mehrerer nur in bestimmten Situationen effektiver ist."

Führungspersonen tendenziell immer stärker „Teamfähigkeit" verlangt wird und die Sympathie der Gruppenmitglieder untereinander Vorrang erhält.[1113] Es werden per se Personen ausgeschlossen, die dies weniger ausgebildet haben, aber sonst hervorragende Leistungen zeigen.[1114] In Exekutivorganen wie der ersten Führungsebene sollten Wissen, Können und nachgewiesene Erfolgsfähigkeit im Sinne vorzeigbarer Resultate unter schwierigen Umfeldbedingungen bevorzugt werden.[1115] Aus Sicht des Unternehmens ist entscheidend, dass im Konsens für das Unternehmen die bestmögliche Entscheidung gefällt und umgesetzt wird.[1116] Spannungen und Konflikte zwischen den Funktionen sind dabei unvermeidlich. Um die Entscheidungen muss u.U. hart gerungen werden können und es müssen Entscheidungen möglich sein, die nicht bei allen Teammitgliedern auf Zustimmung stoßen, aber für das Unternehmen Vorrang haben. Dominieren stattdessen persönliche Beziehungen und Sympathien, treten Arbeit und Sachbeziehungen zum Nachteil des Unternehmens zurück.[1117]

Ein Teil der Funktionen wie Einkauf, Entwicklung, Finanzen und insbesondere Personal bzw. HCM ist per se gefährdet, eine Nachrangigkeit zu erfahren, weil dort weniger Personen arbeiten als in Produktion, Logistik und Vertrieb. Die Anzahl der zugeordneten Personen verleiht ‚Gewicht'.[1118] Da die Funktionen den Prozessen bzw. der Strategie folgen müssen, sind Neudefinitionen von Rollen und in der Folge andere Verteilungen von Aufgaben unumgänglich, bei denen auch die Zuständigkeit für Personen zu- oder abnimmt. Müssen in einem Führungsbereich Personen abgegeben werden, darf deshalb das Ge-

---

[1113] Die Integration einzelner Individuen mit ihren spezifischen Kompetenzen in die „übergeordnete ‚Teameinheit'" wird als entscheidend angesehen, Bungard (1990), 317

[1114] Vgl. Malik (2000), 132; Malik wie Flöther (2003), 116 verweisen darauf, dass Kreativität und Innovationen von kantigen Individualisten ausgeht und nicht von Teams, vgl. auch Staudt (1999), 25; eine symptomatische Vernachlässigung des Individuums konstatiert Bungard (1990), 322; außerdem kann „angeblich fehlende Teamfähigkeit" Einzelner als eine „'normale' Reaktion auf die ‚pathologischen' Divergenzen zwischen postulierten und tatsächlichen Verhaltensweisen" in Teams verstanden werden, Bungard (1990), 316 f.; in diesem Zusammenhang sind die Ergebnisse von Repräsentativerhebungen von Berufstätigen interessant: 52 % sind der Meinung, dass es auf Gruppenarbeit und Teamgeist ankommt, zugleich sind 44 % der Auffassung, dass nach wie vor die Einzelleistung mehr zählt; Opaschowski (2006), 103 f. interpretiert dies so, dass sowohl Einzelleistung als auch Teamarbeit notwendig sind und Mitarbeiter zukünftig über eine „Doppelkompetenz" verfügen müssen, ebd., 104

[1115] Erfolgreiches Umsetzen auf Basis einer spezifischen Erfolgskompetenz, die sich aus personalen Kompetenzen (4.2.2.4) herleitet, vgl. Malik (2000), 73 ff. für den professionelles Management wesentlich durch die Erzielung von Resultaten charakterisiert ist

[1116] Die Konsensorientierung zeigt deutlich positive Effekte auf die Entscheidungsqualität von mittleren Unternehmen, wobei unter Konsens verstanden wird, Entscheidungen nicht gegen Fakten und Meinungen anderer Organisationsmitglieder zu treffen, vgl. Weber/ Reitmeyer/ Frank (2000), 66 f.

[1117] Malik (2002), 255, ebenso kritisch zum Team Flöther (2003)

[1118] Managerialistische Ansätze von Williamson (Ausgabenmaximierungsmodell) und Baumol (Umsatzmaximierungsmodell) gehen davon aus, dass Manager nach einem größeren Bereich mit mehr Personal bzw. einem größerem Umsatz streben, vgl. Mroß (2002), 1406 f.

wicht der Funktion an sich nicht leiden und umgekehrt die höhere Anzahl an Personen kein Vorzug sein. Um eine Funktion wie HCM vollwertig zu vertreten, muss eine Relativierung gegenüber dieser häufig zu findenden Praxis möglich sein. Mit den Rollendefinitionen der ersten Führungsebene müssen Grundregeln des Verhaltens erarbeitet werden. Malik hat für Exekutivorgane sechs Regeln vorgeschlagen, die hierzu Orientierung sein können.[1119] Die Führungsebene ist Vorbild für die Zusammenarbeit für alle Ebenen darunter.[1120] Die Anforderungen an Führungspersonen, die angesprochenen Reflexionen und Verhaltensanpassungen nach innen und außen sowie im Team zu leisten, sind sehr hoch. Die Realität ist von der Umsetzung noch weit entfernt.[1121] Vielen Führungskräften ist ihre demotivierende Wirkung nicht bewusst.[1122] Die Personen an der Spitze geben den Ausschlag und sind selbst mangels Reflexion und entsprechendem Verhalten oft nicht teamfähig.[1123] Die Folgen sind unternehmensweit feststellbar: Wird der Teamgedanke oben nicht richtig vorgelebt, kommt er auch in unteren Ebenen nicht richtig zum Tragen. Ein Missverhältnis von Einfluss und Leistungsbetrag führt dazu, dass ein Teil des Teams die Aufgaben verteilt, die andere umsetzen sollen, zumal der Leistungsbeitrag einzelner kaum feststellbar ist. Der Gleichberechtigungsanspruch der Teams wird ausgehebelt und nicht umsonst oft kolportiert.[1124]

Ein Hauptgrund dafür, dass Teammitglieder an andere nichts abgeben bzw. noch mehr Einfluss wollen hängt mit dem Verlangen nach Macht und mit mangelndem Vertrauen zusammen.[1125] Die Definition von Max Weber ist für das Verständnis von Macht noch immer relevant.[1126] „ Macht bedeutet jede Chance, innerhalb einer sozialen Beziehung, den eigenen Willen auch gegen Widerstreben durchzusetzen, gleichviel, worauf die Chance beruht."[1127] Aus dem

---

1119 Vgl. Malik (2002), 257 ff.: (1) Letztverantwortung im eigenen Bereich, (2) Keine Entscheidung für andere Bereiche, (3) Keine Kommentare zu Entscheidungen anderer Bereichsleiter nach außen, (4) Stichentscheidungsrecht des Vorgesetzten (im MU beim Unternehmer), (5) Bestimmte Entscheidungen nur durch das Gremium als Ganzes, (6) Volle gegenseitige Information, was in den Bereichen stattfindet. Grundlage sind ein klarer „Geschäftsverteilungsplan" sowie die „Geschäftsordnung"

1120 Gebert/Rosenstiel (2002), 106 betonen die herausragende Rolle des Imitations (Modell)-Lernens

1121 In vielen Unternehmen kommt es zu einer doppelbödigen Moral, weil offiziell Team propagiert wird und insgeheim doch kompetitive, teamfeindliche Verhaltensweisen honoriert werden, vgl. Bungard (1990), 316

1122 Vgl. Wunderer (2001), 147; eigene psychische Dispositionen werden nur selten reflektiert – eine Selbstaufmerksamkeit ist etwa nur zu 8 % der Wochentätigkeit der Manager gegeben, vgl. Müller (2004), 32

1123 Vgl. Flöther (2003)

1124 *Team* als Akronym von „*T*oll *e*in *a*nderer *m*acht's" oder „*T*oll *e*iner *a*rbeitet *m*eistens"; nach der ökonomischenTeamtheorie liegt ein moral hazard vor: die einen drücken sich (shirking) und die Kosten tragen die anderen vgl. Gabler Wirtschaftslexikon (1997), 3720

1125 Vgl. Flöther (2003), 116 ff.

1126 Vgl. Gebert/Rosenstiel (2002), 179

1127 Gabler Wirtschaftslexikon (1997), 2519

Gesichtspunkt der Macht bedeutet ein Aufgeben einer potentiellen Chance Machtverlust. Kommt ein Führungsteam aufgrund von gemeinsamen Rollenreflexionen zur Erkenntnis, dass die Kundenauftragsabwicklung besser in einen neuen Bereich ‚Logistik' eingegliedert sein sollte als beim Vertrieb, wird die Zustimmung des Vertriebsleiters davon abhängen, ob er noch denselben Einfluss hat wie davor als hierarchisch darüber stehender Vorgesetzter. Anders gewendet könnte er fragen, ob er dem Logistikbereich vertrauen kann, seine Anliegen genauso zu erledigen wie wenn er noch unmittelbar vorgesetzt wäre. Dahinter steht die Annahme, dass man Abhängigen mehr vertrauen kann als Nicht-Abhängigen.[1128] Auch hier ist aber eine gegenseitige Abhängigkeit implizit, wobei aber tendenziell der Vorgesetzte in streng geführten Hierarchien langfristig am längeren Hebel zu sitzen scheint. Dabei wäre allerdings zu untersuchen, ob nicht Abhängige ihren Verlust durch stillschweigende Aufkündigung des psychologischen Vertrags kompensieren und mit Entfremdung reagieren. Auch wenn das häufig verborgen bleiben mag: Letztlich verliert das Unternehmen, weil Verlierer auch noch andere anstecken werden und die Leistungsbereitschaft nach unten ziehen.[1129] Wenn der Vertriebsleiter im eben erwähnten Beispiel, aufgrund der bisherigen alten Machtverteilung in den Auftragsabwicklungsprozess eingreift, um zum Beispiel, einen bestimmten Kundenauftrag vorzuziehen, kommt es zu solchen Eingriffen, die aufgrund fehlender Fachkompetenz ganze Prozesse ineffizient und ineffektiv werden lassen.[1130] Es geht in dieser Debatte, immer um Fragen die das ganze Unternehmen betreffen. Mit anderen Worten: es geht um das **doppelte Gemeinwohl**: [1131] (a) um das Gemeinwohl des Unternehmens an sich und (b) in ganzheitlicher Sicht um das Gemeinwohl des Umfelds, weil die Folge- und Rückwirkungen miteinbezogen werden müssen. Eine Gemeinwohldebatte könnte an den Tag bringen, dass der Vertriebsleiter durch die Abgabe der Auftragsabwicklung ebenfalls gewinnen kann, weil er dadurch mehr Zeit für seine originäre Aufgabe hat, in die er seine Fachkompetenz voll einbringen und die Abwicklung der Kundenaufträge besser gelingen kann, weil ein Leiter Logistik zur Handhabung derselben mehr spezifische Kompetenz mitbringt. Und wenn es der neue Logistikleiter fertig bringt, die Lieferzeit zu reduzieren, wird ihm auch der Vertriebsleiter Vertrauen schenken. Ein Gewinn-/Gewinnspiel ist möglich, allerdings nur unter Einhaltung der in diesem Zusammenhang sehr wichtigen Voraussetzung, dass der Vertriebsleiter dadurch keinen Ansehens-

---

[1128] Vgl. Gebert/Rosenstiel (2002), 179 ff.

[1129] Als eine negative Folge des Modelllernens am falschen Vorbild

[1130] Nach Dietrich Dörner kommt es aufgrund der verkannten Komplexität häufig zu einer Logik des Misslingens, vgl. Vester (2001), 35 ff.

[1131] An das Gemeinwohl des Unternehmens zu denken erscheint in der Welt der Unternehmen, die das einzelwirtschaftliche Maximum anstreben als deplaziert. Dementsprechend haben Manager Schwierigkeiten, hierfür Verständnis aufzubringen, vgl. Malik (2000), 88. Drucker hat bereits 1966 betont, dass sich ein effektiver Unternehmensführer auf die Frage konzentriert, „Was kann ich Wesentliches beitragen zu den Leistungen und den Ergebnissen der Institution, der ich diene", Drucker (1995), 87 ff.. Es ist der „Beitrag zum Ganzen" auf den es ankommt, Malik (2000), 88 ff.

verlust erleiden darf, weil er jetzt weniger Leute hat usw. Das ist elementar für eine (neue) Kultur, die ein solches Verhalten im Gegenteil mit einem Zuwachs an Respekt und Ansehen begrüßen müsste.

Da jeder der oben geschilderten Abstimmprozesse wegen immanenter Machtfragen den Charakter einer **politischen Handlung** aufweist, schlägt Petersen vor, dieser Problematik durch *„politisches Lernen“* gerecht zu werden. Hierzu hat er ein Mentorenmodell entwickelt, das gleichermaßen der Gestaltung des „unternehmensinternen Miteinanders“ als auch der „Beziehungsgestaltung der Unternehmung zur Außenwelt“ dient. In Bezug auf Führungsgremien wie dem der ersten Ebene ist das Wort ‚politisch' angebracht, weil es sich um eine *„politische Gemeinschaft“* handelt, in der handelnde Akteure zum Zwecke „gegenseitiger, *vernünftiger* Interessenabstimmung“ aufeinandertreffen. Die Voraussetzung hierzu sind Menschen, die aufgrund ihrer Kompetenz zur Selbst-Reflexität authentisch – im Sinne „reflexiv eigenständiger Menschen“ - handeln können und sozialkompetent in der Lage sind, einen „wertschätzenden Dialog“ zu führen, in dem *„alle* ihre Interessen, Ängste und Erwartungen austauschen können.“[1132] Das Mentorenmodell ergänzt das Mitverantwortungsmodell (siehe Abb. 26) in Bezug auf die Implementierung von Normen, also in Fragen der Normenanwendung. Es fordert das Management dazu auf, sich dem „Wohl des Ganzen“ zu verpflichten. Bei Petersen steht dabei das gesellschaftliche Gemeinwohl im Vordergrund. In Abhängigkeit von der Umsetzung von „Gemeinwohlvorstellungen“ geht es letztlich darum, gesellschaftlich legitimiert zu sein. Ganz ähnlich dient die Standortbestimmung des Unternehmens von Kirsch und Knyphausen dazu, moralisch-praktische Aspekte im Unternehmen zu verankern, um auch hierin eine Steigerung der Rationalisierung in der Führungspraxis – besonders im Hinblick auf die Responsiveness - zu erreichen.[1133] Bezogen auf das Konzept des Unternehmens an sich (siehe 3.2.3) kommt es anhand der Trias von Leistung, Funktion (Dienst) und Reflexion zu permanenten Fragestellungen: Welche Funktion hat das Unternehmen in der Gesellschaft? Was bietet es an Leistungen, zur Erfüllung dieser Funktion? – und nach Innen gerichtet – wie müssen die Rollen aufgeteilt und gestaltet sein, dass diese zur optimalen Erfüllung der (Unternehmens-)Funktion eingerichtet sind. Aus diesem Diskurs leitet sich dann auch eine **Legitimität der Rollen** extern wie intern ab. Das Management ist aufgefordert, Fähigkeiten zu entwickeln, die über reines Fachwissen hinausgehen. Petersen nennt hierzu Schlüsselqualifikationen wie „politisch-kulturelle Urteilskraft“, „Orientierungswissen“, „Innere Souveränität“, „Ethisches Reflexionsvermögen“, „Fähigkeit zu systemischem Denken in Alternativen und Optionen“ und „Problemlösekompetenz“. Er fordert dabei eine „gleichmäßigere Machtverteilung anstelle autoritärer Machtzentralisierung“. Es geht ihm um eine *„institutionelle Kontrolle der Macht“* und nicht um eine *„institutionalisierte Absicherung der Macht.“* Alle Sys-

---

1132 Petersen (2003), 170 ff.
1133 Petersen (2003), 174 insb. Fn 85; Kirsch/Knyphausen (1997), 125 ff.

temteilnehmer sollen die Chance haben im Dialog mitverantwortlich an Entscheidungsprozessen teilzunehmen. Hierzu gehört auch die Bereitschaft, sich *„selbst in Frage zu stellen bzw. stellen zu lassen“* und Auseinandersetzungen offen auszutragen.[1134] Hierfür bietet das Mentorenmodell Hilfestellungen durch unterschiedliche Reflexionsarten (siehe Abb. 81) an.

361Abbildung 81: Reflexionsarten im Mentorenmodell

Art der Reflexion	Inhalt der Reflexion
fachübergreifend	*Integration* pädagogischer, soziologischer u. psychologischer Fragestellungen im ökonomischen Denken und Handeln, um die „seelisch-soziale Wirklichkeit“ in und außerhalb von Unternehmen zu erkennen
kulturell	Nicht Kultur als das abgehoben Schöne, sondern im Sinne kollektiver Sinnkonstruktionen in der Verflechtung von Alltag und Gesellschaft miteinander *gemeinsame Weltbilder* gestalten
gesellschaftspolitisch	Attraktivität der Unternehmung nach innen und nach außen zur Gesellschaft hin, um Produkte und Dienstleistungen vertreiben zu können und um den Nachwuchs aus der Gesellschaft rekrutieren zu können; gesellschaftliche Trends schneller erkennen und umsetzen, offen für den gesellschaftlichen Wertewandel sein
handlungsorientiert und kreativitätsfördernd	Erkennen der Rationalitätsverkürzungen im mechanistischen und monokausalen Denken, Mut, *sich seines eigenen Zweifels zu bedienen*, um reflexive Eigenständigkeit zu gewinnen
Quelle: nach Petersen (2003), 175 ff.	

In Unternehmen spielen die soeben behandelte ‚Macht‘ und ‚Geld‘ Hauptrollen. In beiden Fällen handelt es sich um symbolisch generalisierte Kommunikationsmedien im Sinne von Luhmann (vgl. Abb. 82). Kommunikationsmedien bedürfen nicht mehr der Abstimmung in der Lebenswelt. Sie sind „generalisiert“, d.h. sie erlauben eine Vielheit von Realisierungen innerhalb einer Einheit. Im Tagesgeschäft der Unternehmen dominieren die zweckrationalen Kommunikationsmedien. Diese können sich – wie Geißler zeigt [1135]– nicht aus sich selbst begründen und legitimieren. Hierzu bedarf es der wertrationalen Kommunikationscodes bzw. –medien. Dies gilt sowohl für die Unternehmung, für Teams als auch für Personen. Wie in 4.2.8.3 bereits erarbeitet, spielt in der Vertrauensbildung Kommunikation eine zentrale Rolle. Da betriebliche Kommunikation zweckrational geprägt ist und ihre wertrationale Begründung unterbleibt, kommt es zu Lücken in der Vertrauensbildung, die systemtheoretisch begründet werden können.

[1134] Petersen (2003), 174 f.
[1135] Vgl. Geißler (2000), 24 f.

Abbildung 82: Kommunikationscodes und Kommunikationsmedien

Rationalität:	Kommunikationscode:	Kommunikationsmedium:
Zweck-Rationalität	Leistung	*Qualitätsklasse*[1136]
	Ordnung	Macht/Recht
	Kampf, Auseinandersetzung	*Anteile*[1137]
	Tausch	Geld
Wert-Rationalität	Übergeordnete Werte	Religiöser Glaube, zivilisatorische Grundwerte
	Sympathie, Fürsorglichkeit	Liebe
	Spiel, Spaß, Ästhetik	Kunst
	Kritik, Lernen	Wahrheit
Quelle: nach Geißler (2000), 20 u. 27 *mit Ergänzungen von J.G.*		

„Da man sich über künftiges Verhalten anderer nicht vollständig und nicht zuverlässig informieren kann",[1138] ist Vertrauen systemtheoretisch „die Binnenleistung eines Systems, die auf einem Überziehen vorhandener Informationen hinsichtlich der Erwartbarkeit zukünftiger Ereignisse beruht."[1139] Durch das Zusammenleben werden strukturelle Eigenheiten eines Systems erkennbar und man kann Anhaltspunkte für Vertrauensbildung finden:

> „Durch andere Systeme bestimmter Art, nämlich Menschen, kommt überhaupt erst jene Komplexitätserweiterung in die Welt, auf die das Vertrauen bezogen ist: die Freiheit des Handelns. Daher nimmt nicht wunder, dass Vertrauen zuerst und vor allem dem anderen Menschen geschenkt wird, indem man ihn als Persönlichkeit nimmt, als ordnendes und nicht willkürliches Zentrum eines Systems von Handlungen, mit dem man sich verständigen kann. **Vertrauen ist dann die generalisierte Erwartung, dass der andere seine Freiheit, das unheimliche Potential seiner Handlungsmöglichkeiten, im Sinne seiner Persönlichkeit handhaben wird** – oder genauer, im Sinne der Persönlichkeit, die er als die seine dargestellt und sozial sichtbar gemacht hat. Vertrauenswürdig ist, wer bei dem bleibt, war er bewusst oder unbewusst über sich selbst mitgeteilt hat." Luhmann (2000), 48, Hervorh. in fett v. Verf.

[1136] Um die Qualität für eine erwartete Leistung einfach kommunizieren zu können wird in der Ausschreibungspraxis häufig auf bestimmte Produkte eines Markt- oder Technologieführers verwiesen. Anbieter verpflichten sich anhand der Leistungsmerkmale dieses Herstellers, dass das selbst angebotene Produkt, mindestens dieselben Leistungsmerkmale (Qualitätsklasse) erfüllt

[1137] Im Sport z.B. existieren Punktesysteme aus denen der Tabellenplatz ersichtlich ist. In der Wirtschaft geben die absoluten und relativ verkauften Stückzahlen den Markt- bzw. Marktanteil wieder z.B. mit Hilfe der Zulassungsstatistik von Kraftfahrzeugen

[1138] Luhmann (2000), 47

[1139] Krause (2005), 255

Die Verringerung des Handlungsmöglichkeiten auf das spezifische Maß der Persönlichkeit übernimmt das Gewissen, so dass man eigentlich auf das Funktionieren des Gewissens vertraut.[1140]

> „Da alle Kommunikation, ja jedes sichtbare Verhalten, etwas aussagt über den, der sich verhält, ist Kommunikation, ja schon das Gesehenwerden schlechthin, ein riskantes Unternehmen, das der Absicherung bedarf. Immer gibt der einzelne durch sein Verhalten mehr Aufschluss über sich selbst, als er mit seinem idealen Selbst abstimmen kann und bewusst mitteilen will. Schon das Erscheinen überhaupt, setzt daher ein Mindestmaß an Vertrauen voraus, nämlich das Vertrauen, nicht fehlgedeutet zu werden, sondern im großen und ganzen so angenommen zu werden, wie man sich zu zeigen wünscht."
> Luhmann (2000), 49

In dem Masse wie es gelingt, Vertrauen in die eigene Selbstdarstellung und deren Interpretation durch Fremde zu gewinnen, wächst auch das Handlungspotential an Ausdrucksweisen und die Möglichkeit, „Vertrauenskapital" aufzubauen.[1141] **Grundbedingung des Vertrauens ist die Wahrheit**: „Wahrheit ist das tragende Medium intersubjektiver Komplexitätsreduktion."[1142] Im Sinne von Habermas geht es um das Bemühen, Wahrheit auf drei Ebenen anzustreben: objektive Wahrheit, soziale Richtigkeit und subjektive Wahrhaftigkeit bzw. Aufrichtigkeit (vgl. 3.1.2.2). Vertrauen in Personen basiert auf deren konsistenter Selbstdarstellung in der „relativen Stabilisierung der Differenz von Selbst- und Fremdreferenz."[1143] Daraus folgt, dass die Basis der Zusammenarbeit in Unternehmen wesentlich dadurch begründet wird, dass sich vor allem Führungs-Personen um Wahrheit im obigen Sinne bemühen. Um dies zu können, müssen sie hierfür bestimmte personale Kompetenzen im Sinne von Abschnitt 4.2.2.3 entwickelt haben. Der Anspruch auf solche Kompetenzen ist Ausdruck der Kultur, weil sie sich ohne diese nicht erhalten und entwickeln kann. Aus dem von Geißler auf der Basis von Luhmann entwickelten Bezugsrahmen der acht konstitutiven Komponenten von Organisationen (vgl. Abb. 24, 79) lässt sich ableiten, welcherart diese Kompetenzen sein und wie diese zusammen wirken sollen. In diesem Zusammenhang ist von Interesse, dass aktuell verschiedene Stimmen in der Literatur verstärkt die Glaubwürdigkeit von Führungskräften betonen. Fredmund Malik sieht diese im **Charakter** begründet: *„Wer Vertrauen schaffen will, muss charakterlich integer sein."*[1144] Nach Rob Goffee und Gareth Jones verlangen Mitarbeiter verstärkt nach bestimmten Persönlichkeitsmerkmalen:

[1140] Vgl. Luhmann (2000), 48 Fn 1
[1141] Vgl. Luhmann (2000), 49 f.
[1142] Luhmann (2000), 66
[1143] Krause (2005), 255; im Unterschied zum Vertrauen in Personen liegt Vertrauen in Systeme darin, die man z.B. an ihre Leistungsfähigkeit richtet, ebd.
[1144] Malik (2000), 144

„Mitarbeiter respektieren keine Vorgesetzten, die nichts von ihrer Persönlichkeit in die Führungsarbeit einbringen. Sie wollen von glaubwürdigen Personen geführt werden...Wachsende Unzufriedenheit mit aalglatten und zweitklassigen Managern führt dazu, dass **Authentizität** als Teil der Führungsqualität in den Unternehmen hoch im Kurs steht. Manager wie Mitarbeiter verbinden damit Aufrichtigkeit, Ehrlichkeit und Integrität. Sie wollen das Unverfälschte, das große Führungspersönlichkeiten auszeichnet. Leider ist diese Art von Authentizität nicht besonders verbreitet." Goffee/Jones (2006), 59

Zur Zusammenarbeit ergeben sich folgenden Hypothesen:

H43: Die Zusammenarbeit in Teams gelingt umso besser, je mehr Führungspersonen, insbesondere der ersten Ebene, den Team-Gedanken vorleben.

H44: Je weniger Reibungsverluste in Teams gegeben sind, umso größer ist die Leistungsbereitschaft und die Leistung.

H45: Vertrauen wächst in dem Umfang, je besser politisches Lernen im Sinne von Petersen gelingt, d.h. je mehr internes Gemeinwohl des Unternehmens und externes der Gesellschaft berücksichtigt werden.

H46: Die Professionalität der Zusammenarbeit nimmt zu, je mehr Teams um objektive Wahrheit, soziale Richtigkeit und subjektive Aufrichtigkeit ringen.

In Verbindung mit dem nächsten Abschnitt:

H47:Vertrauen hängt wesentlich von der charakterlichen Integrität von Führungspersonen ab.

4.2.8.6 Identität und Integrität von Personen

Während früher im Charakter eine wesentliche Voraussetzung für den Erfolg von Personen gesehen wurde,[1145] findet sich dieser als Begriff in wissenschaftlichen Veröffentlichungen zu Personal und Personalführung i.w.S. nur noch

---

[1145] Stephen Covey (1990), 18 hat in einer Untersuchung zur US-Erfolgsliteratur festgestellt, dass beginnend mit Benjamin Franklin von 1776 bis etwa nach dem 1. Weltkrieg über 150 Jahre lang die sogenannte Charakter-Ethik („character ethic") dominierte. Erfolg in Beruf und Privatleben wurde der Verinnerlichung von Eigenschaften wie Integrität („integrity"), Demut („humility"), Treue („fidelity"), Mäßigung („temperance"), Mut („courage"), Gerechtigkeit („justice"), Geduld („patience"), Fleiß („industry"), Einfachheit („simplicity") und Bescheidenheit („modesty") zugeschrieben. Erst danach wurde Erfolg als Ausfluss von Selbstdarstellung oder Funktion von positivem Denken („postive mental attitude") begriffen; für die Notwendigkeit von Charakter bei Führungskräften vgl. die Vertreter mittlerer Unternehmen Kraus (2006) u. Schreiner (2001), 120: „Die großen Fehler werden in Unternehmen nicht auf sachlicher Ebene gemacht, sie erwachsen aus den Charaktermängeln der obersten Leistung, aus dem Fehlen von Ethik."

selten.[1146] In der Persönlichkeitspsychologie wird vereinzelt Charakter mit Persönlichkeit[1147] oder Integrität[1148] gleichgesetzt. In der Persönlichkeitspsychologie gibt es drei dominante paradigmatische Grundrichtungen: Personaler Ansatz, Situativer Ansatz, Interaktionismus.[1149] Der personale Ansatz leitet Verhalten von personeninternen Eigenschaften ab, die für „stabile Beziehungen zwischen Situationen und den Reaktionen einer Person" sorgen.[1150] Im situativen Ansatz wird unterstellt, dass „menschliches Verhalten von den Prägekräften der jeweiligen Situation bzw. den Rollenerwartungen der Umwelt abhängt."[1151] Der Interaktionismus nimmt eine vermittelnde Rolle zwischen den beiden erstgenannten ein: Die Determinanten des Verhaltens können weder ausschließlich personenintern noch durch externe Einflüsse erklärt werden.[1152] Auch in der Soziologie und Sozialpsychologie hat diese vermittelnde Position in der Form des symbolischen Interaktionismus eine Dominanz entwickelt. Charakter bzw. Persönlichkeit wird dort unter dem Begriff „Identität" gefasst.[1153] Über die Veränderung von Identität oder Identitätslernen ergibt sich eine Verbindung zum normativen Identitätslernen von Geißler und Petersen an.[1154] Identität steht in einem Gegensatz zur Rolle oder den Rollen, die Führungspersonen – und andere Personen – im Unternehmen und Umfeld wahrnehmen müssen (vgl. 4.2.8.3). Im strukturalistischen Rollenansatz wird der Person-Rollen-Konflikt von Innen- und Außenseite der Person bzw. der Maske-Person-Unterschied thematisiert. Im symbolisch-interaktionistischen Rollenansatz hingegen wird die einseitige strukturalistische Bestimmung der Person durch die Rolle in gegengerichtete Beeinflussung der Rolle durch die Person ergänzt. Es findet zudem ein Verarbeitungs- und Interpretationsprozess vor dem Hintergrund der einmaligen Biografie der Person in ihren Rollen statt.

[1146] Nicht bei Doppler et.al. (2002), Doppler/Lauterburg (2002), Geißler (2000), Gebert/Rosenstiel (2002), Hentze et.al. (2005), Jäger/Petermann (1995), Lenzen (2005), Neuberger (2002), Rosenstiel (2003), Sarges (Hrsg.) (1990), Schanz (2000a), Scholz (2000), Staehle (1999), Wunderer (2001); Neuberger (2002), 88 ff. verweist lediglich auf psychoanalytische Charaktere, Erpenbeck/Rosenstiel (Hrsg.) (2003), XXVII Fn 9 verweisen auf die von Jun (1980, 1994) herausgearbeiteten charakteriologischen Ansätze; nur Asendorpf (1999), Hossiep/Paschen /Mühlhaus (2000) u. Reinhardt (2003), 196 f. gehen etwas näher auf Charakter ein

[1147] Asendorpf (1999), 17 setzt Charakter u. Persönlichkeit gleich

[1148] Vgl. Sarges (2000), XV; obwohl umgangsprachlich der Leistungsbereich auch zur Persönlichkeit gezählt wird, hat sich in der Psychologie eine Differenzierung in die zwei Schwerpunkte „Intelligenz (aus dem Leistungsbereich)" und „Integrität (aus dem Persönlichkeitsbereich)" durchgesetzt. Diese Schwerpunktsetzung findet sich auch in der Testpsychologie wieder: „Leistungstests" für maximales Verhalten" und „Persönlichkeitstests" für „typisches Verhalten", ebd., XV

[1149] Vgl. Dieterich (1990), 341

[1150] Asendorpf (1999), 36

[1151] Dieterich (1990), 341

[1152] Vgl. Dieterich (1990), 341, Asendorpf (1999), 83 ff.; nach Dieterich, ebd.. nimmt der Interaktionismus eine dominierende Rolle ein

[1153] Vgl. Neuberger (2002), 371 ff.

[1154] deutero learning im von Geißler (2000), 207 ff. verwendeten Sinne des loop-reflecting learning von Petersen (1997), 275 ff. siehe auch 3.1.3.3

In der Person bzw. dem „Personenkern“ kann unverwechselbare „Identität“, „Individualität“, „Einmaligkeit“, „Autonomie“ erlebt werden, während die Rolle „Stereotypisierungen“ und „Schemata“ als – rollentypische – Erwartungen anderer beinhaltet. Im Mittelpunkt steht die „spannungsgeladene Beziehung“ zwischen „**I**“ („**personale Identität**“) und „**Me**“ („**soziale Identität**“).[1155] Identität wird durch „Differenz“ zu anderen erlebt, als „Anderssein“. Psychoanalytisch findet über einen Absonderungsprozeß von anderen als „Individuierung“ statt.[1156] Ferner wird Identität durch „Kontiunität“ in der eigenen Geschichte und ihrer „Entfaltungsperspektive“ ausgedrückt. Identität wird erfahren durch die „Konsistenz“ einer „gesunden Persönlichkeit“, die es versteht, innere Differenziertheit und Facetten auszutarieren, zu integrieren, stimmig erscheinen zu lassen. Über Rückmeldungen (Feedback) wird Identität für andere „übereinstimmend“ („konsuell“) als „konformes *role taking*“ begreifbar. Identität wird durch „Ko-Relation“ in sozialen Netzen geschaffen, durch Verortung zu bestimmten Gruppierungen wie Mitglied zum Führungskreis. Identität drückt sich über „Selbstwirksamkeit“ („self-efficacy“) in der Weise aus, ob mehr an das Schicksal oder an die eigene Machbarkeit geglaubt wird („Schicksal vs. Machsal“). Im aktiven Versuch kann im Sinne eines „role making“ auf die Erwartungen gestaltend eingewirkt werden. Identität wird erfahrbar über „Commitment (Engagement)“ mit der jemand bei der Sache ist: voll und ganz zur Rolle im Unternehmen stehen; im Extrem gehen Identität und Rolle ineinander auf.
Identität präsentiert sich durch „Namensgebung“, „Bezeichnung“, „Kodierung“ („Presentation of Self in Everyday Life“). Schließlich wird Identität durch das Bewusstsein dieser Identität als „Selbstbewusstsein“ erlebt.[1157] Kontiunität und Konsistenz der Person ermöglichen Vorhersehbarkeit. Verlässlichkeit im Verhalten ergibt sich bei Übereinstimmung von Reden und Handeln: „*Man muss meinen, was man sagt – und so handeln.*“ Sie sind Kennzeichen der „*charakterliche(n) Integrität*“ bzw. der „integren Persönlichkeit“.[1158] Auf Vorhersehbarkeit und Verlässlichkeit kann sich Vertrauen *interpersonell* und in Wechselwirkung auch *institutionell* entwickeln.[1159] Integrität ist nicht nur bedeutsam in der Zusammenarbeit, sondern mindestens ebenso für das Unternehmen als Ganzes. Millionenschäden durch Wirtschaftskriminalität sind ein unübersehbares Signal hierfür.[1160] Unredlich handelnde Personen erzeugen nicht nur die Schäden, sondern auch präventiv erhöhten Kontrollaufwand: Sie erzeugen laufend hohe Transaktionskosten, die in einem vertrauensvollen Umfeld we-

---

[1155] Neuberger (2002), 371 ff.
[1156] Neuberger (2002), 373 f.
[1157] Neuberger (2002), 375 - 388
[1158] Malik (2000), 144 f.; für „integer“ findet sich im Duden „unbescholten; ohne Makel; unbestechlich.“(1990), 353
[1159] Vgl. Gebert/Rosenstiel (2002), 173
[1160] Vgl. PricewaterhouseCoopers (2005): waren 2003 nur 39 % der Unternehmen betroffen, sind es 2005 bereits 46 %; 69 % der betroffenen Unternehmen haben inzwischen Ethische Richtlinien (Verhaltenscodex) eingeführt; mittelständische Unternehmen bis 200 Mitarbeitern sind mit 37 % weniger betroffen als Großunternehmen mit 62 %

sentlich niedriger ausfallen oder ausbleiben können.[1161] In dem von Geißler entwickelten Bezugsrahmen der acht konstitutiven Komponenten bzw. der acht Kommunikationscodes lassen sich verschiedene personale Kompetenzen den Kompetenzklassen von Erpenbeck/Rosenstiel aus Abschnitt 4.2.2.3 zuordnen (vgl. Abb. 83).[1162]

Abbildung 83: Personale Kompetenzen

Kommunikations-code	**Kommunikations-medium**	**Personale Kompetenzen**	**Klasse *)**
Oberflächenstruktur / Zweckrationalität / Nützlichkeit			
(1) Leistung	Qualitätsklasse	Fachkompetenz	(F)
(2) Ordnung	Macht/Recht	Organisationale-soziale Kompetenz	(S)
(3) Kampf, Auseinandersetzung	Anteile	Durchsetzungs-kompetenz	(A)
(4) Tausch	Geld	Erfolgskompetenz	(A), (P)
Tiefenstruktur / Wertrationalität / Sittlichkeit			
(5) Übergeordnete Werte	Religiöser Glaube, zivilisatorische Grundwerte	Wertekompetenz	(P)
(6) Sympathie, Fürsorglichkeit	Liebe	Fürsorgekompetenz	(P) (S)
(7) Spiel, Spaß, Ästhetik	Kunst	Lebenslust-kompetenz	(P)
(8) Kritik, Lernen	Wahrheit	Dialog-/Diskurskompetenz	(P)
Quellen: Aufbauend auf Geißler (2000), 20 u. 27 ; vgl. Abb. 79 *) Kompetenzklassen nach Erpenbeck/Rosenstiel (2003), XVI: (P) Personal, (A) Aktivität/Durchsetzung, (F) Fachlich, (S) Sozial- Kommunikativ			

Die ersten vier Kompetenzen sind relativ leicht an Personen erkennbar. Ihr Nutzen ist unmittelbar einsichtig. Ausgangspunkt ist die ‚Fachkompetenz' in (1), die intern als Tausch (4) eingebracht wird, um damit direkt oder indirekt messbaren Erfolg zu erzielen. ‚Erfolgskompetenz' kann in Umsatz, Produktivität oder Ergebnis, aber auch Zielerreichung gemessen werden. Von Führungs- und Fachkräften wird auch verlangt, dass sie um ihren ‚Tauschwert' wissen

[1161] Zu den hohen Kosten der Unmoral, vgl. Kirsch, G. (2002)

[1162] Daraus kann nicht gefolgert werden, dass aus den 8 konstitutiven Merkmale alle personalen Kompetenzen im Sinne eines umfassenden Persönlichkeitsmodells abgeleitet werden könnten. Es leitet sich nur ein Anspruch auf bestimmte personale Kompetenzen ab, die erfüllt sein sollten, damit die acht Kommunikationscodes im Unternehmen durch Personen erkannt und im gewollten Sinne kompetent verwendet werden

und entsprechend viel Gehalt verlangen etc., andererseits von ihrer Fähigkeit überzeugt sind, ökonomisch zu handeln, um entsprechend erfolgsabhängige Gehaltsbestandteile wie Tantiemen zu erzielen. Dies hat viel mit Selbsteinschätzung, Selbstwert und Leistungsvorsätzen zu tun, die Erpenbeck/ Rosenstiel (P) zuordnen, wobei auch ein gewisses Durchsetzungsvermögen (A) notwendig ist. Um (1) und (4) Aktivitäten erfolgreich umsetzen, sind in der Regel Befugnisse in Organisationen (2) notwendig (vgl. 4.2.2.4), für die es ‚organisationale-soziale Kompetenz' benötigt. Die Person muss kompetent sein, sich in das organisatorische Machtgefüge der Hierarchie einzuordnen und wissen, was sie darf und was nicht. Da dies nicht immer klar ist, kann das vor allem für Führungskräfte sehr anspruchsvoll sein, weil hier eine Vielzahl von Paradoxien im Umgang mit anderen Managern und Mitarbeitern zu bewältigen sind.Zum Beispiel sollen Führungskräfte selbständig handeln und doch gleichzeitig erst fragen, ob sie dürfen; sie sollen spontan und zugleich beherrscht sein usw.[1163] Sie benötigen also eine unternehmenskulturgerechte Kombination von Aktivitäts- und Sozialkompetenzen (A/S). In fast jeder Aufgabe kommt es darauf an, etwas Neues einzuführen oder den Rahmen zu vergrößern, z.B. den Umsatz oder das Ergebnis zu erhöhen. Das kann auch die Einführung eines neuen Produkts oder die Veränderung der Organisation sein. Häufig geht es darum, etwas durchzusetzen, wobei interne Konflikte mit Kollegen anderer Bereiche oder extern mit Wettbewerbern unvermeidlich sind. Es geht um mehr Anteile (3), wofür Durchsetzungskompetenz nötig ist. Bei den ersten vier Kommunikationscodes steht die Handlungsfähigkeit (Leistung) im Vordergrund, während in den zweiten vier die Lernfähigkeit (8) und die Responsiveness für die Werte (8) und die Situation anderer (6, auch 7) im Priorität haben.[1164] Für die Gewinnung von Vertrauen spielen die auf Sittlichkeit basierenden wertrationalen Kompetenzen der Tiefenstruktur – einzeln und im Zusammenwirken – eine bedeutende Rolle. Der im vorigen Abschnitt hergeleitete Zusammenhang, dass Vertrauen entscheidend von der Handhabung des Kommunikationscodes ‚Wahrheit' abhängt, ist zunächst in (8) zu verorten. Die Kompetenz um Wahrheit zu ringen, äußert sich darin, Beobachtungen erster und zweiter Ordnung zu leisten und diese kritisch zu hinterfragen. Dabei muss sowohl Selbstkritik geleistet und die Kritik anderer (Fremdkritik) aktiv gesucht werden. Es braucht die Fähigkeit, mit sich und anderen in Dialog bzw. in Diskurs zu treten, wobei es letztlich so ist, dass man sich lernend an die Wahrheit nur annähern kann und im sokratischen Sinne immer Zweifel übrig bleiben.[1165] Dass diese Kompetenz für sich genommen alleine nicht genügt, um Vertrauen zu gewinnen, wird erkennbar, wenn man diese mit den durch die Person vertretenen Werten (5) konfrontiert, denn auch Maffiabosse handeln wahr nach ihren ‚Werten', die

---

[1163] Vgl. Neuberger (2002), 341 ff.

[1164] Es stehen sich in gewisser Weise der „entschlossen, durchsetzungsstarke ‚Tatmensch'" und das „Korrektiv des ‚Charakters'" ambivalent gegenüber, Kraus (2006), 130; Kraus verwendet hier Charakter als besondere Ausprägung der Persönlichkeit in dem früher üblichen Sinne, dass zwar jeder eine Persönlichkeit, nicht jeder aber ‚Charakter' hat

[1165] Vgl. Popper (1966)

allerdings wegen deren Unsittlichkeit nicht akzeptiert werden können. Es sind also die von der Person vertretenen Werte mindestens ebenso entscheidend: So verstand man zumindest früher unter Charakter nicht nur die Konsistenz bzw. Identität der Person, sondern ebenso die durch die Person verwirklichten Werte:

> „Charakter..., der durch alle Lebensäußerungen hindurchgehende, auch gegen äußere Einflüsse beharrlich wiederstehende Grundzug der Haltung, Gesinnung, Handlungsweise des Menschen, der Kern ihrer Persönlichkeit und ihrer Sittlichkeit...Im Sinn der modernen Ethik ist C. der Inbegriff der in einem Menschen verwirklichten Persönlichkeitswerte." Schmidt (1978), 93[1166]

‚Person' bezeichnet hier den Einzelnen in „seiner menschlichen Eigenart". ‚Persönlichkeit' unterscheidet sich von der ‚Person' in der Weise, dass das „innere Eigensein des Einzelnen, so wie er sich subjektiv als unvergleichbar und daher als einmalig erlebt, dieses Eigensein vollbewusst reflektiert" wird, wobei von der Person unabhängige Werte vertreten werden:[1167]

> „Der ethische Wert der Persönlichkeit besteht in dem Sich-selbst-getreu-Bleiben, in der Echtheit und Gediegenheit ihres Wesens; er ist weitgehend gleichbedeutend mit Kants intelligiblem Charakter [als Grund der sittlichen Handlungen; J.G.]. Die Verwirklichung dieses ethischen Wertes, also die Selbstverwirklichung der Persönlichkeit ist eine Tugend. Diese Tugend ist aber nicht allgemein erstrebbar, sondern kann nur durch individuelle Verwirklichung der fundierten Werte (das Gute, das Edle, die Fülle, die Reinheit) erlangt werden...Das Anziehende der echten Persönlichkeit besteht darin, dass sich dem Mitmenschen in ihr ein anderes strukturiertes, fest gefügtes, durchsichtiges Wertreich eröffnet."
> Schmidt (1978), 505 f. u. 310

Erst die Kombination von Wahrheitsbemühen und Wertevertretung kann Vertrauen schaffen, wobei noch zwei andere Aspekte entscheidend sind: der Umgang mit der eigenen und fremden Lust (7) und den Mitmenschen im und außerhalb der Unternehmen (6). Moralisches Handeln kann ja gerade darin liegen, auch anderen Personen zur Mündigkeit zu verhelfen, ihr Leben in „persönlicher Freiheit, Würde und Persönlichkeit" zu leben.[1168] Für Führungskräfte trifft dies besonders auf die ihnen anvertrauten Personen zu. Es braucht hier entsprechende Fürsorgekompetenz, die sich aus personalen Werthaltungen und Motiven (P) speist, um kommunikativ und kooperativ (S) eingesetzt zu werden. Dass nicht nur dem Vorgesetzten, sondern auch den Mitarbeitern die Arbeit Spaß (6) machen soll und auch diese einen Lustgewinn darin erfahren dürfen, leitet sich ebenfalls aus Werten ab. Seine eigene Lust nicht in Hedonismus ausarten zu lassen und sie so einzusetzen, dass es anderen auch zu

[1166] Schmidt (1978), 93, vgl. auch Covey (1990), 18
[1167] Schmidt (1978), 506; z.B. nur solche Werte zu vertreten, die der Reziprozität genügen, um sie auch gegen sich selbst gelten zu lassen: „Was Du nicht willst, dass man Dir tu, das füge auch keinem anderen zu.", Petersen (2003), 102
[1168] Petersen (2003), 104

gute kommt, stellt auch einen wichtigen Gegenpol zu den zweckrationalen Aufgaben dar, deren Erfüllung in der Regel ein dichtes Pflichtenkorsett mit sich bringt und viel Disziplin verlangen. Nicht zu letzt liegt im Kommunikationsmedium ‚Kunst' die Kreativität, die für den Entwurf von ganz Neuem unerlässlich ist. Personen, die um die Umsetzung solcher Werte ringen, erweisen sich signifikant resistenter gegenüber einer „opportunistischen Grundhaltung" und nehmen vermehrt eine „verpflichtete Grundhaltung" ein.[1169] Kennzeichen der opportunistischen Haltung sind die „Bereitschaft, sich zur Erreichung von Erfolgen auch unredlicher Mittel zu bedienen" oder die „Neigung, allgemein gültige Maßstäbe wie die Unterscheidung von ‚Gut' und ‚Böse' zu verneinen."[1170] Wer sich ernsthaft um Charakter-Bildung bemüht wird eigene Schwächen erkennen und versuchen zu überwinden. Das Überwinden von Schwächen und das Erringen positiver Charaktereigenschaften ist Anzeichen von Fortschrittsfähigkeit. In der Selbstreflexion erkannte Vielfalt eigener Persönlichkeitsanteile ermöglicht die Sicht von Vielfalt in anderen. Nach Luhmann kann ein System (hier das psychische System der Person) nur erkennen, was es schon hat und nicht erkennen was es nicht hat. Besonders einschneidend ist, dass es etwas nicht erkennen kann, was es nicht erkennen kann. [1171] Das Erkennen von etwas, was man vorher nicht erkennen konnte, ist Ausdruck von Fortschritt. In Abhängigkeit von der Zunahme an Lernfähig-, Handlungsfähig- und Empfänglichkeit drückt sich Entwicklungsfähigkeit aus. Auch Personen können so dem Instrumental-, dem Überlebens- und dem Fortschrittsmodell zugeordnet werden. Werden anstatt Werten ohne größere Wahrheitsanstrengungen nur in einer eher opportunistischen Grundhaltung unreflektiert Zwecke verfolgt, bleiben Manager dem Instrumentalmodell verhaftet, mit einer Tendenz, internalisierte Stereotypisierungen zu wiederholen.[1172] In Krisensituationen bestehen nur wenige Fähigkeiten, angemessene oder bessere Lösungen zu finden.[1173] Solchem defensiven und eher passiven Verhalten stellen Manager des Überlebensmodells proaktive Akzente entgegen. Anstelle von einfachen Ursache-Wirkungsbezügen erkennen sie zirkuläre Abhängigkeitsstrukturen. Sie lassen Vielfalt im Unternehmen bewusst zu. Personal wird nicht nach normierten Mittelmaß ausgewählt. Es dürfen sich auch Originale einfinden, um die Sicht-

---

[1169] Bleicher (1992), 496 ff.

[1170] In einer Repräsentativerhebung stellten Kaufmann/Kerber/Zulehner (1986), 82 u. 280 ff., die 530 Führungskräfte befragten, signifikant fest, dass eine opportunistische Grundhaltung umso weniger auftritt, je mehr eine religiöse bzw. kirchliche Bindung vorhanden ist, während ein rein „humanistischer Ethos" zu keinen abweichenden Ergebnissen führte, vgl. auch Reinhardt (2003), 215

[1171] Vgl. Neuberger (2002), 598

[1172] Ein vielfach propagierter kooperativer Führungsstil ändert daran wenig, zumal er angesichts fehlender Rationalität nur aufgesetzt erscheinen muss. Generell hat sich der Führungsstilansatz trotz zahlreicher Forschungsbemühungen als unergiebig erwiesen. Die Ergebnisse sind laut Gebert/ Rosenstiel (2002), 198 „vernichtend mager und frustierend"

[1173] Vgl. Wüthrich (2003), 104 ff. stellte vier Muster fest: (1) Glaube alles steuern zu können, (2) Bevorzugung der Misstrauenskultur, (3) Ablehnung von Verschiedenheit, (4) Anklagen, statt handeln

weisen zu erweitern. Fortschrittfähig sind Manager jedoch erst dann, wenn sie mehr als nur überleben wollen und ko-evolutiv Einfluss auf ihre Umgebung erzeugen z.B. durch wirklich innovative Produkte und Verfahren. Hierzu muss eine Empfänglichkeit gegenüber Unterschieden im sozio-ökonomischen Feld ausgeprägt werden. Lernen und Kritik müssen nicht nur zugelassen, sondern bewusst gesucht und belohnt werden. Erst die Kritik im Dialog und Diskurs ermöglicht Lernfortschritte auf allen drei Ebenen: single-loop, double-loop und triple-loop (vgl. 3.1.3.3) . Ohne Lernen und Kritik kann die Rationalisierung der Lebenswelt Unternehmung nicht im erforderlichen Umfang erfolgen, wobei Werte eine maßgebliche Rolle spielen.[1174] Fortschrittsfähige Personen entwickeln im Sinne von Chris Argyris „Reife", die sich durch vier Merkmale von Unreife unterscheidet: (1) „Zustand größerer Unabhängigkeit", (2) „ein Mehr an Aktivität (statt Passivität)", (3) „einen größeren Grad an Kontrolle über die eigene Situation", (4) „eine längerfristige Zeitperspektive".[1175] Diese Entwicklungstendenzen kollidieren nach Argyris besonders mit den Anforderungen von formalen Unternehmen, die dem Instrumentalmodell ähnlich sind. Ökonomische Verhaltensrationalität, Arbeitsspezialisierung, hierarchische Befehlskette halten Mitarbeiter in Abhängigkeit und Unmündigkeit, gleichwohl dies dem Reifegrad Erwachsener widerspricht.[1176] Diese Widersprüchlichkeit führt zu einer Entfremdung. Normen-konformes Verhalten wird durch materielle Zuwendungen erkauft.[1177] Inwieweit eine Kultur in der Lage ist, **reife Personen** anzuziehen und zu halten, erscheint daher als ein sehr bedeutender Gradmesser für die **‚Qualität' einer Kultur**. Gerade mittlere Unternehmen bieten entgegen dem Mainstream kapitalistischer Unternehmen noch die Chance, personale Identität zu entfalten, weil sie bedingt durch die auf Langfristigkeit bzw. Fortsetzungsfähigkeit angelegte Familientradition, den Unternehmen selbst noch eine Identität ermöglichen (vgl. 3.1.2). Der im Zeichen des Shareholder Value extrem auf Kurzfristigkeit und Flexibilität bedachte Kurs vieler Großfirmen lässt Langfristigkeit immer weniger zu.[1178] Dadurch bricht nach dem amerikanischen Soziologen Richard Sennett eine grundlegende Basis für personale Identität weg: Eine langfristige berufliche Perspektive zur Entwicklung eines individuellen Charakters sieht Sennett nicht mehr gegeben. Es kommt zu einer Korrosion des Charakters, der sich ja gerade durch Treue und gegenseitige Verpflichtung ausdrückt. Die Parole des flexiblen Kapitalismus „nichts Langfristiges" „desorientiert auf lange Sicht jedes Handeln, löst Bindung von Vertrauen und Verpflichtung und untergräbt die wichtigsten Elemente der Selbstachtung".[1179]
Über die in Abbildung 80 erfolgten Zuordnungen zu Kompetenzklassen ergeben sich Anschlüsse zur Kompetenzforschung, wobei die Kompetenzbereiche

[1174] Vgl. Petersen (1997), Kirsch (1997a,b,c)
[1175] Argyris (1975), 216 f.; vgl. Staehle (1999), 188 f. u. Sprenger (2001)
[1176] Dieser Ansatz von Argyris (1975) wird von einer Mehrheit von organisationspsychologischen Autoren geteilt, vgl. Gebert/Rosenstiel (2002), 104
[1177] Vgl. Argyris (1975), 225
[1178] Zur Krise der Identität in der Moderne vgl. Abels (2006), 413 ff.
[1179] Sennett (1998), 38

nicht so ohne weiteres unabhängig von einander definiert werden können[1180] und sich in der Literatur unterschiedliche Klassifizierungen finden.[1181] Die Kompetenzdiagnostik bietet empirisch abgesicherte Diagnosetools, um personale, methodische und soziale Kompetenzen zu messen, worin auch die Führungsfähigkeit zum Ausdruck kommt.[1182] Zum Abschnitt 4.2.8.6 ergeben sich folgende Hypothesen:

H48: Eine Kultur ist umso reifer, je mehr es ihr gelingt reife Personen im Sinne von Agyris anzuziehen, zu entwickeln und zu binden.

H49: Die Verwirklichung eines höheren Sinnmodells kann nur gelingen, wenn Führungspersonen hierzu adäquate charakterliche Eigenschaften entwickeln bzw. fortentwickeln.

4.2.9 Personen

Im Fokus von HCM stehen Personen. Sie haben für HCM die größte Bedeutung. In Abhängigkeit von der Wirkungsmächtigkeit aufgrund der organisatorischen Stellung (vgl. 4.2.2.4) ergeben sich drei Gruppen von Personen: Organträger bzw. Leitende, Wissensarbeiter und Operative. Da die erste Gruppe organisatorisch in der weit verbreiteten Funktionalorganisation am meisten Befugnisse hat, kommt ihr die größte Bedeutung zu. Diese Auffassung vertreten auch die Spezialisten der Unternehmensbewertung, des Ratings und der Analysten (vgl. 2.2.1.3/4). Auch aus der Erfolgsfaktorforschung ergibt sich eine solche Bedeutungszuweisung.[1183]

4.2.9.1 Organträger und Leitende

> *„Das erste Kamel hält den Rest der Karawane auf, und die letzten Kamele bekommen die Schläge"*
> Arabisches Sprichwort[1184]

Innerhalb dieser Gruppe steht im mittleren Unternehmen an erster Stelle der Risiko- oder Gehaltsunternehmer. Ihm kommt oft mit Abstand die höchste Bedeutung zu (vgl. 2.2.1.3/4). Diese ist häufig so groß, dass eine Personenabhängigkeit vorliegt, die sich negativ auf das Unternehmen an sich auswirkt, da mit dem Ausscheiden dieser Person die Fortführung gefährdet erscheint. Auch aus diesem Grund tut ein mittleres Unternehmen gut daran, die nachgeordne-

---

[1180] Es werden vielmehr „Überschneidungen die Regel" sein, Kauffeld (2005), 59
[1181] Beispielsweise fassen Frey/Balzer (2005), 35 Reflexivität als Teil der Methodenkompetenz, was bei Erpenbeck/Rosenstiel (2003), XVI unter personalen Kompetenzen verortet wird
[1182] Vgl. Frey/Balzer (2005), Kauffeld (2005), Erpenbeck/Rosenstiel (Hrsg.)(2003)
[1183] Vgl. Daschmann (1993), 91
[1184] Zitiert bei Hinterhuber (2000), 115

te erste Führungsebene institutionell zu verankern und personell entsprechend auszustatten (vgl. 4.2.4.2). Je besser dies gelingt, um so höher sind die Fortführungsaussichten und damit zusammenhängend der Wert des Unternehmens.[1185] Wie die Aufsichtsorgane sollten Organträger und Leitende über strategische Kompetenz[1186] verfügen, um die gegenwärtigen Fähigkeiten in Bezug auf Handlungsfähigkeit, Lernfähigkeit und Responsiveness beurteilen zu können und um zu erkennen, welche Maßnahmen notwendig sind, diese ständig zu verbessern und zukunftsfähig zu gestalten. Die Führungscrew ist dem Wohl des Ganzen in der optimalen Erfüllung der Funktionen und deren Zusammenwirken verpflichtet. Da braucht es die jeweilige Fachkompetenz in Kombination mit der notwendigen organisational-sozialen Kompetenz, Durchsetzungs- und Erfolgskompetenz (Abb. 80).

Bei Führungspersonen sind jedoch häufig fachlich-methodische, sozial-kommunikative und personale Kompetenzen nicht so stark ausgeprägt, während aktivitäts- und umsetzungsorientierte Kompetenzen überwiegen. Die Fähigkeit, trotz vieler Widerstände, **Ziele zu erreichen** tritt besonders hervor.[1187] Diese und noch weitere Kompetenzen sind – so wird im folgenden angenommen – sowohl bei Großunternehmen als auch bei mittleren Unternehmen notwendig, so dass im weiteren auf Untersuchungen zurückgegriffen werden kann, die vorwiegend im Großunternehmensumfeld gemacht wurden, zumal ähnliche Untersuchungen im Umfeld mittlerer Unternehmen fehlen. In der Kompetenz, Ziele zu erreichen, verbünden sich im besten Fall zwei hervorstechende Eigenschaften: hohe Energie und hohe Zielgerichtetheit (Fokus).
Heike Bruch und Sumantra Ghoshal haben in einer empirischen Untersuchung 200 Manager interviewt und beobachtet. Das Resultat war besorgniserregend: Nur knapp 10 % der Manager verbrachten ihre Zeit in einer „engagierten, zielgerichteten und reflektierten Weise", während der große Rest in „alle möglichen ineffektiven Aktivitäten" verwickelt war (siehe Abb. 84).[1188] Etwa 30 % der Manager mangelt es an Initiative (Zauderer). 20% verfolgen zwar ihre Ziele, aber mit wenig Energie (Passive). Über 40 % haben zwar die besten Absichten und sind voller Energie, aber es fehlt ihnen der Fokus. Was der Zauderer und der Passive versäumen, macht der Hyperaktive, der zwar mit seiner Arbeitsbelastung beeindruckt, oft mehr kaputt als er wirklich nützt. Weiteres Hervorstechendes Ergebnis der Untersuchung: Ineffektive Dispositionen der Ma-

---

[1185] Vgl. Peemöller (2001b), 128, Helbling (2001d), 195 f., Popp (2001), 127 f.
[1186] „Strategische Führungsfähigkeiten" nach Hentze et.al. (2005), 93 beinhalten „Strategieentwicklung- und –implementierung, Steuerung strategischer Erfolgspositionen [Fähigkeiten im Sinne von Kirsch; J.G.] und strategisches Management von Humanressourcen" ; strategische Kompetenzen sind strategische Fähigkeiten, die unter schwierigen Rahmenbedingungen erfolgreiche Resultate erzielt haben
[1187] Vgl. Erpenbeck/Rosenstiel (2003), XVI f., die aus diesem Grund in der Aktivitäts- und Umsetzungsstärke einen eigenen, deutlich abgrenzbaren Kompetenzcharakter erkennen
[1188] Bruch/Ghoshal (2002), 65 ff.

nager werden durch die betrieblichen Umstände verstärkt. So wird z.B. zu hektischer Betriebsamkeit ermutigt, insbesondere wenn die Geschäftsführung forsch und unreflektiert handelt.

Abbildung 84: Die Fokus-Energie-Matrix

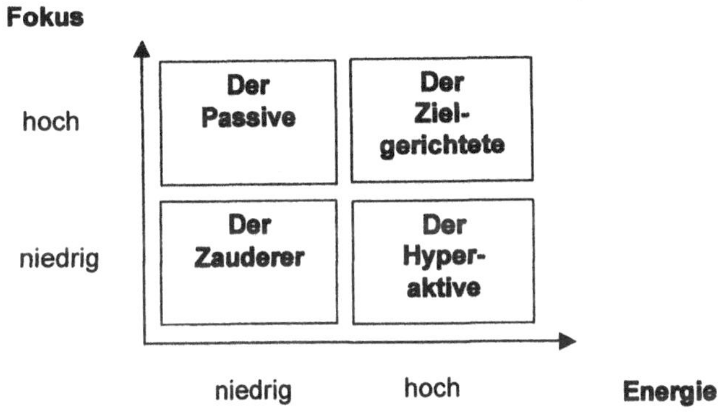

Quelle: Bruch/Ghoshal (2002), 68

Aus dem oben gesagten begründet sich ein **wesentlicher Kompetenzanspruch** an den **Unternehmer**, **Energien zielgerichtet zu bündeln**. Dies stimmt auch mit dem ersten, der vier Untersuchungsergebnisse erfolgreicher Führungskräfte von Warren Bennis und Burt Nanus überein:

(1) Sie **wissen, was sie wollen**,
(2) Sie geben dem Tun einen **Sinn**,
(3) Sie gewinnen **Vertrauen** und
(4) Sie haben ein **positives Selbstwertgefühl** und **Achtung vor anderen**, können eigene Schwächen und Stärken erkennen und aus Misserfolgen lernen, wobei sie sich auf das erfolgreiche Gelingen konzentrieren.[1189]

[1189] Aufgrund von 90 teil-strukturierten Interviews und Beobachtungen von Top-Führungskräften – darunter 60 Unternehmensführer, wovon 30 Unternehmen der Top 200-Liste von Fortune repräsentierten – filterten in einem verstehend-interpretativen Ansatz Bennis/Nanus (1987), die genannten vier Strategien heraus, ebd., 33 ff., die erfolgreiche oberste Führungskräfte verfolgen, vgl. auch Lehnhoff (1997), 129. Alle der Interviewten hatten gemeinsam, dass sie sich nicht damit zufrieden gaben, Bestehendes zu verwalten. Sie widmeten sich vorrangig riskant Neuem im Sinne Schumpeters (1912), ihr Ziel war es effektiv im Sinne von Druckers (1963) ‚doing the right things' zu handeln, vgl. Bennis/Nanus, ebd., 29. Dieser Ansatz findet empirisch bezüglich der Strategien (1) und (2) eine Bestätigung in der mehrstufigen Arbeit von Stefan Schrader (1995). Schrader hat zunächst anhand der Literatur theoretische Perspektiven mit Ergebnissen von empirischen Untersuchungen konfrontiert und dabei eine Beziehung von Spitzenführungskraft und Erfolgswirkungen in der Weise festgestellt, dass bestimmte Charakteristika der Spitzenkraft mit Erfolgswirkungen verbunden sind, ohne

Im ersten Punkt kommt ein essentieller Aspekt unternehmerischer Tätigkeit zum Tragen, nämlich eine Vision als generelle Leitidee, als konkretes Zukunftsbild.[1190] Der zweite Punkt steht mit dem ersten in engem Zusammenhang. Um die Vision Wirklichkeit werden zu lassen, ist Strategie notwendig. Ihr Inhalt ist, die Fähigkeiten bzw. Kompetenzen des Unternehmens so zu entwickeln, dass die Vision erreicht werden kann.[1191] Sinn ergibt sich für alle Personen im Unternehmen, wenn sie ihre Kompetenzen als Best-Leistungen zur Erfüllung derselben einbringen können, wenn ihr Beitrag zum Ganzen klar wird.[1192] Indem Topmanager ihren Sinn darin sehen, sich „kompromisslos in den Dienst einer Sache" zu stellen, haben Rang und Status sowie deren Symbole nicht mehr die Bedeutung, die für opportunistisch orientierte Personen von großer Bedeutung sind.[1193] Dies ist maßgeblich mit dem vierten Punkt verknüpft, der im Grunde ausdrückt, was in Abschnitt 4.2.8.6 als integre Persönlichkeit definiert worden ist, die ihre Schwächen und Stärken kennt und erfolgreich Fortschritte im normativen Identitätslernen erzielt. Damit sind auch die Voraussetzungen für Vertrauen als dritter Punkt erfüllt, wie im Abschnitt 4.2.8.4 ausgeführt worden ist. Hinterhuber legt großen Wert darauf, dass Topmanager mit sich und der Welt im Einklang sind. Ein solches „Wellbeing"[1194] und das in Punkt 4 genannte positive Selbstwerterlebnis beziehen sich positiv aufeinander. Nach Bruch und Ghoshal ist dies eine besondere Eigenschaft der sog. ‚Zielgerichteten': Jene verstehen es, beruflich und privat im Einklang zu sein.[1195] Als eine besonders problematische Ausprägung von Punkt 4 er-

---

näher erklären zu können, wie dies geschieht, ebd., 13 ff. u. 207f.; es wird dabei ein prägender Einfluss der Spitzenführungskraft auf die Strategie als gültig angenommen, womit die Verbindung von (1) und (2) zu Bennis/ Nanus (1987) hergestellt ist; auch ein bestätigender Bezug zu (3) wird durch Schrader, ebd., 91, belegt. *Ein weiteres Beispiel wie ein interpretativer und ein erklärender Ansatz zusammenwirken können.* In der zweiten Stufe wurden demographische Merkmale der Spitzenführungskräfte mit der Unternehmensstrategie durch Hypothesen verbunden und anhand von biografischen Informationen zu 1000 CEOs der US-Zeitschrift Business Week und mit Bilanz-/Finanzinformationen von Standard & Poors zu den dazu gehörigen Unternehmen verbunden und ausgewertet. Demografische Merkmale wie Ausbildungs- u. Karrierehintergrund korrelieren hochsignifikant inhaltlich mit der Unternehmensstrategie z.B. technische Ausbildung u. hohe F&E-Aktivitäten oder absatzwirtschaftliche Karriere und Werbeaufwand, ebd., 257 ff.

[1190] Vgl. Bleicher (1992), 84 ff., Hinterhuber (2000),

[1191] Vgl. Hinterhuber (2000), 98ff., der zur Erfüllung „nicht-delegierbarer Aufgaben" drei wesentliche Kompetenzen von Unternehmern und obersten Führungskräften verlangt: den Erhalt einer ausgewogenen Persönlichkeit sowie die Verfügung über eine Vision und Strategie

[1192] In diesem Punkt treffen sich Peter Druckers (1995), 87 ff. Vorstellungen von der effektiven Führungskraft mit der „Höhenpsychologie" (vgl. Lukas (1983)) von Viktor Frankl (1982, 1988), der den „Dienst an einem Werk" als einen für Manager begehbaren Weg zum Sinn erforscht und überprüft hat, Malik (2005), 181

[1193] Malik (2005), 182

[1194] Hinterhuber (2000), 99 ff. benennt sechs Dimensionen von Wellbeing: gesundheitliche, materielle (finanzielle), soziale (Beitrag zum Allgemeinwohl), spirituelle (Sinn des Lebens), geistige (Lernen/Entfaltung) und emotionale (Liebe, Zuwendung); Hinterhuber fordert zu einem ganzheitlichen Ausgleich derselben auf, ebd.

[1195] Vgl. Bruch/Ghoshal (2002), 69

scheint, wenn Führungskräfte „ihren persönlichen Erfolg wichtiger nehmen als die Aufgabe".[1196] Angesprochen sind **Eitelkeit** und **Personenkult**. Insbesondere Geschäftsführern, aber auch Personen der nächsten Ebene stehen „Mittel und Wege zur Verfügung, Kontrolle, Korrektur und Kritik auszuschalten... Beifall verführt dazu, korrigierende Zweifel und das Feedback der Realität zu beseitigen, oder zu fälschen." Wie Beispiele der New Economy zeigen, werden in solchen Fällen Mitarbeiter im „Dienst der Sache" beseitigt und durch solche im „Dienste des Beifalls" ersetzt.[1197] Solche Führer suchen, dulden und erzeugen um sich herum „Jasager" und „Bewunderer." Bleibt Verehrung aus oder erfahren sie nur leichte Kritik, dann können so geartete Führungskräfte dies als „vernichtende Kränkung" erfahren und mit „grenzenloser- und rücksichtsloser ‚narzisstischer Wut'" reagieren.[1198]

Allerdings müssen Nachwuchskräfte irgendwie auffallen – wie sollten sonst ihre Fähigkeiten entdeckt werden? Ist Eitelkeit in gewissem Maß für eine ambitionierte Führungskraft nicht normal? Wann zeigt sich die zerstörerische Seite der Eitelkeit? Linda Pelzmann hat eine „Methode der kritischen Ereignisse" entwickelt, die auf schwachen Signalen aufbaut. Führungskräfte werden über längere Zeit beobachtet: Wie gehen sie mit Fehlern um? Leugnen sie diese? Wie reagieren sie auf Fehlermelder? Entfernen sie diese? Wie gehen sie mit Feedback um? Verfälschen sie es? Wie gehen sie mit Enttäuschungen um? Anhand solcher Führungsdossiers lassen sich laut Pelzmann problematische Dispositionen aber auch Talente frühzeitig aufdecken.[1199] Zur Beurteilung von Nachwuchsführungskräften, die im eigenen Unternehmen über längere Zeit beobachtet werden können, erscheint diese Methode gut geeignet zu sein. Im mittleren Unternehmen ist die Nachwuchsarbeit oft nicht zum besten bestellt.[1200] Vakante Positionen des Managements müssen häufig extern besetzt werden und es fehlen dann solche Beobachtungen. Pro-aktiv gesehen kann sich ein mittleres Unternehmen Fähigkeiten aufbauen, wenn es Nachwuchskräfte entwickelt, an immer anspruchsvollere Aufgaben heranführt und sich so über viele Situationen ein gutes Bild verschaffen kann. Dies dient der Risikovorsorge. Auch dieses ist ein Kriterium zur Beurteilung des Topmanagements und des HCM, wie es mit Nachwuchskräften umgeht, wie es diese fördert und fordert.

1196 Reinhard Mohn (2001): „Bei Bertelsmann hatte ich mitunter Angst, dass Leute ihren persönlichen Erfolg wichtiger nehmen als ihre Aufgabe...Im Zielverständnis eines Unternehmens hat die Eitelkeit eines Managers nichts zu suchen.", zum „Führungsversagen aus Eitelkeit" siehe Pelzmann (2003)

1197 Pelzmann (2003), 145 f.

1198 Neubauer (2002), 179; vgl. auch Schmidbauer (2004)

1199 Pelzmann (2003), 148 ff.; die Methodik geht auf Flanagan (1954) zurück, der diese im 2.Weltkrieg zur Beurteilung von Piloten in Beinaheunfällen zur Vermeidung gefährlicher Situationen entwickelte, vgl. Pelzmann (2001), 4 ff.

1200 Das ergibt sich aus 2.3.10

Generell ist die Frage zu bewerten, wie es um Führungskräfteentwicklung (Management Development) bestellt ist. Erfahrungen des Verfassers und die Untersuchung von Scholz belegen, dass in mittleren Unternehmen die Personalführung und damit auch um die Personalentwicklung von Führungskräften tendenziell schwach ausgeprägt ist.[1201] Viele der Manager sind nicht wegen ihrer Kompetenz als Führungskraft dorthin befördert worden, sondern weil sie als Fachkraft erfolgreich waren. Dem Management und Mitarbeitern bleibt diese Führungsschwäche nicht verborgen, doch es besteht eine Scheu, das offen und ehrlich anzusprechen. Besonders erfolgreiche Firmen gehen dieses Thema aktiv an.[1202] Wenn gezielte Maßnahmen im Management Development nicht greifen, trennen sie sich von sogenannten C-Performern im Management: A-Performer überzeugen durch Persönlichkeit und Führung, B-Performer leisten solide, verlässliche Managementarbeit, während C-Performer nicht nur ergebnisschwach sind, sondern demotivierend auf ihre Untergebenen wirken.[1203]

Darüber hinaus sollten im Team – im „Pool" der Management Capabilities -[1204] die von Petersen genannten Schlüsselqualifikationen hochgradig ausgeprägt sein, um entsprechende Reflexionsleistungen für das Unternehmen an sich und der einzunehmenden Rollen (siehe Abb. 78) erbringen zu können.[1205] Wegen der Gefahr, ohne Reflexion in „Kompetenzfallen" geraten zu können, müssen im Management „Metaskills" vorhanden sein oder entwickelt werden. Gemeint ist damit eine Ergänzung von Fachwissen („Know that"), praktischem „Know how" und kontextspezifischem „tacit Knowledge", die tiefere Einblicke in die komplexen Zusammenhänge ermöglicht um „herrschende Normen, Regeln, Ziele, Handlungsmuster und –spielräume kritisch zu hinterfragen." Es geht hierbei um die Fähigkeit, personale und organisationale Identitätslernprozesse im Sinne von deutero learning bzw. loop reflecting learning leisten zu können: „Selbstreflexion", „Selbstkritik", „Infragestellung kognitiver Strukturen und Prozesse", „Sinnhaftigkeit".[1206] Dies sind wesentliche Fähigkeiten, die in einem engen Zusammenhang mit der Identität und Integrität von Personen (vgl. 4.2.8.6) stehen und besonders bei Führungspersonen gefordert sind.

1201 Vgl. Grill (2005) u. Scholz (2003), 29 ff.; siehe auch 2.3.10

1202 Axelrod/Handfield-Jones/Michaels (2002), 86 haben 13000 Manager der oberen Ebene in 112 Unternehmen befragt und herausgefunden, dass ausgesprochen erfolgreiche Unternehmen das C-Performer-Thema zu 33 % höher als der Durchschnitt angehen

1203 Vgl. Axelrod/Handfield-Jones/Michaels (2002), 89; Gallup interviewte mehr als eine Million Arbeitnehmer um herauszufinden, was den tüchtigsten Mitarbeitern am Arbeitsplatz wichtig ist. Buckingham/Coffman (2002), 10 fanden dabei die Formel „fähige Mitarbeiter brauchen fähige Vorgesetzte". In einer Folgeuntersuchung in einem Unternehmen mit 37000 Mitarbeitern (N= 28000), ebd., 31 ff. konnten sie den Nachweis führen, dass trotz einheitlicher Personalpolitik die Personalarbeit der direkten Vorgesetzten -gemessen an den 12 Fragen an Mitarbeiter, die sich aufgrund einer Metaanalyse ergaben, ebd., 264 ff. - in den Filialen den Ausschlag gibt und erfolgreiche Personalpolitik und erfolgreiche Filialen hochkorrelierten

1204 Kammel (2000), 291

1205 Vgl. Petersen (2003), 174 ff.

1206 Kammel (2000), 290 f.

Führungspersonen müssen darauf achten, das Lernen im Unternehmen zu fördern. D.h. sie sind ebenso wie andere Schlüsselpersonen „Agenten“ organisationalen Lernens, die durch ihr individuelles Lernen, Wissen der Organisation zugänglich machen. Darüber hinaus ist es aber ihre bevorzugte Aufgabe, dieses Lernen zu koordinieren und zu systematisieren, so dass Prozesse angestoßen werden, die es auch Kollektiven (z.B. „Lernen und Problemlösen in der Gruppe“) ermöglichen zu lernen.[1207] Systematik ist besonders bei Wissensarbeitern angebracht, um sicher zu stellen, dass diese up to date bleiben und den Anschluss an die rasch zunehmende Wissensentwicklung nicht verlieren.

Für die *Besetzung von Exekutivorganen* wie der Geschäftsführung und der ersten Führungsebene klingt die Forderung plausibel, dass neben Charakter, Wissen, Können, eine nachgewiesene Erfolgsfähigkeit (Leistung, Resultate) möglichst unter schwierigen Umfeldbedingungen erbracht, wesentliche Auswahlkriterien sein sollten.[1208] Dies vor allem unter dem Gesichtspunkt, dass traditionell stark leistungsbetonte Kulturen mittlerer Unternehmen eine Bevorzugung von leistungsmotivationalen Aspekten nahe legen. Für Großunternehmen ergibt sich hierzu ein differentes Bild. Aufgrund einer Untersuchung der Karriereverläufe der Promotionsjahrgänge 1955, 1965, 1975 und 1985 zeigt sich, dass die Wahrscheinlichkeit, eine Spitzenposition in der Wirtschaft zu erringen, von der Zugehörigkeit zu einer höheren sozialen Schicht abhängt. Trotz gleichem Bildungsabschluss und der Erfüllung anderer Variablen wie Studiendauer und Auslandsaufenthalt sind die Karrierechancen von Promovierten aus dem gehobenen oder dem Großbürgertum „um durchschnittlich 50 Prozent bis 100 Prozent besser“, wobei sich im Verlauf der Jahrzehnte sich „ihr Vorsprung noch verbessert“.[1209] Unter Rekursion auf vorrangegangene Forschungen kommt Michael Hartmann zu dem Schluss, dass der Nachwuchs im gehobenen und verstärkt im Großbürgertum dadurch begünstigt wird, dass er während des Aufwachsens bestimmte vom sozialen Milieu abhängige Persönlichkeitseigenschaften entwickelt.[1210] Es ergeben sich dabei vier Merkmale, deren Vorhandensein den Angehörigen der deutschen Wirtschaftselite ein sicheres Indiz dafür bieten, dass es sich um die „richtige“ Person handelt, angesprochen durch die „richtige Chemie“ oder die „gleiche Wellenlänge“:

[1207] Kammel (2000), 329 ff. u. 414 ff.

[1208] Erfolgreiches Umsetzen auf Basis einer spezifischen Erfolgskompetenz, die sich aus personalen Kompetenzen (4.2.2.4) herleitet, vgl. Malik (2000), 73 ff. für den professionelles Management wesentlich durch die Erzielung von Resultaten charakterisiert ist

[1209] Hartmann, M. (2002), 118. Wer in Großunternehmen aufsteigen möchte, sollte nach Hartmann denjenigen ähnlich sein, die bereits solche Positionen inne haben. Um ihre Unsicherheit zu absorbieren, wählen Entscheider die Kandidaten, die ihnen am meisten ähneln. „Die sicherste Grundlage für ähnliche Verhaltens- und Beurteilungsmuster bietet nun aber eine vergleichbare soziale Herkunft“, ebd., 120

[1210] Vgl. Hartmann, M. (2002), 120

- „Vertrautheit“ mit den „gültigen Dress- und Verhaltenscodes“
- „eine breite bildungsbürgerlich ausgerichtete Allgemeinbildung“
- „eine ausgeprägte unternehmerische Einstellung“ einschließlich einer „optimistischen Lebenseinstellung“
- am wichtigsten „persönliche Souveränität und Selbstsicherheit.“[1211]

Die Bedeutung solcher habitueller Merkmale nimmt mit der Größe des Unternehmens zu und liegt bei führenden Konzernen deutlich höher als bei mittleren Unternehmen.[1212] Dieser Trend, habituelle, leistungsbezogenen Merkmalen vorzuziehen, ist nach Erfahrungen des Verfassers auch bei mittleren Unternehmen feststellbar. Da von Risikounternehmern Leistung stärker als Habitus vorgelebt wurde, kommt es mit einer Bevorzugung des Habitus zu einer kulturellen Veränderung. Bisherige Leistungsträger finden sich in habituell starken Vorgesetzten nicht mehr wieder. Die Gefahr, dass eine solche Bevorzugung negative Wirkungen auf die gesamte Leistungskultur im Hause hat ist groß (siehe 2.3.11).

Für die *Auswahl eines Geschäftsführers* bietet die Arbeit von Stefan Schrader einen hoch relevanten Orientierungsrahmen für die Auswählenden, der auch zur nachträglichen Beurteilung bereits ausgewählter Personen von Interesse ist. Schrader hat auf der Basis der in der Strategieforschung häufig verwendeten Klassifizierung von Raymond Miles und Charles Snow[1213] Hypothesen über einen Fit von Spitzenführungskraft und Strategie aufgestellt, wobei nur die trennscharfen Typen Prospektor und Verteidiger verwendet wurden. Prospektoren verfolgen eine „aggressive, marktoriente Strategie“, Verteidiger „konzentrieren sich auf wenige Marksegmente, denen sie langfristig treu bleiben“, wobei sie an einer ständigen Verbesserung der Effizienz arbeiten.[1214] Dabei ergaben sich signifikante Beziehungen zwischen demografischen Daten der Spitzenführungskräfte und der gewählten Strategie.[1215] Ausschlaggebend ist nun, dass ein solcher Fit in einem signifikanten systematischen Zusammenhang mit dem Unternehmenserfolg feststellbar ist. Aufgrund demografischer Angaben des Geschäftsführers und der gewollten Strategie können Merkmale generiert werden, welche eine Erfolgswahrscheinlichkeit herleiten lassen.[1216] Dieser an sich für die Gesamtunternehmensführung hoch interessante Befund verweist aber auch darauf, dass ein grundlegender Strategiewechsel mit hoher Wahrscheinlichkeit nur mit einem Wechsel der Spitzenführungskraft einhergehen kann. Der Befund zeigt auch, dass Spitzenführungskräfte im Sinne der gewogenen interessengeleiteten Führung (vgl. 4.2.2.2 u. 4.2.4.2) aufgrund ih-

---

[1211] Hartmann, M. (2002), 122
[1212] Vgl. Hartmann, M. (2002), 122
[1213] Vgl. Miles/Snow (1978), zur Verwendung dieser Typologie vgl. Kirsch/Trux (1981), Bamberger/Pleitner (1988), Fröhlich/Pichler (1988)
[1214] Schrader (1995), 220
[1215] Vgl. Schrader (1995), 257 ff.
[1216] Vgl. Schrader (1995), 268 ff.

rer Biografie eine Tendenz zu bestimmten Schwerpunkten haben werden. D.h. die Gefahr zur Schlagseitenbildung ist vorprogrammiert. Dies sollte ein Aufsichtsorgan erkennen und berücksichtigen, indem es zum Beispiel in der nächsten Ebene Gegengewichte setzt und/oder auch selbst ein Gegengewicht bildet. Zu den Organträgern und Leitenden ergeben sich folgende Hypothesen:

H50: Je umfassend kompetenter das Führungsteam besetzt ist, umso geringer ist die Gefahr einer Kompetenzfalle, umso erfolgreicher ist das Unternehmen bzw. umso wertvoller ist das HC.

H51: Je fokussierter und leistungsstärker bzw. je weniger habituell orientiert das Führungsteam ist, umso erfolgreicher ist das Unternehmen bzw. umso wertvoller ist das HC.

H52: Je mehr sich das Führungsteam um das Lernen im Unternehmen kompetent bekümmert und umso mehr Führungsnachwuchs gezielt entwickelt wird, umso erfolgreicher ist das Unternehmen bzw. umso wertvoller ist das HC.

H53: Je mehr die Spitzenführungskraft mit der gewollten Strategie harmoniert, umso erfolgreicher ist das Unternehmen bzw. umso wertvoller ist das HC, wenn zugleich im Führungsteam bzw. im Aufsichtsorgan notwendige Gegengewichte zum Ausgleich von Einseitigkeiten gegeben sind.

4.2.9.2 Wissensarbeiter

Wissensarbeiter sind dadurch gekennzeichnet, dass sie ihr bevorzugtes und wichtigstes Produktionsmittel selbst besitzen. Anders als die Operativen tragen Wissensarbeiter ihre wesentlichen Produktionsmittel in den Köpfen mit sich, das leicht zu anderen Arbeitsplätzen auch außerhalb des Unternehmens mitgenommen werden kann.[1217] Gegenüber der dritten Welt stellen die Wissensarbeiter einen relativen Vorteil dar, da sie in westlichen Ländern noch zahlreicher vertreten sind als in einstigen Entwicklungsländern wie China oder Indien. Problematisch ist jedoch deren geringe Produktivität. Peter Drucker hält es daher für dringend angeraten, deren Produktivität „kontinuierlich und systematisch zu steigern."

Da Wissen veraltet, muss ständig dafür gesorgt werden, dass es durch Aus- und Weiterbildung erneuert wird.[1218] Das Lernen spielt dabei eine entschei-

[1217] Vgl. Drucker (1998), 11; im Gegensatz hierzu der ‚Wissensträger' der u.U. über sehr viel betriebsspezifisches Know how verfügt, das nur bedingt mitgenommen werden kann und in anderen Unternehmen kaum von Wert ist, weil dieses Wissen dort so nicht angewendet werden kann

[1218] Drucker (1998),

dende Rolle. Besonders Wissensarbeiter müssen selbst in der Lage sein, sich methodisch Wissen zu erarbeiten:[1219]

> „Selbständiges Lernen ist somit nicht nur weiterer Erwerb von Wissen und Können, sondern umfasst auch das Bemühen um die Verbesserung eigenen Lernens." Dubs (1993), 114 f.[1220]

Mit Blick auf die Kompetenzklassen zeichnen sich Wissensarbeiter vor allem durch fachlich-methodische Kompetenzen (F) aus. Wegen des beschleunigten Zuwachses von neuem Wissen, ist Lernen eine wesentliche Kompetenz innerhalb von F, die daher gesondert bewertet werden muss. Unter Aspekten der Produktivität ist das „autodidaktische Handeln" zu evaluieren, da der Lernende sich selbst lehren muss: Wie bereitet er sein Lernen vor? Welche Lernziele setzt er sich? Wie reguliert er sein Lernhandeln? Wie bewertet er seine Lernleistungen? Wie ist es um seine Lernmotivation und seine Konzentration beim Lernen bestellt? Unterstützt wird autodidaktisches Handeln durch „metakognitive Kompetenzen". Es handelt sich hierbei um ein Wissen über das eigene Lernen, dessen Stärken und Schwächen, der Reflexion über Lernhandlungen, der Analyse von Lernsituationen und dgl.[1221] Wissensarbeiter müssen also in der Lage sein, ihr Lernen selbst zu steuern und ihre Lernstrategien zu überprüfen, nicht nur kognitiv oder metakognitiv, sondern auch motivational. [1222] Hierzu gehört auch, dass sie ihre Lernprozesse im Hinblick auf eine erfolgreiche Zielerreichung selbst evaluieren. Hinzu kommt noch als weitere Fähigkeit die Medienkompetenz:[1223]

> „Eine der wichtigsten Voraussetzungen für selbstgesteuertes Lernen ist die Medienkompetenz, und nicht nur die technische Fertigkeit mit dem Computer umzugehen, sondern auch die pädagogische Bewältigung des über das Internet angebotenen Wissens im Sinne einer Selektions- und Bearbeitungskompetenz der netzgestützten Wissensermittlung." Krug (2003), 58

Selbst-Lern-Kompetenz ist dann hoch ausgeprägt, wenn die doppelte Lernaufgabe, einerseits gegenstandsbezogen und andererseits lernbezogen, im komplexen Gebieten erfolgreich bewältigt wird. Hierbei kommt es leicht zur Überforderung,[1224] da ja neue Lerngebiete noch nicht didaktisch aufbereitet

---

[1219] Nenniger (1997), 180 f. führt hierzu aus, dass wegen dem zunehmendem Wandel in der Außenwelt bereits in den grundlegenden Qualifikationen neben der „inhaltlichen Kompetenz eine methodische Flexibilität einhergehen muss, um lebenslanges menschliches Arbeits- und Lernvermögen zu ermöglichen", um die entsprechende „Veränderung des Lerners" zu ermöglichen, ebd., 180

[1220] Zitiert in: Behrmann (2003), 75

[1221] Behrmann (2003), 72 ff.

[1222] Der motivationalen Komponente messen Nenniger et.al. (1996), 264 eine „überragende Rolle" zu, wobei die Motivation entscheidet, ob selbst- oder fremdgesteuertes Lernen vorliegt, vgl. Nenniger et.al. (1995), 255

[1223] Vgl. Bißbort (2003), 303 ff.

[1224] Vgl. Behrmann (2003), 74

sind und eine lerngerechte Aufbereitung die sachliche Durchdringung des Lernstoffs voraussetzt. Hieraus leitet sich ein Anspruch an Führungspersonen von Wissensarbeitern ab, zu erkennen, wann Wissensarbeiter an ihre Grenzen stoßen, um rechtzeitig externe Unterstützung zukommen zu lassen. Dies kann auch durch Lernarrangements in Gruppen geschehen, was aber auch sozial-kommunikative Kompetenzen (S) verlangt, die Wissensarbeiter generell haben sollten, um ihr Wissen an andere Organisationsteilnehmer so weitergeben zu können, dass es dort auch verstanden und angenommen wird. Hier braucht es neben der Fähigkeit zur didaktischen Aufbereitung des Wissens auch Einfühlungsvermögen und soziale Nähe zu den Operativen, weil es sonst zu den Spannungen kommt, die nach Schein das Lernen blockieren (vgl. 2.3.7). Das ist sehr bedeutsam im Hinblick auf die Gesamtproduktivität des Unternehmens, die gerade durch die Wissensarbeiter explizit am meisten gesteigert werden kann, was nur gelingt, wenn die Nicht-Wissensarbeiter dieses Wissen annehmen und einsetzen und auf die Nicht-Wissensarbeiter gehört wird, die aus dem täglichen Umgang wichtige Erfahrungen und Einsichten gewinnen konnten, aus denen bei rechter Berücksichtigung große Beiträge zur Produktivitätssteigerung geschöpft werden können.

Für Wissensarbeiter ist es von sehr hoher Bedeutung, dass sie zum einen eine Arbeitsumgebung mit aktueller technologischer Ausstattung haben und ihnen eine permanente Weiterbildung durch Besuche von Kongressen und externen Schulungen ermöglicht ist, zum anderen sie auch sozial den Austausch mit Kollegen pflegen können, um auch mit ihnen zu lernen.[1225] Eine Steigerung ihrer Selbstlern- und Lehrkompetenzen gehört daher inhaltlich auf die Agenda der Fortbildungsmaßnahmen.

Um sich mit dem Unternehmen identifizieren zu können, muss das Unternehmen den oft nicht geringen Ansprüchen der Wissensarbeiter genügen, damit sie ihre Kompetenzen voll einbringen können und zugleich aber auch ihr Selbstwertgefühl gegenüber Berufskollegen[1226] anderer Firmen und eigenen Studienkollegen (Alumnis) nicht leidet. Identifikation mit dem Unternehmen gelingt am besten, wenn die Identität der Firma in den Augen der Kollegen als statushöher betrachtet wird.[1227] Dies ist aus zwei Gründen sehr bedeutsam: Fehlen diese sozialpsychologisch begründeteten Identifikationsgrundlagen, dann fühlen sich zum einen am Arbeitsmarkt knappe Wissensarbeiter erst gar nicht vom Unternehmen angezogen, und zum anderen findet mangels Identifikation der Sozialisationseffekt in der Übereinstimmung mit den Werten des

---

[1225] Dass solche äußere Bedingungen auf das Lernverhalten einen Einfluss haben, lässt sich aus dem „Modell für motiviertes selbstgesteuertes Lernen" herleiten, Nenniger et.al. (1995), 250 ff.

[1226] Zur Orientierung an Berufskollegen als den „Wurzeln außerhalb" vgl. Schein (1997b), 67 f.

[1227] Dies ergibt sich aus der Theorie der sozialen Identität, vgl. van Dick (2004), 13 ff. u. 45 ff.

Unternehmens nicht so statt wie erwünscht.[1228] Ein weiterer Effekt liegt darin, dass Wissensarbeiter durch ihre fortgeschrittene Spezialisierung von Vorgesetzten kaum mehr kontrolliert werden können. Nur die Identifikation schafft die Motivation, dass sich diese auch voll einbringen.[1229] Diesen Anforderungen werden m.E. mittlere Unternehmen vielfach nicht gerecht. So haben sie es schwer, entsprechende Wissensarbeiter zu finden, besonders in den Feldern, wo Knappheit auf dem Arbeitsmarkt vorherrscht wie bei bestimmten Ingenieuren. Wissensarbeiter leben vom Austausch mit anderen Wissensarbeitern, der auch in der Zusammenarbeit zwischen Organisationen z.B. in der Entwicklung gemeinsamer Produkte immer wichtiger wird. Sie brauchen Offenheit, die in zur Geschlossenheit tendierenden traditionellen mittleren Unternehmen nicht gerne gesehen ist. Aber nur im Austausch entsteht neues Wissen zur Innovation. Aus strategischer Sicht zählen vor allem Informationen über und aus dem Umfeld hierzu.[1230] Dies gleicht einer Gratwanderung, zumal Wissensarbeiter auch noch zu Vertrauensrepräsentanten für Partnerunternehmen werden: Werden sie als vertrauenswürdig eingestuft, entwickelt sich auch Vertrauen in das Unternehmen.[1231]

Andererseits können bestimmte Spezialisten nicht im Unternehmen vorgehalten werden, weil sie nicht permanent gebraucht werden. D.h. sie gehören nicht als Angestellte, sondern nur als Freiberufler der eigenen Organisation an. Auch für diese Gruppe von Wissensarbeitern sind die oben angesprochenen Identifikationsgrundlagen bedeutsam, dass auch sie eine Motivation für das Unternehmen entwickeln und Vertrauliches nicht egoistisch verwerten.[1232] In familiengeführten Unternehmen hat man dafür Fähigkeiten entwickelt, indem man solche Externen wie zur ‚Familie' zählt und sie auch auf Betriebsfeste usw. einlädt.[1233]

Der strategische Wert der Wissensarbeiter wie aller Personen hängt davon ab, welchen Beitrag zur Erfüllung der Strategie sie leisten können. Die Domäne der Wissensarbeiter ist ihr Beitrag zum strategisches Erschließungslernen in Projekten. Ihr Anteil am Tagesgeschäft sollte, daraus gefolgert, viel geringer sein als der der Operativen. Die Realität sieht häufig anders aus. Wissensarbeiter wie die besten der Operativen werden häufig nicht richtig eingesetzt. Sie beschäftigen sich mit:

[1228] Vgl. Gebert/Rosenstiel (2002), 106 f.

[1229] Hier sowohl sozialpsychologisch – vgl. van Dick (2004) – als über Commitment auch organisationspsychologisch begründet, vgl. Gebert/Rosenstiel (2002), 96 ff.

[1230] Nach Drucker (1998), 11 erhalten alle im Unternehmen *nicht* vorhandenen Informationen höchste Bedeutung: die Nicht-Kunden, die nicht genutzten Technologien, die nicht bedienten Märkte usw.

[1231] Vgl. Gebert/Rosenstiel (2002), 172 f.

[1232] Häufige wechselnde Bündnisse erschweren Identitätsfindung und Identifikation im Engineering Work Flow, da heute interorganisational zusammenarbeitende Gruppen, schon morgen als Konkurrenten gegenüberstehen können, vgl. Fischer/Schmitt (2002)

[1233] Dies konnte der Verf. mehrfach beobachten, eine Forschung hierzu liegt aber nicht vor

- „dem *Gestern* statt mit dem *Morgen*;
- *Schwierigkeiten* statt mit *Chancen*,
- *Interessantem* statt mit *Wichtigem*
- *Produktionsmodifikation* statt mit *Produktentwicklung*
- *Reklamationen* von Kunden statt mit *Gewinnung neuer Kunden*
- *Routine* statt mit *Innovation*."[1234]

Wenn sich diese Besten nicht damit beschäftigen, geschieht es nicht wirkungsvoll und das Unternehmen bleibt ohne Zukunft. Es ist Aufgabe der Führungskräfte für die richtigen Prioritäten im Sinne der Strategie zu sorgen. Ein sehr bedeutendes Element von HCM. Zu Wissensarbeitern ergeben sich folgende Hypothesen:

H54: Je größer die Selbst-Lernkompetenz bei Wissensarbeitern ausgeprägt ist, umso so größer sind ihre Beiträge zum HC.

H55: Je mehr Anstrengungen unternommen werden, die Produktivität der Wissensarbeiter zu messen und zu steigern, umso größer sind ihre Beiträge zum HC.
H56: Je fokussierter Wissensarbeiter Ihre Kompetenz für die Umsetzung der Strategie einbringen können, umso größer sind ihre Beiträge zum HC.

4.2.9.3 Operative

Auch unter Operativen gibt es viele Spezialisten. Auch sie müssen viel lernen, aber dieses besteht überwiegend im operativen Anpassungslernen. Zum Beispiel muss eine Personalfachkraft ständig die Änderungen im Lohnsteuer-, Sozialversicherungs- und Arbeitsrecht erlernen. Die Betriebsmittel der Operativen für die Produktion und andere Leistungen sind jedoch stärker an den Arbeitsplatz in der Firma gebunden. Außerdem unterscheiden sie sich darin, dass sie stärker in der Basisorganisation für häufig wiederkehrende Tätigkeiten eingebunden sind. Ihre Aufgaben sind in der Regel leichter standardisierbar. Auch wenn sie gelegentlich in Projekten tätig sind, bleibt ihre Domäne das nach bestimmten Regeln ablaufende Tagesgeschäft. Wissensarbeiter dagegen arbeiten an neuen Themen oder komplexeren Aufgabenstellungen, die nicht so leicht standardisiert werden können, weil sie z.B. nur sporadisch vorkommen oder so hoch individuell sind, dass zu deren Bewältigung keine Schemen geschaffen werden können. Operative sind daher weniger hoch qualifiziert und benötigen normalerweise kein Hochschulstudium, das bei Wissensarbeitern in der Regel Voraussetzung ist. Während die Domäne der Wissensarbeiter mehr im Theoretischen bzw. in der technologischen Transformation vom Theoretisc-

---
[1234] Malik (2000), 318

hen zum praktisch Anwendbaren besteht, ist die Domäne der Operativen die Praxis. Diese zwei Welten stehen sich oft schroff gegenüber, vor allem auch wegen der Zielsetzung. Wissensarbeiter sollen die Produktivität durch höheren Kapitaleinsatz steigern und den Faktor Mensch ersetzen, was natürlich die Operativen so nicht hinnehmen wollen.

Umgekehrt haben jedoch die Operativen viele betriebsspezifische Kenntnisse erlangt und entwickelt, die sie gepaart mit Fertigkeiten hoch effizient einsetzen können. Sie können meist gut improvisieren, sind recht flexibel und kommen in wenig gut strukturierten Umfeldern effizient zu Ergebnissen. Da sie sich oft nicht so gut artikulieren können und nur wenig theoretische Kenntnisse besitzen, sind sie für die Wissensarbeiter schwer verstehbar und einschätzbar. Dieses Kommunikationsdefizit schafft Spannungen und ist oft frustrierend für die Operativen, die dadurch gänzlich demotiviert werden können. Da Führungskräfte vermehrt auf die Techniker als auf die Operativen setzen (vgl. 2.3.7) wird häufig zu Gunsten der technologisch besseren Lösung entschieden ohne die Angelegenheit betriebswirtschaftlich genau zu beleuchten. Im Zweifel ist die Maschine im Vorteil. Die heutige Auftragssituation ist aber so hoch individuell, dass Situationen zunehmen in denen die idealisierten Rechnungen nicht aufgehen.[1235] So wie früher die Operativen mangelnde Betriebsmittel und Mängel in den Betriebsmittel durch ihr Geschick ausgeglichen haben, können sie **heute** häufig **der Faktor für Flexibilität und Schnelligkeit** sein, der – wenn er in Aggregate und Anlagen eingebaut würde - unbezahlbar teuer wird. Diese hohen Kosten werden in den idealisierten Rechnungen systembedingt schön gerechnet. Eine genauere Rechnung unter Betrachtung aller Prozessschritte wie Transport- und Liegezeiten würde nämlich zeigen, dass sie sich nicht rentieren. Eine solch ausgefeilte Prozesskostenrechnung ist in mittleren Unternehmen analog zur Prozessorganisation (vgl. 4.2.7) noch selten. In Funktionalorganisationen dominiert noch immer die Zuschlagskalkulation.

Aber genau hierin besteht eine große Chance für mittlere Unternehmen, die Vorreiter unter ihnen schon seit längerem nutzen.[1236] **Die Operativen gewinnen auch strategisch an Wert, wenn sie so geführt und koordiniert werden, dass sie ihre Domäne optimal zur Steigerung der Schnelligkeit und Flexibilität einbringen können**. Es ist zum einen die *Anwendungsflexibilität*. Diese besteht in der unterschiedlichen Einsatzbreite an Arbeiten die z.B. ein Arbeiter leisten kann. Japanische Unternehmen haben aus diesen Gründen schon seit langem darauf Wert gelegt, möglichst viele Arbeiter zu haben, die alle Prozessschritte eines Abschnitts beherrschen, wobei die besten unter ih-

[1235] So hat Siemens Automation & Drives A&D ATS 31 in Studien herausgefunden, dass aufwendige CAD-Arbeitsplätze unwirtschaftlicher sein können als der tradierte technische Zeichner, persönliche Kommunikation mit dem Leiter Process Controll, Herrn Doebrich, April 2005 in Karlsruhe
[1236] Ein Beispiel ist Mettler Toledo, vgl. Tikart (1996)

nen ihre Erfahrung in Verbesserungsteams einbringen können.[1237] Zum anderen ist es die *zeitliche Flex*ibilität. Der Verfasser hat bei hoch identifizierten Arbeitern eine sehr große Bereitschaft vorgefunden, Einsatz-Schwankungen durch Mehr- oder Minderarbeit auszugleichen, auch im Schichtbetrieb und an Feiertagen. Beide Flexibilitätsarten gepaart mit dem Wissen der Wissensarbeiter kann hoch produktive Abläufe mit sehr hohen Kostenvorteilen schaffen und auch zum Erhalt von operativen Arbeitsplätzen beitragen, zumal wenn Gruppen von Operativen durch Qualitätszirkel kontinuierliche Verbesserungen erreichen.[1238]

Eine besondere Gruppe unter den Operativen stellt der Vertriebsaußendienst dar. Die Leistung des Außendiensts ist am leichtesten messbar, da Auftragseingangs- und Umsatzstatistiken in jedem Unternehmen vorliegen. Seine Beurteilung ist aber oft schwierig, weil Außendienstgebiete sehr unterschiedlich sein können (Kaufkraft, Abnehmerstruktur, Gebietsvorgeschichte usw.). Aus der Erfahrung ergibt sich als eindeutiger Zusammenhang: Die Leistung ist um so größer, je länger ein Außendienstmitarbeiter ein Gebiet intensiv bearbeiten konnte.[1239] Da gerade in diesem Feld es häufig zu Fluktuationen kommt, ist langer Atem notwendig. Gelingt dies, dann kann ein Mitarbeiter über viele Jahre eine kontinuierliche Steigerung erzielen und so immer wertvoller für das Unternehmen werden. Das HCM ist gefordert, einen solchen Erfolgsprozess nicht zu stören oder zu zerstören, da gerade der Vertriebsbereich für einen ständigen Wechsel von Managementmoden besonders anfällig ist.
Für die Operativen ergeben sich folgende Hypothesen:

H57: Der Beitrag der operativen Mitarbeiter zum HC ist umso größer, je mehr sie aufgaben- und/oder zeitbezogen flexibel eingesetzt werden können.

H58: Der Beitrag bestimmter Operativer zum HC (z.B. Vertriebsaußendienst) ist umso größer, je intensiver und länger sie eine Aufgabe betreuen.

[1237] Vgl. Miyamoto (1997); Voraussetzung hierfür ist allerdings, dass in Weiterbildungsmaßnahmen geringer Qualifizierte verstärkt herangezogen werden und bestehende Ungleichgewichte ausgeglichen werden. Nach Pawlowsky (1996), 35 ff. besteht bislang ein deutliches Gefälle zugunsten Hochqualifizierter, während Niedrig-Qualifizierte nur wenig geschult werden

[1238] Vgl. Tikart (1996), der von bis zu 40 % Kostensenkung berichtet; zu Qualitätszirkel oder Lernstatt vgl. Gebert/Rosenstiel (2002), 340 ff.

[1239] Aus der Summe der Erfahrung des Verf. mit der Arbeit von über 100 Hundert Außendienstmitarbeitern in vier Unternehmen

4.2.10 Personalstruktur

Betriebswirtschaftlich steht vor allem die quantitative Personalstruktur im Blickfeld. So hat man im klassischen Produktionsbetrieb sehr darauf geachtet, das Verhältnis von produktiven zu nicht-produktiven Kräften möglichst groß zu halten.[1240] Anders als bei diesen eher operativen Verhältnissen geht es bei der strategischen Personalstruktur um qualitative Aspekte. Die Gestaltung der qualitativen Personalstruktur ist zentraler Ausfluss einer ressourcenorientierten Strategie. Hierzu zählt nach Wunderer die Altersstruktur, das Verhältnis der formalen Qualifikation und verschiedener Grade von Erfahrung.[1241] Die Altersstruktur ist nicht nur qualitativ von Interesse wie im Verhältnis erfahrener zu weniger erfahrenen Personen[1242], sondern spielt auch quantitativ auf lange Sicht eine sehr große Rolle, weil z.B. eine überaltete Fertigungsmannschaft an der Pensionsgrenze nur schwer durch übergroße Neuzugänge in ihrer Kapazität aufrechterhalten werden kann. Beim Verhältnis der formalen Qualifikation ist die jeweilige Anzahl von Personen nach den Kriterien (Hochschulabschluss, Meister/Techniker, Fachgehilfen/-arbeiter, Angelernte) zur Gesamtzahl der Mitarbeiter von Bedeutung. Verschiedene Erfahrungsgrade richten sich z.B. danach, ob sie erst Einsteiger sind oder schon in mehreren Arbeitsplätzen angelernt sind oder bereits in eine interne Spezialistenposition aufgestiegen sind; eine andere Einteilung wären z.B. Experte, Senior- oder Juniorentwickler usw.

Alle diese Verhältnisse lassen sich nicht kurzfristig, sondern nur mittelfristig verändern. Wunderer spricht deshalb auch von „strukturorientierter Personalentwicklung.[1243] Ein weiterer Aspekt ist, nicht nur das Verhältnis qualifiziert / weniger qualifiziert zu verbessern, sondern auch das Verhältnis motiviert / weniger motiviert zugunsten einer hoch motivierten Belegschaft zu steigern.[1244] Da durch die Individualisierung der Kundenwünsche es im Grunde immer mehr zu Einzelfertigung anstelle anonymisierter Serien- und Massenfertigung kommt, steigt der Bedarf an Zusammenarbeit und die dazugehörenden Schlüsselqualifikationen wie Sozialkompetenz und emotionale Intelligenz.[1245] Daraus leitet sich ein zunehmender Bedarf an strategischem HCM ab, mit einem anspruchsvollen Aufgabenfeld, das ausgehend von der Strategie in enger

---

[1240] Ein Beispiel ist der Bekleidungsproduzent Trigema, der mit 32 Personen in der Verwaltung auskommt bei insgesamt 1200 Personen, was für deutsche Verhältnisse extrem positiv ist, vgl. Interview mit Wolfgang Grupp (o.J.). Durch Verlagerung von Produktion ins Ausland hat in vielen Fällen der Quotient Produktive zu Nicht-Produktiven erheblich abgenommen

[1241] Vgl. Wunderer (2001), 369 f.

[1242] Der Wertewandel (vgl. 4.2.11.1) wird einerseits von der jüngeren Generation vorangetrieben, andererseits bleiben Werte wie Fleiß und Pflichterfüllung in der Arbeitswelt unverzichtbar. Es erscheint daher eine „ausgewogene ‚Mischung' zwischen den Generationen [als] wünschenswert", Wunderer (2001), 197

[1243] Wunderer (2001), 197

[1244] Vgl. Wunderer (2001), 536 ff.

[1245] Vgl. Wunderer (2001), 197 u. 542

Abstimmung mit der Organisations- und Technologieentwicklung bewältigt werden muss (vgl. 4.2.12). Zur Personalstruktur ergibt sich folgende Hypothese:

H60: Je ausgewogener die Personalstruktur im Hinblick auf Alter und Erfahrung und je größer der Anteil an Sozialkompetenz in der Belegschaft ist, umso größer ist ihr Beitrag zum HC.

4.2.11 Weitere externe Einflüsse

Die oben geschilderten Personengruppen der Leitenden, Wissensarbeiter und Operativen sind wie Schein erläutert in ihren jeweiligen berufsbezogenen Lebenswelten verwurzelt.[1246] Wie am Beispiel der Wissensarbeiter ausgeführt, kommen aus diesen Bezügen auch die Vergleichsmaßstäbe, ob man sich mit dem Unternehmen identifizieren kann oder nicht. Sozialpsychologisch möchte man zu den besseren gehören, um sich identifizieren zu können.[1247] Unabhängig von Berufsgruppen gibt es noch mindestens drei wesentliche Einflüsse aus der Umwelt. Es sind zum einen gesamtgesellschaftliche Veränderungen, denen die Mitarbeiter ausgesetzt sind und sie ins Unternehmen als Erwartung einbringen, wobei auch die Berufsgruppen davon erfasst sind und vermutlich durch diese noch verstärkt werden. Dann ist es immer stärker die persönliche Situation der Mitarbeiter, die ebenfalls mit gesamtgesellschaftlichen Entwicklungen zusammenhängt, z.B. der Rückgang der Familien, die Zunahme der Single-Haushalte, der Scheidungsraten, aber auch ein anderer Stellenwert der Arbeit z.B. Abnahme des Pflichtbewusstsein, Zunahme des Freiheitsbedürfnisses, so dass heute andere Forderungen aus der persönlichen Situation der Mitarbeiter an das Unternehmen gerichtet werden.[1248] Nicht zuletzt ist es die Entwicklung auf dem Personen-Beschaffungsmarkt, dessen Angebot in Abhängigkeit von der Nachfrage einen sehr großen Einfluss auf die Unternehmen hat. Für die Unternehmen und insbesondere das HCM geht es darum, die nötige Responsiveness zu entwickeln, diese Tendenzen wahrzunehmen und sie strategisch zu antizipieren.

4.2.11.1 Gesellschaftlicher Wertewandel

Von einem Wertewandel in der Gesellschaft spricht man, wenn sich in der Gesellschaft neue Werte etablieren und bisherige zurückgehen bzw. deren Intensität variiert und sich die Rangordnung der Werte untereinander ändert.[1249] Nach Clyde Kluckhohn ist ein Wert eine Auffassung von Wünschenswertem,

---

[1246] Vgl. Schein (1997b)
[1247] Vgl. van Dick (2004)
[1248] Vgl. z.B. Gebert/Rosenstiel (2002), 53
[1249] Vgl. Rosenstiel (1995), Sp. 2175

die sich auf Verhaltensweisen, Handlungsalternativen und –ziele auswirkt.[1250] Neben der „verhaltensbeeinflussenden“ haben sie auch eine „legitimierende Funktion“.[1251] Nach Wunderer wirken Werte wie „unsichtbare Führungskräfte, die häufig einen größeren Einfluss als formal feststellbare Vorschriften haben.[1252] Verschiedene Untersuchungsergebnisse belegen, dass sich in den letzten Jahrzehnten die Werte der Industriegesellschaften geändert haben.[1253] Nach von Rosenstiel[1254] zeichnen sich folgende Tendenzen ab:

- „Säkularisierung nahezu aller Lebensbereiche
- Abwendung von der Arbeit als einer Pflicht
- Betonung des Wertes der Freizeit
- Ablehnung von Bindung, Unterordnung und Verpflichtung
- Betonung des eigenen (hedonistischen) Lebensgenusses
- Erhöhung der Ansprüche auf die eigene Selbstverwirklichung
- Bejahung von Gleichheit und Gleichberechtigung der Geschlechter
- Betonung der eigenen Gesundheit
- Hochschätzung einer ungefährdeten und bewahrten Natur und
- Skepsis gegenüber Werten der Industrialisierung (z.B. Gewinn, Wirtschaftswachstum, technischer Fortschritt)“

Die herkömmliche noch von asketischen Vorstellungen geprägte Arbeitsmoral[1255] ist unübersehbar im Abnehmen begriffen, während die „neuen Arbeitswerte, wie die Suche nach Sinn und Spaß an der Arbeit und herausfordernden Aufgaben... an Bedeutung gewonnen haben.“[1256] Allerdings kann dieser eindimensionalen Werteverschiebung nicht vollumfänglich zugestimmt werden. So vertritt Helmut Klages aufgrund von faktoranalytischen Auswertungen einen zweifaktoriellen Ansatz: „Pflicht und Akzeptanz“ *und* „Selbstentfaltung“, wobei allerdings auch Klages nicht verkennt, dass ein Rückgang des erstgenannten Faktors und eine Zunahme des zweiten zu verzeichnen ist.[1257] Zum traditionel-

---

[1250] Nach Staehle (1999), 171 f. hat diese Definition den sozialwissenschaftlichen Wertbegriff entscheidend geprägt; Gebert/Rosenstiel (2002), 52 sehen ‚Wert' nur noch als Ausdruck einer Präferenzordnung einer Gesellschaft, auf individueller Ebene spricht man nur noch von „Wertorientierungen“

[1251] Wunderer (2001), 177

[1252] Wunderer (2001), 181

[1253] Vgl. Opaschowski (2006), 399 ff., Rosenstiel (1995), Inglehart (1989), Klages (1985)

[1254] Rosenstiel (1995), Sp. 2178 in der gekürzten Fassung von Wunderer (2001), 181

[1255] Vgl. Weber (1920/2004), 198 f.

[1256] Wunderer/Küpers (2003), 265

[1257] Klages (1985), 17 ff.; zu den Ursachen des Wandels vgl. Gebert/Rosenstiel (2002), 55 ff.; nach Opaschowski (2006) sterben die alten Arbeitstugenden nicht aus. In der Rangfolge der zehn wichtigsten Arbeitstugenden im Arbeitsleben im Vergleich der Jahre 1981, 1999, 2003 bleibt ‚Fleiß' konstant an erster Stelle, während ‚Pflichterfüllung' vom zweiten Platz auf den vierten verdrängt wurde, aber bedeutend bleibt. Im Kommen sind „Eigenkompetenz(=Selbstvertrauen)“ und „Sozialkompetenz (=Kontaktfähigkeit)“, ebd., 109 f.; in der Generation 14 bis 29 jährigen nehmen im Vergleich 1989 und 2001 Pflicht- und Akzeptanzwerte zu und die Selbstentfaltungswerte deutlich ab, befragt wurden 2000

len Orientierungsmuster mit harter Arbeit zu Aufstieg und Vermögen zu kommen ist vielfach einer „freizeitorientierten Schonhaltung“ gewichen, die Karriereambitionen und hohes Einkommen zurückstellt. Von Rosenstiel stellt auch noch ein drittes Orientierungsmuster fest, das er „alternatives Engagement“ nennt. Diese Personengruppe will mit Großorganisationen nichts zu tun haben, statt Einkommen und Status ist ihr die Verwirklichung von Idealen wie Umweltschutz wichtiger. Werden Aufgaben als sinnvoll erlebt, kann überdurchschnittliches Engagement geleistet werden.[1258] Der Kultursoziologe Gerhard Schulze stellt aufgrund umfangreicher empirischer Untersuchungen eine „erlebnisorientierte Lebenswelt“ fest, die vermehrt nach selbstbestimmter „Erlebnisarbeit“ nachfragt. Leistung wird nicht mehr nur als ein Ergebnis für die Organisation, sondern wird als Erlebnis des eigenen Handelns gesehen.[1259] Wird diesem wachsenden Bedürfnis nach flexibel gestalteter Erlebnisarbeit nicht entsprochen, dann trägt dies zu einem Anwachsen von Demotivation bei, ebenso, wenn Personen zu wenig Möglichkeiten eingeräumt werden, sich selbst einzubringen.[1260] Ein erfolgreiches HCM hängt davon ab, inwieweit es diese Trends antizipiert und berücksichtigt. Negativ gewendet führt deren Nichtbeachtung zu Demotivation und/oder verstärkt schon vorhandene Demotivation. Es ergibt sich hierzu folgende Hypothese:

H61: Je besser der gesellschaftliche Wertewandel im HCM berücksichtigt wird, umso größer ist der Beitrag zum HC.

4.2.11.2 Persönliche Situation

Motivationsbarrieren stehen in einem Zusammenhang mit dem Privatleben der Mitarbeiter. Die „Einflüsse *auf* das persönliche Erleben“ hatten als potenzieller Demotivator Rang 2, als potenzieller Rang 3, während umgekehrt die „Einflüsse *aus* dem persönlichen Leben“ mit Rang 14 (potenziell) und Rang 17 (aktuell) weniger bedeutend sind (vgl. Abb. 64). Bei den Einflüssen auf das persönliche Erleben sind es die fehlende Balance zwischen Arbeit und Freizeit sowie die Gefährdung physischer und psychischer Gesundheit, die am häufigsten genannt wurden.[1261] Eine unausgeglichene ‚Work-Life-Balance' erweist sich als problematisch wie diverse Ergebnisse der Stressforschung zeigen.[1262] Eine Balance zwischen der Zeit für Arbeit, Nicht-Arbeit, Familie und Lernen zu halten, ist wie eine Prognosestudie 2010 zeigt, eines der wichtigsten zukünftigen

---

zu und die Selbstentfaltungswerte deutlich ab, befragt wurden 2000 Personen, ebd., 418, es zeichnet sich mehr ein Gleichgewicht von Leistung und Lebensgenuss ab

[1258] Rosenstiel (1993); Wunderer/Dick (2002), 33 stellen für die Schweiz generell einen Rückgang der Karriereorientierung bei gleichzeitigem Zugang von alternativem Engagement fest. Davon abweichend nimmt die freizeitorientierte Schonhaltung bei Führungskräften zu, während sie bei Nichtführungskräften leicht abnimmt

[1259] Schulze (1993), 13 u. 40

[1260] Vgl. Wunderer/Küpers (2003), 268

[1261] Wunderer/Küpers (2003), 194 ff.

[1262] Vgl. Wunderer/Küpers (2003), 195 und die dort zitierte Literatur

Mitarbeiterziele. Auch Führungskräfte sind tendenziell weniger bereit, private Interessen dem Beruf zu opfern.[1263] Die Einflüsse auf das Privatleben erweisen sich als einflussreichster Faktor. Sie stellen die stärkste personale Motivationsbarriere dar. Ein HCM muss dies gebührend berücksichtigen, zumal im Nichtarbeitsbereich die im Arbeitsleben verbrauchten personalen Ressourcen – körperlich, psychisch und sozial – regeneriert werden. Christian Homburg und Ruth Stock haben in der Marketing-Praxis festgestellt, dass die Kundenorientierung im Bereich der Kundeninteraktion am schlechtesten ausgeprägt ist. Es geht hierbei um Fragen wie: „Wie geht das Unternehmen mit seinen Kunden um? Wie ist es um die Freundlichkeit der Mitarbeiter im Kundenkontakt bestellt, gehen diese verstehend auf den Kunden ein, reagieren sie flexibel, um kundenorientierte Prozesse zu gestalten.[1264] Homburg und Stock haben herausgefunden, dass kundenorientiertes Verhalten wesentlich von der Zufriedenheit und den persönlichen Ressourcen der Mitarbeiter abhängt.[1265] Nach den Untersuchungen von Stock sind nur „wirklich zufriedene Mitarbeiter in der Lage, die Kunden durch ihr Verhalten zu begeistern."[1266] „Die Fähigkeit zur konstruktiven Verarbeitung von negativen Erfahrungen [hängt] entscheidend von den ‚persönlichen Ressourcen' eines Menschen ab."[1267]

Besondere Bedeutung kommen dabei den „sozialen Ressourcen" zu. Im Unternehmen ist dies der Rückhalt bei Kollegen, außerhalb sind dies Familie und Freundeskreis. „Geteiltes Leid ist halbes Leid".[1268] Kollegen, Familie und Freunde sind nicht länger als ‚Konkurrenten' um die Zeit, die der Mitarbeiter nicht für die Firma verbringt, anzusehen.[1269] In einer ganzheitlichen Betrachtungsweise sind sie wichtige Partner des Unternehmens, die - im Sinne eines **erweiterten Human Capital** - in ein proaktives HCM miteinbezogen werden sollten. Diese für die Marketingpraxis erforschten Zusammenhänge können m.E. auf alle anderen Bereiche übertragen werden, die – auch wenn sie nicht in unmittelbarem externem Kundenkontakt stehen – vielfach intern als Prozesslieferanten an Prozesskunden agieren. Nur zufriedene Prozesslieferanten werden ihre Prozesskunden zufrieden stellen.[1270] Mit Blick auf den nächsten

---

1263 Vgl. Wunderer/Dick (2002), 34; hocheffektive, zielgerichtete Führungskräfte legen nach Bruch/ Ghoshal (2002), 69 bereits heute Wert darauf, Berufliches und Privates ausgeglichen zu halten

1264 Vgl. Homburg/Stock (2000), 14

1265 Homburg/Stock (2000), 59 ff.

1266 Homburg/Stock (2000), 119 und Stock (2001), 164 ff.

1267 Homburg/Stock (2000), 59; Ergänzung in Klammern v. Verf.

1268 Homburg/Stock (2000), 62 ff.

1269 In den USA zeichnet sich ein gegenteiliger Trend ab, der zwar die Vereinbarkeit von Beruf und Familie propagiert, aber in Wirklichkeit Familie bzw. Freizeit aushöhlt, weil typische Freizeitelemente in die Arbeit verlagert werden (essen, duschen, Fitness im Betrieb). Es kommt zu *„einer schleichenden Trendwende in Richtung längerer Arbeitszeit"*, die konträr zu einer eigentlichen Work-Life-Balance läuft, Opaschowski (2006), 104 f.

1270 Vgl. Stock (2001), 139. Es wurden 1.305 Vertriebsleiter (n = 221, Rücklaufquote 16,9%) u. 448 Kunden (n=222, Rücklaufquote 45,5 %) befragt. Es ergab sich ein signifikanter indi-

Abschnitt - der auf Engpässe von Qualifizierten aufmerksam macht – müssen die Unternehmen Sensibilität für die Männer und Frauen in den Familien entwickeln, für die es ein sehr großes Problem darstellt, Familie und Beruf zu vereinbaren. Unternehmen kommen nicht umhin, sich dieser Zielgruppe im Arbeitsmarkt gezielt anzunehmen.[1271] Zur persönlichen Situation ergibt sich folgende Hypothese:

H62: Je besser auf die persönliche Situation von Mitarbeitern eingegangen wird, umso größer ist deren Beitrag zum HC.

4.2.11.3 Personen-Beschaffungsmarkt

Da Personen nicht nur im Arbeitsmarkt sondern auch als Freiberufler nachgefragt werden, wurde in der Überschrift eine neutralere Bezeichnung gewählt, die auch deren Märkte umfasst. Aufgrund von Bevölkerungsvorausberechnungen des Statistischen Bundesamtes wird im Jahre 2050 der Bevölkerungsstand des Jahres 1963 wieder erreicht werden.

Die Bevölkerungszahl nimmt nicht nur weiter ab, sonders es wird auch weniger Kinder und noch mehr ältere Menschen geben. Zugleich steigt die Lebenserwartung. Die Bevölkerung im Erwerbsalter von 20 bis 64 Jahren beträgt heute etwa 50 Millionen Menschen. Im Jahr 2050 werden es je nach Zuwanderung 22 % bis 29 % weniger sein. Die Alterstruktur verschiebt sich rasch (siehe Abb. 82).

Abbildung 85: Altersstrukturverschiebung

Altersgruppe	Jahr 2006	Jahr 2020
20 bis 29 Jahre	20 %	18 %
30 bis 49 Jahre	50 %	42 %
50 bis 64 Jahre	30 %	40 %
Quelle: Statistisches Bundesamt (2006), 34 – 43 u. Anhang B: Tabellen		

Neben dieser demografischen Entwicklung, in der bereits Zuwanderungen berücksichtigt sind, ist von Bedeutung, inwieweit diese erwerbsfähigen Personen auch eine auf Erwerb gerichtete Tätigkeit eingehen. Es kommt hierbei auf die spezifischen Erwerbsquoten an, die sich auf Alter, Geschlecht und Familienstand beziehen, woraus sich die Zahl der Erwerbspersonen bzw. das Er-

---

rekter Effekt der Mitarbeiterzufriedenheit auf die Kundenzufriedenheit über das Leistungsangebot und das Interaktionsverhalten. Außerdem konnte ein direkter Effekt von der Mitarbeiter- auf die Kundenzufriedenheit ausgemacht werden, ebd.

[1271] Vgl. Opaschowski (2006), 119 ff., der anhand von Repräsentativumfragen, das Bedürfnis nach Work-Life-Balance belegt

werbspersonenpotential ermitteln lässt.[1272] Ein HCM muss sich also auf diese massiven strukturellen Verschiebungen einstellen und darauf achten, dass ältere Mitarbeiter miteinbezogen werden. Darüber hinaus muss die Knappheit bestimmter Berufsgruppen[1273] antizipiert werden durch verstärkte Anstrengungen diese extern zu gewinnen oder durch Aus- und Weiterbildung intern zu entwickeln. In die Planung muss miteinbezogen werden, dass knappe Berufsgruppen aufgrund höherer Nachfrage auch höhere Entgelte kosten. Generell gilt, dass bezahlte Gehälter und Löhne über Personenbeschaffungsmarkt-Niveau durch Leistung gerechtfertigt sein muss, weil sonst ein negativer HC-Effekt gegeben ist. In der Regel bedeutender ist jedoch der in der folgenden Hypothese wieder gegebene Zusammenhang:

H63: Je umfassender Trends auf dem Personenbeschaffungsmarkt durch Einstellungen, Aus- und Weiterbildungen antizipiert werden, umso größer ist der Beitrag zum HC.

4.2.12 Entwicklung von Personen, Organisation und Technologie

In diesem Abschnitt werden Themen der Abschnitte 4.2.3.2 und 4.2.6 fortgeführt. Der Gedanke, die Entwicklung von Personen bzw. Personal- oder Personenentwicklung in einen Zusammenhang mit Organisationsentwicklung zu bringen, findet sich in der Literatur öfter.[1274] So sieht Scholz in der „Personenentwicklung (Weiterbildung, Qualifizierung)" den „personalen" und in der „Organisationsentwicklung" den „apersonalen" Aspekt der strategischen Personalentwicklung.[1275] Einen wesentlichen - wenn nicht den zentralen - Treiber der Globalisierungs- und Marktdynamik stellen die Entwicklung neuer Technologien (Basis- und Anwendungsinnovationen) dar, deren Einflüsse tiefergreifende Organisationsveränderungen auslösen, für die operatives Anpassungslernen nicht ausreicht, sondern strategisches Erschließungslernen notwendig ist.[1276] Wenn dies nicht ausreicht und tiefenstrukturelle Veränderungen angesagt sind, kommt noch Identitätslernen hinzu, um eine Organisationstransformation zu erzeugen, in der auch Personen Identitätslernprozesse leisten müssen.[1277]

[1272] Vgl. Neubäumer (2000), 151 f.

[1273] Die Knappheit von Fachkräften ist schon lange ein Problemthema für mittlere Unternehmen. Für Bewerber erscheinen sie nicht so attraktiv als Großunternehmen. Oft sind mittlere Unternehmen in Regionen tätig, in denen der Arbeitsmarkt hierfür nicht so stark ausgeprägt ist, vgl. Hamel (1997), 239 ff.; von 518 im Jahr 2002 befragten Personalchefs nannten 39,6 % den Fachkräftemangel als den größten Handlungsbedarf, vgl. Institut der deutschen Wirtschaft (2005)

[1274] Vgl. Scholz (2000), 406 ff, Geißler (1994), 162, Wunderer (2001), 365, vgl. auch Abb. 52 u. Staudt (1995)

[1275] Scholz (2000), 409

[1276] Zum Zusammenhang unterschiedlicher Dynamiken vgl. Scholz (2000), 576

[1277] Nach Wunderer (2001), 615 ist Ziel der Organisationsentwicklung, nicht nur die Effizienz der Organisation, sondern auch die Qualität des Arbeitslebens zu steigern. Dies beinhaltet

Für die Nützlichkeit einer Organisation und die Benutzbarkeit durch Personen ist die Usability einer Technologie ausschlaggebend. Es geht hierbei um mehr als um die Erfüllung bestimmter Funktionen und die Einhaltung bestimmter Qualitätsstandards. Es geht um die *Passung* (vgl. Abb. 86) von organisatorischer Aufgabe, der Fähigkeit der benutzenden Personen und dem Nutzen der angewandten Technologie.

Abbildung 86: Usability: Passung der Technologie

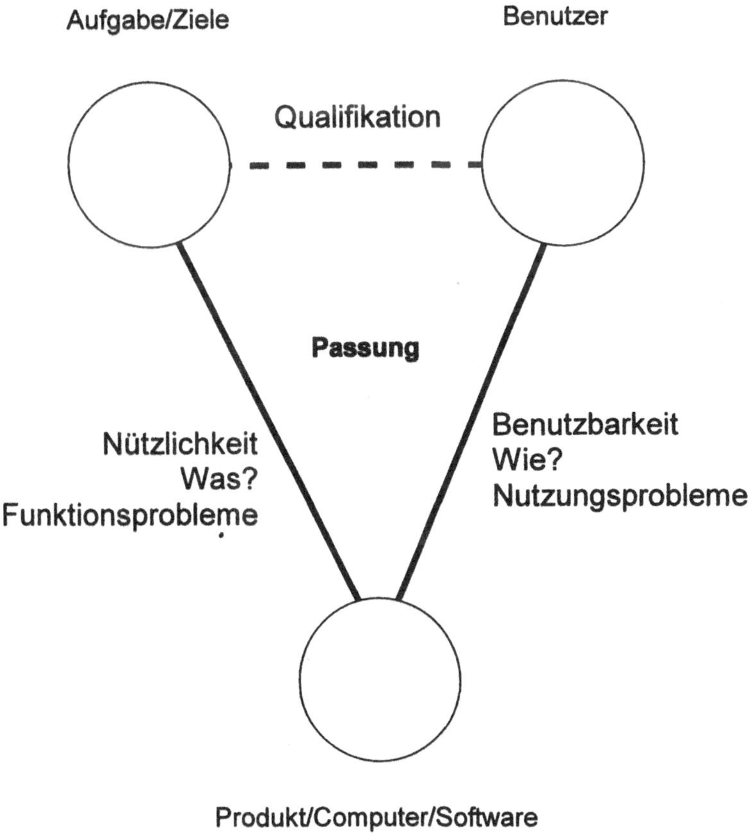

Quelle: Nach Hassenzahl (2006), Folie 17

insbesondere auch die Miteinbeziehung von Technologien auf die Wunderer explizit nicht eingeht

Dabei müssen drei Anforderungen erfüllt sein: (a) Qualifikation des Personals bzw. personale Kompetenzen im Sinne von 4.2.2.3 (b) Benutzbarkeit der Technologie und (c) die Nützlichkeit für die organisatorische Aufgabenerfüllung.[1278] In (a) treffen sich Personal- und Organisationsentwicklung, in (b) Personal- und Technologieentwicklung, in (c) Organisations- und Technologieentwicklung. Von Technologieentwicklung kann nur dann gesprochen werden, wenn diese im eigenen Haus oder maßgeschneidert für die eigene Organisation erfolgt (z.B. Sondermaschinenbau). Meist wird es so sein, dass die Technologie z.B. über Parametereinstellungen adaptiert wird. Es muss das bei der Auswahl der Technologie berücksichtigt werden, dass diese auf die Belange der Organisation und die Belange des Personals so adaptiert werden kann, dass Nützlichkeit und Benutzbarkeit optimal sind.

Erst dann ist Usability oder Gebrauchstauglichkeit erfüllt als

> „das Ausmaß, in dem ein Produkt durch **bestimmte Benutzer** in einem bestimmten Nutzungskontext genutzt werden kann, um bestimmte **Ziele effektiv, effizient** und mit **Zufriedenheit** zu erreichen.“ DIN EN ISO 9241-11[1279]

Die Berücksichtigung der Benutzerfreundlichkeit bzw. der Zufriedenheit der Mitarbeiter mit der Technologie ist ein bedeutender Faktor, damit mit dieser Technologie auch wirklich die Produktivität gesteigert und die damit verbundenen ökonomischen Ziele erreicht werden können. Im Hinblick auf das Herbeiführen von Usability (Usability Engineering) gibt es nach Hassenzahl unterschiedliche Reifegrade in einer Organisation:

> (1) „Skepsis. Usability spielt überhaupt keine Rolle. Produkte werden ausschließlich im Hinblick auf technische Aspekte (z.B. Performanz) entwickelt.
> (2) Neugier. Entscheider haben das Gefühl, Usability sei eine wichtige Qualität müsse stärker berücksichtigt werden... [Dies ist] problematisch, da ein Großteil der knappen Ressourcen für organisationsinterne Überzeugungsarbeit (Infoveranstaltungen, Meetings etc.) aufgewendet werden muss. Die verbleibenden Ressourcen sind oft zu knapp, um essentielle Veränderungen am Produkt zu bewirken. Das wird dann aber vom Entscheider oft als Bestätigung der anfänglichen Skepsis gewertet und kann so Usability-Initiativen schon im Keim ersticken.
> (3) Akzeptanz. In der Organisation kommen gelegentlich einfachere Usability- Methoden zum Einsatz...eher in einer Bewertungs- als einer Verstehensphase...
> (4) Partnerschaft. Innerhalb der Organisation ist Usability ein sehr wichtiges Qualitätsmerkmal ...[als] fester Bestandteil des Produktentwicklungsprozesses.“
> Hassenzahl (2005), 30

[1278] Hassenzahl (2005), 27
[1279] Zitiert in: Hassenzahl (2006), Folie 15

Die Reifegrade (1) und (2) treffen auf das Instrumentalmodell zu. Es dominieren die technische Performanz und kurzfristige Ergebnisgewinne. Der Reifegrad (3) zeugt bereits davon dass Mitarbeiter miteinbezogen werden sollen, man erkennt, dass ihre Akzeptanz bedeutend für den Einsatz der Technologie ist, aber es besteht noch zu wenig Offenheit für einen richtigen Dialog. Man denkt schon an die Mitarbeiter, aber man zieht sie nicht vollumfänglich mit ein wie in (4). (3) kann somit dem Bestands- oder Überlebensmodell zugeordnet werden, (4) dem Fortschrittsmodell zumal es fester Bestandteil des Technologieeinbindungsprozesses ist.

Zur Verortung der Usability in einem hierfür entwickelten didaktischen Strukturgitter siehe Abb. 87.

Abbildung 87: Technologie im usability-didaktischen Strukturgitter

	Personal ⟷ Persönlichkeit				
	Gewinnmaximierung ⟷ Wirtschaftsethik				
Sinnmodelle	Zielmodell		Überlebens-Modell		Fortschritts-Modell
Organisatorische Durchdringungsgrade/ Stufen der Personalentwicklung	↓	Koalitions-Modell	↓	Institutionen-Modell	↓
Personal-/Org-änderung	**Usability-Skepsis u. Neugier**				
Personal-/Org--entwicklung		**Usability-Akzeptanz**			
Personal-/Org-transformation			**Usability-Partnerschaft**		

Quelle: Geändertes und angepasstes Strukturgitter nach Geißler (1994), 162

Wesentliche Aspekte der strategischen Personalentwicklung i.e.S. sind nach Wunderer (a) Personalmarketing (Akquisition, Selektion, Beurteilung potentieller Mitarbeiter und Führungskräfte), (b) Personalbeurteilung, auch Mitarbeiterbefragungen und Vorgesetztenbeurteilungen, (c) Qualitative Personal- und Karriereplanung, (d) Entwicklung und Förderung in Abstimmung mit der gewünschten Organisationsentwicklung, (e) Anerkennung durch bestimmte Lohn- und Erfolgsbeteiligungsmodelle (siehe 4.2.5.2), (f) Beeinflussung einer entsprechenden Führungsorganisation (siehe 4.2.5.1.[1280] Diese sind entsprechend zu berücksichtigen. Entscheidend ist aber, dass die Entwicklungsziele und –programme von Personen, Organisation und Technologien aufeinander

[1280] Vgl. Wunderer (2001), 365 ff.

abgestimmt sind und deren Interdepenzen berücksichtigen. Daraus ergeben sich zwei Hypothesen:

H64: Je größer die Usability von Technologien, desto größer ist ihr Beitrag zur Produktivität bzw. zum Erfolg.

H65: Je mehr Entwicklungsziele von Personen, Organisation und Technologien aufeinander abgestimmt werden, umso größer ist ihr Beitrag zum Erfolg bzw. zum HC.

4.2.13 Zusammenfassung ‚strategische Bedeutung von Human Capital'

In Abbildung 88 werden alle in den einzelnen Abschnitten hergeleiteten Hypothesen zur strategischen Bedeutung von Human Capital wiedergegeben. In der rechten Spalte findet sich jeweils der Verweis zu den Abschnitten, in denen die Hypothesen hergeleitet wurden. Mit diesen Hypothesen ist zugleich eine Zusammenfassung darüber gegeben, wie strategische Bedeutung von HC entsteht und erhöht werden kann. Im Anschluss werden die Zusammenhänge der Hypothesen dargestellt.

Abbildung 88: Hypothesen zum strategischen Management bzw. HCM mittlerer Unternehmen

Nr.	*Hypothesen*	*Verweis*
11	*Monetärer und nicht-monetärer Wert können dauerhaft nur durch eine gewogene Verfolgung aller Führungsdimensionen – markt-, produktions/kosten/finanziell-, technologie/innovations-, mitarbeiter-, gesellschafts/umweltorientiert - geschaffen werden.*	*4.1.3 / insb. 4.1.3.2*
12	*Die mitarbeiterorientierte Führungsdimension hat den größten Einfluss auf den monetären und nicht-monetären Unternehmenserfolg. Eine hohe Mitarbeiterorientierung ist in der Verfolgung pluralistischer Interessen notwendig, um dauerhaft erfolgreich zu sein.*	*4.1.3 / insb. 4.1.3.2*
13	*Die mitarbeiterorientierte Führungsdimension zur Bedeutung oder Geltung zu bringen, ist Aufgabe des Human Capital Managements (HCM).*	*4.2.1*
14	*Ein HCM ist umso erfolgreicher, je mehr es ihm gelingt, im Strategiebildungsprozess inside-out bzw. pro-aktiv mitzuwirken (z.B. indem es ungenütztes Humanpotential zu einer Fähigkeit zur Bedienung neuer Märkte ausbaut oder vorzeitig fehlende personale Kompetenzen entwickelt bzw. einstellt, damit diese strategiegerecht zur Verfügung stehen).*	*4.2.1*

15	*HCM ist mehr als traditionelle Personalarbeit (Human Ressource Management). HCM ist um so effektiver, je mehr alle Gebiete des Managements im Sinne des HC proaktiv geführt werden. HC bzw. HCM wird zu einem relativen Wettbewerbsvorteil, wenn diese Fähigkeit (Capability) besser im Vergleich zur Konkurrenz ist.*	4.2.2.1
16	*Wissen ist formal eine Fähigkeit der Organisation. Die Verwendung dieses Wissens mitsamt den dazugehörigen Fertigkeiten hängt jedoch personal von Individuen und Kollektiven ab. Damit organisationale Fähigkeiten wie Wissen verfügbar werden, braucht es Personen mit entsprechenden Fähigkeiten (Kompetenzen).*	4.2.2.2
17	*Angesichts der zunehmenden Komplexität in der externen Umwelt ist zur Wahrung der internen erforderlichen Varietät eine zunehmende Ausprägung personaler Kompetenzen notwendig. Je gebildeter und lernfähiger Mitarbeiter sind bzw. je bildungsfreundlicher Unternehmen sind, desto mehr gelingt es, die erforderliche Varietät zu erhalten oder zu übertreffen.*	4.2.2.3
18	*Ein tiefgreifender organisatorischer Wandel gelingt umso eher, je mehr operative, strategische und normative Lernfähigkeiten bei Mitarbeitern ausgeprägt sind und je mehr ein organisatorisches Sinnmodell verfolgt wird, das diese begünstigt.*	4.2.2.3
19	*Personale Kompetenzen können in einer Organisation umso mehr zur Wirkung gelangen, je mehr der entsprechenden Person an organisatorischen Kompetenzen eingeräumt sind.*	4.2.2.4
20	*Alle organisationalen Fähigkeiten sind auf Basisfähigkeiten zurückführbar, in die personale Kompetenzen eingehen. Sie können umso mehr zum Tragen kommen, je gebildeter die Personen sind. Je kompetenter die Personen, umso kompetenter kann die Unternehmung sein.*	4.2.2.5
21	*Durch den von HCM geführten Transformationsprozess entsteht aus Humanpotential HC. Hauptansatzpunkt hierfür ist das Arbeitssystem, welches Personen, Organisation, Managementsystem und Technologien miteinander verbindet.*	4.2.3
22	*Umso mehr es gelingt, die Faktoren die Arbeitssystems in widerspruchsfreien Gestaltungslösungen zu verbinden, umso mehr werden Zufriedenheit, Zumutbarkeit, Erträglichkeit und Ausführbarkeit gesteigert, umso produktiver wird ein Unternehmen.*	4.2.3
23	*Durch eine ausgewogene Berücksichtigung pluraler Interessen können sowohl monetär ökonomische als auch nicht-monetäre soziale Ziele erreicht werden.*	4.2.3
24	*In Abhängigkeit vom Sinnmodell hat HC eine andere Bedeutung: Im Instrumentalmodell ist der Fokus auf eine Steigerung des HC als höherem monetären Bilanzwert gerichtet. Im Fortschrittsmodell nimmt HC dann zu, je mehr HC unabhängig von ökonomischen Aspekten zusätzlich als Wert an sich in einer nicht-monetären Wertebilanz höher eingestuft werden kann.*	4.2.3

25	*Je mehr Gehaltsunternehmer als Risikounternehmer gestellt sind, umso nachhaltiger werden sie eine Unternehmenspolitik verfolgen, die kurzfristige Gewinne zu Lasten des Personals ausschließt und langfristig das HC stärkt.*	4.2.4.1
26	*Ein HCM ist umso wirksamer, je mehr es institutionell in der Weise verankert ist, dass der HCM-Vertreter in einer erweiterten Geschäftsführung seine Rolle uneingeschränkt vertreten und nicht übergangen werden kann.*	4.2.4.2
27	*Je mehr Aufsichtsorgane mit strategisch kompetenten Mitgliedern besetzt sind und je mehr Aspekte des HCM regelmäßig auf der Agenda von Aufsichtsorgansitzungen stehen, umso wirkungsvoller ist HCM.*	4.2.4.3
28	*Je mehr Möglichkeiten zur Partizipation von Mitarbeitern genutzt werden, umso wirkungsvoller ist ein HCM möglich.*	4.2.4.4
29	*Das Arbeitssystem hat eine sehr hohe Wirkung auf die Leistungsbereitschaft von Mitarbeitern. Negative Ausprägungen von Faktoren des Arbeitssystems führen zu Demotivation und Einschränkung von Leistungsbereitschaft: Je höher die Motivationsbarrieren, desto weniger Leistungsbereitschaft.*	4.2.5.1
30	*Je umfassender die Mängel in einem Arbeitssystem behoben werden, umso höher ist die Leistungsbereitschaft und in Folge die Leistung von Personen.*	4.2.5.1
31	*Um die Umsetzung des strategischen Gesamt- und insbesondere des HCM-Programms sicherzustellen, ist ein Managementsystem notwendig. Es ist umso effektiver, je besser operative und strategische Ziele parallel umgesetzt werden.*	4.2.5.2
32	*Die Balanced Scorecard eignet sich als Instrument, Führungskräfte und Schlüsselpersonen, sowohl bei der Bildung als auch bei der Vereinbarung der Strategie einzubeziehen. Im mittleren Unternehmen entfaltet sie sich nur dann funktional, wenn Führungskräfte durch sie unterstützt und nicht ersetzt werden.*	4.2.5.3
33	*Das von Kaplan und Norton nahegelegte Kausalkettenmodell entspricht nicht den auf Fortsetzung angelegten mittleren Unternehmen. Stattdessen ist die Reinvestition von Rücklagen u.a. in die Lern- und Entwicklungsperspektive unerlässlich.*	4.2.5.3
34	*HCM-Controlling zielt darauf, die Produktivität des Personals zu steigern und qualitativ wie quantitativ benötigte Kompetenzen zur Verfügung zu stellen. Je mehr es gelingt, die Produktivitätsziele zu erreichen und strategisch benötigte Kompetenzen zu generieren, umso effektiver ist HCM.*	4.2.5.4
35	*Personale Kompetenzen sind umso wertvoller, je mehr sie das strategische angestrebte Kompetenzsollprofil widerspiegeln bzw. umso höher die strategische Aufgabendeckung ist.*	4.2.5.4
36	*Je mehr personale Kompetenzen zur Beherrschung strategisch relevanter Technologien vorhanden bzw. in Entwicklung sind, umso größer ist der mögliche Beitrag des Personals zur strategischen Wertschöpfung.*	4.2.6

37	*Je mehr Prozesse im Sinne einer Prozessorganisation ablaufen, umso höher ist die Leistungsbereitschaft der Mitarbeiter.*	*4.2.7*
38	*Je offener eine Kultur ist, umso lernfreundlicher ist sie und umso leichter fallen ihr Änderungen.*	*4.2.8.1*
39	*Eine Kultur ist umso offener, je ernsthafter mögliche Widerstände berücksichtigt werden und je mehr Führungskräfte untereinander und mit Mitarbeitern kooperativ umgehen.*	*4.2.8.1*
40	*Je fairer Entscheidungsprozesse und je größer das Empfinden von Tauschgerechtigkeit in der Wahrnehmung der Mitarbeiter sind, umso mehr bildet sich Vertrauen aus.*	*4.2.8.2*
41	*Je mehr sich Führungspersonen bewusst sind, dass Änderungen erst der Anpassung eigener Konstruktionen der Wirklichkeit bedürfen, umso glaubwürdiger ist ihre Kommunikation.*	*4.2.8.3*
42	*Je umfassender Rollen von Führungs- und Schlüsselpersonen regelmäßig reflektiert werden, umso professioneller ist die Führung, umso höher ist die Leistungsbereitschaft der Mitarbeiter.*	*4.2.8.4*
43	*Die Zusammenarbeit in Teams gelingt umso besser, je mehr Führungspersonen, insbesondere der ersten Ebene, den Team-Gedanken vorleben.*	*4.2.8.5*
44	*Je weniger Reibungsverluste in Teams gegeben sind, umso größer ist die Leistungsbereitschaft und die Leistung.*	*4.2.8.5*
45	*Vertrauen wächst in dem Umfang, je besser politisches Lernen im Sinne von Petersen gelingt, d.h. je mehr internes Gemeinwohl des Unternehmens und externes der Gesellschaft berücksichtigt werden.*	*4.2.8.5*
46	*Die Professionalität der Zusammenarbeit nimmt zu, je mehr Teams um objektive Wahrheit, soziale Richtigkeit und subjektive Aufrichtigkeit ringen.*	*4.2.8.5*
47	*Vertrauen hängt wesentlich von der charakterlichen Integrität von Führungspersonen ab.*	*4.2.8.5 / 4.2.8.6*
48	*Eine Kultur ist umso reifer, je mehr es ihr gelingt reife Personen im Sinne von Argyris anzuziehen, zu entwickeln und zu binden.*	*4.2.8.6*
49	*Die Verwirklichung eines höheren Sinnmodells kann nur gelingen, wenn Führungspersonen hierzu adäquate charakterliche Eigenschaften entwickeln bzw. fortentwickeln.*	*4.2.8.6*
50	*Je umfassend kompetenter das Führungsteam besetzt ist, umso geringer ist die Gefahr einer Kompetenzfalle, umso erfolgreicher ist das Unternehmen bzw. umso wertvoller ist das HC.*	*4.2.9.1*
51	*Je fokussierter und leistungsstärker bzw. je weniger habituell orientiert das Führungsteam ist, umso erfolgreicher ist das Unternehmen bzw. umso wertvoller ist das HC.*	*4.2.9.1*
52	*Je mehr sich das Führungsteam um das Lernen im Unternehmen kompetent bekümmert und umso mehr Führungsnachwuchs gezielt entwickelt wird, umso erfolgreicher ist das Unternehmen bzw. umso wertvoller ist das HC.*	*4.2.9.1*

53	*Je mehr die Spitzenführungskraft mit der gewollten Strategie harmoniert, umso erfolgreicher ist das Unternehmen bzw. umso wertvoller ist das HC, wenn zugleich im Führungsteam bzw. im Aufsichtsorgan notwendige Gegengewichte zum Ausgleich von Einseitigkeiten gegeben sind.*	*4.2.9.1*
54	*Je größer die Selbst-Lernkompetenz bei Wissensarbeitern ausgeprägt ist, umso so größer sind ihre Beiträge zum HC.*	*4.2.9.2*
55	*Je mehr Anstrengungen unternommen werden, die Produktivität der Wissensarbeiter zu messen und zu steigern, umso so größer sind ihre Beiträge zum HC.*	*4.2.9.2*
56	*Je fokussierter Wissensarbeiter Ihre Kompetenz für die Umsetzung der Strategie einbringen können, umso so größer sind ihre Beiträge zum HC.*	*4.2.9.2*
57	*Der Beitrag der operativen Mitarbeiter zum HC ist umso größer, je mehr sie aufgaben- und/oder zeitbezogen flexibel eingesetzt werden können.*	*4.2.9.3*
58	*Der Beitrag bestimmter Operativer zum HC (z.B. Vertriebsaußendienst) ist umso größer, je intensiver und länger sie eine Aufgabe betreuen.*	*4.2.9.3*
59	*Je mehr Wissensarbeiter und Operative kooperieren, umso größer ist ihr Beitrag zum HC.*	*4.2.9.3*
60	*Je ausgewogener die Personalstruktur im Hinblick auf Alter und Erfahrung und je größer der Anteil an Sozialkompetenz in der Belegschaft ist, umso größer ist ihr Beitrag zum HC.*	*4.2.10*
61	*Je besser der gesellschaftliche Wertewandel im HCM berücksichtigt wird, umso größer ist der Beitrag zum HC.*	*4.2.11.1*
62	*Je besser auf die persönliche Situation von Mitarbeitern eingegangen wird, umso größer ist deren Beitrag zum HC.*	*4.2.11.2*
63	*Je umfassender Trends auf dem Personenbeschaffungsmarkt durch Einstellungen, Aus- und Weiterbildungen antizipiert werden, umso größer ist der Beitrag zum HC.*	*4.2.11.3*
64	*Je größer die Usability von Technologien, desto größer ist ihr Beitrag zur Produktivität bzw. zum Erfolg.*	*4.2.12*
65	*Je mehr Entwicklungsziele von Personen, Organisation und Technologien aufeinander abgestimmt werden, umso größer ist der Beitrag zum Erfolg bzw. zum HC.*	*4.2.12*
Quelle: Eigene Darstellung		

In der unten folgenden Abbildung 89 werden die wesentlichen Systembeziehungen einzelner Faktoren des HCM zum Ausdruck gebracht und zugleich die Hypothesen aus den Abbildungen 35 und 88 einzelnen Faktoren zugeordnet.

Ausgangspunkt ist, dass Human Capital eine strategische Fähigkeit ist, die durch Transformation des Humanpotentials entsteht. Dies ist eine Teilaufgabe des Managements. Allgemein stellen die Management Capabilities (MC), eine alle andere Fähigkeiten überlagernde Fähigkeit dar, Erfolgsfaktoren als Inputs in Fähigkeiten und Erfolgspotentiale als Outputs zu transformieren.

Den Erfolgsfaktor Humanpotential in Human Capital als Fähigkeit des Unternehmens überzuführen ist die spezielle Aufgabe des Human Capital Managements (HCM) als Teilaufgabe der MC, die grundsätzlich von allen Managern getragen werden muss, wobei der HCM-Manager dies als Schwerpunkt zu vertreten hat. So ist das HCM wesentlich durch das Sinnmodell bzw. dessen Umsetzung durch die MC sowie durch die Verankerung in der Organisationsverfassung bestimmt.

Die Domäne des HCM liegt, neben den klassischen Funktionen der Personalauswahl und –entwicklung, der Beeinflussung der Personalstruktur, neben der Kulturbeeinflussung und in der abgestimmten Personen-Organisation-Technologieentwicklung, insbesondere in der mitarbeiterorientierten Gestaltung des Arbeitssystems. So ist das Arbeitssystem nicht nur einseitig vom Managementsystem, der Organisation und der Technologie beeinflusst, sondern auch vom Einfluss des HCM, das dafür sorgen kann, dass mitarbeiterorientierte Aspekte zum Tragen kommen.

Mit Hilfe eines positiv und pro-aktiv beeinflussten Arbeitssystems kann das Humanpotential so optimal eingesetzt werden, dass die Personen bei ungeminderter Leistungsbereitschaft auch ihre volle Leistungsfähigkeit entfalten können.

Abbildung 89: HCM-Faktorensystem und Hypothesenzuordnung

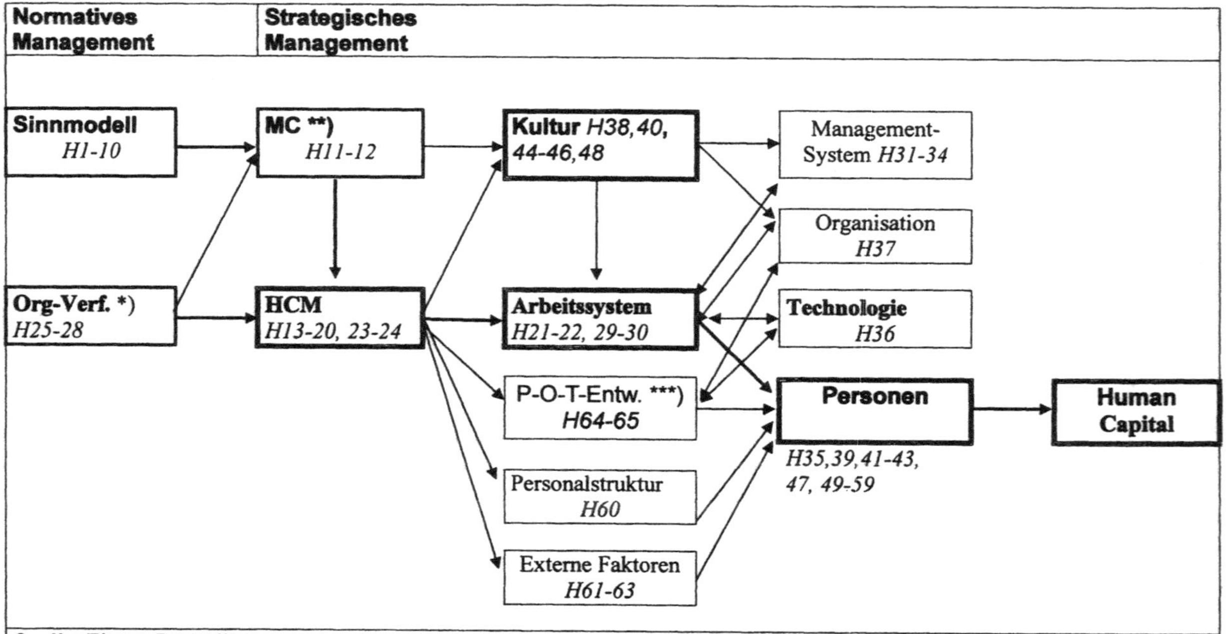

Quelle: Eigene Darstellung
*) Organisationsverfassung, **) Management Capabilities, ***) Personen-Organisation-Technologie-Entwicklung

5 Evaluation des Human Capital

In diesem Hauptkapitel wird der vorausgehend erarbeitete Bezugsrahmen über die normative und strategische Bedeutung bzw. Bewertung des Human Capital (vgl. 3 und 4) in ein Evaluationsinstrument übergeführt. Dabei ist zunächst der im betriebswirtschaftlichen Kontext noch relativ ungewohnte Begriff der Evaluation zu klären.

5.1 Evaluation

In der Betriebswirtschaftslehre einschließlich der Personalwirtschaftslehre kommt der eng mit dem Bildungsbereich verbundene Begriff „Evaluation" noch selten vor.[1281] In der Erziehungswissenschaft handelt es sich nach Hagen Kordes um „eine präzisierende Neubildung" früher verwendeter Termini von „Begutachtung" und „Bewährungskontrolle".[1282] Es bestehen bezüglich der Evaluation **zwei** divergierende **erkenntnistheoretische Positionen**. Die **erste** orientiert sich an der ingenieurwissenschaftlich-technischen Position im Sinne einer Wirksamkeitsüberprüfung im Regelkreis. Es wird überprüft, ob eine Maßnahme die anvisierten Ziele erreicht hat.[1283] Dem entspricht auch das Ursprungsmodell des ‚betriebswirtschaftlichen' Controllings:[1284] Planung (Soll), Realisierung (Ist), Kontrolle (Soll-Ist-Abweichung), Abweichungsanalyse (Warum Ist nicht gleich Soll?), Anpassungsmaßnahmen (Ist zum Soll bringen).[1285] Es wird nur auf die Wirksamkeit der Maßnahmen zur Zielerreichung abgestellt, ohne die Ziele und dahinterstehenden Normen zu überprüfen. Genau dies fordert die **zweite** Position, die hinterfragen möchte, ob die in der Praxis angewandten Normen auch sozialen Interessenlagen und den gesellschaftlichen Verhältnissen gerecht werden. Nach Kordes bewegen sich beide Grundpositionen nach längerem Auseinanderdriften aufeinander zu, so dass eine methodische Synthese näher gerückt ist. Er hat hierzu Verfahrensregeln aufgestellt anhand derer wissenschaftlich begründet Evaluation vorbereitet und umgesetzt werden kann. Evaluation ist dadurch mehr als nur Kontrolle oder Controlling, da

(1) die Wert- und Zielsetzungen der Praxis kritisch hinterfragt werden,
(2) ihr Zustandekommen kritisch historisch rekonstruiert werden,

---

[1281] Evaluationen spielen bei Amling (1997), (1998, 2000, 2001), Gabler Wirtschaftslexikon (1997), Schanz (2000a), Scholz (2000), Staehle (1999) keine Rolle. Wunderer/Jaritz (1999), 24 ff. reißen sie an, Kammel (2000), 438 ff. und Habersam (1997), 136 ff. gehen ausführlich auf sie ein, wobei Habersam, 194 ff., zur Überwindung von Engführungen im Controlling auf die Potentiale des Evaluationsansatzes verweist

[1282] Kordes (2004), 568

[1283] Vgl. Kordes (2004), 568 f.

[1284] Der Controlling-Ansatz ist innerhalb der Betriebswirtschaftslehre nicht unumstritten, vgl. Habersam (1997), 75 ff. u.102 ff.

[1285] Ähnlich Wunderer/Jaritz (1999), 8 f. u. Weber (1997), 809 ff.

(3) die Kriterien der Bewertung begründet werden,
(4) nicht nur gemessen, sondern auch im Sinne der Erreichung von Kriterien interveniert wird,
(5) Messergebnisse nicht verallgemeinert werden, sondern „Aufklärungen“ über das Erreichen oder Nichterreichen von Zielvorstellungen gegeben werden,
(6) nicht nur „valide Informationen“, sondern „begründete Bewertungen“ gegeben werden,
(7) zudem „begründete Empfehlungen“ geliefert werden und
(8) „evaluative Handlungsorientierungen“ in „methodischer Weise“ im Handlungssystem umgesetzt werden.[1286]

Auch für Wunderer und Jaritz ist Evaluation im Vergleich zum Controlling der weitergehendere Begriff, wobei sie hervorheben, dass jede Evaluation eine „subjektive Komponente“ bzw. eine Abhängigkeit vom „Wertesystem der Beurteilenden“ beinhaltet. Sie unterscheiden Evaluation als Bewertung einerseits in **objektive Messung** durch Zuordnung von Zahlen und andererseits in **subjektive Schätzung**(en), wobei intersubjektive Übereinstimmungen der Aussagekraft von objektiven Messungen näherkommen und eine vermittelnde Position zwischen Messung und Schätzung einnehmen.[1287] Aus dem Blickwinkel der Theorie der strategischen Unternehmensführung von Kirsch und Mitarbeitern, die nicht explizit von Evaluation sprechen,[1288] müsste Evaluation nicht nur eine außenperspektivische, sondern auch eine binnenperspektivische Herangehensweise beinhalten (vgl. 2.2.2.4). Legt man die von Kordes empfohlenen Regeln zugrunde, dann kommt man zumindest bezogen auf (1), (2), (3) und (5) nicht umhin, einen binnenperspektivischen Standpunkt einzunehmen, weil diese sonst gar nicht erfüllt werden könnten. D.h. nicht auf die erste obige Position beschränktes Controlling, sondern das weitergehende - Controlling umfassende - Evaluationskonzept ist der für die strategische Unternehmensführungstheorie der geeignetere Ansatz zur Bewertung. Auch wenn man sich einer solchen Vorrangstellung der Evaluation vor Controlling und Qualitätsmanagement nicht anzuschließen vermag, bleibt dennoch das Evaluationskonzept wegen ihres Schwerpunkts des Lernens und Entwickelns für das evolutionäre Management von Kirsch – man denke nur an die Entwicklung der Sinnmodelle (vgl. 3.1.3.1) - das Stimmigere.[1289] Wie in den Regeln von Kordes bereits anklingt, ist Evaluation nicht nur Prüfung und Bewertung von etwas, sondern Generierung von „Grundlagen für die Beurteilung und Optimierung der evaluierten Gegenstände“ und damit zusammenhängend Vorbereitung von

---

[1286] Kordes (2004), 570 ff.
[1287] Wunderer/Jaritz (1999), 24 f.
[1288] Hierzu findet sich weder bei Kirsch (1997a,b,c, 2001) noch bei Knyphausen-Aufsess (1996) ein Hinweis
[1289] Nach Behrmann/Frey (2003), 223 besteht eine Tendenz der Vertreter des Evaluations-, Controlling- oder Qualitätsmanagementkonzepts, jeweils das Ihrige als übergreifend auszugeben, vgl. auch Behrmann (2003), 249 ff.

Entscheidungen für Maßnahmen, Zielkorrekturen und neue Ziele.[1290] Von bekannten Evaluationsarten – auf die hier nicht näher eingegangen wird [1291] – unterscheidet sich die „entwicklungsorientierte Evaluation“, die diagnostisch das Gegebene als Grundlage von Verbesserungen für die Zukunft nutzt und als „Vergleichsgrundlage für spätere Maßnahmen herangezogen werden kann.“ In ihr integrieren sich die verschiedenen Aspekte der Evaluation wie „Überwachung/ Kontrolle“, „Rechtfertigung/Legitimierung“ und „Verbesserung/ Optimierung.“[1292] Da eine Evaluation für ein fokales Unternehmen einen nicht unbedeutenden Aufwand darstellt, ist der letztgenannte Aspekt der Verbesserung und Optimierung zur Erfüllung des Wirtschaftlichkeitspostulats unbedingt einzubeziehen, da der Nutzen sicher größer ist, wenn nicht nur bewertet, sondern auch im Sinne einer sich anschließenden Verbesserung interveniert wird. Es kann dabei die Position einer ‚reinen' Objektforschung, bei der Forscher und Untersuchungsobjekt möglichst getrennt sind, nicht aufrechterhalten werden. Wie in Abschnitt 2.1 bereits erläutert, ist hier im Sinne der entwicklungsorientierten Evaluation angestrebt, dass der Forscher mit Hilfe des Bezugsrahmens maßgebliche Betroffene des Unternehmens in der Selbstevaluation begleitet und unterstützt.

5.2 Evaluation normativ

Wesentliches Ergebnis der Erörterungen über die Bedeutung bzw. Bewertung des HC (Kap. 3.1) in Unternehmen ist, dass die gemeinsamen Grundannahmen, den für die Bewertungen maßgeblichen normativen Kern beinhalten. In diesen Selbstverständlichkeiten kommt die Identität des Unternehmens zum Ausdruck. Diese Identität ist grundsätzlich sowohl außenperspektivisch in der Beobachterrolle durch empirische Sozialforschung als auch binnenperspektivisch durch Teilnahme und Regelpartizipation eines Forschers im Sinne objektiver Wahrheit erklär- und verstehbar. Allerdings kommen binnenperspektivisch mehrere Dimensionen von Rationalität zum Tragen, da nicht nur nach der Wahrheit im Sinne der objektiven Welt gefragt wird, sondern zudem danach gefragt wird, ob diese Geltungsansprüche auch in der sozialen Welt ihre Richtigkeit haben und ob auch die Wahrhaftigkeit der subjektiven Aussagen der Teilnehmer gegeben ist. Identität konstituiert sich in allen drei Dimensionen gleichzeitig. Insofern ist der binnenperspektivische Ansatz der umfassendere Ansatz, weshalb er bei einer Evaluation der maßgeblichere ist. Der Forscher kann zwar zur Ermittlung der Identität zum Einstieg außenperspektivisch z.B. die Fragen von Raffèe und Fritz (vgl. 3.1.2.1) stellen und die Antworten festhalten, um sie am Ende der Identitätserarbeitung noch mal zu stellen, um auch daran den Lernprozess der Teilnehmer über die eigene Unternehmensidentität sichtbar zu machen. Um das Wertesystems des Unternehmens zu erhalten, ist mehr von Bedeutung, das Basis-Leitbild des Unternehmens, das

---

[1290] Behrmann/Frey (2003), 221
[1291] Vgl. hierzu insb. Behrmann/Frey (2003), 221 f. u. Balzer/Frey/Nenniger (1999), 400 ff.
[1292] Behrmann/Frey (2003), 222 ff.

mehr von Bedeutung, das Basis-Leitbild des Unternehmens, das wie ‚selbstverständlich' verfolgt wird, binnenperspektivisch zu erheben. Mit Hilfe des Bezugsrahmens der Sinnmodelle (vgl. 3.1.3) kann das Basis-Leitbild bewusst gemacht und eingeordnet werden. Der Forscher unterstützt nun maßgebliche Organisationsteilnehmer in der Selbst-Evaluation. Wenn die in Abschnitt 1.1 markierten Defizite bezüglich der mangelnden Bewusstheit der verfolgten Werte bzw. des Wertsystems behoben werden sollen, ist es für den rein normativen Part ein Muss, dass sich Mitglieder der dominierenden Koalition (maßgebliche Vertreter der Gesellschafter, des Aufsichtsorgans und der Geschäftsführung) dafür zur Verfügung stellen. Es muss klar werden, welches Sinnmodell bzw. welche Werte sie anstreben. Es wird dabei häufig unumgänglich sein, die in der Tiefenstruktur versunkenen Leitbilder der Gründer und Nachfolger-Risiko-Unternehmer zu beschreiben. Hierzu dienen die Ausführungen zur Identität der Unternehmung in Abschnitt 3.1.2.3. Es wird dabei insbesondere die Einstellung zu Mitarbeitern bzw. zur Mitarbeiterorientierung (vgl. 3.1.2.4) erarbeitet werden müssen. Es werden die ursprünglichen Werte der Gründer rekonstruiert und mit der aktuellen Lage verglichen. Über die Auseinandersetzung mit allen Sinnmodellen findet auch eine kritische Hinterfragung der Praxis statt. Da das Risikounternehmertum für das mittlere Unternehmertum eine entscheidende Rolle spielt, werden im Rahmen der normativen Evaluation auch die Hypothesen 3 bis 10 besprochen, um Auswirkungen im Unternehmen festzustellen. Sehr wahrscheinlich wird die Frage nach der Identität und dem Sinnmodell Lernprozesse bei den beteiligten Personen auslösen, so dass am Ende des Prozesses klarer ist, was bisher Leitbild war und in Zukunft modifiziert werden soll. Darüber hinaus werden auch Begründungen erarbeitet, so dass im Anschluss ‚begründete Bewertungen' möglich sind. Das Ergebnis dieser normativen Evaluation ist nach den Hypothesen 1 und 2 maßgeblich für die strategische Bedeutung und Bewertung des HC, da es deren Rahmen abgibt. Die Abb. 90 fasst grob zusammen zwischen welchen Gegensätzen sich die Sinnmodelle bewegen.

Da es sich um qualitative Ausprägungen handelt, ist keine exakte, sondern nur eine ungefähre Zuordnung zu den einzelnen Modellen möglich. Anhand diverser Verortungen im Strukturgitter kann die getroffene Einordnung gegengeprüft werden: Abb. 52 Bildungsbegriff, Abb. 53 Personalentwicklung, Abb. 78 Rollenverständnis, Abb. 87. Technologie-Usability. Zur Eckpunktbestimmung können auch die Abb. 76 Strategien u. Abb. 77 Informationsmanagement herangezogen werden.

Eine weitere Gegenprüfung findet statt, weil sich nicht nur Gesellschafter und deren Vertreter äußern sollen, sondern das Management selbst (der aktive Geschäftsführer und die erste Führungsebene). Sie sollen unabhängig die gleichen Fragen beantworten. Das ist insbesondere im Abgleich auf die einzelnen Sinnbilder bezogen auf Unternehmen, Manager, Menschen von Interesse.

Abbildung 90: Vom Sinnmodell abhängige Wertigkeit des HC

Zunehmende Wertigkeit des Human Capital	→				
Sinnmodell	Zielmodell ↓	Koalitions-Modell	Überlebens-Modell ↓	Institutionen-Modell	Fortschritts-Modell ↓
Ausprägungen	Personal	↔	Persönlichkeit		
	Gewinnmaximierung	↔	Wirtschaftsethik		
	Bilanzwert	↔	Wertbilanz		
	Linearität	↔	Reflexion		
	Opportunismus	↔	Verpflichtetsein		
	Monolog	↔	Dialog		
Quelle: Ergänztes Strukturgitter nach Geißler (1994), 162					

Im Anschluss müssen beide Ergebnisse gegenübergestellt werden. Differenzen, die sich zwischen beiden Positionen ergeben, sollten idealiter zwischen Gesellschaftern bzw. deren Vertretern und dem Top-Management ausgeräumt werden. Sollte am Ende der normativen Evaluationsrunden eine hohe bzw. höhere Mitarbeiterorientierung proklamiert werden, dann schließt sich als Lackmus-Test bezüglich der Ernsthaftigkeit derselben die Konfrontation mit den Hypothesen 11 und 12 zur Erfolgswirksamkeit der Mitarbeiterorientierung, den Hypothesen 25 bis 28 zur institutionellen Verankerung des HC in der Organisationsverfassung und den Hypothesen 38 bis 49 zur Kultur an. Nur wenn diese Hypothesen tendenziell akzeptiert werden, kann von echter normativer Mitarbeiterorientierung gesprochen werden. Die Äußerungen hierzu können unter Umständen das selbst-evaluierte Sinnmodell nach oben, aber auch nach unten variieren. Erst nach Abschluss der normativen ist die strategische Bewertung möglich.

5.3 Evaluation strategisch

Für die strategische Evaluation ist die Vorgabe der normativen Bewertung maßgeblich. Auch diese ist eine vom Forscher moderierte Evaluation, wobei hier nur ein Team zuständig ist. Es sollte sich aus folgendem Personenkreis zusammensetzen: der oder die Risiko- oder/und Gehaltsunternehmer und die erste Managementebene, möglicherweise ergänzt um Schlüsselpersonen (langjährige Wissensträger, und -arbeiter, nächste Managementebene). Da eine solche Evaluation nicht während des Tagesgeschäftes geleistet werden kann, empfiehlt sich sowohl für den normativen als auch für den strategischen

Part ein Workshop in Klausur von zwei bis drei Tagen, räumlich vom Unternehmen getrennt, um Störungen zu vermeiden. Eventuell muss der Workshop auch unterbrochen werden, weil dazwischen erst Daten im Unternehmen erarbeitet bzw. erfragt werden müssen.

Evaluiert wird nicht nur das in Zukunft Angestrebte, sondern immer auch das Erreichte. Dies wird im Bereich der Unternehmensbewertung (vgl. 2.2.1.3/4) vielfach nicht geleistet, weil man strategisch einseitig nur mit zukünftiger Bewertung gleichsetzt. Dabei ist eine Lageanalyse mit Blick darauf, wie sich diese aus der Vergangenheit entwickelt hat, sehr aufschlussreich. Die Lagebeurteilung ist eigentlich der erste Schritt der Strategieentwicklung.[1293] In der strategischen Evaluation wird bei jedem Schritt zweifach gefragt: „Was wurde erreicht?“ und „Was ist angestrebt?“ Erst aus den Gegenüberstellungen beider Bewertungsvorgänge kann gefolgert werden, ob der Wert des HC gleich bleibt, wächst oder sinkt.

Dass bei der Abhandlung der einzelnen Evaluationsfelder Erhellungen über das Erreichen oder Nichterreichen von Zielen entstehen und sich zugleich Empfehlungen zur Schließung der Lücke ergeben, ist ganz im Sinne des in 5.1 ausgeführten Evaluationsgedankens. Die Bewertung geschieht immer vor dem Hintergrund des in 5.2 erarbeiteten und angestrebten Leitbilds bzw. Sinnmodells. Das Bewertungsvorgehen orientiert sich an den Hypothesen zur strategischen Bedeutung (vgl. Abb. 88) von HC zu deren Erhebung beispielhaft nach folgenden Fragen abgeleitet sind. Diese sind in Abbildung 91 ersichtlich, aus der sich auch über die Nummer die Referenz zu den Hypothesen ergibt. Die Beantwortung der Fragen erfolgt in einer Fünferskala mit den Ausprägungen (--, - ,+/-, +,++) bzw. (sehr niedrig, niedrig, mittel, hoch, sehr hoch). Nicht alle Fragen können von dem strategischen Evaluationsteam (T) beantwortet werden. Manche Fragen müssen durch die Gesellschafter und/oder deren Vertreter (G) beantwortet werden, worauf in der Spalte ‚Antw.' Bezug genommen wird.

Abbildung 91: Fragen zur strategischen Bedeutung von HC

Nr.	*Aus den Hypothesen zur strategischen Bedeutung abgeleitete Fragen*	*Antw.*
11	*Inwieweit ist eine gewogene Verfolgung aller Führungsdimensionen – markt-, produktions/kosten/finanziell-, technologie/innovations-, mitarbeiter-, gesellschafts/umweltorientiert - gegeben?*	*T*
12	*Wie ist die Mitarbeiterorientierung generell ausgeprägt?*	*T*
13	*Inwieweit gelingt es dem HCM, die Mitarbeiterorientierung zur Geltung zu bringen?*	*G / T*
14	*Inwieweit nimmt das HCM Einfluss auf den Strategiebildungsprozess?*	*T*

[1293] Vgl. Popp (2001), 102 ff. u. Malik (1995), 13 f.

15	*In welchem Ausmaß werden andere Gebiete des Managements im Sinne des HCM geführt?*	*T*
16	*Werden die Kompetenzen der Mitarbeiter systematisch erhoben? Sind deren Ausprägungen bekannt?*	*T*
17	*Wie hoch ist die Bildungsfähigkeit der Mitarbeiter ausgeprägt?* *Wie bildungsfreundlich ist das Unternehmen?*	*T*
18	*In wieweit sind operative, strategische und normative Lernfähigkeiten bei Mitarbeitern ausgeprägt sind?*	*T*
19	*Sind den Personen in Abhängigkeit von ihren Kompetenzen auch adäquate Befugnisse (organisatorische Kompetenzen) eingeräumt?*	*T*
20	*In welchem Ausmaß werden Anstrengungen unternommen, um die Kompetenz der Personen zu erhöhen?*	*T*
21	*Wie hoch ist der Einfluss des HCM auf das Arbeitssystem?*	*T*
22	*In welchem Ausmaß gelingt es, die Faktoren des Arbeitssystems in widerspruchsfreien Gestaltungslösungen zu verbinden?*	*T*
23	*Inwieweit wird auf Pluralität von Interessen Rücksicht genommen?*	*T*
24	*Steht im Unternehmen mehr der Bilanzwert des HC oder die Wertebilanz des HC im Vordergrund? (schwache vs. starke Ausprägung in der Skalierung)*	*G / T*
25	*Inwieweit ist der Gehaltsunternehmer wie ein Risikounternehmer gestellt?*	*G*
26	*Wie ausgeprägt kann der HCM-Vertreter in einer erweiterten Geschäftsführung seine Rolle uneingeschränkt vertreten, ohne übergangen werden zu können?*	*T*
27	*Wie ausgeprägt ist die strategische Kompetenz im Aufsichtsorgan? Mit welchem Gewicht kommen regelmäßig Aspekte des HCM in der Agenda von Aufsichtsorgansitzungen vor?*	*G*
28	*Wie ausgeprägt sind die Möglichkeiten zur Partizipation von Mitarbeitern?*	*T*
29	*Wie groß ist das Bewusstsein, dass Motivationsbarrieren, die Leistungsbereitschaft einschränken bzw. deren Beseitigung zu erhöhter Leistungsbereitschaft führen?*	*T*
30	*In welchem Umfang wurden Mängel des Arbeitssystem behoben?*	*T*
31	*In welchem Ausmaß erfüllt das Managementsystem, dass operative und strategische Ziele parallel umgesetzt werden?*	*T*
32	*Inwieweit werden die Führungspersonen durch die Balanced Scorecard unterstützt?*	*T*
33	*Inwieweit wird berücksichtigt, dass für Investitionen in die Lern- und Entwicklungsperspektive ausreichend hohe Rücklagen gebildet werden müssen?*	*G*
34	*Inwieweit gelingt es, die Produktivität des Personals zu steigern? In welchem Ausmaß gelingt es, die qualitativ wie quantitativ benötigte Kompetenzen zur Verfügung zu stellen?*	*T*

35	*Inwieweit entsprechen personale Kompetenzen dem angestrebten Kompetenzsollprofil?*	T
36	*Wie hoch ist der Beitrag personaler Kompetenzen zur Beherrschung strategisch relevanter Technologien (bereits vorhanden bzw. in Entwicklung)?*	T
37	*In welchem Ausmaß laufen Prozesse im Sinne einer Prozessorganisation ab?*	T
38	*Wie offen ist die Kultur?*	T
39	*Inwieweit wird auf mögliche Widerstände eingegangen? Wie kooperativ gehen Führungskräfte untereinander und mit Mitarbeitern um?*	T
40	*Wie ausgeprägt ist die Fairness der Entscheidungsprozesse und das Bewusstsein von Tauschgerechtigkeit bei den Mitarbeitern?*	T
41	*Inwieweit sind sich Führungspersonen bewusst, dass organisatorische Änderungen erst der Anpassung eigener personaler Konstruktionen der Wirklichkeit bedürfen?*	T
42	*In welchem Umfang werden die Rollen von Führungs- und Schlüsselpersonen regelmäßig reflektiert?*	T
43	*Inwieweit leben Führungspersonen, insbesondere der ersten Ebene, den Team-Gedanken überzeugend vor?*	T
44	*In welchem Ausmaß gibt es Reibungsverluste in Teams?*	T
45	*In welchem Ausmaß wird in den Entscheidungsprozessen internes Gemeinwohl des Unternehmens und externes der Gesellschaft berücksichtigt werden?*	T
46	*Inwieweit wird in der Zusammenarbeit um objektive Wahrheit, soziale Richtigkeit und subjektive Aufrichtigkeit gerungen?*	T
47	*Inwieweit ist charakterliche Integrität von Führungspersonen gegeben?*	T
48	*Ist der Anteil reifer Personen im Zunehmen?*	T
49	*In welchem Ausmaß stimmen charakterliche Eigenschaften der Führungspersonen mit dem angestrebten Sinnmodell überein?*	G
50	*Wie ausgeprägt kompetent besetzt ist das Führungsteam?*	T
51	*Wie ausgeprägt ist die Leistungsorientierung im Unternehmen?*	T
52	*In welchem Ausmaß kümmert sich Führungsteam um das Lernen im Unternehmen? In welchem Umfang wird Führungsnachwuchs gezielt entwickelt?*	T
53	*In wieweit harmoniert die Spitzenführungskraft mit der gewollten Strategie? Sind im Aufsichtsorgan oder im Führungsteam notwendige Gegengewichte zum Ausgleich von Schlagseiten gegeben?*	G
54	*Wie hoch ist die Selbst-Lernkompetenz bei Wissensarbeitern ausgeprägt?*	T
55	*In welchem Umfang werden Anstrengungen unternommen, die Produktivität der Wissensarbeiter zu messen und zu steigern?*	T
56	*Mit welcher Intensität können Wissensarbeiter Ihre Kompetenz für die Umsetzung der Strategie einbringen?*	T

57	*In welchem Ausmaß können operative Mitarbeiter aufgaben- und/oder zeitbezogen flexibel eingesetzt werden?*	*T*
58	*In welchem Umfang gibt es operative Mitarbeiter, die langfristig und intensiv ihre Aufgaben erfüllen? (z.B. Vertriebsaußendienst)*	*T*
59	*Inwieweit kooperieren Wissensarbeiter und Operative?*	*T*
60	*Wie ausgewogen ist die Personalstruktur im Hinblick auf Alter und Erfahrung? Wie groß ist der Anteil an Sozialkompetenz in der Belegschaft?*	*T*
61	*Inwieweit wird der gesellschaftliche Wertewandel im HCM berücksichtigt?*	*T*
62	*Inwieweit wird auf die persönliche Situation von Mitarbeitern eingegangen?*	*T*
63	*Inwieweit werden Trends auf dem Personenbeschaffungsmarkt durch Einstellungen, Aus- und Weiterbildungen antizipiert?*	*T*
64	*In welchem Umfang wird die Usability von Technologien herbeigeführt?*	*T*
65	*In welchem Umfang werden Entwicklungsziele von Personen, Organisation und Technologien aufeinander abgestimmt?*	*T*

Ein so ermitteltes Antwortprofil gibt bereits ein erstes Wertbild ab: Je mehr Antworten auf der rechten Seite im Bereich + bzw. ++ oder hoch bzw. sehr hoch liegen, desto höher darf der Wert des HC vermutet werden. Da generell Personen und insbesondere Führungspersonen als Haupterfolgsfaktor der Fähigkeit HC eine prominente Rolle einnehmen, können die personenbezogenen Fragen höher gewichtet werden, wobei die Fragen zu Führungspersonen – wegen ihres größeren Einflusses – noch mehr an Gewicht erhalten können.

Viele der oben genannten Fragen werden in den Unternehmen nicht einfach beantwortet werden können. Oft wird man den Workshop unterbrechen müssen, um hierfür Daten zu erkunden. An einigen Stellen werden Indikatoren gesucht werden müssen, um überhaupt Aussagen machen zu können. Manche Frage wird vielleicht nicht beantwortet werden können, weil der darin steckende Aspekt bislang überhaupt nicht beachtet worden ist. Diese Lücken stellen Herausforderungen dar, Anstrengungen zu deren Füllung zu unternehmen. Die Evaluation regt also zum Lernen an. Diesen nur auf ordinalem Skalenniveau erhobenen Aussagen werden im Anschluss Zahlen des HCM-Controllings auf kardinalem Niveau gegenübergestellt.

Der Wert des Personals muss im mehrjährigen Vergleich auch seinen Niederschlag in diesen harten Daten finden, wenngleich der Wert des HC in höheren Sinnmodellen auch ohne eine solche Fundierung von Interesse ist bzw. sein kann.

5.4 Zusammenfassung Evaluation

Evaluation ist mehr als betriebswirtschaftliches Controlling. Die präferierte entwicklungsorientierte Evaluation basiert nicht nur auf Überwachung und Kontrolle bzw. auf Verbesserung und Optimierung. Sie beruht ebenso auf Rechtfertigung und Legitimierung. Die verbessernde bzw. optimierende Intervention ist mit Forschungsansätzen, die außenperspektivisch möglichst auf einer ‚sauberen' Trennung von Untersuchungsobjekt und Forscher bestehen, nicht vereinbar. Der Forscher nimmt als Teilnehmer der Organisation eine binnenperspektivische Rolle ein. Er begleitet und unterstützt maßgebliche Personen des Unternehmens bei der Selbstevaluation und wird dort, wo er Verbesserungsansätze sieht, seine Kompetenz intervenierend einbringen. Eine Evaluation findet in zwei Stufen statt.

In der **ersten Stufe** werden die gemeinsamen Grundannahmen bewusst gemacht, die den für Bewertungen maßgeblichen normativen Kern beinhalten. Es kommen dabei alle drei Dimensionen von Rationalität – objektive Wahrheit, soziale Richtigkeit und subjektive Aufrichtigkeit – gleichermaßen zum Tragen. Mit Hilfe des Bezugsrahmens der Sinnmodelle (vgl. 3.1.3) kann das verfolgte Basis-Leitbild bewusst gemacht und eingeordnet werden. Ausgewählte Zuordnungen zu einzelnen Sinnmodellen können anhand diverser Verortungen im Strukturgitter gegengeprüft werden. Beispielsweise kann über den Umgang mit Rollen über Abb. 78 auf das zugrunde liegende Sinnbild geschlossen werden. Überdies findet ein Abgleich der Vorstellungen über das Sinnmodell der Gesellschafter(vertreter) und des Managements statt. Wird eine höhere Mitarbeiterorientierung angestrebt, dann kann die Ernsthaftigkeit dieses Bestrebens an der Erfüllung ausgewählter Hypothesen (11,12, 25-28, 38-49) überprüft werden.

In einer **zweiten Stufe** wird anhand von Fragen zur strategischen Bedeutung von HC die jeweilige Ausprägung in einer Fünfer-Skala im Unternehmen erfragt bzw. erarbeitet. Dabei wird jeweils zweifach gefragt: ‚Was wurde erreicht?' und ‚Was ist angestrebt?' Aus der Gegenüberstellung beider Bewertungsvorgänge kann eine Wertveränderung des HC – wachsend, abnehmend oder gleichbleibend – ermittelt werden. Alle Bewertungen erfolgen vor dem Hintergrund des angestrebten Basis-Leitbilds bzw. Sinnmodells. Grundsätzlich gilt: Je mehr Antworten auf der rechten Seite der Fünfer-Skala liegen, umso höher ist der Wert des HC. Höhere Gewichtungen der einzelnen Fragen können im Bereich der personenbezogenen Fragen getroffen werden, wobei diejenigen Fragen, die Führungspersonen betreffen, aufgrund des größeren Einflusses die Führungspersonen haben, höher gewichtet werden können. Abschließend kann der so ermittelte Wert des HC den Zahlen des HCM-Controllings gegenübergestellt werden. Im mehrjährigen Vergleich sollte der Wert des HC auch dort seinen Niederschlag mit steigender Produktivität finden, wenngleich in höheren Sinnmodellen eine solche Fundierung als nicht unbedingt erforderlich eingestuft werden kann.

6 Ansätze zur Vertiefung

„Zwar heißt es immer, Liebe mache blind.
Den Unternehmer aber macht Liebe sehend."
Götz W. Werner (dm-drogerie markt-Gründer)[1294]

Von den in der Arbeit häufiger zitierten acht Kommunikationscodes von Harald Geißler auf der Basis von Vorarbeiten von Niklas Luhmann sind in der Unternehmens- und Unternehmerforschung überwiegend nur die Codes untersucht worden, die dem zweckrationalen Modus angehören, nämlich Arbeit, Macht (Ordnung), Kampf (Konkurrenz) und Erfolg (Geld). Bislang relativ wenig Beachtung haben diejenigen Codes gefunden, die Geißler dem wertrationalen Modus zuordnet: Kritik/Lernen, Werte/Religiösität, Lust/Hedonismus sowie Liebe. Gleichwohl sie in mittleren Unternehmen recht unterschiedlich stark ausgeprägt sein mögen, können sie m.E. vieles zum Verständnis des mittleren Unternehmens und Unternehmertums beitragen.

Im wissenschaftlichen Kontext bekannt ist das ausgesprochen hohe Leistungsmotiv der Unternehmer.[1295] Man kann mit Felix von Cube von einer regelrechten ‚Lust an Leistung' sprechen.[1296] Max Weber hat herausgefunden, dass der Kapitalismus wesentlich aus der protestantischen Ethik und der sie umsetzenden Unternehmer entstanden ist. Weber registrierte bereits, dass diese Wurzeln des Kapitalismus sich immer mehr verflüchtigten.[1297] Aber es gibt gerade im Mittelstand nicht wenige Unternehmer, die sich ihrer religiösen Einstellung auch im Unternehmen verpflichtet sehen.[1298] Ob nun eher religiös oder mehr ethisch orientiert finden sich bei den Gründer- und Nachfolgeunternehmern Werte, die sie im Unternehmen anstreben. Ohne deren Erhellung können viele ihrer Entscheidungen nicht verstanden werden. Im vorwiegend zweckrational ausgerichteten wirtschaftlichen Kontext von Liebe und Sympathie zu sprechen, erscheint außenperspektivisch besonders unpassend zu sein.[1299] Aus binnenperspektivischer Nähe betrachtet, eröffnet gerade das Kommunikationsmedium der Liebe tiefe Einsichten.

1294 Zitiert in: Hage (2006), 4

1295 Vgl. z.B. Müller (2003)

1296 Vgl. Cube (1994, 1998)

1297 Vgl. Weber (1920/2004)

1298 Dabei sind Hipp (2001) und Trayser (2005) keine Einzelfälle; Fröhlich/Pichler (1988), 150 sehen aufgrund der STRATOS-Ergebnisse (vgl. 1.1, Fn 18) verallgemeinernd im mittelständischen Unternehmer ein Vorbild für moralisches Handeln, was sich u.a. auch am überdurchschnittlich häufig praktizierten Christentum zeigt. Die Autoren betonen, dass erfolgreiche mittlere Unternehmer der Eigennutz-Unterstellung des homo oeconomicus trotzen und die Einhaltung von Werten bevorzugen

1299 Luhmann (1976), 17 ordnet ‚Liebe' dem Bereich der Familie zu bzw. sieht sie allenfalls als Basis für „erlebte konkrete Nahwelten"; nach Weber (1922/1972), 563 ist die Bürokratie als Orientierung für rational legitimierte Herrschaft durch „Ausschaltung von Liebe" und Entmenschlichung geprägt

Für viele Unternehmer ist ihr Unternehmen zum Leben geworden.[1300] Durch Liebe zu ihrem Unternehmen kommt es nicht nur zu einer „Identitätsbestätigung", sondern auch zu einer „Identitätssteigerung". Luhmann sieht in der Liebe „die Fähigkeit, die Welt und sich selbst mit den Augen der anderen zu erleben und entsprechend zu handeln".[1301] Wird die Liebe z.B. auf Kunden angewendet, dann kann ihnen erst der Service geboten werden, den sich diese wünschen bzw. wünschen würden, wenn sie alle Zusammenhänge erkennen könnten.[1302] Auch die Liebe zum Stammpersonal gehört hierzu. Nur so ist es zu verstehen, wenn die Unternehmer an ihrem Personal ‚hängen', es auch in schwierigen Zeiten nicht einfach kündigen. Was ökonomisch als irrational erscheint, ist in dieser wertrationalen Sicht begründet.

Aus der großen Identifikation, die Unternehmer zu ihren Unternehmen entwickeln können, wird auch verstehbar, dass sie es mit dem vierten der wertrationalen Kommunikationscodes, vor allem mit der Kritik und weniger mit dem Lernen, nicht so einfach haben. Es existiert eine Tendenz, Kritik zu persönlich zu nehmen. Aus (Über-)Identifikation mit der zur ‚Emotion' gewordenen ‚Sache' Unternehmung kann alles personalisiert werden. Es fehlt dann die notwendige Distanz, die ja gerade eine Frucht der Kritik sein kann. Hier bestehen m.E. die größten Defizite, zumal Unternehmer hierbei ihre Autorität gefährdet sehen. Ein dialogisches Management erscheint daher oft noch in weiter Ferne. Dieses ist jedoch angesichts der Herausforderungen, die sich den Unternehmen stellen, unumgänglich.

Die Rettung liegt – was auch die Erfolgsfaktorforschung nahe legt (vgl. 4.1.3.1/2) – **in den Menschen**. Von ihrem Engagement, ihrem Wissen und ihren Ideen hängt es ab, ob es gelingt, das Unternehmen nicht nur zu sichern, sondern auch fortzuentwickeln. Sie wollen nicht nur patriarchalisch geliebt, sondern auch als ‚mündige Erwachsene' mit eigenen Vorstellungen und Zielen ernst genommen sein, und zwar auf Augenhöhe.[1303] Der sehr erfolgreiche Unternehmer Götz Werner, dessen dm-drogerie markt in kurzer Zeit vom mittleren zum Großbetrieb durchstartete, hat dies überzeugend vorgelebt.[1304] Werner spricht unumwunden davon, dass dies zur Wahrung der Menschenwürde

---

[1300] Mittelstandsbefragung Watt (2004), 41

[1301] Krause (2005), 188 f.

[1302] Z.B. hat der Gründer der Hofpfisterei, Ludwig Stocker, die Gesundheitsproblematik von raffiniertem Mehl bereits in den 1920iger Jahren erkannt und sich vehement für die Gesundheit seiner Kunden eingesetzt, indem er entgegen dem Trend alternative Backwaren lieferte noch lange vor der Öko-Bewegung (persönliche Kommunikation mit Siegfried Stocker, Sohn von Ludwig Stocker)

[1303] Darauf weisen viele Untersuchungen im Rahmen des Wertewandels vgl. Opaschowski (2006), Rosenstiel (1995), Inglehart (1989), Klages (1985)

[1304] Selbst Gewerkschaftsvertreter bescheinigen, dass Werner einen fairen Umgang mit seinen Mitarbeitern pflegt, vgl. Hage (2006), 4

gehöre.[1305] Nimmt man die Menschen im Unternehmen zu 100 % ernst, dann ist es den Individuen auch möglich, sich zu 100 % einzubringen.[1306] Der Verfasser weiß aus vielen Gesprächen mit Unternehmern, dass sie befürchten, dass im Dialog zuviel von den unternehmerischen Geheimnissen preisgegeben würde. Diese Sorge ist angesichts wachsender Untreue berechtigt.[1307] Auch die Mitarbeiter müssen daher lernen, dass die Möglichkeit, im Unternehmen mitreden und mitgestalten zu können, nicht umsonst zu haben ist. Sie sind wie der Unternehmer aufgefordert, normativ zu lernen und an ihrem Charakter zu arbeiten.

Dialog und die Suche nach dem Wohl des Unternehmens und dem Gemeinwohl sind nicht umsonst an Voraussetzungen geknüpft. Jendrik Petersen nennt hierzu „Vertrauen" und „Verlässlichkeit".[1308] Wird das bisherige Verhalten im Lichte höherer Sinnmodelle gewürdigt, wird – trotz wohlgemeinter Absichten von Management und Mitarbeitern – so manches Fehlverhalten bewusst werden. Dann ist es unvermeidlich, einander vergeben zu können und das Management ist – will es nicht als „manipulierend und menschenverachtend qualifiziert werden" – gut beraten, wenn es sich „wirklich menschlich, hilfreich, effizient und nützlich" verhält.[1309]

Ein weiteres häufiges Argument der Unternehmer ist, dass bei ihren Dialogversuchen außer ‚viel Gerede' wenig dabei herausgekommen wäre und dass sprachgewandte weniger sprachgewandte, aber umso leistungsstärkere Mitarbeiter dominierten. Deshalb ist Dialogisches Management an hohe Ansprüche geknüpft, die Petersen in einem Dekalog zusammengefasst hat:

> „1. Der Dialog wird nicht als *beliebige* Diskussion oder Meinungsaustausch angesehen, sondern hat die Steigerung der Problemlösungsfähigkeit und die Zukunftssicherung von Organisationen und ihrem mit handlungslogischem Eigensinn versehenen Kontext als Ziel.
> 2. Durch einen sanktionsfreien-offenen Dialog gilt es, *das bisherige organisationale Miteinander und den Umgang der Organisation mit der Außenwelt zu hinterfragen und zu verbessern*, um auf diese Weise ein *vernünftiges Entscheiden und Handeln* zu ermöglichen und auszugestalten.
> 3. Der Dialog von (tendenziell gleichberechtigten) Partnern ist geprägt von der beiderseits empfundenen Vielschichtigkeit, Fragmentierung, Zerstrittenheit *einerseits* und dem Bemühen um Vertrauen und Verlässlichkeit *andererseits*.

1305 Vgl. Müller (2006c); der von Werner propagierte dm-Slogan „Wir machen den Unterschied" konnte durch eine Umfrage, ebd., empirisch erhärtet werden. Vgl. auch Hage (2006)
1306 Je mehr sich Mitarbeiter allerdings ins Unternehmen einbringen, umso mehr es ‚ihr' Unternehmen wird, muss auch geklärt werden, welchen materiellen Anteil die Mitarbeiter dafür erhalten. Das ist eine Frage, die in vielen mittleren Unternehmen bislang nicht zufriedenstellend gelöst ist
1307 Vgl. Pricewaterhouse Coopers (2005)
1308 Petersen (2003a), 267
1309 Pawlas (1997), 136

4. Hierbei kann der Dialog dazu führen, dass *im interaktiven Miteinander durch den freien Fluss von Gedanken und Gefühlen der (möglichen) Wahrheit schrittweise entgegengekommen wird.*
5. Wahrheit(sfindung) ist aber nicht als *Endziel des Dialogs* anzusehen, sondern es gilt vielmehr anzuerkennen, dass der Dialog einen *bewusst temporären und prozesshaften Charakter* aufweist.
6. Dialoge im Zeichen tiefgreifender Wandlungsprozesse können nur durch aktives Zuhören und die gegenseitige Anerkennung ausgelöst werden, wobei *erst ein gemeinsames Handeln und Reflektieren eine beidseitig empfundene Wahrhaftigkeit ermöglicht.*
7. Dialog bedeutet nicht, über die Probleme in der Welt „da draußen" zu lamentieren, *sondern zu erkennen, dass die Welt ständiger Bestandteil des Dialoges ist.*
8. An einem Dialog mitzuwirken, bedeutet zu erkennen, dass Wahrhaftigkeit und Vertrauen *nur im gemeinsamen Handeln, Reflektieren und Bemühen um das gemeinsame Wohl* entstehen kann.
9. Dialog bedeutet auch, *die Imperfektheit von sich selbst und dem Partner akzeptieren zu lernen und als ständige Lernaufgabe anzusehen.* Die „Fehler von einst" ständig vorzuhalten, dürften die Bereitschaft zum Dialog zum Erliegen bringen.
10. Die Teilnahme am Dialog erfordert von jedem Partner *Authentizität und Selbstakzeptanz.* Nur auf diese Weise kann auch dem Partner begegnet werden."
Petersen (2003a), 268 f.

Auch Sprachgewandte(re) müssen demnach unter Beweis stellen, dass sie ihre Versprechen auch in nachprüfbar erfolgreiche Handlungen umzusetzen vermögen. Um dialogfähig im Sinne des Dekalogs bzw. ‚dialogwürdig' für Untreue befürchtende Unternehmer zu werden, muss bei allen Mitarbeitern, letztlich bei allen Personen im Unternehmen ein tiefgreifender Lernprozess einsetzen, wobei der Entwicklung von Führungskräften eine zentrale Bedeutung zukommt.[1310] Hierbei ist insbesondere das Management gefordert, selbst eine „Education permanente" zu leisten und von anderen einzufordern.[1311]

Generell eröffnet sich für die Betriebs- bzw. Organisationspädagogik die Aufgabe, die Personen im Unternehmen, so anzuleiten und zu unterstützen, dass diese selbst auf Personen-, Gruppen- und Unternehmensebene, Beschreibungen ihrer Situation vornehmen, Vorhandenes evaluieren und sich alleine und gemeinsam fortentwickeln können, so dass sie den hohen Ansprüchen des Dekalogs immer mehr gerecht werden können.

1310 Vgl. Geißler (2005), 1034
1311 Petersen (1997a)

7 Literaturverzeichnis

Verwendete Gesetze:

AAG	Gesetz über den Ausgleich der Arbeitgeberaufwendungen für Entgeltfortzahlung (Aufwendungsausgleichsgesetz) vom 22.12.2005, BGBl. I 3686
AktG	Aktiengesetz vom 06.09.1965, BGBl. I 1089, zuletzt geändert am 22.09.2005, BGBl. I 2802
ArbGG	Arbeitsgerichtsgesetz vom 02.07.1979, BGBl. I 852, bereinigt 1036, zuletzt geändert am 19.04.2006, BGBl. I 866
BetrVG	Betriebsverfassungsgesetz vom 25.09.2001, BGBl. I 2518
BetrVG 1952	Betriebsverfassungsgesetz 1952, in: Fitting, K. et.al. (Hrsg.) (1998): Betriebsverfassungsgesetz: Handkommentar, München, 1627 f.
GmbHG	Gesetz betreffend die Gesellschaften mit beschränkter Haftung vom 20.5.1898, RGBl. 846, zuletzt geändert am 22.03.2005, BGBl. I 837
HGB	Handelsgesetzbuch vom 10.05.1897, RGBl. 219, zuletzt geändert am 14.08.2006, BGBl. I 1911
InsO	Insolvenzordnung vom 05.10.1994, BGBl. I 2866, zuletzt geändert am 22.03.2005, BGBl. I 837
KapCoRiLiG	Kapitalgesellschaften- und Co-Richtlinie-Gesetz, in: Meyer, C. (2000): Das Kapitalgesellschaften- und Co-Richtlinie-Gesetz, in: BBK (Buchführung, Bilanzen, Kostenrechnung -Loseblattsammlung), Nr. 5, 1183 – 1198
KonTraG	Gesetz zur Kontrolle und Transparenz im Unternehmensbereich, in: BDO (o.J.): Auswirkungen des Gesetzes zur Kontrolle und Transparenz im Unternehmensbereich (KonTraG) und des Kapitalaufnahmegesetzes (KapAEG), Hamburg
KSchG	Kündigungsschutzgesetz vom 25.08.1969, BGBl. I 1317, zuletzt geändert am 19.11.2004, BGBl. I 2902
MitbestG	Gesetz über die Mitbestimmung der Arbeitnehmer (Mitbestimmungsgesetz) vom 04.05.1976, BGBl. I 1153, zuletzt geändert am 08.06.2005, BGBl. I 1530
TzBfG	Gesetz über Teilzeitarbeit und befristete Arbeitsverträge (Teilzeit- und Befristungsgesetz) vom 21.12.2000, BGBl. I 1966, zuletzt geändert am 24.12.2003, BGBl. I 3002

Verwendete Literatur:

Abel, B. (1979): Denken in theoretischen Modellen als Leitidee der Wirtschaftswissenschaften, in: Raffée, H.; Abel, B. (Hrsg.): Wissenschaftstheoretische Grundfragen der Wirtschaftswissenschaften, 138 – 160, München

Abels, H. (2006): Identität, Wiesbaden

Adorno, W. et.al. (Hrsg.) (1980): Der Positivismusstreit in der deutschen Soziologie, 8. Aufl., Darmstadt

AK IW SG (2004): [AK IW SG = Arbeitskreis 'Immaterielle Werte im Rechnungswesen' der Schmalenbach-Gesellschaft für Betriebswirtschaft] Erfassung immaterieller Werte in der Unternehmensberichterstattung vor dem Hintergrund handelsrechtlicher Rechnungslegungsnormen, in: Horváth, P.; Möller, K. (Hrsg.): Intangibles in der Unternehmenssteuerung, 221 – 250, München

Albach, H. (2001): Shareholder Value und Unternehmenswert. Theoretische Anmerkungen zu einem aktuellen Thema, in: Zeitschrift für Betriebswirtschaft, 71. Jg., 6/2001, 643 - 674

Albach, H.; Bock, K.; Warnke, T. (1985) Kritische Wachstumsschwellen in der Unternehmensentwicklung, Stuttgart

Albers, S.; Bauer, H. H.; Eggert, K. (1988) Kundennähe: Ergebnisse einer empirischen Studie bei mittelständischen Unternehmen des verarbeitenden Gewerbes in den Kammerbezirken der IHK Koblenz und IHK Lüneburg-Wolfsburg, Arbeitsbericht Nr. 47 des Fachbereichs Wirtschafts- und Sozialwissenschaften, Lüneburg

Alwert, K.; Offen, R. (2005): Warum eine Wissensbilanz in der VR Bank Südpfalz?, in: Mertins, K.; Alwert, K.; Heisig, P. (Hrsg.): Wissensbilanzen. Intellektuelles Kapital erfolgreich nutzen und entwickeln, 139 – 154, Berlin / Heidelberg

Amling, T. (1997): Ansatzpunkte und Instrumente des Personalcontrolling auf der strategischen und operativen Problemebene im Industriebetrieb, Frankfurt (Main)

Ansoff, H.I. (1965): Corporate Strategy, New York etc.

Ansoff, H.I. (1976): Managing Surprise and Discontinuity. Strategic Response to Weak Signals, in: Zeitschrift für betriebswirtschaftliche Forschung, 28. Jg., 28/1976, 129 - 152

Ansoff, H.I. (1995): A Contingent Paradigm for Success of Complex Organizations, in: Siegwart, H.; Malik, F.; Mahari, J. (Hrsg.): Unternehmenspolitik und Unternehmensstrategie, 31 – 50, Stuttgart etc.

Argyris, C. (1965): Organization and innovation, Homewood

Argyris, C. (1975): Das Individuum und die Organisation. Einige Probleme gegenseitiger Anpassung, in: Türk, K. (Hrsg.): Organisationstheorie, 215 – 233, Hamburg

Aschoff, C. (1978): Betriebliches Humanvermögen. Grundlagen einer Humanvermögensrechnung, Wiesbaden

Asendorpf, J. (1999): Psychologie der Persönlichkeit, 2. Aufl., Berlin etc.

Axelrod, B.; Handfield-Jones, H.; Michaels, E. (2002): Schwache Manager fördern oder feuern? in: Harvard Business Manager, 4/2002, 86 - 97

Backes-Gellner, U.; Lazear, E.; Wolff, B. (2001): Personalökonomik. Fortgeschrittene Anwendungen für das Management, Stuttgart

Baetge, J.; Niemeyer, K.; Kümmel, J. (2001): Darstellung der Discounted-Cashflow-Verfahren (DCF-Verfahren) mit Beispiel, in: Peemöller, V. (Hrsg.): Praxishandbuch der Unternehmensbewertung, 263 – 360, Herne / Berlin

Ballwieser, W. (1997): Unternehmensbewertung, in: Gabler Wirtschaftslexikon, 14. Aufl., 3954 – 3957, Wiesbaden

Ballwieser, W. (2001): Verbindungen von Ertragswert- und Discounted-Cashflow-Verfahren, in: Peemöller, V. (Hrsg.): Praxishandbuch der Unternehmensbewertung, 361 – 374, Herne / Berlin

Balzer, L.; Frey, A.; Nenniger, P. (1999): Was ist und wie funktioniert Evaluation?, in: Empirische Pädagogik, 13. Jg., 4/1999, 393 – 413

Bamberger, I.; Pleitner, H. (1988): Strategische Ausrichtung kleiner und mittlerer Unternehmen, in: Internationales Gewerbearchiv, Sonderheft 2, Berlin etc.

BDO (o.J.): Auswirkungen des Gesetzes zur Kontrolle und Transparenz im Unternehmensbereich (KonTraG) und des Kapitalaufnahmegesetzes (KapAEG), Hamburg

Bea, F.X.; Göbel, E. (2002): Organisation, 2. Aufl., Stuttgart

Bea, F.X.; Haas, J. (2001): Strategisches Management, 3. Aufl., Stuttgart

Bea, F.X.; Thissen, S. (1997): Institutionalisierung des Shareholder-Value-Konzepts bei der GmbH, in: Der Betrieb, 16/1997, 787 - 792

Beck, U. (1986): Risikogesellschaft, Frankfurt (Main)

Beck, U.; Brater, M.; Daheim, H. (1980): Soziologie der Arbeit und der Berufe, Reinbek

Becke, G.; Göllinger, Th.; Weber, F. (2001): Die erweiterte Balanced Scorecard als Instrument zur Förderung betrieblicher Nachhaltigkeit, Arbeitspapier Nr. 22, Institut für ökologische Betriebswirtschaft, Siegen

Behrmann, D. (2003): Selbstgesteuertes Lernen in der Erwachsenenbildung / Weiterbildung. Ein kritischer Überblick zu didaktischen Möglichkeiten und Grenzen aus theoretischer und praktischer Sicht, in: Behrmann, D.; Schwarz, B. (Hrsg.): Selbstgesteuertes lebenslanges Lernen, 63 – 109, Bielefeld

Behrmann, D.; Frey, A. (2003): Evaluation als Instrument zur Systemlenkung und Handlungsoptimierung in lernenden Organisationen, in: Geißler, H. (Hrsg.): Balanced Organization, 219 – 263, Neuwied etc.

Bennis, W.; Nanus, B. (1987): Führungskräfte. Die vier Schlüsselstrategien erfolgreichen Führens, 3. Aufl., Frankfurt (Main) / New York

Berkel, K. (1998): Führungsethik. Organisationspsychologische Perspektiven, in: Blickle, G. (Hrsg.): Ethik in Organisationen. Konzepte, Befunde, Praxisbeispiele, 117 – 133, Göttingen

Berliner Initiativkreis German Code of Corporate Governance (2001): Der German Code of Corporate Governance, in: Werder, A. (Hrsg.): German Code of Corporate Governance (GCCG) , 63 – 129, Stuttgart

Bernhardt, W. (2000): Übernahme- und Fusionsfieber im Zwielicht des Shareholder Value. Unternehmensführung zwischen Wert und Werten, Zahlen und Leitbildern, in: Wirtschaftswissenschaftliche Fakultät der Universität Leipzig et.al. (Hrsg.): Rechnungslegungskonzeptionen im Widerstreit, 82 – 93, Leipzig

Binz, M. (1992): Die GmbH&Co., 8. Aufl., München

Bisani, F. (1982): Betriebliche Sozialindikatoren aus der Arbeitswirtschaft als Bestandteil der Humanvermögensrechnung, in: Schmidt, H. (Hrsg.): Humanvermögensrechnung, 577 - 597, Berlin / New York

Bißbort, D. (2003): Möglichkeiten und Grenzen selbstgesteuerter Kommunikation mittels Intranet. Beispiele für Struktur- und Funktionselemente eines intranetbasierten Wissensmanagements, in: Behrmann, D; Schwarz, B. (Hrsg.): Selbstgesteuertes lebenslanges Lernen, 303 – 323, Bielefeld

Bleicher, K. (1992): Das Konzept integriertes Management, 2. Aufl., Frankfurt (Main) / New York

Bleicher, K. (1997): Unternehmenskultur, in: Gabler Wirtschaftslexikon, 14. Aufl., 3927 – 3928, Wiesbaden

Bleicher, K.; Hahn, B. (1995): Das Management-Potential. Dynamik-Faktor der Unternehmensentwicklung, in: Krystek,U.; Link, J. (Hrsg.): Führungskräfte und Führungserfolg, 415 - 446, Wiesbaden

Blickle, G. (Hrsg.) (1998): Ethik in Organisationen. Konzepte, Befunde, Praxisbeispiele, Göttingen

BMWA (2004): [BMWA=Bundesministerium für Wirtschaft und Arbeit] Wissensbilanz - Made in Germany. Leitfaden, Dokumentation Nr. 536, Berlin

Böhi, D. (1995): Wettbewerbsvorteile durch die Berücksichtigung der strategisch relevanten gesellschaftlichen Anspruchsgruppen, Bern etc.

Börsig, C.(2000): Wertorientierte Unternehmensführung bei RWE, in: Zeitschrift für betriebswirtschaftliche Forschung, 3/ 2000, 167 - 175

Bösch, R. (1979): Möglichkeiten der Berücksichtigung des Humanvermögens bei der Unternehmensbewertung, Diss. Hochschule St.Gallen

Brealey, R.A.; Myers, S.C. (2000): Principles of Corporate Finance, 6. Aufl., Boston

Bretz, H. (1988): Unternehmertum und Fortschrittsfähige Organisation, München

Brinkmann, K. (1999): Going Public – Der Gang an die Börse, in: Krüger, D.: Zweckmäßige Wahl der Unternehmensform, 650 – 695, Bonn

Bruch, H.; Ghoshal, S. (2002): Vorsicht vor übereifrigen Managern, in: Harvard Business Manager, 24. Jg., 4/2002, 64 - 73

Brummet, R.(1982): Das Konzept des Human Resource Accounting (HRA), in: Schmidt, H. (Hrsg.): Humanvermögensrechnung, 61 – 72, Berlin / New York

Brune, J. (1995): Der Shareholder-Value-Ansatz als ganzheitliches Instrument strategischer Planung und Kontrolle, Diss. Universität Köln

Buchheim, G.; Hartmann, W. (Hrsg.)(1991): Biographien bedeutender Unternehmer, Berlin

Buckingham, M.; Coffman, C. (2002): Erfolgreiche Führung gegen alle Regeln. Wie Sie wertvolle Mitarbeiter gewinnen, halten und fördern, 2. Aufl., Frankfurt (Main)

Bühner, R. (1990): Strategien zur Schaffung von mehr Wert im Unternehmen, Stuttgart

Bühner, R. (1994): Unternehmerische Führung mit Shareholder-Value, in: Bühner, R. (Hrsg.): Der Shareholder-Value-Report. Erfahrungen, Ergebnisse, Entwicklungen, 9 – 75, Landsberg (Lech)

Bullinger, H.-J. (1996): Erfolgsfaktor Mitarbeiter. Motivation-Kreativität-Innovation, Stuttgart

Bungard, W. (1990): Team- und Kooperationsfähigkeit, in: Sarges, W. (Hrsg.): Managementdiagnostik, 315 – 325, Göttingen / Toronto / Zürich

Bungard, W.; Antoni, C. (1995): Gruppenorientierte Interventionstechniken, in: Schuler, H. (Hrsg.): Organisationspsychologie, 2. Aufl., 377 – 404, Bern etc.

Business Week (1984):	Who's Excellent Now?, in: Business Week, 05.11.1984, 76 - 88
Carroll, G.; Mosakowski, E. (1987):	The carreer dynamics of self-employment, in: Administrative Science Quarterly, 32, 570 - 589
Casico, W.F. et.al. (1997):	Financial Consequences of Employment-Change Decisions in Major U.S. Corporations, in: Academy of Management Journal, 40, 1175 - 1189
Chalmers, A.F. (1994):	Wege der Wissenschaft. Einführung in die Wissenschaftstheorie, 3. Aufl., Berlin etc.
Chmielewicz, K. (1979):	Forschungskonzeptionen der Wirtschaftswissenschaft, 2. Aufl., Stuttgart
Conrads, M. (1976):	Human Resource Accounting. Eine betriebswirtschaftliche Humanvermögensrechnung, Wiesbaden
Copeland, T.; Koller, T.; Murrin; J. (1993):	Unternehmenswert. Methoden und Strategien für eine wertorientierte Führung, Frankfurt (Main)
Cube, F.(1994):	Lust an Leistung. Der Weg zur Kompetenz, in: Faix, W. et. al. (Hrsg.): Der Weg zum schlanken Unternehmen, 261 – 269, Landsberg (Lech)
Cube, F. (1998):	Lust an Leistung. Die Naturgesetze der Führung, 2. Aufl., München
Cyert, R.M.; March, J.G. (1963):	A Behavioral Theory of the Firm, New Jersey
Daniel, R. (1961):	Management Information Crisis, in: Harvard Business Review, 5/1961, 111 - 121
Daschmann, H. (1993):	Erfolgsfaktoren mittelständischer Unternehmen. Ein Beitrag zur Erfolgsfaktorenforschung, Diss. Universität München
De Geus, A. (1989) :	Unternehmensplaner können Lernprozesse beschleunigen, in: Harvard Business Manager, 1/1989, 28 - 34
Dellmann, K. (1991):	Einflußgrößen der Erfolgsdynamik, in: Kistner, K.-P.; Schmidt, R. (Hrsg.): Unternehmensdynamik. Horst Albach zum 60. Geburtstag, 419 – 442, Wiesbaden
Deloitte; F.A.Z.-Institut (Hrsg.) (2004):	Rechnungslegung nach IFRS, Frankfurt (Main)
Detter, H. (1990):	Theorie und Praxis der Entwicklung von Technologiestrategien, in: Hammer, R. et.al. (Hrsg.): Strategisches Management in den 90er Jahren, 106 – 119, Wien
Deutsches Institut für Normung e.V. (Hrsg.) (2000):	DIN EN ISO 9000:2000, Qualitätsmanagementsysteme. Grundlagen und Begriffe, Berlin

Deutscher Standardisierungsrat (2001): Entwurf Deutscher Rechnungslegungs Standard Nr. 14, E-DRS 14, Immaterielle Vermögenswerte, 14. November 2001, [www.standardsetter.de/drsc/docs/drafts/14.html; Stand vom 25.07.2006]

Ditterich, J.; Helletsberger, G.; Matzka, R. (1985): Organisatorische Vermittlung Verteilter Systeme, unveröffentlichtes Manuskript, München

Doppler, K. et.al. (2002): Unternehmenswandel gegen Widerstände. Change Management mit den Menschen, Frankfurt (Main)

Doppler, K.; Lauterburg, C. (2002): Change Management. Den Unternehmenswandel gestalten, 10. Aufl., Frankfurt (Main)

Drake, K. (2002): Bilanzierung des Humankapitals, in: Amt für Veröffentlichungen der Europäischen Gemeinschaften (Hrsg.): Agora VI. Bilanzierung des Humankapitals (Thessaloniki 24.-25. Juni 1999), 73 – 82, Luxemburg

Drucker, P. (1963): Managing for Business Effectiveness, in: Harvard Business Review, 3/1963, 53 - 60

Drucker, P. (1992): The New Society of Organizations, in: Harvard Business Review, 5/1992

Drucker, P. (1995): Die ideale Führungskraft. Die hohe Schule des Managers, Düsseldorf

Drucker, P. (1998): Wissen. Die Trumpfkarte der entwickelten Länder, in: Harvard-Business-Manager, 4/1998, 9 - 11

Dubs, R. (1993): Selbständiges (eigenständiges oder selbstgeleitetes) Lernen: Liegt darin die Zukunft? In: Zeitschrift für Berufs- und Wirtschaftspädagogik, 89, 2/1993, 113 - 117

Dunst, K. (1979): Portfolio-Management-Konzeption für die strategische Unternehmensplanung, Berlin / New York

Dürr, H. (1990): Das Netz des Physikers, München

Eccles, J.C. (1979): Das Gehirn des Menschen, 4. Aufl., München

Edvinsson, L.; Brünig, G. (2000): Aktivposten Wissenskapital. Unsichtbare Werte bilanzierbar machen, Wiesbaden

Erpenbeck, J.; Rosenstiel, L. (2003): Einführung, in: Erpenbeck, J; Rosenstiel, L. (Hrsg.): Handbuch Kompetenzmessung, IX – XL, Stuttgart

Erpenbeck, J.; Rosenstiel, L. (Hrsg.) (2003): Handbuch Kompetenzmessung, Stuttgart

Eschenbach, R.; Eschenbach, S.; Kunesch, H. (2003): Strategische Konzepte. Management-Ansätze von Ansoff bis Ulrich, 4. Aufl., Stuttgart

Eschenbach, R.; Kunesch, H. (1996): Strategische Konzepte. Management-Ansätze von Ansoff bis Ulrich, 3. Aufl., Stuttgart

Esser, K. (2000): Wertorientierte Unternehmensführung bei Mannesmann, in: Zeitschrift für betriebswirtschaftliche Forschung, März 2000, 176 - 187

Etzioni, A. (1975): Die aktive Gesellschaft, Opladen

Euler, D.; Hahn, A. (2004): Wirtschaftsdidaktik, Bern / Stuttgart / Wien

Europäische Kommission (1996): Empfehlung vom 3. April 1996 (96/280/EG), in: Amtsblatt der Europäischen Gemeinschaft vom 20.5.2003, Nr. 124/36

Europäische Kommission (2003): Empfehlung vom 6. Mai 2003 (2003/361/EG), in: Amtsblatt der Europäischen Gemeinschaft vom 30.4.1996, Nr. L107

Ewing, J. (2004): Hidden Champions. The little-known European companies that are conquering the world, in: Business Week, 26.01.2004, 42 - 53

Federmann, R. (2000): Bilanzierung nach Handelsrecht und Steuerrecht. Gemeinsamkeiten, Unterschiede und Abhängigkeiten von Handels- und Steuerbilanz unter Berücksichtigung internationaler Rechnungslegungsstandards, 11. Aufl., Berlin

Feyerabend, P. (1979): Wider den Methodenzwang, Braunschweig etc.

Feyerabend, P. (1980): Erkenntnis für freie Menschen, Frankfurt (Main)

Feyerabend, P. (1981): Irrationalität oder: Wer hat Angst vor dem schwarzen Mann?, in: Duerr, H.P. (Hrsg.): Der Wissenschaftler und das Irrationale, Band 2, 37 – 59, Frankfurt (Main)

Fischer, H. (1997): Interne Bilanzierung von Personalinvestitionen, Bremen

Fischer, H. (1999): Zur Erfassbarkeit von Personalinvestitionen im internen Rechnungswesen, in: Zeitschrift für Personalforschung, 13, 1/1999, 29 – 66

Fischer, D.; Schmitt, R. (2002): Das iPOT-Konzept: Ganzheitlicher Ansatz für einen wirkungsvollen Produktlebenszyklus, in: Handelsblatt, 20.02.2002 [www.ewf-europe.com, Stand vom 17.01.2006]

Fischer-Winkelmann, W.; Kohl, E. (1982): Zum Stand des Human Resource Accounting, in: Die Unternehmung, 36, 1/1982,123 - 147

Flamholtz, E. (1982): Rechnungslegung über Kosten und Wert des Humankapitals, in: Schmidt, H. (Hrsg.): Humanvermögensrechnung, 73 – 98, Berlin / New York

Flamholtz, E. (1999): Human Resource Accounting, 3. Aufl., Boston etc.

Flanagan, J.C. (1954): The Critical Incident Technique, in: Psychological Bulletin, Vol. 51, 4/1954, 327 - 358

Flöther, E. (2003): Der Traum vom Team, in: Harvard Business Manager, Juli/2003, 112 - 117

Frankl, V. (1982): Ärztliche Seelsorge, 10. Aufl., Wien

Frankl, V. (1998): Logotherapie und Existenzanalyse, 3. Aufl., Weinheim

Freeman, R.E. (1984): Strategic management. A stakeholder approach, Boston etc.

Freund, W.; Kayser,G. ; Schröer, E. (1995): Generationenwechsel im Mittelstand. Unternehmensübertragungen und -übernahmen 1995 bis 2000, Bonn

Frey, A.; Balzer, L. (2005): Der Beurteilungsbogen smk: Ein Messverfahren für die Diagnose von sozialen und methodischen Fähigkeitskonzepten, in: Frey, A.; Jäger, R.; Renold, U. (Hrsg.): Kompetenzdiagnostik. Theorien und Methoden zur Erfassung und Bewertung von beruflichen Kompetenzen, 31 –56, Landau

Frey, A.; Jäger, R. (2003): Berufliche Kompetenzentwicklung und selbstgesteuertes Lernen. Einige grundlegende psychologische und pädagogische Überlegungen, Landau

Frey, B.; Osterloh, M. (2000): Motivation – der zwiespältige Produktionsfaktor, in: Frey, B.; Osterloh, M. (Hrsg.): Managing Motivation, 19 – 42, Wiesbaden

Frey, D. (2006): Höchstmaß an Freiheiten. Unternehmenskultur und kontinuierlicher Verbesserungsprozess, in: Unternehmermagazin, 10/2006, 18 - 20

Frey, D.; Lüthgens, C. (1996): Der Anreiz, sich als Unternehmer im Unternehmen zu verhalten, fehlt, in: Maier-Mannhart, H. (Hrsg.): Mitarbeiterbeteiligung, 70 – 76, München

Friedag, H.; Schmidt, W. (2000a): Balanced Scorecard – mehr als ein Kennzahlensystem, 2. Aufl., Freiburg im Breisgau etc.

Friedag, H.; Schmidt, W. (2000b): My balanced scorecard: das Praxisbuch für Ihre individuelle Lösung, Freiburg im Breisgau etc.

Friedman, B. et.al. (1999): Mehr-Wert durch Mitarbeiter. Wie sich Human Capital gewinnen, steigern und halten lässt, Neuwied / Kriftel

Fritz, W. (1990): Marketing - ein Schlüsselfaktor des Unternehmenserfolges?, in: Zeitschrift für Forschung und Praxis, 12, 2/1990, 91 - 110

Fritz, W. (1995): Marketing-Management und Unternehmenserfolg. Grundlagen und Ergebnisse einer empirischen Untersuchung, 2. Aufl., Stuttgart

Fritz, W.; Förster, F.; Wiedmann, K.-P. (1987): Neuere Resultate der empirischen Zielforschung und ihre Bedeutung für strategisches Management und Managementlehre, Mannheim

Fritz, W.; Raffée, H. (1990): Unternehmensführung und Unternehmenserfolg. Grundlagen und Ergebnisse einer empirischen Untersuchung, Mannheim

Fröhlich, E.; Pichler, H. (1988): Werte und Typen mittelständischer Unternehmer, Wien

Fröhlich, W. (1999a): Effiziente Personalarbeit durch Kunden- und Problemlösungsorientierung, in: Fröhlich, W. (Hrsg.): Effiziente Personalarbeit, 3 – 19, Neuwied / Kriftel

Fröhlich, W. (1999b): Effiziente Personalarbeit durch Value Development, in: Fröhlich, W. (Hrsg.): Effiziente Personalarbeit, 20 – 29, Neuwied / Kriftel

Fröhlich, W. (1999c): Effiziente Personalarbeit durch "richtigen" Umgang mit schwierigen Chefs, in: Fröhlich, W. (Hrsg.): Effiziente Personalarbeit, 30 – 44, Neuwied / Kriftel

Fröhlich, W. (2001): Führung und Personalmanagement. Erfolgsfaktoren der betrieblichen Zusammenarbeit, München / Mering

Fröhlich, W. (1997): Personalmanagement und Führung. Visionen zur Gestaltung eines erfolgreichen Human Resources Management, in: Klimecki, R.; Remer, A. (Hrsg.): Personal als Strategie, 301 – 318, Neuwied etc.

Fröhlich, W. (1998): Value Management durch Personalmanagement, in: Fröhlich, W. (Hrsg.): Value Development, 15 – 30, Frechen-Königsdorf

Fröhlich, W. (2000): Personalmanagement, in: VAP: Vereinigung der Arbeitgeberverbände der Deutschen Papierindustrie e.V. (Hrsg.): Personalentwicklung in der deutschen Papierindustrie, Begleitmaterial, Krems

Fröhlich, W.; Böcker, S.; Müller, F. (1998): Verknüpfung von Personalmanagementfunktionen, in: Fröhlich, W. (Hrsg.): Value Development, 33 – 56, Frechen-Königsdorf

Fruhan, W.E. (1979): Financial Strategy. Studies in the Creation, Transfer and Destruction of Shareholder Value, Homewood Ill.

Fuchs, J. (1998): Die neue Art Karriere im schlanken Unternehmen, in: Harvard Business Manager, 4/1998, 83 – 92

Gabele, E. (1987): Die Rolle der Werthaltungen von Führungskräften bei der Erringung strategischer Wettbewerbsvorteile mittelständischer Unternehmen in Europa, in: Gabele, E.; Kupsch, P.; Oechsler, W.A. (Hrsg.): Führung mittelständischer Unternehmen, 7 – 68, Bamberg

Gabele, E. (1989): Die Rolle der Werthaltungen von Führungskräften mittelständischer Unternehmen bei der Erringung strategischer Wettbewerbsvorteile, in: Die Betriebswirtschaft, 49, 5/1989, 623 - 637

Gabele, E.; Moraw, D.-J. (1991): Marktstrategien zur Erringung von Wettbewerbsvorteilen in mittelständischen Unternehmen, in: Zeitschrift für Betriebswirtschaft, 61, 9/1991, 1007 - 1025

Gabler Wirtschaftslexikon (1997): Gabler Wirtschaftslexikon, 14. Aufl., Wiesbaden

Gabriel, K. (1979): Analysen der Organisationsgesellschaft. Ein kritischer Vergleich der Gesellschaftstheorien M. Webers, N. Luhmanns und der phänomenologischen Soziologie, Frankfurt (Main)

Galtung, J. (1978): Methodologie und Ideologie, Frankfurt (Main)

Gälweiler, A. (1986): Unternehmensplanung. Grundlagen und Praxis, Frankfurt (Main) / New York

Gälweiler, A. (1987): Strategische Unternehmensführung, Frankfurt (Main) / New York

Gardner, H. (1991): Abschied vom IQ. Die Rahmentheorie der vielfachen Intelligenzen, Stuttgart

Gaugler, E. (1997): Shareholder Value und Personalmanagement, in: Personal, 4/1997, 168 - 175

Gebert, D. (1998): Die offene Organisation als Leitkonzept, in: Blickle, G. (Hrsg.): Ethik in Organisationen. Konzepte, Befunde, Praxisbeispiele, 149 – 166, Göttingen

Gebert, D.; Rosenstiel, L. (2002): Organisationspsychologie, 5. Aufl., Stuttgart

Geißler, H. (1994): Grundlagen des Organisationslernens, Weinheim

Geißler, H. (1995): Organisationslernen und Weiterbildung im Spannungsfeld zwischen den Paradigmen linearen Denkens, zirkulärer Kausalität und hermeneutischer Selbstreferentialität, in: Geißler, H. (Hrsg.): Organisationslernen und Weiterbildung, 1 – 17, Neuwied etc.

Geißler, H. (1996): Sinnmodelle des Managements. Vom „Handwerker"- über das „Gärtner"- zum „Mitverantwortungs"-Modell, in: Geißler, H.; Krahmann-Baumann, B.; Lehnhoff, A. (Hrsg.): Umdenken im Management – Management des Umdenkens, 113 – 127, Frankfurt (Main) etc.

Geißler, H. (1996a): Die Organisation als lernendes Subjekt. Vorüberlegungen zu einer Bildungstheorie der Organisation, in: Geißler, H. (Hrsg.): Arbeit, Lernen und Organisation, 253 – 281, Weinheim

Geißler, H. (2000): Organisationspädagogik, München

Geißler, H.(2003): Das Konzept: Führung als organisationale Ausbalancierung, in: Geißler, H. (Hrsg.): Balanced Organization. Die Kunst ausgleichend zu führen, 10 – 72, Neuwied etc.

Geißler, H. (2005): Management-Education, in: Lenzen, D. (Hrsg.): Pädagogische Grundbegriffe, Band 2, 7. Aufl., 1031 – 1035, Reinbek

Gerum, E. (1979): Prinzipien des Konstruktivismus, in: Raffée, H. / Abel, B. (Hrsg.): Wissenschaftstheoretische Grundfragen der Wirtschaftswissenschaften, 205 – 235, München

Geuler, D. (2005): Diskurs, in: Lenzen, D. (Hrsg.): Pädagogische Grundbegriffe, Band 2, 7. Aufl., 1409 – 1416, Reinbek

Ghoshal, S.; Moran, P. (1996): Bad for Practice. A Critique of the Transaction Cost Theory, in: Academy of Management Review, Vol. 21, 1/1996, 13 - 47

Glasersfeld, E. (1981): Einführung in den radikalen Konstruktivismus, in: Watzlawick, P. (Hrsg.): Die erfundene Wirklichkeit. Wie wissen wir was wir zu wissen glauben?, 16 – 38, München

Glogowski, E.; Gömmel, R. (2002): Entzauberung des Unternehmers, in: Frankfurter Allgemeine Zeitung, 13.7.2002, 11

Göbel, E. (2002): Neue Institutionenökonomik. Konzeptionen und betriebswirtschaftliche Anwendungen, Stuttgart

Goebel, P. (1990): Erfolgreiche Jungunternehmer, München

Goffee, R.; Jones, G. (2006): Führen mit Charakter, in: Harvard Business Manager, März/ 2006, 58 - 68

Goleman, D. (2001): Emotionale Intelligenz, 14. Aufl., München

Gomez, P. (1993): Wertmanagement, Düsseldorf

Gomez, P. (1999): Integrated Value Management, London

Gomez, P.; Zimmermann, T. (1993): Unternehmensorganisation. Profile, Dynamik, Methodik, 2. Aufl., Frankfurt / New York

Gomez, P.; Probst, G. (1995): Die Praxis des ganzheitlichen Problemlösens. Vernetzt denken, unternehmerisch handeln, persönlich überzeugen, Bern etc.

Göllinger, Th.; Weber, F. (2002): Die S^{2}-BSC. Ein Ansatz zur Erweiterung der Balanced Scorecard, Arbeitspapier Nr. 27, Institut für ökologische Betriebswirtschaft, Siegen

Göttgens, O. (1996): Erfolgsfaktoren in stagnierenden und schrumpfenden Märkten. Instrumente einer erfolgreichen Unternehmenspolitik, Wiesbaden

Gottschlich, W. (1989): Strategische Führung in mittleren Unternehmen. Konzepte, Operationalisierungen und Messung, Frankfurt (Main) etc.

Grabas, M. (2002): Selbstgewisse Identifikation mit traditionsreichen Werten, in: Unternehmermagazin, 5/2002, 12 - 15

Gräfer, H.; Ostmeier, V. (2000a): Der Discounted Cash Flow als Instrument der Unternehmensbewertung, in: Betrieb und Rechnungswesen – Buchführung, Bilanzen, Kostenrechnung, Nr. 14, 21.07.2000, 667 - 682

Gräfer, H.; Ostmeier, V. (2000b): Discounted Cash flow, Cash-flow Return on Investment und Economic Value Added als Instrumente der wertorientierten Unternehmenssteuerung, in: Betrieb und Rechnungswesen – Buchführung, Bilanzen, Kostenrechnung, Nr. 20, 20.10.2000, 967 - 982

Grant, R. (2002): Contemporary Strategy Analysis, 4. Aufl., Malden

Greiner, L.E. (1972): Evolution and revolution as organizations grow, in: Harvard Business Review, 4/1972, 37 - 46

Grill, J. (1984): Kanban und die Folgen – Einige Konsequenzen des Planungsparadigmawechsels, [www.jg-c.com; Stand vom 02.01.2006]

Grill, J. (2001): Humankapital - auf dem Weg zum wichtigsten Kapital, [www.jg-c.com; Stand vom 02.01.2006]

Grill, J. (2004): Überarbeitung der Ergebnisse zur Befragung „Personalarbeit im Mittelstand Rheinland-Pfalz" von Koch, N.: Personalarbeit im Wandel der Zeit, Diplomarbeit, Universität Koblenz-Landau, Landau, [www.jg-c.com; Stand vom 02.01.2006]

Grill, J. (2005): Die Personalarbeit mittelständischer Unternehmen. Anmerkungen zu einer Untersuchung in Rheinland-Pfalz, in: Empirische Pädagogik, 19, 3/2005, 304 - 322

Grupp, W. (o.J.) Interview. Katholisch.De, [www.katholisch.de/html/videohtml/-paulus752.html; Stand vom 02.01.2007]

Günther, T. (1997): Unternehmenswertorientiertes Controlling, München

Gutenberg, E. (1975): Einführung in die Betriebswirtschaftslehre, Unveränderter Nachdruck der Ausgabe von 1958, Wiesbaden

Gutenberg, E. (1979): Grundlagen der Betriebswirtschaftslehre. Band 1. Die Produktion, 23. Aufl., Berlin etc.

Haake, K. (1987): Strategisches Verhalten in europäischen Klein- und Mittelunternehmen, Berlin etc.

Habermas, J. (1968): Technik und Wissenschaft als „Ideologie", in: Habermas, J. (Hrsg.): Technik und Wissenschaft als „Ideologie", 48 – 103, Frankfurt (Main)

Habermas, J. (1971): Theorie der Gesellschaft oder Sozialtechnologie, in: Habermas, J., Luhmann, N.: Theorie der Gesellschaft oder Sozialtechnologie, 101 – 141, Frankfurt (Main)

Habermas, J. (1976): Zur Rekonstruktion des Historischen Materialismus, Frankfurt (Main)

Habermas, J. (1977): Zur Logik der Sozialwissenschaften, 4. Aufl., Frankfurt (Main)

Habermas, J. (1981a): Theorie des kommunikativen Handelns. Band 1. Handlungsrationalität und gesellschaftliche Rationalisierung, Frankfurt (Main)

Habermas, J. (1981b): Theorie des kommunikativen Handelns. Band 2. Zur Kritik der funktionalistischen Vernunft, Frankfurt (Main)

Habermas, J. (1984): Vorstudien und Ergänzungen zur Theorie des kommunikativen Handelns, Frankfurt (Main)

Habisch, A. (2005): Corporate Citizenship, in: Wirtschaftsstudium, 4/2005, 467

Hachmeister, D. (1999): Der Discounted Cash Flow als Maß der Unternehmenswertsteigerung, 3. Aufl., Frankfurt (Main) etc.

Hage, S. (2006): Götz Werner. Gegen den Strom, in: manager-magazin. de, [www.manager-magazin.de/koepfe/artikel/0,2828, 404775-5,00.html; Stand vom 10.03.2006]

Hahn, D. (1997): Strategische Führung, in: Gabler Wirtschaftslexikon, 14. Aufl., 3636 – 3639, Wiesbaden

Hahn, D. (1999): Strategische Unternehmensführung, in: Hahn, D.; Taylor, B. (Hrsg.): Strategische Unternehmensplanung, Strategische Unternehmensführung, 8. Aufl., 28 – 50, Heidelberg

Hamel, G.; Prahalad, C. (1995a): Die Zukunft gestalten schon heute, in: Harvard Business Manager, 1/1995, 36 - 42

Hamel, G.; Prahalad, C. (1995b): Wettlauf um die Zukunft, Wien

Hamel, W. (1987): Personal als Investition?, in: Zeitschrift für betriebswirtschaftliche Forschung, 39, 12/1987, 1079 - 1087

Hamel, W. (1997): Personalwirtschaft, in: Pfohl, H.-C. (Hrsg.): Betriebs wirtschaftslehre der Mittel- und Kleinbetriebe, 3. Aufl., 225 – 254, Berlin

Hamer, E. (1984): Die Unternehmerlücke, Stuttgart

Hamer, E. (1987): Das mittelständische Unternehmen. Eigenarten, Bedeutung, Risiken und Chancen, Stuttgart

Hamer, E. (1988): Wie Unternehmer entscheiden. Motive und Verhalten mittelständischer Firmenchefs, Landsberg (Lech)

Hamer, E. (1989): Beiträge zur Mittelstandsökonomie, Minden

Hamer, E. (1997): Volkswirtschaftliche Bedeutung von Klein- und Mittelbetrieben, in: Pfohl, H.-C. (Hrsg.): Betriebswirtschaftslehre der Mittel- und Kleinbetriebe, 3. Aufl., 27 – 50, Berlin

Hamer, E. (2001): Was ist ein Unternehmer? Was verdanken ihm Betrieb und Gesellschaft?, München

Hartel, U. (1996): Die Unternehmer-AG. Rechtsformoptimierung für mittelständische Unternehmer, München

Hartmann, M. (2002): Der Mythos von den Leistungseliten. Spitzenkarrieren und soziale Herkunft in Wirtschaft, Politik, Justiz und Wissenschaft, Frankfurt (Main) / New York

Hartmann, U. (1995): Die bildungstheoretische Begründung des Organisationslernens bei Wilhelm Humboldt, in: Geißler, H. (Hrsg.): Organisationslernen und Weiterbildung, 329 – 351, Neuwied etc.

Hassenzahl, M. (2005) : Usability für Entscheider, in: Information Management & Consulting, 20, 3/2005, 26 - 34

Hassenzahl, M. (2006): Technikunterstützte Zusammenarbeit in Organisationen, Vortragsunterlagen vom 06.10.2006, Landauer Symposium, Universität Koblenz-Landau

Hax, A. ; Majluf, N. (1991): Strategisches Management. Ein integratives Konzept aus dem MIT, Frankfurt (Main) / New York

Hederer, G. (1971): Die Motivation von Investitionsentscheidungen der Unternehmung, o.O.

Heinen, E. (1976): Grundfragen der entscheidungsorientierten Betriebswirtschaftslehre, München

Heinen, E. (1997): Entscheidungstheorie, in: Gabler Wirtschaftslexikon, 14. Aufl., 1132 – 1136, Wiesbaden

Heinen, E. (Hrsg.)(1976): Industriebetriebslehre. Entscheidungen im Industriebetrieb, Wiesbaden

Heinen, E.; Dietel, B.: (1976) Zur „Wertfreiheit" in der Betriebswirtschaftslehre, in: Heinen, E., Grundfragen der entscheidungsorientierten Betriebswirtschaftslehre, 404 – 471, München

Helbling, C. (2001a): Due-Diligence-Review, in: Peemöller, V. (Hrsg.): Praxishandbuch der Unternehmensbewertung, 157 – 166, Herne / Berlin

Helbling, C. (2001b): Absicherungsstrategien gegen Risiken des Unternehmenskaufs, in: Peemöller, V. (Hrsg.): Praxishandbuch der Unternehmensbewertung, 167 – 176, Herne / Berlin

Helbling, C. (2001c): Aufbau und Anforderungen an das Bewertungsgutachten, in: Peemöller, V. (Hrsg.): Praxishandbuch der Unternehmensbewertung, 177 – 186, Herne / Berlin

Helbling, C. (2001d): Besonderheiten der Bewertung von kleinen und mittleren Unternehmen (KMU), in: Peemöller, V. (Hrsg.): Praxishandbuch der Unternehmensbewertung, 187 – 198, Herne / Berlin

Helletsberger, G. (1983) Das Paradigma der Selbstorganisation in prozeßorientierten Produktionssystemen, unveröffentlichtes Manuskript, München

Henderson, B. (1984): Die Erfahrungskurve in der Unternehmensstrategie, 2. überarbeite Auflage, Frankfurt (Main)

Hentze, J. et.al. (2005) : Personalführungslehre. Grundlagen, Funktionen und Modelle der Führung, 4. Aufl., Bern / Stuttgart / Wien

Herdzina, K.; Blessin, B. (1996): Strategische Unternehmensführung als Erfolgsfaktor im Wettbewerb, Hohenheim

Heursen, G. (2005): Kompetenz – Performanz, in: Lenzen, D. (Hrsg.): Pädagogische Grundbegriffe, Band 2, 5. Aufl., 877 –884, Reinbek

Hilb, M. (1997): Integrierte Erfolgsbewertung von Unternehmen, Neuwied / Kriftel

Hill, W. (1996): Der Shareholder Value und die Stakeholder, in: Die Unternehmung, 6/1996, 411 - 420

Hines, T. (1987): Left Brain/Right Brain Mythology and Implications for Management and Training, in: Academy of Management Review, 12, 4/1987, 600 - 606

Hinterhuber, A. (2002): Strategische Erfolgsfaktoren bei der Unternehmensbewertung, 2. Aufl., Wiesbaden

Hinterhuber, H. (1995): Die Strategie als System von Aushilfen, in: Siegwart, H.; Malik, F.; Mahari, J. (Hrsg.): Unternehmenspolitik und Unternehmensstrategie, 77 – 110, Stuttgart etc.

Hinterhuber, H. (1996): Strategische Unternehmensführung I: Vision, Unternehmenspolitik, Strategie, Berlin / New York

Hinterhuber, H. (2000): Maßstäbe für den Unternehmer und Führungskräfte von morgen. Mit Leadership neue Pionierphasen einleiten, in: Hinterhuber, H. et.al. (Hrsg.): Das Neue Strategische Management, 2. Aufl., 91 – 120, Wiesbaden

Hinterhuber, H.; Matzler, K. (Hrsg.) (2004): Kundenorientierte Unternehmensführung, 4. Aufl., Wiesbaden

Hipp, C. (2001): Das Ethik-Management-Konzept bei Hipp, in: Wüthrich, H. et.al. (Hrsg.): Grenzen ökonomischen Denkens, 85 – 100, Wiesbaden

Höckels, A. (2000): Möglichkeiten zur Sicherung von Humankapital in Unternehmen, Frankfurt (Main) etc.

Hoffmann, F. (1986): Kritische Erfolgsfaktoren. Erfahrungen in großen und mittelständischen Unternehmungen, in: Zeitschrift für betriebswirtschaftliche Forschung, 38. Jg., 10/1986, 831 - 843

Hoffmann, F. (1989a): Erfassung, Bewertung und Gestaltung von Unternehmungskulturen. Von der Kulturtheorie zu einem anwendungsorientierten Ansatz, in: Zeitschrift für Organisation, 3/1989, 168 - 173

Hoffmann, F. (1989b): Erfassung, Bewertung und Gestaltung der Mitarbeiterqualität. Ein anwendungsorientierter Ansatz, in: Zeitschrift für Organisation, 6/1989, 410 - 414

Hoffmann, F. (1989c): Erfassung, Bewertung und Gestaltung von Organisationsstrukturen. Ein anwendungsorientierter Ansatz, in: Zeitschrift für Organisation, 5/1989, 333 - 338

Hoffmann, F. (1990): Unternehmungs-Bewertungs-System (UBS), in: Zeitschrift für Organisation, 5/1990, 315 - 322

Holling, H.; Müller, G. (1995): Theorien der Organisationspsychologie, in: Schuler, H. (Hrsg.): Lehrbuch der Organisationspsychologie, 2. Aufl, 49 – 69, Bern etc.

Homburg, C.; Rudolph, B. (1995): Wie zufrieden sind ihre Kunden tatsächlich?, in: Harvard Business Manager, 1/1995, 43 - 50

Homburg, C.; Stock, R. (2000): Der kundenorientierte Mitarbeiter, Wiesbaden

Horváth, P.(1996): Unternehmenscontrolling, in: Bullinger, H.-J.; Warnecke, H.J. (Hrsg.): Neue Organisationsformen im Unternehmen, 937 – 945, Berlin etc.

Horváth, P.; Kaufmann, L. (1998): Balanced Scorecard - ein Werkzeug zur Umsetzung von Strategien, in: Harvard Business Manager, 5/1998, 39 -48

Huber, F.; Herrmann, A.; Braunstein, C. (2004): Der Zusammenhang zwischen Produktqualität, Kundenzufriedenheit und Unternehmenserfolg, in: Hinterhuber, H; Matzler, K. (Hrsg.) (2004): Kundenorientierte Unternehmensführung, 67 – 83, Wiesbaden

Hübner, K. (1981): Wie irrational sind Mythen und Götter, in: Duerr, H.P. (Hrsg.): Der Wissenschaftler und das Irrationale, Zweiter Band, 11 - 36, Frankfurt (Main)

IHK Koblenz (1977): Zum Rechnen zu klein? Die Anwendung betriebswirtschaftlicher Verfahren in Klein- und Mittelbetrieben, Koblenz

IHK Koblenz (1978): „Zukunft im Nebel". Im Kleinbetrieb wird Planen kleingeschrieben, Koblenz

IHK Koblenz (1980): Nicht jeder läßt sich helfen. Warum mittelständische Industrieunternehmen auf die Dienste von Unternehmensberatern verzichten, Koblenz

Inglehart, R. (1989): Kultureller Umbruch. Wertwandel in der westlichen Welt, Frankfurt (Main) / New York

Institut der deutschen Wirtschaft (2004): Deutschland in Zahlen, Köln

Institut der deutschen Wirtschaft (2005): Personalmanagement. Mittelstand gerät in Zugzwang. Argumente zu Unternehmensfragen, Nr. 7/2005, Köln

Institut der deutschen Wirtschaft (2006): Unternehmensnachfolge. Argumente zu Unternehmensfragen, Nr. 11/2006, Köln

Institut für Mittelstandsforschung (2006): Mittelstand. Definition und Schlüsselzahlen, [www.ifm-bonn.org/index-1.htm; Stand vom 18.12.2006]

Jäger, R.S.; Altstötter-Gleich, C. (1995): Differentielle- und Persönlichkeitspsychologie, in: Jäger, R.S.; Petermann, F. (Hrsg.):Psychologische Diagnostik, 3. Aufl., 28 – 36, Weinheim

Jäger, R.S.; Petermann, F. (Hrsg.) (1995): Psychologische Diagnostik, 3. Aufl., Weinheim

Jahns, C. (2002): Unternehmensstrategie und Unternehmenskultur, in: Wirtschaftsstudium, 2/2002, 211 - 216

Jantsch, E. (1971): Von Prognose und Planung zu den "Policy Sciences", in: Ronge, V.; Schmieg, G. (Hrsg.): Politische Planung in Theorie und Praxis, 35 – 56, München

Jantsch, E. (1973): Unternehmung und Umweltsysteme, in: Hentsch, B.; Malik, F. (Hrsg.): Systemorientiertes Management, 27 – 46, Bern etc.

Jantsch, E. (1975): Design for Evolution, New York

Jantsch, E. (1976): Wandel und Dauer – Gedanken, in: Baur, G. et.al. (Hrsg.): Unternehmensstrategie im Wandel, Bern

Jantsch, E. (1979): Die Selbstorganisation des Universums, München etc.

Jensen, M.C.; Meckling, W.H. (1976): Theory of the Firm. Managerial Behavior, Agency Costs and Ownership Structure, in: Journal of Financial Economics, Vol. 3, 305 - 360

Johanson, U. (2002): Bilanzierung des Humankapitals. Erfahrungen und Vorschläge zur Erörterung im Rahmen der Agora-Konferenz, in: Amt für Veröffentlichungen der Europäischen Gemeinschaften (Hrsg.): Agora VI. Bilanzierung des Humankapitals (Thessaloniki 24.-25. Juni 1999), 57 – 71, Luxemburg

Jungbluth, R. (2002): Die Quandts. Ihr leiser Aufstieg zur mächtigsten Wirtschaftsdynastie Deutschlands, Frankfurt (Main) / New York

Kahn, R. et.al. (1964): Organzational Stress: Studies in Role Conflict and Ambiguity, New York

Kammel, A. (2000): Strategischer Wandel und Management Development. Integriertes Konzept, theoretische Grundlagen und praktische Lösungsansätze, Frankfurt (Main) etc.

Kaplan, R.; Norton, D. (1997): Balanced Scorecard. Strategien erfolgreich umsetzen, Stuttgart

Kaplan, R.; Norton, D. (2001): Die strategiefokussierte Organisation. Führen mit der Balanced Scorecard, Stuttgart

Kaplan, R.; Norton, D. (2004): Grünes Licht für Ihre Strategie?, in: Harvard Business Manager, 5/2004, 19 - 33

Kappler, E. (1997): Unternehmernachfolge, in: Pfohl, H.-C. (Hrsg.): Betriebswirtschaftslehre der Mittel- und Kleinbetriebe, 3. Aufl., 419 – 440, Berlin

Kauffeld, S. (2005): Fachliche und überfachliche Weiterbildung, in: Frey, A.; Jäger, R.; Renold, U. (2005): Kompetenzdiagnostik. Theorien und Methoden zur Erfassung und Bewertung von beruflichen Kompetenzen, 57 – 75, Landau

Kayser, G. (1997): Unternehmensführung, in: Pfohl, H.-C. (Hrsg.): Betriebswirtschaftslehre der Mittel- und Kleinbetriebe, 3. Aufl., 81 – 102, Berlin

Kieser, A. (2002a): Downsizing - eine vernünftige Strategie?, in: Harvard Business Manager, 2/2002, 30 - 39

Kieser, A. (2002b): Management und Taylorismus, in: Kieser, A. (Hrsg.): Organisationstheorien, 5. Aufl., 65 – 100, Stuttgart

Kieser, A. (2002c): Der Situative Ansatz, in: Kieser, A. (Hrsg.): Organisationstheorien, 5. Aufl., 169 – 198, Stuttgart

Kieser, A. (2002d): Max Webers Analyse der Bürokratie, in Kieser, A. (Hrsg.): Organisationstheorien, 5. Aufl., 39 – 64, Stuttgart

Kieser, A. (2002e): Konstruktivistische Ansätze, in: Kieser, A. (Hrsg.): Organisationstheorien, 5. Aufl., 287 – 318, Stuttgart

Kieser, A. (Hrsg.) (2002): Organisationstheorien, 5. Aufl., Stuttgart

Kieser, A.; Kubicek,H. (1977): Organisation, Berlin / New York

Kieser, A.; Woywode, M. (2002): Evolutionstheoretische Ansätze, in: Kieser, A. (Hrsg.): Organisationstheorien, 5. Aufl., 253 – 286, Stuttgart

Kirsch, G. (2002): Die Kosten der Unmoral, in: Frankfurter Allgemeine Zeitung, 19.10.2002, 13

Kirsch, G. (2003a): Moral und Ökonomie I, in: Das Wirtschaftsstudium, 32. Jg., 5/2003, 678 – 683

Kirsch, G. (2003b): Moral und Ökonomie II, in: Das Wirtschaftsstudium, 32. Jg., 6/2003, 807 - 810

Kirsch, W. (1978a): Die Handhabung von Entscheidungsproblemen, München

Kirsch, W. (1978b): Die Betriebswirtschaftslehre als Führungslehre, München

Kirsch, W. (1984): Wissenschaftliche Unternehmensführung oder Freiheit vor der Wissenschaft?, München

Kirsch, W. (1989): Planung. Kapitel einer Einführung, in Kirsch, W.; Maaßen, H. (Hrsg.): Managementsysteme. Planung und Kontrolle, 23 – 125, München

Kirsch, W. (1990): Unternehmenspolitik und strategische Unternehmensführung, München

Kirsch, W. (1997a): Strategisches Management. Die geplante Evolution von Unternehmen, München

Kirsch, W. (1997b): Wegweiser zur Konstruktion einer evolutionären Theorie der strategischen Führung, 2. Aufl., München

Kirsch, W. (1997c): Kommunikatives Handeln, Autopoietische Systeme, Rationalität, München

Kirsch, W. (2001): Die Führung von Unternehmen, München

Kirsch, W. et.al. (1985): Planungs- und Kontrollsysteme. Vorüberlegungen zu einer Gesamtarchitektur von Systemen für das Management, München

Kirsch, W.; Esser, M.; Gabele, E. (1979): Das Management des geplanten Wandels, Stuttgart

Kirsch, W.; Gabele, E. (1984): Aktionsforschung und Echtzeitwissenschaft, in: Kirsch, W.: Wissenschaftliche Unternehmensführung oder Freiheit vor der Wissenschaft?, 773 – 804, München

Kirsch, W.; Klein, H. (1977): Management-Informationssysteme II, Auf dem Weg zu einem neuen Taylorismus?, Stuttgart etc.

Kirsch, W.; Knyphausen, D. (1997): Unternehmen und Gesellschaft. Die „Standortbestimmung" des Unternehmens als Problem eines Strategischen Managements, in: Kirsch, W.: Strategisches Management. Die geplante Evolution von Unternehmen, 123 – 145, München

Kirsch, W.; Maaßen H. (Hrsg.) (1989): Managementsysteme. Planung und Kontrolle, München

Kirsch, W.; Ringlstetter, M. (1995): Die Professionalisierung und Rationalisierung der Führung von Unternehmen, in: Geißler, H. (Hrsg.): Organisationslernen und Weiterbildung, 220 – 249, Neuwied etc.

Kirsch, W.; Trux, W. (1981): Perspektiven eines Strategischen Managements, in: Kirsch, W.: Unternehmenspolitik. Von der Zielforschung zum Strategischen Management, 290 – 396, München

Kittner, M. (1997): "Human Ressources" in der Unternehmensbewertung, in: Der Betrieb, 50. Jg., 46/1997, 2285 - 2290

Klages, H. (1985): Wertorientierungen im Wandel: Rückblick, Gegenwartsanalyse, Prognose, 2. Aufl., Frankfurt (Main) / New York

Klimecki, R.; Gmür, M. (2001): Personalmanagement: Strategien – Erfolgsbeiträge – Entwicklungsperspektiven, 2. Aufl., Stuttgart

Klunzinger, E. (1999): Grundzüge des Gesellschaftsrechts, 11. Aufl., München

Knyphausen, D. (1988): Unternehmungen als evolutionsfähige Systeme, München

Knyphausen-Aufsess, D. (1996): Theorie der strategischen Unternehmensführung. State of the Art und neue Perspektiven, Wiesbaden

Koch, N. (2004): Personalmanagement im Wandel der Zeit, Diplomarbeit, Universität Koblenz-Landau

Kohler, J. (2004): Schlüsselkompetenzen und „employability" im Bologna-Prozess, in: Stifterverband Positionen, Juni 2004, 5 - 15

Kontner, P. (1980): Humanvermögensrechnung. Untersuchungen zu einem personalwirtschaftlichen Führungsinstrument, Stuttgart

Kordes, H. (2004): Evaluation, in: Lenzen, D. (Hrsg.): Pädagogische Grundbegriffe, Band 1, 7. Aufl., 568 – 577, Reinbek

Koslowski, P. (1986): Die Baustellen der Postmoderne – Wider den Vollendungszwang der Moderne. Statt einer Einleitung, in: Koslowski, P.; Spaemann, R.; Löw, R. (Hrsg.)(1986): Moderne oder Postmoderne, 1 - 16, Weinheim

Kotter, J.P. (1990): A Force for Change. How Leadership Differs from Management, New York / London

Krämer, W.; Biehl, W. (1983): Die Bedeutung innovativer Investitionen und des Führungspersonals für den Unternehmenserfolg mittelständischer Industrieunternehmen, in: Zeitschrift für betriebswirtschaftliche Forschung, 35, 8/1983, 667 - 681

Kraus, O. (2006): Tatmenschen mit Charakter, in: Harvard Business Manager, Juli/2006, 130

Krause, D. (2005): Luhmann-Lexikon. Eine Einführung in das Gesamtwerk von Niklas Luhmann, 4. Aufl. Stuttgart

Kreikebaum, H.; Grimm, U. (1983): Die Analyse strategischer Faktoren und ihre Bedeutung für die strategische Planung, in: Wirtschaftswissenschaftliches Studium, 1/1983, 6 - 12

Krüger, D. (1999): Zweckmäßige Wahl der Unternehmensform, 6. Aufl., Bonn

Krüger, W. (1986): KOMPASS. Ein Konzept zur mehrdimensionalen Planung und Analyse Strategischer Erfolgssegmente, Gießen

Krüger, W. (1988): Die Erklärung von Unternehmenserfolg: Theoretische Ansätze und empirische Ergebnisse, in: Die Betriebswirtschaft, 48. Jg., 1/1988, 27 - 43

Krüger, W. (1989): Hier irrten Peters und Waterman, in: Harvard Business Manager, 1/1989, 13 - 18

Krüger, W. (2001): Organisation, in: Bea, F.; Dichtl, E.; Schweitzer, M. (Hrsg.): Allgemeine Betriebswirtschaftslehre, Band 2: Führung, 127 – 216, Stuttgart

Krüger, W.; Homp, C. (1997): Kernkompetenz-Management. Steigerung von Flexibilität und Schlagkraft im Wettbewerb, Wiesbaden

Krüger, W.; Schwarz, G. (1990): Konzeptionelle Analyse und praktische Bestimmung von Erfolgsfaktoren und Erfolgspotentialen, in: Bleicher, K.; Gomez, P. (Hrsg.): Zukunftsperspektiven der Organisation. Festschrift zum 65. Geburtstag von Prof. Dr. Robert Staerkle, 179 – 209, Bern

Krug, P. (2003): Der Stellenwert von selbstgesteuertem Lernen im Konzept des Lebenslangen Lernens, in: Behrmann, D; Schwarz, B. (Hrsg.): Selbstgesteuertes lebenslanges Lernen, 47 – 61, Bielefeld

Kuhn, T. (1997): Erfolgsfaktor Unternehmertum - auf dem Wege vom "elitären" zum "kollektiven" Verständnis?, in: Klimecki, R.; Remer, A. (Hrsg.): Personal als Strategie, 257 – 275, Neuwied etc.

Kuhn, T.S. (1978): Die Entstehung des Neuen, Frankfurt (Main)

Kuhn, T.S. (1979): Die Struktur wissenschaftlicher Revolutionen, 2. Aufl. Frankfurt (Main)

Kupsch, P. (1987): (Defensive) Publizitätspolitik als Instrument der Unternehmensführung der mittelständischen GmbH, in: Gabele, E.; Kupsch, P.; Oechsler, W.A. (Hrsg.): Führung mittelständischer Unternehmen, 69 – 100, Bamberg

Kürsten,W. (2000): "Shareholder Value". Grundelemente und Schieflagen einer polit-ökonomischen Diskussion in finanztheoretischer Sicht, in: Zeitschrift für Betriebswirtschaft, 70. Jg., 3/2000, 359 - 381

Küting, K.; Heiden, M.; Lorson, P. (2000): Neuere Ansätze der Bilanzanalyse. Externe unternehmenswertorientierte Performancemessung, in: Betrieb und Rechnungswesen – Buchführung, Bilanzen, Kosten rechnung, Beilage 1/2000, 1 - 40

Lakatos, I. (1974): Falsifikation und Methodologie wissenschaftlicher Forschungsprogramme, in: Lakatos, I.; Musgrave, A. (Hrsg.): Kritik und Erkenntnisfortschritt, 89 – 189, Braunschweig

Lanfermann, G.; Maul, S. (2002): Auswirkungen des Sarbanes-Oxley Acts in Deutschland, in: Der Betrieb, 34/2002, 1725 - 1732

Lang-von Wins, T. (2003): Die Kompetenzhaltigkeit von Methoden moderner psychologischer Diagnostik-, Personalauswahl- und Arbeitsanalyse-verfahren sowie aktueller Management-Diagnostik-Ansätze, in: Erpenbeck, J.; Rosenstiel, L. (Hrsg.): Handbuch Kompetenzmessung, 585 – 618, Stuttgart

Lang-von Wins, T. (2004): Der Unternehmer. Arbeits- und organisationspsychologische Grundlagen, Berlin etc.

Lange, B. (1982): Bestimmung strategischer Erfolgsfaktoren und Grenzen ihrer empirischen Forschung, in: Die Unternehmung, 1/1982, 27 - 41

Lay, R. (2000): Führen durch das Wort, 3. Aufl., München

Lehnhoff, A. (1997): Vom Management Development zur Managementbildung, Frankfurt (Main)

Lehnhoff, A. (1998): Strategien des Personalmanagement in einer Lernenden Organisation. Oder: Die strategischen Herausforderungen der Personalpolitik im Rahmen eines dialogischen Managementverständnisses, in: Geißler, H.; Behrmann, D.; Krahmann-Baumann, B. (Hrsg.): Organisationslernen konkret, 107 – 141, Frankfurt (Main)

Leibinger, B. (2002): Globalisation and its effects on medium-sized German business, in: Ammann, J.-C. et.al. (Hrsg.): A Banker of Our Time. Business in Movement, 32 – 41, London

Leidecker, J.; Bruno, A. (1984): Identifying and Using Critical Success Factors, in: Long Range Planning, Vol. 17, 1/1984, 23 - 32

Lewicki, R.J. et.al. (1998): Trust and distrust: New Relationsships and Realities, in: Academy of Management Review, Vol. 23, 3/1998, 438 - 458

Lezius, M.; Beyer, H. (Hrsg.) (1989): Menschen machen Wirtschaft. Betriebliche Partnerschaft als Erfolgsfaktor, Frankfurt (Main)

Liebig, St. (1998): Gerechtigkeit in Unternehmen aus sozialwissenschaftlicher Sicht, in: Blickle, G. (Hrsg.): Ethik in Organisationen. Konzepte, Befunde, Praxisbeispiele, 39 – 55, Göttingen

Liessmann, K. (1997): Strategisches Controlling, in: Gabler Wirtschafts-Lexikon, 3641 - 3651, 14. Aufl., Wiesbaden

Lindblom, C.E. (1965): The Intelligence of Democracy, New York / London

Livingston, J.S. (2003): Pygmalions Gesetz, in: Harvard Business Manager, 4/2003, 65 - 83

Lowenstein, R.(1995): Buffet. The Making of an American Capitalist, New York

Lüdenbach, N.; Hoffmann, W.-D. (2002): Enron und die Umkehrung der Kausalität bei der Rechnungslegung, in: Der Betrieb, 55. Jg., 23/2002,1169 - 1175

Luhmann, N. (1964): Funktionen und Folgen formaler Organisationen, Berlin

Luhmann, N. (1976): Moderne Systemtheorien als Form gesamtgesellschaftlicher Analyse, in: Habermas, J.; Luhmann, N. (Hrsg.): Theorie der Gesellschaft oder Sozialtechnologie. Was leistet Systemforschung, 7 – 24, Frankfurt (Main)

Luhmann, N. (1984): Soziale Systeme. Grundriß einer allgemeinen Theorie, Frankfurt (Main)

Luhmann, N. (2000): Vertrauen. Ein Mechanismus der Reduktion sozialer Komplexität, 4. Aufl., Stuttgart

Lukas, E. (1983): Von der Tiefenpsychologie zur Höhenpsychologie. Logotherapie in der Beratungspraxis, Freiburg im Breisgau

Maier, F. (1980): Bilanzierung von betrieblichem Humankapital, in: o.V.: International Institute of Management - Wissenschaftszentrum Berlin, Berlin

Maier-Mannhart, H. (Hrsg.) (1996): Mitarbeiterbeteiligung, München

Malik, F. (1979): Die Managementlehre im Lichte der modernen Evolutionstheorie, in: Die Unternehmung, 1979, 303 - 316

Malik, F. (1995): Die neuen Koordinaten unternehmensbezogener Strategieentwicklung, in: Siegwart, H.; Malik, F.; Mahari, J. (Hrsg.): Unternehmenspolitik und Unternehmensstrategie, 13 – 19, Stuttgart etc.

Malik, F. (2000): Führen Leisten Leben. Wirksames Management für eine neue Zeit, Stuttgart / München

Malik, F. (2002): Die Neue Corporate Governance, 3. Aufl., Frankfurt (Main)

Malik, F. (2002a): Motivation. Gedanken zu wenig beachteten Fragen, in: Malik on Management, 10 Jg., 2 /2002, 200 - 216

Malik, F. (2003): Shareholder und Stakeholder, in: Malik on Management, 11 Jg., 3/2003, 37 - 38

Malik, F. (2004): Gefährliche Wörter im Management V, in: Malik on Management, 12 Jg., 7/2004, 107 - 120

Malik, F. (2005): Sinn – wenn die Motivation aufgebraucht ist, in: Malik on Management, 13 Jg., 12/2005, 177 - 188

Malik, F.; Probst, G. (1981): Evolutionäres Management, in: Die Unternehmung 1981, 121 - 137

Mandl, G.; Rabl, K. (2001): Methoden der Unternehmensbewertung (Überblick): in: Peemöller, V. (Hrsg.): Praxishandbuch der Unternehmensbewertung, 47 - 86, Herne / Berlin

Mann, R. (1979): Strategisches Controlling, München

March, J.G. ; Simon, H.A. (1958): Organizations, New York

Marr, R. (1982): Humanvermögensrechnung. Entwicklung von Konzepten für eine erweiterte Rechnungslegung der Unternehmen, in: Schmidt, H. (Hrsg.): Humanvermögensrechnung, 45 - 55, Berlin / New York

Marr, R.; Elbe, M. (2001): Die Grenzen der Balanced Scorecard. Gedanken zu den Risiken eines kennzahlenorientierten Führungssystems, in: Wüthrich, H. et.al. (Hrsg.): Grenzen ökonomischen Denkens, 365 – 386, Wiesbaden

Martin, J. (2001): Erfolgreiches Personalmanagement nach dem Modell der vielfachen Intelligenzen, Nürnberg

Marwede, E. (1983): Die Abgrenzungsproblematik mittelständischer Unternehmen. Eine Literaturanalyse, Augsburg

Marx, F. (1994): Objektivierungserfordernisse bei der Bilanzierung immaterieller Anlagewerte, in: Betriebs-Berater, 34/1994, 2379 - 2388

Maslow, A. (1966): Comments on Dr. Frankl's Paper, in: Sudick, A.; Vich, M.A. (Ed.): Readings in Humanistic Psychology

Matzler, K; Stahl, H.; Hinterhuber, H. (2004): Der Customer-based View der Unternehmung, in: Hinterhuber, H; Matzler, K. (Hrsg.): Kundenorientierte Unternehmensführung, 3 – 31, Wiesbaden

Mauthe, K.D. (1984): Strategische Analyse, München

Meckling, W.H. (1976): Values and the choice of the model in the social sciences, in: Schweizerische Zeitschrift für Volkswirtschaft und Statistik, 112/1976, 545 - 560

Mertins, K.; Alwert, K.; Heisig, P. (Hrsg.) (2005): Wissensbilanzen. Intellektuelles Kapital erfolgreich nutzen und entwickeln, Berlin / Heidelberg

Meissner, M. (1976): The language of work. In: Dubin, R. (Ed.): Handbook of work, organization and society, 205 – 279, Chicago

Meyer, A. (2003): Mitarbeiterführung in Familienunternehmen, in: Geißler, H. (Hrsg.): Balanced Organization. Die Kunst ausgleichend zu führen, 95 - 109, Neuwied etc.

Meyer, A. (2006): Notfalls auch ans Eingemachte gehen, in: Unternehmermagazin 11-12/2006, 38 - 39

Michel, R. (1991): Know-how der Unternehmensplanung, 2. Aufl., Heidelberg

Miyamoto, M. (1997): The Characteristics of Japanese Collective Management, in: Japan Currents, Vol. 1, 1/1997, 18-21

Miegel, M. (2005): Die deformierte Gesellschaft. Wie die Deutschen ihre Wirklichkeit verdrängen, 4. Aufl., Berlin

Miles, R.; Snow, C. (1978): Organizational Strategy, Structure, and Process, New York etc.

Miller, K.L.; Woodruff, D. (1997): Lean, Mean, and ... German? Hard-Driving Managers are Forging a New Business Culture, in: Business Week, 17.02.1997, 22 - 23

Mintzberg, H. (1976): Planning on the Left Side and Managing on the Right, in: Harvard Business Review, Vol. 54, Juli - August 1976, 49 - 58

Mintzberg, H. (1995): Die Strategische Planung. Aufstieg, Niedergang und Neubestimmung, München etc.

Mintzberg, H. et.al. (1999): Strategy Safari. Eine Reise durch die Wildnis des strategischen Managements, Frankfurt (Main)

Mintzberg, H.; Quinn, J.B.; Ghoshal, S. (Hrsg.)(1999): The Strategy Process. Revised European Edition, Harlow

Mohn, R. (2001): Man fällt mit Menschen schon mal rein, in: Die Zeit, 13.06.2001, 21

Moser, H. (1977): Methoden der Aktionsforschung, München

Moß, Michael (2002): Die Theorie des Unternehmens: Ansätze und Entwicklungen, in: Das Wirtschaftsstudium, 31.Jg., 11/2002, 1405 - 1410

Mugler, J. (1998): Betriebswirtschaftslehre der Klein- und Mittelbetriebe, Band 1, 3. Aufl., Wien / New York

Müller, G. (1998): Prozedurale Gerechtigkeit in Organisationen, in: Blickle, G. (Hrsg.): Ethik in Organisationen.Konzepte, Befunde, Praxisbeispiele, 57 – 70, Göttingen

Müller, G. (2003): Selbständig organisierte Erwerbstätigkeit, in: Schuler, H. (Hrsg.): Enzyklopädie der Psychologie, D, III, Bd. 3/1: Organisationspsychologie, Göttingen

Müller, G. (2004): Die Kunst, sich selbst zu führen, in: Personalführung, 37. Jg., 11/2004, 30 - 43

Müller, G. (2006a): Arbeits-, Betriebs- und Organisationspsychologie, Vorlesungsskript Version 7, Landau

Müller, G. (2006b): Mitarbeiterführung durch kompetente Selbstführung, in: Zeitschrift für Management, 1. Jg., 1/2006, 8 - 22

Müller, G. (2006c): Interview mit Götz Werner, vorgestellt auf dem Landau Symposium 06.10.2006, unveröffentlichtes Video

Müller, K.; Steiner, J. (1979): Planungslücken in mittelständischen Betrieben. Über den Daumen gepeilt, in: Junge Wirtschaft, 140 -147

Müller-Stewens, G. (1997): Strategisches Management, in: Gabler Wirtschaftslexikon, 14. Aufl., 3652 – 3656, Wiesbaden

Müller-Stewens, G.; Lechner, C. (2001): Strategisches Management. Wie strategische Initiativen zum Wandel führen. Der St.Galler-General-Management-Navigator, Stuttgart

Münstermann, H. (1966): Wert und Bewertung der Unternehmung, Wiesbaden

Nagel, K. (1997): Praktische Unternehmensführung, Landsberg (Lech)

Näther, C. (1993): Erfolgsmaßstäbe der strategischen Unternehmensführung, München

Nenniger, P. (1997): Technologie, Wirtschaft und Qualifikation. Zur pädagogischen Analyse des Wandels und seine Konsequenzen für berufsbildendes Lernen, in: Weber, W. (Hrsg.): Abhandlungen der Humboldtgesellschaft, Vol. 14. Spektrallinien: Philosophie, Geschichte, Kunst, Humboldtgesellschaft, 177 – 188, Mannheim

Nenniger, P. et.al. (1995): Motiviertes selbstgesteuertes Lernen, in: Arbinger, R; Jäger, R. (Hrsg.): Zukunftsperspektiven empirisch-pädagogischer Forschung, Beiheft, 249 – 268, Landau

Nenniger, P. et.al. (1996). Die Bedeutung motivationaler Einflussfaktoren für selbstgesteuertes Lernen, in: Unterrichtswissenschaft, 3, 1996, 250-266

Neubäumer, R. (2000): Der amerikanische Arbeitsmarkt. Ein Modell für die Bundesrepublik Deutschland?, in: Berg, H. (Hrsg.): Arbeitsmarkt und Beschäftigung. Deutschland im internationalen Vergleich, 147 –193, Berlin

Neuberger, O. (1995): Mikropolitik. Der alltägliche Aufbau und Einsatz von Macht in Organisationen, Stuttgart

Neuberger, O. (2002): Führen und führen lassen, 6. Aufl., Stuttgart

Neuberger, O.; Kompa, A. (1987): Wir, die Firma. Der Kult um die Unternehmenskultur, Weinheim / Basel

Neubürger, H.-J. (2000): Wertorientierte Unternehmensführung bei Siemens, in: Zeitschrift für betriebswirtschaftliche Forschung, März/2000, 189 - 196

Nonaka, I.; Takeuchi, H. (1997): Die Organisation des Wissens, Frankfurt / New York

Noppeney, C. (1997): Management zwischen Stake- und Shareholder, in: Gablers Magazin, 9/1997, Wiesbaden

Oechsler, W.(1987): Systeme der Organisation und Führung für mittelständische Unternehmer, in: Gabele, E.; Kupsch, P.; Oechsler, W.A. (Hrsg.): Führung mittelständischer Unternehmen, 101 - 123, Bamberg

Opaschowski, H. (2006). Deutschland 2020. Wie wir morgen leben. Prognosen der Wissenschaft, 2. Aufl., Wiesbaden

Ornstein, R. (1976): Die Psychologie des Bewußtseins, Frankfurt (Main)

Ouchi, W. (1981): Theory Z. How American Business can meet the Japanese Challange, Massachusetts etc.

Papmehl, A. (1990): Personal-Controlling. Human-Ressourcen effektiv entwickeln, Heidelberg

Patt, P. (1988): Strategische Erfolgsfaktoren im Einzelhandel. Eine empirische Analyse am Beispiel des Bekleidungsfachhandels, Frankfurt (Main) etc.

Pawlas, A. (1997): Management und Menschenbild. Unvollständige Erwägungen aus christlicher Sicht, in: Geißler, H. (Hrsg.): Unternehmensethik, Managementverantwortung und Weiterbildung, 119 – 140, Neuwied etc.

Pawlowsky, P. (1996): Standortsicherung durch „Qualifikation, Motivation und Kooperation", in: Geißler, H.; Krahmann-Baumann, B.; Lehnhoff, A. (Hrsg.): Umdenken im Management - Management des Umdenkens, 27 – 57, Frankfurt (Main) etc.

Peemöller, V. (2001a): Wert und Werttheorien, in: Peemöller, V. (Hrsg.): Praxishandbuch der Unternehmensbewertung, 1 - 14, Herne / Berlin

Peemöller, V. (2001b): Anlässe der Unternehmensbewertung, in: Peemöller, V. (Hrsg.): Praxishandbuch der Unternehmensbewertung, 15 - 26, Herne / Berlin

Peemöller, V. (2001c): Grundsätze ordnungsgemäßer Unternehmensbewertung, in: Peemöller, V. (Hrsg.): Praxishandbuch der Unternehmensbewertung, 27 - 46, Herne / Berlin

Peemöller, V.; Kunowski, S. (2001): Ertragswertverfahren nach IDM, in: Peemöller, V. (Hrsg.): Praxishandbuch der Unternehmensbewertung, 199 - 262, Herne / Berlin

Pelzmann, L. (2001): Das Schwarze Buch. Informationsquelle für verborgene Risiken, in: Malik on Management, 9. Jg., Nr. 1 / 2001, 1 - 21

Pelzmann, L. (2003): Führungsversagen aus Eitelkeit. Anleitung zur Früherkennung, in: Malik on Management, 11. Jg., 9/2003, 137 - 157

Penrose, E. (1959): The Theory of the Growth of the Firm, Oxford

Perich, R. (1993): Unternehmensdynamik, Bern / Stuttgart

Perridon, L.; Steiner, M. (1999): Finanzwirtschaft der Unternehmung, 10. Aufl., München

Peters, T. (1993): Jenseits der Hierarchien. Liberation Management, Düsseldorf etc.

Peters, T.; Waterman, R. (1993): Auf der Suche nach Spitzenleistungen (In Search of Excellence). Was man von den bestgeführten US-Unternehmen lernen kann, 15. Aufl., Landsberg (Lech)

Petersen, J. (1995): Organisationslernen als politisches Lernen in der Organisation und der Organisation, in: Geißler, H. (Hrsg.): Organisationslernen und Weiterbildung, 385 – 411, Neuwied etc.

Petersen, J. (1996): Paradigmenwechsel in Wirtschaft und Gesellschaft als Aufgabenfeld für Managementbildung, in: Geißler, H. etc. (Hrsg.): Umdenken im Management – Management des Umdenkens, 129 – 156, Frankfurt (Main) etc.

Petersen, J. (1997): Die gebildete Unternehmung, Frankfurt (Main) etc.

Petersen, J. (1997a): Managementbildung. „Education permanente“ zur Ermöglichung eines reflexiven Umganges mit neuen Herausforderungen oder Modeerscheinung, in: Geißler, H. (Hrsg.): Unternehmensethik, Managementverantwortung und Weiterbildung, 328 – 350, Neuwied etc.

Petersen, J. (2003): Dialogisches Management, Frankfurt (Main) etc.

Petersen, J. (2003a): (Weiter)Bildung im Zeichen neuer Informationstechnologien, Shareholder Value und Globalisierung, in: Behrmann, D.; Schwarz, B. (Hrsg.): Selbstgesteuertes lebenslanges Lernen, 259 – 275, Bielefeld

Pfahler, T. (2000): Humankapital und Effizienz. Eine ordnungstheoretische Analyse, Bern etc.

Pfeiffer, W. (1986): Technologie-Portfolio-Handbuch. Eine Methode zum Management strategischer Zukunftsfelder, unveröffentlichtes Manuskript, Nürnberg

Pfohl, H.-C. (1997): Abgrenzung der Klein- und Mittelbetriebe von Großbetrieben, in: Pfohl, H.-C. (Hrsg.): Betriebswirtschaftslehre der Mittel- und Kleinbetriebe, 3. Aufl., 1 - 26, Berlin

Pfohl, H.-C. (Hrsg.) (1997): Betriebswirtschaftslehre der Mittel- und Kleinbetriebe, 3. Aufl., Berlin

Pohl, H.-J.; Rehkugler, H. (1986): Mittelständische Unternehmen. Durch qualifiziertes Management zum Erfolg, Bremen

Pohl, H.-J.; Rehkugler, H. (1989): Managementinstrumente als Erfolgsfaktoren in mittelständischen Unternehmen, in: Internationales Gewerbe Archiv, 1/1989, 1 - 13

Popp, M. (2001): Vergangenheits- und Gegenwartsanalyse, in: Peemöller, V. (Hrsg.): Praxishandbuch der Unternehmensbewertung, 99 - 132, Herne / Berlin

Popper, K. (1966): Logik der Forschung, Tübingen

Porter, M. (1991): Towards a Dynamic Theory of Strategy, in: Strategic Management Journal, 12/1991, 95 - 117

Porter, M. (1992): Wettbewerbsstrategie: Methoden zur Analyse von Branchen und Konkurrenten (Competitive Strategy), 7. Aufl., Frankfurt (Main)

Porter, M. (1997): Nur Strategie sichert auf Dauer hohe Erträge, in: Harvard Business Manager, 3/1997, 42 - 58

Porter, M. (1998): Competitive Advantage: Creating and Sustaining Superior Performance, New York

Porter, M. (1999): How competitive forces shape strategy, in: Mintzberg, H.; Quinn, J.; Ghoshal, S. (Ed.): The Strategy Process, revised European Edition, 60 – 69, Harlow

Prange, K. (1978): Pädagogik als Erfahrungsprozeß, Stuttgart

Pricewaterhouse Coopers (2005): Wirtschaftskriminalität 2005. Internationale und deutsche Ergebnisse, Frankfurt (Main)

Priorr, R. et.al. (2006): „Damit Know-how und Erfahrung nicht in Rente gehen“ – Konzepte für den systematischen Wissenstransfer zwischen den Generationen, in: Personalführung Special, 7/2006, 82 - 89

Probst, G. (1987): Selbst-Organisation. Ordnungsprozesse in sozialen Systemen aus ganzheitlicher Sicht, Berlin

Probst, G.; Gomez, P. (1995): Die Praxis des ganzheitlichen Problemlösens. Vernetzt denken, unternehmerisch handeln, persönlich überzeugen, Bern etc.

Probst, G.; Knaese, B. (1998): Risikofaktor Wissen. Wie Banken sich vor Wissensverlusten schützen, Wiesbaden

Prym-Bruck, A. (2006): Eine der ältesten Adressen der Welt: William Prym GmbH & Co. KG, in: Unternehmermagazin 7-8/2006, 26 - 27

Pümpin, C. (1986): Management strategischer Erfolgspositionen. Das SEP-Konzept als Grundlage wirkungsvoller Unternehmungsführung, 3. Aufl., Bern / Stuttgart

Pümpin, C. (1992): Strategische Erfolgspositionen. Methodik der dynamischen strategischen Unternehmensführung, Bern / Stuttgart / Wien

Pümpin, C.; Kobi, J.-M.; Wüthrich, H. (1985): Unternehmenskultur. Basis strategischer Profilierung erfolgreicher Unternehmen, in: Die Orientierung, Nr. 85

Raffée, H. (1974): Grundprobleme der Betriebswirtschaftslehre. Betriebswirtschaftslehre im Grundstudium der Wirtschaftswissenschaften, Bd. 1, Göttingen

Raffée, H.; Effenberger, J.; Fritz, W. (1992): Strategieprofile als Faktoren des Unternehmenserfolges: Methodische Grundlagen und Ergebnisse einer exploratorischen Untersuchung, Mannheim

Raffée, H.; Fritz, W. (1991): Die Führungskonzeption erfolgreicher und weniger erfolgreicher Industrieunternehmen im Vergleich, in: Zeitschrift für Betriebswirtschaft, 61. Jg., 11/1991, 1211 - 1226

Raffée, H.; Fritz, W. (1992): Dimensionen und Konsistenz der Führungskonzeption von Industrieunternehmen, in: Zeitschrift für betriebswirtschaftliche Forschung, 44, 4/1992, 303 - 322

Rappaport, A. (1981): Selecting strategies that create Shareholder Value, in: Harvard Business Review, May/June 1981, 139 - 149

Rappaport, A. (1986): Creating Shareholder Value. The New Standard for Business Performance, New York

Rappaport, A. (1999): Shareholder Value. Ein Handbuch für Manager und Investoren, 2. Aufl., Stuttgart

Rastetter, D. (1996): Personalmarketing, Bewerberauswahl und Arbeitsplatzsuche, Stuttgart

Reetz, L. (1999): Zum Zusammenhang von Schlüsselqualifikationen – Kompetenzen – Bildung, in: Tramm, T. (Hrsg.): Professionalisierung kaufmännischer Berufsbildung. Beiträge zur Öffnung der Wirtschaftspädagogik für die Anforderungen des 21. Jahrhunderts. Festschrift zum 60. Geburtstag von Frank Achtenhagen, 32 – 51, Frankfurt (Main)

Rehkugler, H. (1989): Erfolgsfaktoren der mittelständischen Unternehmen, in: Das Wirtschafsstudium, 11/1989, 626 - 632

Reichheld, F. (1997): Der Loyalitätseffekt. Die verborgene Kraft hinter Wachstum, Gewinnen und Unternehmenswert, Frankfurt (Main) / New York

Reinhardt, R. (2003): Dienende Führung: Charakterliche und methodische Voraussetzungen organisationaler Ausbalancierung, in: Geißler, H. (Hrsg.): Balanced Organization, 185 – 218, Neuwied etc.

Reitmeyer, T. (2000): Qualität von Entscheidungsprozessen der Geschäftsleitung. Eine empirische Untersuchung mittelständischer Unternehmen, Wiesbaden

Remer, A. (1997): Personal und Management im Wandel der Strategien, in: Klimecki, R.; Remer, A. (Hrsg.): Personal als Strategie, 399 - 417, Neuwied etc.

Reutner, F. (1987): Determinanten des Unternehmenserfolges, in: Zeitschrift für Betriebswirtschaft, 57.Jg., 8/1987, 747 - 762

Ringlstetter, M. (1988): Auf dem Weg zu einem evolutionären Management, München

Robbers, T. (1993): Investitionen in berufliches Humankapital und die Absicherung erwarteter Erträge, Bergisch-Gladbach / Köln

Rockart, J. (1980): Topmanager sollten ihren Datenbedarf selbst definieren, in: Harvard Manager, 2/1980, 45 - 58

Rohm, Ch. (1998): Prozessmanagement als Fokus im Unternehmungswandel, Gießen

Rosenhan, D. (1981) : Gesund in kranker Umgebung, in: Watzlawick, P. (Hrsg.): Die erfundene Wirklichkeit, 111 – 137, München / Zürich

Rosenstiel, L. (1993): Organisationsklima, in: Frese, E. (Hrsg.): Handwörterbuch der Organisation, Sp. 1514 – 1524, Stuttgart

Rosenstiel, L. (1994) : Teamentwicklung, in: io Management Zeitschrift, Jg. 63, 2/1994, 78 - 82

Rosenstiel, L. (1995) : Wertewandel, in Kieser, A. et.al. (Hrsg.): Handwörterbuch der Führung, Sp. 2175 –2189, 2. Aufl., Stuttgart

Rosenstiel, L. (1999): Mitunternehmertum. Unterstützung durch unternehmerische Kulturgestaltung, in: Wunderer, R. (Hrsg.): Mitarbeiter als Mitunternehmer, 81 – 106, Neuwied / Kriftel

Rosenstiel, L. (2003): Grundlagen der Organisationspsychologie, 5. Aufl., Stuttgart

Roth, H. (1971): Pädagogische Anthropologie. Band 2: Entwicklung und Erziehung, Hannover

Rumelt, R.P. (1999): Evaluating Business Strategy, in: Mintzberg, H. et.al. Ed.):The Strategy Process, 91 - 100, Harlow

Sarges, W. (Hrsg.) (1990): Managementdiagnostik, Göttingen / Toronto / Zürich

Sarges, W. (2000): Einleitende Überlegungen, in: Hossiep, R.; Paschen, M.; Mühlhaus, O. (Hrsg.): Persönlichkeitstest im Personalmanagement, XV - XIX , Göttingen etc.

Sattelberger, T. (1991): Die lernende Organisation im Spannungsfeld von Strategie, Struktur und Kultur, in: Sattelberger, T. (Hrsg.): Die lernende Organisation, 11 – 57, Wiesbaden

Sauter-Sachs, S. (1992): Die unternehmerische Umwelt, in: Die Unternehmung, 3/1992, 183 - 204

Schanz, G. (1979): Die Betriebswirtschaftslehre und ihre sozialwissenschaftlichen Nachbardisziplinen. Das Integrationsproblem, in: Raffée, H.; Abel, B. (Hrsg.): Wissenschaftstheoretische Grundfragen der Wirtschaftswissenschaften, 121 – 137, München

Schanz, G. (1988a): Erkennen und Gestalten. Betriebswirtschaftslehre in kritisch-rationaler Absicht, Stuttgart

Schanz, G. (1988b): Methodologie für Betriebswirte, 2. Aufl., Stuttgart

Schanz, G. (1997): Intuition als Managementkompetenz, in: Die Betriebswirtschaft, 57, 5/1997, 640 - 654

Schanz, G. (1998): Der Manager und sein Gehirn. Neurowissenschaftliche Erkenntnisse im Dienst der Unternehmensführung, Frankfurt (Main) etc.

Schanz, G. (2000a): Personalwirtschaftslehre, 3. Aufl., München

Schanz, G. (2000b): Wissenschaftsprogramme der Betriebswirtschaftslehre, in: Bea, F.; Dichtl, E.; Schweitzer, M. (Hrsg.): Allgemeine Betriebswirtschaftslehre. Bd. 1 Grundlagen, 8. Aufl., 80 –158, Stuttgart

Shapiro, E.C. (1996): Trendsurfen in der Chefetage: Unternehmensführung jenseits der Management-Moden, Frankfurt / New York

Schefczyk, M. (1994): Kritische Erfolgsfaktoren in schrumpfenden Branchen dargestellt am Beispiel der Gießerei-Industrie, Stuttgart

Schein, E. (1988): Organizational Psychology, 3rd ed., Englewood Cliffs

Schein, E. (1997a): Organizational Culture and Leadership, 2nd ed., San Francisco

Schein, E. (1997b): Wenn das Lernen im Unternehmen wirklich gelingen soll, in: Harvard Business Manager, 3/1997, 61 - 71

Scherer, A.G. (2002): Kritik der Organisation oder Organisation der Kritik? - Wissenschaftstheoretische Bemerkungen zum kritischen Umgang mit Organisationstheorien, in: Kieser, A. (Hrsg.): Organisationstheorien, 5. Aufl., 1 - 38, Stuttgart

Schierenbeck, H. (2000): Grundzüge der Betriebswirtschaftslehre, 15. Aufl., München / Wien

Schierenbeck, H. (2001): Die zukünftige Mittelstandsfinanzierung unter dem Einfluß der neuen Eigenkapitalvorschriften für die Banken (Basel II), Unterlagen zum Vortrag, 06.11.2001, Neustadt (Weinstraße)

Schmid, S.(1998): Shareholder-Value-Orientierung als oberste Maxime der Unternehmensführung? Kritische Überlegungen aus der Perspektive des Strategischen Managements, in: Zeitschrift für Planung, 9/1998, 219 - 238

Schmidbauer, W. (2004). Krankhafter Narzissmus verhindert gute Führung, in: Personalführung, 37. Jg., 11/2004, 18 - 20

Schmidt, J. (1997): Unternehmensbewertung mit Hilfe strategischer Erfolgsfaktoren, Frankfurt (Main)

Schmidt, A.; Freund, W. (1989): Strategien zur Sicherung der Existenz kleiner und mittlerer Unternehmen, Stuttgart

Schmidt, Heinrich (1978). Philosophisches Wörterbuch. Neu bearbeitet von Georgi Schischkoff, 20. Aufl., Stuttgart

Schmidt, H. (1982): Humanvermögensrechnung der Unternehmen. Einzel- und gesamtwirtschaftliche Argumente zur Ergänzung der betrieblichen Rechnungslegung, in: Schmidt, H. (Hrsg.): Humanvermögensrechnung, 3 - 44, Berlin / New York

Schmidt, H. (Hrsg.) (1982): Humanvermögensrechnung, 3 - 44, Berlin / New York

Schmidt-Rodermund, E.; Silbereisen, R. (1999): Erfolg von Unternehmern. Die Rolle von Persönlichkeit und familiärer Sozialisation, in: Moser, K.; Batinic, B.; Zempel, J. (Hrsg.): Unternehmerisch erfolgreiches Handeln, 115 – 143, Göttingen

Schmölders, G. (1978): Verhaltensforschung im Wirtschaftsleben, München

Schnell, R.; Hill, P.; Esser, E. (1999): Methoden der empirischen Sozialforschung, 6. Aufl., München etc.

Schoenfeld, H. (1974): Die Rechnungslegung über das betriebliche "Human-Vermögen"., in: Betriebswirtschaftliche Forschung und Praxis, 26. Jg., 1/1974, 1 - 33

Scholz, C. (1987): Strategisches Management. Ein integrativer Ansatz, Berlin / New York

Scholz, C. (2000): Personalmanagement, 5. Aufl., München

Scholz, C. (2003): Licht und Schatten. Personalmanagement im Mittelstand, in: Schuble, Joachim (Hrsg.): TOP JOB 2003 - Die besten Arbeitgeber im deutschen Mittelstand, 6 - 31, Frankfurt / Wien

Scholz, C.; Stein, V.; Bechtel, R. (2004): Human Capital Management. Wege aus der Unverbindlichkeit, München / Unterschleißheim

Schmalt, H.-D. (1990): Leistungsmotivation, in: Sarges, W. (Hrsg.): Managementdiagnostik, 218 – 221, Göttingen / Toronto / Zürich

Schrader, S. (1995): Spitzenführungskräfte, Unternehmensstrategie und Unternehmenserfolg, Tübingen

Schreiner,H. (2001): Unternehmensethik im Mittelstand – unbezahlbarer Luxus oder notwendige Differenzierung im Wettbewerb, in: Wüthrich, H. et.al. (Hrsg.): Grenzen ökonomischen Denkens, 113 – 122, Wiesbaden

Schuble, J. (2003): TOP JOB 2003 - Die besten Arbeitgeber im Mittelstand, Frankfurt / Wien

Schulte-Zurhausen, M. (1999): Organisation, 2. Aufl., München

Schultz von Thun, F. (1998): Miteinander reden, Das „Innere Team“ und situationsgerechte Kommunikation, Band 3, Reinbek

Schulze, G. (1993): Die Erlebnisgesellschaft. Kultursoziologie der Gegenwart, 3. Aufl., Frankfurt (Main) / New York

Schumann, J.; Meyer, U.; Ströbele, W. (1999): Grundzüge der mikroökonomischen Theorie, 7. Aufl., Berlin etc.

Schumacher E. (1977): Die Rückkehr zum menschlichen Maß. Alternativen für Wirtschaft und Technik „Small is Beautiful", Reinbek

Schumpeter, J. (1912): Theorie der wirtschaftlichen Entwicklung, Leipzig

Schwarze, J. (2006): Der Mensch im Spannungsfeld von IuKT und organisatorischem Wandel, in: Das Wirtschaftsstudium, 3/2006, 345 - 352

Seibert, S. (1987): Strategische Erfolgsfaktoren in mittleren Unternehmen untersucht am Beispiel der Fördertechnikindustrie, Frankfurt (Main) etc.

Sennett, R. (1998): Der flexible Mensch. Die Kultur des neuen Kapitalismus, 7. Aufl., Berlin

Servatius, H.G. (1998): Intellektuelle Wertschöpfung in Wissensunternehmen, in: Personal, 3/1998, 100 - 108

Sieben, G.; Maltry, H. (2001): Der Substanzwert der Unternehmung, in: Peemöller, V. (Hrsg.): Praxishandbuch der Unternehmensbewertung, 375 - 400, Herne / Berlin

Sieg, O. (2002): Tendenzen und Entwicklungen der Managerhaftung in Deutschland, in: Der Betrieb, 34/2002, 1759 - 1764

Siegwart, H.; Malik, F.; Mahari, J. (1995): Zukunftsgerechte und –gerichtete Unternehmenspolitik und Unternehmensstrategie, in: Siegwart, H.; Malik, F.; Mahari, J. (Hrsg.): Meilensteine im Management. Unternehmenspolitik und Unternehmensstrategie, 1 – 28, Stuttgart / Zürich / Wien

Siegwart, H. (2002): Im Zeichen des Zeitgeistes, in: Malik on Management, 10. Jg., 7/2002, 114 -129

Simon, H. A. (1959/1977): Theorien der Entscheidung in Wirtschafts- und Verhaltenswissenschaften, Originalübersetzung von Theories of Decision in Economic and Behavioral Sciences, in: American Economic Review, Vol. 44, 1959, 253 – 283, in: Witte, E.; Thimm, A. (Hrsg.)(1977): Entscheidungstheorie, 82 – 108, Wiesbaden

Simon, H. (1996): Die heimlichen Gewinner (Hidden Champions). Die Erfolgsstrategien unbekannter Weltmarktführer, Frankfurt (Main) / New York

Spinner, H. (1974): Pluralismus als Erkenntnismodell, Frankfurt (Main)

Spinner, H. (1980): Gegen Ohne Für Vernunft, Wissenschaft, Demokratie, etc., in: Duerr, H.P. (Hrsg.): Versuchungen, Band 1, 35 - 109, Frankfurt (Main)

Sprüngli, R. (1981): Evolution und Management. Ansätze einer evolutionistischen Betrachtung sozialer Systeme, Bern / Stuttgart

Staehle, W. (1999): Management. Eine verhaltenswissenschaftliche Perspektive, 8. Aufl., München

Statistisches Bundesamt (2006): 11. Koordinierte Bevölkerungsvorausberechnung 2006 bis 2050, Berlin ergänzt um Pressemitteilung vom 7.11.2006, [www.destatis.de/presse/deutsch/pm2006/ p4640022.htm; Stand vom 01.12.2006]

Staudt, E. (1995): Technische Entwicklung und betriebliche Restrukturierung oder: Innovation durch Integration von Personal- und Organisationsentwicklung, in: Geißler, H. (Hrsg.): Organisationslernen und Weiterbildung, 21 – 64, Neuwied etc.

Staudt, E. (1999): Innovation im Konsens ist Nonsens. Nur „Partisanenstrategien“ machen den Aufbruch möglich, in : Frankfurter Allgemeine Zeitung, 28.09.1999, 25

Stahl, H. et.al. (2004): Kundenzufriedenheit und Kundenwert, in: Hinterhuber, H; Matzler, K. (Hrsg.): Kundenorientierte Unternehmensführung, 243 – 261, Wiesbaden

Stegmüller, W. (1973): Theoriendynamik. Normale Wissenschaft und wissenschaftliche Revolutionen. Methodologie der Forschungsprogramme oder epistemologische Anarchie?, Berlin etc.

Stock, R. (2001): Der Zusammenhang zwischen Mitarbeiter- und Kundenzufriedenheit, Wiesbaden

Strätling, R. (1997): Shareholder versus Stakeholder. Welchen Zielen sollte die Unternehmensführung verpflichtet sein?, in: Forum Wirtschaftsethik, 3, 3 - 7

Streim, H. (1982): Fluktuationskosten und ihre Ermittlung, in: Zeitschrift für betriebswirtschaftliche Forschung, 34, 2/1982, 128 - 146

Teubner, G. (1985): Unternehmensinteresse - das gesellschaftliche Interesse des Unternehmens "an sich"?, in: Zeitschrift für das gesamte Handels- und Wirtschaftsrecht, 148 (1985), 470 - 488

Thünen, H. v. (1966): Der isolierte Staat, 4. Aufl., o.O.

Thuringia-Studie (1978): Die Selbständigen im Mittelstand, o.O.

Timmermann, D. (1997): Bildungsökonomie, in: Gabler Wirtschaftslexikon, 14. Aufl., 640 – 650, 14, München

Tikart, J. (1996): Führung und Motivation bei Mettler-Toledo, in: Bertelsmann Stiftung et.al. (Hrsg.): Auf den Menschen kommt es an, 109 – 113, Gütersloh

Trayser, K. (2005): Christliche Ethik – Maßstab unternehmerischen Handelns, in: Beschorner, T.; Eger, T. (Hrsg.): Das Ethische in der Ökonomie, 431 – 439, Marburg

Tregoe, B.; Zimmermann, J. (1981): Top Management Strategie, Zürich

Turnley, W.H.; Feldmann, D.C. (1999): The impact of psychological contract violations on exit, voice, loyalty and neglect, in: Human Relations, Vol. 52, 7/1999, 895 - 922

Ulrich, D. (1996): Human Resource Champions. The Next Agenda for Adding Value und Delivering Results, Boston

Ulrich, D. (1998): Das neue Personalwesen. Mitgestalter der Unternehmenszukunft, in: Harvard Business Manager, 4/1998, 59 - 69

Ulrich, D.; Zenger, J.; Smallwood, N. (1999): Results Based Leadership: How Leaders Build the Business and Improve the Bottom Line, Boston

Ulrich,H.; Probst, G. (1990): Anleitung zum ganzheitlichen Denken und Handeln, 2. Aufl., Bern / Stuttgart

van Dick, R. (2004): Commitment und Identifikation mit Organisationen, Göttingen etc.

Verspay, H.; Sattler, A. (2000): Die kleine AG. Eine Rechtsform für das mittelständische Unternehmen, 2. Aufl., Renningen-Malmsheim

Vester, F. (2001): Die Kunst vernetzt zu denken. Ideen und Werkzeuge für einen neuen Umgang mit der Komplexität, 7. Aufl., Stuttgart

Volkart, R. (1997): Strategische Finanzpolitik, Zürich

VR Bank Südpfalz (2005): Wissensbilanz 2004, Broschüre der VR Bank Südpfalz eG, Landau

Wagner, U.; Zick, A. (1990): Psychologie der Intergruppenbeziehungen: Der ‚Social Identity Approach', in: Gruppendynamik, 21. Jg, 3/1990, 319 - 330

Wallmeier, M. (1999): Kapitalkosten und Finanzierungsprämissen, in: Zeitschrift für Betriebswirtschaft, 69. Jg., 12/1999, 1473 - 1490

Watt (2004): Perspektive Mittelstand. Die deutsche Wirtschaft im Umbruch. Eine Unternehmerbefragung von manager magazin und Watt Deutschland, Hamburg

Watzlawick, P. (1981): Selbsterfüllende Prophezeiungen, in: Watzlawick, P. (Hrsg.): Die erfundene Wirklichkeit, 91 – 110, München / Zürich

Watzlawick, P. (Hrsg.)(1981): Die erfundene Wirklichkeit, München / Zürich

Watzlawick, P.; Beavin, J.; Jackson, D. (1974): Menschliche Kommunikation, 4. Aufl., Bern / Stuttgart / Wien

Weber, A. (2000): Shareholder- und Stakeholderansatz in der deutschen Bilanzierungspraxis, in: Blomeyer, W.; Peemöller, V. (Hrsg.): Internationale Rechnungslegung und Prüfung, 97 - 126, Herne / Berlin

Weber, J. (1985): Unternehmensidentität und Unternehmenspolitische Rahmenplanung, München

Weber, J. (1997): Controlling, in: Gabler Wirschaftslexikon, 14. Aufl., 809 – 811, Wiesbaden,

Weber, J. (2001): Warum schadet ein Unternehmensbeirat mehr, als er nützt?, in: FWI-Rundschreiben, 4/2001, 19

Weber, J; Reitmeyer, T.; Frank, St. (2000): Erfolgreich entscheiden – der Managementleitfaden für den Mittelstand, Wiesbaden

Weber, M. (1920/2004): Die protestantische Ethik und der Geist des Kapitalismus, vollständige Ausgabe 1920, herausgegeben und eingeleitet von Kaeseler, D., München 2004

Weber, M. (1922/1974): Wirtschaft und Gesellschaft, 5. Aufl., Tübingen

Weibel, A.; Rota, S. (2000): Fairness als Motivationsfaktor, in: Frey, B.; Osterloh, M. (Hrsg.): Managing Motivation, 193 – 206, Wiesbaden

Weinert, A. (1987): Lehrbuch der Organisationspsychologie. Menschliches Verhalten in Organisationen, 2. Aufl., München / Weinheim

Weiss, U. (2001): Motivation statt Dressur, in: Frankfurter Allgemeine Zeitung Newsletter, 5/2001, 9 - 12

Weißer, P. (2000): Wesentliche Ansatz- und Bewertungsunterschiede zwischen IAS und HGB, in: Blomeyer, W.; Peemöller, V. (Hrsg.): Internationale Rechungslegung und Prüfung, 327 – 352, Herne / Berlin

Welsh, J.A.; White, J.F. (1980): A small business is not al little big business, in: Harvard Business Review, Vol. 59, 4/1980, 18 - 32

Werder, A. (2001): Der German Code of Corporate Governance im Kontext der internationalen Governance-Debatte: Umfeld, Funktionen und inhaltliche Ausrichtung des GCCG, in: Werder, A. v. (Hrsg.): German Code of Corporate Governance (GCCG), 2. Aufl., 1 - 33, Stuttgart

Wesner, P. (2000): Möglichkeiten und Grenzen der wertorientierten Unternehmensführung, in: Wirtschaftswissenschaftliche Fakultät der Universität Leipzig et.al. (Hrsg.): Rechnungslegungskonzeptionen im Widerstreit. Beiträge zu den Wirtschaftswissenschaften, 294 - 309, Leipzig

Wilde, K. D. (1989): Bewertung von Produkt-Markt-Strategien. Theorie und Methoden, Berlin

Williamson, O.E. (1985): The Economic Institutions of Capitalism. Firms, Markets, Relational Contracting, New York etc.

Williamson, O.E. (1990): Die ökonomischen Institutionen des Kapitalismus, Tübingen

Wimmer, K.-M. (2004): Diskurs, in: Lenzen, D. (Hrsg.): Pädagogische Grundbegriffe, Band 1, 7. Aufl., 331 – 336, Reinbek

Wimmer, K.-M. (2005): Subjektivität, in: Lenzen, D. (Hrsg.): Pädagogische Grundbegriffe, Band 2, 7. Aufl., 1477 – 1480, Reinbek

Wimmer, R.(2001): Starke Erosion der Existenzbedingungen, in: Unternehmer-Magazin, 4/2001, 16 - 19

Winand, U. (1989): Erfolgspotentialplanung, in: Szyperski, N. ; Winand, U. (Hrsg.): Handwörterbuch der Planung, Sp. 440 – 452, Stuttgart

Winnes, R. (1998): Shareholder Value. Weltanschauung oder Teil einer substantiellen Unternehmenspolitik?, Universität Karlsruhe (TH), Institut für Angewandte Betriebswirtschaftslehre und Unternehmensführung, Karlsruhe

Winnes, R. (1999): Wertorientierte Unternehmensführung, Universität Karlsruhe (TH), Institut für Angewandte Betriebswirtschaftslehre und Unternehmensführung, Karlsruhe

Witte, E. (1962): Forschung, Werbung und Ausbildung als Investitionen, in: Ortlieb, H.-D. (Hrsg.): Hamburger Jahrbuch für Wirtschafts- und Gesellschaftspolitik, 7. Jg., 210 - 225, Tübingen

Witte, E. (1972): Das Informationsverhalten in Entscheidungsprozessen, Tübingen

Wolfrum, U. (1993): Erfolgspotentiale. Kritische Würdigung eines zentralen Konzeptes der strategischen Unternehmensführung, München

Wohlgemuth, A. (1989a): Unternehmensdiagnose in Schweizer Unternehmungen. Untersuchungen zum Erfolg mit besonderer Berücksichtigung des Humanpotentials, Frankfurt(Main) etc.

Wohlgemuth, A. (1989b): Die klippenreiche Suche nach Erfolgsfaktoren, in: Die Unternehmung, 43. Jg., 2/1989, 89 - 111

Wohlgemuth, A. (1990): Dem Unternehmenserfolg auf der Spur, in: Die Unternehmung, 44. Jg., 1/1990, 43 - 55

Womack, J.;Jones, D. (1997): Auf dem Weg zum perfekten Unternehmen (Lean Thinking), Frankfurt (Main)

Womack, J.; Jones, D.; Roos, D. (1990): The Machine That Changed the World, New York

Wucknitz, U. (2002): Handbuch Personalbewertung. Messgrößen, Anwendungsfelder, Fallstudien, Stuttgart

Würth, R. (1995): Erfolgsgeheimnis Führungskultur. Bilanz eines Unternehmers, Frankfurt (Main) / New York

Wüthrich, H. (2003): Durchbrechen Sie Denkmuster, in: Harvard Business Manager, 9/2003, 101 - 106

Wunderer, R. (1998): Beurteilung des Modells der Europäischen Gesellschaft für Qualitätsmanagement (EFQM) und dessen Weiterentwicklung zu einem umfassenden Business-Excellence-Modell, in: Boutellier, R. (Hrsg.): Qualitätsmanagement an der Schwelle zum 21. Jahrhundert. Festschrift für Hans Dieter Seghezzi zum 65. Geburtstag, 55 – 67, München

Wunderer, R. (1999): Mitarbeiter als Mitunternehmer – ein Transformationskonzept, in: Wunderer, R. (Hrsg.): Mitarbeiter als Mitunternehmer, 22 – 58, Neuwied / Kriftel

Wunderer, R. (2000): Fragebogen zur Arbeitsqualität. Motivationsbarrieren (Vorlesungsunterlage zum Vortrag in der Donauuniversität Krems am 10.10.2000)

Wunderer, R. (2001): Führung und Zusammenarbeit. Eine unternehmerische Führungslehre, 4. Aufl., Neuwied / Kriftel

Wunderer, R.; Dick, P. (2002): Personalmanagement 2010. Analysen und Prognosen zum Personalmanagement in Groß- und Mittelunternehmen, 3. Aufl., Neuwied / Kriftel

Wunderer, R.; Gerig, V.; Hauser, R. (Hrsg.) (1997): Qualitätsorientiertes Personalmanagement, München / Wien

Wunderer, R.; Kuhn, T. (Hrsg.) (1995): Innovatives Personalmanagement: Theorie und Praxis unternehmerischer Personalarbeit, Neuwied

Wunderer, R.; Arx, S.; Jaritz, A. (1998a): Unternehmerische Ausrichtung der Personalarbeit, in: Personal, 6/1998, 278 - 283

Wunderer, R.; Arx, S.; Jaritz, A. (1998b): Beitrag des Personalmanagement zur Wertschöpfung im Unternehmen, in: Personal, 7/1998, 346 - 350

Wunderer, R.; Jaritz, A. (1999): Unternehmerisches Personalcontrolling. Evaluation der Wertschöpfung im Personalmanagement, Neuwied / Kriftel

Wunderer, R.; Küpers, W. (2003): Demotivation – Remotivation, Neuwied / Kriftel

Zaleznik, A. (1998): Was es heißt, echte Führungsarbeit zu leisten, in: Harvard-Business-Manager, 4/1998, 12 - 21

Zambon, S. (2002): Humankapital: ist es möglich und wünschenswert, eine internationale Berichtsnorm festzulegen? Anmerkungen am Beispiel Italiens, in: Amt für Veröffentlichungen der Europäischen Gemeinschaften (Hrsg.). Agora VI. Bilanzierung des Humankapitals (Thessaloniki 24.-25. Juni 1999), 127 - 152, Luxemburg

Zimbardo, P.; Floyd, L. (1983): Psychologie, Berlin etc.

Zimmermann, J.; Schütte, J. (2004): Intangibles, in: Das Wirtschaftsstudium, 3/2004, 315

Bildung und Organisation

Herausgegeben von Harald Geißler und Jendrik Petersen

Band 1 Walter Dürr (Hrsg.): Selbstorganisation verstehen lernen. Komplexität im Umfeld von Wirtschaft und Pädagogik. 1995.

Band 2 Rüdiger Reinhardt: Das Modell Organisationaler Lernfähigkeit und die Gestaltung Lernfähiger Organisationen. 2., veränd. Aufl. 1995.

Band 3 Alfred Lumpe: Pädagogik als Wahrnehmung von Wirklichkeit – Lernorganisation als Entwicklung der Selbstorganisation. Wahrnehmungsformen und Entwicklung pädagogischer Kompetenz. 1995.

Band 4 Jendrik Petersen: Die gebildete Unternehmung. 1997.

Band 5 Andre Lehnhoff: Vom Management Development zur Managementbildung. 1997.

Band 6 Christoph Diensberg: Betriebliche Weiterbildung, Vorschlagswesen und Umweltschutz. Lernprozesse zwischen Mitarbeiter- und Unternehmensentwicklung. 1997.

Band 7 Markus Hodel: Organisationales Lernen und Qualitätsmanagement. Eine Fallstudie zur Erarbeitung und Implementation eines visualisierten Qualitätsleitbildes. 1998.

Band 8 Anna Meyer: Führende und Geführte im Wandel der Führungsparadigmen des 20. Jahrhunderts. Ein Wandel vom Objekt zum selbstverantwortlichen Subjekt? 2000.

Band 9 Rüdiger Rhein: Betriebliche Gruppenarbeit im Kontext der lernenden Organisation. 2002.

Band 10 Jasmin Godemann: Leitbildimplementierung in Organisationen. Chancen und Möglichkeiten einer Bildung für eine nachhaltige Entwicklung in Kindergärten. 2002.

Band 11 Ulrich Spandau: Organisationslernen und Macht. Fallstudie zur Ermöglichung dialogorientierten Managementhandelns in Organisationen. 2002.

Band 12 Anna-Maria Huesmann: Binomische Kommunikation. Aktivierung des Selbsterneuerungspotentials in Veränderungsprozessen am Beispiel wissenschaftlicher Bibliotheken. 2003.

Band 13 Jendrik Petersen: Dialogisches Management. 2003.

Band 14 Mark Ackermann: Systemisches Lernen. Individuelle und organisationale Lernprozesse in Kommunikationsarchitekturen. 2005.

Band 15 Thomas Lücke: Wissensmanagement als eine betriebspädagogische Gestaltungsaufgabe unter dem Paradigma veränderter Arbeits- und Organisationsformen. 2005.

Band 16 Volker Naumann: Management polyzentrischer Organisationen. Perspektiven neuerer evolutions- und komplexitätstheoretischer Ansätze. 2006.

Band 17 Johannes Grill: Die strategische Bedeutung des Human Capital und seine Bewertung. Ein Bezugsrahmen zur Evaluation ambitionierter mittlerer Unternehmen. 2008.

www.peterlang.de

FSC
www.fsc.org
MIX
Papier | Fördert gute Waldnutzung
FSC® C083411

Kolibri 360 GmbH
Ferdinand-Jühlke-Straße 7
99095 Erfurt, Deutschland
produktsicherheit@kolibri360.de

Druck:
CPI Druckdienstleistungen GmbH
im Auftrag der
Kolibri 360 GmbH
Ferdinand-Jühlke-Str. 7
99095 Erfurt